2174

HISTOIRE
DES JUIFS

V

GRAËTZ

HISTOIRE DES JUIFS

TOME CINQUIÈME

TRADUIT DE L'ALLEMAND

PAR

MOÏSE BLOCH

De l'époque de la Réforme (1500) à 1880

Avec une Préface de M. ZADOC KAHN

GRAND RABBIN DE FRANCE

PARIS
LIBRAIRIE A. DURLACHER
83bis, RUE LAFAYETTE, 83bis
—
1897
Droits de traduction et de reproduction réservés.

PRÉFACE

DU CINQUIÈME ET DERNIER VOLUME

Avec ce 5ᵉ volume, que nous donnons aux amis des études historiques, s'achève la traduction française de l'*Histoire des Juifs* de Graëtz. Le 1ᵉʳ volume avait paru en 1882 : il n'a donc pas fallu moins de quinze ans pour mener à bonne fin une entreprise littéraire accueillie, dès le premier moment, avec une faveur marquée. Ce long espace de temps peut sembler hors de proportion avec l'étendue du travail. Plus d'une fois les lecteurs des volumes précédents ont exprimé le regret que leur collection restât si longtemps incomplète. Nous-même avons partagé ce regret; mais des circonstances indépendantes de la bonne volonté des traducteurs, et sur lesquelles il n'y a pas grand intérêt à insister, ont fait, malgré nous, traîner les choses en longueur.

Quoi qu'il en soit, l'œuvre est aujourd'hui arrivée à son terme, et nous sommes heureux de la présenter au public dans son intégrité. Ce n'est pas, il est vrai, la grande *Histoire des Juifs* de Graëtz que nous avons fait passer dans notre langue : l'ouvrage primitif compte onze volumes dans le texte allemand. Mais l'illustre historien l'avait résumé, de sa propre main, pour en faire une édition moins savante, plus populaire, accessible à tous les lecteurs. Nous n'avons eu que le mérite de publier cette édition en français, répondant ainsi au désir de l'auteur, qui attachait un grand prix à ce que les résultats de ses recherches fussent mis à la portée du public français. Ce fut une profonde satisfaction pour lui de voir son désir réalisé par les soins de quelques amis. S'il ne lui a pas été donné d'assister au couronnement de l'œuvre entière, il vécut toutefois assez pour pouvoir se relire, en majeure partie, dans la langue qu'il affectionnait tout particulièrement et qu'il appelait avec raison le meilleur véhicule de la pensée humaine. Nous croyons bon d'ajouter que ceux des lecteurs qui auraient envie de connaître les preuves sur lesquelles s'appuient les conclusions de l'auteur et les sources où il a puisé, auraient la ressource de recourir à l'édition originale, enrichie de tant de notes et de dissertations érudites.

Le résumé, tel qu'il est, d'une lecture plus facile, dépourvu de tout apparat scientifique, suffit amplement pour donner une vue d'ensemble des destinées matérielles des Juifs et du développement de leur pensée. Ceux qui le liront avec un esprit non prévenu admireront la vitalité, la fécondité morale de cette race qui a accompli tant de grandes choses au cours de sa longue histoire et enfanté tant d'œuvres remarquables, en même temps qu'ils seront émus de pitié devant les souffrances aussi atroces qu'imméritées qu'elle eut à supporter. Lorsque Graëtz rédigea son mémorable travail, il put croire que la victoire des idées de justice, d'impartialité, de tolérance religieuse était définitivement acquise. S'il a raconté au long toutes les tristesses, toutes les épreuves d'un passé qui donne le frisson, les persécutions sans nombre qui firent des Juifs, en tous pays, de véritables martyrs, c'était pour faire œuvre d'historien qui se doit à lui-même d'être aussi complet que possible ; c'était aussi pour faire honneur au temps où il vivait de l'heureuse modification qui s'était produite dans les esprits. Il a eu la douleur de reconnaître, vers la fin de sa carrière, qu'il avait été le jouet d'une illusion en considérant le passé, avec ses préventions, ses injustices, ses duretés, comme disparu à jamais, que les hommes s'habituent avec peine à être équitables et bienveillants les uns pour les autres, qu'il est des préjugés qui ont la vie tenace, et que l'histoire est sujette à de tristes recommencements. Cependant, si quelque chose est de nature à inspirer aux esprits une appréciation plus saine et plus juste des faits, dénaturés comme à plaisir, et à dissiper des préventions aussi vieilles que peu fondées, c'est un récit comme celui-ci, qui met sous les yeux du juge toutes les pièces du procès et lui permet de se faire une opinion raisonnée sur le bien ou le mal fondé d'accusations dues plus encore à l'ignorance, à de déplorables méprises, qu'à des passions haineuses. Nous avons la certitude que le judaïsme et ceux qui se réclament de lui ne peuvent sortir d'un pareil débat qu'avec tous les honneurs de la guerre.

L'ouvrage de Graëtz n'a pas la prétention, évidemment, d'avoir atteint partout et toujours la perfection dans la vérité et dit le dernier mot sur chacune des questions qu'il traite. L'histoire d'une société, d'une race, d'une époque n'est jamais close. Sans cesse de nouveaux matériaux viennent s'ajouter à ceux qu'ont exploités les premiers travailleurs. Les érudits sans nombre qui, dans tous les pays du monde, s'appliquent patiemment à la reconstitution du passé, ne font pas œuvre vaine. Depuis le jour où Graëtz a écrit son histoire, bien des découvertes ont été faites, bien des documents ignorés de lui ont été tirés de l'oubli, qui éclairent d'un jour inattendu les points qu'il a insuffisamment ou mal élucidés. Peut-être le moment n'est-il pas éloigné, dans tous les cas il viendra tôt ou tard, où des émules de Graëtz, doués comme lui d'un vaste savoir, du talent de généralisation et de l'art de composer qu'il possédait à un haut degré, reprendront en sous-œuvre l'édifice qu'il a construit et nous gratifieront d'une histoire plus complète et plus rapprochée de l'absolue vérité qu'il n'a pu le faire. La gloire de Graëtz n'en sera pas diminuée : il lui restera toujours l'honneur d'avoir frayé la route à ses successeurs, d'avoir été un initiateur de premier ordre (1).

Nous savons que les acheteurs n'ont pas manqué aux volumes qui ont paru jusqu'à ce jour. Nous avons la confiance, maintenant que l'ouvrage est achevé, que le nombre des amateurs, guidés par le besoin de s'instruire et de voir clair dans une histoire à la fois variée et dramatique, ira en augmentant. Il est à souhaiter surtout que ce livre pénètre dans les familles israélites, et qu'il devienne une des lectures favorites de notre jeunesse. Elle connaît assez bien d'ordinaire l'histoire du peuple hébreu jusqu'à la ruine du deuxième temple de Jérusalem : le programme d'instruction religieuse, imposé à nos enfants, lui en fait une obligation. Mais l'histoire des Juifs proprement dits, des Juifs de la dispersion, est encore pour un trop grand nombre une véritable *terra incognita*. Il serait heureux que cette fâcheuse lacune ne subsistât pas plus longtemps. Notre culte aurait tout à y gagner. Rien ne peut mieux rattacher les Israélites à leur religion que la connaissance approfondie de leur passé, si douloureux mais si honorable, et le commerce intime avec les grands penseurs qu'il a produits.

(1) M. Théodore Reinach a publié dès 1884, en un volume (Librairie Hachette et Cie), une excellente *Histoire des Israélites depuis l'époque de leur dispersion jusqu'à nos jours*, où l'influence de Graëtz est visible et hautement reconnue par l'auteur lui-même.

PREFACE.

Les deux premiers volumes de cette traduction portent le nom si autorisé de feu M. le grand rabbin Lazare Wogue, professeur d'exégèse biblique et de théologie au séminaire israélite. Pour divers motifs, il avait dû abandonner la tâche, dont il s'était supérieurement acquitté comme de tout ce qu'il entreprenait, à son élève et ami M. Moïse Bloch, rabbin de Versailles, connu par d'excellents travaux personnels. Les lecteurs ont déjà pu se rendre compte de la valeur incontestable de sa traduction. Je me bornerai à dire qu'elle se recommande autant par une scrupuleuse fidélité que par une grande pureté de langage. C'est un plaisir et un devoir pour nous de le remercier du précieux concours qu'il a donné à cette publication, ainsi que de l'Index qu'il y a joint et qui forme un complément indispensable pour une œuvre aussi étendue, aussi remplie de noms et de faits que celle-ci. L'état de sa santé, qui depuis plusieurs années l'oblige à s'absenter pendant les mois d'hiver, est une des causes du retard qu'a subi l'apparition du présent volume.

Il me reste encore un autre devoir bien doux à remplir. Une entreprise comme celle dont nous saluons ici la fin exige de grands sacrifices d'argent. Elle n'eût pas été possible sans l'appui de quelques Mécènes généreux, soucieux des intérêts de la vérité, de la science et du judaïsme. Ils ne m'en voudront pas, je l'espère, de désigner leur nom à la reconnaissance de mes coreligionnaires et du monde savant. Au premier rang de ces bienfaiteurs, il convient de placer M. le baron Edmond de Rothschild, qui est venu à notre aide avec un empressement aimable et une obligeance qui ne s'est pas lassée, et M. Hippolyte Rodrigues qui, ayant eu la bonne fortune d'être l'ami personnel de l'auteur, a eu à cœur d'assurer le succès de cette édition française. A ces noms j'associe ceux de M. S.-H. Goldschmidt, président de l'*Alliance israélite universelle*, à qui le judaïsme doit énormément, et de feu L.-M. Rothschild de Londres. Enfin, Mme la baronne Maurice de Hirsch de Gereuth, qui s'acquiert chaque jour de nouveaux titres à l'admiration de tous ceux qui apprécient la générosité du cœur unie à l'élévation de l'esprit, nous a soutenus dans notre tâche difficile avec autant de simplicité que de libéralité. A tous j'exprime publiquement mes remerciements les plus chaleureux. Puissent-ils trouver dans la diffusion même de l'œuvre qu'ils ont bien voulu patronner la récompense de leur sympathie et de leurs sacrifices!

Zadoc KAHN
Grand Rabbin de France.

Paris, Juillet 1897.

TROISIÈME PÉRIODE

LA DISPERSION

TROISIÈME ÉPOQUE

LA DÉCADENCE

CHAPITRE PREMIER

REUCHLIN ET LES OBSCURANTS. — MARTIN LUTHER

(1500-1530)

Pour l'observateur superficiel, l'Allemagne, ravagée par des bandes de pillards, déchirée par des luttes incessantes, et dont la situation politique était des plus précaires, cet État si divisé et si affaibli paraissait être le dernier pays où pût naître un mouvement assez puissant pour ébranler l'Europe jusque dans ses fondements, la constituer sur des bases nouvelles et mettre fin au moyen âge. Mais, en réalité, il existait chez le peuple allemand des forces latentes qui, sous une impulsion vigoureuse, pouvaient produire des effets considérables. Les Allemands, d'une pédanterie légèrement ridicule, menaient encore une vie simple et austère, tandis que dans les pays romans, en Italie, en France et en Espagne, les mœurs étaient raffinées et corrompues. Le bas clergé aussi valait mieux en Allemagne que dans le reste de l'Europe. A Rome et en Italie, le christianisme, avec ses dogmes, était un objet de risée et de moquerie dans les milieux cultivés et principalement à la cour pontificale; les dignitaires de l'Église ne tenaient à leur religion que pour le pouvoir politique qu'elle leur assurait. En Allemagne, au contraire, on prenait le christianisme au sérieux;

il apparaissait aux yeux des croyants comme un idéal qui avait été vivant autrefois et qui, forcément, devait reprendre vie.

Mais ces qualités morales étaient comme endormies au fond du cœur du peuple allemand. Il fallait des circonstances favorables pour les éveiller et les rendre capables d'exercer, comme elles le firent, une influence considérable sur la marche de l'histoire. On peut affirmer hautement qu'une des principales causes de ce réveil fut le Talmud. Ce sont les polémiques suscitées à ce moment par le Talmud qui créèrent en Allemagne une opinion publique, sans laquelle la Réforme aurait probablement subi le même sort que les tentatives précédentes de ce genre, qui avaient toutes avorté.

L'auteur inconscient de ce mouvement, qui devait prendre un si formidable développement, fut un Juif ignorant et vulgaire du nom de Joseph Pfefferkorn. Cet homme, boucher de son état, commit, un jour, un vol avec effraction. Arrêté, il fut condamné à la prison, mais, sur les instances de sa famille, on se contenta de lui infliger une amende. Ce fut sans doute pour laver cette tache que Pfefferkorn se fit asperger de l'eau du baptême à l'âge de trente-six ans, avec sa femme et ses enfants. A la suite de sa conversion, il devint le favori des dominicains de Cologne.

On trouvait alors dans cette ville un grand nombre d'esprits étroits et fanatiques qui craignaient la lumière et s'efforçaient d'étouffer sous l'éteignoir les clartés naissantes. A leur tête marchait l'inquisiteur dominicain Hochstraten, homme violent et implacable, qui ressentait une vraie joie à voir brûler des hérétiques. A côté de lui, il faut signaler Arnaud de Tongres, professeur de théologie dominicaine, et Ortuin de Graes, de Deventer, fils d'un ecclésiastique intolérant et fanatique.

Ortuin de Graes, qui haïssait les Juifs avec passion, cherchait, par des écrits malveillants, à exciter contre eux la colère des chrétiens. Mais, trop ignorant pour composer tout seul même un mauvais pamphlet, il demandait à des Juifs convertis de lui fournir les matériaux nécessaires. C'est ainsi qu'il eut recours à un Juif qui, lors d'une persécution ou pour toute autre raison, avait embrassé le christianisme à l'âge de cinquante ans. Cet apostat, nommé Victor de Karben après sa conversion, savait peu d'hébreu et avait encore moins de connaissances talmudiques ; mais, pour donner plus de poids à ses accusations contre le judaïsme, Ortuin lui octroya le titre de rabbin. De plein gré ou par contrainte, Victor de Karben, qui déplorait pourtant amèrement que le baptême l'eût séparé de sa femme, de ses trois enfants, de ses frères et de ses amis, reprochait à ses anciens coreligionnaires de détester les chrétiens et de mépriser le christianisme. Ce fut lui qui fournit à Ortuin les éléments de l'ouvrage que ce dernier écrivit contre les Juifs et le Talmud.

A ce moment, les dominicains se disposaient à réaliser un plan préparé de longue main et qui, dans leur pensée, devait rapporter profits et honneur à leur ordre, chargé de juger les personnes et les livres hérétiques. Pour l'exécution de ce plan, ils avaient besoin d'un Juif. Victor de Karben ne pouvait pas servir, soit parce qu'il était alors trop âgé ou qu'il leur paraissait de valeur trop médiocre. Leur choix tomba sur Pfefferkorn.

Celui-ci servit une première fois de prête-nom pour un nouvel ouvrage qu'Ortuin publia contre les Juifs. Ce livre, composé d'abord par Ortuin en latin, était intitulé : *Le Miroir avertisseur*, et invitait les Juifs à se convertir. Il était écrit dans un langage doucereux, flattant les Juifs, déclarant calomnieuses les accusations de rapt et de meurtre d'enfants chrétiens qu'on dirigeait si souvent contre eux, et invitant les chrétiens à ne pas expulser les Juifs, chassés jusqu'alors d'une contrée dans une autre, et à ne pas trop les opprimer, puisqu'ils étaient aussi des hommes. Mais cette bienveillance n'était qu'apparente; il s'agissait tout simplement de tâter le terrain avant d'entrer sérieusement en campagne.

Les dominicains étaient, en effet, hantés du désir de faire confisquer les exemplaires du Talmud, comme du temps de saint Louis en France. C'était déjà là le but poursuivi par le premier pamphlet de Pfefferkorn, qui cherchait surtout à rendre suspect le Talmud. Tour à tour bienveillant et injurieux, cet écrit dénonce l'usure des Juifs, leur attachement aveugle au Talmud et leur obstination à ne pas fréquenter les églises. Il conclut en engageant les princes et les peuples à s'opposer à l'usure des Juifs, à les pousser de force dans les églises pour écouter les prédicateurs chrétiens, et, enfin, à détruire le Talmud. Mettre la main sur cet ouvrage, voilà ce qui présentait surtout de l'intérêt pour les dominicains. On disait alors ouvertement en Allemagne qu'en demandant la confiscation du Talmud, les « obscurants » de Cologne espéraient réussir à réaliser avec Pfefferkorn une bonne affaire. Car, les exemplaires du Talmud, une fois mis sous séquestre, seraient confiés à la garde des dominicains, en leur qualité de juges de l'Inquisition, et, comme les Juifs allemands ne pourraient pas se passer de cet ouvrage, ils essaieraient sûrement d'en faire annuler la confiscation à prix d'argent. Aussi les dominicains s'acharnèrent-ils dans leurs attaques contre les Juifs et le Talmud. Une année après la publication du premier livre paru sous le nom de Pfefferkorn, ils publièrent sous le même nom plusieurs autres écrits encore plus virulents, où ils déclaraient qu'il est du devoir des chrétiens de traquer les Juifs comme des animaux malfaisants. Si les princes ne prennent pas l'initiative de cette persécution, il appartient au peuple d'exiger d'eux qu'ils enlèvent aux Juifs tous les livres religieux, à l'exception de la Bible, ainsi que tous les gages, qu'ils s'emparent de leurs enfants pour les élever dans la foi chrétienne et qu'ils expulsent ceux qui se montreront récalcitrants à toute amélioration. Les seigneurs ne commettent, du reste, aucun péché en maltraitant les Juifs, car ceux-ci leur appartiennent corps et biens. En cas de refus de la part des princes, le peuple a le droit de leur imposer sa volonté par la violence et l'émeute. Qu'il se proclame chevalier du Christ et exécute son Testament. Quiconque persécute les Juifs est un vrai chrétien, mais ceux qui les favorisent sont encore plus coupables qu'eux et s'exposent à la damnation éternelle.

Heureusement, les temps étaient changés. Quoique la haine contre les Juifs fût encore aussi violente qu'à l'époque des croisades et de la Peste noire, la populace ne pouvait plus se ruer sur eux avec la même facilité pour les piller et les tuer. Les princes non plus ne se montraient pas disposés à les chasser de leurs domaines, car leur départ les eût privés d'une source importante de revenus réguliers. On ne montrait même plus beaucoup d'enthousiasme pour la conversion des Juifs, et plus d'un chrétien raillait les apostats juifs. On comparait alors volontiers, parmi les chrétiens, les Juifs convertis à du linge blanc. Tant que le linge est propre, l'usage en est agréable ; mais il suffit de quelques jours pour le souiller, et on le jette ensuite dans un coin. Il en est de même, disait-on, pour les renégats juifs. Immédiatement après le baptême, ils sont choyés par les chrétiens, mais peu à peu ils sont négligés, puis totalement délaissés.

Les agissements de Pfefferkorn n'étaient pas sans danger pour les Juifs d'Allemagne, qui résolurent de se défendre vigoureusement. Des médecins juifs, influents à certaines cours princières, paraissent s'être servis de leur crédit auprès de leurs protecteurs pour démontrer l'inanité des accusations de leur adversaire. Sur un point, cependant, les obscurants de Cologne espéraient avoir facilement cause gagnée. Ils pensaient qu'on leur accorderait volontiers l'autorisation de faire des perquisitions dans les maisons juives et, au besoin, d'en soumettre les propriétaires à la torture pour mettre la main sur les exemplaires du Talmud et, en général, sur tout ouvrage religieux, en dehors de la Bible. Dans ce but, ils se mirent à circonvenir l'empereur Maximilien, qui, d'habitude, était opposé à toute violence, et à faire agir sur lui sa sœur Cunégonde.

Cette princesse, autrefois la fille préférée de l'empereur Frédéric III, avait causé à son père un profond chagrin. A l'insu de l'empereur, elle s'était mariée avec un de ses ennemis, le duc bavarois Albert de Munich. Pendant longtemps, le père irrité ne voulut même pas entendre prononcer le nom de sa fille. Le duc Albert mourut encore jeune (1508). Sa veuve, peut-être pour expier la faute commise à l'égard de son père, se retira dans un couvent et devint abbesse des sœurs Clarisses. C'est cette princesse, d'une piété sombre et fanatique, que les dominicains de Cologne s'efforcèrent de rendre favorable à leur projet. Ils envoyèrent Pfefferkorn auprès d'elle, pour lui persuader que les Juifs proféraient des injures contre Jésus, Marie, les apôtres et toute l'Église, et qu'il était nécessaire de détruire leurs livres, remplis de blasphèmes contre le christianisme. Convaincre une telle femme, qui vivait enfermée dans un couvent, ne devait pas exiger de grands efforts. Cunégonde ajouta foi à toutes les calomnies débitées contre les Juifs, d'autant plus que ces calomnies lui étaient répétées par un homme recommandé par les dominicains et qui avait été Juif lui-même. Elle remit donc à Pfefferkorn une lettre pour Maximilien, qu'elle adjurait d'accueillir avec faveur la demande des dominicains et de ne pas attirer sur sa tête la colère de Dieu en ménageant les Juifs blasphémateurs.

Muni de cette lettre, Pfefferkorn se rendit en toute hâte auprès de l'empereur et réussit à obtenir de lui une commission générale (du 10 août 1509) qui l'autorisait à saisir et à examiner les livres des Juifs, dans tout l'Empire, et à détruire ceux qui contiendraient des assertions hostiles à la Bible ou au christianisme. Par ce même arrêté, il était sévèrement interdit aux Juifs de s'opposer aux perquisitions ou de cacher les livres incriminés.

Du camp où il était allé voir Maximilien, Pfefferkorn revint tout triomphant en Allemagne, pressé de commencer sa chasse aux livres, et aussi aux écus juifs. Il débuta dans l'importante communauté de Francfort, où l'on trouvait alors de nombreux talmudistes, partant beaucoup d'exemplaires du Talmud, et aussi des Juifs très aisés. De plus, outre les livres d'usage, il y avait, dans cette ville, de nombreux exemplaires neufs du Talmud et d'autres ouvrages hébreux, destinés à être vendus à la foire. Sur la demande de Pfefferkorn, le Sénat de Francfort convoqua tous les Juifs à la synagogue, où il leur fit connaître l'ordre impérial. En présence d'ecclésiastiques et de plusieurs membres du Sénat, on confisqua alors tous les livres de prières qu'on trouva dans la synagogue. C'était la veille de la fête des Tentes (vendredi 28 septembre 1509). Pfefferkorn alla plus loin. De son autorité privée, ou sous le couvert de l'empereur, il défendit aux Juifs de se rendre à la synagogue pendant cette fête, parce qu'il voulait profiter des jours fériés pour faire des perquisitions domiciliaires. Les ecclésiastiques présents, moins implacables que le renégat juif, ne voulurent pas empêcher les Juifs de célébrer leur fête et remirent les perquisitions au lundi suivant.

Une nouvelle preuve que les temps étaient changés, c'est que les Juifs n'acceptaient plus, comme autrefois, avec résignation, toutes les violences et toutes les iniquités qu'on voulait leur infliger. Devant l'acte de spoliation dont les menaçait Pfefferkorn, ils invoquèrent les privilèges que leur avaient accordés des empereurs et des papes, et qui leur garantissaient la liberté religieuse, et, par conséquent, la propriété de leurs livres de prières et d'étude. Ils demandèrent donc que la confiscation fût retardée, afin qu'il leur fût possible d'en appeler à l'empereur et à la chambre impériale. En même temps, l'administration de la communauté de Francfort envoya un délégué auprès d'Uriel de Gemmingen, prince-électeur et archevêque de Mayence, dont relevait le clergé de Francfort, pour le prier d'empêcher les ecclésiastiques de participer à une telle injustice. Le prélat accéda à ce désir. Quand le Sénat de Francfort apprit la décision de l'archevêque de Mayence, il retira, à son tour, son appui à Pfefferkorn. Mais les Juifs ne s'endormirent pas sur ce premier succès. Tout en ignorant que derrière Pfefferkorn se cachaient les puissants dominicains, ils devinaient qu'il était soutenu par leurs ennemis et qu'ils n'étaient pas en sécurité. Ils déléguèrent donc Jonathan Cion auprès de l'empereur Maximilien pour plaider leur cause, et ils invitèrent toutes les communautés juives allemandes à se faire représenter à une réunion qui aurait lieu le mois suivant, et où l'on prendrait les mesures de préservation nécessaires.

Tout péril semblait pourtant écarté pour le moment, grâce à l'intervention de l'archevêque de Mayence Qu'il le fît par pur sentiment de justice ou par aversion pour le fanatisme des dominicains, ou qu'il fût froissé que l'empereur eût accordé à un étranger un droit de juridiction sur les affaires religieuses dans son diocèse, ce qui est certain c'est que ce dignitaire de l'Église défendit énergiquement les Juifs. Le 5 octobre il écrivit à l'empereur pour exprimer son étonnement que, dans une conjoncture aussi grave, il eût donné pleins pouvoirs à un homme aussi ignorant et aussi peu digne de confiance que Pfefferkorn, affirmant que les Juifs établis dans son diocèse ne possédaient pas de livres injurieux pour le christianisme. Il ajoutait que dans le cas où le souverain tiendrait à faire confisquer et examiner les ouvrages hébreux, il devrait confier cette mission à une personne compétente. Pour ne pas paraître partial dans cette affaire, il se mit en relations avec Pfefferkorn. Il le manda à Aschaffenbourg, et là il lui montra que le mandat dont l'avait gratifié l'empereur présentait un vice de forme et que les Juifs pourraient contester la validité de ses pouvoirs. Dans cet entretien, on prononça pour la première fois le nom de Reuchlin. Il fut, en effet, question d'adjoindre à Pfefferkorn, pour l'examen des ouvrages incriminés, Reuchlin (ou bien Victor de Karben) avec un dominicain de Cologne.

En s'assurant le concours de Reuchlin, dont le savoir et le caractère étaient profondément respectés en Allemagne, les dominicains comptaient que leur entreprise aurait plus de chances de réussite. Peut-être aussi espéraient-ils compromettre ce savant, dont les efforts pour répandre l'étude de l'hébreu parmi les chrétiens d'Allemagne et d'Europe étaient vus d'un très mauvais œil par les « obscurants ». De toute façon ils se trompèrent dans leurs calculs, car Reuchlin, en prenant part à ces débats, porta à l'Église catholique des coups qui l'ébranlèrent jusqu'aux fondements. On put dire plus tard avec raison que ce chrétien teinté de judaïsme avait fait plus de mal à l'Église que tous les écrits de polémique des Juifs.

Jean Reuchlin, de Pforzheim (1455-1522), contribua pour une grande part à faire succéder, en Europe, un esprit nouveau à l'esprit du moyen âge. Sous le nom de Capnion et aidé de son contemporain plus jeune, Érasme, de Rotterdam, il réveilla en Allemagne le goût des lettres et de la science, et prouva que, dans le domaine de l'antiquité classique et des humanités, les Allemands pouvaient rivaliser avec les Italiens. A une culture littéraire fort remarquable, Reuchlin joignait un caractère élevé, une scrupuleuse loyauté, un très grand amour de la vérité. Plus érudit qu'Érasme, il voulait, à l'exemple de saint Jérôme, savoir l'hébreu. Son ardeur à étudier cette langue devint une vraie passion lorsque, pendant son second voyage en Italie, il eut fait la connaissance, à Florence, du célèbre Pic de la Mirandole et appris de lui quels merveilleux mystères on découvrait dans les sources juives de la Cabbale. Ce n'est cependant qu'à l'âge mûr qu'il réussit à réaliser complètement son ardent désir d'étudier sérieusement la littérature hébraïque. Il entra, en effet, en rapports, à Linz, à la cour du vieil empereur Frédéric III, avec le médecin et chevalier juif Jacob Loans, qui lui enseigna l'hébreu.

Dès qu'il fut un peu familiarisé avec la littérature hébraïque,

Reuchlin publia un opuscule, « Le mot mirifique », où il parle avec enthousiasme de l'hébreu. « La langue hébraïque, dit-il, est simple, pure, sacrée, concise et vigoureuse; Dieu s'en sert pour parler aux hommes, et les hommes pour s'entretenir avec les anges, directement, sans intermédiaire, face à face, comme un ami parle à son ami. » Il s'efforce de prouver que la sagesse des nations, les symboles religieux des païens et les pratiques de leur culte ne sont que des modifications et des altérations de la vérité juive, dissimulée dans les mots, les lettres et même la forme des lettres. Au surplus, Reuchlin ne négligea aucune occasion de se perfectionner dans la langue hébraïque. Pendant qu'il résidait à Rome, en qualité de représentant du prince électeur du Palatinat auprès du pape Alexandre VI (1498-1500), il se fit donner des leçons d'hébreu par le Juif Obadia Sforno.

Comme il était le seul chrétien en Allemagne, et même en Europe, qui sût l'hébreu, ses nombreux amis le pressèrent de publier une grammaire hébraïque pour faciliter aux chrétiens l'étude de cette langue. Cette grammaire, la première qui ait été composée par un savant chrétien — elle fut achevée en mars 1506 — et que Reuchlin appelle « un monument plus durable que l'airain », présentait certainement bien des lacunes. Elle contenait simplement les règles les plus élémentaires de la prononciation de l'hébreu et des formes des mots, ainsi qu'un petit lexique. Mais elle exerça quand même une sérieuse influence, car elle éveilla le goût des études hébraïques chez plusieurs humanistes, qui s'y adonnèrent ensuite avec ardeur. Quelques disciples de Reuchlin, notamment Sébastien Munster et Widmannstadt, marchèrent sur les traces de leur maître et manifestèrent autant de zèle pour l'étude de l'hébreu que pour celle du grec.

Reuchlin n'était pourtant pas un ami des Juifs. Dans sa jeunesse, il nourrissait contre eux les mêmes préjugés que ses contemporains, les considérant comme dénués de tout goût littéraire ou artistique et les déclarant vils et méprisables. A l'exemple de saint Jérôme, il proclama sans ambages sa haine pour le peuple juif. En même temps qu'il publiait sa grammaire hébraïque, il écrivait une lettre où il attribuait tous les maux des Juifs à leur aveuglement et à leur obstination. Autant que Pfefferkorn, il croyait qu'ils blasphémaient contre Jésus, Marie, les apôtres et l'Église.

Plus tard, il regretta d'avoir publié cette lettre, car son cœur était resté honnête et bon. Dans ses relations avec les Juifs, il leur témoignait de la bienveillance ou, au moins, de la considération. Son sentiment de la justice ne lui permettait pas d'approuver les iniquités commises à l'égard des Juifs. Quoiqu'il n'eût jamais donné lieu jusqu'alors au moindre soupçon d'hérésie et qu'il entretînt d'excellents rapports avec les dominicains, les obscurants le considéraient instinctivement comme leur ennemi. Ils lui en voulaient de son culte pour la science et la littérature classique, de sa passion pour la langue grecque, dont le premier il avait introduit l'étude en Allemagne, de ses efforts pour propager l'enseignement de l'hébreu et de la préférence qu'il accordait à « la vérité hébraïque » sur la traduction latine canonique de la Bible appelée *Vulgate*.

Tel était l'homme que Pfefferkorn voulait s'attacher comme complice dans ses intrigues contre les Juifs. Quand l'apostat juif se rendit une seconde fois au camp de l'empereur, il fit d'abord visite à Reuchlin pour lui exposer la mission dont il était chargé et lui montrer la commission qu'il avait reçue de Maximilien pour cet objet. Reuchlin approuva son projet de détruire les livres contenant des blasphèmes contre le christianisme, mais lui fit remarquer, comme l'avait déjà fait l'archevêque de Mayence, qu'il y avait un vice de forme dans le mandat que lui avait confié l'empereur. Pfefferkorn promit de tenir compte de l'observation et de demander à Maximilien une nouvelle commission dont la validité ne fût pas contestable.

Pendant que ces pourparlers avaient eu lieu entre Reuchlin et Pfefferkorn, les défenseurs des Juifs n'étaient pas restés inactifs. Jonathan Cion et un autre de ses coreligionnaires influents, Isaac Trieste, appuyés par des chrétiens considérés, par le délégué de l'archevêque de Mayence et le margrave de Bade, avaient fait valoir auprès de l'empereur les privilèges accordés aux Juifs par plusieurs de ses prédécesseurs et par plusieurs papes. D'après ces privilèges, les Juifs étaient autorisés à pratiquer leur religion, et le souverain lui-même n'avait pas le droit d'entraver le libre exercice de leur culte ni, par conséquent, celui de leur enlever leurs livres religieux. L'empereur fut aussi informé que le dénonciateur des Juifs était un misérable, condamné autrefois pour vol. Les défenseurs des Juifs semblaient avoir réussi dans leurs démarches, car Maximilien transféra à Uriel de Gemmingen, archevêque de Mayence, les pouvoirs qu'il avait d'abord confiés à Pfefferkorn.

L'empereur était malheureusement un esprit très mobile, et, quand Pfefferkorn vint le revoir, muni d'une nouvelle lettre, très pressante, de sa sœur Cunégonde, il lui rendit (10 novembre 1509) le mandat de confisquer les ouvrages incriminés. L'archevêque Uriel de Gemmingen resta pourtant chargé du soin de les examiner, mais il devait s'éclairer de l'avis des Facultés de théologie de Cologne, de Mayence, d'Erfurt et de Heidelberg, et de savants tels que Reuchlin, Victor de Karben et même l'inquisiteur Hochstraten, quoique ce dernier n'eût absolument aucune notion de l'hébreu.

Uriel de Gemmingen délégua ses pouvoirs au régent de l'Université de Mayence pour surveiller la confiscation des livres. Accompagné de ce délégué, Pfefferkorn retourna à Francfort, où il reprit ses recherches. Il mit la main sur mille cinq cents ouvrages manuscrits, qu'il fit déposer à l'hôtel de ville. Dans d'autres localités aussi il s'acquitta avec zèle de sa tâche.

Au commencement, les principales communautés juives de l'Allemagne étaient restées indifférentes devant les agissements de Pfefferkorn ou plutôt des dominicains. Elles n'avaient pas non plus répondu à l'invitation qui leur avait été adressée d'envoyer des délégués à une réunion de notables juifs pour délibérer sur la situation et créer un fonds de défense. Seules, quelques communautés peu considérables avaient immédiatement voté des subsides; les communautés riches, telles que Rothenbourg-sur-la-Tauber, Weissenbourg et Fürth, s'étaient abstenues. Mais, quand Pfefferkorn eut commencé à confisquer les livres hébreux, non seulement à Francfort, mais aussi dans d'autres localités, elles sortirent de leur torpeur.

Leur action s'exerça tout d'abord sur le Sénat de Francfort, qu'elles réussirent à se rendre favorable. Les libraires juifs venaient d'habitude à la foire du printemps, à Francfort, avec des ballots de marchandises. Pfefferkorn émit la prétention de mettre également sous séquestre tous ces livres neufs, mais le Sénat s'y opposa. Du reste, en prévision d'une menace de confiscation, ces marchands s'étaient fait délivrer par les princes et seigneurs de leurs pays des sauf-conduits garantissant leur personne et leurs biens. L'archevêque Uriel aussi ne prêta qu'un très faible appui à Pfefferkorn, évitant de convoquer les savants désignés par l'empereur pour examiner les ouvrages hébreux et montrant, en général, une très grande mollesse. Il semble même que plusieurs princes, éclairés par les Juifs sur la vraie signification de la confiscation de leurs livres, firent des démarches en leur faveur auprès de Maximilien. Enfin, le peuple se déclara également contre Pfefferkon.

Dans l'espoir de gagner l'opinion publique à leur cause et de réussir à exercer par elle une pression morale sur l'empereur, les dominicains avaient, en effet, publié, sous le nom de Pfefferkorn, un nouveau pamphlet contre les Juifs. Cet écrit, intitulé : « A la gloire de l'empereur Maximilien », encensait sans vergogne le souverain et déplorait en même temps qu'on accordât si peu d'importance, dans les milieux chrétiens, aux accusations dirigées contre le Talmud. Ce fut peine perdue. On resta, en général, hostile à l'entreprise des obscurants. Maximilien revint même en partie sur ses premiers ordres et invita le Sénat de Francfort à restituer aux Juifs tous leurs livres (23 mai 1510). La joie fut grande parmi les Juifs, car ils avaient maintenant l'espoir non seulement de rester en possession de leurs ouvrages religieux, qui leur étaient si chers, mais aussi de conserver la situation qu'ils occupaient dans l'empire germano-romain.

Il se produisit malheureusement un incident, à ce moment, dont les dominicains surent tirer grand profit pour leur cause. Un ciboire avec un ostensoir doré avait été volé dans une église de la Marche de Brandebourg. Le coupable, arrêté, prétendit avoir vendu l'hostie à des Juifs de la contrée. Ceux-ci furent alors cruellement persécutés par l'évêque de Brandebourg, et le prince-électeur Joachim Ier fit transporter les inculpés à Berlin. Là, on les accusa à la fois de profanation d'hostie et de meurtre d'enfant. Sur l'ordre de Joachim, trente-huit de ces malheureux furent torturés sur un gril ardent. Tous subirent le martyre avec un merveilleux courage (19 juillet 1510), à l'exception de deux, qui acceptèrent le baptême et furent simplement décapités. C'est à l'occasion de ce douloureux événement qu'il est question, pour la première fois, de la présence des Juifs à Berlin et dans le Brandebourg.

Cette affaire causa une profonde émotion en Allemagne, et les dominicains ne manquèrent pas de s'en servir contre les Juifs auprès de l'empereur. Celui-ci eut, du reste, à soutenir un véritable assaut de la part de sa sœur Cunégonde. Les dominicains avaient, en effet, fait accroire à cette princesse dévote qu'en revenant sur ses premières déterminations à l'égard des Juifs Maximilien semblait, en quelque sorte, approuver leurs plus horribles crimes et leurs blasphèmes contre le christianisme. Aussi, lors de son entrevue avec son frère, à Munich, Cunégonde se jeta à ses pieds, pleura et le supplia de ne plus couvrir les Juifs de sa protection.

Maximilien était perplexe. Opposer un refus formel aux sollicitations de sa sœur, c'était l'affliger profondément, mais, d'un autre côté, il commençait à se défier de Pfefferkorn et de ses agissements. Il se tira d'embarras par une sorte de compromis. Pour la quatrième fois, il prit un arrêté (6 juillet 1510) relativement à la confiscation des livres hébreux. En vertu de cette nouvelle décision, l'archevêque Uriel devait demander des mémoires sur cette question à certaines Universités d'Allemagne, ainsi qu'à Reuchlin, Victor de Karben et Hochstraten, et Pfefferkorn était chargé de transmettre à l'empereur les conclusions de ces mémoires.

Heureusement pour les Juifs, qui attendaient avec anxiété le résultat final des travaux de tous ces savants, Reuchlin se prononça contre la suppression du Talmud. Son mémoire était écrit, il est vrai, dans un style lourd et pédant, à la mode du temps, mais il sut exposer le sujet avec habileté. Il part de ce principe qu'il serait injuste d'accorder à tous les ouvrages juifs la même importance et la même valeur et qu'il faut les répartir, outre la Bible, en six classes. Selon lui, la classe des commentaires bibliques composés par R. Salomon (Raschi), Ibn Ezra, les Kimhides, Moïse Gerundi et Lévi ben Gerson, comprend des ouvrages qui, loin d'être nuisibles au christianisme, sont indispensables aux théologiens chrétiens. C'est aux sources juives que les savants chrétiens ont puisé les éléments de leurs meilleures explications bibliques, ce sont les œuvres juives qui leur ont permis de comprendre les livres sacrés. Si, dans les écrits de Nicolas de Lyre, le meilleur commentateur chrétien de la Bible, on défalque les emprunts faits à Raschi, on peut réduire toute son œuvre personnelle à quelques pages. Au reste, il est honteux que, par ignorance de l'hébreu et du grec, des docteurs de la théologie chrétienne interprètent faussement les saintes Écritures. Les ouvrages hébreux qui traitent de philosophie, d'histoire naturelle ou d'autres sciences, ne se distinguent en rien des ouvrages analogues écrits en grec, en latin ou en allemand. Quant au Talmud, objet principal des dénonciations de Pfefferkorn, Reuchlin avoue n'y rien comprendre. Mais, ajoute-t-il, d'autres aussi n'y comprennent absolument rien et se permettent pourtant de condamner sévèrement ce livre. C'est comme si un ignorant quelconque s'avisait d'écrire contre les mathématiques sans les avoir jamais étudiées. Il conclut en s'élevant contre le projet de brûler le Talmud, à supposer même que cet ouvrage contienne, entre beaucoup d'autres choses, des injures contre les fondateurs du christianisme. « Si le Talmud était vraiment aussi nuisible qu'on le prétend, dit-il, nos aïeux, dont l'attachement à la foi chrétienne était plus sincère que le nôtre, l'auraient brûlé depuis longtemps. Si les Juifs convertis Peter Schwarz et Pfefferkorn tiennent à le détruire, c'est qu'ils y sont poussés par des raisons toutes particulières. » Pour terminer, Reuchlin déclarait qu'au lieu de confisquer ou de brûler les livres des Juifs, il serait plus utile de nommer à chaque Université deux professeurs d'hébreu, qui enseigneraient également la langue postbiblique. On amènerait ainsi bien plus facilement les Juifs au christianisme.

Jamais, depuis qu'ils étaient persécutés par les chrétiens, les Juifs n'avaient encore trouvé un défenseur aussi énergique que Reuchlin. Son plaidoyer en leur faveur était d'autant plus important qu'il se présentait sous la forme d'un document officiel, destiné au chancelier et à l'empereur. Sur deux points surtout, les déclarations de Reuchlin avaient une réelle valeur pour les Juifs. Ainsi, il n'hésitait pas à affirmer que les Juifs étaient citoyens de l'empire germano-romain et devaient jouir, à ce titre, des mêmes droits et de la même protection que les autres citoyens. C'était là, en quelque sorte, la première proclamation, encore vague et incomplète, du principe de l'émancipation des Juifs, qui ne fut admis complètement en Allemagne que trois siècles plus tard. Une voix autorisée osait enfin protester contre cette idée absurde du moyen âge que, par suite de la conquête de Jérusalem par Titus et Vespasien, les Juifs étaient devenus la propriété des empereurs romains et, par conséquent, de leurs successeurs en Allemagne. En second lieu, il niait formellement que les Juifs fussent des hérétiques. « Comme ils se tiennent en dehors de l'Église, dit-il, et qu'ils ne sont pas contraints de suivre la foi chrétienne, on ne peut pas leur appliquer la qualification de mécréants et d'hérétiques. »

Les conclusions des autres mémoires étaient loin de concorder avec celles de Reuchlin. Pour les dominicains de Cologne, la Faculté de théologie de cette ville, l'inquisiteur Hochstraten et le vieux renégat Victor de Karben, qui subissaient tous la même direction, il était indispensable de confisquer le Talmud et les ouvrages similaires et de les livrer aux flammes. De ces ouvrages, Hochstraten voulait étendre l'accusation aux Juifs eux-mêmes. Il proposa de faire réunir par des hommes compétents les passages entachés d'hérésie qui se rencontrent dans les livres incriminés et de demander ensuite aux Juifs s'ils reconnaissaient le danger présenté par des écrits aussi malfaisants. Les trouvaient-ils nuisibles, alors ils devraient approuver le projet des dominicains de les brûler. Si, au contraire, ils déclaraient les accepter comme livres religieux, l'empereur devrait les faire comparaître eux-mêmes comme hérétiques devant le tribunal de l'Inquisition.

La Faculté de Mayence alla plus loin. Elle engloba dans la même condamnation les écrits talmudiques et la Bible. D'après les obscurants de Mayence, les saintes Écritures aussi, au moins dans leur texte original, étaient dangereuses. En effet, le texte hébreu n'est pas toujours d'accord avec la traduction latine de la Vulgate. Dans ces cas, c'est l'original qui a tort, et les théologiens de Mayence n'auraient pas été fâchés d'être délivrés d'un texte qui gênait parfois leurs interprétations enfantines.

A force d'avoir voulu être habiles et machiavéliques, les dominicains de Cologne perdirent leur cause. Dans la pensée de Reuchlin, le mémoire qu'on lui avait demandé, et qu'il envoya scellé de son sceau, par un messager assermenté, à l'archevêque Uriel, ne devait être lu que par ce dernier et par l'empereur. Mais Pfefferkorn sut s'arranger de façon à prendre connaissance de ce mémoire avant l'empereur. Outré de ce procédé, Reuchlin accusa publiquement les dominicains de Cologne de bris de scellés. Les Juifs pourtant n'eurent qu'à se louer de cet acte d'indélicatesse de leurs ennemis, car il tourna en leur faveur.

Les dominicains savaient, en effet, que l'opinion de Reuchlin serait d'un grand poids pour l'empereur et ses conseillers. Or, quand ils virent que cette opinion leur était contraire, ils publièrent contre Reuchlin un pamphlet allemand, dans l'espoir de gagner le peuple à leur cause et de contraindre ainsi l'empereur à sévir contre les Juifs. Dans cet écrit intitulé : *Glace à main*, et répandu par milliers d'exemplaires, Pfefferkorn, qui, en cette circonstance aussi, n'était que le prête-nom des dominicains, insultait grossièrement Reuchlin. Ce pamphlet produisit une énorme sensation, car Reuchlin occupait une situation élevée comme savant et comme dignitaire de l'Empire. On trouvait surtout impudent de la part d'un Juif converti d'accuser d'irréligion un chrétien né dans le christianisme et universellement respecté.

Reuchlin ne pouvait ni ne voulait rester sous le coup de telles attaques. Il porta plainte auprès de l'empereur contre Pfefferkorn. Maximilien ne cacha pas son mécontentement au sujet des procédés des dominicains, et il essaya de calmer Reuchlin en lui promettant de charger l'évêque d'Augsbourg d'ouvrir une enquête sur toute cette affaire. Mais, absorbé par des occupations multiples, il oublia Reuchlin et ses griefs. D'un autre côté, la foire d'automne allait se tenir à Francfort, et Pfefferkorn aurait l'occasion d'y propager son pamphlet venimeux.

Devant la perspective de continuer à voir son honneur impunément outragé par ses ennemis, Reuchlin résolut de se défendre lui-même. Il répondit au pamphlet de Pfefferkorn par un autre pamphlet allemand, le *Miroir des yeux* (composé à la fin d'août ou au commencement de septembre 1511), où il dévoile les manœuvres de Pfefferkorn et de ses acolytes. Il expose en termes simples, mais chaleureux, l'origine de ses démêlés avec les dominicains, et raconte les efforts du renégat juif pour faire condamner le Talmud au feu et obtenir son appui dans cette occurrence. Après avoir reproduit les diverses pièces qui lui furent adressées, à propos de cette affaire, par Maximilien et l'archevêque de Mayence, et le mémoire qu'il écrivit sur ce sujet, il montre comment Pfefferkorn prit connaissance de ce mémoire d'une façon malhonnête et l'attaqua ensuite dans un pamphlet qui ne contient pas moins de trente-quatre assertions mensongères.

Ce qui indigne surtout Reuchlin, c'est qu'on ait eu l'audace d'affirmer qu'il s'était laissé acheter par les Juifs. Il se montre également blessé de ce que ses ennemis ne croient pas à ses connaissances hébraïques et lui dénient la paternité de sa grammaire hébraïque. Enfin, pour terminer, il prend énergiquement la défense des Juifs. Au reproche que lui adresse Pfefferkorn d'avoir appris l'hébreu chez des Juifs et d'avoir ainsi contrevenu à la loi canonique qui défend d'entretenir avec eux des relations, Reuchlin répond : « Le Juif baptisé dit que la loi divine interdit tout rapport avec les Juifs; cela est faux. Les chrétiens peuvent comparaître en justice avec eux, acheter chez eux, leur faire des présents et des donations. Le cas peut même se présenter où un chrétien hérite en commun avec un Juif. Il est également permis de s'entretenir avec eux et de se faire instruire par eux, comme le prouvent les exemples de saint Jérôme et de Nicolas de Lyre. Enfin, il est prescrit au chrétien d'aimer le Juif comme son prochain. »

Quand, au moment de la foire de Francfort, le *Miroir* de Reuchlin fut répandu parmi les milliers de personnes qui se trouvaient alors dans cette ville, il produisit une émotion des plus profondes. C'était une chose inouïe qu'un personnage illustre, tel que Reuchlin, clouât au pilori comme malhonnête et menteur un adversaire des Juifs. Ceux-ci surtout lisaient avec avidité cet écrit où, pour la première fois, un chrétien fort respecté traitait leurs accusateurs de vils calomniateurs, et ils rendaient grâce à Dieu de leur avoir suscité un défenseur dans leur détresse. Aussi travaillèrent-ils de toutes leurs forces à la propagande de cet opuscule. De tous côtés, de savants et d'ignorants, Reuchlin recevait des félicitations. On se réjouisssait qu'il eût riposté si vigoureusement aux obscurants de Cologne.

A la suite de l'apparition du « Miroir » de Reuchlin et de sa défense du Talmud, commença une lutte qui prit un caractère de plus en plus grave et dont la portée dépassa bientôt de beaucoup l'objet qui l'avait fait naître. Les dominicains, qui se sentaient menacés et dont les moyens d'action étaient considérables, se défendirent avec énergie. Mais leur colère leur fit commettre des imprudences et les emporta au delà du but.

Par excès de zèle, leurs amis aussi, au lieu de leur être utiles, nuisirent à leur cause. Un prédicateur de Francfort-sur-le-Mein, Peter Meyer, n'ayant pas réussi à arrêter la vente du « Miroir » et désireux pourtant de plaire aux dominicains, annonça un jour, du haut de la chaire, que Pfefferkorn prêcherait contre le pamphlet de Reuchlin la veille de la prochaine fête de la Vierge, et il invita les fidèles à venir assister en foule à ce sermon. L'idée n'était pas heureuse. Comment espérer que Pfefferkorn produirait une impression favorable sur un public chrétien avec sa figure antipathique, ses manières communes et son jargon judéo-allemand ? Chaque mot, chaque mouvement devait nécessairement exciter le rire de l'auditoire. De plus, d'après la doctrine catholique, il était sévèrement interdit à un laïque, et surtout à un laïque marié, d'officier comme prêtre. Peu de temps auparant, un berger avait été condamné à être brûlé parce qu'il avait usurpé les fonctions de prédicateur. Au jour dit (7 septembre 1511), Pfefferkorn prêcha, non pas dans l'église même, pour ne pas scandaliser les fidèles, mais à l'entrée de l'église, devant un public nombreux. Mais le spectacle présenté par ce Juif qui multipliait les signes de la croix par-dessus une assemblée chrétienne et, dans son patois juif, exhortait ces chrétiens à la piété, parut fort peu édifiant.

Jusqu'alors, le principal instigateur de cette lutte, l'inquisiteur Jacob Hochstraten, s'était tenu sur la réserve, se contentant d'envoyer au feu ses lieutenants, Pfefferkorn, Ortuin de Graes et Arnaud de Tongres. Quand il s'aperçut de la tournure défavorable que prenait cette affaire pour les dominicains, il crut nécessaire de se jeter lui-même dans la mêlée.

Autorisé sans doute par son provincial, il invita Reuchlin (le 15 septembre 1513) à se présenter à Mayence, dans un délai de six jours, à huit heures du matin, pour être jugé comme ami des Juifs et hérétique. Avant de lancer cet acte d'accusation contre Reuchlin, il avait préparé un réquisitoire bien documenté contre le « Miroir » et le Talmud. Il avait aussi pris ses mesures pour être appuyé dans ce procès. Il avait, en effet, sollicité de quatre Universités des mémoires sur le « Miroir », et toutes les quatre s'étaient naturellement prononcées dans le sens qu'il leur avait indiqué. A la date fixée (20 septembre), Hochstraten, escorté de nombreux dominicains, se trouva à Mayence, où il choisit parmi ses partisans les membres destinés à former le tribunal, ouvrit la séance et se présenta à la fois comme juge et partie.

Les griefs qu'il énonça contre Reuchlin furent ceux qu'avaient déjà formulés Pfefferkorn et Arnaud de Tongres. Il lui reprochait de prendre trop chaleureusement la défense des Juifs, de considérer « ces chiens » presque autant que les membres de l'Église, de leur reconnaître les mêmes droits qu'aux chrétiens, et il proposa à la Commission de déclarer le « Miroir » entaché d'hérésie, injurieux pour le christianisme, et de condamner cet ouvrage à être brûlé. On ne peut pas nier qu'il y eût progrès. Du temps de Torquemada et de Ximénès de Cisneros, l'auteur aurait été livré aux flammes en même temps que son livre.

A la grande surprise des dominicains, Reuchlin se présenta à Mayence, accompagné de deux conseillers du duc de Wurtemberg. Le procès mené contre lui de si étrange façon par l'Inquisition avait, du reste, irrité au plus haut point bien des gens, et surtout ses amis et ses admirateurs. La jeunesse studieuse de l'Université de Mayence, chez laquelle la théologie et la scolastique n'avaient pas encore éteint tout sentiment de justice et de générosité, ne dissimula pas l'indignation qu'elle en éprouvait, et elle entraîna dans son mouvement de protestation les professeurs de droit et plusieurs personnages de marque. Aussi le chapitre de Mayence s'efforça-t-il d'amener une conciliation entre Reuchlin et ses adversaires. Mais Hochstraten persista dans son fanatisme étroit et fixa la discussion du procès au 12 octobre, jour où serait prononcée la sentence.

Sur l'ordre de l'inquisiteur et avant le prononcé de l'arrêt, les ecclésiastiques de Mayence proclamèrent dans les églises que tous ceux qui avaient en leur possession des exemplaires du « Miroir », Juifs ou chrétiens, étaient tenus, sous peine d'une forte amende, de les livrer pour être brûlés. Le clergé promit aussi aux fidèles des indulgences pour trois cents jours s'ils venaient assister à l'autodafé, sur la place de l'église. Au jour fixé, on y accourut en foule. Sur la tribune érigée devant l'église, on vit s'avancer d'un pas grave et solennel les dominicains, ainsi que les théologiens des Universités de Cologne, Louvain et Erfurt. Hochstraten, qui avait rempli jusque-là les fonctions d'accusateur, alla prendre place parmi les juges. Le tribunal se disposait à prononcer le verdict et à faire allumer le feu du bûcher, quand arriva un messager de l'archevêque Uriel. Outré des prétentions des dominicains et de leurs procédés à l'égard de Reuchlin, Uriel de Gemmingen ordonnait aux commissaires élus parmi ses ouailles de remettre le prononcé du jugement à un mois. Dans le cas où ils ne se conformeraient pas à ses ordres, il les relèverait de leurs fonctions d'inquisiteur et déclarerait toutes leurs décisions nulles et non avenues. Les dominicains furent atterrés de cet ordre, qui venait brusquement déjouer toutes leurs machinations. Seul, Hochstraten essaya de protester contre l'intervention de l'archevêque ; mais ses collègues refusèrent de le suivre dans cette voie. Ils descendirent confus de la tribune, poursuivis par les cris moqueurs de la foule et par ces paroles de nombreux assistants : « Qu'on fasse monter sur le bûcher ces frères qui traitent de si pitoyable façon un homme d'honneur. »

Hermann de Busche, « le missionnaire de l'humanisme », comme l'appelle avec raison un écrivain moderne, et Ulric de Hutten, le défenseur chevaleresque de la justice et de la vérité, célébrèrent la victoire de Reuchlin dans un chant intitulé : « Triomphe de Reuchlin. » Dans cette poésie, ils conseillent à l'Allemagne de se rendre bien compte de l'importance de la victoire remportée sur les dominicains par le plus illustre et le plus savant de ses enfants, et ils l'engagent à faire à Reuchlin, à son retour dans sa patrie, une réception triomphale. Hochstraten est représenté sous les traits d'un hideux fanatique qui crie sans cesse : « Au feu les auteurs et leurs ouvrages ! » Ils ajoutent : « Qu'on écrive des vérités ou des mensonges, que les livres soient inspirés par la justice ou l'iniquité, Hochstraten est toujours prêt à allumer des bûchers. Il avale du feu, il s'en nourrit, il crache des flammes. » Ses complices, Ortuin de Graes et Arnaud de Tongres, ne sont pas mieux traités. Mais, c'est surtout sur Pfefferkorn, sur ce vil renégat qui poursuivait ses anciens coreligionnaires de sa haine tenace, que s'abat le fouet vengeur de la satire.

Naturellement, les Juifs se réjouirent aussi de la défaite des dominicains, car ils étaient particulièrement intéressés à l'issue du procès. Si le « Miroir » avait été condamné, nul chrétien n'aurait plus osé les défendre, à moins de se résigner d'avance à se faire accuser d'hérésie, et leurs livres religieux auraient probablement subi le même sort que le « Miroir ». Les rabbins d'Allemagne se seraient donc montrés excellents prophètes s'ils s'étaient vraiment réunis en synode à Worms, comme le racontaient les dominicains, pour célébrer le succès de Reuchlin comme le signe précurseur de la chute de l'empire de Rome, c'est-à-dire de l'obscurantisme.

Il était pourtant trop tôt pour chanter victoire. Reuchlin, le premier, ne se faisait aucune illusion sur le caractère précaire de son succès. Il connaissait trop bien ses adversaires pour croire qu'ils accepteraient leur échec avec résignation. Aussi résolut-il d'en appeler au pape pour faire imposer définitivement silence à ses calomniateurs. Mais, comme il savait que la cour pontificale de ce temps n'était pas insensible aux riches cadeaux et que les dominicains ne reculeraient devant rien pour atteindre leur but, il écrivit en hébreu à Bonet de Lattès, médecin juif du pape Léon X, pour lui demander son appui.

Léon X, de l'illustre famille des Médicis, dont le père avait dit qu'il était le plus intelligent de ses fils, n'était pape que depuis quelques mois. C'était un pontife un peu sceptique, s'intéressant plus à la politique qu'à la religion, ne témoignant que dédain pour les discussions théologiques, et préoccupé surtout de louvoyer habilement, et avec profit pour les intérêts temporels du Saint-Siège, entre l'Autriche et la France ou, plus exactement, entre la maison de Habsbourg et celle de Valois. Il était donc peu probable qu'il examinerait sérieusement si le « Miroir » de Reuchlin contenait des assertions conformes ou contraires à la foi catholique. Tout dépendrait du point de vue sous lequel on lui montrerait la lutte entre Reuchlin et les dominicains. C'est pourquoi, Reuchlin exposa en détail à Bonet de Lattès, qui voyait fréquemment le pape, tous ses démêlés avec Pfefferkorn et ses acolytes, et le pria d'user de son influence pour que Léon X ne fît pas juger cette affaire à Cologne ou dans une ville voisine.

Le 21 novembre 1513, probablement à la suite des démarches de Bonet de Lattès, le pape chargea les évêques de Spire et de Worms d'examiner eux-mêmes ou de soumettre à des délégués le différend de Reuchlin et des dominicains et de prononcer le verdict, qui serait alors définitif. L'évêque de Worms, de la famille des Dahlberg, qui était ami de Reuchlin, ne voulut pas prendre parti dans l'affaire. Alors le jeune évêque de Spire, Georges, comte palatin et duc de Bavière, nomma deux juges qui convoquèrent Reuchlin et Hochstraten à Spire. Le premier comparut, mais Hochstraten fit défaut et ne délégua même pas de représentant sérieux. Par crainte des dominicains, les juges s'occupèrent assez mollement du procès, qui traîna en longueur pendant trois mois (janvier-avril 1514). A la fin, ils se décidèrent quand même à prononcer le jugement. Ils déclarèrent que le « Miroir » ne contenait aucune hérésie, qu'il pouvait être lu et imprimé par tout chrétien, que Hochstraten avait calomnié Reuchlin, qu'il devait s'abstenir dorénavant de toute nouvelle attaque et qu'il était condamné aux dépens (111 florins d'or rhénans).

Irrités de ce nouvel échec, les dominicains traitèrent l'évêque de Spire de la plus méprisante façon et refusèrent de se soumettre au verdict de ses délégués. Pfefferkorn eut même l'audace d'arracher la copie du jugement affichée à Cologne. Contrairement aux usages, Hochstraten en appela directement au pape, sans même en aviser l'évêque de Spire, qui avait fait prononcer la condamnation en qualité de juge apostolique. Il avait des partisans parmi les cardinaux à Rome, et, à supposer qu'il ne gagnât pas rapidement son procès, il espérait, du moins, pouvoir le faire durer assez longtemps pour ruiner totalement Reuchlin en frais de procédure avant le prononcé de la sentence. Et comme les obscurants de tous les pays souhaitaient ardemment la condamnation de Reuchlin, les dominicains comptaient bien que plusieurs Universités, notamment la plus influente, celle de Paris, se prononceraient contre le « Miroir » et agiraient ainsi sur Rome.

Devant la coalition des obscurants, les partisans de la science, les amis des libres recherches, en un mot, les humanistes, unirent également leurs efforts. Il se forma un véritable parti dont le mot d'ordre était : *Courage en l'honneur de Reuchlin!* « Nous tous, disaient-ils, qui appartenons à l'armée de Pallas, nous sommes aussi dévoués à Reuchlin que les soldats à l'empereur. » C'est ainsi que, par suite de la haine de Pfefferkorn pour les Juifs, les chrétiens d'Allemagne se divisèrent en deux camps, les *Reuchlinistes* et les *Arnoldistes* (nom donné aux dominicains), qui se combattaient avec acharnement.

A la tête des amis de Reuchlin marchait la jeunesse allemande de ce temps, Hermann de Busche, Crotus Rubianus (Jean Jaeger) et le vaillant et fougueux Ulric de Hutten. Ce dernier surtout, alors âgé de vingt-six ans, se jeta dans la mêlée avec une impétueuse ardeur, consacrant toutes les forces de sa haute intelligence et toute l'énergie de son cœur à la cause du libre examen, et mettant tout en œuvre pour dissiper en Allemagne les ténèbres du moyen âge à la lueur de l'esprit nouveau. A côté de ces jeunes gens, on trouvait des hommes mûris par l'âge et l'expérience et investis des plus hautes dignités : le duc Ulric de Wurtemberg et sa cour, le comte de Helfenstein à Augsbourg, le comte de Nuenar, chanoine, les patriciens Welser, Pirkheimer et Peutinger de Ratisbonne, Nuremberg et Augsbourg, avec leurs partisans, ainsi que de nombreux prévôts, chanoines et membres du chapitre, et même des cardinaux et d'autres hauts dignitaires de l'Église en Italie. Egidio de Viterbe, général de l'ordre des augustins à Rome, élève et protecteur du grammairien juif Elia Lévita, qui aimait beaucoup la littérature hébraïque et provoqua la traduction du livre cabbalistique *Zohar*, écrivait à Reuchlin : « La Loi (Tora), révélée aux hommes au milieu du feu, fut sauvée une première fois des flammes quand Abraham sortit sain et sauf de la fournaise. Reuchlin vient de la préserver une seconde fois du feu en sauvant les écrits qui éclairent la Loi et dont la disparition amènerait le règne des ténèbres. En te donnant notre concours, nous ne défendons pas ta cause, mais la Loi ; nous ne luttons pas pour le Talmud, mais pour l'Église. » Fait digne de remarque, les franciscains aussi, par haine des dominicains, se déclarèrent en faveur de Reuchlin.

Presque chaque ville allemande eut bientôt ses deux partis, les amis et les adversaires de Reuchlin. Ceux-là réclamaient la conservation du « Miroir » et du Talmud, ceux-ci, au contraire, demandaient que les deux ouvrages fussent brûlés. Par la force des choses, les partisans de Reuchlin devinrent les amis des Juifs, exposant avec chaleur toutes les raisons qui militaient en leur faveur. Par contre, l'hostilité des autres s'accrut contre les Juifs, qu'ils attaquaient violemment avec des armes empruntées aux ouvrages les plus médiocres et les plus inconnus.

Peu à peu, ces démêlés eurent leur contre-coup dans l'Europe entière. Dans deux villes surtout, à Rome et à Paris, la lutte de Reuchlin et des dominicains suscita d'ardentes discussions, car Hochstraten attachait un grand prix à l'opinion de l'Université de Paris, qu'il voulait se concilier par tous les moyens, et à Rome il usait de toutes les influences pour faire annuler le jugement de Spire. D'un autre côté, Reuchlin, tout en ayant eu gain de cause, avait besoin d'appui pour empêcher les intrigues de ses adversaires d'aboutir. Il y réussit. L'instruction du procès fut confiée par le pape au cardinal et patriarche Dominique Grimani. On savait que ce prince de l'Église cultivait la littérature rabbinique et la Cabbale, et qu'en sa qualité de patron des franciscains il détestait les dominicains. Il est très probable que les Juifs de Rome avaient contribué à ce succès de Reuchlin. Mais ils eurent le tact, comme leurs coreligionnaires d'Allemagne, de se tenir à l'arrière-plan, pour ne pas compromettre la cause de leur défenseur par une intervention trop ouverte. Le cardinal Grimani invita Reuchlin et Hochstraten (en juin 1514) à comparaître devant lui, permettant toutefois au premier, en raison de son grand âge, de se faire représenter par un délégué.

Muni de lettres de recommandation et de grosses sommes d'argent, l'inquisiteur se rendit à Rome. Reuchlin aussi se fit appuyer par ses partisans. L'empereur Maximilien, lui-même intervint en sa faveur. Après avoir prêté d'abord une oreille trop complaisante aux calomnies de Pfefferkorn et aux sollicitations de sa sœur fanatisée, ce souverain reconnut ensuite son imprudence et essaya d'en annuler les conséquences. Il écrivit donc au pape que, manifestement, les dominicains de Cologne s'efforçaient, contrairement à tout droit, de faire traîner leur procès en longueur pour triompher du savant, honnête et pieux Reuchlin. Il ajoutait que c'était sur son ordre et dans l'intérêt de la chrétienté que Reuchlin avait pris la défense des Juifs.

Aux attaques de leurs adversaires, les dominicains répondirent par un redoublement d'audace. Dans leur fureur, ils se montrèrent prêts à braver l'opinion publique, l'empereur et le pape. Ils firent comprendre à Léon X que, s'ils n'obtenaient pas satisfaction, ils n'hésiteraient pas à provoquer un schisme dans l'Église en s'alliant aux Hussites de Bohême contre le Saint-Siège. Plutôt que de renoncer à leur vengeance, ils menaçaient d'ébranler les fondements du catholicisme. L'empereur même n'échappa point à leurs outrages, quand ils apprirent sa démarche en faveur de Reuchlin.

Ce fut à Paris surtout que se concentrèrent alors tous les efforts et toutes les espérances des dominicains. L'Université de cette ville, la plus ancienne de toutes les Universités européennes, avait une très grande autorité dans le domaine théologique. En cas qu'elle condamnât le livre de Reuchlin, le pape lui-même n'oserait sans doute pas passer outre. Il s'agissait donc, pour les dominicains, d'obtenir d'elle un mémoire contre leur ennemi. Sur les instances de Guillaume Haquinet Petit, son confesseur, le roi de France, Louis XII, exerça une forte pression sur l'Université de Paris en faveur des dominicains. La politique ne fut sans doute pas étrangère non plus à l'intervention royale. La France et l'Allemagne n'entretenaient pas, à ce moment, des relations bien cordiales, et du moment que Maximilien s'était prononcé pour Reuchlin, Louis XII se déclara contre lui. Malgré tout, l'Université hésita longtemps à se prononcer. Les discussions se prolongèrent depuis le mois de mai jusqu'en août 1514. Les partisans de Reuchlin défendirent sa cause avec courage.

Mais ce qui détermina le vote de nombreux théologiens français, ce fut le fait, cité comme argument par les amis des dominicains, que trois siècles auparavant, à la demande de l'apostat juif Nicolas Donin et sur l'ordre du pape Grégoire IX, saint Louis avait fait brûler les exemplaires du Talmud. On déclara donc que le « Miroir » de Reuchlin, qui défendait le Talmud, contenait des hérésies et devait être brûlé. Grande fut la joie des dominicains, qui s'empressèrent de publier un nouveau pamphlet pour faire connaître le verdict de la Sorbonne.

Pendant ce temps, la procédure avançait d'un pas excessivement lent à Rome, et les dominicains s'efforçaient d'en ralentir encore la marche. A l'acte d'accusation, Hochstraten avait joint une traduction du « Miroir » qui altérait en beaucoup d'endroits le sens de l'original allemand et attribuait des hérésies à l'auteur. La Commission chargée de l'enquête invita donc un Allemand présent à Rome, Martin de Gröningen, à faire une traduction fidèle. Ce furent alors les dominicains qui réclamèrent. Par suite de toutes ces chicanes, l'affaire restait toujours au même point et avait déjà coûté à Reuchlin 400 florins d'or. Il était à craindre que les dominicains n'atteignissent leur but et que Reuchlin, ruiné par les frais, ne pût continuer à se défendre. Ses amis résolurent alors de ne pas persister à faire juger ce procès à Rome, mais de le porter directement devant l'opinion publique.

Dans ce but, un des plus jeunes humanistes publia une série de lettres pleines d'esprit, de verve et de mordante satire, qui créèrent un nouveau genre dans la littérature allemande. Ces « Lettres des hommes obscurs », *Epistolæ obscurorum virorum*, parues dans le courant de l'année 1515, et dont les premières sont probablement l'œuvre de Crotus Rubianus, de Leipzig, sont adressées en grande partie à Ortuin de Graes et écrites dans un style qui imite le langage des moines incultes. Elles étalent au grand jour l'orgueil de ces fanatiques, leur extraordinaire ignorance, leurs vilaines passions, leur morale relâchée, leurs radotages. Tous les ennemis de Reuchlin, les Hochstraten, les Arnaud de Tongres, les Ortuin de Graes, les Pfefferkorn et leurs suppôts, avec l'Université de Paris, y sont criblés de traits acérés. L'impression produite par ces épîtres satiriques fut particulièrement profonde, parce que les dominicains et les docteurs en théologie s'y peignent en quelque sorte eux-mêmes, tels qu'ils sont, et y exposent naïvement leurs faiblesses et leurs vices.

Les Juifs et le Talmud, qui avaient été l'occasion de toutes ces polémiques, ne sont naturellement pas oubliés dans les « Lettres des hommes obscurs », qui parlent d'eux comme les dominicains avaient coutume de le faire, c'est-à-dire avec peu de bienveillance. Dans une de ces lettres, maître Jean Pellifex soumet le cas suivant à Ortuin, son directeur de conscience. A l'époque de la foire de Francfort, il passa, avec un jeune théologien, devant deux hommes à l'air respectable, vêtus de robes noires avec des capuchons de moine, qu'il prit pour des ecclésiastiques et salua d'une respectueuse révérence. Son compagnon lui fit alors observer que c'étaient des Juifs et qu'en les saluant, il s'était presque rendu coupable d'un acte d'idolâtrie et, par conséquent, avait commis un péché mortel. En effet, si un chrétien témoigne de la déférence pour un Juif, il fait du tort au christianisme, parce que les Juifs ainsi honorés pourraient se vanter d'être supérieurs aux chrétiens, mépriser le christianisme et repousser le baptême. C'était là, en effet, la série d'accusations dirigées par les dominicains contre Reuchlin, à qui ils reprochaient surtout de se montrer l'ami des Juifs. Pour corroborer son dire, le jeune théologien raconte qu'un jour il s'agenouilla, dans l'église, devant l'image d'un Juif armé d'un marteau qu'il avait pris pour saint Pierre. Quand il confessa ensuite sa méprise à un dominicain, celui-ci lui affirma que cet acte, quoique accompli par mégarde, constituait un péché mortel, et qu'il ne pourrait pas lui donner l'absolution s'il ne possédait pas justement les pouvoirs d'un évêque. Un tel acte accompli sciemment ne pourrait être pardonné que par le pape. Le théologien conseilla alors à maître Pellifex de se confesser à l'official, parce qu'en regardant attentivement il aurait bien reconnu les Juifs par la roue jaune attachée à leurs vêtements. Pellifex demande donc à Ortuin si son péché est véniel ou mortel, et s'il peut être absous par un prêtre quelconque ou seulement par l'évêque, ou s'il faut s'adresser au pape. Il prie aussi Ortuin de lui faire savoir s'il ne pense pas que les bourgeois de Francfort aient tort de laisser les

Juifs s'habiller comme les saints docteurs de la théologie. L'empereur ne devrait pas permettre qu'un Juif, un vrai chien, ennemi du Christ... (c'étaient là les épithètes dont les dominicains qualifiaient les Juifs).

Dans toute l'Europe occidentale, ces « Lettres » soulevèrent un immense éclat de rire. Quiconque comprenait le latin en Allemagne, en Italie, en France et en Angleterre, voulait les connaître. On raconte qu'Érasme, qui souffrait d'un abcès au cou au moment où il lisait ces lettres, en rit tellement que son abcès s'ouvrit. Dorénavant, les dominicains étaient jugés dans l'opinion publique, quel que fût l'arrêt que prononcerait le pape. De tous côtés on cherchait à savoir qui était l'auteur de ces lettres. Les uns les attribuaient à Reuchlin, les autres à Érasme, à Hutten ou à quelque autre humaniste. Hutten donna la vraie réponse : « Il faut les attribuer à Dieu lui-même, » disait-il. On peut voir, en effet, l'action de la Providence dans ce fait qu'une simple discussion au sujet du Talmud ait pris peu à peu le caractère d'une lutte entre les préjugés du moyen âge et l'esprit éclairé des temps modernes, et soit devenue un des événements les plus importants de l'histoire.

Ridiculisés ainsi par leurs adversaires, les dominicains songèrent à s'en venger sur les Juifs. Ceux-ci, malheureusement, continuaient d'être exposés à toutes les vexations. Si quelques chrétiens éclairés montraient, dans leurs écrits, une certaine bienveillance pour le judaïsme, la chrétienté en général détestait les Juifs et leurs croyances. « S'il est chrétien de haïr les Juifs, disait alors Érasme, nous sommes tous d'excellents chrétiens. » Leurs ennemis réussissaient donc facilement à leur nuire. Maintes fois déjà, Pfefferkorn avait insinué qu'on ne trouvait plus en Allemagne que trois communautés juives importantes, celles de Ratisbonne, de Francfort et de Worms. Ces communautés détruites, on en aurait fini avec les Juifs d'Allemagne.

Pour obtenir l'expulsion des Juifs de Francfort et de Worms, leurs ennemis agirent sur l'esprit du jeune margrave Albert de Brandebourg, d'abord évêque de Magdebourg et récemment promu archevêque de Mayence. A la suite d'excitations venues sans doute de Cologne, ce prélat, qui acquit une triste célébrité à l'époque de la

Réforme, invita des ecclésiastiques, des laïques et des municipalités, notamment celles de Francfort et de Worms, à se réunir à Francfort pour décider l'expulsion définitive des Juifs d'Allemagne. De nombreux délégués répondirent à cet appel (7 janvier 1516). A cette réunion, on proposa que tous les États s'unissent pour renoncer à tous les avantages et profits que leur procuraient les Juifs et les exiler à tout jamais. Cette résolution devait ensuite être soumise à la ratification de l'empereur. Selon la coutume des assemblées allemandes, on fixa une nouvelle réunion (8 mars) où l'on voterait définitivement cette motion.

Devant l'imminence du danger, les Juifs se décidèrent à envoyer une députation auprès de l'empereur Maximilien pour solliciter sa protection. Le souverain se souvint heureusement que les Juifs d'Allemagne, tout en étant les sujets de divers princes et seigneurs, ne dépendaient, en réalité, que de lui comme serfs de la chambre impériale. Il adressa donc une missive très sévère à Albert de Brandebourg, au chapitre de Mayence, ainsi qu'à tous ceux qui avaient pris part à la diète de Francfort, pour leur témoigner son mécontentement et leur interdire de se réunir au jour fixé. Pour le moment, les Juifs de cette région étaient sauvés. Mais peu de temps après la mort de Maximilien, à la suite de l'émeute des ouvriers et des intrigues du fougueux prédicateur de la cathédrale, Balthazar Hubmayer, la vieille communauté juive de Ratisbonne, si estimée et si considérée, fut condamnée à l'exil (février 1519).

Et le procès de Reuchlin? Il n'avançait pas vite, mais pourtant il avançait. Prévoyant que la commission qui l'instruisait se prononcerait en faveur de Reuchlin, Hochstraten demanda à le porter devant un concile, sous prétexte qu'il ne s'agissait pas d'une affaire judiciaire, mais d'un point de doctrine chrétienne. Léon X y consentit, parce qu'il y voyait le moyen de ne mécontenter personne. Car, d'un côté, Maximilien et plusieurs princes allemands le pressaient d'acquitter enfin Reuchlin, et, de l'autre, le roi de France et le jeune Charles, alors duc de Bourgogne et plus tard empereur d'Allemagne, roi d'Espagne et souverain d'Amérique, exigeaient que le « Miroir » fût condamné. Le pape saisit donc avec empressement l'occasion qui s'offrait de dégager sa responsabilité. Il choisit une commission parmi les membres du grand concile de Latran, qui était alors réuni, pour examiner à nouveau l'affaire et prononcer le verdict. Cette commission aussi donna tort à Hochstraten. Mais celui-ci ne se tint pas encore pour battu. A force de démarches et de sollicitations, il décida Léon X à suspendre indéfiniment le prononcé du jugement. Malgré tout, les dominicains avaient subi un échec, et Hochstraten quitta Rome confus et irrité. Son énergie n'avait pourtant pas faibli, et il ne désespérait pas de pouvoir recommencer la lutte dans des circonstances plus favorables.

En évitant de se déclarer ouvertement pour l'une ou l'autre partie, Léon X avait espéré qu'il ne mécontenterait ni les humanistes ni les obscurants et qu'il réussirait ainsi à les calmer tous. Mais cette longue lutte avait surexcité les esprits, et des deux côtés on désirait une guerre à mort. Quand Hochstraten revint de Rome, sa vie ne fut pas en sûreté. Plusieurs fois, on essaya de le tuer. Les dominicains eux-mêmes, et à leur tête le provincial de l'ordre, Éberhard de Clèves, ainsi que tout le chapitre de Cologne, avouèrent à Léon X, dans une lettre officielle, que, par suite de ces débats, ils étaient haïs et méprisés, que les écrivains et les orateurs les représentaient comme ennemis de la paix et de l'humanité, que leurs prédicateurs étaient bafoués et leurs confessionaux délaissés. Du reste, Hutten, depuis qu'il avait appris à connaître à Rome la cour pontificale, mettait tout en œuvre pour briser en Allemagne le pouvoir du clergé.

Cependant, même après le compromis adopté par le pape, la lutte entre Reuchlin et les dominicains continua sur un autre terrain. Reuchlin essaya de prouver que, loin d'être nuisibles au christianisme, les œuvres juives pouvaient servir, au contraire, à en démontrer la vérité et le caractère divin. Il pensait surtout à la Cabbale, où il croyait réellement trouver des arguments en faveur de sa religion. A son grand regret, il ne pouvait pas encore se diriger dans les dédales de cette doctrine mystique. Mais il désirait ardemment la connaître, car il était convaincu qu'il réussirait à montrer l'analogie des conceptions de la Cabbale avec les idées chrétiennes et à mettre ainsi à néant les doutes élevés par ses ennemis sur son orthodoxie, sa loyauté et son érudition. Un malheureux hasard lui fit connaître l'existence de quelques écrits cabbalistiques des plus absurdes et des plus insensés, ceux de Joseph Giquatilla, de Castille, que l'apostat Paul Riccio venait de traduire en latin. Dès qu'il les eut entre les mains, il les étudia avec passion et publia la *Science de la Cabbale*, qu'il dédia à Léon X. Il voulut sans doute démontrer au pape, par son ouvrage, qu'il avait eu raison de défendre les ouvrages juifs contre les dominicains, puisque la Cabbale confirmait avec éclat la vérité des dogmes chrétiens. Il est vrai que Reuchlin n'était alors pas seul à témoigner cette prédilection pour la Cabbale. Plusieurs cardinaux, et le pape lui-même, étaient convaincus que cette doctrine mystique pourrait servir à l'affermissement de l'Église. Du reste, quelque temps plus tard, Léon X encouragea l'impression du Talmud. En 1519, un riche et généreux imprimeur chrétien d'Anvers, Daniel Bomberg, publia une édition complète du Talmud de Babylone, avec des commentaires, en douze volumes in-folio, qui servit de modèle aux éditions postérieures. Le pape accorda à l'imprimeur des privilèges pour le protéger contre la contrefaçon.

Mais il se produisit alors en Allemagne un mouvement qui fit bientôt totalement oublier les démêlés de Reuchlin et des dominicains, un mouvement qui ébranla la papauté, fit chanceler l'Église catholique sur sa base et changea l'aspect de l'Europe. C'était la Réforme. Au début, l'agitation provoquée par les réformateurs n'était, en réalité, que la continuation de la lutte engagée au sujet du Talmud, et elle aurait été peut-être étouffée dans son germe si elle n'avait pas été soutenue et développée par un homme d'une énergie et d'une fermeté exceptionnelles. Cet homme s'appelait Martin Luther. D'un caractère passionné et d'une volonté inflexible, Luther, obligé de défendre ses idées et de répondre aux objections incessantes de ses contradicteurs, s'affermit de plus en plus dans la conviction que le pape n'était pas infaillible et que le christianisme devait s'appuyer, non pas sur la volonté des papes, mais sur les saintes Écritures.

Dans une comédie qui, à l'origine, parut en français ou en latin et fut ensuite traduite en allemand, Jean Reuchlin est très clairement présenté comme le créateur de ce mouvement de libre examen, qui prit un développement si imprévu. On y voit, en effet, un savant, portant inscrit sur le dos le nom de *Capnion* (Reuchlin), qui jette sur la scène un paquet de baguettes, les unes droites et les autres courbées, et puis s'en va. Arrive un autre personnage (Érasme) qui s'efforce d'arranger ces baguettes et de redresser celles qui sont courbées ; il n'y réussit pas, secoue la tête et disparaît. Hutten aussi se montre dans cette comédie. Luther, en habit de moine, apporte un tison et met le feu aux baguettes courbées. Un autre personnage, couvert du manteau impérial, frappe sur le feu avec son épée et ne fait que l'attiser davantage. Enfin, le pape arrive et s'empare d'un seau pour éteindre le feu. Mais ce seau est rempli d'huile, et le pape est stupéfait, après en avoir répandu le contenu sur le feu, de voir les flammes s'étendre avec une plus grande rapidité. Pfefferkorn et le Talmud auraient dû figurer également dans cette comédie, car ils ont fourni la mèche pour allumer cet incendie.

Du reste, à ce moment, l'incendie avait déjà fait des ravages considérables. A la diète de Worms, Luther avait définitivement rompu avec la papauté. L'empereur Charles, quoique poussé par ses propres sentiments et par ses conseillers à faire monter Luther comme hérétique sur le bûcher, le laissa pourtant partir sain et sauf de Worms. Il espérait pouvoir agir plus facilement sur le pape tant que le grand réformateur serait en liberté. Ce ne fut que plus tard qu'il le mit au ban de l'empire.

Luther se réfugia à la Wartburg. Là, dans la solitude, il traduisit la Bible en allemand. Pendant ce temps, les partisans les plus exaltés de la Réforme détruisaient dans la région de Wittemberg toute l'organisation de l'Église, modifiant les offices dans les églises, supprimant la messe, relevant les moines de leurs vœux et permettant le mariage aux prêtres. La Réforme fit des progrès rapides. Elle envahit l'Allemagne du Nord, le Danemark et la Suède, pénétra en Prusse, en Pologne, en France et jusque dans l'Espagne, ce pays du fanatisme et des persécutions. Zwingli, le réformateur de la Suisse, après de longues hésitations, se sépara aussi de l'Église romaine et introduisit dans son pays le nouveau service divin.

Au début, la Réforme apporta une petite amélioration à la situation des Juifs. Pendant que les catholiques et les protestants se combattaient, ils ne persécutaient pas les Juifs. Luther lui-même plaida leur cause, au commencement, traitant de mensonges les accusations dirigées contre eux. Voici ce qu'il dit à leur sujet, dans son langage rude et un peu vif : « Quelques théologiens arriérés excusent la haine contre les Juifs en proclamant, dans leur orgueil, que les Juifs sont les serfs des chrétiens et la propriété de l'empereur. Mais quelqu'un voudra-t-il adopter notre religion, fût-il le plus doux et le plus patient des hommes, s'il voit que nous traitons les Juifs avec tant de cruauté et que nous nous conduisons à leur égard, non pas comme des chrétiens, mais comme des bêtes sauvages ? »

Dans un écrit qui portait ce titre bien caractéristique : « Jésus, Juif de naissance » (1523), Luther se prononce encore d'une façon plus catégorique contre les persécutions des Juifs : « Papistes, évêques, sophistes, moines, tous ces insensés ont traité les Juifs de telle manière que tout bon chrétien devait souhaiter forcément de devenir Juif. Si j'avais été Juif et que j'eusse vu le christianisme inspirer des actes si iniques, j'aurais mieux aimé être un pourceau qu'un chrétien. Ils ont agi envers les Juifs comme envers des chiens et les ont accablés d'outrages. Pourtant, ces Juifs sont proches parents de Notre-Seigneur... Si vous voulez les aider, suivez à leur égard la loi chrétienne de l'amour, et non pas les ordres du pape, accueillez-les avec bienveillance, laissez-les travailler avec vous pour qu'ils aient des raisons de rester avec vous. »

Quelques Juifs à l'imagination ardente voyaient déjà dans la rébellion des protestants contre la papauté la fin du christianisme et le triomphe de leurs propres croyances. Pour d'autres, c'était l'approche de l'époque messianique. Trois savants juifs se rendirent même auprès de Luther, convaincus qu'ils réussiraient facilement à l'amener au judaïsme. En réalité, ce sont les études hébraïques, bien plus que les Juifs mêmes, qui profitèrent de la Réforme. Reuchlin avait seulement formulé le modeste vœu qu'on enseignât l'hébreu pendant quelque temps dans les rares Universités allemandes. Mais, sous l'influence de la Réforme et devant la certitude que la Bible resterait un livre clos tant qu'on ne pourrait pas la lire dans le texte original, princes et Universités créèrent des chaires d'hébreu, non seulement en Allemagne et en Italie, mais aussi en France et en Pologne. On délaissa de plus en plus la Muse classique, légère et souriante, qui avait détourné les esprits de l'Église, pour l'enseignement plus austère de la littérature hébraïque. Jeunes gens et hommes faits se groupèrent autour de savants juifs pour apprendre l'hébreu. Au grand scandale des fanatiques des deux religions, il en résulta des relations plus cordiales entre les maîtres juifs et les élèves chrétiens, et ainsi plus d'un préjugé s'évanouit.

Parmi les maîtres juifs qui répandirent la connaissance de la langue hébraïque parmi les chrétiens, le plus célèbre fut un grammairien d'origine allemande, Élia Lévita (né vers 1468 et mort en 1549). A la suite du sac de Padoue, il s'était rendu par Venise à Rome, où le cardinal Egidio de Viterbe l'accueillit chez lui, pour qu'il lui enseignât la grammaire hébraïque et la Cabbale, et subvint à son entretien et à celui de sa famille pendant plus de dix ans. Entre autres chrétiens de distinction, Lévita eut comme élève Georges de Selves, évêque de Lavaur, qui était ambassadeur de France à Rome. Les rabbins d'esprit étroit lui reprochaient ses rapports fréquents avec les chrétiens, mais il leur déclarait qu'en réalité la cause du judaïsme en profitait, puisque ses élèves devenaient amis des Juifs. Un autre motif d'aversion des orthodoxes pour Lévita, c'est qu'il soutenait que les signes des voyelles hébraïques, loin d'avoir été révélés sur le Sinaï, n'étaient même pas encore connus à l'époque talmudique. Son opinion souleva dans certains milieux un véritable orage, absolument comme s'il avait nié la Révélation. Ses descendants mêmes éprouvèrent plus tard les effets de cette hostilité.

D'autres savants juifs enseignèrent l'hébreu aux chrétiens. On a déjà vu qu'Obadia Sforno avait été le maître de Reuchlin. Il faut aussi mentionner Jacob Mantino et Abraham de Balmes, contemporains de Lévita. En général, il régnait à ce moment, dans la chrétienté, un vif enthousiasme pour les études hébraïques. Dans plusieurs villes d'Italie et d'Allemagne, même là où ne demeurait aucun Juif, on imprimait des grammaires hébraïques, anciennes ou récentes. Tous voulaient savoir l'hébreu et comprendre les livres saints dans leur texte original. Luther aussi étudia la langue hébraïque, pour mieux se pénétrer de l'esprit de la Bible.

Chose extraordinaire, cet amour de l'hébreu se manifesta jusque dans l'Université de Paris. On sait que la Sorbonne avait condamné au feu le « Miroir » de Reuchlin, qui parlait en faveur du Talmud et des études hébraïques. Six ans plus tard, elle possédait une chaire d'hébreu et une imprimerie hébraïque, et c'était Guillaume Haquinet Petit, le principal instigateur de la condamnation du « Miroir », qui encourageait l'enseignement de la littérature juive. Sur son conseil, le roi François Ier appela en France Augustin Justiniani, évêque de Corse, qui était familiarisé avec l'hébreu. Il invita également Elia Lévita, probablement sur la proposition de Georges de Selves, à venir occuper la chaire d'hébreu à Paris. C'était là un progrès immense. Qu'on songe que depuis un siècle, aucun Juif ne pouvait se fixer ni même séjourner dans la France proprement dite, et voici qu'on propose à un Juif de venir occuper une situation élevée et instruire des chrétiens. Pourtant Elia Lévita déclina cette offre. Il appréhendait de se trouver seul comme Juif en France, et, d'un autre côté, il ne se sentait pas de taille à essayer de provoquer le rappel de ses coreligionnaires. Ce fut donc Justiniani qui accepta la mission d'enseigner l'hébreu en France. Il inaugura son enseignement à l'Université de Reims. Pour pouvoir mettre une grammaire hébraïque entre les mains des étudiants, il fit imprimer l'ouvrage sans valeur de Moïse Kimhi. Il imprima également à Paris (1520), lui dominicain, une traduction latine du « Guide des égarés » de Maïmonide, ce traité de philosophie religieuse qui, sur la demande de rabbins fanatiques, appuyées par les dominicains, avait été brulé dans cette ville trois siècles auparavant. Les maîtres chrétiens avaient naturellement besoin de recourir aux lumières de savants juifs pour leur enseignement de l'hébreu. Quand Paul Fagius, prêtre réformateur et disciple de Reuchlin, voulut fonder une imprimerie hébraïque à Isny, il demanda le concours de Lévita. Celui-ci le lui accorda, parce qu'il avait besoin d'un éditeur pour ses lexiques chaldéen et talmudique.

La Réforme appela aussi de nouveau l'attention sur la Bible, qui était négligée depuis fort longtemps. Cet admirable monument des temps antiques avait été enveloppé de tant de voiles, altéré par tant de fausses interprétations et surchargé de tant de commentaires qu'il en était devenu absolument méconnaissable. Comme on avait essayé de trouver toutes les idées, toutes les conceptions et tous les systèmes dans l'Ecriture sainte, on n'en comprenait plus le vrai sens. Les laïques chrétiens ne connaissaient plus la Bible, parce que la papauté, défiante, en avait interdit la traduction en langue vulgaire, et les ecclésiastiques ne la connaissaient que fort mal par la Vulgate latine, qui fausse fréquemment le sens du texte. Ce fut donc un événement important quand Luther la traduisit, dans sa solitude de la Wartburg, en langue allemande. Pour beaucoup, c'était comme une nouvelle Révélation, qui illuminait leur esprit d'une clarté radieuse. Les catholiques eux-mêmes furent obligés de violer la prescription des papes et de donner des versions de la Bible en langue vulgaire. Aussi fut-elle traduite successivement dans presque toutes les langues européennes. Chez les Juifs aussi, on sentait la nécessité de faire connaître la Bible au peuple. Elia Lévita la traduisit en allemand à Constance, quand il retourna d'Isny à Venise, et un Marrane de Ferrare, Duarte de Pinel, dont le nom juif était Abraham Usque, en donna une version espagnole. Entraîné par le courant, Daniel Bomberg n'hésita pas à entreprendre la tâche considérable d'imprimer l'Ancien Testament avec les commentaires de Raschi, d'Ibn Ezra, de Kimhi, de Gersonide et d'autres savants. Cette Bible rabbinique eut un tel succès qu'il fallut, depuis, en donner sans cesse de nouvelles éditions.

CHAPITRE II

L'INQUISITION ET LES MARRANES
EXTRAVAGANCES CABBALISTIQUES
ET MESSIANIQUES

(1530-1548)

La secousse qui ébranla si fortement le christianisme, dans le premier quart du xvi° siècle, agit à peine sur l'organisation intérieure du judaïsme. Pendant que, chez les chrétiens, un changement très sensible se produisit dans les idées, les mœurs et même la langue, et qu'on put assister à un véritable rajeunissement, les Juifs laissèrent leur vieil édifice à peu près intact. Il est vrai qu'ils n'eurent pas de vrai moyen âge, et, par conséquent, la nécessité de modifications importantes et de l'avènement d'un esprit nouveau se faisait moins sentir chez eux. Pourtant, tout n'était pas parfait, à ce moment, dans le judaïsme. Les principes si élevés et si purs de la doctrine juive n'étaient pas encore complètement entrés dans la pratique, le peuple n'était pas sincèrement religieux et l'esprit des chefs manquait de netteté et de précision. Parmi les Juifs aussi, la scolastique avait exercé ses ravages. De plus, on conservait jalousement tous les vieux usages ; le culte synagogal ne parlait pas suffisamment au cœur et n'avait aucune solennité. La prédication était presque inconnue dans les communautés allemandes ; tout au plus les rabbins faisaient-ils parfois des conférences talmudiques, incompréhensibles pour la foule et surtout pour les femmes, et, par conséquent, sans action sur leur conduite. Les prédicateurs hispano-portugais prêchaient, il est vrai, dans leur langue maternelle, mais leurs sermons n'étaient qu'une longue argumentation, selon la méthode scolastique, et passaient par-dessus la tête de leurs auditeurs laïques.

Un autre point faible était le manque d'union dans les communautés. La persécution avait amené dans les villes importantes de l'Italie et de la Turquie des réfugiés juifs de la Péninsule ibérique et de l'Allemagne. Au lieu de se joindre à la communauté existante, ces transfuges formèrent des groupes séparés, sans lien sérieux entre eux. Dans certaines villes, on trouvait à la fois des communautés italiennes, romanes (grecques), espagnoles, portugaises, allemandes et même africaines. Ainsi, Constantinople, Andrinople et Salonique possédaient tout un groupe de communautés dont chacune avait son administration, son rituel particulier, ses rabbins, ses écoles, ses institutions de bienfaisance, ses compétitions et ses querelles intestines. Il était impossible, dans ces conditions, de réaliser une œuvre sérieuse et qui fût vraiment d'intérêt général. Les chefs religieux, qui, presque tous, étaient de mœurs pures et austères et d'une sincère piété, se trouvaient dans une situation difficile et manquaient du courage nécessaire pour combattre avec énergie l'égoïsme, la présomption et l'orgueil des riches.

Ce qui était encore plus funeste, pour le judaïsme de ce temps, que cette division des communautés en groupes et sous-groupes, c'est que, chez les Juifs espagnols comme chez ceux d'origine allemande, on ne rencontrait ni initiative hardie, ni largeur de vues, ni élévation d'esprit. Tous, il est vrai, savaient mourir avec une vaillance héroïque pour les croyances paternelles, mais pour tout le reste on demeurait enfermé dans le cercle étroit de la routine. Ceux qui cultivaient la science se contentaient de marcher dans les sentiers battus. On s'appliquait principalement à expliquer les auteurs anciens, à commenter les œuvres déjà existantes et même à écrire des commentaires sur d'autres commentaires. Les talmudistes interprétaient le Talmud, et les philosophes le « Guide » de Maïmonide. Pas de souffle poétique, même chez ceux qui avaient été nourris de poésie, pas un cri de douleur qui fît vraiment frissonner pour exprimer les souffrances des Juifs. La seule nouveauté de ce temps fut le goût que quelques Juifs d'origine espagnole témoignèrent pour l'histoire. Ils entreprirent de raconter pour la postérité le long martyre de leurs aïeux. Les savants juifs qui enseignaient l'hébreu aux chrétiens, Abraham Farissol, Jacob Mantino, Abraham de Balmes, quoique très honorés par leurs élèves, ne jouissaient pas d'une grande autorité parmi leurs coreligionnaires. Élie Delmedigo, qui était pourtant bien supérieur à ces savants, n'exerçait pas une plus grande influence qu'eux sur ses coreligionnairs.

Parmi les autres rabbins établis en Itali Isaac Abrabanel, le représentant du vieil esprit hispano-juif, condamnait les libres recherches et toute spéculation scientifique, parce que, selon lui, les écrits philosophiques de Maïmonide contiennent des hérésies. Un transfuge portugais, Joseph Yabéç, et Abraham ben Salomon, de Trujillo, allaient jusqu'à rendre la philosophie responsable de l'expulsion des Juifs d'Espagne et de Portugal. Égarés par elle, disaient-ils, les Juifs de ces pays avaient péché et avaient ainsi attiré sur eux ce terrible châtiment.

Seul Léon Abrabanel, appelé aussi Léon Medigo, composa en ce temps une œuvre originale, les *Dialoghi d'amore* ou « Dialogues d'amour ». Cette œuvre montre la souplesse extraordinaire du génie juif. Il est remarquable, en effet, qu'après avoir été arraché aux douceurs d'une existence aisée, jeté dans un pays étranger, obligé d'errer à travers toute l'Italie, et le cœur encore saignant de la perte de son fils aîné, qu'on lui avait ravi pour l'élever dans la foi chrétienne, Léon Medigo ait conservé assez de fermeté d'esprit pour accepter bravement sa nouvelle situation, s'adonner à l'étude de la langue et de la littérature italiennes, et essayer de créer un système de philosophie. Dix ans à peine s'étaient passés depuis son départ de l'Espagne, et déjà il était considéré comme un des savants de l'Italie, tenant brillamment son rang parmi les lettrés, au goût si pur, de l'époque des Médicis, et se distinguant par la variété de ses connaissances. Le même homme qui avait adressé en vers hébreux, à son fils, baptisé par contrainte en Portugal, les conseils les plus élevés et les plus tendres pour l'engager à rester fidèle de cœur au judaïsme et à se rappeler sans cesse la douleur de ses parents, ce même homme écrivit ces « Dialogues » tout débordants d'amour, où Philon exprime sa profonde tendresse pour Sophie.

Dans cet ouvrage, qui n'a du roman que la forme, Léon Medigo expose ses idées philosophiques. A vrai dire, c'est plutôt une idylle philosophique qu'un système sérieux. L'auteur y fait plutôt preuve d'imagination que de profondeur de pensée, et ses observations sont plus ingénieuses que justes. Peut-être Léon Medigo développa-t-il ses conceptions vraiment philosophiques dans un autre ouvrage, aujourd'hui disparu, qu'il avait intitulé « Harmonie du ciel ». Ses « Dialogues » n'ont rien de particulièremont juif. Aussi trouvèrent-ils plus d'admirateurs parmi les chrétiens que parmi les Juifs. Les Italiens surtout étaient fiers de voir exposées pour la première fois des pensées philosophiques dans leur langue. Cet ouvrage fut bientôt traduit en latin et en espagnol. Le sombre et fanatique roi d'Espagne, Philippe II, accepta même la dédicace de la traduction espagnole.

A côté de Léon Medigo, qui fut une glorieuse exception parmi ses coreligionnaires de ce temps, apparaissent malheureusement des hommes qui firent le plus grand mal au judaïsme. Ce sont les exilés espagnols Juda Hayyat, Barukh de Bénévent, Abraham Lévi, Méïr ben Gabbaï, Ibn-Abi Zimra, qui firent pénétrer les rêveries cabbalistiques en Italie et en Turquie et déployèrent une grande activité pour propager leurs divagations. Leur tâche leur fut facilitée par l'accueil enthousiaste que plusieurs savants chrétiens, Egidio de Viterbe, Reuchlin, Galatini, et même un pape, avaient fait aux extravagances de la Cabbale. On se disait, parmi les Juifs, qu'une doctrine qui séduisait ainsi les chrétiens les plus considérés devait être forcément l'expression de la vérité même. Fait tout nouveau, des prédicateurs enseignèrent la Cabbale du haut de la chaire, affirmant avec une imperturbable audace la supériorité des cabbalistes sur les autres rabbins, parce qu'eux seuls comprenaient vraiment la loi. Aussi la Cabbale, qui n'avait eu jusqu'alors qu'un nombre très limité d'adeptes, se répandit-elle peu à peu dans le peuple, qu'elle infecta de son poison; elle fit sentir son influence désastreuse jusque dans le culte synagogal et la vie religieuse. Les rabbins ne s'opposèrent que mollement à cet envahissement, parce qu'eux aussi n'étaient pas loin de croire au caractère divin de cette doctrine.

Il arriva ce qu'on pouvait facilement prévoir. La Cabbale fit naitre des rêveries messianiques dans ces esprits troublés. Comme autrefois les Esséniens, les cabbalistes ne nourrissaient qu'une seule pensée, ne poursuivaient qu'un seul but, provoquer l'arrivée du règne messianique, et ils trompaient leur impatience en fixant d'avance la date de cet événement à l'aide de combinaisons de lettres et de chiffres. Sans le vouloir, Isaac Abrabanel avait aidé à créer ce mouvement. Les terribles souffrances qui avaient atteint les exilés juifs d'Espagne et de Portugal avaient, en effet, jeté parmi eux la consternation et le désespoir. Craignant qu'ils ne devinssent une proie facile pour les convertisseurs chrétiens, Abrabanel essaya de relever leur courage en démontrant dans trois opuscules, par des calculs appuyés sur des versets de Daniel et des sentences de l'Aggada, que la délivrance messianique commencerait à se réaliser dans l'année 5263 de la Création (1503) et serait complète quatre « semaines d'années plus tard », après la chute de Rome.

Encouragé par l'assurance avec laquelle un personnage aussi considéré qu'Abrabanel annonçait l'arrivée du Messie, et surexcité par les extravagances des cabbalistes, un aventurier allemand du nom d'Ascher Laemlein ou Laemlin se présenta en Istrie, dans le voisinage de Venise, comme le précurseur du Messie (1502). Il affirma que le Messie arriverait infailliblement avant six mois, si les Juifs savaient se rendre dignes de ce bonheur par une pénitence rigoureuse, par des macérations et de nombreuses aumônes. Ses promesses trouvèrent créance en Italie et en Allemagne. On multiplia les jeûnes, les prières, les actes de bienfaisance. Cette année fut appelée *année de pénitence*. Les gens sensés même n'osèrent pas se mettre trop ouvertement en travers de cette folie, qui atteignit aussi des chrétiens. Mais le prophète mourut subitement ou fut assassiné, et l'aventure en resta là.

Pourtant, les espérances messianiques des Juifs ne disparurent pas avec Laemlein. Ces espérances leur étaient, du reste, nécessaires pour leur faire supporter leurs souffrances, et ils persistaient à ajouter foi, malgré leurs premières déceptions, aux promesses de leur délivrance prochaine dont les cabbalistes continuaient à les leurrer. Trente ans après la mort de Laemlein, se produisit une nouvelle agitation messianique, qui prit un développement considérable et fut appuyée par des personnages importants. Les Marranes d'Espagne et de Portugal y jouèrent le principal rôle.

On peut dire sans exagération qu'à cette époque, les Marranes étaient les plus malheureux des hommes. Arrachés par la violence à la religion de leurs pères, à laquelle leur cœur restait fidèlement attaché, obligés d'observer des pratiques qui leur inspiraient de l'aversion, ils se savaient étroitement surveillés par l'Inquisition et, en dépit de leur conversion au christianisme, profondément haïs des chrétiens. Pour les raisons les plus futiles, sur la dénonciation du premier venu, ils étaient soumis aux plus atroces tortures et livrés aux flammes. On sait avec quel implacable cruauté l'inquisiteur général Torquemada avait sévi contre eux. Son successeur, Deza, les traita peut-être encore avec plus de rigueur. Aidé de ses acolytes et particulièrement de Diego Rodriguez Lucero (le lumineux), que ses contemporains, à cause de son sombre fanatisme, surnommèrent *Tenebrero* (l'obscur), Deza fit périr des milliers de Marranes. La férocité de Lucero souleva une profonde indignation même parmi les chrétiens de Cordoue, qui réclamèrent sa destitution. L'inquisiteur général Deza, qui était de complicité avec Lucero, non seulement ne tint nul compte de ces plaintes, mais alla jusqu'à accuser les plaignants, chevaliers, dames de la noblesse, ecclésiastiques et religieuses, de vouloir favoriser l'hérésie juive.

Le troisième inquisiteur général, Ximénès de Cisneros, se montra moins sévère envers les anciens chrétiens suspects, mais traita les nouveaux chrétiens d'origine juive ou maure avec la même inexorable rigueur que ses prédécesseurs. Ce fut lui qui tint un langage menaçant à Charles-Quint quand ce souverain voulut autoriser les Marranes d'Espagne, contre le payement d'une somme de 800,000 couronnes d'or, à pratiquer librement la religion juive. Du reste, les Marranes eurent bientôt de nouveaux compagnons d'infortune. La Réforme avait, en effet, pénétré également en Espagne, et, comme elle causait beaucoup d'embarras à Charles-Quint en Allemagne, il invita le Saint-Office à exercer une surveillance vigilante sur les luthériens espagnols. L'Inquisition se conforma avec empressement au désir de l'empereur et elle fit monter sur le bûcher avec un zèle égal juifs, musulmans et protestants.

En Portugal, la situation des Marranes était moins pénible. Le roi Manoël, comme on l'a vu précédemment, avait fait traîner aux fonts baptismaux les Juifs prêts à émigrer, mais, pour ne pas les pousser au désespoir, il les avait placés pendant vingt ans, par « l'édit de tolérance », à l'abri des persécutions du Saint-Office. Ils étaient même autorisés à avoir en leur possession et à étudier des livres hébreux. Confiants dans le décret royal, les Marranes portugais observaient presque ouvertement les rites juifs. A Lisbonne, où ils étaient établis pour la plupart, ils possédaient une synagogue. Contraints de suivre en apparence les usages chrétiens, ils se rendaient fréquemment à la synagogue pour demander pardon à Dieu des péchés qu'ils étaient forcés de commettre. Là, les aînés enseignaient aux plus jeunes la Bible et le Talmud, les initiaient aux usages juifs et leur inculquaient l'amour du judaïsme. Les Marranes du Portugal pouvaient aussi émigrer plus facilement que ceux d'Espagne. Après avoir vendu leurs biens, ils se rendaient isolément ou par groupes dans la Berbérie, ou en Italie et en Turquie. Pour empêcher cette émigration, Manoël avait bien défendu aux chrétiens d'acheter les immeubles des Marranes sans une permission spéciale du roi, et les Marranes eux-mêmes n'avaient pas le droit de partir avec leurs femmes et leurs enfants sans y avoir été préalablement autorisés par le souverain. Mais il n'était pas difficile aux Marranes de tourner cette loi.

Naturellement, les Marranes d'Espagne enviaient la sécurité relative dont jouissaient leurs congénères portugais, et ils s'efforçaient de passer la frontière. Le gouvernement espagnol insista alors auprès de Manoël pour qu'il défendît l'accès de son pays à tout Espagnol qui ne serait pas muni d'un certificat attestant sa parfaite orthodoxie.

La situation des Marranes du Portugal aurait donc été supportable sans la haine qu'ils inspiraient au peuple. Celui-ci, en réalité, les détestait moins pour leur attachement au judaïsme que parce qu'ils étaient plus actifs et plus industrieux que les chrétiens. Dès que ces néo-chrétiens eurent été autorisés à pratiquer tous les métiers, à affermer la dîme due à l'Église, à occuper toutes les fonctions et même à entrer dans les ordres et à accepter des dignités ecclésiastiques, ils excitèrent au plus haut degré la jalousie des anciens chrétiens. On se contenta d'abord de les appeler de noms injurieux, et Manoël dut intervenir pour l'interdire. Mais, pendant plusieurs années, la récolte fut mauvaise, et il en résulta une grande cherté de vivres. Pour surcroît de malheur, une épidémie se joignit à la famine. Immédiatement, toutes les rancunes et toutes les haines se déchaînèrent contre les Marranes. On les accusa d'accaparer le blé et de l'exporter dans des pays étrangers pour affamer les vrais chrétiens. La foule en voulait surtout à un riche Marrane, João Rodrigo Mascarenhas, fermier général des impôts.

Toujours à l'affût pour satisfaire leur haine contre les Marranes, les dominicains s'empressèrent de mettre à profit ces dispositions hostiles du peuple. Un jour, ils annoncèrent que, dans un miroir encadré dans une croix, on apercevait la Vierge et d'autres apparitions miraculeuses. Ils attirèrent ainsi une foule énorme dans l'église. Un dominicain monta alors en chaire pour exciter les assistants contre les néo-chrétiens, et deux autres religieux, João Mocho et Fratre Bernardo, traversèrent les rues, une croix à la main et s'écriant : « Hérésie ! Hérésie ! » Flairant une occasion de piller, toute la lie de la population de Lisbonne suivit bientôt les deux dominicains, auxquels se joignirent des matelots allemands, néerlandais et français. Près de dix mille forcenés parcoururent ainsi la ville, tuant tous les Marranes qu'ils purent trouver, hommes, femmes et enfants. Le carnage dura deux jours. Un Allemand, qui était alors à Lisbonne, fait ces réflexions : « Lundi, j'assistai à des scènes que je n'aurais jamais cru possibles si je ne les avais pas vues de mes propres yeux, tant elles étaient atroces. » Des femmes enceintes furent jetées par les fenêtres, et on les recevait sur des piques. Les paysans, accourus à la curée, suivirent l'exemple des citadins. 2,000 à 4,000 Marranes furent tués dans cette émeute.

Le roi Manoël continua pourtant de protéger les Marranes. Par un décret du mois de mars 1507, il accorda aux nouveaux chrétiens les mêmes droits qu'aux anciens et les autorisa à émigrer, et, par un autre décret, il les défendit pendant seize nouvelles années contre toute accusation fondée sur l'observance des pratiques juives. Mais ces édits royaux ne firent qu'augmenter la haine du peuple contre les Marranes.

Cette haine put se satisfaire librement sous le règne de João III (1522-1557), successeur de Manoël. Encore infant, João manifesta déjà sa malveillance pour les Marranes. Au commencement de son règne, il tint pourtant compte des édits promulgués par son père en faveur des Marranes. Il suivit en cela les avis des anciens conseillers de Manoël, qui étaient encore tout émus au souvenir des scènes déchirantes qui accompagnèrent le baptême forcé des Juifs, et, d'un autre côté, reconnaissaient les services considérables que les Marranes rendaient à l'État comme commerçants, industriels, banquiers, savants et médecins. Mais à la longue, sous l'influence de conseillers fanatiques, ses dispositions se modifièrent à l'égard des Marranes. Sur les instantes sollicitations de la reine Catherine, infante espagnole qui avait hérité du fanatisme de son père, et des dominicains qui brûlaient du désir d'imiter les exploits de leurs collègues d'Espagne, João III chargea un fonctionnaire, Jorge Themudo, de surveiller la conduite des Marranes de Lisbonne et de lui adresser un rapport sur eux. Comme il était facile de le prévoir, Themudo put affirmer au roi (juillet 1524) qu'une partie des Marranes observaient le sabbat et la Pâque juive et négligeaient les cérémonies et rites chrétiens, s'abstenant d'assister à la messe et aux offices, de se confesser, de demander l'extrême-onction avant de mourir, de se faire enterrer dans des cimetières chrétiens, ou de faire réciter des messes pour l'âme des morts.

A côté de Themudo, le roi João avait placé d'autres espions parmi les Marranes. Le principal d'entre eux fut un néo-chrétien d'Espagne, Henrique Nunez. Élevé à l'école de l'inquisiteur Lucero, il désirait que le Portugal imitât sa voisine et allumât, à son tour, des bûchers pour les hérétiques. Profitant de sa qualité de Marrane, il se glissa comme ami dans les demeures de ses coreligionnaires, les épiant et communiquant au roi les pensées secrètes de ceux qui avaient foi en lui et lui ouvraient leur cœur.

Circonvenu par ses proches et convaincu par les divers rapports qui lui étaient parvenus, João III envoya secrètement Nunez en Espagne pour informer Charles-Quint de son désir d'introduire l'Inquisition en Portugal, et lui demanda d'appuyer son projet auprès du pape. Mais les Marranes eurent vent de ce qui se tramait et résolurent de faire mourir l'espion Nunez avant qu'il eût accompli sa mission. Deux Marranes franciscains, ou portant simplement le costume de cet ordre, Diego Vaz et André Dias, suivirent Nunez; ils l'atteignirent dans le voisinage de la frontière espagnole, près de Badajoz, et le tuèrent. Découverts, ils furent soumis à la torture et finalement attachés à la potence. Le traître Nunez fut honoré par l'Église comme un martyr, presque béatifié, et surnommé *Firme-Fé*, « ferme dans la foi ».

Après cet attentat, les Marranes s'attendirent à être traités avec la plus grande rigueur. Et, de fait, le roi fit ouvrir une enquête, menaçant les coupables des plus terribles châtiments. Mais, à l'étonnement général, cette enquête traîna en longueur, et le roi ne semblait plus vouloir donner suite à son projet d'installer l'Inquisition dans ses États. Un événement inattendu, l'apparition d'un aventurier juif, avait modifié ses plans.

A ce moment, surgit, en effet, brusquement un homme venu de l'Orient, qui agita profondément les Juifs de divers pays par ses visions et ses prédictions messianiques. Était-ce un imposteur? Était-il, au contraire, sincère dans ses prophéties? Voulait-il jouer un rôle politique ou messianique? Quoi qu'il en soit, cet étrange personnage, nommé David, se montra subitement en Europe et réussit rapidement à réveiller partout les plus séduisantes espérances. Il se disait membre de la tribu de Reüben, qui, à ce qu'il affirmait, vivait indépendante en Arabie; il se prétendait prince et frère du roi juif de cette tribu, et portait, pour cette raison, le nom de David Reübeni. Après avoir parcouru l'Arabie, la Nubie, l'Égypte, il arriva en Italie. Là, il raconta que son frère, qui commandait à plus de trois cent mille guerriers d'élite, et les soixante-dix anciens du pays de Khaïbar l'avaient délégué auprès des souverains européens, et notamment auprès du pape, pour obtenir des fusils et des canons. Munis de ces armes, les guerriers juifs combattraient, d'une part, les peuplades musulmanes qui empêchaient l'union des tribus juives des deux rives de la mer Rouge, et, d'autre part, expulseraient les Turcs de la Terre Sainte.

David Reübeni avait dans sa personne et ses manières quelque chose d'étrange, d'excentrique, de mystérieux, qui lui attirait la confiance. Il était noir de peau, de petite taille et d'une maigreur de squelette, mais d'une remarquable énergie, courageux, et d'une brusquerie qui empêchait toute familiarité. Il ne parlait que l'hébreu, mais dans un jargon si corrompu qu'il n'était compris ni des Juifs asiatiques, ni de ceux de l'Europe méridionale. Dès qu'il fut arrivé à Rome (février 1524), il se rendit sur un destrier blanc à la cour pontificale, suivi d'un domestique et d'un interprète, et il demanda immédiatement audience au cardinal Giulio, qui le reçut en présence d'autres cardinaux. Il fut également reçu par le pape Clément VII (1523-1534), à qui il remit des lettres de créance.

Ces lettres paraissent avoir été confiées à David Reübeni par des capitaines et des marchands portugais qu'il avait probablement rencontrés en Arabie ou en Nubie. Le pape les soumit au gouvernement portugais, et quand on lui en eut certifié l'authenticité, il rendit à David les mêmes honneurs qu'à un ambassadeur. Effrayé du développement incessant de la Réforme et craignant les empiètements de Charles-Quint en Italie, Clément VII accueillit avec empressement le plan que lui soumettait David Reübeni de chasser les Turcs de la Terre Sainte avec le concours d'une armée juive. Il estimait que le succès de cette entreprise ferait briller le christianisme d'un nouveau lustre et raffermirait l'autorité du pape en Europe.

Au commencement, David Reübeni rencontra bien des incrédules parmi ses coreligionnaires. Mais, quand ils virent l'accueil que lui faisait le pape, ils se dirent que tout ne devait pas être mensonger dans ses récits, et de nombreux Juifs romains et étrangers commencèrent à entrevoir pour le judaïsme un avenir plus heureux. Benvenida Abrabanela, femme du riche Samuel Abrabanel, envoya de Naples à David Reübeni de fortes sommes d'argent, des vêtements précieux et une bannière en soie sur laquelle était brodé le Décalogue. Mais David affecta de ne pas se lier intimement avec des Juifs.

Invité par le roi João à venir le voir en Portugal, David se rendit (en novembre 1525) à Almeiria, près de Santarem, où résidait le roi et où il fut reçu avec de grands honneurs. On examina avec lui par quels moyens le Portugal pourrait fournir des armes et des canons à l'armée juive de l'Arabie et de la Nubie.

L'arrivée de David Reübeni en Portugal modifia totalement les intentions de João à l'égard des Marranes. Le souverain portugais jugea, en effet, qu'il ne serait pas prudent de persécuter des gens d'origine juive au moment où il voulait conclure une alliance avec un roi et un peuple juifs. Du reste, il sentait que, pour une entreprise aussi sérieuse que celle que lui proposait David Reübeni, il aurait besoin de l'appui, des capitaux et des conseils des Marranes. Il renonça donc à son projet d'introduire l'Inquisition en Portugal. Les Marranes se réjouirent fort quand ils apprirent qu'un Juif était admis à la cour royale et entretenait des relations avec les plus hauts personnages de l'État. Leur courage, abattu par une longue suite de souffrances, se relevait, et l'avenir se présentait à leurs yeux sous les plus radieuses couleurs. L'heure de la délivrance leur paraissait proche. Que David Reübeni se fût présenté ou non comme précurseur du Messie, eux, du moins, le considéraient comme un sauveur et témoignaient pour lui la plus profonde vénération.

Du Portugal l'heureuse nouvelle se répandit en Espagne, où les Marranes, encore plus misérables que dans le pays voisin, se livrèrent à de véritables transports de joie. Ils allaient donc pouvoir respirer librement, sans la crainte perpétuelle des tortures et du bûcher, et jeter enfin à bas le masque dont on les obligeait à s'affubler. Ces malheureux vivaient dans une telle anxiété que la moindre lueur d'espoir leur apparaissait comme l'aurore de leur délivrance, et qu'ils ajoutaient foi aux prédictions les plus insensées. Peu de temps auparavant, aux environs de Herrera, une femme marrane s'était présentée comme prophétesse, déclarant qu'elle avait vu sûrement Moïse et les anges et qu'elle était chargée de conduire ses compagnons d'infortune dans la Terre Sainte. Beaucoup de Marranes crurent à ses extravagances. Quand les autorités en eurent connaissance, elles firent brûler un grand nombre de Marranes à Tolède, et plus de quatre-vingt-dix à Cordoue.

Il n'est donc pas surprenant que des gens qui vivaient dans un tel état d'esprit accueillissent avec une joie profonde ce qu'on leur racontait de David Reübeni. Ils se rendirent en grand nombre en

Portugal pour le voir de près. Mais David, qui savait qu'une imprudence de sa part pouvait lui coûter la vie ainsi qu'à ces malheureux, se tint sur la réserve, s'abstenant avec le plus grand soin d'encourager leurs espérances ou de leur conseiller le retour au judaïsme. Les Marranes ne se laissèrent pas rebuter par cette froideur et gardèrent la conviction qu'ils assisteraient prochainement à d'importants événements.

L'enthousiasme que la présence de David Reübeni faisait naître dans tant de cœurs exalta particulièrement un noble et beau jeune homme, Diogo Pirès, et causa sa perte. Pirès (né vers 1501 et mort martyr en 1532) était remarquablement intelligent, doué d'une ardente imagination de poète, et sa destinée aurait été tout autre sans David Reübeni. Né Marrane, Pirès avait reçu une excellente éducation littéraire ; il savait bien le latin, la langue universelle de ce temps, remplissait les fonctions de notaire royal à un tribunal important et était très aimé à la cour. Il avait probablement été initié par un Marrane à la littérature hébraïque et rabbinique, et même aux mystères de la Cabbale. Quand il apprit le but du voyage de David en Portugal, il fut obsédé par les visions les plus extraordinaires, où le Messie jouait toujours le principal rôle, et il s'efforça de savoir si la mission de David concordait complètement avec ses rêves. On dit que David lui aurait marqué beaucoup de froideur et fait observer que sa mission avait un caractère militaire et n'avait rien de commun avec les rêveries messianiques. Pensant que David lui tenait un tel langage parce qu'il n'était pas circoncis, Pirès résolut de se soumettre à cette douloureuse opération ; il prit ensuite le nom de Salomon Molcho. A la suite de cette opération, qui l'avait sans doute affaibli, il eut encore des visions plus fréquentes. Un jour, il crut voir en songe un être qui s'entretenait avec lui (Maguid) et l'engageait à se rendre en Turquie. Il communiqua ce rêve à David. Comme celui-ci craignait que si l'on découvrait jamais que Pirès s'était fait juif, lui-même ne fût accusé de l'y avoir poussé, il lui conseilla d'obéir à son interlocuteur mystérieux et de quitter le Portugal. Diogo Pirès, ou Salomon Molcho, partit donc pour la Turquie.

Là, cet illuminé, beau, jeune, produisit une profonde sensation. D'abord, il se fit passer pour un émissaire de David Reübeni, dont la renommée avait aussi pénétré en Orient. A Salonique, il se laissa accaparer par le cabbaliste Joseph Taytasak et ses disciples, qui prêtaient une oreille attentive aux récits de ses visions et de ses rêves. A Andrinople, il réussit à gagner aux doctrines de la Cabbale Joseph Karo, qui avait émigré de l'Espagne dès son enfance et s'était consacré tout entier, jusqu'alors, à l'étude du Talmud. Ce talmudiste, auparavant si calme et si froid, devint aussi extravagant que Molcho, car bientôt il eut aussi ses visions : il voyait un être mystérieux (Maguid) qui lui donnait des explications mystiques de certains versets de la Bible et lui dévoilait l'avenir. Il alla si loin dans l'imitation de son maître que, comme Molcho, il exprimait la conviction qu'il serait brûlé sur le bûcher « comme un holocauste agréable au Seigneur ».

Grâce à son enthousiasme communicatif, à la sincérité de ses convictions, à sa force de persuasion, Molcho vit grandir sans cesse le cercle de ses partisans. Il prêchait souvent, et avec une chaleureuse éloquence. On était émerveillé de le voir, lui qui était né dans le christianisme, si familiarisé avec les mystères de la Cabbale. Sur la demande de ses amis de Salonique, il publia un résumé de ses sermons, qui tous avaient pour but d'assurer que l'ère messianique commencerait avec la fin de l'année 5300 de la création (1540). Cette prédiction trouva une éclatante confirmation, pour ces esprits mystiques, dans un événement qui survint à cette époque. Rome fut prise et pillée (5 mai 1527) par une armée allemande, composée en grande partie de protestants, sur l'ordre de l'empereur catholique Charles-Quint. D'après les enseignements du mysticisme, la chute de Rome sera suivie de près par la venue du Messie. Or, Rome était tombée. Aussi, en Asie, en Turquie, en Hongrie, en Pologne et en Allemagne, les espérances messianiques se réveillèrent avec une force singulière dans le cœur des Juifs, qui attendaient de Molcho la réalisation de leur plus cher vœu.

En Espagne et en Portugal, c'était David Reübeni qui restait le centre de toutes les espérances des Marranes. Leur foi en sa mission messianique était si grande qu'ils ne reculaient pas devant les entreprises les plus téméraires, même si elles les exposaient à une mort presque certaine. Ainsi, plusieurs Marranes d'Espagne, condamnés au bûcher, s'étaient réfugiés en Portugal, à Campo-Mayor, et, fait absolument inouï, n'y avaient pas été inquiétés. Enhardis par ce premier succès, plusieurs de ces Marranes retournèrent armés à Badajoz, d'où ils s'étaient enfuis, pour délivrer des femmes marranes enfermées dans la prison de l'Inquisition. Ils répandirent la terreur dans la ville et réussirent à délivrer les prisonnières. Ému par cet incident et aussi par l'accusation portée contre quelques Marranes d'avoir profané une image de la Vierge, João III revint à sa première pensée de créer des tribunaux du Saint-Office dans son royaume.

Du reste, l'amitié de João pour David Reübeni s'était refroidie. Reçu d'abord à la cour, où il eut plusieurs entretiens avec le roi par l'intermédiaire d'un interprète, David avait obtenu la promesse que le gouvernement portugais mettrait à la disposition de son frère, le prétendu souverain d'Arabie, huit vaisseaux et quatre mille armes à feu pour marcher contre les Arabes musulmans et les Turcs. Mais, sur ces entrefaites, Miguel de Silva, ambassadeur du Portugal auprès du pape au moment où David séjournait à Rome, et qui avait toujours considéré le soi-disant prince juif comme un aventurier, était revenu à Lisbonne. Là, il s'efforça d'éveiller la méfiance du roi contre David Reübeni, qui, d'ailleurs, avait été grandement compromis par l'enthousiasme qu'il excitait parmi les Marranes. On avait aussi appris que Diogo Pirès ou Salomon Molcho s'était soumis à la circoncision et avait cherché un refuge en Turquie. La cour en fut fort scandalisée et en rendit responsable David Reübeni. Celui-ci fut donc brusquement invité, après un séjour d'un an, à quitter le Portugal ; on lui accorda un délai de deux mois pour ses préparatifs de départ. Le vaisseau où il s'était embarqué avec sa suite fut poussé sur la côte espagnole. Arrêté et jeté en prison en Espagne, il était appelé à comparaître devant un tribunal du Saint-Office, quand l'empereur Charles le fit remettre en liberté. Il se rendit alors à Avignon, la ville des papes.

Après sa rupture avec David Reübeni, le roi João fut sollicité avec une nouvelle insistance par la reine, les dominicains et quelques grands d'établir en Portugal des tribunaux d'inquisition. Il s'y décida à la suite du fait suivant. On rapporta à Henrique, évêque de Ceuta, ancien moine franciscain et prêtre très fanatique, que, dans son diocèse d'Olivença, cinq Marranes étaient soupçonnés d'observer les rites juifs. Sans se préoccuper si l'Inquisition était autorisée par le pape et le roi à fonctionner en Portugal, ce prélat fit brûler les inculpés (vers 1530). Après cet exploit, que le peuple célébra par des courses de taureaux, Henrique engagea le roi à en agir ainsi partout avec les Marranes suspects. João résolut alors de demander au pape Clément VII la nomination d'inquisiteurs en Portugal.

Quelques membres du clergé, esprits sages et équitables, notamment Fernando Coutinho, évêque d'Algarve, et Diogo Pinheiro, évêque de Funchal, s'élevèrent avec force contre la décision du roi. Ils avaient été témoins des procédés iniques et cruels par lesquels on avait imposé le baptême aux Juifs sous le règne de Manoël, et ils ne pouvaient pas admettre que des hommes ainsi convertis par la violence fussent considérés comme chrétiens, pas plus pour être traités en hérétiques que pour être nommés juges ou revêtus de dignités ecclésiastiques. Coutinho rappela aussi au roi que, récemment, le pape lui-même avait autorisé plusieurs Marranes de Rome à retourner au judaïsme. En effet, Clément VII, d'accord avec le collège des cardinaux, avait offert à des Marranes un asile à Ancône et leur permettait d'y vivre en Juifs. A Florence et à Venise aussi, ils pouvaient pratiquer leur ancienne religion. Coutinho conseilla donc d'attirer les Marranes au christianisme par la douceur et la persuasion, et non pas par des persécutions. João persista, malgré tout, dans son dessein, et l'ambassadeur du Portugal à la cour pontificale, Bras Neto, fut chargé de solliciter dans ce but une bulle de Clément VII. Mais le pape opposa une grande résistance à la demande du roi.

On s'explique en partie la répugnance de Clément VII à laisser introduire l'Inquisition en Portugal par la sympathie bizarre qu'il éprouvait alors pour Salomon Molcho. Cet illuminé était, en effet, venu d'Orient en Italie (1529) pour accomplir sa mission messianique. C'est dans la capitale du christianisme qu'il voulait proclamer la délivrance prochaine des Juifs. Son exaltation confinait à la folie, mais, avec ses manières étranges, il offrait tant de séduction que, partout où il passait, il réussissait à inspirer à beaucoup d'esprits la plus absolue confiance. A Ancône, où se trouvait alors une communauté de Marranes revenus au judaïsme, ses sermons apocalyptiques soulevèrent un véritable enthousiasme. Pourtant, il y rencontra aussi des adversaires, qui craignaient que sa témérité ne fût nuisible aux Juifs et aux Marranes. Invité à s'établir à Pesaro par le duc Urbino Francesco della Rovere Ier, qui espérait attirer ainsi dans cette ville un certain nombre de Marranes riches et industrieux, il n'y fit qu'un séjour très court. Il était impatient d'arriver à Rome.

Dans cette ville, il trouva un excellent accueil auprès du cardinal Lorenzo Pucci, le grand pénitencier, qui avait déjà défendu Reuchlin et le Talmud contre les « hommes obscurs » et qui protégeait les transfuges marranes, et aussi auprès de Clément VII. Ce pape, qui avait été obligé de couronner lui-même comme empereur romain Charles-Quint, son ennemi implacable (1530), et qui avait subi de douloureuses déceptions, se laissait facilement séduire par le mirage des visions et des prophéties. Il témoigna donc de la faveur à Molcho et lui accorda même un sauf-conduit, parce que cet aventurier lui avait prédit que Rome serait inondée, comme il avait prédit peu auparavant à l'ambassadeur portugais, Bras Neto, que Lisbonne souffrirait d'un tremblement de terre, et que les deux prédictions s'étaient réalisées (1). Ni le pape ni le cardinal Pucci, prévenus tous deux en faveur de l'ancien Marrane Molcho, n'étaient donc disposés, à ce moment, à laisser établir des tribunaux d'inquisition contre les Marranes du Portugal.

Mais Molcho était moins bien vu par une partie de ses coreligionnaires de Rome qu'à la cour pontificale. Un des plus illustres et plus savants, le médecin Jacob Mantino, s'acharnait surtout contre lui, allant jusqu'à reprocher à l'ambassadeur du Portugal de laisser un ancien chrétien portugais librement prêcher contre le christianisme à Rome. Comme Bras Neto ne tint aucun compte de ses objurgations, Mantino s'adressa à l'Inquisition, qui fit comparaître Molcho devant la Congrégation. Celui-ci présenta alors le sauf-conduit que le pape lui avait délivré. Les juges s'en empa-

---

(1) Il y eut, en effet, une inondation à Rome le 8 octobre 1530, et un tremblement de terre à Lisbonne le 26 janvier 1532.

rèrent et se rendirent avec cette pièce auprès de Clément VII pour lui faire entendre combien il avait tort de protéger un ennemi du christianisme. Sur la réponse du pape qu'il voulait se servir de Molcho dans un but secret, l'Inquisition allait remettre l'aventurier en liberté, quand Mantino reprit son accusation contre lui sur d'autres points. Molcho fut condamné à mort. On éleva un bûcher et, en présence d'une foule considérable, un malheureux, couvert du san-benito, fut précipité dans les flammes. Quand le juge alla informer le pape que justice était faite, il fut stupéfait de voir Molcho vivant se promener à travers les appartements pontificaux. Pour sauver son protégé, le pape, avec la connivence de quelques juges, avait fait brûler un autre condamné à sa place. Mais Molcho ne put pas rester plus longtemps à Rome.

Après le départ de Molcho, suivi de près par la mort du cardinal Lorenzo Pucci (août 1531), le pape céda enfin aux sollicitations du roi de Portugal. Sur les instances de l'empereur Charles et du grand pénitencier Antonio Pucci, qui avait succédé à son oncle, et malgré l'opposition des cardinaux Egidio de Viterbe, élève d'Elia Lévita, et Geronimo de Ghinucci, Clément VII autorisa, par une bulle du 17 décembre 1531, l'introduction de l'Inquisition en Portugal. En même temps, comme s'il avait honte d'abandonner ainsi ses protégés, il leur adjoignit les protestants, qu'il soumit aussi à l'autorité de l'Inquisition. Il eut pourtant la précaution de confier la direction de ces tribunaux aux franciscains, moins fanatiques que les dominicains. Ce fut le franciscain Diogo da Silva qu'il nomma inquisiteur général. Mais les Marranes furent persécutés avec la même cruauté, car les trois tribunaux créés à Lisbonne, à Evora et à Coïmbre s'organisèrent sur le modèle de ceux que Torquemada avait fondés en Espagne.

Devant le terrible danger qui les menaçait, de nombreux Marranes songèrent à émigrer. Mais cette voie de salut leur était même fermée. Comme autrefois leurs aïeux en Égypte, ils avaient derrière eux un ennemi implacable et devant eux l'immensité de la mer. Il était défendu aux capitaines de vaisseau, sous peine de mort, de transporter des Marranes hors du Portugal, et aucun chrétien ne pouvait acheter leurs immeubles. Il leur était également interdit d'expédier leurs valeurs mobilières à l'étranger ou de tirer des lettres de change. Ceux qui étaient découverts dans leurs préparatifs de fuite étaient jetés au cachot, avec toute leur famille, et livrés aux flammes.

Il y en eut pourtant qui réussirent à s'échapper. Ceux qui arrivèrent à Rome firent part à Clément VII des cruautés commises en Portugal et se plaignirent que, contrairement aux privilèges que le roi leur avait autrefois accordés, on leur défendit d'émigrer. Le pape, qui n'avait autorisé qu'avec répugnance la création de tribunaux d'inquisition en Portugal, accueillit les protestations des Marranes avec bienveillance. Il sentait que de telles violences semblaient justifier les attaques des ennemis de l'Église, et, du reste, il n'ignorait pas que l'Inquisition avait été introduite en Portugal sur les instances de l'Espagne et de l'empereur Charles-Quint, son ennemi. Aussi se montrait-il disposé à annuler sa bulle.

C'est à ce moment que Salomon Molcho et David Reübeni recommencèrent leurs extravagances. Décidés à se rendre auprès de l'empereur d'Allemagne, qui était alors à la diète de Ratisbonne, ils partirent de Bologne, par Ferrare et Mantoue, avec une bannière sur laquelle on lisait le mot *Makbi*, mot formé des lettres initiales du verset hébreu : *Qui est comme toi parmi les puissants, ô Éternel*. L'empereur Charles leur accorda une audience. D'après une légende, ils auraient conseillé à l'empereur de se convertir au judaïsme. Une telle folie, croyable de la part de Molcho, n'aurait certainement pas été commise par son compagnon David. Ils sollicitèrent plutôt de Charles-Quint l'autorisation, pour les Marranes, de s'armer et de s'unir aux tribus juives de l'Arabie contre les Turcs. Le représentant des Juifs d'Allemagne de ce temps, le sage et prudent Joselin de Rosheim, les avait avertis en vain de ne pas rester dans le voisinage de l'empereur; ils n'avaient pas voulu tenir compte de son conseil. Ils ne tardèrent pas à être arrêtés (juin-septembre 1532) et ramenés à Mantoue. Là, un tribunal ecclésiastique condamna Molcho à être brûlé comme apostat et hérétique. On craignait tellement l'action de son éloquence fougueuse et persuasive sur la foule, qu'il fut conduit au supplice la bouche bâillonnée. Il était déjà au pied du bûcher quand un messager arriva en toute hâte pour lui enlever son bâillon et lui offrir sa grâce au nom de l'empereur, s'il voulait reconnaître son crime et retourner au christianisme. Molcho répondit que depuis longtemps il aspirait à la félicité de mourir en martyr « sur l'autel du Seigneur », et qu'il n'éprouvait qu'un seul regret, celui d'avoir été chrétien dans sa jeunesse. Il mourut avec un admirable courage (novembre-décembre 1532).

La confiance en Molcho était si absolue chez ses partisans que la plupart ne voulurent pas croire à sa mort. En Italie et en Turquie, on était convaincu qu'il avait de nouveau échappé miraculeusement au supplice, comme la première fois. Les uns affirmaient l'avoir vu vivant huit jours après qu'il avait été brûlé. D'autres prétendaient qu'il s'était rendu auprès de sa fiancée, à Safed.

David Reübeni eut une fin plus obscure. Il fut conduit en Espagne et enfermé dans une prison de l'Inquisition. On prétend qu'il mourut empoisonné, parce qu'en sa qualité de Juif, il ne pouvait pas être jugé par le Saint-Office. Par contre, de nombreux Marranes qui avaient entretenu des relations avec lui, et dont il avait peut-être indiqué les noms, sous l'influence des tortures, furent livrés aux flammes.

Malgré la douloureuse déception que la disparition de Molcho causa aux Marranes du Portugal, ils ne se découragèrent pas. Ils envoyèrent un autre délégué à Rome, Duarte de Paz, pour plaider leur cause auprès du pape. Duarte était tout l'opposé de Molcho. Calme, prudent, habile, il était familiarisé avec toutes les finesses de la diplomatie, connaissait les hommes et savait tirer profit de leurs faiblesses. D'origine marrane, il avait rendu en Afrique de grands services au Portugal, et en avait été récompensé par une situation élevée et la confiance de João III. Chargé d'une mission secrète et élevé, dans ce but, à la dignité de commandeur de l'ordre du Christ, il ne se rendit pas dans la ville qui lui avait été désignée, mais à Rome. Là, il s'occupa des affaires des Marranes pendant près de huit ans. Mais il ourdit si bien les fils de ses intrigues, qu'aujourd'hui il est difficile d'affirmer s'il a travaillé pour les Marranes ou pour le roi. Pourtant, Clément VII enjoignit à l'Inquisition, par un bref (17 octobre 1532), de cesser toute poursuite jusqu'à nouvel ordre.

A la cour de João III aussi, des influences semblent avoir été mises en mouvement en faveur des Marranes, ou plutôt il existait alors à la cour deux partis, les amis et les adversaires de l'Inquisition. Les premiers penchaient pour l'Espagne et songeaient à faire réunir le Portugal à ce pays dans le cas où João III mourrait sans enfant. Ceux, au contraire, qui souhaitaient le maintien de l'indépendance de leur patrie, travaillaient contre l'Inquisition. De là, à la cour, pendant plusieurs années, des mines et des contremines. Les Marranes profitèrent sans doute de cette lutte, car Duarte de Paz obtint du pape un deuxième bref très important, qui admettait les raisons exposées par les Marranes pour expliquer leur tiédeur pour la foi chrétienne. « Contraints au baptême par la violence, disait le pape, ils ne peuvent pas être considérés comme membres de l'Église, et il serait contraire à toute justice de les punir pour hérésie ou apostasie. » Quant aux enfants nés des premiers Marranes, il est vrai qu'ils étaient devenus chrétiens sans avoir subi aucune contrainte. Mais, comme ils avaient vu pratiquer constamment les rites juifs dans leurs familles, il serait inique, d'après le pape, de leur appliquer les canons de l'Église avec la même rigueur qu'aux anciens chrétiens ; il vaut mieux les retenir dans le christianisme par la douceur. Par ce bref, Clément VII suspendit l'action de l'Inquisition en Portugal, évoqua devant son propre tribunal les plaintes portées contre les Marranes et prononça l'absolution et l'amnistie de tous les inculpés. Les prisonniers devaient être remis en liberté, les exilés autorisés à revenir dans leur patrie, et ceux dont on avait confisqué les biens pouvaient recouvrer ces biens.

Il faut reconnaître que Clément VII défendit avec énergie et persévérance la cause de l'humanité contre les exigences d'un étroit fanatisme. Il s'obstina à ne pas vouloir livrer sans défense les Marranes portugais aux tribunaux sanguinaires de l'Inquisition. Quoique les faits fussent connus, le pape chargea une commission composée de deux cardinaux impartiaux, Campeggio et de Cesis, et du grand pénitencier Antonio Pucci, cardinal de Santiquatro, de faire une nouvelle enquête. A la suite de leur rapport, qui rendit publiques les cruautés du Saint-Office, Clément VII, presque déjà mourant, adressa un bref (26 juillet 1534) au nonce accrédité à la cour de Portugal pour lui ordonner d'exiger l'élargissement des Marranes emprisonnés. Il n'est pas certain que ces malheureux, au nombre de douze cents, bénéficièrent vraiment de ce bref, car la mort de Clément VII survint (25 septembre 1534) peu de temps après.

Sous son successeur, Paul III (1534-1549), les intrigues pour ou contre l'Inquisition reprirent avec une nouvelle activité. Ce pape fut plutôt bienveillant pour les Juifs, comme le prouvent les plaintes de l'évêque Sadolet, de Carpentras, qui, tout en étant exagérées, sont pourtant caractéristiques : « Jamais les chrétiens, disait ce prélat, n'ont obtenu d'un Pontife autant de faveurs et de privilèges que les Juifs de Paul III. Il ne leur a pas seulement accordé des prérogatives et des grâces, il les en a comblés. » Paul III avait, du reste, un médecin juif, Jacob Mantino, qui lui dédia plusieurs de ses ouvrages.

Dès que ce pape fut monté sur le trône pontifical, João III essaya d'obtenir de lui l'abolition des bulles et brefs de Clément VII favorables aux Marranes. Mais ceux-ci, ou plutôt leurs procureurs à Rome, Duarte de Paz et Diogo Rodriguez Pinto, ne restèrent pas inactifs. Duarte, qui entretenait en même temps une correspondance avec le roi João et semblait ainsi jouer double jeu, offrit même à Pucci, cardinal de Santiquatro, une pension annuelle de 800 crusados d'or, si, au lieu de combattre les Marranes, il consentait à leur accorder sa protection. Esprit prudent et avisé, Paul III décida d'abord (3 novembre 1534) qu'on ne publierait pas le dernier bref de son prédécesseur. Quand il eut appris qu'on avait déjà commencé à le mettre à exécution, il ordonna une nouvelle enquête sur la situation des Marranes et en chargea deux cardinaux, Ghinucci et Simoneta, dont le premier avait même publié un écrit en faveur des nouveaux chrétiens. En même temps, il invita le gouvernement portugais à obéir aux différents édits de Clément VII, et lui défendit surtout d'enfermer des Marranes dans des cachots inaccessibles ou de confisquer leurs biens. Mais, comme tous les rois catholiques de ce temps, qui n'obéissaient aux ordres du Saint-Siège que quand ils étaient conformes à leur propre désir ou à leurs propres intérêts, João III ne tint nul compte de l'invitation du pape. Pour mieux faire triompher l'Inquisition, son ambassadeur à Rome lui conseilla même d'imiter l'exemple du roi d'Angleterre et de se séparer de l'Église romaine.

Mais Paul III tint bon. Il promulgua une nouvelle bulle (2 octobre 1535), par laquelle il donna l'absolution aux Marranes pour leurs fautes passées et défendit aux autorités temporelles et spirituelles de les poursuivre pour crime d'hérésie ou d'apostasie. L'Inquisition qui, en apparence du moins, avait besoin de l'autorisation pontificale, dut donc suspendre encore une fois son action. Le légat du pape en Portugal se montra également très énergique. Après avoir publié la bulle, il fit si bien que l'infant Dom Alphonse, malgré sa haine pour les Marranes, ordonna lui-même d'ouvrir les prisons et de rendre la liberté à tous ceux qui avaient été recommandés de Rome, en tout dix-huit cents (décembre 1535).

Le gouvernement portugais n'avait presque cédé que par surprise à cette intervention énergique en faveur des Marranes. Bientôt, il reprit ses manœuvres pour se rendre maître absolu de leurs personnes et de leurs richesses. Pour atteindre son but, il ne recula même pas devant le crime. Un jour, en effet, Duarte de Paz fut attaqué en pleine rue et grièvement blessé (janvier 1536). A Rome, on était convaincu que l'ordre de cet attentat était parti de Lisbonne. Le pape en fut très irrité. Grâce aux soins que Paul III lui fit donner par ses meilleurs médecins, Duarte se rétablit.

Pour triompher plus sûrement de tous les obstacles, la cour du Portugal demanda l'appui de Charles-Quint. Cet empereur venait alors de remporter une éclatante victoire sur le musulman Barberousse, qui, soutenu par la Turquie, avait inquiété toute la chrétienté. Après la prise de Tunis et la défaite de Barberousse, Charles-Quint revint en triomphateur à Rome (avril 1536), où il demanda au pape d'autoriser enfin l'introduction de l'Inquisition en Portugal. Malgré tout, le pape hésitait encore. Mais, sur les instances réitérées de l'empereur, il dut enfin céder (23 mai 1536). Il entoura pourtant le fonctionnement du Saint-Office de quelques restrictions : pendant les trois premières années, l'Inquisition devait suivre la même procédure que les autres tribunaux, c'est-à-dire faire déposer les témoins publiquement, au moins pour les Marranes de classe moyenne, et la confiscation des biens ne pouvait devenir effective que dix ans après la condamnation. De plus, Paul III recommanda d'user d'indulgence dans la répression. Mais une fois autorisé à sévir, le Saint-Office procéda avec la même rigueur qu'en Espagne. Après le délai légal, en novembre 1536, l'Inquisition commença donc son œuvre de persécution. João III imposa même aux Marranes le port d'un signe distinctif.

Ceux-ci, pourtant, ne se découragèrent pas. De nouveau ils tentèrent des démarches à la cour romaine pour faire annuler la bulle. Duarte de Paz remit de leur part au pape un mémoire dont le langage était presque menaçant : « Si Votre Sainteté reste indifférente aux supplications et aux larmes de la race hébraïque, ou, ce que nous ne pensons pas, si Elle refuse de nous venir en aide, comme ce devrait être le rôle du représentant du Christ, nous protestons devant Dieu, et nos plaintes et nos sanglots s'élèveront comme une protestation en face de l'univers tout entier. Persécutés dans notre vie, dans notre honneur, dans nos enfants, qui sont notre sang, et presque dans notre salut, nous avons pourtant continué de nous tenir éloignés du judaïsme. Mais, si l'on ne cesse pas de nous persécuter, nous exécuterons un projet auquel nul d'entre nous n'aurait jamais songé, nous retournerons à la religion de Moïse et nous renierons le christianisme, que l'on veut nous imposer par la force... Nous nous enfuirons de notre patrie pour chercher un refuge chez des peuples plus humains. » Ce mémoire impressionna vivement le pape, qui nomma une commission chargée d'examiner s'il devait maintenir sa bulle. Sur les trois membres, deux, les cardinaux Ghinucci et Jacobacio, étaient favorables aux Marranes; le troisième, le cardinal Simoneta, se rangea aussi, à la fin, à l'opinion de ses collègues. Le pape envoya donc en Portugal un nouveau légat pour arrêter les poursuites de l'Inquisition contre les Marranes et favoriser leur émigration. Peu après, il adressa à ce légat un bref (août 1537) qui autorisait et même encourageait les Portugais à accorder aux Marranes aide et protection, acte que l'Inquisition punissait comme un crime.

Malheureusement, il se produisit un incident que les fanatiques surent exploiter habilement contre les Marranes. Un jour du mois de février 1539, on trouva affichée à la porte de la cathédrale et d'autres églises de Lisbonne une proclamation affirmant que le Messie n'est pas encore venu, que Jésus n'est pas le Messie et que le christianisme est un mensonge. Le Portugal tout entier fut profondément impressionné par ces blasphèmes, et une enquête fut ouverte pour découvrir le coupable. Le roi offrit 10,000 ducats à celui qui ferait connaître le criminel, et le nonce du pape, convaincu, avec beaucoup d'autres, que le coup avait été préparé par les ennemis des Marranes pour exciter la colère du souverain contre ces derniers, offrit, de son côté, 5,000 ducats. Dans l'espoir de détourner d'eux tout soupçon, les nouveaux chrétiens firent placer aux portes des églises et de la cathédrale cette proclamation : « Moi, l'auteur de la première affiche, je ne suis ni Espagnol, ni Portugais, mais Anglais, et donnerait-on une récompense de 20,000 ducats que l'on ne me découvrirait pas. » On mit pourtant la main sur le coupable. C'était un Marrane du nom d'Emmanuel da Costa. Soumis à la torture, il avoua son crime, eut les mains coupées et fut ensuite brûlé.

À la suite de cet incident, le roi passa outre aux observations du légat pontifical et laissa libre cours aux persécutions de l'Inquisition. La vie des Marranes fut ainsi livrée à leurs plus implacables ennemis. Parmi les inquisiteurs se trouvait João Soarès, dont le pape disait « qu'il était un moine ignorant, mais plein d'audace et d'ambition, et animé de sentiments détestables ». Grâce à l'activité de Soarès et de ses acolytes, les prisons se remplirent de Marranes suspects et les bûchers s'allumèrent nombreux pour les hérétiques. Le poète Samuel Usque, qui assista, dans sa jeunesse, à ces scènes lamentables, en a laissé la plus navrante description : « L'Inquisition, dit-il, a brûlé un grand nombre de nos frères ; ce n'est pas isolément, mais par groupes de trente et de cinquante qu'elle les a livrés aux flammes. Elle a même obtenu ce triste résultat que le peuple chrétien se glorifie de ces massacres, assiste avec bonheur aux autodafés des fils de Jacob et apporte du bois pour alimenter les bûchers. Les pauvres Marranes vivent dans une anxiété continuelle, craignant à tout instant d'être arrêtés..., et l'heure qui apporte aux autres hommes le repos et la tranquillité augmente encore leurs tourments et leurs frayeurs. Leurs fêtes et leurs joies sont changées en deuil. »

On pourrait supposer qu'émanant d'un écrivain juif, ce récit est exagéré, mais il est absolument confirmé par le rapport d'un Collège de cardinaux chargé de faire une enquête officielle sur les traitements infligés aux Marranes. « Sur une simple dénonciation, dit ce rapport, les faux chrétiens sont enfermés dans un sombre cachot, où nul membre de leur famille n'est autorisé ni à les voir, ni à leur prêter assistance. On les condamne sans leur en indiquer la raison. Leurs avocats, si on leur en donne, aident parfois à les faire déclarer coupables. Un malheureux affirme-t-il qu'il est sincèrement chrétien et n'a nullement commis les crimes qu'on lui impute, il est livré aux flammes et ses biens sont confisqués. Avoue-t-il, au contraire, à son confesseur que, sans le vouloir, il s'est rendu coupable de tel ou tel péché, il est encore brûlé, sous prétexte qu'il s'obstine à nier sa préméditation... S'il réussit même à démontrer son innocence, il est condamné à une amende, pour qu'on ne dise pas qu'il a été arrêté injustement. Du reste, soumis aux plus horribles tortures, les inculpés, avouent tout ce que l'on veut. »

Mais la cruauté même de ces persécutions inspira aux Marranes l'énergie nécessaire pour essayer de les faire cesser. Ils envoyèrent auprès du pape un nouveau délégué pour solliciter son intervention, et la lutte recommença entre le Saint-Siège et la cour du Portugal. L'infant Henrique, qui était grand inquisiteur, fit établir la liste des péchés dont les Marranes se rendaient incessamment coupables et la transmit à Rome (février 1542). A ce réquisitoire, les Marranes ripostèrent par un long mémoire (1544) où ils exposèrent, avec preuves à l'appui, toutes les iniquités et toutes les violences dont ils avaient été victimes depuis le règne de João II et de Manoël. Malheureusement, Paul III avait besoin, à ce moment, de l'aide des fanatiques. Pour combattre le protestantisme et rendre à la papauté son ancien prestige, il dut reconnaître le nouvel ordre des Jésuites (1540) et approuver la proposition faite par Pietro Caraffa d'introduire l'Inquisition à Rome (1542). Loyola et Caraffa étaient alors les maîtres de Rome, plus que le pape lui-même. En outre, toujours pour lutter contre la Réforme, le concile de Trente devait fixer les principes du catholicisme, et, dans ce concile, le pape ne pouvait atteindre son but qu'avec l'appui des exaltés. Or, ceux-ci étaient tous originaires de l'Espagne et du Portugal. Il ne lui était donc pas permis, dans ces conditions, de se brouiller avec la cour de Portugal.

Le délégué envoyé par le Portugal au concile de Trente, l'évêque Balthazar Limpo, était un fanatique. Dès son arrivée à Rome, il demanda instamment à Paul III de laisser enfin l'Inquisition librement fonctionner en Portugal contre les Marranes. « Ils partent secrètement du Portugal, dit-il, sous un nom chrétien, avec leurs enfants, qu'ils ont fait baptiser eux-mêmes. Une fois en Italie, ils se disent Juifs, vivent selon les rites juifs et font circoncire leurs enfants. Cela se passe sous les yeux du pape et de la curie à Rome et à Bologne... Au lieu de s'opposer à l'introduction de l'Inquisition en Portugal, Sa Sainteté aurait dû l'appeler depuis longtemps à son aide dans ses propres États. » Comme le pape venait de publier lui-même une bulle où il invitait tous les catholiques à courir sus aux protestants, il ne lui était pas facile de plaider devant Limpo la cause des Marranes accusés d'hérésie. Il accéda donc à sa demande, en exigeant pourtant qu'on les laissât émigrer librement, pourvu qu'ils ne se rendissent pas dans les pays des mécréants, en Afrique ou en Turquie.

Une autre raison avait encore décidé le pape à se concilier les bonnes grâces du Portugal. Charles-Quint voulait profiter de sa victoire sur les protestants (avril 1547) pour dicter sa volonté au pape et imposer à l'Église un cérémonial qui pût agréer également à la Réforme. Ç'aurait été une humiliation pour la papauté d'accepter ainsi l'intervention impériale dans le domaine religieux. Mais, pour résister efficacement à l'empereur, Paul III avait besoin de l'appui de quelques États, notamment du Portugal. Il envoya donc dans ce dernier pays un commissaire spécial, muni de bulles et de brefs qui autorisaient l'Inquisition à agir contre les Marranes, mais en recommandant de procéder avec indulgence. Ainsi, toutes les accusations portées contre les Marranes dans le passé devaient être considérées comme nulles ; on ne pouvait les poursuivre que pour des hérésies commises à partir de la promulgation de ces bulles. Dans les dix premières années, les biens des condamnés ne seraient pas confisqués, mais appartiendraient à leurs héritiers.

Grâce à l'absolution générale accordée par Paul III aux nouveaux chrétiens, dix-huit cents Marranes purent sortir des prisons de l'Inquisition (juillet 1548). Tous les Marranes furent ensuite convoqués pour abjurer toute croyance juive ; à partir de ce moment seulement, ils devaient être considérés comme de vrais chrétiens, pouvant être poursuivis pour hérésie. Toutefois, la persécution ne prit pas dans le Portugal le même développement qu'en Espagne Car, malgré leur abjuration solennelle, on hésitait à regarder les Marranes comme des chrétiens auxquels le droit canon permit d'imputer le crime d'hérésie. Après la mort de Paul III (novembre 1549), Jules III donna aussi l'absolution aux Marranes accusés de « judaïser ». Ceux même de ses successeurs qui étaient moins tolérants et moins disposés au pardon ne reconnurent pas un caractère légal au fonctionnement de l'Inquisition contre les nouveaux chrétiens, et, de nouveau, cinquante ans plus tard, un pape, Clément VIII, prononça l'amnistie de tous les condamnés marranes.

CHAPITRE III

LES MARRANES ET LES PAPES

(1548-1566)

Les persécutions dont les Marranes souffraient en Espagne et en Portugal les poussèrent de plus en plus à tenter la fortune de l'émigration. C'était surtout à la Turquie qu'ils allaient demander le calme et la sécurité. Aussi ce pays compta-t-il bientôt de nombreux habitants juifs, auxquels le sultan assurait la même protection qu'à ses autres sujets. En Turquie, comme en Palestine, où ils se sentaient forts par leur nombre et leur aisance, ils pouvaient caresser l'espoir de conquérir une certaine indépendance, d'arriver à l'unité religieuse et nationale et de voir se réaliser leurs rêveries messianiques. Car, là aussi, Samuel Molcho, le martyr de Mantoue, avait fait naître les plus douces illusions. A Safed, la plus importante communauté de la Palestine, où il avait séjourné assez longtemps, on attendait, même après sa mort, l'accomplissement de ses prédictions. On était convaincu que le Messie viendrait, comme Molcho l'avait annoncé, dans l'année 5300 de la création du monde (1540), mais on croyait avec non moins de conviction que les Juifs devaient se préparer par une série de mesures à cet heureux événement. D'après Maïmonide, l'avènement du Messie devait être précédé de l'institution d'un [tribunal juif, d'un Synhédrin, dont l'autorité fût reconnue par tous les Juifs. Il semblait donc indispensable de posséder de nouveau des juges autorisés, ayant reçu l'ordination, comme du temps où Jérusalem possédait encore son temple, et même plus tard, à l'époque des talmudistes palestiniens. On ne craignait aucune difficulté de la part du sultan. Du reste, en Turquie, les rabbins avaient droit de juridiction pour les affaires civiles et même pénales. Seulement, ils n'exerçaient ce droit qu'en vertu d'une sorte de tolérance, sans que leur pouvoir fût légal au point de vue talmudique. Les uns se soumettaient à leur autorité, mais d'autres la contestaient. D'ailleurs, pour qu'il y eût unité dans les lois et leur interprétation, il fallait que les rabbins, au lieu de conserver leur indépendance, chacun dans sa communauté, reconnussent tous une autorité supérieure. Il était donc indispensable de créer un Conseil suprême, et ce Conseil devait résider en Palestine, car les pieux souvenirs qui se rattachaient à ce pays pouvaient seuls donner un prestige suffisant à ce tribunal supérieur et le faire accepter comme un Synhédrin.

Il n'existait, à ce moment, en Palestine qu'un seul rabbin assez considéré pour pouvoir ordonner ses collègues comme juges : Jacob Berab. C'était un esprit profond, mais très obstiné, et, par conséquent, persévérant et courageux. Après de nombreuses pérégrinations qui l'avaient conduit en Égypte, à Jérusalem et à Damas, il s'était établi à Safed ; il y jouissait d'une grande influence, car il était riche et très instruit. La proposition qui lui fut faite de donner l'ordination lui sourit beaucoup, parce qu'il y voyait un commencement de réalisation de ses espérances messianiques, et aussi parce que le rôle qu'on lui offrait flattait son amour-propre. Il se présentait pourtant une difficulté. Légalement, pour pouvoir donner l'ordination, il faut avoir été ordonné soi-même, et aucun rabbin de cette époque ne l'était. On put heureusement sortir d'embarras. Car, d'après Maïmonide, les rabbins de la Palestine avaient le droit d'ordonner un de leurs collègues, qui, à son tour, pouvait donner l'ordination à d'autres. Comme Safed, habitée par plus de mille familles juives, était alors la plus importante des communautés palestiniennes, les rabbins et les talmudistes de cette ville formaient la majorité en Palestine ; ils s'empressèrent, au nombre de vingt-cinq, d'investir Berab de cette dignité (1538). La première pierre était donc posée pour l'institution d'un Synhédrin. Berab, ordonné, pouvait transmettre sa dignité à autant de collègues qu'il lui plaisait. Il démontra, dans une consultation talmudique, la légalité de cette façon de procéder, et cette innovation fut approuvée successivement par les talmudistes des diverses communautés de la Palestine. C'était là, dans la pensée de Berab et de ses partisans, un premier pas dans la voie qui devait mener à l'ère messianique. Et de fait, la réorganisation d'un Synhédrin présentait cet avantage, sinon de faciliter la venue du Messie, du moins d'assurer l'unité du judaïsme. Le rétablissement du Synhédrin en Palestine aurait eu, en effet, parmi les Juifs d'Europe, un immense retentissement et attiré de nombreux émigrants riches et actifs, qui, appuyés par cette assemblée, auraient peut-être réussi à organiser une sorte d'État juif.

Mais Berab rencontra de sérieuses difficultés dans la réalisation de son plan. Les représentants de la communauté de Jérusalem se trouvèrent froissés que Berab eût entrepris une œuvre aussi considérable sans les avoir préalablement consultés. Il appartenait, à leur avis, à la cité sainte de se prononcer la première dans une circonstance aussi grave.

Jérusalem avait alors à sa tête, comme chef religieux, Lévi ben Jacob Habib, né à Zamora et à peu près du même âge que Berab. Contraint au baptême, comme tant de ses coreligionnaires portugais, sous le règne de Manoël, il s'était enfui du Portugal en

Turquie dès qu'il l'avait pu et était retourné au judaïsme. Plus tard, il s'était rendu à Jérusalem, où sa science talmudique l'avait fait nommer rabbin de la communauté. Se consacrant avec le plus absolu dévouement aux intérêts matériels et moraux de ses coreligionnaires, il avait réussi à maintenir l'union dans la communauté, formée d'éléments hétérogènes et parfois réfractaires à toute règle et à toute discipline. Lévi ben Habib possédait aussi des notions de mathématiques et d'astronomie.

En sa qualité de chef religieux de Jérusalem, Lévi ben Habib fut donc invité le premier à approuver l'ordination accordée à Berab par le collège rabbinique de Safed et à accepter, à son tour, cette investiture de la main de Berab. Mais, sans tenir compte de l'importance que la création d'un Synhédrin pouvait avoir pour le judaïsme, et sans se rappeler que lui-même avait souhaité autrefois le rétablissement de l'ordination, Lévi ben Habib ne prit conseil que de son amour-propre froissé. A ses yeux, c'était reconnaître la supériorité de Safed et de son rabbin sur Jérusalem et son chef religieux que d'approuver l'entreprise de Berab ; il résolut donc de la combattre.

Il est vrai que Berab ne pouvait pas faire valoir d'arguments bien probants en faveur de l'ordination. Au fond, pour le collège rabbinique de Safed, cette institution devait surtout préparer l'avènement du Messie. Mais, c'était là une raison trop chimérique, même aux yeux de ceux qui attendaient cet événement avec une fiévreuse impatience, pour pouvoir justifier, au point de vue talmudique, une innovation aussi grave. On ne pouvait pas prétexter non plus qu'il fallait, comme autrefois, des rabbins ordonnés pour déterminer les dates des fêtes, car depuis dix siècles on avait des règles fixes pour établir le calendrier, et il était interdit de les modifier. Les rabbins de Safed ne mettaient, en réalité, en avant qu'un seul motif pratique pour expliquer leur décision. Il s'en trouvait parmi les transfuges marranes de la Palestine qui, avant leur retour au judaïsme, avaient commis des péchés passibles, au point de vue talmudique, de la peine de mort. De tels péchés ne pouvaient être effacés que par la flagellation. Or, des juges ordonnés avaient seuls le droit d'infliger un tel châtiment. De là, la nécessité de rétablir l'ordination.

Comme Lévi ben Habib était décidé, pour des motifs personnels, à contrecarrer le plan de Berab, il ne lui fut pas difficile de réfuter ce dernier argument. Il essaya, en outre, de justifier son opposition par toute sorte de sophismes. Berab en fut profondément irrité, car il sentait bien que, sans l'appui de Jérusalem, la ville sainte, dont le prestige était si grand dans le monde juif, son entreprise était destinée à échouer. Pour comble de malheur, sa vie fut mise en danger, probablement par suite de dénonciations calomnieuses auprès des autorités turques, et il dut quitter momentanément la Palestine. Dans l'espoir de sauver son œuvre, il eut l'idée, à l'exemple de Juda ben Baba, du temps de l'empereur Adrien, d'ordonner avant son départ quatre talmudistes, choisis, non parmi les plus anciens, mais parmi les jeunes. Un de ces rabbins était Joseph Karo, le partisan enthousiaste de Salomon Molcho et de ses rêveries messianiques.

Les égards témoignés par Berab à des rabbins encore jeunes, au détriment de leurs aînés, exaspérèrent encore plus Lévi ben Habib. Il s'échangea alors entre les chefs des deux principales commmunautés de la Palestine une correspondance passionnée où se produisirent de déplorables excès de langage. A l'observation faite par Lévi ben Habib que, pour être digne de l'ordination, il fallait, à côté de l'instruction, posséder aussi la piété, Berab répondit par une allusion méchante au baptême imposé autrefois à son adversaire : « Moi, dit-il, je n'ai jamais changé mon nom, je suis resté fidèle à mon Dieu en dépit des menaces et des souffrances. »

Lévi ben Habib s'en trouva profondément blessé. Il avoua qu'à l'époque des conversions forcées, on l'avait, en effet, contraint, au Portugal, à changer de nom et à embrasser le christianisme, sans qu'il lui fût possible de mourir pour sa foi. Il alléguait, pour se disculper, qu'il était alors très jeune, qu'il ne conserva le masque du christianisme que pendant un an, et que, depuis, il avait versé et continuait de verser des larmes amères pour effacer son péché. Après s'être ainsi humilié, il se répandit en invectives contre Berab, le traitant de la façon la plus outrageante. Sur ces entrefaites, Berab mourut (janvier 1541), et avec lui disparut toute chance de réussite pour le rétablissement de l'ordination. Joseph Karo ne renonça pourtant pas tout de suite à l'espoir de la faire de nouveau adopter.

Karo (1488-1575) avait été expulsé d'Espagne, quand il était encore enfant, avec ses parents. Après de longues pérégrinations et de nombreuses souffrances, il arriva à Nicopolis, dans la Turquie d'Europe. Là, il se consacra à l'étude d'une partie du Talmud habituellement négligée, il s'occupa de la Mischna, qu'il sut bientôt par cœur. De Nicopolis il partit ensuite pour Andrinople, où sa science talmudique lui valut la considération de ses coreligionnaires et où il forma des élèves. A l'âge de trente ans, il entreprit la tâche gigantesque de commenter le code religieux de Jacob Ascheri, de le rectifier, développer et appuyer partout de preuves. Il consacra à cette œuvre vingt ans de sa vie (1522-1542) et employa douze autres années à la reviser (1542-1554). L'apparition de Molcho vint apporter une diversion à cette occupation quelque peu aride. Il fut tellement séduit par cet aventurier qu'il se laissa initier par lui aux mystères de la Cabbale et partagea ses rêveries messianiques. Pendant le séjour de Molcho en Palestine, Karo resta en correspondance avec lui et forma le projet d'aller le rejoindre en Terre Sainte. Lui aussi, comme Molcho, aspirait à mourir en martyr, « pour s'offrir comme holocauste agréable à l'Eternel », et avait des visions où il croyait s'entretenir avec un être supérieur. Cet être (Magguid) n'était ni un ange, ni une apparition fantastique, mais la Mischna elle-même, qui lui faisait la grâce de lui révéler, la nuit, des choses secrètes, parce qu'il s'était voué à son culte. Pendant quarante ans, jusqu'à la fin de sa vie, Joseph Karo fut hanté de ces visions, qu'il fit connaître en partie par écrit, et qui montrent les ravages que la Cabbale avait opérés dans cet esprit. La Mischna lui imposait les plus dures mortifications. Se laissait-il aller un peu trop longtemps au sommeil, était-il arrivé en retard pour la prière, avait-il négligé l'étude du Talmud, la Mischna venait lui en faire des reproches et exiger une expiation. Les prédictions qu'il annonçait au nom de la Mischna n'étaient certes pas des inventions mensongères de sa part, mais des visions de son imagination surexcitée qu'il croyait sincèrement lui avoir été inspirées.

Convaincu qu'il était appelé à jouer un rôle messianique en

Palestine, Karo quitta Andrinople. Il se rendit à Safed en même temps qu'un autre cabbaliste, Salomon Alkabéç, dont l'hymne en l'honneur « de la fiancée Schabbat », le *Lekha Dôdi*, est bien plus connu que le nom. Karo eut la satisfaction de voir se réaliser à Safed une partie de ses rêves : Berab lui donna l'ordination et le consacra ainsi membre du Synhédrin futur. Après la mort de Berab, il voyait s'ouvrir devant lui les plus brillantes perspectives. Il espérait continuer l'œuvre de Berab, être reconnu par les rabbins de la Palestine et du dehors comme chef de tous les Juifs palestiniens et même turcs, former de remarquables élèves qui seuls inspireraient confiance et respect. Il serait alors vénéré comme « l'image sainte », *diokna kaddischa*, et accomplirait des miracles. Il s'attendait bien à subir le martyre comme Molcho, mais il était convaincu qu'il ressusciterait et assisterait à la délivrance messianique.

Pour mériter cette dignité de prince suprême d'Israël, Karo comptait sur l'ouvrage qu'il composait et qui devait rétablir l'unité dans le judaïsme. Une fois son commentaire sur le code religieux d'Ascheri achevé, publié et répandu parmi les Juifs, il jouirait certainement, à ce qu'il croyait, de la vénération de tous ses coreligionnaires.

C'est ainsi que, sous l'action combinée d'une sincère piété, de rêveries mystiques et de l'ambition, Karo travaillait avec un zèle ardent à son ouvrage, qui devait faire disparaître dans le domaine religieux toutes les contradictions, toutes les incertitudes, toutes les obscurités, et servir de règle pour le judaïsme tout entier. Mais, là aussi, Karo échoua dans son entreprise. Son code, intitulé *Schoulhan Aroukh*, fut combattu sur bien des points par un jeune rabbin de Cracovie, Moïse Isserlès.

Pendant qu'en Orient les Juifs vivaient dans une certaine sécurité, étaient libres de pratiquer leur religion et songeaient même à fonder une sorte d'État autonome, les Juifs d'Occident étaient en butte à d'incessantes persécutions. Dans les premiers temps de sa lutte contre la Réforme, l'Église fut trop absorbée pour s'occuper d'eux. Mais les vieilles accusations de blasphème, de profanation d'hostie, de meurtre rituel, ne tardèrent pas à se reproduire contre eux. Ils ressentirent, du reste, le contre-coup de l'implacable rigueur déployée par le clergé catholique pour combattre les progrès du protestantisme.

Aux souffrances que leur faisaient endurer les catholiques, vinrent s'ajouter des persécutions qui leur étaient infligées par les luthériens. On a vu que l'une des conséquences de la Réforme fut la vulgarisation de l'étude de la Bible. En apprenant ainsi à connaître par eux-mêmes l'Ancien Testament, bien des esprits réfléchis remarquèrent qu'il n'est pas toujours fidèlement suivi par le Nouveau Testament. Ainsi, l'unité de Dieu prêchée par les Prophètes est en contradiction absolue avec le dogme de la Trinité enseigné par l'Église. On remarqua aussi que la Bible préconise la liberté pour le peuple et condamne la tyrannie des rois, tandis que le christianisme évangélique néglige complètement le peuple et ne connait que des croyants, auxquels il conseille de lever sans cesse les regards vers le ciel et d'accepter le joug des pires tyrans. Il en résulta que dans le mouvement engendré par la Réforme il se forma des sectes qui s'écartèrent des doctrines de Rome, de Luther et de Genève. Une de ces sectes, qui se rapprochait singulièrement du judaïsme, fut qualifiée de « demi-juive » ou « judaïsante »; elle rejetait absolument le dogme de la Trinité. Michel Servet, originaire d'Aragon, qui avait peut-être été élève des Marranes en Espagne, écrivit un ouvrage sur les « Erreurs de la Trinité » qui produisit une vive sensation et lui conquit de nombreux disciples. Calvin, pour le punir de son hérésie, le fit brûler à Genève. Les partisans de Servet n'en furent pas effrayés, et ils continuèrent, sous le nom d'*unitaires* ou *antitrinitaires*, à combattre le dogme de la Trinité. Cette secte se développa principalement en Angleterre, grâce à la protection du roi Henri VIII, qui, par un caprice d'amoureux, était devenu l'adversaire du catholicisme. Il y en avait qui célébraient le sabbat, naturellement portes et fenêtres closes, comme le vrai jour de repos ordonné par le Seigneur. A cette époque parurent aussi de nombreux pamphlets religieux et, entre autres, un dialogue entre un Juif et un Chrétien, où l'on réfute toutes les preuves tirées de la Bible à l'appui du christianisme. Pour ces diverses raisons, les luthériens en voulaient également aux Juifs, qui purent bientôt s'apercevoir combien était vaine leur espérance de voir le triomphe de la

Réforme marquer la fin de leurs maux. Quand les paysans de l'Allemagne du Sud, de l'Alsace et de la Franconie, sur la foi des promesses de Luther, qui leur avait fait entrevoir leur émancipation, voulurent secouer le joug de leurs seigneurs, les Juifs furent doublement persécutés. D'un côté, la noblesse leur reprochait d'exciter les paysans et les bourgeois à la révolte et de les soutenir de leur argent, et, de l'autre, les paysans les attaquaient comme complices des riches et des nobles. Un des conseillers des paysans de la Forêt-Noire était Balthazar Hubmayer, ce prêtre fanatique qui avait réclamé l'expulsion des Juifs de Ratisbonne. Son adhésion à la Réforme ne modifia pas ses sentiments de malveillance à l'égard des Juifs. Dans le Rhingau aussi, les habitants exigèrent, entre autres, qu'il fût interdit aux Juifs de s'établir ou même de séjourner dans la contrée.

En Alsace, pourtant, les Juifs trouvèrent quelque répit, grâce au dévouement, au courage et à la prudente activité d'un rabbin alsacien, Joselin (Joselmann) Loans, de Rosheim (né vers 1478 et mort vers 1555), neveu du médecin des empereurs Frédéric et Maximilien. Sur la recommandation de son oncle, qui l'avait sans doute trouvé remarquablement doué, Joselin Rosheim, comme on l'appelle d'habitude, fut chargé par l'empereur de veiller sur les intérêts des Juifs d'Allemagne, avec l'autorisation d'intervenir en leur faveur et de défendre leurs privilèges. A ce titre, il dut jurer fidélité à l'empereur. En même temps, les communautés juives le reconnurent comme leur chef et leur grand-rabbin, et il est souvent qualifié de « gouverneur de la Juiverie ». Charles-Quint le maintint dans ces fonctions. Dès qu'un danger menaçait une communauté juive, il se rendait immédiatement auprès de l'empereur ou d'autres personnages influents. Il ne craignait ni fatigue ni péril quand il s'agissait de venir en aide à ses frères. Pendant la guerre des paysans, il n'hésita pas à pénétrer dans le camp de douze ou quinze mille révoltés, qui lui promirent de ne pas maltraiter les Juifs.

Joselin eut malheureusement trop souvent l'occasion d'intervenir en faveur de ses coreligionnaires. Il n'y eut alors presque pas une seule année qui ne fût marquée, pour les Juifs d'Allemagne, par des expulsions, des vexations et des violences de toute sorte. Le temps des grands massacres était cependant passé ; c'était là un progrès appréciable. Mais les accusations de meurtres d'enfants n'avaient pas encore disparu.

Une accusation de ce genre se produisit contre la petite communauté de Bösing, près de Presbourg, en Moravie. Trente-six Juifs de tout âge et de tout sexe furent brûlés, et presque tous les Juifs de la Moravie furent jetés en prison (1529). Après avoir prouvé par plusieurs mandements de papes et d'empereurs que de telles accusations ne méritaient aucune créance, Joselin réussit à obtenir du roi Ferdinand la mise en liberté des inculpés. L'année suivante (1530), on reprocha aux Juifs de servir d'espions en Allemagne aux Turcs, et on demanda leur expulsion. Cette fois encore, Joselin put convaincre Charles-Quint et Ferdinand de l'innocence des Juifs. Mais, dans une localité de la Silésie, cette accusation amena la condamnation du président et de deux membres de la communauté, qui furent livrés aux flammes.

Quelques années plus tard, la situation des Juifs exigea une nouvelle intervention de Joselin. A la suite de méfaits commis par quelques coquins juifs, le duc Jean le Sage, de Saxe, voulut chasser pour toujours les Juifs de son pays (1537). Pour détourner ce malheur de ses coreligionnaires, Joselin se rendit auprès de Luther avec une lettre de recommandation de Wolf Capito, prêtre catholique qui s'était déclaré pour la Réforme ; il avait aussi obtenu de la municipalité de Strasbourg une lettre pour le duc. Mais Luther, assez bienveillant pour les Juifs au début de la Réforme, leur était devenu hostile parce qu'ils ne s'étaient pas convertis. Aussi ne voulut-il pas recevoir Joselin. Il lui fit dire que, malgré ses démarches auprès de princes et de souverains en faveur des Juifs, ceux-ci avaient persisté dans leurs erreurs, c'est-à-dire dans leurs croyances ; il craindrait donc qu'une nouvelle preuve de bonté de sa part ne les encourageât à s'obstiner dans le mal.

En Italie, également, la situation des Juifs était peu favorable. A Naples, où dominaient les Espagnols, le parti ultra-catholique s'efforçait depuis longtemps de faire créer des tribunaux d'inquisition contre les Marranes. Quand Charles-Quint revint d'Afrique, ce parti lui demanda même d'expulser tous les Juifs de Naples.

Sur les instances de Donna Benvenida, la noble épouse de Samuel Abrabanel, appuyée par sa jeune amie Léonora, fille du viceroi, l'empereur ne donna aucune suite à cette demande. Mais quelques années plus tard, il leur imposa de si pénibles restrictions qu'ils partirent de Naples de leur plein gré. Cette émigration volontaire fut changée en exil ; aucun Juif ne devait plus habiter Naples (1540-1541). Les uns se rendirent en Turquie, d'autres à Ancône, qui appartenait au pape, ou à Ferrare, où commandait le duc Hercule II, ami des Juifs. Samuel Abrabanel aurait pu rester à Naples, mais il ne voulut pas séparer sa destinée de celle de ses coreligionnaires, et il alla s'établir à Ferrare, où il mourut après un séjour d'une dizaine d'années. Sa femme lui survécut.

A cette époque aussi eut lieu une expulsion de Juifs en Bohême. Accusés avec des bergers d'avoir allumé des incendies, qui furent alors très fréquents dans certaines villes, et notamment à Prague, ils furent condamnés à l'exil (adar 1542). De l'importante communauté de Prague, dix familles seules furent autorisées à rester dans cette ville. Beaucoup d'exilés se réfugièrent en Pologne ou en Turquie. Cette même année encore, on reconnut la fausseté de cette accusation, et ceux qui s'étaient établis dans le voisinage de la frontière bohémienne purent revenir dans le pays. Mais ils furent obligés de payer une taxe annuelle et de porter sur leurs vêtements, comme signe distinctif, un morceau d'étoffe jaune.

Si les catholiques et les protestants ne s'entendaient pas entre eux, ils étaient, du moins, d'accord en Allemagne pour persécuter les Juifs. A ce moment, ces malheureux étaient comme pris entre deux feux. Dans le duché catholique de Neubourg, un enfant de quatre ans disparut vers Pâque. Un chien fit découvrir son cadavre après Pâque. Quelques fanatiques accusèrent les Juifs d'avoir martyrisé cet enfant et de l'avoir ensuite mis à mort. L'évêque d'Eichstaett fit immédiatement arrêter et incarcérer quelques Juifs et demanda à tous les princes voisins d'emprisonner également les Juifs de leurs domaines. Mais, malgré une enquête minutieuse, on ne put établir la culpabilité des Juifs. Ceux-ci avaient, du reste, trouvé dans cette circonstance un protecteur bienveillant dans le duc Othon-Henri de Neubourg, qui les défendit énergiquement contre l'évêque d'Eichstaett.

L'exemple du prélat catholique fut suivi par un prédicateur luthérien, Butzer, à la fois ami de Capito et de Luther, qui excita également les esprits contre les Juifs. Probablement sur l'invitation du duc de Neubourg, un prêtre luthérien prit courageusement la défense des Juifs dans un ouvrage intitulé *Judenbüchlein*, « Opuscule sur les Juifs ». L'auteur — peut-être Hosiander — montre pour la première fois, dans ce livre, combien il est odieux et ridicule d'accuser les Juifs de tuer des enfants chrétiens. D'après cet écrivain, qui semble avoir eu des relations fréquentes avec les Juifs et connaissait leur langue, leurs mœurs et leurs lois, ce sont les richesses des Juifs et la piété exagérée et mal comprise des fanatiques chrétiens qui ont fait inventer cette calomnie. Tantôt cette accusation est répandue, dans un but facile à deviner, par des princes rapaces et sans scrupules, ou par des nobles appauvris, ou par des bourgeois qui sont débiteurs des Juifs, tantôt elle est propagée par des moines ou des prêtres séculiers, désireux d'augmenter le nombre des saints ou de créer de nouveaux lieux de pèlerinage. Les Juifs, dit cet auteur, sont disséminés depuis de nombreux siècles parmi les chrétiens, et pourtant il y a trois cents ans à peine qu'on a commencé à imputer aux Juifs des crimes de ce genre. C'est que le clergé s'est mis à répandre cette fable odieuse à partir du moment où il a cru nécessaire de réchauffer la foi de la foule par des pèlerinages et des guérisons miraculeuses. On est donc en droit d'admettre que le meurtre de Neubourg a été également inventé de toutes pièces par les moines. Du reste, ajoute l'auteur, les chrétiens aussi avaient été accusés par les païens, jusqu'au IIIe siècle, de tuer des enfants pour leur tirer le sang. Les prétendus aveux de quelques Juifs ne prouvent rien dans cette occurrence, car ces aveux ont été arrachés par la torture.

Pour effacer l'impression que cet ouvrage était appelé à produire en faveur des Juifs, l'évêque d'Eichstaett chargea son protégé, Jean Eck, qui laissa un si déplorable souvenir dans l'histoire de la Réforme, de réfuter ce plaidoyer et de démontrer que les Juifs s'étaient réellement rendus coupables des meurtres d'enfants qu'on leur imputait. Eck publia donc (1541) un pamphlet où il prétendait prouver que « ces scélérats de Juifs avaient fait beaucoup de mal en Allemagne et dans d'autres pays », et où il reprend à son compte tous les mensonges, toutes les calomnies, toutes les infamies répandues depuis des siècles contre les Juifs. Selon lui, l'Ancien Testament montre déjà le caractère sanguinaire des Juifs, et il affirme qu'ils profanent des hosties et se servent du sang d'enfants chrétiens pour consacrer leurs prêtres, faciliter les couches de leurs femmes, guérir des maladies.

Ce qui paraît plus étrange et plus triste, c'est que Luther lui-même, le fondateur d'une nouvelle religion, l'adversaire des vieux préjugés, partageait à l'égard des Juifs les sentiments de son ennemi personnel, Jean Eck, qui avait pourtant répandu contre lui aussi les plus odieux mensonges. « Les Juifs, dit-il, se plaignent de subir chez nous une dure servitude, lorsque nous, au contraire, nous pourrions nous plaindre d'avoir été martyrisés et persécutés par eux pendant près de trois cents ans. » Oubliant que, dans certaines régions de l'Allemagne, les Juifs avaient précédé les Germains, il s'écrie : « Nous ne savons pas encore aujourd'hui quel diable les a poussés dans notre pays. Nous ne les avons pas cherchés à Jérusalem, et personne ne les retient ici. » Comme Pfefferkorn et Eck, Luther rappelle avec une joie cruelle que « les Juifs ont été violemment expulsés de France et, récemment, d'Espagne par notre bien-aimé empereur Charles, ainsi que de toute la Bohême, et, de mon temps, de Ratisbonne, de Magdebourg et de tant d'autres localités. »

Sans pitié pour les effroyables souffrances supportées avec tant de vaillance par les Juifs en l'honneur de leur foi, et avec une assurance qui dénotait une singulière ignorance de l'histoire, Luther répétait après Pfefferkorn que, d'après le Talmud et les rabbins, il est permis aux Juifs de tuer les *goyim*, c'est-à-dire les chrétiens, de se montrer parjures à leur égard, de les voler et les piller. Il conseillait de brûler les synagogues « de ce peuple maudit et damné, pour la plus grande gloire de Notre-Seigneur et de la chrétienté », de leur enlever leurs livres de prières et les exemplaires du Talmud, d'incendier leurs maisons et de les parquer dans des étables. Il désirait aussi qu'il fût interdit aux rabbins d'enseigner, que les Juifs fussent empêchés de voyager ou de se montrer dans la rue, que les plus forts d'entre eux fussent soumis à des corvées et contraints de manier la hache, la bêche et autres instruments de dur labeur. A l'exemple de Jean Eck, son ennemi, il déclarait que les Juifs se livraient à toute sorte d'excès parce qu'ils étaient trop heureux en Allemagne.

Il peut paraître surprenant que Luther, d'abord si bienveillant pour les Juifs, se soit ensuite montré contre eux aussi violent que leurs pires ennemis. C'est que, vers la fin de sa vie, le réformateur de Wittemberg eut à supporter des contrariétés qui l'aigrirent profondément. Par son obstination et son caractère autoritaire, il avait froissé bien des susceptibilités dans son propre milieu et créé un schisme parmi ses partisans. En outre, sa rude nature avait triomphé peu à peu de la modestie et de la douceur que lui avait d'abord su imposer sa ferveur religieuse. Enfin, son esprit étroit de moine ne pouvait pas comprendre le judaïsme avec ses lois généreuses et élevées, qui ont pour but de rendre l'homme bon et compatissant plutôt que de faire de lui un croyant fanatique, et il s'emportait quand l'un ou l'autre de ses adhérents, comme Carlstadt et Münzer, invoquaient ces lois pour défendre leurs conceptions : par exemple, l'affranchissement des esclaves et des serfs dans l'année du jubilé. Sa colère fut surtout grande quand il eut connaissance d'un dialogue, composé probablement par un chrétien, où le judaïsme était placé presque au-dessus du christianisme. Dans son irritation, il écrivit immédiatement (1542) un pamphlet : « Sur les Juifs et leurs mensonges », qui dépassait en violence et en calomnies toutes les œuvres de Pfefferkorn et de Jean Eck.

Après avoir fait observer au commencement de cet écrit qu'il avait pris la résolution de ne plus parler des Juifs, Luther dit qu'il a changé d'avis devant les tentatives de « ces misérables coquins » pour attirer à eux des chrétiens. Sa logique est absolument celle du moyen âge. Comme les Juifs étaient maltraités et persécutés depuis dix siècles par les chrétiens, il en conclut que les Juifs étaient ainsi châtiés parce qu'ils ne croyaient pas que le Messie fût vraiment déjà arrivé. Il engage les chrétiens à ne pas se montrer sottement compatissants pour les Juifs et demande l'expulsion de ces derniers. « Si j'avais quelque autorité sur eux, dit-il, je convoquerais leurs chefs et leurs savants et je leur prouverais, par la menace de leur arracher la langue, que le christianisme enseigne non pas le dogme de l'unité de Dieu, mais celui de la Trinité. » Il n'hésita même pas à exciter contre eux les pillards de grand chemin. Ayant appris qu'un Juif riche traversait l'Allemagne avec douze chevaux, il conseilla à ces brigands de se montrer moins tolérants que les princes et de s'emparer des voyageurs juifs et de leurs richesses. Peu de temps encore avant sa mort, il renouvela, dans un sermon, ses attaques contre les Juifs, accusant leurs médecins d'empoisonner leurs malades chrétiens et demandant qu'on les chassât tous, puisqu'ils ne voulaient pas se convertir.

L'hostilité de Luther à l'égard des Juifs leur fut peut-être plus funeste que celle des dominicains, de Hochstraten, d'Eck et de leurs acolytes. Car les accusations de ces ennemis déclarés des Juifs n'étaient pas toujours prises au sérieux, et, en tout cas, n'inspiraient confiance qu'à un petit nombre, tandis que les moindres paroles de Luther étaient considérées par ses partisans comme des oracles. De même que saint Jérôme avait inoculé au monde catholique sa haine du Juif, de même Luther infecta pour longtemps les protestants du poison de son pamphlet. Le protestantisme déploya même contre les Juifs plus de cruauté encore que l'Église. Les chefs du catholicisme leur intimaient l'ordre de se soumettre au droit canon, mais les autorisaient à résider dans les pays catholiques ; Luther demandait leur expulsion complète. Les papes recommandaient souvent d'épargner les synagogues, tandis que le fondateur de la Réforme conseillait de les profaner et de les détruire. Pour lui, les Juifs ne devaient pas être mieux traités que les tziganes. C'est que les papes, munis d'un pouvoir considérable et résidant dans la grande ville de Rome, jugeaient les hommes et les événements de haut et songeaient rarement à infliger des vexations mesquines aux Juifs, qui, parfois, leur semblaient de trop mince importance pour mériter leur attention. Luther, au contraire, qui vivait dans une petite ville, prêtait une oreille attentive à toutes les sottises qu'on répétait contre eux, les jugeait avec la petitesse d'esprit d'un bourgeois rancunier et calculait jalousement les quelques deniers qu'ils pouvaient gagner.

Comme s'il ne suffisait pas de la haine des catholiques et des protestants, les Juifs étaient également en butte à la malveillance des catholiques grecs. Dans l'Asie Mineure et la Turquie d'Europe, les Grecs, n'osant pas s'attaquer aux Turcs, qui étaient les maîtres du pays, poursuivaient les malheureux Juifs d'une sourde et tenace hostilité. Un jour, à Amazia, dans l'Asie Mineure, quelques Grecs firent disparaître un de leurs coreligionnaires et accusèrent les Juifs de l'avoir égorgé. Sur l'ordre des cadis turcs, les inculpés furent soumis à la torture et firent des aveux; on les pendit, sauf un médecin estimé, Jacob Abi Ayoub, qui fut brûlé (vers 1545). Quelques jours plus tard, un Juif rencontra le Grec censément assassiné et l'amena devant un cadi. Là, il raconta la façon dont on l'avait momentanément fait disparaître. Le cadi, indigné de cette odieuse supercherie, fit exécuter les faux accusateurs.

Dans une autre ville de l'Asie Mineure, à Toka, des Juifs furent également accusés d'un crime de ce genre, et là aussi on put démontrer la fausseté de l'accusation. Pour protéger à l'avenir ses coreligionnaires contre les conséquences de telles calomnies, un médecin juif du sultan Soliman, Moïse Hamon, sollicita et obtint de son maître un décret en vertu duquel les Juifs de Turquie, accusés du meurtre d'un chrétien ou d'un autre crime analogue, ne seraient pas jugés par les tribunaux ordinaires, mais par le sultan.

Dans les pays catholiques, la liberté de persécution était moins restreinte. Pendant quelque temps, la république de Gênes n'accordait à tout Juif qu'une autorisation de séjour de trois jours. Peu à peu, des transfuges juifs de l'Espagne et de la Provence étaient venus s'établir à Novi, près de Gênes; leurs affaires les appelaient souvent à Gênes même, où l'on s'habitua à les laisser tranquilles. C'étaient, pour la plupart, des Juifs intelligents et actifs, des capitalistes et des médecins. Mais à la suite des excitations des dominicains, qui surent éveiller la jalousie des marchands et des médecins chrétiens contre leurs concurrents juifs, ceux-ci furent expulsés de Gênes (1550), contre la volonté du doge André Doria, et on annonça à son de trompe que, dorénavant, aucun Juif ne pourrait plus résider dans cette ville. Parmi les expulsés se trouvait un médecin, Joseph Haccohen, qui acquit une grande célébrité comme historien.

L'expulsion des Juifs d'Espagne et de Portugal et les souffrances inouïes des Marranes avaient fait réfléchir quelques penseurs juifs sur la diversité des destinées des peuples, et principalement sur les vicissitudes des descendants de Jacob, et ils étaient arrivés à cette conviction que les événements ne naissent pas purement au hasard, mais sont amenés par une Intelligence supérieure, qui dirige la marche de l'histoire. Une fois pénétrés de cette vérité, ils conclurent qu'on relèverait le courage des peuples malheureux, pour lesquels la Providence paraissait s'être montrée particulièrement dure, en leur plaçant sous les yeux l'histoire de la grandeur et de la décadence des diverses nations et en leur persuadant qu'en définitive c'est Dieu qui est l'unique arbitre de nos destinées et que les peuples, comme les individus, sont soumis à sa volonté. Aussi trouve-t-on à cette époque trois Juifs qui se firent historiens pour consoler leurs coreligionnaires des maux effroyables qui les avaient atteints et entretenir l'espérance dans leur cœur. Ce furent le médecin Joseph Haccohen, le talmudiste Joseph ibn Verga et le poète Samuel Usque.

De ces trois hommes, le plus important comme historien est Joseph ben Josua Cohen (né à Avignon en 1496, décédé en 1575). Son père était originaire d'Espagne. Lors de l'expulsion de 1492, il se rendit à Avignon et de là à Gênes, d'où il fut également exilé. Joseph étudia la médecine et paraît avoir été attaché comme médecin, à Gênes, à la maison du doge André Doria. Quand les Juifs durent partir de Gênes (1550), les habitants de la petite ville de Voltaggio le prièrent d'exercer la médecine chez eux; il y resta dix-huit ans. Mais l'histoire l'attirait plus que la médecine. Il se mit à rechercher d'anciennes chroniques pour écrire une sorte d'histoire universelle, et il commença son récit à partir de la chute de l'empire romain et de la création des nouveaux États européens. A ses yeux, l'histoire du monde se présentait sous la forme d'une lutte entre l'Europe et l'Asie, entre le croissant et la croix, et, plus particulièrement, entre la Turquie et la France. Pour l'histoire de son temps, qu'il a connue par lui-même ou par les informations exactes qu'il a recueillies, il est un témoin impartial et digne de confiance. Son style élégant, qui imite celui des livres historiques de la Bible, donne de la vie à ses récits et en rend la lecture très attachante. En temps et lieu, il raconte les diverses persécutions subies par les Juifs. Le but qu'il poursuit dans son ouvrage est de prouver par l'histoire l'action exercée par la Providence sur les événements et de montrer que, tôt ou tard, la violence et l'iniquité ont toujours été châtiées. Comme il avait partagé lui-même les souffrances de ses coreligionnaires, son ouvrage s'en ressent parfois, car on y rencontre souvent une certaine amertume.

D'un caractère tout différent est l'ouvrage historique des Ibn Verga, auquel collaborèrent trois générations, le père, le fils et le petit-fils. Le cabbaliste et astronome Juda ibn Verga, dont la famille était apparentée à celle d'Abrabanel, avait noté quelques persécutions dont les Juifs avaient été victimes à diverses époques et dans divers pays. A cette nomenclature, Salomon ibn Verga, qui avait assisté à l'expulsion des Juifs d'Espagne et de Portugal, puis s'était couvert quelque temps du masque du christianisme et avait ensuite émigré en Turquie, ajouta quelques récits. Enfin, le fils de Salomon, Joseph ibn Verga, membre du collège rabbinique d'Andrinople, augmenta ces chroniques de quelques nouveaux faits et publia le tout sous le nom de *Schébet Yehouda*, « Verge de Juda ». Ce martyrologe ne présente ni plan, ni divisions régulières; il ne suit même pas toujours l'ordre chronologique.

Samuel Usque est, sans contredit, un esprit plus original et plus remarquable que les historiens précédents. S'enfuyant du Portugal devant les cruautés de l'Inquisition, il était allé s'établir à Ferrare avec ses deux parents, Salomon Usque, en espagnol Duarte Gomez, et Abraham Usque, appelé aussi Duarte Pinel. Samuel Usque était poète, et poète original. Il se sentait surtout attiré par l'histoire, à la fois brillante et tragique, du peuple juif, qui devint pour lui comme une source vivifiante où il puisait courage, énergie et espérance. La Bible, avec ses héros et ses prophètes, la période de l'exil, où des efforts gigantesques, des prodiges de vaillance et de dévouement sont suivis des plus épouvantables désastres, la dispersion des Juifs au milieu des nations, tous ces événements du passé, Usque sut les ressusciter de son souffle poétique et les présenter sous une forme émouvante ; il n'écrivit pas en vers, mais sa prose est d'une telle élévation qu'elle remue les cœurs. Dans son ouvrage, trois bergers, Icabo, Numeo et Cicareo, s'entretiennent de l'histoire d'Israël. Le premier pleure amèrement sur les malheurs qui ont assailli ce peuple depuis son origine, et les deux autres s'efforcent d'adoucir la violence de sa douleur et de lui montrer que les souffrances élèvent et ennoblissent les peuples comme les individus et les aident à atteindre leur but. Ce dialogue, écrit en portugais, est intitulé : « Consolations pour les maux d'Israël ».

En racontant ainsi le passé du peuple juif, Usque se proposait surtout de consoler les Marranes portugais établis à Ferrare ou ailleurs, qui étaient revenus au judaïsme, et d'entretenir en eux l'espoir d'un avenir meilleur. Ses récits ne sont peut-être pas toujours d'une exactitude rigoureuse, mais aucun écrivain n'a retracé d'une façon aussi lumineuse et aussi vivante les principaux traits de l'histoire d'Israël, depuis les temps les plus reculés jusqu'à l'époque où il vivait, depuis les premiers baptêmes imposés violemment aux Juifs espagnols par le roi wisigoth Sisebut, jusqu'à leur exil définitif et jusqu'à l'introduction de l'Inquisition en Portugal. Ce qui le console, c'est que toutes ces persécutions et toutes ces violences avaient été prédites par les Prophètes et que, par conséquent, Israël peut compter avec certitude sur l'avenir de paix et de bonheur annoncé par les mêmes Prophètes. Aussi ses dialogues se terminent-ils par les discours si réconfortants et si tendres du prophète Isaïe. L'ouvrage d'Usque contribua certainement à rendre la confiance aux Marranes et à leur faire oublier les dangers que leur retour au judaïsme suspendait sur leur tête.

Samuel Usque était convaincu que, de son temps déjà, les souffrances des Juifs diminueraient et que le jour de la délivrance était proche. L'Église donna bientôt un démenti à ses espérances. Les progrès de la Réforme avaient provoqué dans le monde catholique une énergique réaction contre le relâchement général qui existait dans la discipline et les mœurs. Deux hommes surtout avaient pris à cœur, pourtant sans entente préalable, de raffermir le catholicisme et de consolider la papauté : c'étaient le Napolitain Pietro Caraffa, plus tard pape sous le nom de Paul IV, et l'Espagnol Iñez Loyola, fondateur de l'ordre des Jésuites. Pour rendre au pape sa puissance et à l'Église son autorité, ils résolurent d'user partout contre les catholiques du moyen dont Torquemada, Deza, Ximénès de Cisneros s'étaient servis en Espagne contre les Maures et les Juifs, c'est-à-dire du bûcher. Quiconque s'écarterait des prescriptions papales serait brûlé.

En premier lieu, on s'en prit à l'imprimerie. D'après Caraffa et Loyola, c'était elle qui avait rendu possible le schisme dans l'Église ; sans les « Lettres des hommes obscurs », les pamphlets de Hutten et ceux de Luther, la Réforme aurait peut-être échoué. Il fallait donc commencer par surveiller les publications et ne laisser imprimer que ce qui aurait été approuvé par le pape ou ses délégués. La censure des livres, il est vrai, existait déjà, mais elle n'avait pas été pratiquée jusqu'alors avec une bien grande rigueur. Désormais, elle sera exercée avec plus de sévérité, car on choisit comme censeurs des hommes inflexibles et fanatiques.

Les Juifs ne tardèrent pas à ressentir le contre-coup de ce mouvement de réaction. Tout d'abord, leurs adversaires soulevèrent de nouveau la question du Talmud. Quarante ans auparavant, les tentatives des dominicains pour faire brûler cet ouvrage avaient échoué devant la tolérance et la mansuétude du pape. Mais la situation avait changé. On était alors dans une autre disposition d'esprit à Rome, et il était facile de prévoir que si des accusations étaient dirigées contre le Talmud, ce livre serait sûrement condamné. Ces accusations se produisirent, et, comme toujours, elles eurent pour auteurs des Juifs convertis.

Elia Lévita, le célèbre grammairien juif, avait laissé deux petits-fils, Eliano et Salomon Romano, qui, dès leur enfance, fréquentèrent des milieux chrétiens. Eliano savait l'hébreu à fond et fut correcteur et scribe dans plusieurs villes d'Italie ; Romano, qui voyagea à travers l'Allemagne, la Turquie, la Palestine et l'Égypte, connaissait plusieurs langues, l'hébreu, le latin, l'espagnol, l'arabe et le turc. Eliano, l'aîné, se convertit au christianisme sous le nom de Vittorio Eliano, entra dans les ordres et devint chanoine. Quand Romano apprit l'apostasie de son frère, il accourut à Venise pour le faire revenir au judaïsme. Mais il se laissa lui-même séduire par son frère et accepta le baptême (1531) sous le nom de Jean-Baptiste. La mère des deux renégats, qui était alors encore en vie, en éprouva un violent chagrin. Romano se fit jésuite et publia des ouvrages ecclésiastiques.

Ces descendants d'Elia Lévita, appuyés par deux autres apostats, Ananel di Foligo et Joseph Moro, renouvelèrent contre le Talmud les anciennes accusations de Nicolas Donin et consorts, affirmant qu'il contient des blasphèmes contre Jésus, l'Église et toute la chrétienté, et qu'il était le seul obstacle à la conversion générale des Juifs Le pape d'alors, Jules III, n'était pas hostile aux Juifs, mais ce n'était pas lui qui avait à se prononcer dans cette question. L'affaire devait être portée devant l'Inquisition, c'est-à-dire devant Caraffa. Celui-ci se prononça naturellement contre le Talmud, et Jules III ne put que ratifier son jugement (12 août 1553). Les émissaires de l'Inquisition pénétrèrent alors dans toutes les maisons juives de Rome, confisquèrent tous les exemplaires du Talmud et, par un raffinement de méchanceté, les brûlèrent pendant la fête du Nouvel An juif (9 septembre). De Rome les perquisitions s'étendirent dans toute la Romagne, à Ferrare, à Mantoue, à Venise, à Padoue et jusque dans l'île de Candie, qui appartenait à la république de Venise. Des milliers d'exemplaires du Talmud furent livrés aux flammes. Bientôt on ne s'en tint plus à la seule confiscation du Talmud; tous les livres hébreux furent saisis indistinctement. A la suite des plaintes des Juifs, le pape promulgua une bulle (29 mai 1554) pour défendre aux délégués de l'Inquisition de s'emparer d'autres ouvrages hébreux que le Talmud.

Ce fut à partir de cette époque qu'on obligea les éditeurs à soumettre à la censure tout livre hébreu, avant sa publication, pour examiner s'il ne contenait rien contre le christianisme. Les censeurs étaient, pour la plupart, des Juifs convertis, qui usaient de leur pouvoir pour infliger des vexations à leurs anciens coreligionnaires.

Après la mort de Jules III, la situation des Juifs devint encore plus précaire. Au lieu de pontifes aux idées larges, amis des arts et des lettres, hostiles aux persécutions, le collège des cardinaux ne choisissait plus que des papes sévères, implacables, dociles aux ordres des moines. Pourtant, le successeur de Jules III, Marcel II, fut assez équitable pour ne pas accueillir une accusation de meurtre rituel dirigée contre les Juifs de Rome. Mais après lui, le Saint-Siège fut occupé par le fanatique Caraffa, élu pape sous le nom de Paul IV (mai 1555-août 1559). Ce pontife haïssait les Juifs, les protestants et même, ce qui paraît plus singulier, le sombre roi Philippe II et les Espagnols, qu'il appelait « descendants corrompus de Juifs et de Maures ». Dès son avènement, il imposa à chaque synagogue de ses États une taxe de 10 ducats pour l'entretien de l'établissement des catéchumènes, où l'on instruisait des Juifs pour les convertir au catholicisme. Par une seconde bu... (12 juillet 1555), il remit en vigueur les anciennes lois canoniques qui interdisaient aux Juifs l'exercice de la médecine et la possession de biens-fonds; on leur accorda un délai de six mois pour vendre leurs immeubles. Ils durent céder leurs biens-fonds, évalués à 500,000 couronnes d'or, pour le cinquième de leur valeur. Il fut aussi défendu aux chrétiens de qualifier un Juif de « monsieur ». Ces lois furent appliquées avec une extrême rigueur. Bien des Juifs émigrèrent alors de Rome dans des pays plus tolérants. Ceux qui restèrent eurent à subir les vexations du pape. Tantôt il les accusait de n'avoir vendu leurs immeubles que par des contrats fictifs, et il les faisait jeter en prison, tantôt il menaçait d'expulsion tous ceux qui ne « travailleraient pas dans l'intérêt général ». Quand ils demandèrent ce qu'il fallait entendre par ces mots : « travailler dans l'intérêt général », on leur répondit qu'ils le sauraient plus tard. Ils furent soumis aux plus dures corvées pour aider à réparer les remparts de Rome, qu'on mettait en état de soutenir les attaques des Espagnols. Un jour, dans un moment de fureur, Paul IV ordonna à son neveu de mettre le feu, pendant la nuit, à toutes les maisons juives. Informé de cet ordre féroce, le cardinal Alexandre Farnèse y fit surseoir pour laisser au pape le temps de réfléchir aux conséquences d'une telle cruauté. Paul IV revint, en effet, sur sa décision.

Plus misérables que les Juifs étaient les Marranes des États pontificaux. Sous Clément VII, de nombreux Marranes du Portugal avaient pu s'établir à Ancône et retourner au judaïsme. Les deux papes suivants, Paul III et Jules III, avaient confirmé les privilèges des Marranes d'Ancône, qui étaient alors au nombre de plusieurs centaines. Mais Paul IV ne tint nul compte des promesses faites par ses prédécesseurs. Un beau jour, il les fit tous arrêter secrètement et jeter en prison ; leurs biens furent confisqués (août 1555). Même les Marranes qui étaient sujets turcs et ne séjournaient que temporairement à Ancône, pour leurs affaires, furent également accusés de « judaïser » et incarcérés, et leurs marchandises furent saisies. Un petit nombre de ces malheureux réussit à échapper aux atteintes de l'Inquisition ; ils se réfugièrent sur les terres de Guido Ubaldo, duc d'Urbin, qui les accueillit avec bienveillance, dans l'espoir d'attirer, avec leur concours, le commerce d'Ancône à Pesaro. Hercule II, duc de Ferrare, offrit également un asile aux Marranes (décembre 1555).

Parmi les fugitifs d'Ancône venus à Pesaro se trouvait un médecin distingué, Amatus Lusitanus (1511-1568). Comme chrétien, il portait aussi le nom de João Rodrigo de Castel-Branco. Il semble être parti du Portugal quand l'Inquisition y eut été introduite. Après avoir résidé quelque temps à Anvers, capitale de la Flandre, à Ferrare et à Rome, il se fixa définitivement (vers 1549) à Ancône, où il prit ouvertement le nom de famille *Haḥib*, qu'il rendit en latin par Amatus Lusitanus. Quoiqu'il fût revenu publiquement au judaïsme, le pape Jules III l'employa comme médecin.

Du reste, la réputation d'Amatus était grande et on venait le consulter de loin. Il pouvait se rendre cette justice qu'il prodiguait les mêmes soins dévoués aux pauvres qu'aux riches et qu'il témoignait la même sollicitude pour les Turcs, les Chrétiens et les Juifs. Ses élèves étaient nombreux et manifestaient pour lui le plus profond attachement. Il publia un certain nombre d'ouvrages médicaux, qui eurent plusieurs éditions de son vivant. Sollicité par le roi de Pologne de venir à sa cour comme médecin, il refusa cette flatteuse proposition. Tel était l'homme que Paul IV obligea à s'enfuir d'Ancône comme un malfaiteur, parce qu'il ne voulait pas reprendre le masque du christianisme.

Pour laisser la vie sauve aux Marranes arrêtés à Ancône au nombre d'une centaine, Paul IV exigea qu'ils fissent une profession de foi catholique, fussent ensuite dépouillés de leurs fonctions et de leurs dignités et transportés à Malte. Soixante se soumirent à cet acte d'hypocrisie, mais vingt-quatre, et parmi eux une vieille femme, s'y refusèrent; ils furent brûlés (1556).

Le martyre de ces infortunés, que Jacob di Fano, de Ferrare, pleura dans des vers d'une poignante éloquence, causa dans tout le judaïsme une immense douleur. Le coup parut surtout cruel aux Marranes portugais établis dans la Turquie, qui songèrent à s'en venger.

Un tel projet n'était pas outrecuidant, car les Juifs étaient alors très considérés en Turquie et y jouissaient d'une sérieuse influence. A cette époque, vivait dans ce pays une femme juive, Dona Gracia Mendesia, qui se distinguait par les plus nobles vertus et était universellement respectée et admirée. Disposant d'une immense fortune, elle en avait toujours usé dans l'intérêt de ses coreligionnaires et, en général, de tous les indigents. Mais, que de souffrances elle eut à endurer avant de pouvoir porter librement le nom juif de Hanna ou Gracia! Née en Portugal vers 1510 (morte vers 1568) dans la famille marrane des Benveniste, elle était habituellement désignée sous le nom chrétien de Béatrice et épousa un Marrane très riche, de la famille des Nassi, qui s'appelait de son nom de baptême Francisco Mendès. Celui-ci avait créé une puissante maison de banque, ayant des succursales en Flandre et en France, et comptant parmi ses débiteurs l'empereur Charles-Quint, le roi de France et d'autres princes encore. La succursale d'Anvers avait à sa tête Diogo Mendès, frère de Francisco. Après la mort de Francisco (qui eut lieu avant 1535), Béatrice, sa veuve, et l'enfant qu'il avait laissé, une jeune fille du nom de Reyna, partirent du Portugal, où ni leurs personnes ni leurs biens n'étaient plus en sécurité depuis l'établissement de l'Inquisition, et se réfugièrent auprès de leur beau-frère et oncle, à Anvers. Béatrice emmena avec elle, à Anvers, une jeune sœur et plusieurs neveux. Un de ces neveux, João Miquès, beau et très intelligent, fréquenta bientôt les plus hauts personnages d'Anvers et gagna les bonnes grâces de Marie, femme du gouverneur des Pays-Bas, ancienne reine de Hongrie et sœur de Charles-Quint.

Béatrice Mendesia avait espéré pouvoir pratiquer le judaïsme à Anvers. Quand elle en eut reconnu l'impossibilité, elle se décida à quitter cette ville et réussit à faire partager sa résolution à son beau-frère. Mais celui-ci mourut avant d'avoir pu exécuter son projet d'émigration ; il laissa une veuve et une jeune fille nommée Gracia. Alors commença pour Béatrice Mendesia une vie de tourments et de soucis. D'abord, elle dut remettre à un moment plus propice son départ d'Anvers et se résigner à conserver encore le masque du christianisme. Placée, en effet, par la dernière volonté de son beau-frère, à la tête de la maison de banque, elle ne pouvait pas songer pour l'instant à abandonner des intérêts aussi considérables. De plus, Charles-Quint voulait mettre la main sur l'immense fortune de la famille Mendès, sous prétexte que Diogo avait observé secrètement les rites juifs. Mendesia réussit à écarter le danger en consentant à l'empereur un prêt important et en donnant des sommes élevées à certains fonctionnaires. Mais, pour ne pas éveiller de soupçons, elle fut obligée de rester encore à Anvers. Il se passa ainsi deux ans.

Tout à coup, le bruit se répandit que João Miquès, son neveu, avait séduit sa fille Reyna et était parti avec elle pour Venise. Il semble que le fait de la séduction ne fût pas exact et que Mendesia elle-même fît propager cette nouvelle pour avoir un prétexte de quitter enfin Anvers. Cette précaution fut inutile, car, dès qu'elle fut partie, l'empereur Charles-Quint ordonna de mettre sous séquestre tous les biens de la famille Mendès qui se trouvaient dans ses États. Grâce à des dons qu'elle sut distribuer à propos, elle réussit encore une fois à sauver la fortune de sa famille.

A Venise, où elle espérait trouver enfin la tranquillité, sa jeune sœur lui causa les plus violents chagrins. Légère et imprudente, cette sœur réclama à Mendesia la part de la fortune qui lui revenait ainsi qu'à sa fille. Dans l'intérêt de la maison de banque, dont elle avait la responsabilité, et de sa nièce mineure, dont elle était la tutrice, Mendesia se refusa à satisfaire à la demande de sa sœur. Celle-ci, irritée et probablement dirigée par de perfides conseillers, ne craignit pas de dénoncer Mendesia aux autorités de Venise, leur déclarant que sa sœur avait déjà pris ses mesures pour se rendre en Turquie avec ses richesses et y retourner au judaïsme, et leur demandant leur appui pour qu'elle-même et sa fille pussent entrer en possession de leurs biens et continuer à rester chrétiennes à Venise. Heureuses d'une telle aubaine, les autorités de Venise, pour empêcher le départ de Mendesia, s'empressèrent de la faire arrêter et de l'incarcérer. Mais la délatrice ne se contenta pas de ce premier succès. Elle délégua un représentant en France pour faire mettre également le séquestre sur les biens qu'y possédait la famille Mendès. Soit qu'il ne fût pas content de la façon dont ses services furent récompensés, soit pour tout autre motif, le délégué dénonça également la sœur de Mendesia comme suspecte de « judaïser » en secret. Tous les biens que la famille Mendès avait en France furent alors confisqués, et le roi Henri II profita aussi de cette occasion pour s'abstenir de payer ce qu'il devait à cette maison.

Le neveu de Mendesia, João Miquès, ne ménagea ni argent ni démarches pour délivrer sa tante et arracher à la rapacité des Vénitiens la fortune de sa famille. A la fin, il réussit à intéresser le sultan Soliman au sort de ses parents. L'intervention de Moïse Hamon, médecin juif du souverain turc, ne fut sans doute pas étrangère à ce résultat. Soliman envoya à Venise un délégué spécial pour exiger que Mendesia fût mise en liberté, que sa fortune lui fût rendue et qu'on lui permît de partir pour la Turquie.

Mais à l'arrivée de l'émissaire turc, Mendesia, on ne sait par quels moyens, avait déjà pu quitter Venise et se réfugier à Ferrare, sous la protection du duc Hercule d'Este. Elle resta plusieurs années dans cette ville (de 1549 jusqu'à 1553) sous son nom juif de Gracia, et put enfin y déployer librement ses admirables qualités d'exquise bonté, de piété et de compassion. Le poète Samuel Usque lui dédia son ouvrage et parle d'elle avec un respectueux enthousiasme. Voici en quels termes s'exprime Numeo, un des personnages du « Dialogue » d'Usque qui cherchent à consoler Israël de ses souffrances : « Cette femme (Mendesia), qui a montré et montre encore un tel dévouement pour son peuple, ne représente-t-elle pas la miséricorde divine sous une forme humaine ? Comme Miriam, elle n'a pas craint d'exposer sa vie pour sauver ses frères, comme Débora elle déploie les plus remarquables qualités d'énergie et de prudence pour diriger son peuple, et, comme Esther elle se dévoue pour protéger les persécutés... Au début de l'émigration (des Marranes), elle a inspiré courage et espoir, ô Israël, à tes fils nécessiteux, qui n'osaient pas, avec leurs ressources si restreintes, prendre le parti de s'enfuir pour échapper aux flammes des bûchers. Elle a secouru généreusement les émigrés établis en Flandre et ailleurs... Elle ne refuse même pas son appui à ses ennemis. Avec une main pure et une volonté énergique, elle a délivré la plupart des Marranes de maux infinis, de la misère et des péchés, elle les a conduits dans des contrées sûres et les a replacés sous la domination des lois de leur ancien Dieu. » Ces éloges, avec moins de pompe et moins de poésie, se retrouvent sous la plume de tous les rabbins de cette époque, qui appellent Doña Gracia Nassi « la princesse noble et généreuse », « la gloire d'Israël », « la femme sage et prudente, qui a fondé sa maison sur la pureté et la sainteté. »

Après s'être réconciliée avec sa sœur et avoir assuré l'avenir des membres de sa famille, Doña Gracia réalisa enfin son désir de se rendre dans la capitale de la Turquie (vers 1553-1555), pour pouvoir professer le judaïsme en toute liberté. Grâce à son habileté et à ses actives démarches, João Miquès avait favorablement disposé les esprits à Constantinople et préparé ainsi à sa tante un accueil bienveillant à la Porte. Ce fut seulement à Constantinople que João revint publiquement au judaïsme, prit le nom de Joseph Nassi et épousa sa cousine Reyna, fille de Doña Gracia. Il avait amené avec lui une suite considérable, composée d'environ cinq cents Juifs espagnols et italiens. A Constantinople, il vivait en prince. Très intelligent, possesseur d'une belle fortune et bien au courant de la situation de l'Europe, il fut reçu à la cour et conquit rapidement les bonnes grâces du sultan Soliman.

Ce fut à ce moment qu'on apprit à Constantinople que le pape Paul IV avait ordonné l'arrestation des Marranes d'Ancône, qui étaient ainsi menacés d'être livrés tôt ou tard aux flammes. Prise de pitié pour le sort de ses coreligionnaires, Doña Gracia s'occupa immédiatement, avec son neveu et gendre Joseph Nassi, de leur venir en aide. D'abord elle sollicita le sultan d'intervenir au moins en faveur des Marranes turcs qui, de passage à Ancône, avaient été également incarcérés ; sa démarche réussit. Soliman écrivit au pape (9 mars 1556) dans ce ton hautain que les souverains turcs prenaient alors à l'égard des princes chrétiens, pour réclamer la mise en liberté de ses sujets, et il faisait entendre qu'en cas de refus il userait de représailles envers les chrétiens de son empire. Paul IV dut céder aux exigences du sultan et laisser partir d'Ancône sains et saufs les Marranes de Turquie. Les Marranes d'Ancône, qui n'avaient pas de puissant protecteur, furent brûlés. C'est de ce forfait que les Juifs, comme on l'a vu plus haut, cherchèrent à punir le pape, comptant, pour y réussir, sur l'appui de Dona Gracia et de Joseph Nassi.

Le duc d'Urbin avait accueilli sur ses terres ceux des Marranes qui avaient pu s'échapper d'Ancône, parce qu'il espérait attirer dans son port de Pesaro le commerce du Levant, qui était entre les mains des Juifs. Pour que ce but pût être atteint, la communauté de Pesaro demanda à toutes les communautés turques qui étaient en relations d'affaires avec l'Italie d'envoyer dorénavant toutes leurs marchandises, non pas à Ancône, mais à Pesaro. Encore sous le coup de l'indignation soulevée par le supplice des Marranes, de nombreux Juifs levantins décidèrent, à l'exemple de l'importante communauté de Salonique, de se conformer au vœu de leurs coreligionnaires de Pesaro (août 1556). Peu à peu, le port d'Ancône fut presque complètement déserté par le commerce du Levant et perdit ainsi des revenus considérables. Les habitants d'Ancône s'en plaignirent amèrement et prièrent le pape d'aviser.

Mais un tel plan ne pouvait avoir d'action efficace que s'il était poursuivi pendant longtemps et après une parfaite entente entre tous les Juifs qui commerçaient avec l'Italie. Les Juifs de Pesaro et les anciens Marranes établis en Turquie multiplièrent naturellement leurs efforts pour faire entrer dans leur ligue contre le port d'Ancône tous ceux qui pouvaient aider à la réussite de leur œuvre. Mais les Juifs d'Ancône qui n'appartenaient pas au groupe des Marranes craignirent pour eux-mêmes les conséquences du châtiment qu'on voulait infliger à la ville pontificale et s'efforcèrent de faire échouer la ligue. En réalité, tout dépendait de la décision qui serait prise par les Juifs de Constantinople, à qui les Juifs de Salonique, d'Andrinople, de Brousse et de Morée avaient écrit de réfléchir mûrement et de tenir compte de tous les intérêts en jeu avant de prendre une résolution définitive.

Or, à Constantinople, les personnages les plus influents de cette époque étaient Dona Gracia et Joseph Nassi, et ceux-ci étaient absolument résolus à infliger un châtiment au pape pour sa cruauté envers les Marranes. Pour leur part, ils donnèrent ordre à tous leurs agents de n'expédier toutes les marchandises de leur maison qu'à Pesaro. Ils rencontrèrent pourtant de l'opposition chez un certain nombre de commerçants, qui craignaient que la préférence donnée à Pesaro sur Ancône ne fût préjudiciable à leurs intérêts. On soumit alors la question aux rabbins. Ceux-ci non plus ne furent pas d'accord. Deux d'entre eux se refusèrent à prononcer l'interdit contre Ancône. Bien des marchands juifs de la Turquie profitèrent de ce manque d'entente pour ne consulter que leurs intérêts et continuer leurs relations avec Ancône. Ce fut en vain que Dona Gracia fit intervenir le collège rabbinique de Safed, dont deux membres, Joseph Karo et Moïse di Trani, jouissaient alors d'une très grande autorité en Orient. L'entreprise projetée contre le port d'Ancône, et, par conséquent, contre le pape, échoua.

Quand Guido Ubaldo, duc d'Urbin, eut reconnu que son projet de faire de Pesaro le centre du commerce du Levant ne réussirait pas, il ne voulut pas s'exposer inutilement à la colère du pape et expulsa les Marranes qu'il avait accueillis (mars 1558). Du moins fut-il assez humain pour ne pas les livrer à l'Inquisition. La plupart des exilés louèrent des vaisseaux et cinglèrent vers l'est. Pourchassés par la police maritime du pape, plusieurs d'entre eux furent pris et traités en esclaves. Le médecin célèbre Amatus Lusitanus, qui avait pourtant rendu d'éminents services à la population chrétienne, fut également obligé de partir de Pesaro ; il se rendit à Salonique (1558-1559). Le duc de Ferrare aussi semble avoir expulsé, à cette époque, les Juifs de ses domaines ; car, en cette année, l'imprimerie d'Abraham Usque cessa de fonctionner, et Don Samuel Nassi, frère de Joseph Nassi, dut invoquer la protection du sultan pour pouvoir se rendre en sécurité à Constantinople.

La haine de Paul IV contre les Juifs s'accrut encore avec l'âge.

Sur son ordre, des Juifs convertis, notamment Sixte de Sienne et Philippe ou Joseph Moro, parcoururent les communautés juives des États pontificaux pour prêcher contre le judaïsme. Une fois même, Moro pénétra, pendant la fête de l'Expiation, dans la synagogue de Recanati (1558) et, à la grande colère des Juifs, plaça un crucifix dans l'arche sainte. Chassé de la synagogue, il excita la populace contre les Juifs, dont deux furent arrêtés, sur l'ordre du chef de la ville, et cruellement torturés.

Le pape renouvela aussi la persécution contre le Talmud. Dans les États pontificaux et dans la plus grande partie de l'Italie, on ne trouvait presque plus, à cette époque, d'exemplaires du Talmud ni d'écoles talmudiques. Une telle situation présentait de graves dangers pour le judaïsme. Car, si l'ignorance de leur religion était devenue générale parmi les Juifs, ils auraient offert une proie facile aux convertisseurs catholiques. Heureusement, un savant talmudiste, Joseph Ottolenghi, émigré d'Allemagne, ouvrit une école à Crémone, qui dépendait alors de Milan, et fit imprimer dans cette ville le Talmud et d'autres ouvrages rabbiniques. En outre, Crémone devint comme un entrepôt considérable de livres religieux juifs, parce que tous ceux qui, dans les autres villes italiennes, craignaient de voir confisquer ces ouvrages, les envoyaient secrètement à Crémone, d'où ils étaient exportés en Orient, en Pologne et en Allemagne. Cette liberté, toute relative, fut maintenue aux Juifs de Crémone tant que les Espagnols restèrent en guerre avec Paul IV. Mais, dès que ce pape eut conclu la paix avec ses ennemis, il songea à faire saisir et brûler tous les livres juifs entassés à Crémone.

Pour atteindre le but poursuivi par Paul IV, les dominicains, policiers habituels de la papauté, commencèrent à surexciter le peuple, afin de pouvoir agir par lui sur le gouverneur de Crémone. Des écrits venimeux furent répandus qui poussèrent la foule à se ruer sur les Juifs (8 avril 1559). Quelques jours plus tard, deux dominicains, dont l'un était le renégat juif Sixte de Sienne, invitèrent le gouverneur à ordonner la destruction de tous les exemplaires du Talmud, parce que cet ouvrage contenait des blasphèmes contre le christianisme. Comme le gouverneur n'ajoutait pas foi à ces accusations, deux délateurs s'offrirent pour lui en prouver la réalité : l'apostat Vittorio Eliano, petit-fils du grammairien du nom de Elia Lévita, et un Juif allemand Josua dei Cantori.

La condamnation prononcée contre le Talmud faillit causer un grave préjudice à Vittorio Eliano. On sait qu'à la suite de Pic de la Mirandole, de Reuchlin, et surtout du cardinal Egidio de Viterbe et du franciscain Galatino, les dignitaires les plus orthodoxes de l'Église étaient convaincus que la Cabbale confirmait la vérité des dogmes catholiques. Aussi, pendant que Paul IV poursuivait le Talmud de sa haine, il autorisa Emmanuel de Bénévent, d'accord avec l'Inquisition, à imprimer le *Zohar* à Mantoue. Par jalousie contre l'éditeur de Mantoue, un imprimeur chrétien de Crémone, Vicenti Conti, publia également le *Zohar* avec le concours de Vittorio Eliano, qui écrivit pour cet ouvrage une préface hébraïque, où il vantait la supériorité de cette édition sur celle de Mantoue, et faisait appel aux acheteurs. Lorsque les soldats espagnols recherchèrent à Crémone les exemplaires du Talmud destinés au feu, ils mirent la main sur tous les ouvrages hébreux, sans distinction, et s'emparèrent aussi de 2,000 exemplaires du *Zohar* appartenant à Eliano et à son imprimeur. Un ami d'Eliano, le renégat Sixte de Sienne, qui présidait aux recherches, s'aperçut à temps de l'erreur des soldats et sauva ces exemplaires du feu. Par un raffinement inconscient de méchanceté, les ennemis du judaïsme brûlaient le Talmud, mais laissaient aux Juifs le *Zohar*, cette source empoisonnée de tant de superstitions et de pratiques absurdes. Il est vrai que cette faiblesse de l'Église pour la Cabbale ne dura pas longtemps ; quelques années plus tard, le *Zohar* était inscrit sur la liste des livres condamnés au feu.

D'Italie les persécutions contre les ouvrages juifs se propagèrent dans d'autres contrées ; partout on y trouve mêlés des apostats. Ainsi, à Prague, un renégat juif, Ascher d'Udine, provoqua la confiscation non seulement des ouvrages talmudiques, mais aussi des livres de prières ; le tout fut envoyé à Vienne (1559). Les chantres étaient obligés de célébrer les offices de mémoire. Un incendie qui réduisit en cendres, à cette époque, une grande partie du quartier juif de Prague, mit encore en plus grande évidence la haine féroce des chrétiens. Au lieu d'aider à combattre l'incendie, ils précipitèrent des femmes et des enfants juifs dans les flammes et pillèrent les biens des sinistrés.

Bientôt, une catastrophe plus générale menaça les Juifs de Prague. L'empereur Ferdinand Ier, si humain à l'égard des catholiques et des protestants, se montrait implacablement hostile aux Juifs. Le premier il imposa aux Juifs d'Autriche la « déclaration » (*Zettelmeldung* ou *Judenzettel*). Tout Juif autrichien qui se rendait à Vienne pour affaires était obligé de se présenter, dès son arrivée, dans les bureaux du gouverneur et de déclarer pour quelles affaires et pour combien de temps il était venu dans cette ville. Après avoir encore pris d'autres mesures restrictives contre les Juifs, Ferdinand Ier décréta leur expulsion de la Basse-Autriche et de Gœrz, leur fixant la Saint-Jean comme dernière limite de leur séjour. On leur accorda pourtant des délais pendant deux ans, mais, à la fin, ils durent se résigner à prendre le chemin de l'exil.

Les Juifs de Prague ne tardèrent pas à subir le même sort. Cette communauté ne jouissait pas alors d'une grande estime auprès des autres Juifs; on lui reprochait de manquer de dignité et de scrupules, et de se laisser aller volontiers aux querelles et à la violence. La nomination des rabbins et des administrateurs donnait lieu, chaque fois, à des débats si irritants que l'empereur décida de la confier aux rabbins les plus considérés de l'Allemagne et de l'Italie. Quand, après un exil de vingt ans, les Juifs purent revenir à Prague, il n'y eut presque que la lie qui profita de cette autorisation. Cette catégorie de Juifs produisit naturellement une impression très défavorable sur la population chrétienne, dont les préjugés contre les Juifs en général devinrent encore plus accentués. Les chrétiens de cette classe ne valaient pourtant pas mieux. Mais, de tout temps, la société chrétienne a jugé ses propres membres avec une indulgence excessive, tandis qu'elle a exigé des Juifs, même de la plus basse classe, la pratique de toutes les vertus. Cependant, lorsque Ferdinand Ier proposa de chasser de nouveau les Juifs de Prague, sa proposition rencontra une certaine résistance, surtout de la part des archiducs du pays. Leur expulsion eut lieu quand même (1561). Mais après leur départ, la noblesse commença des démarches, comme après leur première expulsion, pour les faire rappeler. L'empereur Ferdinand opposa un refus absolu à ces sollicitations, sous prétexte qu'il avait juré d'interdire aux Juifs le séjour de Prague et qu'il ne pouvait pas violer son serment. Un généreux Juif de Prague, Mardokhaï Cémah ben Guerschon, décida alors de se rendre à Rome pour demander au pape Pie IV, successeur de Paul IV, de délier l'empereur de ce serment.

Mardokhaï Cémah était de la célèbre famille Soncin, dont plusieurs membres dirigeaient avec succès des imprimeries dans diverses villes de la Lombardie, à Constantinople et à Prague. Quoique la communauté de Prague l'eût gravement offensé et que sa fille mariée eût été accusée injustement d'adultère par de faux témoins et condamnée par le tribunal juif, il s'imposa quand même les plus lourds sacrifices dans l'intérêt de ses coreligionnaires. Son voyage à Rome fut couronné de succès. Pie IV délia Ferdinand de son serment. Du reste, le fils de l'empereur, Maximilien, devenu plus tard empereur lui-même, intervint aussi en faveur des Juifs de Prague. Ceux-ci furent de nouveau autorisés à s'établir à Prague et dans quelques villes de Bohême, ainsi qu'en Autriche.

On pouvait espérer, à cette époque, que la tolérance l'emporterait sur le fanatisme, car, à la mort de Paul IV (août 1559), la population romaine avait manifesté violemment ses sentiments contre la mémoire de ce pape et son système d'oppression religieuse. A la nouvelle de la mort du Pontife, le peuple s'était réuni au Capitole, comme du temps de la République romaine, et répandu ensuite à travers la ville, brûlant les bâtiments de l'Inquisition, maltraitant les dominicains, arrachant les armes pontificales et détruisant la statue de Paul IV. Au rire des assistants, quelqu'un s'était avisé de placer sur la tête de cette statue la barette jaune que Paul IV avait imposée aux Juifs. Malheureusement, si les papes passaient, le système restait; l'Église et son chef suprême étaient soumis pour longtemps encore aux violents et aux fanatiques.

Pie IV ne ressemblait pourtant nullement à son prédécesseur. Lorsque, après son élection, des délégués des Juifs romains vinrent lui présenter une adresse de félicitations et lui exprimer leurs doléances au sujet des souffrances infligées aux Juifs, il leur promit sa protection. En effet, il promulga en faveur des Juifs de ses États une bulle (27 février 1562) qui améliore leur situation tout en les laissant encore soumis à de nombreuses restrictions. Cette bulle ne les obligeait plus à porter la barrette jaune qu'à Rome même, leur permettait d'acquérir des immeubles dont la valeur n'excédait pas 1,500 ducats, ne les astreignait plus uniquement au commerce des vieux habits, les autorisait à entretenir des relations avec des chrétiens, mais leur défendait d'avoir des domestiques chrétiens. En même temps, ce qui était particulièrement important pour les Juifs des États pontificaux, ils ne pouvaient plus être condamnés pour avoir enfreint les prescriptions si rigoureuses de Paul IV ou omis de présenter aux autorités leurs exemplaires du Talmud.

Encouragés par les dispositions bienveillantes de Pie IV, les Juifs d'Italie lui demandèrent de lever l'interdiction pesant sur les ouvrages rabbiniques. Mais il fallait, avant tout, le consentement du concile de Trente. Ils y déléguèrent donc deux représentants (octobre 1563). Après discussion, le concile déclara s'en rapporter au pape. Celui-ci promulga alors une bulle où il maintint la condamnation prononcée contre le Talmud, mais en autorisa pourtant la publication à condition que le titre et les passages incriminés fussent supprimés (24 mars 1564). C'est sans doute pour ménager certaines susceptibilités que Pie IV ne voulait pas laisser paraître le Talmud sous son vrai titre. Quelques années plus tard, cet ouvrage fut, en effet, imprimé à Bâle.

A Pie IV succéda un pape, Pie V (1566-1572), qui reprit les traditions de farouche intolérance et d'étroit fanatisme des Caraffa. Il confondit dans une haine commune les Juifs, les protestants d'Allemagne, les calvinistes de Suisse et les huguenots de France. Trois mois à peine après son élection (19 avril 1566), il remit en vigueur toutes les lois restrictives édictées par Paul IV contre les Juifs des États pontificaux, mais en étendit l'application aux Juifs de tous les pays catholiques. Aussi Joseph Haccohen dut-il mentionner, dans sa vieillesse, de nouvelles persécutions et recueillir de nouvelles larmes dans sa « Vallée des Pleurs ». Pie V commença par faire incarcérer un grand nombre de Juifs de ses États, sous prétexte qu'ils avaient transgressé les lois canoniques. Il se montra particulièrement rigoureux envers la communauté de Bologne, dont quelques membres possédaient de grandes richesses. Pour les en dépouiller par des procédés d'apparence légale, on les fit comparaître devant le tribunal de l'Inquisition, où on leur posa un certain nombre de questions captieuses sur le christianisme : Les Juifs considèrent-ils les catholiques comme des idolâtres? Appliquent-ils aux chrétiens et à la papauté les malédictions contenues dans le Rituel contre les « minéens » et le « royaume de la perversité »? Le récit du « bâtard, fils d'une réprouvée, » fait-il allusion à Jésus? Interrogés sur ces divers chefs d'accusation qui avaient été réunis par un apostat juif, Alessandro, quelques-uns des inculpés n'eurent pas la force de résister à la torture et avouèrent tout ce qu'on leur demandait. Mais le rabbin de Bologne, Ismaël Hanina, déclara au milieu des tortures que, dans le cas où la douleur le ferait défaillir et lui arracherait des aveux, ces aveux devaient être considérés comme mensongers.

Pour pouvoir mettre plus sûrement la main sur les richesses convoitées, la curie défendit aux Juifs les plus fortunés et les plus estimés de quitter Bologne. Mais ceux-ci réussirent à corrompre un gardien, et une grande partie de la communauté de Bologne parvint à se réfugier à Ferrare. Irrité de cette fuite, Pie V annonça au collège des cardinaux son intention d'expulser tous les Juifs de ses États. Plusieurs princes de l'Église firent valoir en vain devant le pape que, jusqu'alors, le Saint-Siège avait toujours cherché à protéger les Juifs contre les expulsions et les violences, en vain la ville d'Ancône supplia-t-elle Pie V de ne pas détruire de ses propres mains la prospérité commerciale de son pays. Le 26 février 1569, il promulgua une bulle qui obligeait tous les Juifs des États pontificaux, à l'exception de ceux de Rome et d'Ancône, à émigrer dans un délai de trois mois; passé ce délai, ils seraient vendus comme esclaves ou condamnés à des peines encore plus sévères. Devant la perspective des souffrances qui les attendaient, quelques Juifs acceptèrent le baptême. Mais, presque tous se résignèrent à émigrer. Comme on ne leur avait laissé qu'un temps très court pour réaliser leurs biens, les exilés partirent ruinés. Le chroniqueur Guedalya ibn Yahya perdit à lui seul 10,000 ducats de créances à Ravenne. Ne sachant où se diriger sur le moment, ces malheureux demandèrent asile aux petits États voisins, à Pesaro, Urbin, Ferrare, Mantoue et Milan.

Les Juifs d'Avignon et du Venaissin, qui avaient pu rester en France après l'expulsion qui eut lieu deux siècles auparavant, furent également exilés. Sous les papes Léon X, Clément VII et surtout Paul III, ils avaient vécu dans une tranquillité relative ; Pie V ne voulut pas les tolérer plus longtemps dans cette enclave et les chassa.

Tous ces expulsés allèrent demander asile à la Turquie, où ils recevaient un excellent accueil, s'ils n'étaient pas arrêtés en r⸺ et faits prisonniers par les chevaliers de l'ordre de Malte.

CHAPITRE IV

LES JUIFS EN TURQUIE ET DON JOSEPH DE NAXOS

(1566-1590)

Par une rencontre heureuse de circonstances, les Juifs, persécutés dans presque toute l'Europe, trouvaient en Turquie un refuge sûr et une complète sécurité. Dans ce pays vivait alors un Juif qui, dans les contrées chrétiennes, aurait peut-être été brûlé et qui, sous la domination du Croissant, arriva à une haute position, fut élevé au rang de duc et eut de nombreux chrétiens sous ses ordres. Avec lui des milliers de Juifs acquirent une situation libre et indépendante, que leurs coreligionnaires des autres États européens leur enviaient. Ce Juif était Joseph Nassi ou Juan Miquès, Marrane transfuge du Portugal.

Joseph Nassi, comme on l'a vu plus haut, s'était rendu à Constantinople, muni de lettres de recommandation d'hommes d'État français pour des dignitaires turcs. Mais il n'avait pas tardé à se recommander lui-même par son extérieur sympathique, sa finesse d'esprit, son intelligence et sa connaissance de la situation des pays européens. Le sultan Soliman le prit en faveur. Comme il songeait à déclarer un jour ou l'autre la guerre à l'Espagne, où les musulmans avaient eu tant à souffrir pour leur foi et où ils étaient encore maltraités sur la rive africaine, il s'adressait souvent à Joseph pour avoir des données certaines sur la situation politique et militaire de ce pays. Aussi Joseph devint-il rapidement, comme « bey franc », un des personnages les plus considérables de Constantinople.

Bientôt, par un de ces hasards qui élèvent et abaissent brusquement les dignitaires dans un pays comme la Turquie, Joseph Nassi vit encore grandir son influence. La discorde régnait entre les fils de Soliman. Le père manifestait sa préférence pour le plus jeune, à cause de son goût pour les choses militaires. Aussi les courtisans se tenaient-ils éloignés de l'aîné, Sélim. Joseph Nassi, au contraire, défendit auprès du sultan la cause du prince délaissé. Lorsque Soliman, pour témoigner qu'il rendait toute son affection à Sélim, voulut lui offrir de riches présents, il désigna Joseph Nassi pour aller les lui remettre en Asie Mineure. Heureux de rentrer en grâce auprès de son père, Sélim en manifesta sa reconnaissance au messager de cette bonne nouvelle. Il fit de lui son confident (moutafarrik) et l'attacha à sa personne.

Préoccupés de l'influence croissante du favori juif auprès de la Porte, les ambassadeurs des États chrétiens cherchèrent à ruiner son crédit. Ce furent surtout les représentants de la France et de la république de Venise qui s'acharnèrent à sa perte, parce qu'il avait dénoncé leurs intrigues et qu'il en voulait personnellement à leurs pays. On se rappelle, en effet, que sa belle-mère avait été emprisonnée à Venise et dépouillée d'une grande partie de sa fortune, et que le gouvernement français devait une somme considérable (150,000 ducats) à la maison Mendès-Nassi. Henri II ainsi que son successeur avaient refusé de payer cette dette sous le prétexte assez singulier que la loi et la religion s'opposaient à ce qu'un roi de France s'acquittât envers un créancier juif, parce qu'il n'était pas permis aux Juifs de s'occuper d'affaires en France et que tous leurs biens appartenaient au souverain. Soliman pas plus que Sélim n'adhérèrent à cette manière de voir et exigèrent, avec des paroles menaçantes, que satisfaction fût donnée à Joseph Nassi.

Celui-ci obtint bientôt de nouvelles marques de la faveur de ses souverains. Soliman lui accorda une bande de terrain le long de la rive du lac de Tibériade pour y reconstruire la ville de Tibériade et y établir exclusivement des Juifs. Sélim II, à son avènement (1566), le créa duc de Naxos et des douze Cyclades, avec le titre officiel de « duc de la mer Égée, seigneur de Naxos ». Joseph continua pourtant d'habiter son somptueux palais de Belvédère, près de Constantinople ; il plaça à la tête des îles un gentilhomme chrétien, Coronel, dont le père, ancien gouverneur de Ségovie, descendait du ministre des finances juif Abraham Senior, qui s'était converti au christianisme lors de l'expulsion des Juifs d'Espagne.

Malgré leur dépit de voir un Juif occuper un rang aussi brillant, les dignitaires chrétiens étaient contraints par les circonstances de se montrer affables et souriants envers Joseph de Naxos. Ils savaient que son influence était grande sur le sultan. Quand, après de nouvelles victoires des Turcs en Hongrie, l'empereur Ferdinand Ier envoya une députation autrichienne à Constantinople pour solliciter la conclusion de la paix, il leur recommanda de se présenter également devant Joseph. Du reste, la France eut l'occasion de s'apercevoir de la réalité du pouvoir du favori juif. Comme le roi de ce pays persistait dans son refus de s'acquitter de sa dette envers la maison Mendès, Joseph de Naxos, autorisé par firman spécial à faire saisir dans tous les ports turcs les vaisseaux naviguant sous pavillon français, réussit à mettre le séquestre à Alexandrie sur plusieurs navires et à s'approprier les cargaisons (1569). La France réclama, mais en vain ; Sélim persista à défendre les intérêts de Joseph. Il en résulta dans les relations diplomatiques entre les deux pays un refroidissement qui fut plus dommageable à la France qu'à la Turquie.

A la suite de cet incident, l'ambassadeur français redoubla d'efforts pour perdre Joseph de Naxos. Il utilisa, dans ce but, les services d'un médecin juif, Daud, ennemi de Joseph, qui promit de lui livrer des preuves que le duc de Naxos avait entretenu une correspondance secrète contre la Porte avec le pape, le roi d'Espagne, le duc de Florence, la république de Gênes et d'autres ennemis du sultan. Informé du complot qui se tramait, Joseph prit les devants. Il prouva sans peine à Sélim qu'il l'avait toujours fidèlement servi et obtint de lui un décret de bannissement perpétuel contre Daud. Ce dernier fut également frappé d'excommunication, avec deux de ses complices, par tous les rabbins et les communautés de Constantinople.

Venise aussi, dont Joseph de Naxos avait à se plaindre, éprouva les effets de son ressentiment. Depuis longtemps il poussait Sélim à s'emparer de l'île vénitienne de Chypre. Tout à coup on apprit qu'une explosion de poudre avait détruit l'arsenal de Venise. Sur les nouvelles instances de Joseph, le sultan envoya immédiatement des vaisseaux contre Chypre. Les Turcs s'emparèrent rapidement de Nicosie, une des principales villes de cette île, et mirent le siège devant Famagouste (1570). Pour se venger sans doute de Joseph, le Sénat de Venise décréta (décembre 1571) l'expulsion de tous les Juifs établis dans la république, qu'ils fussent Turcs ou non. Mais avant que cette décision fût exécutée, la ville de Famagouste tomba également entre les mains des Turcs. Les Vénitiens s'empressèrent alors de demander la paix et, pour l'obtenir, eurent recours à l'influence d'un autre Juif, Salomon ben Nathan Aschkenazi.

Salomon Aschkenazi avait commencé dès sa jeunesse à voyager. En Pologne, il réussit à se faire nommer premier médecin du roi. Quand il arriva à Constantinople, il se plaça, en sa qualité de sujet vénitien, sous la protection du représentant de la république de Venise. Il remplissait les fonctions de rabbin dans la capitale turque, mais déployait surtout de rares qualités de diplomate et se montrait particulièrement habile à nouer et à dénouer des intrigues. Mohammed Sokolli, grand-vizir du sultan, sut apprécier la remarquable habileté d'Aschkenazi, l'attacha à sa personne et l'employa toutes les fois qu'il avait besoin d'un homme fin, prudent et adroit. La guerre sévissait encore entre les Turcs et les Vénitiens quand Aschkenazi fut chargé de préparer le terrain pour la conclusion de la paix.

Dans une autre circonstance, très importante pour la politique européenne, Salomon Aschkenazi joua un rôle considérable : ce fut à propos de l'élection du roi de Pologne. Après la mort de Sigismond-Auguste (juillet 1572), le dernier représentant de la famille des Jagellons, qui ne laissa pas d'héritier au trône, les cercles diplomatiques de l'Europe s'agitèrent tous pour la nomination de son successeur. L'empereur allemand Maximilien II et le souverain russe Ivan le Cruel désiraient, comme voisins de la Pologne, que la direction de ce pays fût confiée à un membre de leur maison. Le pape travaillait à placer sur le trône de Pologne un prince catholique, tandis que les pays protestants et surtout les réformés des diverses sectes établies en Pologne même voulaient qu'on choisît un roi de leur confession ou, au moins, qui ne fût pas trop catholique. Comme si la situation n'était pas déjà assez compliquée, la rusée Catherine de Médicis vint l'embrouiller encore plus en essayant de faire placer la couronne de Pologne sur la tête de son fils Henri, duc d'Anjou. Mais la Porte aussi avait des intérêts à défendre en Pologne et, par conséquent, voulait exercer sa part d'influence dans cette élection. De là des mines et des contre-mines et un enchevêtrement des plus compliqués. D'abord, les chances du duc d'Anjou furent très sérieuses, mais le massacre de la Saint-Barthélemy (24 août 1572), ordonné par son frère Charles IX contre les huguenots, fut très nuisible à sa candidature. Ses rivaux exploitèrent habilement contre lui la colère soulevée par ce forfait. Catherine de Médicis et Charles IX déléguèrent alors un envoyé spécial à Constantinople pour solliciter l'appui de la Porte. Comme la décision du sultan dépendait de la volonté du grand-vizir, qui dirigeait les affaires extérieures, et que celui-ci suivait volontiers les conseils de Salomon Aschkenazi, c'était en réalité ce dernier qui avait à dire le dernier mot dans cette élection. Il se prononça pour Henri d'Anjou. Le duc fut élu roi de Pologne (mai 1573). L'ambassadeur français s'étant vanté d'avoir grandement contribué à ce résultat, Salomon Aschkenazi écrivit au roi de Pologne, devenu plus tard roi de France sous le nom de Henri III : « Votre Majesté doit en grande partie à mon intervention d'avoir été placée sur le trône, car mon action ici (à la Porte) a été prépondérante ».

Ce fut ce même Aschkenazi que le sultan envoya à Venise pour traiter de la paix. « Rabbi Salomon Aschkenazi », comme on l'appelait, ne fut pas accepté sans résistance en qualité de plénipotentiaire par la République sérénissime. C'était, en effet, une innovation hardie que de confier à un Juif une mission aussi considérable auprès d'un État chrétien. Devant l'insistance de la Porte, Venise céda, et le doge ainsi que les sénateurs reçurent l'envoyé turc avec les plus grands honneurs. Il fut conduit solennellement au palais des doges, où il signa, au nom de la Turquie, le traité de paix avec Venise.

Aschkenazi apporta le salut à ses coreligionnaires de Venise. On sait qu'avant son arrivée, leur expulsion avait été décrétée par le Sénat. Le doge Mocenigo insista pour l'exécution de cette mesure. Mais déjà à Constantinople, Salomon avait demandé à Jacob Soranzo, représentant de Venise, d'intervenir en faveur des Juifs. A Venise, où Soranzo l'avait accompagné, il insista de nouveau auprès de ce diplomate pour qu'il l'aidât à détourner le malheur qui menaçait la communauté juive. Ils y réussirent; le décret d'expulsion fut rapporté (19 juillet 1573). Salomon obtint même la promesse que ses coreligionnaires ne seraient plus jamais exilés. Comblé d'honneurs, il retourna à Constantinople, laissant son fils à Venise pour y achever son éducation.

Dans le monde chrétien, on sut bientôt quelle influence le juif Joseph de Naxos exerçait à Constantinople sur le sultan et le juif Salomon Aschkenazi sur le grand-vizir. Aussi commençait-on par s'adresser à eux quand on avait besoin de la Porte. Lors de la révolte des Pays-Bas, qui s'opposèrent par la force à l'introduction de l'Inquisition et essayèrent de se rendre indépendants de l'Espagne et du fanatique Philippe II, les *gueux* sollicitèrent l'aide de Joseph de Naxos, qui avait conservé des relations en Flandre, où il avait autrefois séjourné. Le duc Guillaume d'Orange, l'âme de la révolte, essaya d'obtenir par son intermédiaire le concours de la Turquie, qui, en déclarant la guerre à l'Espagne, aurait obligé cette dernière à rappeler ses troupes de Flandre. L'empereur Ferdinand aussi fit remettre une lettre autographe au duc juif pour se le rendre favorable. Philippe II lui-même, cet ennemi implacable des Juifs et des hérétiques, sollicita le concours d'intermédiaires juifs quand il voulut obtenir un armistice des Turcs.

Grâce à la sécurité dont ils jouissaient, les Juifs de Turquie virent refleurir parmi eux la poésie hébraïque. Non pas que cette époque ait vu éclore des œuvres remarquables. C'étaient de pâles fleurs d'automne, se ressentant du manque de chaleur et de lumière, mais qui n'en formaient pas moins un heureux contraste avec la stérilité qui régnait partout ailleurs. Ce réveil poétique était dû à un membre de la branche turque de la famille si étendue des Ibn Yahya, orateur habile et agréable, qui avait réuni autour de lui un certain nombre de poètes. Plusieurs Juifs composèrent même des vers latins. C'étaient naturellement des transfuges marranes, qui avaient appris le latin en Espagne ou en Portugal. A la mort du célèbre médecin Amatus Lusitanus, qui avait dû émigrer d'Italie à Salonique et tomba victime de son dévouement pendant une épidémie, un de ses amis, le Marrane Flavio Jacobo d'Evora, écrivit son éloge en beaux vers latins.

La situation brillante que les Juifs occupaient alors en Turquie encouragea Joseph de Naxos à essayer de réaliser son idée de créer un petit État juif. Cette pensée le hantait depuis longtemps. Il n'était encore qu'un malheureux fugitif quand il demanda à la république de Venise de lui céder une de ses îles pour y établir une population juive. Sa demande ne fut pas accueillie. Une fois devenu le favori de Soliman, il se fit donner par le sultan les ruines de Tibériade et sept petits villages voisins pour y organiser une colonie juive. Il envoya alors un de ses agents en Asie, pour procéder à la reconstruction de Tibériade. Sur l'ordre de Sélim, qui était encore prince, le pacha de Syrie prêta à l'entreprise un concours actif; il obligea les Arabes des environs à aider aux travaux. Au bout d'un an, Tibériade était rebâtie. Joseph de Naxos voulait en faire une cité industrielle, capable de lutter avec les Vénitiens; il y fit planter des mûriers pour l'élevage des vers à soie et établir des métiers pour tisser la soie. Il fit venir également de la laine fine d'Espagne pour fabriquer du drap.

Mais Joseph ne semble pas avoir persisté dans l'exécution de son plan, et la nouvelle Tibériade ne joua aucun rôle dans l'histoire juive. Lorsqu'il eut été nommé duc de Naxos, il ne songea même pas à peupler son île de Juifs. Il est vrai qu'il ambitionnait le titre de roi de Chypre et que, dans le cas où il l'eût obtenu, il aurait peut-être fondé son État juif dans cette belle île. Mais le grand-vizir Sokolli, qui n'aimait pas Joseph de Naxos, l'entrava dans son ambition, et la pensée de la création d'un État juif ne fut jamais réalisée. En général, Joseph n'a rien fondé de durable dans le judaïsme. Il formait d'admirables projets, mais n'avait pas assez de persévérance pour les exécuter, ou se trompait sur les moyens à employer. Il ne se trouva pas non plus, parmi les rabbins et les chefs de communauté, un homme vraiment supérieur qui mît à profit cette situation exceptionnelle des Juifs en Turquie pour imprimer au judaïsme une impulsion nouvelle et travailler en vue de l'avenir. Les rabbins et les prédicateurs étaient très instruits dans leur spécialité, mais suivaient les chemins battus; ils ne produisirent aucune œuvre remarquable. Un seul ouvrage de cette époque a encore quelque autorité de nos jours, c'est le *Schoulhan Aroukh* ou « Table dressée », de Joseph Karo, publié en 1567 et destiné à servir de code religieux aux Juifs.

En composant ce recueil, Karo avait pour but de mettre de l'unité dans le chaos des interprétations tamuldiques, qui variaient à l'infini, à tel point que, sur chaque cas, les rabbins pouvaient légitimement soutenir le pour ou le contre. Comme il était Espagnol, il se prononce inconsciemment, dans son ouvrage, pour les opinions des autorités espagnoles et contre les rabbins français et allemands ; il manque donc d'impartialité. On trouve aussi dans ce recueil des éléments cabbalistiques empruntés aux mystiques espagnols. Mais pas plus que Maïmonide, qui avait composé dans un but analogue le *Mischné Tora*, il ne réussit à concilier toutes les divergences et à imposer ses conclusions. A peine son ouvrage eut-il paru qu'un jeune rabbin de Cracovie, Moïse Isserlès, y ajouta des remarques contredisant en partie les décisions du *Schoulhan Aroukh*. Aux autorités espagnoles invoquées par Karo, Isserlès opposa l'école germano-polonaise. Par un trait d'esprit d'un goût peut-être douteux, il intitula *Mappa* ou « Nappe » ses observations sur la « Table » de Karo. Dans son ouvrage, Isserlès resta pourtant fidèle aux traditions de ses prédécesseurs. Déjà, par un excès de rigorisme, les Ascherides avaient présenté comme lois permanentes des aggravations qui, à l'origine, eurent un caractère provisoire. Ces lois, Karo les recueillit dans son code, et Isserlès y ajouta de nouvelles aggravations, imaginées dans les écoles polonaises. Aussi le judaïsme de la « Table » et de la « Nappe » est-il bien différent de celui de Moïse et des Prophètes, et même de celui de Maïmonide.

A cette époque vivait pourtant un homme dont l'esprit critique et l'amour des recherches formaient un vif contraste avec les tendances de ces rabbins. C'était Azaria ben Moïse dei Rossi, né à Mantoue, vers 1514, d'une ancienne famille italienne (décédé en 1578). Ce savant aurait certainement joué dans le judaïsme, dès le xvi° siècle, le rôle rempli par Mendelssohn au xviii°, s'il n'avait pas été isolé et de beaucoup en avance sur son temps. Malingre, jaune, desséché, brûlé par la fièvre, il avait un air souffreteux qui faisait pitié. Mais dans ce corps débile brillait un sain et vigoureux esprit. Érudit passionné, dei Rossi connaissait toutes les œuvres juives, était familier avec l'histoire de la littérature latine et avait étudié la médecine. Après avoir habité successivement Ferrare et Bologne, d'où les persécutions le chassèrent, il s'établit une seconde fois à Ferrare. Il entretint des relations avec les savants de son temps, qu'ils fussent juifs, marranes ou chrétiens, et tous admiraient l'étendue de ses connaissances. Il sut faire servir son érudition à des recherches originales, car le premier il compara entre elles deux littératures qui paraissaient n'avoir aucun rapport l'une avec l'autre, les ouvrages rabbiniques et les produits de la civilisation judéo-grecque, tels que les ouvrages de Philon, de Josèphe et des Pères de l'Eglise. Il put ainsi contrôler à l'aide de témoins différents les faits rapportés par l'histoire. Il ne consentait pas, en effet, à recevoir sans examen les informations du passé, mais tenait à les soumettre à une vérification sérieuse.

Un des premiers ouvrages publiés par dei Rossi fut la traduction hébraïque de la « Lettre d'Aristée. » Il se décida à cette publication à la suite du fait suivant. Un épouvantable tremblement de terre avait chassé les habitants de Ferrare (18 novembre 1570), qui se réfugièrent aux environs de la ville. Dans un village, Rossi se lia avec un chrétien qui, affligé de cette catastrophe, chercha le calme et la sérénité dans la lecture d'un livre grec de l'antiquité juive. Un peu confus de voir un chrétien puiser des consolations dans un ouvrage juif de l'époque du second temple que ses coreligionnaires, absorbés par l'étude du Talmud ou d'arides écrits philosophiques, ne connaissaient même pas, Rossi résolut de traduire en hébreu la « Lettre d'Aristée ».

Mais c'est surtout dans sa « Lumière des Yeux » (en hébreu, *Meor Enayim*), composée en 1575, que dei Rossi déploie ses rares qualités d'érudit et de critique sagace. Il compare dans ce livre les passages parallèles du Talmud et d'ouvrages profanes sur des points d'histoire et d'archéologie, et il arrive à ce résultat inattendu que bien des assertions du Talmud, acceptées par les coreligionnaires de son temps comme l'expression même de la vérité, ne supportent pas un examen sérieux. Ce livre, si hardi pour l'époque, scandalisa bien des Juifs. A Safed, il fut déclaré hérétique, et Joseph Karo chargea Élisée Galico, membre de son collège rabbinique, de rédiger un réquisitoire contre cet ouvrage et de conclure à la nécessité de le brûler. Cette condamnation devait être signifiée à tous les Juifs, mais Karo mourut (avril 1575) avant d'avoir signé cet arrêt. D'un autre côté, les Italiens, qui connaissaient Rossi comme un homme sincèrement croyant et d'une grande dignité de vie, refusaient de le mettre en interdit. Les rabbins de Mantoue se contentèrent d'appliquer à la « Lumière des Yeux » la sentence prononcée autrefois par Ben Adret contre la littérature profane, ils en défendirent la lecture aux jeunes gens âgés de moins de vingt-cinq ans.

Dans les milieux chrétiens, l'ouvrage de Rossi fut apprécié à sa valeur ; il fut commenté et traduit en latin. Mais chez les Juifs, principalement dans certains pays, les extravagances cabbalistiques avaient alors trop de partisans et le rigorisme exagéré trop d'adeptes pour qu'on pût se rendre compte des qualités de ce livre. En effet, dans les trente dernières années du XVIe siècle, la Cabbale s'était emparée de tous les esprits en Palestine, suscitant des apparitions de spectres et provoquant des exorcismes. De là, elle se répandit en Turquie, en Pologne, en Allemagne et en Italie, troublant les esprits et les cœurs, stigmatisant comme hérétique toute pensée saine, toute vérité scientifique. De nouveau, comme à l'origine du christianisme, la Galilée, et notamment la région de Safed, se peupla de démons et de possédés qui révélaient des mystères et nécessitaient des conjurations. Ce fut une époque de folie cabbalistique, ce fut, pour le judaïsme, le moyen âge, avec ses ténèbres et ses superstitions, qui commençait à l'heure où se levait en Europe l'aube des temps nouveaux. Deux hommes furent les principaux auteurs de cette funeste agitation, Isaac Louria et Hayyim Vital.

Isaac Louria Lévi (né à Jérusalem en 1534 et mort en 1572) descendait d'une famille allemande. Ayant perdu son père dès son enfance, il se rendit en Égypte auprès d'un oncle très riche, Mardokhaï Francis, fermier d'impôts, qui lui fit étudier le Talmud et la Cabbale. Louria se passionna promptement pour les idées mystiques. A l'étude aride et sèche du Talmud, qui aiguise l'esprit mais ne dit rien au cœur, il préféra les rêveries et les divagations du mysticisme. Il se sentit vivement attiré par le *Zohar*, que l'imprimerie répandait alors partout. A mesure qu'il s'enfonçait plus profondément dans la Cabbale, il s'isolait plus des hommes, négligeant même sa jeune femme et ne retournant dans sa demeure que chaque jour de sabbat. Il parlait très peu, et seulement en hébreu. Louria passe pour avoir ainsi vécu dans la solitude pendant plusieurs années et se perdit de plus en plus dans le rêve et l'extase. Convaincu que le *Zohar* est l'œuvre de Simon ben Yohaï et qu'il contient des révélations divines, il y chercha les manifestations d'une sagesse supérieure. Dans l'ardeur de son imagination, il croyait fermement voir face à face le prophète Élie, le grand révélateur de mystères.

Comme, à ses yeux, le *Zohar* contenait un système philosophique dont les diverses parties présentaient de l'unité et s'enchaînaient les unes aux autres d'une façon logique, il s'efforça de faire connaître ce système. Il montra donc comment, d'après le *Zohar*, Dieu a créé et organisé le monde à l'aide des nombres (*sefirot*), comment la divinité s'est révélée sous des formes matérielles, ou comment elle s'est repliée sur elle-même pour faire sortir le fini de l'infini. Mais sa théorie de la création était si confuse, si obscure, que ses contemporains, d'après son propre aveu, n'y comprenaient rien. Cette théorie, il est vrai, ne devait servir que d'introduction à la partie pratique de la Cabbale, qui avait pour lui une importance bien plus considérable et qui devait expliquer les rapports entre Dieu et la création.

Appuyé sur le *Zohar*, Louria prétend que les âmes représentent l'alliance étroite du fini avec l'infini. Toutes les âmes appelées à apparaître dans ce monde, dit-il, ont été créées en même temps qu'Adam, mais elles émanent de formes ou d'organes plus ou moins nobles, selon la destination qu'elles doivent recevoir. Le cerveau, les yeux, les oreilles, les mains et les pieds ont leur âme spéciale. Chacune de ces âmes est une « émanation » ou une « étincelle », *niçouç*, d'Adam. A la suite du premier péché d'Adam, — la Cabbale se voyait forcée d'admettre, elle aussi, le péché originel — le bien et le mal, c'est-à-dire les âmes inférieures et supérieures se sont mêlées, de sorte que les êtres les plus purs portent aujourd'hui en eux un élément mauvais, sont couverts d'une « écorce », *kelifa*. Le monde ne pourra redevenir complètement bon que lorsque les conséquences du péché originel auront disparu, quand le bien et le mal auront de nouveau été séparés. Les plus mauvaises d'entre les âmes du réservoir ont été attribuées aux païens, tandis que l'élite de ces âmes est passée dans le peuple juif, mais ni les païens ne sont complètement mauvais, ni les Juifs ne sont complètement bons. C'est seulement avec l'arrivée du Messie que la situation morale redeviendra ce qu'elle a été avant l'accomplissement du premier péché et que le bien sera totalement séparé du mal. Pour que cet événement puisse se produire, il est nécessaire que les âmes, surtout celles des Israélites, passent par divers corps d'hommes et d'animaux, et même vivent parfois dans des fleuves, du bois ou des pierres. La doctrine de la métempsycose forme le centre du système cabbalistique de Louria. Toutes les âmes, même celles des plus pieux, sont condamnées, d'après Louria, à passer par d'autres corps, car, actuellement, nul homme ne fait toujours le bien et, par conséquent, nulle âme n'est parfaitement pure.

Comme les hommes sont constamment incités au péché, le bien et le mal resteront mêlés pendant fort longtemps. Il existe pourtant un moyen de faire disparaître plus vite les conséquences du péché originel et de rendre à l'esprit du bien son influence. Le moyen préconisé par Louria est peut-être la partie la plus originale de sa théorie ; c'est l'*association des âmes*. Une âme, même purifiée, a-t-elle négligé d'accomplir ici-bas quelque devoir reliieux, est obligée d' redescendre du ciel pour s'associer à âme d'un vivant e parer ses omissions. Parfois aussi, les âmes d'hommes pieux et justes reviennent sur la terre pour soutenir d'autres âmes chancelantes et les aider à se perfectionner. Les associations ne se produisent pourtant qu'entre âmes parentes, c'est-à-dire originaires du même organe ou de la même étincelle adamique ; seules les âmes homogènes peuvent exercer une action réciproque l'une sur l'autre, mais les âmes hétérogènes se repoussent mutuellement. D'après cette théorie, la dispersion d'Israël parmi les autres peuples a pour conséquence de sauver le monde, car les âmes purifiées de pieux Israélites s'unissent aux âmes d'autres croyants pour les rendre plus parfaites.

A côté de la transmigration et de l'association des âmes, Louria s'occupe aussi de leur sexe. Selon lui, des âmes femelles habitent parfois des corps mâles, et réciproquement. Au point de vue du mariage, il est très important que le couple qui s'unit ait des âmes qui, par leur origine et leur sexe, se conviennent. Dans ce cas, l'harmonie régnera entre les deux époux et ils auront des enfants vertueux. Dans le cas contraire, leur postérité se conduira mal et ils vivront en mauvaise intelligence. Louria se vantait aussi de posséder le secret d'évoquer les bons esprits, de les contraindre à entrer dans le corps de vivants et à révéler ainsi ce qu'ils savaient de l'au-delà. Il était convaincu que la possession de ce secret lui assurait le pouvoir d'amener le règne du Messie et de rétablir l'ordre dans le monde. Du reste, il croyait avoir lui-même l'âme du Messie et se disait chargé de délivrer son peuple. Il apercevait partout des esprits et entendait leurs voix dans le murmure de l'eau, dans le bruissement des arbres, dans le chant des oiseaux et le pétillement du feu. Il voyait les âmes, au moment de la mort, se détacher des corps et s'élancer vers les hauteurs ; il les voyait aussi sortir des tombes. Grand évocateur d'esprits, grand hanteur de tombeaux, il s'entretenait fréquemment avec les personnages bibliques, talmudiques et rabbiniques, surtout avec Simon ben Yohaï, le prétendu auteur du *Zohar*. Pourtant, dans ses rêveries mystiques il savait conserver son sang-froid et appliquer ses sophismes de talmudiste à l'interprétation de la Cabbale.

Pour réaliser plus facilement ses espérances messianiques, Louria se rendit avec sa famille à Safed, où la Cabbale jouissait alors de la plus profonde vénération. Presque tous les membres du collège rabbinique et les notables de la communauté étaient des cabbalistes. Là, il se lia avec un mystique plus bruyant, plus remuant, mais peut-être moins honnête que lui, Hayyim Vital de Caiabre (1543-1620), dont le père avait émigré d'Italie en Palestine.

Vital n'avait pas fait d'études sérieuses dans sa jeunesse, il n'avait qu'une connaissance superficielle du Talmud et de la Cabbale. Par contre, il était doué d'une imagination ardente et aimait beaucoup tout ce qui était excentrique et tapageur. Pendant deux ans et demi, il s'était adonné à l'alchimie. Quand Louria vint à Safed, il abandonna la recherche de la fabrication de l'or pour les divagations de la Cabbale. Ensemble les deux cabbalistes recherchaient les endroits isolés et les tombeaux. Louria allait s'y entretenir avec l'âme de Simon ben Yohaï. Parfois, il chargeait son disciple d'évoquer des esprits à l'aide des formules qu'il lui enseignait et qui consistaient dans certaines transpositions des lettres du nom de Dieu.

Avant de se lier avec Vital, Louria était peu connu. Son disciple sut, avec une habileté consommée, faire du bruit autour de son nom, vantant son intelligence extraordinaire et célébrant les révélations qu'il recevait de Dieu. Bientôt Louria fut entouré de nombreux élèves, auxquels il communiquait ses conceptions extravagantes. Il leur donnait des renseignements précis sur la nature de l'âme de chacun d'eux, sur les corps par lesquels elle avait passé avant son état actuel, et sur la tâche dont elle devait s'acquitter ici-bas. Il divisa ses disciples en deux classes : les *initiés* et les *novices*. Peu à peu, ses partisans se séparèrent de la communauté principale, avec leurs familles, et formèrent un groupe distinct. Ce résultat lui inspira l'idée de créer une nouvelle secte juive. Le sabbat, il s'habillait de blanc, pour rappeler la couleur des âmes pures, et se couvrait de quatre vêtements en l'honneur des quatre lettres dont se compose le nom de Dieu. Par ses révélations et son enseignement, il cherchait surtout à répandre la croyance qu'il était le Messie descendant de

Joseph, précurseur du Messie issu de la race de David. Pourtant il n'affirmait encore ce fait à ses disciples que mystérieusement, mais il était convaincu que l'époque messianique avait commencé avec la seconde moitié du deuxième millénaire à partir de la destruction du temple de Jérusalem (1568).

C'est à ce moment qu'il fut brusquement enlevé par la mort, à l'âge de trente-huit ans. Sa disparition subite ajouta à sa célébrité. Ses disciples le surnommèrent « le saint et divin », affirmant que s'il avait encore pu vivre cinq ans, il aurait rendu les hommes assez bons pour mériter d'assister à l'avénement du Messie.

Après la mort de Louria, Vital de Calabre passa au premier plan. Pour s'imposer comme chef à ses condisciples, il déclara que, sentant sa fin s'approcher, Louria l'avait proclamé son successeur. Il affirma aussi qu'il était le Messie de la lignée de Joseph. Mais tous n'acceptèrent pas son autorité. Il y en eut qui s'en tinrent à l'enseignement qu'ils avaient reçu de Louria et le répandirent en divers pays. Ainsi, Israël Sarouk alla propager les idées de Louria en Italie et à Amsterdam.

Ces idées firent au judaïsme un tort incalculable, elles exercèrent la plus déplorable action sur la vie religieuse des Juifs, qui, aujourd'hui encore, n'a pas complètement échappé à leur influence. Grâce à Louria, le *Zohar* et la Cabbale acquirent une autorité égale et souvent même supérieure à celle de la Bible et du Talmud, la plus insignifiante des pratiques prit une importance considérable, et la religion juive, telle qu'elle fut observée par les partisans de ce mystique, présenta un caractère de petitesse et d'étroite mesquinerie. Les usages (*Minhaguim*) prescrits par Louria prêtent à rire, mais provoquent en même temps les plus tristes réflexions, car on est profondément affligé de voir que les choses les plus saintes et les plus élevées aient pu être ainsi abaissées et rendues ridicules.

Dans le système de Louria, le sabbat occupe le rang principal. Pour ses disciples, tout avait une importance considérable en ce jour, les prières, les repas, le moindre geste. Ils exaltaient la journée du Sabbat comme « la fiancée mystique » et célébraient son arrivée par des cantiques. Louria établit aussi un deuxième jour d'expiation. Autrefois, le septième jour de la fête des Tentes (le *Hoschana rabba*) était un jour de réjouissance. Joseph Karo lui-même n'a pas, dans son culte religieux, donner un sens mystique à cette journée. Ce fut sous l'influence de l'enseignement cabbalistique de Louria que ce jour devint comme une répétition de la fête de l'Expiation, qu'on institua l'usage de passer la nuit précédente à réciter des cantiques et des prières, qu'on accorda une valeur mystique à chaque feuille des branches de saule dont on se sert en ce jour et aux sept tours qu'on fait autour de l'arche sainte. Au point de vue moral aussi, l'action de Louria fut des plus funestes. Ce cabbaliste avait, en quelque sorte, établi en principe que les deux époux étaient prédestinés l'un à l'autre et que, par conséquent, leurs âmes avaient été créées pour vivre ensemble en parfaite harmonie. La conséquence de cette théorie fut que les cabbalistes, alors fort nombreux, répudiaient leurs femmes à la moindre difficulté, sous prétexte qu'il y avait eu erreur et qu'en réalité ils n'étaient nullement destinés à s'unir à la femme qu'ils avaient épousée. Il arrivait fréquemment que des cabbalistes abandonnaient femme et enfants dans un pays occidental pour se rendre en Orient, où ils contractaient une ou plusieurs nouvelles unions, sans que les enfants issus de ces divers mariages eussent le moindre soupçon de leur parenté.

Cet état de choses si affligeant se développa-t-il peut-être parmi les Juifs d'Orient par suite de la sécurité que leur assurait la puissante protection du duc de Naxos? Ce qui est certain, c'est qu'il ne s'améliora pas, même quand cette protection vint à leur manquer. L'influence de Joseph de Naxos à la cour ottomane disparut, en effet, à la mort du sultan Sélim (1574). Le duc juif fut bien maintenu par Mourad III (1574-1595) dans ses dignités et ses emplois, mais il n'eut plus aucune action sur le Divan. Il ne survécut pas longtemps à sa disgrâce partielle; il mourut le 2 août 1579.

Sur les conseils du grand-vizir Mohammed Sokolli, Mourad mit la main sur la fortune de Joseph de Naxos, sous prétexte de garantir le payement de ses dettes; il ne laissa à la veuve, Reyna Nassi, que la somme de 90.000 ducats, montant de sa dot. Reyna ne possédait ni les brillantes qualités de sa mère, Dona Gracia, ni la haute intelligence de son mari, mais elle était animée des intentions les plus généreuses. Dans la pensée d'encourager la science juive, elle fonda une imprimerie hébraïque dans son palais. Mais elle en confia la direction à un homme sans goût et sans jugement, Joseph Askaloni, qui édita (1579-1598) des ouvrages dénués de toute valeur.

La mort de Joseph de Naxos mit en vue son ancien rival, Salomon Aschkenazi, qui avait négocié la paix entre la Turquie et la république de Venise. Aschkenazi ne réussit pourtant pas à briller au premier rang, comme le duc de Naxos; il était estimé et apprécié comme habile diplomate, mais resta toujours un peu dans l'ombre. Il dirigea avec succès les négociations tendant à établir la paix ou, du moins, à détendre les rapports entre la Turquie et l'Espagne. Il s'appliqua aussi à maintenir des relations cordiales entre son pays et Venise. Le doge l'en récompensa en accordant une pension à ses fils établis à Venise.

Sous les règnes de Mourad III, Mohammed IV et Achmet Ier, plusieurs femmes juives, douées d'une grande intelligence et versées un peu dans l'art de la médecine, jouirent aussi d'une influence sérieuse par l'intermédiaire des femmes du harem. L'une d'elles, Esther Kiera, veuve d'un certain Elia Hendali, exerçait une grande autorité sur la sultane Baffa, favorite de Mourad, qui eut une grande part dans la direction des affaires de l'État du vivant de son mari et sous le règne de son fils Mohammed. Tous les ambitieux, tous ceux qui voulaient obtenir de la Porte des emplois et des dignités sollicitaient l'appui d'Esther. Devenue très riche, Esther Kiera distribuait d'abondants secours parmi les Juifs indigents et protégeait les savants; elle fit publier à ses frais l'ouvrage historique de Zacutto. Comme elle faisait nommer et révoquer les chefs des spahis, elle fut tuée un jour avec ses fils par cette cohorte.

La veuve de Salomon Asckenazi fut également très influente du temps d'Achmet Ier. Elle avait été assez heureuse pour guérir le jeune sultan, peu après son avènement au trône, de la petite vérole, contre laquelle les médecins turcs n'avaient pas trouvé de remède. Par reconnaissance, le sultan recommanda son fils à Grimani, doge de Venise, qui lui fit le plus cordial accueil et le combla d'honneurs.

Cette situation brillante des Juifs de Turquie ne dura pas longtemps. Elle s'assombrit rapidement et devint même menaçante. Dès qu'ils n'eurent plus de protecteurs auprès du sultan, ils furent pressurés, pillés, maltraités dans les provinces par les pachas, et leur sécurité devint de plus en plus précaire. Ils purent espérer un instant qu'ils trouveraient dans un autre pays la tranquillité et la liberté que leur refusait dorénavant la Turquie. Ce pays était la Pologne.

CHAPITRE V

SITUATION DES JUIFS DE POLOGNE ET D'ITALIE JUSQU'A LA FIN DU XVI° SIÈCLE

(1560-1600)

Au XVI° siècle, la Pologne, devenue une grande puissance, sous la souveraineté des fils de Casimir IV (1560-1600), par son union avec la Lithuanie, était un refuge assuré pour tous les persécutés. Le christianisme canonique et intolérant n'y avait pas encore jeté des racines profondes, et le pouvoir monarchique y trouvait un utile contrepoids dans l'esprit d'indépendance de la grande et de la petite noblesse. A l'instar des lords anglais et des chefs de clan écossais, les starostes polonais vivaient libres sur leurs domaines. La noblesse et la bourgeoisie étaient en grande partie calvinistes. On ne tenait donc pas grand compte, en Pologne, des lois restrictives édictées par l'Église catholique contre les Juifs. Ceux-ci étaient, du reste, efficacement protégés par les nobles dont ils habitaient les terres. Quand les Juifs de Bohême furent expulsés de leur pays, ils reçurent un excellent accueil en Pologne. En général, tout Juif persécuté ou baptisé par force trouvait un asile en Pologne et pouvait y pratiquer librement le judaïsme.

Il est difficile d'évaluer le nombre de Juifs établis alors en Pologne; ils étaient peut-être environ vingt mille. Les communautés de Posen et de Cracovie, ou plutôt du faubourg de Casimierz, comptaient chacune trois mille membres. Venait ensuite la communauté de Lublin. Ils payaient des taxes multiples, sous toutes les formes; mais c'était là leur raison d'être, aux yeux du roi et de la noblesse, et leur principal titre à la protection dont ils bénéficiaient. Du reste, ils étaient presque les seuls capitalistes dans ce pays pauvre. Aussi les rois polonais favorisaient-ils leurs entreprises commerciales. Lors des pourparlers de Sigismond-Auguste avec le tsar Ivan IV, surnommé le Cruel, pour la prolongation de la paix, le souverain polonais demanda que les Juifs lithuaniens fussent autorisés, comme auparavant, à s'occuper librement de commerce en Russie. Ivan refusa : « Nous ne voulons pas tolérer ces gens dans notre pays, dit-il, parce qu'ils ont introduit chez nous du poison pour le corps et l'âme. » Il faisait allusion à une secte fondée soixante-dix ans auparavant par le Juif Zacharie, à laquelle avaient adhéré des popes et le métropolitain Zosime, et qui se maintint jusqu'au commencement du XVII° siècle.

Tout en ayant moins de culture que la noblesse, dont les jeunes gens allaient étudier aux Universités protestantes de Wittemberg et de Genève, les Juifs de Pologne manifestaient pourtant plus de goût pour la science que leurs coreligionnaires d'Allemagne. On trouvait parmi eux de nombreux esprits nourris de la philosophie d'Aristote. Quelques-uns connaissaient aussi les écrits théologiques de Maïmonide. De plus, des médecins juifs, venus d'Italie en Pologne avec la reine Bona, femme de Sigismond Ier (1506-1548), possédaient, outre leur science médicale, d'autres connaissances profanes. Mais c'est surtout le Talmud qui offrait le plus d'attraits aux Juifs polonais. Parmi les Juifs d'Europe et d'Asie, ils s'étaient pourtant mis les derniers à étudier cet ouvrage, mais ils s'y étaient adonnés avec une ardeur passionnée. L'enseignement talmudique avait été implanté en Pologne par deux savants allemands : Salomon Menz, de Mayence, qui émigra vers 1463 et s'établit à un âge avancé à Posen, et Jacob Polak (vers 1490-1541), venu de Prague à Cracovie. Ce dernier, formé dans les écoles allemandes, acquit comme talmudiste une réputation considérable. Dans son enseignement, il s'attachait surtout à déployer toutes les ressources de la plus fine et plus subtile dialectique, à accumuler les objections pour y répondre, à établir les rapprochements les plus étranges, à argumenter sur tout et à propos de tout. Cette méthode est le fameux *pilpoul*. Fréquentées par de nombreux élèves, les écoles talmudiques de Pologne jouirent bientôt d'une réputation considérable dans l'Europe juive.

Le système de Jacob Polak fut continué et développé par les trois célèbres rabbins Schalom Schachna, élève de Polak, Salomon Louria et Moïse Isserlès. Schachna, qui florissait de 1540 à 1558, semble avoir habité Lublin et y avoir exercé les fonctions de grand rabbin. Salomon Louria (né vers 1510 et mort vers 1573), qui descendait d'une famille allemande immigrée, aurait contribué en d'autres temps aux progrès et au développement du judaïsme. Mais en Pologne, à une époque de décadence, il ne put être qu'un remarquable talmudiste, d'un jugement sain et d'une critique pénétrante. Il se distingua aussi par la dignité et la fermeté de son caractère. Ennemi de l'injustice, de la vénalité et de l'hypocrisie, il blessa naturellement, dans ses diatribes, bien des vanités. Il s'élevait contre les talmudistes qui ne conformaient pas leurs actes à leur enseignement et ne s'efforçaient de briller dans les études talmudiques que par pur orgueil; il raillait aussi ceux dont l'ambition était de beaucoup supérieure au savoir, qui prenaient le titre de maître dès qu'ils avaient reçu l'ordination, et, malgré leur ignorance, réunissaient des élèves autour d'eux à prix d'argent, comme les nobles louaient des domestiques. « Il y a de vieux rabbins, disait-il, qui connaissent à peine le Talmud et, par vanité, exercent quand même une autorité tyrannique sur les communautés et les savants, lancent ou annulent des anathèmes, et donnent l'ordination à leurs élèves. » Enfin, Louria flétrissait de sa verve mordante ces docteurs qui se montraient pleins d'indulgence pour les péchés des grands, mais relevaient avec une rigoureuse sévérité la moindre peccadille des humbles et des petits.

Malgré ses violentes polémiques, Louria était profondément estimé de tous les savants, qui admiraient sa science si vaste et si sûre. Encore presque jeune homme, il entreprit la tâche difficile d'élucider et de résumer les discussions talmudiques relatives aux usages religieux et d'établir ainsi des règles certaines pour la pratique. Il travailla à cette œuvre jusqu'à la fin de sa vie, sans pouvoir l'achever. Mais, pas plus que Maïmonide et d'autres docteurs, il ne réussit, en dépit de son esprit clair, net et sagace, à introduire l'ordre et l'unité dans le judaïsme rabbinique.

Le troisième personnage important du judaïsme polonais, Moïse ben Israël Isserlès (né vers 1520 et mort en 1572), de Cracovie, était fils d'un homme riche qui avait été administrateur de la communauté. Il se distinguait plutôt par sa précocité et sa vaste érudition que par l'originalité de son esprit. A trente ans, il était aussi familiarisé avec la littérature talmudique et rabbinique que Joseph Karo, qui avait le double de son âge. Aussi fut-il nommé très jeune aux fonctions de rabbin et juge à Cracovie.

Comme Louria, Isserlès voulut réunir les matériaux disséminés du judaïsme rabbinique et en former un code définitif. Devancé dans cette entreprise par Karo, il se contenta d'ajouter à la « Table » de ce dernier des observations et des rectifications qu'il appela *Mappa* ou « Nappe. » Ses additions, marquées au coin d'un étroit rigorisme, furent immédiatement acceptées et constituent encore aujourd'hui en Pologne et chez les Juifs aschkenazim le code religieux officiel. Ce ne fut cependant pas lui qui inventa ces aggravations, elles existaient déjà dans la pratique, et il ne fit que les ériger en règles.

Isserlès ne se confina pas exclusivement dans les études talmudiques, il s'intéressa aussi à d'autres recherches. Ainsi, il écrivit un commentaire sur un ouvrage astronomique, la *Theorica* de Frohbach. Il s'occupa aussi de philosophie, qu'il ne connaissait, du reste, que par des ouvrages hébreux ; il marqua surtout une prédilection pour le « Guide » de Maïmonide. Enfin, l'intérêt qu'il manifestait pour l'histoire inspira à un de ses élèves, David Gans, l'idée de s'y adonner d'une façon sérieuse.

David Gans (né en Westphalie en 1541 et mort à Prague en 1613) s'était rendu dès son jeune âge à Cracovie pour y fréquenter l'école talmudique. Mais inconsciemment, sous la direction d'Isserlès, il se sentit attiré vers les recherches scientifiques, l'histoire, la géographie, les mathématiques, l'astronomie. Lié avec les deux plus célèbres mathématiciens et astronomes de ce temps, Kepler et Tycho Brahé, il écrivit plusieurs travaux en hébreu sur ces sciences. Il s'est surtout fait connaître par sa chronique *Cémah David*, qui raconte année par année les faits de l'histoire juive et de l'histoire générale. Cette œuvre n'a pas une très grande valeur : c'est une nomenclature sèche des événements, dans le genre des chroniques des moines peu instruits du moyen âge. Du moins Gans eut-il le mérite de rappeler à ses coreligionnaires qu'il existe encore d'autres études intéressantes que celle du Talmud.

Grâce à ces trois notabilités rabbiniques, Schachna, Salomon Louria et Isserlès, la réputation des écoles talmudiques de Pologne s'étendit dans toute l'Europe. D'Allemagne, de la Moravie, de la Bohême et même de l'Italie et de la Turquie, on consultait ces rabbins sur tout cas difficile. Ils durent intervenir dans les différends qui avaient éclaté à Prague et que les rabbins de cette ville avaient été impuissants à apaiser, ils réussirent aussi à mettre fin aux violentes querelles qui divisaient alors la communauté de Francfort-sur-le-Mein et menaçaient de provoquer l'expulsion ou, au moins, la persécution des Juifs.

Une autre conséquence de l'influence de ce triumvirat fut que, peu à peu, tous les Juifs polonais se consacrèrent aux études talmudiques et devinrent aptes à remplir les fonctions de rabbin. Dans une communauté de cinquante membres, on trouvait une vingtaine de talmudistes et une école talmudique fréquentée par une trentaine d'élèves. Soutenues par les communautés ou de riches particuliers, le nombre des écoles s'accrut démesurément, et, en même temps, celui des élèves. Les études talmudiques accaparèrent toutes les intelligences dès l'âge le plus tendre. On nomma des surveillants, chargés de stimuler le zèle de tous ces jeunes gens (*Behourim*). A la fin, on élabora un programme général pour toute la Pologne, qui fut appliqué presque jusqu'à notre époque.

D'après ce programme, après chaque semestre, les maîtres se rendaient avec leurs élèves aux foires du pays, l'été à Çaslaw et à Iaroslaw et l'hiver à Lemberg et à Lublin. Il se formait ainsi des réunions de plusieurs milliers d'étudiants, où l'on argumentait à perte de vue et où l'on faisait assaut de finesse et de subtilité. Chacun pouvait prendre part à ce tournoi, dont les vainqueurs, c'est-à-dire les esprits les plus déliés et les plus subtils, obtenaient parfois comme récompense une épouse bien dotée. Car certains parents riches tenaient à honneur d'avoir pour gendres de savants talmudistes. Cette application passionnée aux études talmudiques imprima même un caractère particulièrement disgracieux aux allures et aux mouvements des Juifs polonais, qui prirent l'habitude de s'agiter et de gesticuler dans une simple conversation comme s'ils soutenaient une discussion talmudique. La langue populaire juive s'enrichit d'expressions, de tours de phrase et de citations talmudiques qui devinrent familiers même aux femmes et aux enfants.

Loin de jeter de l'éclat sur le judaïsme, ces études lui furent plutôt nuisibles. On ne s'appliquait pas, en effet, à mieux saisir le sens du texte ou à l'exposer avec une plus grande clarté, mais à faire des remarques piquantes, spirituelles et inattendues. De ces milliers de talmudistes rassemblés aux foires, chacun voulait briller par l'imprévu de ses objections et la singularité de ses rapprochements et de ses conclusions. On ne recherchait pas la vérité, mais la « nouveauté », le *Hiddousch* ; on s'efforçait de couper des parties de cheveu en parties plus ténues encore (*Hilloukim*). Dans ces conditions, la rectitude d'esprit des Juifs polonais se faussa et la langue dont ils se servaient pour leurs discussions devint un jargon hybride, mélange d'allemand, de polonais et de mots talmudiques, qui n'était compris que des Juifs indigènes. Ce jargon, débité d'un ton chantant et accompagné de contorsions, rendait les Juifs ridicules et attirait sur eux les railleries de leurs concitoyens chrétiens ; de plus, devant l'envahissement des études talmudiques, la Bible fut reléguée au second plan et tomba presque dans l'oubli.

La situation matérielle des Juifs continua pourtant de rester bonne en Pologne ; dans ce pays, ils formaient presque un État dans l'État. Plusieurs rois avaient successivement reconnu et étendu leurs privilèges. Après la mort du dernier roi jagellon, Sigismond-Auguste II (1572), quand la royauté fut devenue élective, l'influence des Juifs grandit encore. Chaque nouveau roi élu avait, en effet, besoin d'argent ou de l'appui d'une partie de la noblesse, et, dans l'un comme dans l'autre cas, les Juifs lui étaient très utiles.

Après un interrègne de treize mois et une longue série de pourparlers et d'intrigues, Étienne Bathori, prince de Transylvanie, avait été élu roi de Pologne. Salomon Aschkenazi, qui, comme agent de la Turquie, avait déjà favorisé l'avènement de Henri d'Anjou au trône de Pologne, n'avait sans doute pas été étranger à l'élection de Bathori. Celui-ci se montra très bienveillant pour les Juifs pendant toute la durée de son règne (1575-1586). En 1576, il les autorisa à vaquer à leurs affaires sans restriction aucune, même pendant les fêtes chrétiennes, ordonna que le meurtre d'un Juif fût puni de mort comme celui d'un chrétien, et que les municipalités fussent déclarées responsables des dommages causés par les émeutes populaires dans les synagogues ou les cimetières juifs. Quiconque exciterait la foule contre les Juifs, comme cela se présentait particulièrement dans la ville demi-allemande de Posen, serait condamné à une amende de dix mille marcs polonais, et pareille somme serait payée par la municipalité qui ne les aurait pas protégés efficacement. Bathori intervint énergiquement quand les Juifs de Lithuanie furent accusés du meurtre d'un enfant chrétien, il exprima la conviction que les inculpés observaient très strictement la loi qui leur interdisait de commettre un homicide.

Son successeur, Sigismond III, qui régna de 1587 à 1632, traita les Juifs de Pologne avec plus de douceur qu'on ne pouvait en attendre d'un élève des Jésuites. Tout en laissant persécuter les dissidents, il protégea les Juifs. A la diète de Varsovie (1592), il confirma les privilèges qu'ils avaient obtenus de Casimir le Grand. Il édicta pourtant une mesure qui les rendit dépendants de l'Église : il décida qu'ils ne pourraient pas construire de nouvelles synagogues sans l'autorisation du clergé.

A cette époque, les rabbins de Pologne créèrent une institution qui ne s'était pas encore présentée sous cette forme dans le cours de l'histoire juive et qui maintint l'union entre les diverses communautés juives de ce pays. Il arrivait parfois que dans ces assemblées où les rabbins et les chefs de communauté se réunissaient avec leurs disciples et leur suite, pour des discussions talmudiques, lors des principales foires du pays, ils étaient amenés à examiner ensemble de très importantes questions, à apaiser des différends, à aplanir des difficultés et à prendre des décisions concernant le judaïsme polonais. Éclairés par l'expérience sur l'utilité de telles assemblées, ils résolurent de convoquer régulièrement les administrateurs des communautés pour délibérer en commun sur les affaires de leurs coreligionnaires. C'est ainsi que les représentants des Juifs de la petite et de la grande Pologne et de la Russie se réunissaient en synode, à des époques déterminées, dans les villes de Lublin et de Iaroslaw. Les débats étaient dirigés par un président, qui consignait les résolutions prises dans un procès-verbal. Dans ces synodes, on examinait les litiges des communautés, les questions d'impôts, les mesures à prendre pour écarter certains dangers ou venir efficacement en aide aux nécessiteux. On y exerçait également la censure sur les livres, dont les uns pouvaient être imprimés et vendus et les autres étaient interdits. Plus tard, les Juifs de la Lithuanie envoyèrent également leurs délégués à ces assemblées, qui prirent alors le nom de « synodes des quatre pays », en hébreu, *Waad arba araçot*.

Ces synodes eurent les plus heureuses conséquences pour le judaïsme polonais. En Pologne comme au dehors ils jouirent d'une très grande considération, et l'on s'adressait à eux, même de l'Allemagne, pour régler les différends et rétablir la concorde dans les communautés. Chose remarquable, les hommes qui, pendant plus d'un siècle, dirigèrent ces synodes et dont le nom aurait mérité de passer à la postérité sont restés inconnus, comme s'ils avaient voulu effacer leur personnalité devant l'œuvre à accomplir. On ne connaît même pas ceux qui, les premiers, entreprirent la tâche si utile, mais si difficile quand il s'agit de Juifs et de Polonais, de soumettre toutes les communautés à une autorité supérieure et d'organiser des synodes. Selon toute apparence, le premier organisateur fut le rabbin Mardokhaï Yafa, originaire de la Bohême (né en 1530 et mort en 1612). Obligé d'émigrer dans sa jeunesse, Yafa s'était rendu à Venise. Là, il fut sans doute profondément affligé des persécutions dirigées par l'Inquisition contre le Talmud, et il se rendit en Pologne. Nommé plus tard rabbin de Lublin, il assista naturellement aux réunions des talmudistes qui eurent lieu plusieurs fois dans cette ville, et contribua ainsi, pour sa part, à résoudre les diverses questions soulevées accidentellement dans ces assemblées. C'est ainsi que naquit probablement dans son esprit l'idée de remplacer ces réunions irrégulières par des synodes, qui seraient convoqués à des époques fixes et soumis à des statuts. Comme son autorité était considérable, il réussit sans doute assez vite à faire adopter son projet. Il semble avoir eu pour successeur, comme président du synode, Josua Falk Kohen, chef de l'école talmudique de Lemberg (1592-1616), dont les nombreux élèves étaient entretenus par son beau-père. Les synodes juifs furent probablement organisés sur le modèle des réunions provoquées fréquemment par les dissidents polonais, calvinistes, antitrinitaires, et autres sectes.

Parmi les antitrinitaires ou unitaires, c'est-à-dire adversaires du dogme de la Trinité, plusieurs étaient bien plus rapprochés du judaïsme que du christianisme, car ils refusaient de croire à la divinité de Jésus. Leurs adversaires les qualifiaient avec mépris de « semi-judaïsants ». Un des plus connus est Simon Budny, de Mazovie, pasteur calviniste (mort après 1584), qui créa la secte des *Budniens*. Budny savait le grec et un peu d'hébreu, que des Juifs lui avaient sans doute appris; il se rendit célèbre par sa traduction polonaise de l'Ancien et du Nouveau Testament.

Un fait qui prouve les relations fréquentes des Juifs avec les dissidents, c'est qu'ils eurent souvent ensemble des controverses religieuses. Un unitaire, Martin Czechovic (né vers 1530 et mort en 1613), de la grande Pologne, qui, après bien des métamorphoses, était enfin devenu schismatique, rejetait le baptême et déclarait qu'un chrétien ne pouvait accepter aucune fonction publique. Ce dissident composa un ouvrage pour répondre aux objections faites par les Juifs contre le caractère messianique de Jésus et démontrer que les prescriptions religieuses du judaïsme ne devaient pas avoir éternellement force de loi. A cette argumentation, Jacob de Belzyce, Juif rabbanite établi à Lublin, répondit avec une telle vigueur que Czechovic se crut obligé de défendre ses idées dans un nouvel écrit.

Un Caraïte, Isaac ben Abraham Troki (né vers 1533 et mort en 1594), originaire de Trok, près de Vilna, soutint aussi des controverses contre les catholiques et diverses sectes chrétiennes. Versé dans la Bible et les Évangiles, il connaissait également les ouvrages de polémique religieuse de son temps et était excellemment armé pour répondre aux nobles, aux prélats et aux autres chrétiens avec lesquels il était en relations. Peu de temps avant sa mort, il réunit ses controverses en un volume qu'il intitula : *Hizzouk Emouna*, « Affermissement de la foi ». Dans cet ouvrage, il ne se contente pas de réfuter les arguments des chrétiens contre le judaïsme, mais il prend l'offensive contre le catholicisme, montrant les contradictions et les singularités qui se trouvent dans les Évangiles et d'autres écrits des premiers chrétiens. C'est peut-être le seul ouvrage caraïte qui se lise avec intérêt. Il n'est pas précisément bien original, tous ses arguments sont empruntés à des auteurs judéo-espagnols, notamment à Profiat Duran, qui les a même exposés dans une langue bien plus élégante. Mais les livres aussi ont leur destin. Celui de Troki se propagea rapidement, il fut traduit en espagnol, en latin, en allemand et en français. Un duc d'Orléans s'imposa la tâche de le réfuter, et les adversaires chrétiens du catholicisme eux-mêmes y puisaient leurs armes.

Vers ce temps, l'esprit nouveau, qui avait jeté une lueur si vive au commencement du siècle et avait remporté d'éclatants triomphes sur les champions attardés du moyen âge, semblait avoir subi une sérieuse défaite. La papauté avait reconquis son prestige et son ancienne puissance. L'Italie, une grande partie de l'Allemagne du Sud et de l'Autriche, la France et la majeure partie de la Pologne et de la Lithuanie étaient redevenues catholiques. Dans les pays protestants mêmes, le mouvement qui s'annonçait si fécond au commencement du siècle s'était arrêté net. L'esprit de libre examen avait cédé la place, dans les communautés évangéliques, à des querelles byzantines sur des dogmes et des mots, qui donnèrent naissance à des sectes de plus en plus nombreuses. On négligeait alors complètement l'étude de la langue hébraïque, pour laquelle on s'était d'abord passionné, pour de stériles controverses. La littérature rabbinique était tombée dans un discrédit plus grand encore, surtout dans les milieux catholiques. Quand le savant théologien espagnol Arias Montano eut publié à Anvers, aux frais de Philippe II, la première Bible polyglotte complète et composé une grammaire et un lexique hébreux, pour lesquels il s'était servi des travaux de commentateurs juifs, l'Inquisition l'accusa, lui, le favori de Philippe II, qui avait dressé lui-même une liste de livres hérétiques, de friser souvent l'hérésie et de « judaïser » en secret.

On assista ainsi, dans l'Europe chrétienne, au réveil du plus étroit fanatisme, qui aboutit plus tard aux excès sanglants de la guerre de Trente ans, et qui rendit le séjour des Juifs très précaire dans les pays catholiques comme dans les pays protestants. A Berlin et dans le Brandebourg, les luthériens placèrent les Juifs dans la douloureuse alternative d'accepter le baptême ou d'émigrer, parce qu'un ministre des finances juif, favori du prince-électeur Joachim II, avait laissé le champ libre à l'extravagance de quelques spéculateurs, et que le médecin juif Lippold, soumis à la torture, s'était déclaré coupable du crime d'avoir empoisonné le prince-électeur, son protecteur, aveu que, du reste, il avait de nouveau rétracté. Les Juifs furent également expulsés du duché protestant de Brunschwig par Henri-Jules.

Par un heureux hasard, l'empereur Rodolphe II, quoique élève des Jésuites et ennemi implacable des protestants, ne haïssait pas les Juifs. S'il n'avait pas assez de fermeté pour les protéger efficacement contre les mauvais traitements, il n'encourageait pas, du moins, ceux qui voulaient les persécuter. Il intervenait même parfois en leur faveur. Ainsi, il invita l'évêque de Würzbourg à respecter leurs privilèges, et celui de Passau à ne pas les soumettre à la torture. Mais, sans doute pour ne pas être loué par ses contemporains ou la postérité comme protecteur des Juifs, il décréta que, dans un délai de six mois, tous les Juifs fussent chassés de l'archiduché d'Autriche. Maltraités par les catholiques et les protestants, peu protégés mais grandement exploités par l'empereur, les Juifs d'Allemagne virent s'accentuer leur décadence matérielle et intellectuelle.

En Italie, la situation des Juifs était encore plus malheureuse. A ce moment, l'Italie était le siège de la plus ardente réaction catholique, qui ne visait à rien moins qu'à exterminer tous les adversaires de l'Église. Ce fut du Vatican que partit le signal des guerres civiles qui décimèrent l'Allemagne, la France et les Pays-Bas. Comme les Juifs, depuis Paul IV et Pie V, étaient également considérés comme hérétiques, ils souffrirent naturellement, eux aussi, de ce fanatisme. Peu à peu leur nombre diminua en Italie. Dans le Sud, on n'en trouva bientôt plus, et, au Nord, les grandes communautés de Venise et de Rome ne comptèrent plus respectivement que deux mille et quinze cents âmes.

Au pape Pie V avait succédé Grégoire XIII (1572-1585), qui, sous l'influence des Jésuites et des Théatins, suivait les exemples d'intolérance de son prédécesseur. Malgré des prohibitions répétées, il y avait encore en Italie des chrétiens qui aimaient mieux recourir aux soins d'habiles médecins juifs, tels que David de Pomis et Elia Montalto, qu'à ceux de mauvais praticiens catholiques. Grégoire XIII s'en montrait très irrité. Non seulement il renouvela l'ancienne loi canonique défendant à des malades chrétiens de se faire soigner par des médecins juifs, mais il interdit aussi à ces derniers, sous les peines les plus sévères, de donner leurs soins à des malades chrétiens. Une autre de ses lois atteignit tous les Juifs d'Italie, sans exception. Il plaça, en effet, le judaïsme italien sous la terrible surveillance de l'Inquisition. Tout Juif qui émettrait un propos hérétique, c'est-à-dire désagréable à l'Église, ou qui entretiendrait des relations avec un hérétique ou un renégat catholique, serait appelé à comparaître devant l'Inquisition et pourrait être condamné à perdre sa fortune, sa liberté et même sa vie. Si donc un Juif d'Italie s'avisait de venir en aide à un pauvre Marrane fugitif d'Espagne ou de Portugal, tous deux s'exposaient aux rigueurs de l'Inquisition. Le Talmud aussi fut persécuté par Grégoire XIII. Ceux qui possédaient des exemplaires du Talmud ou d'autres ouvrages réputés hostiles à l'Église, même expurgés par la censure, étaient passibles d'une forte amende.

Grégoire XIII s'attacha surtout à encourager la conversion des Juifs. Il ordonna que, les jours de sabbat et de fête, des prédicateurs chrétiens prêchassent en langue hébraïque, si possible, sur les dogmes du christianisme, et que les Juifs des deux sexes, à partir de l'âge de douze ans, fussent obligés d'assister à ces sermons ; le tiers, au moins, de la communauté devait se présenter à ces réunions. Il invita tous les princes catholiques à prendre des mesures analogues. Détail caractéristique, c'étaient les Juifs qui étaient contraints de payer ces prédicateurs ! Tous les décrets du pape furent appliqués avec la plus rigoureuse sévérité. Il en résulta que de nombreux Juifs s'en allèrent de Rome.

Sous le pontificat de Sixte-Quint (1585-1590), cet ancien gardeur de pourceaux qui déploya une si remarquable énergie dans le gouvernement de l'Église, la situation des Juifs s'améliora. Ce pape s'abstint de les persécuter, il protégea même un Marrane portugais, Lopez, qui l'aida de ses conseils dans l'administration des finances des États pontificaux. Le 22 octobre 1586, il promulga une bulle pour abolir toutes les lois restrictives de son prédécesseur. Les Juifs purent de nouveau s'établir dans toutes les villes des États de l'Église, entretenir des relations avec les chrétiens et employer des domestiques chrétiens. Amnistie pleine et entière leur fut accordée pour toutes les condamnations qu'ils avaient subies en qualité de Juifs. Sixte-Quint défendit également aux chevaliers de Malte de continuer à réduire en esclavage les Juifs qu'ils capturaient sur mer, dans leurs traversées entre l'Europe et le Levant. Aussi les expulsés juifs retournèrent-ils dans les États du pape ; ils revinrent à Rome au nombre de deux cents. Un chrétien de Rome, Pietro Secchi, qui avait parié une livre de chair à découper sur le corps du perdant avec un Juif du nom de Sansone Ceneda et avait gagné son pari, fut condamné à mort par le pape, parce qu'il avait insisté pour l'exécution des conditions du pari, et le Juif fut condamné à mort parce qu'il avait accepté un pari où son existence était en jeu. Enfin, Sixte-Quint autorisa de nouveau les médecins juifs à soigner des malades chrétiens, mais il maintint la loi qui obligeait les Juifs à assister aux sermons de prédicateurs chrétiens.

Un des principaux médecins juifs de ce temps était David de Pomis (né en 1525 et mort en 1588). C'était un homme de grande valeur qui, à sa science médicale, joignait la connaissance de la littérature classique et de l'hébreu ; il écrivait élégamment l'hébreu et le latin. Sa destinée se ressentit des fluctuations qui se manifestèrent dans les sentiments de la curie romaine à l'égard des Juifs. A la suite d'un décret de Paul IV, il fut dépouillé de toute sa fortune. Traité ensuite avec bienveillance par Pie IV, il prononça devant ce pape et le collège des cardinaux une belle harangue latine qui lui valut d'être autorisé exceptionnellement à soigner des chrétiens. Sous Pie V, il fut de nouveau soumis à toute sorte de restrictions. Pour montrer l'absurdité des préjugés qui existaient alors contre les Juifs et surtout contre les médecins de cette religion, de Pomis écrivit l'ouvrage latin : *De medico hebræo*, « Le Médecin hébreu », où il expose dans un style élégant et abondant que le Juif est tenu, par ses lois, d'aimer le chrétien comme son frère, et que le médecin juif soigne ses malades chrétiens avec la plus vigilante sollicitude. Il mentionne de nombreux médecins juifs qui ont réussi à guérir des prélats, des cardinaux et des papes, et auxquels ces dignitaires de l'Église ainsi que des villes tout entières ont accordé les plus hautes distinctions. A la fin, il ajoute quelques « sentences dorées », extraites du Talmud et traduites en latin, pour prouver que ce livre tant décrié ne mérite pas les reproches dont l'accablent ses détracteurs. L'ouvrage apologétique de David de Pomis, dédié à François-Marie, duc d'Urbin, semble avoir produit une impression favorable sur Sixte-Quint. Du reste, David fit probablement partie de l'entourage de ce pape, puisqu'il put lui dédier son deuxième ouvrage important, un dictionnaire talmudique en trois langues.

Encouragés par la tolérance de Sixte-Quint, les Juifs essayèrent d'obtenir de lui l'abolition de la loi qui proscrivait le Talmud et d'autres livres rabbiniques. Sous les deux prédécesseurs de ce pape, tout Juif convaincu de posséder un exemplaire du Talmud était menacé des rigueurs de l'Inquisition. Il était même dangereux d'avoir des ouvrages hébreux absolument inoffensifs, car les autorités ecclésiastiques, ne comprenant pas ces livres, s'en rapportaient en dernier ressort à des apostats juifs, qui, par rancune ou malveillance, pouvaient facilement faire dépouiller de leurs biens ou condamner aux galères les propriétaires de ces livres.

Pour remédier à cet état de choses, les communautés de Mantoue, de Milan et de Ferrare adressèrent une supplique à Sixte-Quint afin d'être autorisées à se servir d'exemplaires du Talmud et d'autres ouvrages hébreux qui auraient été préalablement expurgés des passages soi-disant hostiles au christianisme. Elles déléguèrent à Rome, auprès du pape, Beçalel Masserano, qui fut chargé de remettre avec la pétition une somme de 2,000 *scudi*. Sixte-Quint accueillit fovorablement la demande des Juifs ; il leur permit de réimprimer le Talmud à condition de supprimer les passages incriminés. A peine la commission nommée pour ce travail de censure s'était-elle mise à l'œuvre (7 août 1590) que Sixte-Quint mourut. On dut donc interrompre l'impression du Talmud.

Clément VIII (1592-1605), successeur de Sixte-Quint, suivit à l'égard des Juifs le système de vexations et de persécutions de Paul IV, Pie V et Grégoire XIII. Lui aussi les expulsa de ses États, ne leur permettant de séjourner qu'à Rome, à Ancône et à Avignon, où, d'ailleurs, ils étaient, soumis à de nombreuses restrictions.

Une partie des expulsés paraît avoir été accueillie à Pise par Ferdinaud, duc de Toscane (juillet 1593), qui leur permit également de posséder des exemplaires du Talmud, à condition que la commission instituée par Sixte-Quint les eût d'abord examinés. A Mantoue aussi, gouvernée alors par Vicenzo Gonzague, le Talmud devait être préalablement soumis à la censure. Ainsi, là même où régnaient des princes libéraux et cultivés, l'intolérance pontificale exerçait son action funeste. Les Juifs ne pouvaient posséder que des ouvrages religieux mutilés par la censure, et eux-mêmes étaient obligés de payer les censeurs, presque tous Juifs convertis. Encore ne se trouvaient-ils pas à l'abri des condamnations quand ils avaient entre les mains des livres même tronqués, car un censeur malveillant pouvait toujours y découvrir quelques mots suspects. Pour éviter autant que possible des surprises de ce genre, les Juifs prirent le parti d'effacer eux-mêmes tous les passages relatifs à l'idolâtrie et à la venue du Messie ou qui faisaient l'éloge d'Israël. C'est ainsi que la plupart des Juifs d'Europe, qui tiraient en grande partie leurs ouvrages hébreux des imprimeries italiennes, n'eurent plus que des exemplaires incomplets.

Successivement chassés, au nombre d'environ 1,000, de Crémone, de Pavie, de Lodi et d'autres villes italiennes (printemps 1597), les malheureux Juifs trouvèrent avec peine un asile à Mantoue, à Modène, à Reggio, à Vérone et à Padoue. Dans le duché de Ferrare même, où Juifs et Marranes vivaient tranquilles depuis si longtemps, sous la protection bienveillante de la maison d'Este, ils ne se sentirent plus en sécurité. C'est qu'avec le duc Alphonse II disparut le dernier représentant de la noble famille d'Este (1597), et Ferrare fut incorporée par le pape Clément VIII aux États de l'Église. A la suite de cette annexion, la communauté juive, composée en grande partie d'anciens Marranes, et qui connaissait les sentiments de Clément VIII, se prépara à émiger. Elle sollicita seulement d'Aldobrandini, neveu du pape, qui avait pris possession de Ferrare au nom de son oncle, un délai suffisant pour préparer son départ. Comme Aldobrandini avait bien vite reconnu que la prospérité commerciale de Ferrare était liée à la présence des Juifs, il leur accorda, contre la volonté du pape, un délai de cinq ans. Pourtant, les Marranes étrangers n'osaient plus se réfugier à Ferrare, parce qu'ils savaient que leur liberté y serait menacée par l'Inquisition.

CHAPITRE VI

FORMATION DE COMMUNAUTÉS MARRANES A AMSTERDAM, A HAMBOURG ET A BORDEAUX

(1593-1648)

A la fin du XVIe siècle, aucun pays d'Europe et d'Asie, chrétien ou musulman, n'offrait plus de séjour sûr aux Juifs, lorsque, comme par une intervention spéciale de la Providence, un asile inespéré s'ouvrit à eux dans les États de leur plus implacable ennemi, le roi Philippe II d'Espagne. Ce fut même l'Inquisition, dont ils avaient eu tant à souffrir, qui contribua, bien involontairement, à la création de cet asile. Le pays où les malheureuses victimes du fanatisme et de l'intolérance trouvèrent alors un refuge fut la Hollande. Mais que de péripéties avant que ce coin de terre, conquis sur les flots, pût devenir un abri pour les Juifs !

Sous le règne de Charles-Quint, les Juifs des Pays-Bas furent soumis à la législation inique édictée contre leurs coreligionnaires d'Espagne. Chaque bourgeois fut tenu de dénoncer aux autorités la présence des Juifs qu'il connaissait. Comme on craignait par-dessus tout de fournir au souverain espagnol un prétexte à introduire l'Inquisition dans les Pays-Bas, on exécuta strictement ses ordres contre les Juifs, et c'est ainsi que plusieurs familles marranes, venues du Portugal et établies à Anvers, à Bruxelles et à Gand, furent atteintes par les lois rigoureuses de Charles-Quint.

Pourtant les Pays-Bas, entourés de pays protestants et habités en partie par des hérétiques protestants, n'échappèrent pas au danger dont ils se sentaient menacés ; ils eurent l'Inquisition. Ce fut là un des motifs qui les poussèrent à se révolter contre l'Espagne et qui donnèrent naissance à cette lutte héroïque d'où l'Espagne sortit si amoindrie et la Hollande si grande.

Les Marranes portugais, à qui le temps n'avait encore pu faire oublier ni leur origine ni les croyances de leurs aïeux, suivirent naturellement les péripéties de cette lutte avec une attention anxieuse. Dès les premiers indices du déclin de la puissance espagnole, après la défaite de la fameuse *flotte invincible* envoyée contre l'Angleterre, l'espoir de pouvoir de nouveau pratiquer librement le judaïsme s'était réveillé dans leur cœur avec une nouvelle force. Quand, à la suite de la politique intolérante des successeurs du pape Paul III, l'Italie leur eut été également fermée tout entière, ils mirent toute leur espérance dans le triomphe des Pays-Bas.

Dès l'année 1591, un Juif du nom de Samuel Pallache, envoyé comme consul dans les Pays-Bas par le souverain du Maroc, demanda au Magistrat de Middelbourg, dans la province de Zélande, d'autoriser quelques Marranes à s'établir dans cette ville et à y pratiquer ouvertement le judaïsme. Le Magistrat, convaincu que la présence de ces Marranes actifs et industrieux serait d'une grande utilité pour la cité, était tout disposé à accueillir la demande de Pallache, mais il en fut empêché par les prédicateurs protestants, que la lutte soutenue contre l'Espagne pour l'indépendance et la liberté de conscience avait rendus également fanatiques et intolérants.

Malgré ce premier échec, les Marranes de l'Espagne et du Portugal continuèrent à attendre leur salut des Pays-Bas, dont ils partageaient la haine pour l'Espagne et son roi Philippe II. Ils se rappelaient avec quelle généreuse ardeur Guillaume d'Orange avait toujours prêché la tolérance, et, quoique ses conseils n'eussent pas encore été suivis, ils ne désespéraient pas de les voir mis à exécution par les Pays-Bas. Une femme marrane de grand cœur, Mayor Rodriguez, semble avoir cherché à faciliter leur établissement en Hollande. Ayant appris que des Marranes, sous la direction d'un certain Jacob Tirado, allaient s'embarquer en Portugal pour émigrer, elle leur confia sa fille, Marie Nunès, et son fils. Comme Marie était d'une remarquable beauté, sa mère espérait qu'elle pourrait se rendre utile aux émigrants, qui étaient au nombre de dix, hommes, femmes et enfants. Ses prévisions se réalisèrent. Capturés par un navire anglais qui faisait la chasse au pavillon hispano-portugais, les fugitifs furent emmenés en Angleterre. Le capitaine du navire fut séduit par la beauté de Marie Nunès, qu'il prenait pour une jeune fille de haute noblesse, et lui offrit sa main. Quoique le capitaine fût duc, Marie refusa son offre. Bientôt il ne fut question à Londres que de la belle Portugaise, au point que la reine Elisabeth exprima le désir de la connaître. Appelée à la cour, Marie fut invitée par la reine à parcourir avec elle les rues de la capitale dans un carrosse découvert. Ce fut sans doute à son influence que les Marranes durent de pouvoir repartir d'Angleterre pour la Hollande. Surpris par une tempête, les fugitifs se réfugièrent dans le port d'Emden. On ne trouvait alors dans cette ville, comme, en général, dans tout l'est du pays de Frise, qu'un petit nombre de Juifs allemands.

Ayant remarqué des lettres hébraïques gravées sur la façade d'une maison, Jacob Tirado, le chef des Marranes, y entra. C'était la demeure d'un Juif instruit, Moïse Uri Hallévi. Tirado lui fit part de son projet de retourner au judaïsme avec ses compagnons. Craignant que dans une petite ville comme Emden un tel événement ne causât trop de sensation et n'attirât sur les Juifs la colère de la population, Moïse Uri conseilla aux Marranes de se rendre à Amsterdam, où il promit de les rejoindre avec sa famille et de les instruire dans la religion de leurs pères. Ils se rendirent donc à Amsterdam (22 avril 1593), s'établirent tous dans le même quartier et, après l'arrivée de Moïse Uri, embrassèrent le judaïsme.

Peu de temps après, grâce au zèle de Jacob Tirado, de Samuel Pallache et d'un poète marrane de Madère, Jacob Israël Belmonte, qui avait composé un poème intitulé *Job* sur les cruautés de l'Inquisition, les nouveaux arrivés organisèrent une synagogue avec le concours de Moïse Uri et de son fils. De nouvelles recrues vinrent bientôt agrandir la jeune communauté. Sous la direction du comte d'Essex, la flotte anglaise s'était, en effet, emparée de Cadix, y avait recueilli quelques Marranes et les avait transportés en Hollande. Parmi ces Marranes se trouvait un homme d'un esprit original et de souche noble, Alonso de Herrera, qui comptait parmi ses aïeux le célèbre capitaine Gonzalve de Cordoue, le conquérant de Naples. Il habitait Cadix en qualité de résident espagnol quand cette ville fut prise par les Anglais. Fait prisonnier, il obtint sa liberté, se rendit à Amsterdam et retourna au judaïsme sous le nom d'Abraham de Herrera. Séduit par les doctrines mystiques de Louria, il s'adonna avec ardeur à l'étude de la Cabbale et traduisit un ouvrage cabbalistique en portugais.

Au commencement, les Marranes pratiquèrent le culte mosaïque en cachette. Depuis leur arrivée à Amsterdam, ils célébraient pour la quatrième fois la fête de l'Expiation (octobre 1596), quand leurs voisins chrétiens furent frappés de voir des formes voilées se glisser furtivement dans la même maison. Croyant à une conspiration de papistes, ils dénoncèrent le fait aux magistrats. Pendant que les Marranes étaient absorbés dans leurs prières, des hommes armés pénétrèrent dans la synagogue et en gardèrent toutes les issues. Moïse Uri et son fils, qui fonctionnaient comme officiants, furent incarcérés. A la fin, Tirado put expliquer en latin aux autorités que l'assistance était composée, non pas de papistes, mais de Juifs échappés aux fureurs de l'Inquisition, qui apportaient au commerce d'Amsterdam le concours de leurs capitaux et leur expérience des affaires. Les paroles de Tirado firent impression sur les autorités, qui ordonnèrent immédiatement la mise en liberté des prisonniers, et l'assemblée put achever la célébration de la fête.

Une fois leur religion connue, les fugitifs portugais sollicitèrent des magistrats l'autorisation de construire une synagogue et d'y célébrer publiquement leur culte. Après de longs pourparlers, l'autorisation fut accordée. Jacob Tirado acheta un terrain et y éleva la première synagogue de l'Europe septentrionale (1598), qu'il appela *Bèt Jacob*, « Maison de Jacob », et que la petite communauté inaugura au milieu du plus grand enthousiasme.

Bientôt, d'autres Marranes quittèrent secrètement l'Espagne et le Portugal pour rejoindre leurs coreligionnaires en Hollande. Mayor Rodriguez Homem, la femme vaillante qui avait fait partir sa fille, Marie Nunès, avec les premiers émigrants, vint à Amsterdam avec ses deux plus jeunes enfants (vers 1598). Vers la même époque, une autre famille considérée se rendit également du Portugal dans cette ville, la famille Franco Mendès. Les deux frères Francisco Mendès Medeyros et Christoval Mendès Franco, dont le premier prit le nom juif d'Isaac et le second celui de Mordekhaï, jouèrent plus tard un rôle important dans la communauté d'Amsterdam, mais ils y occasionnèrent aussi des dissensions.

Philippe II, qui mourut en septembre 1598, put encore voir les deux peuples qu'il haïssait peut-être le plus, les habitants des Pays-Bas et les Juifs, se prêter un mutuel appui pour détruire l'œuvre dont il avait poursuivi la réalisation avec tant d'acharnement. La Hollande, ennemie de l'intolérance et du despotisme, assura aux Juifs portugais la liberté religieuse. Par contre, les Juifs aidèrent la Hollande à guérir les maux que sa lutte contre le roi d'Espagne avait attirés sur elle, ils lui fournirent les capitaux qui lui permirent d'enlever au Portugal, allié de l'Espagne, le commerce des Indes et de créer au delà des mers ces grandes compagnies qui firent sa richesse. Les accointances secrètes des

Juifs portugais avec les Marranes établis dans les Indes favorisèrent également les entreprises des Hollandais.

Il se produisit alors à Lisbonne un incident qui réveilla chez les Marranes les plus tièdes le désir de revenir au judaïsme. Un moine franciscain, Diogo de la Asumção, fut amené par une étude attentive de la Bible à croire à la vérité du judaïsme et à nier les dogmes chrétiens, et il exprima ouvertement ses convictions. L'Inquisition le fit jeter en prison, et, après une détention d'environ deux ans, il fut brûlé vif à Lisbonne (août 1603), en présence du vice-roi. En même temps que lui, furent brûlés d'autres hérétiques, et, entre autres, une femme marrane, Thamar Barocas, qui avait probablement été en rapports avec Diogo.

En apprenant le martyre subi avec un courage héroïque par un moine chrétien pour la foi juive, les Marranes portugais furent profondément impressionnés et aspirèrent avec une nouvelle ardeur à observer publiquement le judaïsme. Insouciants du danger qui les menaçait, ils pratiquaient ouvertement les rites juifs. Un jeune poète, David Yesouroun, qui, dès son enfance, avait été surnommé dans sa famille « le petit poète », célébra avec enthousiasme, dans un sonnet portugais, la mort glorieuse de Diogo de la Asumção. Pour échapper à la colère de l'Inquisition, il se réfugia à Amsterdam. Là, il fut émerveillé de la situation heureuse des Juifs, et il chanta « la nouvelle Jérusalem » dans des vers espagnols d'une superbe allure. Un autre jeune poète marrane, Paul de Pina, tout prêt à se faire moine, fut déterminé par le martyre de Diogo à se rendre à Amsterdam pour y embrasser le judaïsme. Il prit le nom juif de Rohel Yesouroun et devint un des plus notables membres de la communauté d'Amsterdam.

Ce réveil de la foi juive parmi les Marranes portugais exaspéra le Saint-Office, qui en fit incarcérer cent cinquante et les condamna à mort. Mais le régent du Portugal s'émut à la pensée d'un si épouvantable autodafé. A la cour d'Espagne aussi, des Marranes intervinrent énergiquement. L'État leur devait des sommes considérables. Ils offrirent au roi Philippe III de renoncer à leurs créances et de lui donner en plus une somme de 1.200.000 crusados (environ 3.000.000 de francs) s'il empêchait l'exécution des inculpés. Ils gagnèrent aussi les conseillers royaux à leur cause. Sur les instances du souverain espagnol, le pape Clément VIII consentit à se souvenir que déjà ses prédécesseurs Clément VII et Paul III avaient accordé l'absolution aux Marranes portugais, et, par une bulle du 23 août 1604, il gracia tous les condamnés. L'Inquisition, au lieu de brûler les Marranes, se contenta de les faire conduire près du bûcher en vêtements de pénitents et de les obliger à faire l'aveu public de leurs fautes (10 janvier 1605). Rendus à la liberté, beaucoup de ces Marranes allèrent se fixer en Hollande, notamment Joseph ben Israël, qui emmena avec lui son enfant, devenu célèbre plus tard sous le nom de Manassé ben Israël.

La jeune communauté d'Amsterdam s'accrut rapidement à la suite de l'arrivée de ces groupes de Marranes. Moïse Uri seul fit entrer deux cent quarante-huit personnes dans le judaïsme. On appela alors de Salonique un rabbin sefardi, Joseph Pardo, qui composa en espagnol un ouvrage d'édification. Ce livre, destiné à des lecteurs plus familiarisés avec le catholicisme qu'avec le judaïsme, a presque un caractère chrétien. Bientôt, la synagogue *Bét Jacob*, élevée par Tirado, devint insuffisante, et Isaac Francisco Mendès Medeyros en édifia une seconde (1608), avec le concours de sa famille; elle fut appelée *Nevé Schalom*. Cette deuxième synagogue eut à sa tête un rabbin, Isaac Uziel (mort en 1620), qui comprenait admirablement l'état d'esprit particulier de ces chrétiens judaïsés et les dirigea avec une grande habileté. Poète, grammairien, mathématicien, il se distinguait surtout par une éloquence pénétrante et persuasive, dont il usa pour détacher peu à peu ses auditeurs de leurs habitudes catholiques et leur enseigner le vrai judaïsme. Sans ménagement pour les plus riches et les plus influents, il s'attira leur haine. De là, de graves dissensions dans la communauté.

En possession de ses deux synagogues, la communauté d'Amsterdam acquit ensuite un cimetière dans le voisinage de la ville, à Oudekerk (avril 1614). Le premier mort qu'on y enterra fut Manuel Pimentel, en hébreu Isaac Abenuacar, familier de Henri IV, roi de France, dont il fut fréquemment le partenaire au jeu et qui l'avait surnommé « le roi des joueurs ». Deux ans plus tard, on ensevelit dans ce cimetière un personnage considérable, Elia Felice Montalto, ancien Marrane qui avait embrassé le judaïsme. C'était un médecin habile et un élégant écrivain, qui avait habité Livourne, Venise et, en dernier lieu, Paris, comme médecin de la reine Marie de Médicis; il mourut pendant qu'il se trouvait à Tours avec la cour de France (février 1616). Sur l'ordre de la reine, son corps fut embaumé et transporté au cimetière d'Oudekerk, accompagné de son oncle, de son fils et de son élève Saül Morteira. Pendant un certain temps, les Juifs d'Amsterdam durent payer une taxe aux autorités ecclésiastiques pour chaque mort qu'ils enterraient dans leur cimetière.

En général, dans les premières années de leur séjour à Amsterdam, les Juifs furent en butte à la suspicion des Hollandais. On craignait qu'ils ne servissent d'espions à l'Espagne. Même quand ils eurent manifestement prouvé leur haine contre la Péninsule ibérique, où ils avaient tant souffert, ils ne furent que difficilement tolérés. Les combats que les bourgeois protestants avaient soutenus pour leurs croyances et les luttes intestines de secte à secte les avaient mal préparés à supporter une autre confession à côté de la leur. Mais peu à peu, on apprécia l'utilité incontestable, pour le commerce d'Amsterdam, de leurs capitaux et de leur expérience, ils se firent aussi estimer pour la culture de leur esprit, la dignité de leur tenue et l'élégance de leur langage. Même leurs noms pompeux, qui rappelaient la plus vieille noblesse castillane et qu'ils tenaient de leurs parrains chrétiens, contribuaient à leur donner un certain prestige aux yeux des bourgeois hollandais. En peu d'années, la communauté d'Amsterdam compta quatre cents familles, possédant trois cents maisons; elle créa une imprimerie hébraïque, qui pouvait éditer des ouvrages hébreux sans les soumettre préalablement à la censure.

Jaloux des avantages que le séjour des Juifs assurait à Amsterdam, plusieurs princes chrétiens s'efforcèrent d'en attirer également dans leurs pays. Christian IV, roi de Danemark, sollicita des administrateurs de la communauté l'envoi d'un certain nombre de Juifs dans ses États, leur promettant d'autoriser l'exercice de leur culte et de leur accorder encore d'autres privilèges. Le duc de Savoie appela des Juifs portugais à Nice, et le duc de Modène à Reggio. Les Juifs trouvèrent ainsi, au milieu de l'Europe chrétienne, intolérante et fanatique, des asiles où ils purent de nouveau relever la tête et reconquérir peu à peu leur liberté.

La colonie juive d'Amsterdam, qui se grossit sans cesse de nouvelles recrues échappées aux fureurs de l'Inquisition d'Espagne et de Portugal, n'apporta pas seulement des avantages matériels à son pays d'adoption. Les réfugiés marranes étaient presque tous des gens cultivés, médecins, juristes, fonctionnaires de l'État, officiers; ils savaient, en général, le latin, avaient des connaissances variées et d'excellentes manières. L'un d'eux acquit une réputation européenne et entretint des relations avec d'illustres personnalités. C'était le célèbre médecin Abraham Zaccuto Lusitano (né en 1576 et mort en 1642), arrière-petit-fils de l'historien et astronome Abraham Zaccuto. Né à Lisbonne, de parents marranes, il s'était réfugié à Amsterdam, où il put revenir à la foi de ses pères. Il fut en correspondance avec le prince palatin Frédéric et son épouse si instruite, qui régnèrent quelques jours sur la Bohème et inaugurèrent la guerre de Trente ans. Des collègues juifs et chrétiens célébrèrent ses louanges en prose et en vers, et, à en juger par ces documents, il semblerait qu'il n'existât aucun préjugé contre les Juifs. Les gouverneurs des Pays-Bas, les princes si libéraux de la maison d'Orange-Nassau, Maurice, Henri et Guillaume II, n'établissaient aucune différence entre les Juifs et les autres citoyens.

Dans toutes les circonstances, les Marranes manifestaient leur ardent amour pour cette religion juive qu'ils étaient si heureux de pouvoir enfin pratiquer librement; ils la chantaient en vers et la glorifiaient par leurs actes. Paul de Pina, ou, pour l'appeler par son nom juif, Rohel Yesouroun, composa en l'honneur de la première synagogue (*Bét Jacob*) élevée à Amsterdam des strophes en langue portugaise, récitées par sept jeunes gens, où les montagnes de la Palestine, le Sinaï, Hor, Nebo, Ga izim, Carmel, Zètim (mont des Oliviers) et Sion célèbrent tour à tour la grandeur du judaïsme et d'Israël. Mais à cet enthousiasme se mêle parfois, chez les Marranes, l'amer souvenir des tortures que l'Inquisition leur infligea, l'effrayante vision des sombres cachots et des flammes des bûchers. Ce double sentiment se trouve exprimé avec une vigoureuse éloquence dans l'imitation en vers espagnols qu'un poète marrane, David Abenatar (vers 1600-1625), publia des *Psaumes* de David.

L'impression si profonde que les Marranes avaient conservée de leurs anciennes souffrances les rendait plus accessibles à la pitié. Aussi multiplièrent-ils à Amsterdam, avec une généreuse libéralité, les institutions de bienfaisance et d'instruction, hôpitaux, orphelinats, sociétés de secours (hermandades). Mais, comme tous les hommes, à côté de leurs brillantes qualités, ils avaient leurs faiblesses. Beaucoup d'entre eux, nés et élevés dans le catholicisme, en avaient conservé les idées et les habitudes, même après leur conversion au judaïsme. Pour ces Marranes, les rites juifs avaient la même signification que les sacrements catholiques, et les rabbins étaient des confesseurs, pouvant donner l'absolution des péchés. Ils étaient donc convaincus de pouvoir faire leur salut tout en s'abandonnant à leurs appétits et à leurs passions, pourvu que le prêtre leur pardonnât leurs fautes. De là, un sérieux relâchement dans les mœurs. Les deux premiers rabbins d'Amsterdam, tenant compte de la situation particulière de ces nouveaux Juifs, leur témoignèrent une large indulgence. Mais leur successeur, Isaac Uziel, flétrit ces mœurs corrompues du haut de la chaire avec une grande sévérité. Ses diatribes irritèrent une partie de ceux qu'elles atteignaient; ils sortirent de la communauté, et, sous la direction de David Osorio, ils fondèrent une nouvelle communauté (1618) et choisirent David Pardo comme rabbin.

A côté des Juifs portugais vinrent bientôt s'établir des Juifs allemands, chassés de leurs ghettos par la guerre de Trente ans. Les magistrats d'Amsterdam, défavorables, au début, à l'établissement des Juifs en Hollande, accueillirent les nouveaux venus avec bienveillance. Du reste, les Juifs n'étaient soumis, dans les Pays-Bas, à aucune restriction; on leur interdisait seulement l'accès des emplois publics. Quand la paix eut été conclue entre les Pays-Bas et la Péninsule ibérique, les représentants hollandais en Espagne et en Portugal exigèrent même que leurs compatriotes juifs jouissent, dans ces pays, des mêmes droits que les chrétiens. Comme les Juifs allemands se distinguaient de leurs coreligionnaires portugais par leur langue, leurs manières, leur extérieur moins élégant, par toutes leurs habitudes, ils ne s'associèrent à aucune des communautés déjà existantes, mais formèrent une nouvelle communauté avec un rabbin spécial. Il y eut donc alors à Amsterdam trois communautés portugaises et une communauté allemande.

Sous l'impulsion de Jacob Curiel, qui fut plus tard représentant du Portugal à Hambourg, les trois groupes portugais se fondirent en une communauté unique (1639). C'était alors, certainement, la communauté la plus florissante et la plus considérable que l'on connût, disposant de ressources importantes et jouissant d'une situation particulièrement favorable. Pour répandre la connaissance du judaïsme et de ses doctrines parmi les Juifs d'Amsterdam, les chefs de la communauté organisèrent un établissement d'instruction (*Talmud Tora*), où, peut-être pour la première fois, l'enseignement juif fut donné d'après un programme déterminé et avec une certaine méthode. Les élèves pouvaient commencer par l'alphabet et s'élever progressivement jusqu'aux études talmudiques les plus ardues. On y enseignait aussi la philologie hébraïque, l'éloquence et la poésie néo-hébraïque. Les classes supérieures étaient dirigées par les principaux rabbins ou *hakhamim*; c'étaient, à cette époque, Saül Morteira et Isaac Aboab. Ces deux rabbins formèrent, avec Manassé ben Israël et David Pardo, le premier collège rabbinique d'Amsterdam. De cette école sortirent des élèves qui acquirent une grande réputation, et dont nous mentionnerons, à cause du contraste si vif de leurs tendances, le cabbaliste Zaccuto et le célèbre philosophe Baruch Spinoza.

Si les guides religieux de la communauté d'Amsterdam avaient été des esprits vigoureux, hardis et profonds, ils auraient pu, dès cette époque, rajeunir le judaïsme et lui infuser une force nouvelle. Ils exerçaient, en effet, une influence considérable, disposaient d'abondantes ressources et vivaient dans un milieu cultivé et animé des meilleurs sentiments. Les circonstances aussi se seraient admirablement prêtées à d'utiles réformes. Mais les membres du collège rabbinique d'alors manquaient des qualités requises pour une telle œuvre. David Pardo semble n'avoir eu que peu de valeur. Saül Morteira (1596-1660), qui, comme on l'a vu plus haut, avait accompagné le corps d'Elia Montalto à Amsterdam et y avait été nommé ensuite prédicateur, était un orateur médiocre et se contentait de suivre les voies battues. Isaac Aboab de Fonseca (1606-1693) n'était pas de plus large envergure. Originaire du Portugal, il était venu à Amsterdam avec sa mère et devint un prédicateur influent et aimé. Mais il était de caractère indécis, accessible à toutes les influences, et, par conséquent, sans volonté propre. Il resta pendant de longues années à la tête de la communauté d'Amsterdam, eut à résoudre des questions très sérieuses, mais se montra d'esprit étroit, ne sachant ni comprendre le passé, ni entrevoir l'avenir.

Manassé ben Israël (1604-1657) fut une personnalité plus remarquable. Il avait étudié la Bible et le Talmud sous la direction d'Isaac Uziel et en avait acquis une connaissance très sérieuse. Par la force des circonstances il devint polyglotte, ayant appris le portugais dans sa famille, l'hébreu en sa qualité de Juif, le hollandais dans son pays d'adoption, et le latin comme langue littéraire. Doué d'une grande facilité de parole, il fut nommé prédicateur et réussit dans ces fonctions. C'était aussi un écrivain fécond, et, quoique mort jeune, il a laissé de meilleurs et plus nombreux ouvrages que ses collègues. Il ne se distinguait ni par la profondeur de ses conceptions, ni par un extérieur imposant, mais on l'aimait pour son affabilité, pour ses manières mesurées, bienveillantes et modestes. Tout en connaissant la littérature profane et la théologie chrétienne, il était fermement attaché au judaïsme traditionnel; il croyait même aux élucubrations de la Cabbale.

Tels étaient les hommes qui avaient la charge de diriger la jeune communauté d'Amsterdam. Leur autorité était grande. Pour l'administration, ils délibéraient avec des délégués laïques nommés par la communauté. Mais dans les questions religieuses, ils décidaient d'abord seuls, sans le concours des laïques, et leurs décisions avaient force de loi; ils avaient même le pouvoir d'infliger des châtiments spirituels aux membres récalcitrants. Il arrivait parfois que les chefs de la communauté abusaient de leur pouvoir. A l'exemple de l'Inquisition, dont ils avaient pourtant si cruellement souffert, ils déclaraient la guerre à toute hérésie. Les rabbins d'Amsterdam voulaient copier le saint Office.

D'autres communautés juives s'organisèrent sur le modèle de celle d'Amsterdam, mais, au lieu d'imiter seulement sa piété, sa dignité, sa bienfaisance, elles lui empruntèrent aussi ses défauts. Ce fut à Rotterdam, sous l'impulsion des deux frères Abraham et David Pinto, que se forma la deuxième communauté hollandaise; elle mit à sa tête, comme rabbin et directeur de l'école qu'elle avait fondée, un jeune homme du nom de Josia Pardo. A Harlem aussi, les Juifs espérèrent pouvoir organiser une communauté; Scaliger et d'autres humanistes les y encouragèrent. Ils en furent empêchés par le parti des intolérants. Par contre, il se forma une communauté de Juifs portugais dans le nord de l'Allemagne.

Hambourg renfermait, en effet, depuis quelque temps déjà, des réfugiés marranes, qui y vivaient comme catholiques sous le nom de « marchands portugais » et avaient entre leurs mains une grande partie du commerce de la ville. En apprenant que les Marranes d'Amsterdam, avec lesquels ils étaient en relations, pouvaient pratiquer ouvertement le judaïsme, ils observèrent aussi un peu plus librement les rites juifs, tout en faisant encore baptiser leurs enfants. De là, de violentes protestations de la part des bourgeois protestants, qui réclamèrent du sénat l'expulsion de ces « Juifs du Portugal ». Le sénat, composé de riches commerçants, eut honte de traiter comme vagabonds des hommes qui se distinguaient par leur intelligence, la noblesse de leurs manières, leur activité, et qui avaient apporté des capitaux considérables à Hambourg. Il y avait même parmi eux un médecin très aimé et très habile, Rodrigo de Castro (1560-1627 ou 1628), qui, lors d'une épidémie, avait risqué souvent sa vie pour soigner les malades, et jouissait surtout d'une grande réputation comme spécialiste auprès des femmes. Le sénat nia donc d'abord qu'il y eût des Juifs parmi les Portugais, ensuite il avoua qu'il s'en trouvait, en effet, quelques-uns. En réalité, cent vingt-cinq Marranes étaient alors établis à Hambourg, et, parmi eux, dix capitalistes et deux médecins.

Mais le dernier mot, dans cette affaire, appartenait au ministère, c'est-à-dire au clergé luthérien. Or celui-ci était tout aussi intolérant que l'Église catholique. Il se plaignit donc de la bienveillance manifestée par le sénat à l'égard des Juifs portugais. Pour donner satisfaction à l'opinion publique, le sénat sollicita l'avis des Facultés théologiques de Francfort-sur-Oder et d'Iéna. La Faculté d'Iéna répondit en sectaire. Elle n'admettait le séjour des Juifs à Hambourg que s'ils ne pouvaient célébrer leur culte ni ouvertement dans les synagogues, ni secrètement dans leurs maisons, et s'il leur était interdit de pratiquer la circoncision, d'employer des domestiques chrétiens et d'occuper un emploi public. Ils devaient également être contraints d'assister aux sermons de prédicateurs chrétiens.

Fort de l'avis des Facultés de théologie, le sénat autorisa les Juifs portugais (février 1612) à s'établir à Hambourg, mais en les soumettant à des lois restrictives. Ils ne pouvaient plus acquérir ni maisons, ni biens-fonds. Exception fut faite seulement pour le médecin Rodrigo de Castro. Il leur fut pourtant permis d'enterrer leurs morts dans un cimetière spécial, que quelques familles avaient acquis près d'Altona.

A mesure que les Juifs portugais prirent une place plus importante au milieu des capitalistes et des commerçants de Hambourg, ils rompirent davantage le réseau de restrictions dont on les avait enveloppés. On trouve au moins douze Juifs (1) parmi les fondateurs de la Banque de Hambourg (1619-1623), à laquelle la ville dut en grande partie sa prospérité commerciale. Ce furent aussi les Juifs qui mirent Hambourg en rapports avec l'Espagne et le Portugal. Confiants dans l'influence que leur donnaient les services rendus, ils élevèrent une synagogue (vers 1626), sans tenir compte de la loi qui leur défendait l'exercice public de leur culte, et placèrent le rabbin Isaac Athias, d'Amsterdam, à la tête de leur communauté.

Cette synagogue, toute modeste qu'elle fût, donna lieu à de

(1) Ce furent : Mardokhaï Abendana, David Brandon, Joan Francisco Brandon, Gonsalvo Carlos, Diego Cardoso, Abraham Dacosta, Francesco Gomès, Diego Gonsalvo da Lima, Henrico da Lima, Gonsalvo Lopez, Joseph Mendès, Lope Nunès.

violentes protestations. Au début de la guerre de Trente ans, l'empereur Ferdinand II reprocha avec véhémence au sénat de Hambourg (1627) d'avoir autorisé la construction d'une synagogue et interdit l'ouverture d'une église catholique. Les luthériens fanatiques aussi protestèrent vivement ; ils étaient surtout hantés de cette crainte qu'après s'être montré tolérant envers les Juifs, le sénat ne fût obligé d'accorder la même liberté religieuse aux catholiques et aux calvinistes. Accusés d'avoir transgressé la législation qui les régissait, les Juifs alléguèrent qu'ils n'avaient pas organisé de synagogue, mais un lieu de réunion où ils lisaient le Pentateuque, les Psaumes, les Prophètes, et où ils priaient en même temps pour le salut de la ville et de ses chefs. Le sénat se contenta de cette explication, mais le clergé protestant continua de tonner contre les Juifs du haut de la chaire. Il demanda même qu'on nommât un *rabbin chrétien* pour prêcher le christianisme aux Juifs dans la synagogue ou dans tout autre local.

Malgré ces attaques, la communauté des Juifs portugais de Hambourg reçut sans cesse de nouvelles recrues et grandit en richesses et en influence. Un de leurs ennemis acharnés, Jean Müller, dont les évidentes exagérations contiennent pourtant une grande part de vérité, dit d'eux : « Ils sortent couverts d'or et d'argent, de perles et de pierres précieuses. Aux repas de noce, ils mangent dans de la vaisselle d'argent ; ils se promènent dans de magnifiques carrosses, précédés de cavaliers et accompagnés de nombreux domestiques. » La famille Texeira surtout se faisait remarquer par son luxe royal. Le fondateur de cette maison de banque, Diego Texeira de Mattos, était appelé à Hambourg, comme Joseph de Naxos à Constantinople, « le riche Juif ». Originaire du Portugal, il avait représenté quelque temps l'Espagne en Flandre. A l'âge de soixante-dix ans, il eut le courage de se soumettre à l'opération de la circoncision pour revenir au judaïsme. Grâce à son immense fortune et à ses relations avec la noblesse et le haut commerce, il jouissait à Hambourg d'une très grande considération.

A côté de la communauté portugaise, se fonda aussi à Hambourg une petite communauté allemande, qui organisa un lieu de prières. Ce nouveau scandale irrita profondément les pasteurs luthériens, qui reprirent avec une nouvelle vigueur leurs attaques contre les Juifs. Parmi eux se signala, par la violence de sa haine et son implacable fanatisme, Jean Müller, doyen de l'église Saint-Pierre, qni ne cessa de réclamer la fermeture des synagogues (de 1631 à 1644). A ses diatribes, le sénat répondit qu'il n'était pas possible de défendre aux Juifs de prier et chanter des psaumes, qu'eux aussi avaient besoin d'observer une religion, et que, du reste, ils quitteraient la ville avec leurs capitaux, au grand dommage du bien-être général, si leurs synagogues étaient fermées.

Ces raisons ne calmèrent pas la colère du doyen Müller, qui continua ses excitations enflammées contre les Juifs. Il fut soutenu dans sa campagne par les trois Facultés de théologie de Wittemberg, de Strasbourg et de Rostock, qui, sur les instances de Müller, défendirent sévèrement aux malades chrétiens de recourir aux soins de médecins juifs. Ainsi, en plein xviie siècle, quand la guerre sanglante de Trente ans démontrait avec une si éclatante évidence la nécessité de la tolérance, des prêtres luthériens voulaient remettre en vigueur contre les Juifs des décisions prises par les conciles du temps des Visigoths! Les temps étaient heureusement changés. Christian IV, roi de Danemark et du Schleswig-Holstein, le principal appui des protestants après Gustave-Adolphe, celui-là même auquel Müller avait dédié son ouvrage antijuif, attacha à sa personne comme médecin le juif Benjamin Moussafia.

A Hambourg même, les efforts de Müller restèrent stériles. La bourgeoisie de cette ville entretint avec les Juifs des relations de plus en plus cordiales. Plusieurs d'entre eux représentaient même des princes comme agents commerciaux ou politiques. Le roi de Portugal avait comme agents, à Hambourg, Duarte Nunès da Costa et Jacob Curiel, et le roi catholique Ferdinand IV nomma comte palatin un écrivain juif d'origine portugaise, Immanuel Rosalès.

La communauté d'Amsterdam essaima aussi à l'étranger, elle établit une colonie au Brésil, que les Portugais avaient découvert et peuplé, et surtout dans la ville de Pernambouco. Le gouvernement portugais avait fréquemment expédié dans ce pays des criminels juifs, c'est-à-dire des Marranes qu'il ne voulait pas livrer aux flammes. Ces Marranes, traités comme des voleurs et des assassins, facilitèrent la conquête du Brésil à la Hollande, qui y envoya comme gouverneur Jean-Maurice de Nassau (1624-1636). Les Marranes brésiliens se mirent alors en rapport avec les Juifs d'Amsterdam, jetèrent complètement le masque du catholicisme et fondèrent à Pernambouco une communauté sous le nom de *Kahal Kados*, « communauté sainte ».

Bientôt, plusieurs centaines de Juifs portugais d'Amsterdam s'embarquèrent pour le Brésil, soit qu'ils y eussent été appelés, soit de leur propre initiative, pour nouer des relations avec ce pays. Ils se firent accompagner par le hakham Isaac Aboab da Fonseca (1642). Ce fut le premier rabbin brésilien. A Tamarica aussi s'organisa une communauté juive, qui plaça à sa tête le rabbin Jacob Lagarto, le premier écrivain talmudique de l'Amérique du Sud.

Les Juifs du Brésil jouissaient des mêmes droits que les autres habitants et étaient très estimés des Hollandais, auxquels ils rendaient des services comme conseillers et comme soldats. Lors d'une conspiration ourdie par les Portugais indigènes pour tuer les fonctionnaires hollandais et rendre le pays à ses anciens maîtres, un Juif dénonça le complot aux Hollandais. Quand, plus tard (1646), la guerre éclata entre les Portugais et les Hollandais et que Pernambouco, assiégé et souffrant de la faim, fut sur le point de se rendre, le gouverneur fut encouragé par les Juifs à persister dans sa résistance.

En France aussi, des Marranes vinrent chercher un refuge contre les violences et les persécutions de l'Inquisition. Ils n'y purent d'abord vivre que déguisés en chrétiens, quoique plusieurs d'entre eux fussent parvenus à de hautes situations comme médecins, jurisconsultes ou écrivains (1). A Bordeaux pourtant, ils n'étaient pas rigoureusement surveillés. Comme leurs capitaux et leur expérience des affaires contribuaient à la prospérité de la ville et que la municipalité voyait leur séjour d'un très bon œil,

---

(1) Michel de Montaigne descend de Marranes. Sa mère, Antoinette de Louppes, mariée au gentilhomme Pierre Ayquem, seigneur de Montaigne, était la fille du marrane Pierre de Louppes (Pedro Lopès).

Henri II les autorisa (1550), sous le nom de *nouveaux chrétiens*, à demeurer à Bordeaux et à s'y adonner au négoce. Extérieurement ils se conduisaient en chrétiens, faisant baptiser leurs enfants, se mariant avec le concours de prêtres chrétiens et portant des noms chrétiens. Mais en secret ils pratiquaient le judaïsme. Ce fut miracle que, malgré les dénonciations des fanatiques, ils échappèrent aux massacres de la Saint-Barthélemy. En 1636, Bordeaux comptait deux cent soixante Marranes. Il y eut aussi une petite communauté marrane à Bayonne et dans d'autres localités. Cinquante ans plus tard, Louis XIV permit aux « nouveaux chrétiens » de se déclarer ouvertement Juifs.

CHAPITRE VII

LA GUERRE DE TRENTE ANS ET LE SOULÈVEMENT DES COSAQUES

(1618-1655)

Pendant qu'en Hollande les Juifs jouissaient presque des mêmes droits que les autres habitants, leur situation était peu satisfaisante dans tout le reste de l'Europe. En Allemagne surtout, le Juif du XVII° siècle était encore un paria, qu'on outrageait, qu'on méprisait, et dont les souffrances n'inspiraient aucune pitié. A cette époque, on ne trouve plus en Allemagne que trois ou quatre communautés importantes : celles de Francfort-sur-le-Mein, avec 4.000 à 5.000 âmes, de Worms avec 1.400, de Prague avec 10.000, et de Vienne avec 3.000. La communauté de Hambourg était encore toute jeune.

Dans les villes libres de Francfort et de Worms, la haine du Juif prenait sa source dans l'étroitesse d'esprit de la petite bourgeoisie et la jalousie des corporations, plutôt que dans la différence de confession. Ces deux villes considéraient les Juifs comme leurs serfs, et elles invoquaient très sérieusement un document de l'empereur Charles IV pour affirmer que ce souverain les leur avait vendus corps et biens. Quand des Juifs portugais, venus des Pays-Bas à Francfort pour y créer des établissements commerciaux, sollicitèrent l'autorisation d'organiser un lieu de prières, les magistrats repoussèrent leur demande. Devant ce refus, ils s'adressèrent au seigneur de Hanau, qui comprit combien leur présence serait avantageuse à son État, et il leur accorda plusieurs privilèges.

La malveillance de la ville de Francfort pour les Juifs a trouvé son expression dans une législation spéciale appelée *Judenstättigkeit*, qui indique à quelles conditions humiliantes étaient soumis ces malheureux pour pouvoir respirer l'air empesté du quartier juif. Cette charte confirmait d'abord les anciennes prescriptions canoniques des papes relatives aux nourrices et aux domestiques chrétiens et au port d'un signe distinctif. Elle leur défendait ensuite de sortir de leur quartier, sinon pour affaires, de se montrer aux environs du palais dit *Rœmer*, surtout aux jours de fêtes chrétiennes ou de mariage, ou lorsque des princes séjourneraient dans la ville. Dans le ghetto même, ils étaient tenus de s'abstenir de toute démonstration bruyante et d'inviter leurs hôtes à se coucher de bonne heure. Pour recevoir un étranger et même un malade à l'hôpital, ils devaient avertir au préalable le Magistrat, et ils ne pouvaient pas acheter des vivres au marché en même temps que les chrétiens. Leur commerce était soumis à toute sorte de restrictions, quoiqu'on leur fît payer des taxes plus élevées qu'aux chrétiens. Ils étaient obligés d'attacher à leurs maisons des enseignes où étaient peintes les plus singulières images et qui portaient des noms baroques : « à l'ail », « à l'âne », « à l'écu vert, blanc, rouge ou noir ». Ces enseignes servaient ensuite à désigner les propriétaires, et les sobriquets qui en résultaient devenaient même parfois des noms de famille, comme *Rothschild* (à l'écu rouge) ou *Schwarzschild* (à l'écu noir). Pour être admis dans la ville, chaque Juif devait jurer en termes humiliants d'observer ponctuellement ces ordonnances. Et encore pouvait-il être expulsé, même après avoir rempli toutes les formalités prescrites, si tel était le bon plaisir du sénat.

Encouragées sans doute par les dispositions hostiles que le sénat manifestait pour les Juifs, les corporations d'artisans lui demandèrent de les expulser. Elles avaient à leur tête le pâtissier Vincent Fettmilch, homme d'une très grande audace, qui se qualifiait ouvertement de « nouvel Haman des Juifs ». Un jour, pendant que les Juifs étaient réunis dans leurs maisons de prières (1er septembre 1614), ils entendirent d'épouvantables clameurs et des coups qui ébranlaient la porte de leur quartier. Les plus courageux d'entre eux prirent les armes pour repousser les assaillants. Il y eut des morts et des blessés des deux côtés. Mais les bandes de Fettmilch, plus nombreuses et mieux armées que les Juifs, triomphèrent. Pendant toute une nuit, elles saccagèrent le quartier juif, détruisirent les synagogues et pillèrent avec une révoltante brutalité. Bien des Juifs trouvèrent un refuge chez des chrétiens. Ceux qui n'avaient pas pu se cacher s'étaient enfuis au cimetière, s'attendant à tout instant à être massacrés. De propos délibéré, les émeutiers les laissèrent toute une journée dans l'incertitude sur leur sort. Aussi les Juifs acceptèrent-ils comme une grâce l'ordre qu'ils reçurent l'après-midi de partir de Francfort par la porte des Pêcheurs, dépouillés de tous leurs biens, au nombre de treize cent quatre-vingts.

Il se passa un temps assez long avant qu'on accueillît les réclamations des Juifs de Francfort expulsés par les rebelles. Le sénat n'avait pas de pouvoir suffisant, et l'autorité de l'empereur Mathias lui-même était méconnue. Ce ne fut qu'à la suite de troubles analogues survenus à Worms que les Juifs de Francfort reçurent satisfaction. A Worms, en effet, il se produisit également des désordres contre les Juifs, à l'instigation d'un avocat du nom de Chemnitz. Malgré les protestations du Magistrat, les corporations de la ville, conseillées et dirigées par Chemnitz, intimèrent aux Juifs l'ordre de partir de Worms. Ceux-ci furent donc contraints de quitter la ville l'avant-dernier jour de Pâque (avril 1615). L'archevêque de Mayence et le landgrave Louis de Darmstadt les autorisèrent à s'établir provisoirement dans les petites villes et les villages de leurs domaines.

A la nouvelle des événements de Worms, le prince-électeur Frédéric, ami du médecin juif Zaccuto Lusitano, envoya de l'infanterie, de la cavalerie et des canons pour réprimer les désordres. Chemnitz, avec plusieurs de ses complices, fut jeté en prison, mais au bout de plusieurs mois seulement, sur l'ordre de l'empereur, les Juifs de Worms purent reprendre possession de leurs demeures (19 janvier 1616). Deux mois plus tard, les Juifs de Francfort furent réintégrés également dans leurs maisons. Ils revinrent presque comme des triomphateurs, précédés de commissaires impériaux, au son de la musique. Comme il y avait eu à Francfort des scènes de pillage, de destruction et de meurtre, les auteurs de ces désordres furent punis plus sévèrement que les agitateurs de Worms. Vincent Fettmilch fut pendu, sa maison rasée et sa famille bannie. Pour indemniser les Juifs de leurs pertes, la ville dut leur payer 175.919 florins. En mémoire de leur heureuse rentrée à Francfort, les Juifs déclarèrent jour férié le jour de leur retour (20 adar).

L'empereur Mathias abolit aussi à Francfort comme à Worms la législation promulguée par ces villes relativement aux Juifs (*Judenstättigkeit*), et la remplaça par une nouvelle charte. Ce règlement maintint pourtant une grande partie des restrictions imposées aux Juifs, mais, « comme l'empereur leur avait accordé certains privilèges, les magistrats municipaux leur devaient appui et protection et ne pouvaient plus expulser ceux qui avaient une fois acquis le droit de séjour ». Les Juifs réintégrés à Francfort n'étaient donc plus obligés de faire renouveler tous les trois ans leur permis de séjour; ce permis était même valable pour leurs enfants. On fixa à cinq cents le nombre des Juifs autorisés à habiter Francfort, et à six le nombre de permis de séjour nouveaux qu'on pouvait leur accorder annuellement. On limita aussi à douze le chiffre annuel des mariages juifs. Outre les taxes existantes, les Juifs en devaient payer de nouvelles, « l'impôt du mariage » et « l'impôt de succession ».

A Worms, les restrictions édictées par la nouvelle charte étaient encore plus dures. Les Juifs perdirent, entre autres, le droit de pâture; par contre, on daigna les autoriser « à acheter le lait nécessaire à leur usage et à celui de leur famille. »

Il n'est pas moins vrai que l'intervention énergique de l'empereur Mathias en faveur des Juifs eut les plus heureuses conséquences pour toutes les communautés de l'Allemagne. Ferdinand II, quoique élève des Jésuites et ennemi des protestants, continua la politique de son prédécesseur à l'égard des Juifs. Aussi ces derniers ne souffrirent-ils pas particulièrement de la guerre de Trente ans. Comme tous les Allemands, ils furent éprouvés par les dévastations des soldats de Mannsfeld, de Tilly et de Wallenstein; plusieurs communautés juives disparurent même complètement par suite des maux de la guerre. Du moins n'eurent-ils pas à subir de persécutions de la part de leurs concitoyens. L'empereur avait formellement ordonné aux généraux catholiques de protéger la vie et les biens des Juifs et de ne pas cantonner de soldats dans leurs quartiers. Ses instructions furent suivies presque partout, à tel point que maint protestant cacha ses richesses dans le quartier juif. C'est qu'on avait besoin de l'argent des Juifs pour subvenir aux frais de la guerre; il était donc indispensable de les ménager.

La cour de Vienne eut même recours à un nouveau procédé pour tirer de l'argent des Juifs, elle donna à certains d'entre eux le titre de « Juif de cour », *Hofjud*, leur accordant les plus grandes facilités pour leur commerce, les exemptant du port du morceau d'étoffe jaune et leur assurant d'autres privilèges. Il semble presque qu'à cette époque les Juifs fussent traités moins rigoureusement que les chrétiens. Ainsi, à Mayence, les Suédois, qui séjournèrent dans cette ville pendant plus de quatre ans (fin de 1631 jusqu'au commencement de 1635), se montrèrent moins bienveillants envers les catholiques qu'envers les Juifs. Ces derniers étaient également moins appauvris que les chrétiens, car trois ans après le départ des Suédois, ils purent construire une synagogue à Mayence, et plus tard, immédiatement après la guerre de Trente ans, quand de nombreux Juifs se réfugièrent de Pologne en Allemagne, ils purent venir en aide aux fugitifs.

A cette époque, en effet, la Pologne, qui avait offert pendant longtemps un asile aux Juifs, se mit également à les persécuter. Ce revirement était dû aux Jésuites, que les rois de Pologne avaient appelés dans le pays pour leur confier l'éducation des jeunes nobles et la direction du clergé et arriver avec leur aide à briser la résistance des dissidents. Comme les Juifs, par leurs capitaux, leur activité et leur esprit d'ordre, exerçaient une sérieuse influence sur la noblesse, les Jésuites s'efforcèrent de détruire cette influence et de faire restreindre leur liberté en s'alliant à leurs ennemis, les corporations d'artisans et de marchands allemands.

Pourtant, pendant la guerre de Trente ans, leur situation fut encore plus satisfaisante que celle de leurs coreligionnaires d'Allemagne, et bien des Juifs, chassés par la guerre, vinrent se réfugier de ce pays en Pologne. Le roi Ladislas VII (1632-1648) les traita avec bienveillance, et la noblesse polonaise, imprévoyante, dépensière, amie du faste, avait besoin d'eux, parce qu'ils étaient industrieux, actifs, économes. Elle les employait surtout pour l'administration des colonies nouvellement fondées près du bas Dniéper et sur la rive septentrionale de la mer Noire, dans le voisinage des Tartares de la Crimée. Les membres de ces colonies, serfs échappés, forçats, paysans, aventuriers de toute sorte, formèrent les premiers éléments de la tribu des Cosaques appelés Zaporoges. Obligés, au commencement, de vivre de pillage et de rapines, ils devinrent d'excellents guerriers. Comme les rois les employaient souvent contre les incursions des Tartares et des Turcs, ils leur accordèrent une certaine autonomie dans l'Ukraine et la Petite-Russie et placèrent à leur tête un attaman (hetman).

La plupart de ces Cosaques étaient sectateurs du rite grec. Entraînés par leur ardeur de prosélytisme, les Jésuites résolurent de les rattacher à l'Église romaine ou de les exterminer. Pour atteindre leur but, ils eurent recours à tout un système de vexations et d'oppression. Presque toutes les colonies de l'Ukraine et de la Petite-Russie appartenaient alors à trois familles nobles : les Koniecpolski, les Wischniowiecki et les Potocki. Ces familles avaient confié à des fermiers juifs la charge de faire rentrer les impôts. Pour chaque nouvau-né, pour chaque mariage, les Cosaques étaient tenus de payer une taxe. Afin d'empêcher toute fraude, les fermiers juifs détenaient les clefs des églises grecques, de sorte que le prêtre ne pouvait procéder ni à un baptême ni à un mariage sans leur autorisation. Celle-ci n'était naturellement accordée qu'après le paiement de la taxe. Tout l'odieux de ces vexations, imposées par les propriétaires polonais, retombait sur les Juifs, qui s'attirèrent ainsi la haine des Cosaques.

Mais leur propre conduite, les procédés qu'ils employaient contribuèrent aussi à les faire détester des Cosaques. Les études talmudiques fondées en Pologne par les célèbres rabbins Schachna, Louria et Isserlès, et développées jusqu'à l'exagération par leurs disciples Josua Falk Kohen, Méïr Lublin, Samuel Edlès et Sabbataï Kohen, n'étaient pas réservées aux seuls rabbins, elles absorbaient toutes les intelligences. Il en résulta que les défauts de la méthode d'enseignement talmudique, déjà mentionnés plus haut, la subtilité, l'habitude d'ergoter, la finasserie, pénétrèrent dans la vie pratique et dégénérèrent en duplicité, en esprit retors, en déloyauté. Il était difficile aux Juifs de se tromper entre eux, parce qu'ils avaient reçu tous une éducation à peu près identique et que, par conséquent, ils pouvaient se servir des mêmes armes. Mais ils usaient souvent de ruse et de moyens déloyaux à l'égard des non-juifs, oubliant que le Talmud et les plus illustres docteurs du judaïsme flétrissent le tort fait aux adeptes d'autres croyances au moins aussi énergiquement que celui dont on se rend coupable envers des coreligionnaires. Du reste, leur piété même était entachée de cet esprit d'exagération et de raffinement; ils rivalisaient entre eux d'étroit rigorisme, mais ignoraient, pour la plupart, la foi sincère, simple, amie de la droiture et de la vérité.

Ils expièrent cruellement cet affaiblissement de leur sens moral. Dans leur aveuglement, ils s'étaient faits les complices de la noblesse et des Jésuites pour opprimer les Cosaques de l'Ukraine et de la Petite-Russie. Les magnats voulaient réduire ces Cosaques en serfs, les Jésuites désiraient les transformer en catholiques romains, et les Juifs établis dans ces régions cherchaient à s'enrichir à leurs dépens et s'érigeaient en juges sur eux. Étant en rapports plus fréquents avec les Juifs, les Cosaques les haïssaient plus que leurs autres oppresseurs. La population juive eût pu reconnaître à des signes manifestes qu'ils seraient les premières victimes dans le cas où les Cosaques se révolteraient. Lors d'un très court soulèvement des Zaporoges, sous la conduite de leur hetman Pawliuk (vers 1638), deux cents Juifs furent tués et plusieurs synagogues détruites. Ils n'en persistèrent pas moins dans leur conduite imprudente. D'ailleurs, en 1648 ils attendaient le Messie, selon la promesse contenue dans le *Zohar*, et l'espoir de la prochaine délivrance les rendait encore plus sévères pour les Cosaques.

Ils apprirent tout à coup avec effroi la rébellion des Cosaques, soulevés à la voix de l'hetman Bogdan Chmielnicki. Vaillant guerrier et habile stratégiste, Chmielnicki était en même temps cruel et perfide. Les Juifs l'avaient profondément blessé quand il occupait encore une situation subalterne. Aussi disait-il aux Cosaques, dès le début de la révolte : « Le peuple polonais nous a livrés comme esclaves à ces maudits Juifs, » et ces mots suffirent pour exciter les rebelles à tous les crimes. Les Zaporoges, alliés aux Tartares, battirent une première fois l'armée polonaise (1648). Après cette victoire, ils envahirent les villes situées à l'est du Dniéper, entre Kiew et Pultava, pillant et massacrant les Juifs qui n'avaient pas cherché leur salut dans la fuite. Plusieurs milliers périrent ainsi. Le sort de ceux que les Tartares firent prisonniers fut plus heureux ; ils furent transportés en Crimée et rachetés par leurs coreligionnaires turcs. Pour échapper à la mort, quatre communautés juives, comptant environ trois mille âmes, se livrèrent aux Tartares avec tous leurs biens. Ces Juifs aussi furent envoyés en Turquie et rachetés. Afin de réunir les sommes nécessaires au rachat de tous ces prisonniers, la communauté de Constantinople envoya un délégué en Hollande, pour y recueillir des subsides.

Pendant le règne de Ladislas, Chmielnicki, après ses premiers succès, parut disposé à traiter avec ce souverain. Malheureusement, Ladislas mourut, et, comme toujours, durant l'interrègne (mai-octobre 1648), la Pologne resta livrée à l'anarchie. Chmielnicki en profita pour faire dévaster les provinces polonaises par ses lieutenants. Il se forma de vraies bandes d'assassins, nommés *haidamaks* (partisans), qui accomplirent d'épouvantables tueries parmi les Polonais et les Juifs. Morosenko, l'un des chefs, qui faisait étrangler les femmes catholiques et juives avec des lanières de cuir, disait en raillant qu'il « les ornait de colliers rouges ».

Un autre chef, Ganja, quelques semaines après la victoire des Cosaques, marcha contre la forteresse de Nemirov, où se trouvaient 6.000 Juifs. Ceux-ci, attaqués par les Cosaques du dehors et par les catholiques grecs de la ville, furent presque tous égorgés. A Toulczyn, il y avait 6.000 chrétiens et environ 2.000 Juifs. Parmi ces derniers, la plupart étaient décidés à vendre chèrement leur vie. Ils s'entendirent donc avec la noblesse, sous la foi du serment, pour défendre la ville jusqu'au dernier homme. Pour se rendre maîtres de la forteresse, les Cosaques usèrent d'un stratagème. Ils affirmèrent à la noblesse qu'ils n'en voulaient qu'aux Juifs et qu'ils se retireraient dès que leurs ennemis leur auraient été livrés. Oubliant leur serment, les nobles ouvrirent aux rebelles les portes de la ville. Les Juifs, placés dans l'alternative de se convertir ou de mourir, choisirent la mort; près de 1.500 furent tués sous les yeux de la noblesse. Celle-ci ne tarda pas à subir le châtiment de son parjure. Privée du concours des Juifs, elle fut attaquée, à son tour, par les Cosaques et massacrée. Cet événement eut au moins pour résultat de resserrer les liens entre les Polonais et les Juifs, et, pendant toute la durée de cette longue lutte, les deux alliés ne cessèrent de se prêter un appui réciproque. Dans le même temps, des haidamaks, conduits par Hodki, pénétrèrent dans la Petite-Russie et tuèrent de nombreux Juifs à Homel, à Starodoub, à Czernigov et dans d'autres villes situées à l'ouest et au nord de Kiew.

Le prince Jérémie Wischniowiecki, le seul personnage polonais qui se signala vraiment comme un héros dans toutes ces luttes, accueillit les Juifs au milieu de sa petite, mais vaillante armée, avec laquelle il poursuivait sans relâche les bandes cosaques. Mais, réduit à ses propres forces et écarté du commandement suprême par la jalousie, il dut se retirer devant le trop grand nombre d'ennemis. Sa retraite eut pour les Juifs les plus terribles conséquences. On rapporte que dans la forteresse de Polonnoïé, située entre Zaslav et Zytomir, les haidamaks, auxquels s'étaient joints les catholiques grecs de la ville, massacrèrent 10.000 Juifs.

Par suite de la malheureuse issue de la deuxième guerre entre les Polonais et les Cosaques, il n'y eut plus de sécurité même pour les Juifs éloignés des premiers champs de bataille. Ils ne pouvaient échapper à la fureur des Zaporoges qu'en passant la frontière de la Valachie. L'immense espace qui s'étend depuis le sud de l'Ukraine jusqu'à Lemberg, en passant par Dubno et Brody, était semé de cadavres juifs. Dans la ville de Bar, on en tua de 2.000 à 3.000. Pas plus les Cosaques réguliers que les sauvages haidamaks ne faisaient de différence entre les rabbanites et les caraïtes ; ils massacraient tout, sans distinction. Aussi ne resta-t-il que de rares débris des quelques communautés caraïtes de Pologne. A Lemberg, beaucoup de rabbanites succombèrent à la faim et à la maladie, et la communauté dut remettre tous ses biens aux Cosaques pour prix de sa rançon. De Lemberg, Chmielnicki se rendit avec ses troupes à Zamosc pour se rapprocher de Varsovie et faire valoir son avis dans l'élection du roi.

A Narol, qu'ils rencontrèrent sur leur chemin, les Zaporoges accomplirent un épouvantable carnage (au commencement de novembre). On évalue le nombre des victimes à 45.000, dont 12.000 Juifs. Les haidamaks se répandirent ensuite dans la Volhynie, la Podolie et la Russie occidentale, semant partout la ruine et la mort. Dans plusieurs villes, Juifs et catholiques prirent les armes et réussirent à chasser ces bandes sanguinaires.

A la suite de l'élection du roi de Pologne, la lutte cessa quelque temps. Après avoir fait nommer son candidat, Jean-Casimir, primat de Gnesen, Chmielnicki se décida à abandonner la région où il avait accumulé tant de ruines ; il retourna dans l'Ukraine. Les commissaires polonais le rejoignirent dans sa résidence pour traiter avec lui de la paix. Comme il exigeait qu'il n'y eût plus dans les provinces cosaques ni église catholique ni Juifs et que les délégués polonais ne voulaient pas y souscrire, les pourparlers furent rompus (16 février 1649). Une troisième fois, la guerre recommença. Dans la rencontre qui eut lieu près de Sbaraz, l'armée polonaise était menacée d'une complète destruction quand le roi eut l'idée de s'adresser, pour la conclusion de la paix, au chef des Tartares (août 1649). Les conditions imposées ne différèrent pas beaucoup de celles qu'avait proposées Chmielnicki ; les

Juifs ne pouvaient plus habiter aucune localité importante du pays des Cosaques.

La paix signée, les fugitifs juifs retournèrent dans leurs demeures, là où il leur était permis de s'établir. Ceux qui s'étaient convertis par crainte de la mort furent autorisés par le roi Jean-Casimir à revenir publiquement au judaïsme. Plusieurs centaines d'enfants juifs, devenus orphelins et élevés dans le christianisme, furent également réintégrés dans leur ancienne religion. On essaya de déterminer à quelle famille ils appartenaient et on leur attacha au cou un petit rouleau indiquant leur généalogie, pour qu'ils pussent éviter plus tard de contracter des mariages prohibés. Un synode de rabbins et de chefs de communauté se réunit à Lublin, dans l'hiver de l'année 1650, pour examiner par quelles mesures ils pourraient relever le judaïsme polonais et atténuer les effets désastreux de ces temps troublés. Des centaines de femmes juives ne savaient pas si leurs maris étaient morts ou s'ils erraient quelque part, dans l'est ou l'ouest, en Turquie ou en Allemagne, et, par conséquent, si elles pouvaient se remarier ou non. D'autres difficultés religieuses étaient encore à résoudre. On dit que le synode prit sur les différents points de très sages décisions. Sur la proposition de Schabbataï Kohen ou, par abréviation, Schakh, les communautés polonaises établirent un jour de jeûne à la date où se produisit le premier massacre des Juifs de Nemirov (20 sivan).

La paix durait depuis un an et demi quand Chmielnicki reprit les armes et envahit de nouveau la Pologne avec les Zaporoges. Les premières victimes de la guerre furent encore une fois les Juifs. Mais, comme leur nombre était alors bien diminué en Pologne et que, d'un autre côté, ces longues luttes les avaient habitués à se défendre vaillamment, les massacres furent bien moins considérables que dans les guerres précédentes. Du reste, la victoire ne resta pas fidèle aux Cosaques. Ceux-ci, après avoir appelé les Tartares à leur aide, furent abandonnés brusquement par leurs alliés, qui emmenèrent Chmielnicki prisonnier. Les Cosaques furent obligés de traiter. Jean-Casimir et ses ministres stipulèrent que les Juifs pourraient s'établir librement dans toute l'Ukraine et prendre des terres à ferme.

La paix conclue, Chmielnicki n'attendit qu'une occasion pour recommencer la lutte. Dès que son autorité, ébranlée par ses derniers échecs, fut de nouveau consolidée et qu'il eut comblé les vides faits dans son armée, il reprit les hostilités. Ne pouvant plus compter sur le concours des Tartares, il entraîna les Russes dans sa guerre contre la Pologne. Par suite de l'entrée en campagne des Russes (1654-1655), les communautés juives établies dans l'ouest de la Pologne et dans la Lithuanie, que les Cosaques avaient ménagées jusque-là, furent également atteintes par le fléau. Les Juifs de Vilna disparurent tous, par les massacres ou la fuite. Quand, l'année suivante (1656), les Suédois, sous la conduite du roi Charles X, se joignirent aux autres ennemis de la Pologne, de nouvelles régions furent envahies et, par conséquent, de nouvelles communautés juives, de Posen à Cracovie, eurent à endurer les plus grandes souffrances. Pillés, maltraités, tués par les diverses armées ennemies, Cosaques, Russes, Suédois, les Juifs ne furent même pas toujours épargnés par les Polonais. Le général Czarnicki les laissa massacrer par ses soldats, sous prétexte qu'ils avaient des accointances avec les Suédois. Seul le prince-électeur de Brandebourg les traita avec équité. En ces dix années de guerre (1648-1658), plus de trois cents communautés furent détruites en Pologne et plus de 250,000 Juifs tués. Ceux qui restaient étaient appauvris et découragés, accomplissant les travaux les plus durs et les plus humiliants pour ne pas mourir de faim.

On revit à cette époque le lamentable spectacle qu'avaient présenté les Juifs expulsés de l'Espagne et du Portugal. Partout on rencontrait des Juifs polonais, à l'aspect hâve et décharné, qui erraient à la recherche d'un asile. A l'ouest, à travers la région de la Vistule, beaucoup de ces fugitifs arrivèrent à Hambourg, émigrèrent à Amsterdam ou furent expédiés à Francfort-sur-le-Mein et dans d'autres villes rhénanes. Du côté du sud, ils allèrent se réfugier dans la Moravie, la Bohême, l'Autriche, la Hongrie et jusqu'en Italie. Ceux que les Tartares avaient faits prisonniers furent emmenés dans les provinces turques et envoyés en partie dans les États barbaresques. Dans toutes les villes, ils trouvèrent un accueil cordial auprès de leurs coreligionnaires, qui s'empressaient de subvenir à tous leurs besoins. En Italie, les communautés s'imposèrent de lourds sacrifices pour les racheter et les secourir ; les membres aisés de la communauté de Livourne consacrèrent à cette œuvre de charité le quart de leurs revenus. Les Juifs d'Allemagne et d'Autriche, presque ruinés par la guerre de Trente ans, réunirent également tous leurs efforts pour leur venir en aide.

Pour le judaïsme aussi, les excès des Cosaques eurent de malheureuses conséquences. Jusque-là, la méthode polonaise de l'enseignement talmudique n'avait exercé qu'une faible influence en Allemagne et en Italie. Mais quand, à la suite des massacres, les Juifs polonais se furent répandus dans les divers pays européens, leur érudition talmudique les fit appeler aux postes rabbiniques les plus importants et, par conséquent, leur action devint prépondérante. En Moravie, il y eut Efraïm Kohen et Schabbataï Kohen, à Amsterdam Moïse Ribkès, à Fürth et plus tard à Francfort-sur-le-Mein Samuel Aron Kaïdanover, à Metz Moïse Kohen de Vilna. Fiers de leur supériorité, tous ces talmudistes polonais dédaignaient les rabbins allemands, portugais ou italiens, et, loin de se corriger de leurs défauts, imposaient leurs habitudes à leurs autres coreligionnaires. On se moquait des *Polacks*, mais on acceptait leur autorité. Quiconque voulait étudier sérieusement le Talmud, devait suivre l'enseignement d'un maître polonais. Dans toutes les communautés où ils fonctionnaient, les rabbins polonais faisaient prévaloir un rigorisme étroit et mesquin, le dédain pour l'étude de la Bible et l'horreur des sciences profanes. Dans le siècle de Descartes et de Spinoza, quand, en Europe, le moyen âge avait disparu définitivement devant l'esprit des temps modernes, ces réfugiés introduisirent dans le judaïsme européen des manières de penser et d'agir qui constituèrent pour lui un véritable moyen âge et dont l'influence se fit sentir pendant plus d'un siècle.

CHAPITRE VIII

L'ÉTABLISSEMENT DES JUIFS EN ANGLETERRE ET LA RÉVOLUTION ANGLAISE

(1655-1666)

A l'époque même où, en Pologne, les Juifs étaient pourchassés et massacrés, ils virent s'ouvrir pour eux un pays qui leur était resté fermé pendant deux siècles et demi. Ce pays était l'Angleterre. Les Juifs d'Amsterdam et de Hambourg, qui étaient en rapports avec les marchands, les armateurs et les savants de cette île, désiraient ardemment pouvoir y établir une colonie, mais l'exécution de ce projet semblait se heurter à des obstacles insurmontables. Le haut clergé anglais était peut-être encore plus intolérant que les papistes qu'il persécutait, et le peuple anglais, qui n'avait pas vu de Juifs depuis des siècles, partageait, en grande partie, l'aversion du clergé.

Un homme courageux entreprit alors la tâche difficile de dissiper les préjugés des Anglais contre les Juifs. Manassé ben Israël, deuxième ou troisième rabbin d'Amsterdam, qui ne jouait qu'un rôle secondaire dans sa patrie et trouvait si peu de ressources dans ses fonctions de prédicateur qu'il était résolu, pour nourrir sa famille, à aller s'établir comme commerçant au Brésil, ce savant à la fois prudent et hardi, énergique et souple, vaniteux et désintéressé, réussit à faire admettre ses coreligionnaires en Angleterre. Il n'était pas d'une intelligence supérieure, mais il inspirait la sympathie et recevait un excellent accueil dans tous les milieux. Il possédait aussi une rare facilité d'élocution, beaucoup de chaleur, et il savait porter la conviction dans les esprits. C'était surtout un grand cœur.

Au point de vue littéraire, il prit pour modèle Isaac Abrabanel, dont il avait épousé l'arrière-petite-fille, Rahel Soeira. A l'exemple d'Abrabanel, il composa un ouvrage, le *Conciliador*, où il essayait de concilier les apparentes contradictions des livres saints, mais avec moins de prolixité et d'ennuyeux développements que son modèle. Manassé était un lecteur un peu crédule, il acceptait tout sans critique, le vrai comme le faux, ajoutant la même foi aux inventions des mystiques qu'aux récits de la Bible. Il était convaincu de la vérité de la Cabbale et de la théorie de la métempsycose. Pourtant, aux yeux des contemporains, les ouvrages de Manassé eurent une très grande autorité. Ils plaisaient par l'élégance du style et inspiraient confiance par l'étendue de l'érudition qui s'y manifestait. Savants juifs et savants chrétiens l'admiraient et le respectaient.

A ce moment, sous l'influence des circonstances et l'impulsion de l'illustre philologue Joseph Scaliger, la Hollande était devenue un centre de remarquables recherches scientifiques. On s'appliquait surtout à étudier à fond les langues et les littératures grecques, latines et hébraïques. A côté de l'hébreu, Joseph Scaliger, l'oracle des théologiens protestants, avait également appelé l'attention des savants sur la littérature rabbinique et témoignait même de la considération pour le Talmud. Ses disciples suivirent son exemple et se consacrèrent avec un grand zèle à cette branche de la science, pour laquelle on n'avait manifesté que dédain un siècle auparavant. A Bâle, Jean Buxtorf l'ancien se distingua par sa profonde science de l'hébreu et de la littérature rabbinique, qu'il fit connaître dans les milieux chrétiens. Il entretint une correspondance suivie, en langue hébraïque, avec des savants juifs d'Amsterdam, de l'Allemagne et de Constantinople. Des femmes même s'occupaient d'hébreu, Anne-Marie Schurmann d'Utrecht, Dorothée Moore et l'excentrique reine Christine de Suède. Enfin, l'hébreu était étudié par des hommes d'État tels que le Hollandais Hugo Grotius et l'Anglais Jean Selden, qui avaient besoin de le savoir pour leurs recherches historiques ou théologiques.

Mais, malgré leur zèle pour ces études, les savants chrétiens ne pouvaient se diriger dans la littérature rabbinique qu'avec l'aide d'un guide juif. Ils accueillirent donc avec une vive satisfaction les ouvrages de Manassé ben Israël, où se rencontraient de nombreux documents rabbiniques et qui exposaient des points de vue tout nouveaux. Parmi les chrétiens qui recherchèrent son amitié, on trouve des érudits que l'Eglise persécuta ou déclara hérétiques à cause de la hardiesse de leurs opinions, et aussi des mystiques qui attendaient l'avènement du cinquième empire, ou, selon le langage de Daniel, le règne des saints. Les excès sanglants de la guerre de Trente ans et les souffrances qui en résultèrent avaient fait croire à bien des rêveurs que l'époque messianique du règne millénaire, annoncée par le livre de Daniel et les Apocalypses, était proche, et que les maux présents étaient les précurseurs des félicités attendues. Ces illuminés ne comprenaient pas la réalisation de leurs rêves sans la participation des Juifs, qui, les premiers, avaient reçu l'annonce de cet important événement. Mais dans leur pensée, rien ne pouvait se produire avant que les Juifs eussent repris possession de la Terre sainte. Or, cette entreprise présentait de grandes difficultés. Pour se conformer aux paroles des Prophètes, il fallait, avant tout, retrouver et réunir les dix tribus disparues. Ensuite, Israël ne pouvait reconquérir la Palestine qu'avec le concours d'un Messie issu de la famille de David. Ces chrétiens mystiques s'en remettaient aux circonstances pour aplanir les difficultés qui pourraient s'élever entre leur propre Rédempteur, c'est-à-dire Jésus-Christ, et celui qu'ils attendaient pour le compte des Juifs.

De telles extravagances trouvaient créance auprès de Manassé ben Israël, car lui aussi attendait, sinon l'arrivée du règne millénaire des saints, du moins la venue prochaine du Messie, selon la promesse des cabbalistes. D'après le *Zohar*, en effet, l'heure de la délivrance devait sonner en 1648. Manassé fut donc très heureux de recevoir d'un mystique chrétien, Mochinger de Dantzig, une lettre où il lisait les mots suivants : « Sache que j'approuve et respecte vos doctrines religieuses et que je forme le souhait, avec certains de mes coreligionnaires, qu'Israël soit enfin éclairé de la vraie lumière et retrouve son ancienne gloire et son ancien salut. » Un autre mystique de Dantzig, Abraham de Frankenberg, gentilhomme des environs d'Oels (Silésie) et disciple de Jacob Böhm, lui écrivait : « La vraie lumière émanera des Juifs ; leur temps est proche. Chaque jour, on apprendra de différentes régions les miracles opérés en leur faveur, et toutes les îles se réjouiront avec eux. » Dans son entourage immédiat, Manassé avait deux amis chrétiens qui exaltaient la future gloire d'Israël, Henri Jessé et Pierre Serrarius. En France aussi, vivait à cette époque un rêveur d'une nature particulière, le huguenot Isaac La Peyrère, de Bordeaux, au service du duc de Condé. Dans un écrit intitulé *Rappel des Juifs,* La Peyrère expose que « les Juifs devront être rappelés de tous les coins du monde où ils sont disséminés, pour retourner bientôt en Palestine. En sa qualité de fils aîné de l'Église, le roi de France a pour mission de ramener dans la Terre sainte le peuple d'Israël, qui est le fils aîné de Dieu ».

C'était surtout en Angleterre qu'on professait alors un profond respect pour « le peuple de Dieu », principalement parmi ceux qui avaient toute action sur la direction des affaires de l'État. A côté des épiscopaux, des presbytériens et des catholiques, il s'était, en effet, formé dans ce pays un quatrième parti, qui avait inscrit sur son drapeau : liberté religieuse pour tous. Ce parti énergique et intelligent, appelé les *Puritains,* arriva au pouvoir grâce au despotisme aveugle de Charles Ier et à l'égoïsme du Long Parlement.

Le chef de ce parti était Olivier Cromwell, qui conquit la liberté religieuse non seulement pour lui et les siens, mais aussi pour les autres. Cromwell et ses officiers étaient de vrais « soldats de Dieu », qui avaient tiré l'épée pour une cause juste et élevée, et qui rêvaient d'organiser un Etat fondé sur la religion et la morale. Comme autrefois les Macchabées, les guerriers puritains avaient « le glaive en main et les louanges de Dieu dans la bouche ». Avant et après le combat, ils lisaient la Bible. C'est, en effet, dans l'Ancien Testament que ces vaillants soldats puisaient leur foi et leur énergie, c'est là qu'ils trouvaient des modèles qui les encourageaient à lutter contre un roi parjure, une aristocratie hypocrite et un clergé indigne : les Juges, délivrant le peuple du joug étranger ; Saül, David, Joab, chassant l'ennemi de leur pays ; Jéhu, exterminant une famille royale qui était idolâtre et débauchée. Dans chaque verset des livres de Josué, des Juges, de Samuel et des Rois, ils trouvaient des allusions à leur propre situation, chaque psaume répondait à leurs propres pensées. Cromwell se comparait à Gédéon qui, au début, n'obéit à la voix divine qu'en tremblant et qui dispersa ensuite vigoureusement les légions païennes.

Ainsi familiarisés avec l'histoire, les prophéties et la poésie de l'Ancien Testament et pénétrés de l'esprit de la Bible, les Puritains reportaient le respect que leur inspiraient les livres saints sur le peuple qui en est le héros. Pour eux, c'était un vrai miracle que ce peuple, comblé de faveurs si extraordinaires et châtié avec une si rigoureuse sévérité, n'eût pas encore complètement disparu. Ils conçurent donc le désir de voir de leurs propres yeux cette antique race, de l'attirer dans la communauté de Dieu qu'ils voulaient créer en Angleterre. Ceux qui, dans l'armée de Cromwell ou le Parlement, rêvaient du prochain avènement du règne millénaire réservaient aux Juifs un rôle particulièrement brillant dans l'empire des saints. Prenant à la lettre certaines expressions des Prophètes, un prédicateur puritain, Nathanel Holmès (Homesius), exprima le désir de devenir le serviteur d'Israël et de servir ce peuple à genoux. La vie publique, comme les sermons, reçut en quelque sorte une empreinte israélite. Si les membres du Parlement avaient parlé hébreu, on aurait pu se croire revenu en Judée. Un écrivain émit même le vœu de célébrer le samedi, et non pas le dimanche, comme jour de repos. D'autres formulèrent le souhait que l'Angleterre adoptât les lois politiques de la Tora.

Manassé ben Israël suivait avec émotion ce qui se passait en Angleterre, il y voyait l'annonce de l'arrivée prochaine du Messie et il déploya une activité fiévreuse pour hâter la réalisation de ses espérances. A sa profonde joie, un chrétien anglais, Edouard Nicolas, publia un plaidoyer chaleureux « en faveur de la noble nation juive et des enfants d'Israël. » Dans cet écrit, dédié au Long Parlement, les Juifs, qualifiés de peuple élu, étaient traités avec une bienveillance à laquelle ils n'étaient pas accoutumés. A la fin, l'auteur y déclarait qu'il n'avait pas composé ce mémoire à l'instigation des Juifs, mais par amour pour Dieu et pour son pays. Selon lui, les maux amenés par les guerres civiles et religieuses étaient un châtiment divin, parce que les Anglais avaient persécuté les Juifs, ces favoris de Dieu ; on devait donc tenir compte de cet avertissement, traiter les Juifs avec bonté et les accueillir en Angleterre. Après avoir démontré par de nombreux versets bibliques la prédilection de Dieu pour Israël, il rappelait les paroles d'un prédicateur qui avait cité dans le Parlement ce passage des Psaumes : « Ne touchez pas à mes oints et ne maltraitez pas mes prophètes, » et qui avait affirmé que les nations étaient heureuses ou malheureuses selon qu'elles se montraient justes ou malveillantes à l'égard des Juifs. « Il est donc de votre devoir, continuait-il, de favoriser les Juifs, de les consoler, de nous faire pardonner le sang innocent répandu dans notre pays et de les unir à nous par des relations amicales. Sans doute, les papes qui humilient et oppriment les Juifs verraient avec déplaisir que l'Angleterre les traite équitablement ; ce serait là un motif de plus de leur témoigner des égards. »

Ce livre apologétique produisit une très vive sensation en Angleterre et en Hollande. Manassé en éprouva une joie très grande, et il se mit immédiatement à l'œuvre, de son côté, pour obtenir pour les Juifs le droit de séjourner en Angleterre. Son esprit était pourtant hanté d'une grave préoccupation : il se demandait, avec beaucoup d'illuminés chrétiens, ce qu'étaient devenues les dix tribus que Salmanasar, roi d'Assyrie, avait exilées. Restaurer le royaume juif sans ces dix tribus lui paraissait impossible, car c'eût été s'écarter des paroles des Prophètes, qui affirment qu'Israël sera de nouveau réuni à Juda. Il importait donc de démontrer l'existence de ces tribus. Manassé fut servi à souhait par le hasard. Un voyageur juif, Montezinos, avait, en effet, affirmé par serment quelques années auparavant que, dans une région de l'Amérique du Sud, il avait rencontré des Juifs indigènes descendant de la tribu de Reüben. Fermement convaincu de la vérité de cette affirmation, Manassé l'exposa dans son « Espérance d'Israël », qu'il écrivit pour préparer les esprits à la venue du Messie.

Pour Manassé, en effet, l'époque de la délivrance était proche ; bien des indices en faisaient foi. « Puisque les menaces des Prophètes contre Israël se sont réalisées avec une si douloureuse précision, on peut légitimement espérer que leurs promesses aussi s'accompliront. » Manassé énumère, dans son livre, une série de martyrs brûlés en Espagne et en Portugal parce qu'ils avaient refusé d'abjurer leur foi. Il signale surtout avec admiration le cas d'un jeune noble chrétien, Don Lope de Vera y Alarcon, qui s'était converti au judaïsme, avait pris le nom de Juda « le croyant » et confessé avec courage ses nouvelles convictions. Incarcéré pendant plusieurs années, il était monté ensuite sur le bûcher (25 juillet 1644).

C'est sous l'impression de ces atrocités de l'Inquisition que Manassé écrivit son « Espérance d'Israël », où il affirme l'existence des dix tribus à laquelle il rattache l'espoir de la prochaine délivrance. Il remit ensuite ce traité, en langue latine, à un haut personnage de l'Angleterre pour le communiquer au Parlement et au conseil d'État. Il y ajouta un mémoire où il essayait de prouver qu'avant de pouvoir retourner dans leur pays d'origine, les Juifs devaient être disséminés d'un bout de la terre à l'autre. Or, comme l'Angleterre se trouvait, à ses yeux, sur les confins septentrionaux du monde habité, il lui paraissait indispensable de les ramener dans cette contrée. Il sollicita donc le conseil d'État et le Parlement d'autoriser les Juifs à se rendre en Angleterre, d'où ils étaient exclus depuis trois siècles, à y pratiquer librement leur religion et à y élever des synagogues (1650). Manassé ne cachait nullement ses espérances messianiques, car il savait que les « saints » ou puritains formaient des vœux pour le retour du peuple de Dieu dans son ancienne patrie et étaient tout di..... à l'y aider.

Les prévisions de Manassé semblèrent se réaliser, car sa requête fut accueillie favorablement par le Parlement. Lord Middlesex lui envoya même une lettre de remerciements avec cette suscription : « A mon cher frère, au philosophe hébreu Manassé ben Israël. » Sur ces entrefaites, la guerre éclata entre l'Angleterre et la Hollande, et Manassé vit de nouveau s'éloigner comme un mirage le but qu'il poursuivait. Mais, quand Cromwell eut dissous le Long Parlement, pour s'emparer du pouvoir (avril 1653), et qu'il eut manifesté la volonté de conclure la paix avec les États généraux des Pays-Bas, Manassé se remit à l'œuvre. Du reste, le nouveau Parlement convoqué par Cromwell était composé de prédicateurs puritains, d'officiers imprégnés de l'esprit biblique, d'illuminés qui attendaient le règne millénaire du Messie, et tous professaient le plus grand respect pour les antiques institutions du judaïsme. Ainsi, ils proposèrent très sérieusement de composer le conseil d'État de soixante-dix membres, sur le modèle du Synhédrin de Jérusalem, et le général Thomas Harrison, un anabaptiste, voulut faire adopter pour l'Angleterre les lois mosaïques. Le Parlement accueillit donc avec la plus grande bienveillance la requête de Manassé ben Israël, à qui il envoya un passeport pour venir discuter à Londres la question du retour des Juifs en Angteterre.

Craignait-on, parmi les Juifs, que Manassé ne fût pas assez habile pour triompher de toutes les difficultés ou qu'il nuisit à la cause de ses coreligionnaires en s'inspirant trop, dans ces négociations, de ses rêveries messianiques? Ce qui est certain, c'est qu'un Marrane, Manuel Martinez Dormido, s'empressa de se rendre à Londres pour remettre une supplique en faveur de l'établissement des Juifs dans la Grande-Bretagne. Dormido, qui avait occupé une situation importante en Espagne et que l'Inquisition avait tenu emprisonné assez longtemps avec sa femme et sa sœur, avait réussi à s'enfuir à Amsterdam, où il était revenu au judaïsme. Dans sa requête, il se déclarait ouvertement Juif et faisait ressortir les avantages considérables que les Marranes de l'Espagne et du Portugal, par leurs capitaux et leur expérience des affaires, assureraient à l'Angleterre. Quoique Cromwell recommandât cette requête au conseil d'État, elle fut rejetée (novembre 1654). Après cet échec, les Marranes mirent de nouveau tout leur espoir en Manassé.

Celui-ci marchait alors en plein rêve. D'avance il se sentait ébloui par les splendeurs de la glorieuse période messianique qui allait s'ouvrir pour Israël. Ses idées étaient, d'ailleurs, partagées par des illuminés chrétiens. Peu de temps auparavant, le Hollandais Henri Jessé avait publié un ouvrage intitulé : « Prochaine gloire de Juda et d'Israël. » Le médecin Paul Felgenhauer, de Bohême, mystique et alchimiste, alla plus loin. Persécuté à la fois, en Allemagne, par les catholiques et les protestants, il s'était réfugié à Amsterdam, et s'y était lié avec Manassé. Il publia le livre suivant (décembre 1654) : « Heureux message du Messie à Israël : elle est proche l'époque où Israël sera délivré de tous ses maux et ramené de la captivité et où le Messie viendra. Pour la consolation d'Israël, d'après les livres saints de l'Ancien et du Nouveau Testament, écrit par un chrétien qui attend le Messie avec les Juifs. » Felgenhauer déclare que les vrais croyants des autres religions sont également les descendants d'Abraham par l'esprit, et il en conclut que Juifs et chrétiens doivent s'aimer et s'unir en Dieu comme Juda et Israël. D'après lui, cette réconciliation des diverses confessions n'est plus éloignée, comme le prouvent les innombrables maux causés par la sanglante guerre de Trente ans.

Dans l'automne de l'année 1655, Manassé se décida à se rendre à Londres, où Cromwell lui fit le plus cordial accueil. Il était accompagné de Jacob Sasportas, qui avait exercé les fonctions de rabbin dans diverses villes africaines, et de plusieurs autres coreligionnaires. Londres était alors déjà habité par des Juifs, mais ils y vivaient sous le masque chrétien, comme à Bordeaux. Sous le règne d'Elisabeth, un médecin juif ou marrane, Lopez, avait joué un certain rôle dans cette ville comme protecteur et interprète d'un bâtard portugais, le prince Antonio, qui sollicitait l'aide de l'Angleterre pour disputer au roi d'Espagne le trône du Portugal. Victime d'intrigues, Lopez avait été accusé de trahison et condamné à mort par la reine. A la suite de cette condamnation, les parents et les amis marranes de Lopez avaient dissimulé encore plus soigneusement leur qualité de Juif.

Sous les Stuarts aussi, un petit nombre de Marranes étaient venus s'établir en Angleterre, où ils vivaient déguisés en chrétiens espagnols et portugais. Le plus considérable d'entre eux était Antonio Fernandez Carvajal, très riche armateur. Il fut accusé un jour d'avoir déserté le christianisme, mais, sur les instances des principaux marchands de Londres, le Parlement imposa silence à ses accusateurs. Tous ces Marranes célébraient en apparence les offices du culte catholique dans la chapelle de l'ambassadeur portugais, Antonio de Sousa, beau-père de Carvajal; en réalité, cette chapelle était une synagogue. Cromwell savait fort bien ce qui se passait, mais fermait les yeux. Les

Marranes se contentaient de cette situation équivoque et ne se décidèrent que difficilement à joindre leurs efforts à ceux de Manassé pour pouvoir observer ouvertement le judaïsme.

Pour donner plus de poids à sa démarche, Manassé se fit envoyer des procurations par les Juifs des divers pays européens et se présenta en Angleterre comme délégué de tous ses coreligionnaires. Il remit ensuite une « Adresse » à Cromwell, et en même temps il fit imprimer et répandre une « Déclaration » où il exposait les motifs qui plaidaient en faveur du rappel des Juifs et où il réfutait les objections qu'on pourrait y opposer. Les raisons invoquées peuvent se résumer en deux principales, une raison mystique et une raison économique. « Actuellement, dit-il, notre nation est dispersée partout et réside dans tous les pays florissants de la terre, en Amérique comme dans les trois autres parties du monde ; seule l'importante et puissante Grande-Bretagne ne possède pas de Juifs. Pour que le Messie puisse venir et nous apporter la délivrance, il est nécessaire que nous soyons également établis dans ce pays. » En deuxième lieu, il faisait valoir l'essor que les Juifs donneraient au commerce de l'Angleterre.

Cromwell était favorable au projet de Manassé. Il savait quels avantages l'Angleterre, dont le commerce était bien moins prospère que celui de la Hollande, retirerait de la présence des riches et habiles marchands juifs ou marranes d'Espagne et de Portugal. En outre, il était animé d'un réel sentiment de tolérance à l'égard de toutes les confessions. Mais, ce qui le prédisposait surtout en faveur du retour des Juifs en Angleterre, c'était l'espoir de les voir se convertir à la religion presbytérienne, qui, par son austérité et sa simplicité, se rapprochait bien plus du judaïsme que du culte catholique. Pour amener le peuple à ses idées, il les fit exposer et propager par deux des plus zélés indépendants, Hugh Peters, son secrétaire, et Harry Martens, membre du conseil d'État.

Le 4 décembre 1655, Cromwell convoqua à Whitehall une commission pour examiner la requête de Manassé. Les délibérations portèrent sur deux points principaux : les Juifs peuvent-ils légalement s'établir en Angleterre, et, en cas d'affirmative, sous quelles conditions seront-ils autorisés à revenir dans ce pays ? Ces débats soulevèrent dans le peuple les plus diverses passions. Haine aveugle contre les déicides et amour mystique pour le peuple de Dieu, crainte de la concurrence et désir de conquérir, grâce aux Juifs portugais et espagnols, la supériorité commerciale sur la Hollande, préjugés de toute sorte, tels étaient les sentiments qui divisaient alors les Anglais en amis et en adversaires des Juifs. Les partis aussi s'en mêlèrent. Les adhérents de Cromwell et, en général, les républicains demandaient l'établissement des Juifs en Angleterre, les papistes et les royalistes le combattaient.

Dès le début de la discussion, les représentants des droits de l'État déclarèrent que nulle loi ne s'opposait au retour des Juifs, attendu que l'édit de proscription promulgué autrefois contre eux n'avait pas été sanctionné par le Parlement. Les délégués de Londres réservèrent leur opinion, mais le clergé se prononça énergiquement contre les Juifs. Pour obtenir un résultat favorable, Cromwell fit adjoindre au clergé trois ecclésiastiques de ses amis, mais à la séance de clôture (18 décembre 1655), qu'il présida lui-même, il vit quand même la majorité du clergé repousser sa proposition. Après avoir de nouveau exposé avec chaleur les raisons qui lui paraissaient plaider en faveur du séjour des Juifs en Angleterre, Cromwell déclara les délibérations closes en se réservant la faculté de résoudre lui-même la question.

A la suite des délibérations de la commission de Whitehall, le conseil d'État décida d'autoriser les Juifs à séjourner en Angleterre, mais en les soumettant à de pénibles restrictions ; il leur était même interdit de se réunir pour célébrer les offices. Cromwell trouva cette défense trop dure et leur permit de célébrer leur culte dans une maison privée. Il ne pouvait pas se montrer plus libéral à ce moment, parce que le fanatisme du clergé et les préjugés de la foule étaient alors coalisés pour s'opposer à l'admission des Juifs. Un des adversaires les plus fanatiques des Juifs était l'agitateur et pamphlétaire William Prynne, qui, dans un libelle violent, renouvela contre eux toutes les anciennes calomnies, y compris l'accusation du meurtre rituel, et réunit tous les décrets promulgués contre eux au xiiie siècle. D'autres pamphlétaires suivirent l'exemple de Prynne. Probablement à l'instigation de Cromwell, Thomas Collier réfuta les assertions de Prynne dans un opuscule qu'il dédia au Protecteur.

Pendant qu'on discutait avec vivacité cette question en Angleterre, le gouvernement hollandais témoigna son mécontentement au sujet de l'entreprise poursuivie par Manassé ben Israël. Il craignait que ce dernier ne cherchât à faire partir les Juifs d'Amsterdam, avec leurs capitaux, pour Londres. Mais Manassé put prouver sans peine que ses efforts tendaient à ouvrir l'Angleterre, non pas à ses coreligionnaires de Hollande, qui jouissaient d'une grande liberté, mais aux malheureux Marranes d'Espagne et de Portugal.

Cet asile s'ouvrait pourtant moins facilement que ne l'avait espéré Manassé. Les préoccupations intérieures et extérieures ne laissaient pas à Cromwell assez de loisirs pour prêter un concours efficace au rabbin d'Amsterdam, et les adversaires des Juifs déployaient beaucoup d'activité. Les compagnons de Manassé, découragés, repartirent pour la Hollande, et des Marranes, qui s'étaient enfuis du Portugal pour l'Angleterre, s'arrêtèrent en route pour se fixer ensuite en Italie et à Genève.

Sur le conseil d'une haute personnalité, Manassé se décida alors à publier une nouvelle défense des Juifs, où il exposa, pour les réfuter, diverses accusations dirigées contre ses coreligionnaires. Cet écrit, sous forme de lettre, répond aux points suivants : usage du sang chrétien à la fête de Pâque; blasphèmes contre le Christ dans les prières; injures contre les chrétiens; culte idolâtre rendu aux rouleaux de la Tora. Ce plaidoyer est peut-être la meilleure œuvre de Manassé, qui y déploie une chaleur entraînante et une profonde conviction. Le ton en est d'une touchante tristesse. « Je verse des larmes amères et j'éprouve une douloureuse angoisse quand j'entends les chrétiens lancer une aussi épouvantable accusation contre les pauvres et malheureux Juifs, auxquels ils reprochent d'assassiner des chrétiens pour faire usage, à la fête de Pâque, de leur sang, qu'ils mêleraient aux pains azymes. » Manassé consacre la plus grande partie de son plaidoyer à la réfutation de cette odieuse calomnie, reproduite aussi par Prynne. « Je jure, dit-il, que je n'ai jamais vu pratiquer un tel usage en Israël et que jamais les Juifs n'ont perpétré ni essayé de perpétrer un pareil forfait. » Après avoir montré l'inanité de toutes les autres accusations, il achève son opuscule par une belle prière et par cette requête adressée à l'Angleterre : « Je supplie humblement l'honorable nation anglaise de lire mon exposé avec impartialité, sans préjugé et sans passion, et de faciliter l'avènement des temps annoncés par les Prophètes, pour que nous puissions nous réunir dans l'adoration de Dieu et assister aux consolations de Sion. »

Le plaidoyer de Manassé produisit une impression favorable, et, à la suite d'un incident qui se produisit, Cromwell se décida à sortir de la réserve qu'il s'était imposée jusque-là et à autoriser le séjour des Juifs en Angleterre. Un riche marchand portugais, Roblès, fut cité devant la justice sous l'inculpation d'être papiste (1656), et, comme l'Angleterre était alors en guerre avec le Portugal, sa fortune fut confisquée. Mais, sur l'initiative de Cromwell, le conseil d'État leva le séquestre, parce que l'inculpé était juif et non pas catholique. C'était reconnaître implicitement aux Juifs le droit d'habiter l'Angleterre. Les Marranes établis à Londres ne se trompèrent pas sur la portée de cette sentence; ils s'empressèrent de jeter le masque du christianisme. Grâce aux démarches de Carvajal et de Simon de Cacérès, ils purent même acquérir un cimetière spécial pour les membres de leur communauté (février 1657); ils furent également autorisés à observer publiquement leurs fêtes et à célébrer leur culte. On continua seulement de les considérer comme étrangers et de leur imposer, par conséquent, des taxes plus élevées. La campagne de Manassé ne fut donc pas infructueuse.

Quand Manassé manifesta le désir de retourner en Hollande, Cromwell le combla d'honneurs et lui accorda une pension annuelle de cent livres (20 février 1657). Manassé n'en jouit pas longtemps, car il mourut en chemin, à Middelbourg (novembre 1657), avant d'être revenu dans sa famille. Son corps fut transporté plus tard à Amsterdam, où une inscription funéraire rappelle son grand mérite.

L'année suivante, Cromwell mourut. Deux ans après sa mort,

le général Monk ramenait le prétendant Charles II en Angleterre et le rétablissait sur le trône. Pendant qu'il était encore simple prétendant, ce prince, qui avait toujours besoin d'argent, s'était déjà mis en rapport avec les Juifs d'Amsterdam et leur avait promis, dans le cas où la monarchie serait restaurée, d'autoriser l'établissement de leurs coreligionnaires en Angleterre s'ils lui fournissaient des armes et des capitaux. Il tint parole. Dès qu'il fut devenu roi, il permit à de nombreux Juifs de se fixer dans la Grande-Bretagne, sans que leur situation fût pourtant formellement réglée par une loi.

Au moment où se produisit cette amélioration dans la situation des Juifs, quel était l'état du judaïsme? La religion juive avait alors subi tant de modifications, s'était accrue de tant d'additions et d'emprunts étrangers qu'elle était devenue presque méconnaissable. Déjà les Soferim et les docteurs du Talmud avaient élevé de si nombreuses barrières et multiplié tellement leurs interprétations qu'on ne reconnaissait presque plus rien de la doctrine des Prophètes. Puis étaient venus les gaonim, les écoles des rabbins espagnols, français, allemands et polonais, les adeptes de la Cabbale, qui, successivement, avaient ajouté au judaïsme primitif leurs aggravations, leurs conceptions particulières, leurs erreurs. On ne se préoccupait plus des principes établis par la Tora et les Prophètes, à peine tenait-on compte des enseignements du Talmud; on s'attachait surtout aux opinions des autorités rabbiniques, et, en dernière instance, à celles de Joseph Karo et de Moïse Isserlès. La Cabbale aussi s'était glissée comme un poison dans le sein du judaïsme et avait agi sur presque tous les rabbins, que ce fût dans les communautés polonaises, à Amsterdam (Isaac Aboab da Fonseca), ou en Palestine (Isaïe Horwitz). Les rêveries extravagantes d'Isaac Louria, ses idées concernant l'origine des âmes, la métempsycose, l'association des âmes, la thaumaturgie, troublaient les esprits et égaraient les cœurs. « Les jeunes lionceaux » — c'est ainsi que s'appelaient les disciples de Louria — s'appliquaient avec un zèle ardent à enseigner ces absurdités et à répandre les plus extraordinaires légendes sur le pouvoir magique de leur maître. Pendant près de cinquante ans (1572-1620), jusqu'à sa mort, Hayyim Vital de Calabre exerça un empire absolu sur les âmes crédules de la Palestine et des régions voisines. Israël Sarouk propagea les doctrines de Louria en Italie et en Hollande. Alfonso ou Abraham de Herrera (mort en 1639), descendant, par sa mère, du capitaine-général espagnol et vice-roi de Naples, se laissa gagner également aux excentricités de la Cabbale et publia un ouvrage de vulgarisation sur le mysticisme. Enfin, Manassé ben Israël et ses contemporains hollandais se montrèrent absolument convaincus du caractère divin des élucubrations du *Zohar*.

Il y eut pourtant alors quelques hommes qui élevèrent des doutes sur la vérité du judaïsme rabbinique et cabbalistique, et hésitèrent même à accepter les enseignements du Talmud. D'autres allèrent plus loin ; ils combattirent plus ou moins ouvertement le judaïsme de ce temps. Ce ne fut ni en Allemagne, ni en Pologne, ni même en Asie que se rencontrèrent ces esprits hardis, mais dans des communautés italiennes et portugaises, dont les membres avaient des relations avec les milieux cultivés des autres confessions. Uriel Acosta aux Pays-Bas, Juda Léon Modena, Joseph Delmedigo, Simon Luzzato, en Italie, furent les premiers à élever la voix contre la religion juive, telle qu'elle était alors pratiquée. Mais ils se contentèrent de protester, sans préconiser aucune réforme.

Uriel da Costa (Gabriel Acosta), né vers 1590 et mort en 1640, descendait d'une famille marrane d'Oporto dont les divers membres, terrorisés par l'Inquisition, étaient devenus de fervents catholiques. A l'exemple de la plupart des jeunes gens de la bourgeoisie portugaise de cette époque, il avait étudié le droit ; il était ainsi préparé à remplir, le cas échéant, des fonctions ecclésiastiques. A l'époque de sa jeunesse, les jésuites avaient déjà conquis une grande influence sur les consciences et réussi à asservir les âmes en présentant sous d'épouvantables images les éternels supplices de l'enfer. Selon eux, on n'échappait à ces terribles tortures qu'en accomplissant toutes les pratiques religieuses et en se confessant avec une ponctuelle régularité. Tout en suivant fidèlement toutes les prescriptions, Gabriel da Costa ne se sentait pourtant pas tranquille. Malgré lui, des doutes s'élevèrent dans son esprit sur les dogmes du christianisme. Dans l'espoir de retrouver le calme, il se mit alors à étudier l'Ancien Testament. Peu à peu il se pénétra de la conviction que la vérité se trouvait dans le judaïsme, dont les dogmes ont été adoptés, du reste, par l'Église. Da Costa résolut alors d'abandonner le catholicisme et de revenir à la foi de ses aïeux. Ayant réussi, avec sa famille, à échapper à la surveillance de l'Inquisition, il s'embarqua pour Amsterdam, où lui et ses frères embrassèrent le judaïsme. Il prit le nom d'Uriel.

D'une imagination ardente et d'un caractère enthousiaste, Da Costa avait conçu un judaïsme particulier qu'il espérait voir pratiquer à Amsterdam. Sa déception fut grande quand il s'aperçut que la réalité ne répondait pas à son idéal et que les usages religieux suivis par les Juifs hollandais ne concordaient même pas avec la législation mosaïque. Comme il avait fait de sérieux sacrifices à ses convictions, il se crut en droit d'exprimer publiquement ses déceptions et de signaler l'abîme qui séparait le judaïsme rabbinique de la religion de Moïse. De là des attaques très vives contre les ordonnances des rabbins ou, comme il les appelait, des « Pharisiens. » Après avoir tant souffert pour leur foi, les Juifs d'Amsterdam furent irrités qu'un des leurs l'attaquât et s'en moquât. Da Costa fut donc menacé d'excommunication s'il continuait de transgresser les lois cérémonielles, mais il n'en persista pas moins dans ses opinions. Le collège rabbinique l'exclut alors de la communauté, et ses plus proches parents s'éloignèrent de lui. Isolé de ses coreligionnaires, de ses amis et de sa famille, ne pouvant pas se mettre en relations avec ses concitoyens chrétiens, dont il ne savait pas encore la langue, Da Costa s'aigrit de plus en plus et publia un ouvrage violent intitulé : « Examen des traditions pharisiennes », où il proclama sa rupture définitive avec le judaïsme.

A la suite de cette publication, les représentants officiels de la communauté d'Amsterdam accusèrent Da Costa auprès des magistrats de nier l'immortalité de l'âme et de repousser ainsi, non seulement les doctrines juives, mais aussi les enseignements du christianisme. Il fut alors emprisonné pendant quelques jours et condamné finalement à une amende. Supportant mal son isolement, il céda aux instances d'un de ses parents, et, au bout de quinze ans, il se réconcilia avec la Synagogue.

Cette réconciliation ne fut pas de longue durée, car Da Costa était de caractère trop emporté pour imposer longtemps silence à ses convictions. De nouveau il déclara la guerre au judaïsme traditionnel, et de nouveau il fut appelé à comparaître devant le collège rabbinique. Ses juges décidèrent qu'il n'échapperait à une deuxième excommunication, bien plus pénible que la première, qu'en se soumettant à une pénitence solennelle. Par amour-propre il refusa de céder, et il fut mis une seconde fois en interdit.

Las de ces luttes incessantes, attristé de vivre séparé de tous les siens, il se décida à la fin à accepter la sentence des rabbins. On le mena dans une synagogue remplie d'hommes et de femmes, où il dut proclamer publiquement son repentir. Debout sur une estrade, il lut une confession détaillée de tous ses péchés, s'accusant d'avoir transgressé le repos sabbatique et les lois alimentaires, nié plusieurs articles de foi et dissuadé quelques personnes de se convertir au judaïsme. Après avoir promis solennellement de ne plus retomber dans ses erreurs, il jura de vivre désormais en bon israélite. Puis il se retira dans un coin de la synagogue, se dénuda jusqu'à la ceinture et reçut trente-neuf coups de lanière. Il s'assit alors par terre, et la sentence d'excommunication fut levée. Enfin, il dut s'étendre sur le seuil du temple, et tous les assistants enjambèrent son corps. C'était là un excès de sévérité, que les Marranes avaient emprunté à l'Inquisition.

La colère qu'il ressentit de ces traitements humiliants lui inspira la pensée de se tuer, mais, en même temps, il voulait se venger de celui qu'il considérait comme le principal instigateur de ces persécutions, son frère ou son cousin. Pour émouvoir ses contemporains et la postérité sur son sort, il mit par écrit le récit de ses souffrances, y ajoutant de vives attaques et même d'odieuses accusations contre les Juifs. Après avoir achevé son testament, il prépara deux pistolets, en déchargea un sur son parent, qu'il manqua, et se tua avec l'autre (avril 1640). Quand on pénétra dans sa demeure, on découvrit l'autobiographie qu'il avait écrite sous le titre de « Spécimen d'une vie humaine », et qui était une violente diatribe contre les Juifs et leur religion.

Un autre novateur hardi de ce temps fut Juda ou Léon Modena (1571-1649). Il descendait d'une famille qui, lors de l'expulsion des Juifs de France, avait émigré en Italie, et dont les membres furent à la fois très cultivés et très superstitieux. On retrouve ce trait de caractère chez Léon Modena. Dans son enfance, il fut considéré comme un petit prodige. A trois ans, il savait réciter un chapitre des Prophètes. A dix ans, il lui arriva un jour de prononcer une sorte de sermon, et, à treize ans, il écrivit un dialogue sur les avantages et les inconvénients du jeu de cartes et des dés, et composa une élégie en vers hébreux et italiens sur la mort du maître de sa jeunesse, Moïse Basoula. Mais l'homme fait ne tint pas les promesses de l'enfant; il devint un simple polygraphe, qui ne se distingua par aucune qualité éminente. Il exerça aussi les métiers les plus variés pour gagner sa vie, se faisant tour à tour prédicateur, instituteur, officiant, interprète, copiste, correcteur, libraire, courtier, marchand, rabbin, musicien et fabricant d'amulettes. Doué d'une mémoire remarquable, il connaissait toute la littérature biblique, talmudique et rabbinique, et se rappelait aussi tout ce qu'il avait lu en latin, en hébreu et en italien. Mais la science pas plus que la poésie ne lui donnaient de véritable joie. Joueur effréné, il se trouvait toujours dans le besoin, mécontent de lui et des autres. Ce n'étaient pas ses convictions religieuses qui pouvaient lui imprimer une direction et lui donner de la force morale, car elles étaient peu solides. Foi, incrédulité, superstitions, ces sentiments opposés étaient sans cesse en collision chez lui. Ce qu'il croyait un jour, le lendemain il le combattait, et chaque fois il était sincère.

Léon Modena eut des élèves chrétiens, entre autres l'évêque français Jean Plantavit et le cabbaliste excentrique Jacob Gafarelli. Des savants et des gentilshommes correspondirent avec lui et l'autorisèrent en termes flatteurs à leur dédier ses ouvrages. Il occupait en Italie une situation presque analogue à celle de Manassé ben Israël en Hollande. Dans les milieux chrétiens qu'il fréquentait comme savant et comme joueur, il entendait souvent traiter les rites juifs d'enfantillages. Au commencement, il défendait ses croyances, puis, peu à peu, il reconnut lui-même l'absurdité et l'étrangeté de certaines pratiques. Sur les instances de ses amis chrétiens et principalement d'un lord anglais, et aussi par suite de besoins d'argent, il se décida à publier en langue italienne un recueil des lois cérémonielles juives, « Rites hébreux », qu'il dédia à l'ambassadeur de France à Venise. Il rendit ainsi un très mauvais service à sa religion auprès des chrétiens, car pour des personnes étrangères au judaïsme, bien des usages devaient forcément paraître singuliers et parfois absurdes. Dans son ouvrage, il fait connaître aux lecteurs chrétiens les prescriptions observées par les Juifs dans leurs maisons, à leur lever et leur coucher, relativement à leurs vêtements et à leur vaisselle, dans les synagogues et les écoles. Inconsciemment, dans son exposé, il s'associe aux contempteurs du judaïsme, lui qui, en sa qualité de rabbin, enseignait et pratiquait cette religion. Il s'en rendit compte, car il dit dans son introduction : « Pendant que j'écrivais ce livre, j'avais oublié que j'étais moi-même Juif ; j'ai parlé en témoin impartial et sincère. Pourtant, je me suis efforcé d'éloigner de ma religion le ridicule qui pourrait s'attacher à elle à cause de ses nombreuses lois cérémonielles, mais j'avoue que je n'ai pas cherché à défendre ces lois ; mon but était de raconter et non pas de convaincre. »

Léon Modena ne rompit pourtant pas avec le judaïsme rabbinique. Au moment même où il exposait les rites juifs aux railleries des chrétiens, il écrivit une défense de la loi orale. Il composa enfin un autre ouvrage, le meilleur qui fût sorti de sa plume, où il se livre, d'un côté, aux plus violentes attaques contre le judaïsme rabbinique, et, de l'autre, réfute éloquemment ces attaques. Pour ne pas proférer lui-même des accusations contre le Talmud, il les met dans la bouche d'un personnage imaginaire, qu'il fait parler avec la plus grande hardiesse et auquel il prête certaines propositions, téméraires pour le temps et ayant pour but de purifier le vieux judaïsme biblique de toutes les scories dont il s'était couvert à travers les siècles. C'était la première tentative de réforme. Il s'agissait de simplifier les prières et les autres parties du culte, d'abolir le deuxième jour de fête, de rendre plus facile l'observance du sabbat, de Pâque et des autres jours fériés, même de la fête de l'Expiation, de supprimer ou de modifier les lois alimentaires.

Si Léon Modena avait été un homme de caractère énergique et de solides convictions, il aurait peut-être pu créer une agitation sérieuse parmi ses coreligionnaires et provoquer des réformes. Mais, après avoir vilipendé le Talmud, il en fit l'éloge, par pur jeu d'esprit ; réquisitoire et plaidoyer restèrent enfouis au milieu de ses paperasses. Il laissa également inédit un ouvrage, *Ari Noham* ou « le Lion rugissant », qu'il écrivit contre la Cabbale. Jusqu'à sa vieillesse, il persista dans ses incohérences et dans sa conduite déréglée, s'adressant d'amers reproches dans son autobiographie, mais n'ayant pas le courage de se corriger. Il mourut dans un complet dénuement.

Joseph Salomon Delmedigo (1591-1655) ressemblait en apparence à Léon Modena, mais était au fond bien différent de lui. Il ne ressemblait pas plus à la famille à laquelle il appartenait, qui avait toujours cultivé la science et le Talmud, et dont un des membres les plus connus était Elia Delmedigo, son bisaïeul. A l'Université de Padoue où il étudiait, il manifestait une prédilection marquée pour les mathématiques et l'astronomie. Du reste, il eut pour maître, dans cette ville, l'illustre Galilée, qui lui fit connaître le système planétaire de Copernic. Ni Delmedigo ni aucun Juif croyant n'eurent jamais l'idée de considérer comme hérétique l'opinion qui admettait le mouvement de la terre et l'immobilité du soleil. Il étudia également la médecine, mais seulement pour gagner sa vie ; sa préférence demeura acquise aux mathématiques. Disciple de Léon Modena, il entassa dans sa mémoire, comme son maître, les connaissances les plus variées. Dans le milieu juif où il vécut et où l'on s'exprimait librement sur la religion, Delmedigo commença à douter de l'authenticité des traditions juives, mais il ne se décida ni à essayer de triompher de ses doutes ni à y conformer sa conduite.

Ainsi ébranlé dans ses croyances, il retourna à Candie, dans sa famille, où ses opinions causèrent du scandale. Il fut contraint de repartir de la maison paternelle et, à l'exemple d'Abraham ibn Ezra, il commença alors à mener une vie errante. Partout où il rencontrait des Caraïtes, il se liait avec eux, et eux, de leur côté, s'attachaient à lui. Au Caire, ses connaissances mathématiques lui valurent un vrai triomphe, dans un tournoi scientifique auquel l'avait convié un vieux savant musulman. De là, il se rendit à Constantinople, où il fréquenta également des Caraïtes, et partit ensuite pour la Pologne. Comme les mathématiques ne lui procuraient aucune ressource, il dut exercer la médecine. Estimé bientôt comme un habile praticien, il fut appelé auprès du prince Radziwill, près de Vilna.

Mais en Pologne non plus il ne resta pas fixé longtemps. Par crainte de ses coreligionnaires, il n'osa pas se lier trop intimement avec la noblesse, et, d'autre part, le pays était trop pauvre pour qu'il pût nourrir l'espoir de gagner beaucoup d'argent. Il partit donc pour Hambourg, où venait de s'organiser une communauté portugaise. Peu consulté comme médecin, il accepta des fonctions rabbiniques, peut-être à titre de prédicateur. Il consentit ainsi, par nécessité, à agir en hypocrite et à prêcher le judaïsme rabbinique, auquel il ne croyait pas. Il alla plus loin. Pour donner un démenti à des bruits venus de Pologne, qui le représentaient presque comme un hérétique, il n'hésita pas à faire l'éloge de la Cabbale et à la qualifier de suprême sagesse. Il publia en faveur de cette fausse science un plaidoyer où il combattit l'argumentation de son aïeul Elia Delmedigo.

De Hambourg il alla à Amsterdam. Il arriva dans cette ville au moment où la communauté était encore sous l'impression de la lutte engagée contre Uriel da Costa. Delmedigo crut donc prudent de s'en tenir à une stricte orthodoxie, afin d'écarter de lui tout soupçon d'irréligion. Il fut nommé prédicateur à Amsterdam ou dans une localité voisine. Mais, sans fortune et poussé par la passion du mouvement, il quitta bientôt les Pays-Bas pour Francfort-sur-le-Mein. Dans cette ville, habitée par de savants talmudistes, Delmedigo n'était pas de force à occuper des fonctions rabbiniques; il demanda sa subsistance à sa profession de médecin. Sa situation n'y était sans doute pas brillante, car, après un séjour assez court, il partit de Francfort pour Prague (vers 1648-1650). Il demeura dans cette dernière ville jusqu'à sa mort. Son influence resta circonscrite dans un cercle très restreint. Aussi ne réalisa-t-il qu'une bien minime partie des espérances fondées sur lui.

Simon ou Simha Luzzato (né vers 1590 et mort en 1663) peut aussi être rangé parmi les esprits novateurs de cette époque. Il était d'une trempe plus vigoureuse que Léon Modena et Delmedigo. Excellent mathématicien d'après le témoignage de Delmedigo, il était également familiarisé avec les littératures ancienne et moderne. Mais il se distinguait surtout par sa sincérité et sa grande probité. Dans sa jeunesse, il écrivit en italien une « Parabole », où il expose ses idées sur les rapports de la science et de la foi, et où il fait preuve d'une précoce maturité d'esprit. Il fait interpréter sa pensée par le philosophe grec Socrate. La Raison adresse une requête à l'Académie pour pouvoir sortir de la prison où l'autorité religieuse la tient enfermée. Sa demande est accueillie et son ennemie est destituée. Mais la Raison, jouissant d'une liberté absolue, cause de grands dommages, et l'Académie ne sait à quel parti s'arrêter. C'est alors que Socrate prend la parole pour démontrer que la Raison et l'Autorité ne produisent que maux et erreurs si on laisse à l'une ou à l'autre le pouvoir absolu, et qu'on obtient, au contraire, une parfaite harmonie en limitant la Raison par la Révélation, et réciproquement.

Tout en restant fermement attaché à ses croyances, Simon Luzzato ne se laissa jamais égarer par la Cabbale. Il publia une remarquable défense des Juifs et du judaïsme, sous le titre de « Traité sur la situation des Hébreux ». Il y conjure les amis de la justice et de la vérité de ne pas témoigner moins d'estime pour les Juifs parce qu'ils ont beaucoup souffert et ont été décimés par les persécutions, « car, dit-il, vous admirez un chef-d'œuvre de Phidias et de Lysippe, même quand il est mutilé. Or, de l'aveu de tous, le peuple d'Israël a été créé et guidé avec une prédilection particulière par l'Artiste suprême. »

Par ce plaidoyer, Luzzato cherchait surtout à protéger ses coreligionnaires contre la malveillance de quelques patriciens de Venise, où il exerçait les fonctions de rabbin avec Léon Modena. Le peuple vénitien, qui vivait en partie des Juifs, avait moins d'antipathie pour eux. Mais, parmi les personnes au pouvoir, des fanatiques ou simplement des concurrents jaloux réclamaient de nouvelles restrictions contre les Juifs, et même leur expulsion. Venise avait été surpassée par d'autres puissances maritimes, les Pays-Bas et l'Angleterre, et écartée du marché du Levant. De là, une diminution sensible dans ses affaires et la ruine d'importantes maisons de commerce. D'orgueilleux marchands virent ainsi prendre leur place par des capitalistes juifs, qui avaient des relations étendues et étaient mieux armés pour lutter contre leurs rivaux anglais et hollandais. Au lieu de s'en prendre à eux-mêmes ou aux circonstances, ces marchands se tournèrent contre les Juifs. Avec d'habiles précautions et par des allusions ingénieuses, Luzzato indiqua aux autorités de Venise les raisons du déclin de certains marchands vénitiens et leur fit comprendre les avantages considérables que les commerçants juifs fixés à Venise assuraient à la ville. Il établit par la statistique que les Juifs procuraient à la république un revenu annuel de plus de 250,000 ducats, faisaient vivre quatre mille ouvriers, livraient au public à un prix peu élevé les produits du pays et importaient les marchandises étrangères. Luzzato rappela aussi les services considérables que les capitaux juifs avaient rendus récemment à la république, lors d'une épidémie.

Si Luzzato signala les mérites de ses contemporains juifs, il eut aussi le courage de montrer leurs défauts. « Sans doute, dit-il, les Juifs vénitiens diffèrent de leurs coreligionnaires turcs, allemands ou polonais; mais ils présentent aussi des traits communs. Ils sont pusillanimes, sans énergie, absorbés par leurs intérêts particuliers et peu préoccupés de l'intérêt général. A force d'être économes, ils sont presque avares; ils admirent l'antiquité et ne comprennent pas les temps présents. Beaucoup d'entre eux manquent de culture, ne cherchent pas à connaître les langues. Leur obéissance aux lois religieuses va jusqu'à la mortification. Par contre, ils ont de remarquables qualités : ils sont fermes dans leurs croyances, et, s'ils manquent de vaillance pour aller au-devant du danger, ils endurent les souffrances avec un grand courage. Ils connaissent fort bien la Bible et ses commentaires, sont hospitaliers et charitables envers leurs coreligionnaires, très soucieux de l'honneur de leur famille, habiles à traiter les affaires les plus délicates, pleins d'égards et de déférence envers tous, excepté envers leurs propres coreligionnaires. » Luzzato n'indique que d'une façon confuse ce qu'il pense du judaïsme rabbinique, mais il se déclare franchement l'adversaire de la Cabbale.

CHAPITRE IX

BARUCH SPINOZA ET SABBATAÏ CEVI

(1666-1678)

Les quatre penseurs dont il vient d'être question, Uriel da Costa, Léon Modena, Delmedigo et Simon Luzzato, avaient manifesté avec plus ou moins de vivacité leur hostilité contre le judaïsme de leur temps. Mais, malgré leur intelligence, leur savoir, leur talent oratoire, ils n'exercèrent que peu d'influence sur leurs contemporains et ne purent introduire la moindre modification dans le culte. Cette époque produisit, par contre, deux autres personnalités, de tendances, d'esprit et de caractère absolument opposés, dont l'une représentait en quelque sorte la raison et l'autre l'extravagance, et qui portèrent tous deux au judaïsme des coups très sensibles.

Le plus illustre des deux est Baruch Spinoza (né en Espagne en 1632 et mort en 1677), qui fut peut-être l'esprit le plus remarquable de son temps. Instruit dans la Bible et le Talmud par deux rabbins d'Amsterdam, le célèbre Manassé ben Israël et Morteira, Spinoza trouva bientôt ces études insuffisantes et chercha à étendre son savoir. Il se mit alors à étudier les œuvres des penseurs juifs, dont trois surtout exercèrent sur lui un puissant attrait : Abraham ibn Ezra, par sa hardiesse de pensée; Maïmonide, par le système qu'il établit pour concilier la foi et la science, le judaïsme et la philosophie, et enfin Hasdaï Crescas par sa haine, dans le domaine de la spéculation, contre les idées toutes faites. A mesure qu'il acquérait de nouvelles connaissances, son esprit, passionné pour la clarté et la vérité, se sentit de plus en plus troublé par le doute. On raconte que déjà à quinze ans, il manifestait ses doutes sous forme de questions embarrassantes qu'il adressait à son maître Morteira. Son scepticisme augmenta encore quand il suivit les cours d'un savant philologue, le médecin François van den Enden. En contact avec des jeunes gens chrétiens très cultivés, son horizon s'étendit bien au delà du milieu juif où il avait puisé jusque-là toutes ses croyances et toutes ses conceptions. Il étudia aussi les sciences naturelles, les mathématiques, la physique, et lut surtout avec avidité les œuvres du philosophe français René Descartes.

Spinoza apprit de ce philosophe à recourir, pour la recherche de la vérité, à la seule raison, sans tenir compte de tout ce qui est conventionnel ou traditionnel. Ce principe de ne croire qu'à ce qui lui fût démontré comme vrai par le raisonnement le poussa à rompre avec la religion qu'il avait appris à aimer dès son enfance; il ne rejeta pas seulement le judaïsme talmudique, mais dénia tout caractère divin à la Bible. Spinoza était trop probe et trop loyal pour accomplir par crainte, par habitude ou par intérêt, des pratiques auxquelles il ne croyait plus. Il était supérieur, sous ce rapport, à son maître Descartes, qui fit vœu de se rendre en pèlerinage à Notre-Dame-de-Lorette afin d'obtenir la protection divine pour son système philosophique, qui, en somme, aboutissait à la négation du christianisme. Pour Spinoza, les actes d'un homme devaient refléter ses sentiments et ses convictions. Dès qu'à ses yeux le judaïsme ne représentait plus la vérité, il eut le courage de n'en plus observer les prescriptions. Il cessa de fréquenter la synagogue et de célébrer le sabbat et les jours de fête, de tenir compte des lois alimentaires, et il chercha à faire partager ses idées à ses élèves.

Les chefs de la communauté d'Amsterdam, si fiers de la haute intelligence du jeune Spinoza, furent profondément affligés des manifestations de son incrédulité. Craignant qu'il ne se convertît au christianisme et ne tournât contre sa propre religion les merveilleuses facultés dont il était doué, il leur parut urgent de prendre des mesures de préservation. Cette désertion les attristait d'autant plus qu'ils voyaient encore toujours accourir d'Espagne et de Portugal des fugitifs qui abandonnaient de belles situations, risquaient leur fortune et leur vie pour pratiquer librement le judaïsme. D'autres, ne pouvant s'échapper de ces pays, se laissaient enfermer dans des cachots ou montaient sur des bûchers pour ne pas trahir la foi de leurs pères.

A cette époque, en effet, les persécutions contre les Marranes avaient repris avec une certaine violence dans plusieurs villes d'Espagne et de Portugal. A Lisbonne, le marrane Manuel Fernando da Villa-Real, homme d'État, écrivain politique et poète, qui avait dirigé pendant quelque temps le consulat portugais à Paris, fut incarcéré par l'Inquisition, à son retour en Portugal, soumis à la torture et mis à mort (1er décembre 1652). A Cuença, cinquante-sept chrétiens « judaïsants » furent traînés en un seul jour à un autodafé; dix furent brûlés (29 juin 1654). Une de ces victimes fut Balthazar Lopez, de Valladolid, homme très considéré et très riche, qui monta sur le bûcher avec un courage héroïque. On fut particulièrement ému, à Amsterdam, du martyre de deux Marranes du nom de Bernal. Cette exécution fut pleurée en vers espagnols, portugais et latins. Et c'est au moment où tant de vaillants se laissaient torturer ou mouraient pour leur foi que Spinoza venait déclarer que cette foi s'appuyait sur des absurdités et des erreurs! Il eût été étonnant que les rabbins n'eussent pas essayé d'arrêter la propagation de doctrines aussi subversives.

Avant de rien entreprendre contre Spinoza, les rabbins firent une enquête minutieuse sur ses actes et ses idées. Une fois convaincus de son incrédulité, ils le firent comparaître devant eux et l'engagèrent à revenir de ses erreurs. Ils essayèrent d'abord de le ramener par l'indulgence. Mais Spinoza maintint avec fermeté le droit des libres recherches et persista dans sa résolution de conformer ses actes à ses idées. De crainte qu'il n'embrassât le christianisme, les rabbins et les administrateurs de la communauté n'osèrent pas encore le traiter avec rigueur. Ils lui offrirent, par l'intermédiaire de ses amis, une pension annuelle de 1 000 ducats, à la seule condition qu'il n'attaquerait plus le judaïsme et qu'il se rendrait de temps à autre à la synagogue. Spinoza repoussa cette offre; l'hypocrisie répugnait à sa nature franche. Un fanatique conçut alors l'idée de l'assassiner; il l'épia un soir, au sortir du théâtre, et tenta de le poignarder. Spinoza partit alors d'Amsterdam pour se rendre auprès d'un de ses amis qui, s'étant séparé de l'Église calviniste, était également en butte aux vexations de ses anciens coreligionnaires et s'était établi dans un village entre Amsterdam et Oudekerk.

Quand les rabbins se furent convaincus que Spinoza ne se réconcilierait pas avec la Synagogue, ils se décidèrent à l'excommunier. Ils lui appliquèrent la peine d'excommunication la plus grave (*hérem*), et ils en lurent la formule à la synagogue, en langue portugaise, du haut de la chaire, les portes de l'arche sainte toutes grandes ouvertes, le jeudi 27 juillet 1656 (6 ab). Le principal effet de cette sentence fut de l'isoler, de faire le vide autour de lui, de mettre ses ouvrages en interdit et d'empêcher ainsi les jeunes gens israélites de suivre son enseignement.

Spinoza accueillit avec une calme indifférence la nouvelle de la sentence prononcée contre lui. « Ils me condamnent, se contenta-t-il de dire, à ce que je voulais faire de mon plein gré. » Il en résulta quand même des ennuis pour lui. Les représentants de la communauté portugaise demandèrent, en effet, aux autorités de la ville de le bannir à tout jamais d'Amsterdam. On dit que les théologiens, consultés par les magistrats, furent d'avis de lui interdire le séjour d'Amsterdam pendant quelques mois. Ce fut probablement cette intervention des autorités civiles qui engagea Spinoza à écrire un mémoire justificatif, où il déclarait qu'il n'avait transgressé aucune loi de l'État et qu'il usait de son droit strict en méditant sur la religion de ses aïeux et sur les religions en général et en faisant connaître le résultat de ses méditations. En rédigeant ce mémoire, Spinoza conçut l'idée d'examiner d'une façon complète la question de la liberté de penser, et il posa ainsi les fondements de ses œuvres immortelles. Dans la retraite où il s'enferma (1656-1664), et où il gagna sa vie à polir des verres de lunettes, il étudia la philosophie de Descartes et prépara son « Traité théologico-politique ». Avant tout, il voulait démontrer que la liberté de penser, loin de nuire à la religion ou à l'État, contribuait, au contraire, à les consolider.

Pourtant, Spinoza admettait certains principes qui lui rendaient difficile la défense de la liberté de penser. Il comparait jusqu'à un certain point les hommes « aux poissons de la mer et aux vers de la terre, qui n'ont pas de maitre », et il ajoutait que « les plus grands des poissons ont le droit non seulement d'avaler l'eau, mais aussi de dévorer les petits », puisqu'ils en ont le pouvoir. D'après lui, le droit de chacun s'étend jusqu'où s'étend sa puissance, le droit naturel ne reconnaissant ni justice, ni injustice, ni bien, ni mal, ni dévouement, ni violence. Comme cet état de nature a pour conséquence nécessaire l'état de guerre perpétuelle entre tous les êtres, les hommes se sont entendus tacitement pour renoncer à leur droit primitif et en armer la collectivité, l'État. L'État possède donc les droits de tous, parce qu'il possède la puissance de tous. Dans son propre intérêt, chacun doit obéissance absolue à l'État, même s'il reçoit l'ordre de commettre un meurtre, et la rébellion n'est pas seulement passible d'un châtiment, mais elle est contraire à la raison.

Dans la doctrine de Spinoza, le pouvoir de l'État s'étend aussi bien sur les choses religieuses que sur les affaires civiles. Autrement, il serait loisible à chacun, sous prétexte de religion, de saper les fondements de l'État. Donc, l'État seul a le droit de décider ce qui est orthodoxe et ce qui est hérétique. Mais, dès que l'État est affaibli et devenu impuissant, on peut lui refuser obéissance et se soumettre au nouveau pouvoir.

Après avoir ainsi accordé à l'État puissant le droit d'être intolérant et autorisé la rébellion envers l'État affaibli, Spinoza arrive presque à se prononcer contre le droit d'exprimer librement ses opinions. Il déclare, en effet, ennemi de l'État quiconque parle contre lui ou cherche à le faire haïr. Ce n'est que par un artifice de sophiste qu'il réussit à sauver la liberté de penser. Selon lui, tout homme a reçu de la nature le droit de raisonner librement et de juger librement, et c'est le seul droit qu'il ne peut pas abandonner à l'État. Chacun doit pouvoir différer d'opinion avec l'État, parler et enseigner en toute liberté, pourvu qu'il agisse avec prudence et réflexion, sans colère et sans haine. C'est par cette faible argumentation que Spinoza justifiait ses attaques contre le judaïsme et la Bible. Son antipathie pour ses coreligionnaires et leur culte était telle que son jugement, si clair d'ordinaire, en était complètement obscurci. A l'exemple de Da Costa, il appelait les rabbins des Pharisiens et leur attribuait des sentiments de mesquine ambition et un esprit étroit, parce qu'ils défendaient avec énergie la religion pour laquelle tant de martyrs avaient sacrifié leur vie !

Par suite de son aversion pour le judaïsme, Spinoza émit avec conviction des assertions erronées sur cette religion. D'après lui, les livres saints auraient été altérés par de nombreuses fautes de copie, par des interpolations et des modifications, et n'émaneraient pas, en réalité, des auteurs auxquels ils sont attribués ; ils auraient été réunis et mis en ordre par Ezra, peut-être seulement après l'exil de Babylone. On ne possède plus l'œuvre originale de Moïse, le Décalogue lui-même n'existe plus dans sa forme primitive. Du reste, à en croire Spinoza, Moïse, les Prophètes et les autres personnages de la Bible eurent une conception absolument fausse de Dieu et de la nature, ils ne furent pas des philosophes et ne s'appliquèrent pas à se laisser guider exclusivement par les lumières de la raison. Au-dessus de tous les grands hommes de la Bible, il faut placer Jésus, qui posséda une raison lumineuse et instruisit, non pas une seule nation, mais l'humanité entière. Les apôtres aussi sont supérieurs, d'après lui, aux Prophètes, parce qu'ils s'efforcèrent de propager leur enseignement par des moyens naturels, par des raisonnements, et non pas seulement par des miracles. Pour que Spinoza ait ainsi déprécié la haute valeur morale du judaïsme et loué le christianisme au détriment de sa propre religion, il faut qu'il ait profondément ressenti les vexations des rabbins d'Amsterdam !

Spinoza aurait pu devenir un adversaire très dangereux pour le judaïsme. D'abord, grâce à sa remarquable vigueur d'argumentation, il fournit aux ennemis de cette religion les moyens de la combattre par le raisonnement. Ensuite, il reconnut à l'État et aux autorités le droit d'interdire la pratique du judaïsme et d'imposer une autre religion aux Juifs. Il justifiait, en quelque sorte, les persécutions de l'Inquisition contre les Marranes, puisque, selon lui, tout citoyen doit accepter la religion de son pays et qu'il est absurde de professer le judaïsme. Heureusement, Spinoza aimait trop la tranquillité pour chercher à faire école. L'idéal de l'existence, pour lui, était de vivre dans le calme et la paix.

Aussi, quand le comte palatin Charles-Louis, le prince allemand le plus cultivé de son temps, offrit au « Juif protestant », comme on se plaisait alors à appeler Spinoza, une chaire de philosophie à l'Université de Heidelberg, le philosophe hollandais déclina résolument cette offre. Il renia presque son propre enfant, le « Traité théologico-politique », pour ne pas être troublé dans sa retraite.

Comme on pouvait facilement le prévoir, ce dernier ouvrage souleva de violents orages. Les représentants de toutes les confessions s'élevèrent avec énergie contre ce livre « scélérat » qui nie toute Révélation. En dépit des démarches des plus influents amis de Spinoza, le « Traité théologico-politique » fut condamné par un décret des États généraux, et la vente en fut interdite; on ne l'étudia naturellement qu'avec plus d'ardeur. Dans l'intérêt de son repos, Spinoza se décida alors à ne plus rien publier de ses œuvres. Cette crainte de Spinoza d'être dérangé dans sa quiétude explique aussi pourquoi ses attaques contre le judaïsme n'émurent pas plus profondément les milieux juifs.

A l'époque où Spinoza combattait ainsi la religion de ses aïeux, on trouvait parmi les Juifs portugais un grand nombre de lettrés et de savants. Il régnait alors dans la communauté d'Amsterdam et dans ses colonies une activité intellectuelle d'une remarquable fécondité et qui était entretenue, en grande partie, par des Marranes venus en Hollande pour chercher un refuge contre les menaces des tribunaux d'inquisition d'Espagne et de Portugal. C'étaient des philosophes, des médecins, des mathématiciens, des philologues, des poètes et même des poétesses. Plusieurs de ces fugitifs avaient traversé les plus singulières aventures. L'un d'eux, Fray Vicente de Rocamora (1601-1684), avait été moine à Valence et confesseur de l'infante Marie, qui devint ensuite impératrice d'Allemagne et ennemie déclarée des Juifs. Un jour, il s'enfuit d'Espagne, arriva à Amsterdam, où il se fit connaître sous le nom d'Isaac de Rocamora. A l'âge de quarante ans, il se mit à étudier la médecine, se maria et fut placé à la tête des institutions de bienfaisance juive. Cet ancien moine composa d'excellents vers latins et espagnols.

Un autre Marrane, Enrique Enriquez de Paz, de Ségovie (né vers 1600 et mort après 1660), fut l'émule de Calderon. Entré très jeune dans l'armée, il se montra très brave, fut décoré de l'ordre de San Miguel et nommé capitaine. Ce soldat savait aussi manier la plume, et, sous son nom de poète d'Antonio Enriquez de Gomez, il écrivit une vingtaine de comédies, dont quelques-unes furent représentées avec succès au théâtre de Madrid et mises en parallèle avec celles de Calderon. Mais, ni sa vaillance militaire ni son talent d'écrivain ne purent le protéger contre l'Inquisition; il chercha son salut dans la fuite. Pendant quelque temps, il résida en France, où sa Muse chanta Louis XIII, la reine, le puissant ministre Richelieu et d'autres personnages influents de la cour. Il composa aussi des élégies sur ses souffrances et sur la perte de sa patrie, qu'il continuait d'aimer comme un fils, bien que le fanatisme l'en eût chassé. En France, il vivait en chrétien, mais témoigna sa prédilection pour le judaïsme en célébrant en vers le martyre de Lope de Vera y Alarcon. A la fin, il se rendit également en Hollande, où il put pratiquer en toute sécurité le judaïsme; il fut brûlé en effigie à Séville.

Outre les nombreuses poésies profanes qu'il composa, Enriquez Gomez écrivit aussi un poème épique juif sur le juge Samson. Déjà avant lui, un poète espagnol, Miguel Silveyra, avait composé le poème des « Macchabées », qui eut beaucoup de succès. Dans son *Samson Nazareno* ou « Samson le Nazaréen », son héros, qui se vengea des Philistins au moment de mourir, exprime les sentiments qui agitaient son propre cœur. Il dit à Dieu :

> Je meurs pour tes livres, pour ta religion,
> Pour tes doctrines et tes saintes prescriptions,
> Pour la nation que tu t'es choisie.
> Je meurs pour tes sublimes vérités.

Les deux Penso, le père et le fils, occupaient également parmi les réfugiés marranes d'Amsterdam une place distinguée, l'un par ses richesses et sa bienfaisance, l'autre par son talent poétique. Ce fut le fils, Felice ou Joseph Penso, appelé aussi de la Vega (né vers 1650 et mort après 1703), qui se consacra à la poésie. A l'âge de dix-sept ans, il reprit les traditions des poètes néo-hébreux, qui étaient restés si longtemps sans successeur. Il eut même le courage d'écrire un drame en hébreu; il l'intitula *Assiré ha-Tikva*, « les Prisonniers de l'espérance ». Du reste, il transporta avec assez de bonheur les diverses formes de vers et de strophes espagnols dans la poésie néo-hébraïque. Joseph Penso fut aussi un excellent écrivain espagnol. Ses Nouvelles « Les voyages dangereux » furent très goûtées.

Les poètes marranes de valeur moyenne étaient alors si nombreux à Amsterdam que l'un d'eux, Manuel de Belmonte (Isaac Nunès), put fonder une académie poétique. Les membres devaient y présenter leurs compositions, et les juges du concours étaient l'ancien confesseur Vicente de Rocamora et un autre Marrane qui versifiait facilement en latin, Isaac Gomez de Sosa. Un officier espagnol, promu chevalier, Nicolas de Oliver y Fullano, qui s'était enfui d'Espagne et était devenu, au service des Pays-Bas, un habile cartographe et cosmographe, fit aussi des vers latins et portugais ; il eut pour émule Joseph Semah Arias, autre officier, qui traduisit en espagnol l'ouvrage « Contre Apion », où Josèphe réfute les calomnies répandues contre les Juifs. Parmi les poètesses marranes, la plus remarquable était la belle et spirituelle Isabelle Correa (Rebecca), qui composa diverses poésies et traduisit en beaux vers espagnols le drame italien « Le fidèle pasteur », de Guarini.

Enfin, dans une tout autre voie se distinguait le Marrane Thomas de Pinedo (1614-1679), du Portugal, qui avait été élevé dans un collège de Jésuites à Madrid. Pinedo, qui connaissait mieux l'antiquité classique que la littérature juive, se consacra à une spécialité scientifique qui n'était alors pas beaucoup cultivée en Espagne ; il étudia l'ancienne géographie. Devant les menaces de l'Inquisition, il s'enfuit d'Espagne et se fixa plus tard à Amsterdam, où il revint au judaïsme et publia son grand ouvrage géographique.

A ce cercle cultivé appartenaient aussi deux savants qui résidaient tour à tour à Hambourg et à Amsterdam, David Coen de Lara (né vers 1610 et mort en 1674), et Dionys Moussafia (né vers 1616 et mort en 1675), tous deux philosophes. Grâce à leur connaissance du latin et du grec, ils purent expliquer bien des mots du Talmud et rectifier quelques erreurs. David de Lara était également prédicateur et auteur d'ouvrages de morale. Il entretint de fréquentes relations avec le prédicateur hambourgeois Esdras Edzardus, qui manifestait un zèle excessif pour la conversion des Juifs et répandit le bruit, assurément faux, que peu de temps avant sa mort, de Lara se serait rapproché du christianisme. Dionys ou Benjamin Moussafia, médecin et naturaliste, fut au service de Christian IV, roi de Danemark, jusqu'à la mort de ce souverain. Quoiqu'il eût étudié la philosophie et ne craignît pas de faire ses réserves au sujet de certains passages de la Bible et du Talmud, il n'en remplit pas moins, à un âge avancé, les fonctions de rabbin à Amsterdam.

Balthazar Orobio de Castro (né vers 1620 et mort en 1687) était bien supérieur à la plupart des poètes et des savants dont il vient d'être fait mention. Originaire d'une famille marrane qui observait secrètement le jeûne du jour de l'Expiation, il fut habitué à pratiquer à la fois le christianisme et le judaïsme. Doué d'un esprit net et précis, il étudia la vieille philosophie, telle qu'elle était encore enseignée dans les écoles espagnoles, et fut nommé professeur de métaphysique à l'université de Salamanque. A l'âge mûr, il s'occupa de médecine et acquit à Séville la réputation d'un habile praticien; il devint le médecin d'un duc de Medina-Celi et d'une autre famille noble très influente. Tout à coup sa sincérité de croyant chrétien devint suspecte à l'Inquisition. Il fut incarcéré sous l'inculpation de « judaïser » et resta enfermé pendant trois ans dans un sombre cachot.

Au commencement de sa détention, il occupa son esprit à résoudre des subtilités philosophiques. Mais peu à peu il s'assombrit, se découragea, se demandant « s'il était vraiment ce Don Balthazar Orobio qui se promenait dans les rues de Séville et jouissait d'une large aisance au milieu de sa famille. » Il n'était pourtant pas encore au bout de ses souffrances. Un beau jour, l'Inquisition le fit sortir de prison pour le soumettre à la torture et essaya de lui arracher l'aveu qu'il observait réellement le judaïsme. Il supporta vaillamment les plus atroces supplices, fut ramené en prison et finalement condamné à porter pendant deux ans le sanbenito et à quitter ensuite l'Espagne. Il se rendit à Toulouse, où il fut nommé professeur à l'école de médecine. Mais, ne pouvant se résoudre à dissimuler plus longtemps ses véritables croyances, il partit pour Amsterdam et professa ouvertement le judaïsme (vers 1666). Il se vengea de ses anciens persécuteurs en publiant contre le christianisme un livre de vive polémique, qu'un théologien hollandais, Van Limborch, crut devoir réfuter.

Tous ces savants et ces poètes connaissaient les attaques de Spinoza contre le judaïsme et avaient probablement lu son Traité théologico-politique. Isaac Orobio avait même été en relations avec lui. Mais aucun d'eux ne se sentit ébranlé dans ses convictions par les arguments du philosophe hollandais. Au début, Orobio de Castro crut inutile de répondre aux objections faites par Spinoza contre le judaïsme. Mais plus tard, il craignit quand même qu'elles n'eussent des conséquences funestes pour la foi de ses coreligionnaires, et il se décida à les réfuter.

A cette même époque, surgit en Orient un homme qui fut bien plus dangereux pour le judaïsme que Spinoza et fit passer comme un vent de folie sur les Juifs de tous les pays. Cet homme, qui excita un vrai délire d'enthousiasme parmi ses coreligionnaires, qui fut presque adoré comme un Dieu et a, aujourd'hui encore, des partisans secrets, s'appelait Sabbataï Cevi (1626-1676) et était né à Smyrne, dans une famille d'origine espagnole. Il n'avait en lui rien d'extraordinaire et ne devait nullement l'action que, dès sa jeunesse, il exerçait sur ses compagnons, à des facultés remarquables, mais à son extérieur séduisant et à l'influence néfaste de la Cabbale. Grand, de stature imposante, il avait une belle barbe noire et une voix mélodieuse qui lui attirait toutes les sympathies. Son imagination le poussait aux extravagances et aux aventures, il avait le goût de ce qui est étrange, extraordinaire. Peu versé dans le Talmud, il s'adonnait avec ardeur à l'étude de la Cabbale. Encore enfant, Sabbataï Cevi se singularisait déjà, dédaignant les jeux et les distractions de son âge et recherchant la solitude. Une autre anomalie, surtout en Orient, était qu'il avait des mœurs très austères. Selon la coutume du pays, ses parents le marièrent jeune, mais il se tint si résolument éloigné de sa femme que celle-ci demanda le divorce. Second mariage, nouveau divorce. Ces singularités attirèrent l'attention sur lui, et à l'âge de vingt ans il était déjà entouré d'un cercle de disciples.

Une autre circonstance vint encore favoriser l'ambition de Sabbataï Cevi. Après l'avènement du sultan Ibrahim, la guerre éclata entre la Turquie et Venise, et, par suite, le centre du commerce levantin se déplaça de Constantinople à Smyrne. Cette dernière ville acquit, par conséquent, une grande importance. Mardokhaï Cevi, le père de Sabbataï, venu très pauvre de la Morée, devint agent de commerce d'une maison anglaise à Smyrne et prospéra. Il attribua sa réussite au zèle de son fils pour la Cabbale et à ses vertus, et il le vénéra presque comme un saint. De plus, Mordekhaï entendait souvent parler, dans la maison de son patron, de l'approche du règne millénaire. Bien des chrétiens mystiques, en effet, croyaient qu'en l'année 1666 s'ouvrirait l'époque messianique dont il est question dans la vision de saint Jean et pendant laquelle les Juifs devaient retourner à Jérusalem, briller d'un nouvel éclat et se convertir ensuite au christianisme. Ce qu'il entendait, Mordekhaï le rapportait aux membres de sa famille, et peu à peu Sabbataï en vint à se demander s'il ne serait peut-être pas lui-même ce Messie attendu, lui qui était si complètement initié aux mystères de la Cabbale.

D'après les enseignements d'Isaac Louria, le but principal de la Cabbale était, en effet, de préparer les esprits à l'avènement du Messie et de hâter l'époque de la délivrance. Cette délivrance, une interpolation du *Zohar* l'annonçait pour l'année 5408 de la création (1648). C'est précisément en cette année que Sabbataï Cevi se révéla à un groupe de disciples comme le Messie annoncé en prononçant un jour, contrairement à un usage plusieurs fois séculaire et malgré la défense du Talmud, les quatre lettres du nom sacré de Dieu (J H V H). Mis en interdit pour cette infraction à une prescription rabbinique, il fut à la fin expulsé de Smyrne avec ses disciples (vers 1651). Par cette mesure énergique, l'agitation messianique sembla avoir été étouffée dans l'œuf. Mais le feu continua de couver sous les cendres et éclata quinze ans plus tard en un terrible incendie.

Chassé de Smyrne, Sabbataï Cevi inspira plus de confiance encore à ses partisans. La conception chrétienne d'un Messie devant souffrir avant de triompher définitivement avait pénétré chez les Juifs, et l'humiliation infligée à Sabbataï ne fit qu'augmenter son prestige et son autorité. Grâce aux ressources que sa famille mettait à sa disposition, il put voyager de ville en ville, se présentant partout avec une dignité d'attitude conforme à son rôle et recrutant de nombreux adhérents. A Constantinople, il se lia avec un prédicateur, Abraham Yakhini, pauvre diable, mais habile mystificateur, qui le confirma dans sa folie. Cet imposteur remit à Sabbataï un document apocryphe, qu'il avait écrit lui-même en anciens caractères et qui annonçait Sabbataï comme Messie : « Moi, Abraham, j'étais enfermé pendant quarante ans dans une caverne et j'étais étonné que le temps des miracles n'arrivât pas. J'entendis alors une voix qui me dit : Un fils naîtra en l'an 5386 de la création (1626), il s'appellera Sabbataï et domptera le grand dragon, il sera le vrai Messie et combattra sans armes. » Ce rouleau, dont Sabbataï ne paraît jamais avoir suspecté le caractère divin, servit plus tard à de nombreuses supercheries.

De Constantinople il se rendit à Salonique, où il déploya plus d'audace encore. Il y joua une de ces scènes qui impressionnaient toujours fortement les cabbalistes : il procéda à son mariage mystique avec la Tora. Pour les cabbalistes, cette cérémonie burlesque signifiait que la Tora, fille du ciel, est unie par un lien indissoluble au Messie, fils du ciel. Les rabbins de Salonique trouvèrent presque sacrilège une telle cérémonie et excommunièrent Sabbataï. Celui-ci gagna alors la Grèce et ensuite le Caire, où il fit une recrue importante. Il trouva, en effet, dans cette ville un monnayeur et fermier des impôts juifs, portant le titre de *Saraf-Baschi* et s'appelant Raphaël Joseph Chelebi (d'Alep), qui était d'une crédulité remarquable et d'un ascétisme mystique. Comme il était très riche, il entretenait et recevait journellement à sa table cinquante talmudistes et cabbalistes. Sous le luxe de ses vêtements officiels, il portait constamment un cilice, multipliait les jeûnes et les ablutions et se levait au milieu de la nuit pour se faire flageller. Il avait avec lui Samuel Vital, fils du cabbaliste Hayyim de Calabre, pour diriger ses mortifications d'après les prescriptions de Louria. Cet excentrique accueillit naturellement avec enthousiasme le prétendu Messie.

Pourtant, Sabbataï ne séjourna pas longtemps au Caire. Vers

1663, il partit pour Jérusalem, où il espérait voir s'accomplir un miracle qui ferait éclater à tous les yeux le caractère divin de sa mission. A ce moment, la communauté de Jérusalem était pauvre et désorganisée. Déjà accablée sous le poids des extorsions d'argent et des vexations des autorités turques, elle déclina encore plus à la suite de l'immigration de nombreux fugitifs polonais que les persécutions avaient chassés de leur pays. Devant la misère croissante de la communauté, les notables partirent et la direction des Juifs de Jérusalem fut confiée à des cabbalistes endurcis, aux plus zélés disciples de Louria et de Hayyim Vital.

Quand Sabbataï Cevi arriva à Jérusalem, le terrain était donc tout préparé; les superstitions et la foi aux miracles y régnaient souverainement. Au commencement de son séjour, il se tint assez tranquille, se contentant de mener une vie de mortifications, de visiter fréquemment les tombeaux des hommes pieux et d'évoquer leurs esprits. Mais là, comme ailleurs, son charme opéra, et de nombreux partisans se groupèrent autour de lui. Les circonstances aussi le favorisèrent. Les Turcs exigèrent des Juifs de Jérusalem une somme d'argent considérable, que la communauté appauvrie ne pouvait pas payer. Les malheureux mirent tout leur espoir dans la générosité du riche monnayeur Raphaël Chelebi, du Caire, et ils déléguèrent Sabbataï Cevi auprès de lui. Ravi de jouer le rôle de sauveur, Sabbataï se rendit immédiatement au Caire, où il obtint le secours demandé. En outre, le hasard allait lui permettre de commencer au Caire la réalisation de son rêve messianique.

Pendant les massacres exécutés par les soldats de Chmielnicki dans les communautés juives de Pologne, les chrétiens trouvèrent une jeune orpheline juive de six ans, qu'ils placèrent dans un couvent. Quoique élevée dans la religion catholique, l'orpheline resta fidèle aux croyances paternelles, mais l'éducation qu'elle reçut au couvent en fit une mystique. Devenue une jeune fille d'une rare beauté, elle réussit à s'enfuir du cloître. Un jour, des Juifs la rencontrèrent au cimetière, couverte uniquement d'une chemise. Elle leur dit alors qu'elle était d'origine juive, avait été élevée dans un couvent, et que, la nuit précédente, l'esprit de son père l'avait saisie et transportée au cimetière. Pour appuyer son dire, elle montra aux femmes présentes des traces d'ongles sur son corps. C'étaient probablement des stigmates qu'elle s'était imprimés elle-même sur le corps.

Envoyée à Amsterdam, elle y retrouva son frère, mais en même temps elle y manifesta son extravagance. Elle affirmait qu'elle était destinée pour femme au Messie, qui apparaîtrait prochainement. D'Amsterdam elle partit pour Livourne, où elle se fit connaître sous le nom de Sara. Tout en menant dans cette ville, d'après des témoignages dignes de foi, une vie déréglée, elle persista dans son affirmation qu'elle devait épouser le Messie. L'histoire singulière de cette jeune fille arriva jusqu'au Caire. Dès que Sabbataï Cevi en fut informé, il déclara qu'il savait par une vision qu'une jeune Polonaise deviendrait sa femme, et il envoya un messager à Livourne pour chercher Sara.

Par sa beauté, ses excentricités et ses manières libres, Sara produisit une impression très forte sur Sabbataï et ses partisans. Sabbataï savait bien que la conduite de cette aventurière n'avait pas toujours été irréprochable, mais cette particularité même lui faisait croire un peu plus à sa mission. Il se disait que, comme le prophète Osée, il était désigné par la Providence pour épouser une femme de mœurs impures. Chelebi surtout se montrait heureux que le Messie se mariât dans sa maison avec cette femme prédestinée. Il mit toutes ses richesses à la disposition de Sabbataï et se déclara ouvertement son partisan. L'adhésion de Chelebi en entraîna beaucoup d'autres, et l'on put dire avec raison que Sabbataï était arrivé au Caire comme délégué et en partait comme Messie. La belle Sara aussi amena à son mari beaucoup de partisans, qui, probablement, se préoccupaient peu de l'arrivée du Messie. Enfin, à son retour en Palestine, à Gaza, Sabbataï conquit une recrue qui l'aida puissamment dans sa propagande.

Ce nouvel allié s'appelait Nathan-Benjamin Lévi (1644-1680) et était fils d'un de ces collecteurs d'aumônes de Jérusalem qui se promenaient, munis de lettres de recommandation, à travers l'Afrique du Nord, la Hollande et la Pologne. Peu instruit, il maniait pourtant assez habilement ce style rabbinique du temps qui dissimulait l'absence d'idées sous la solennité pompeuse de la forme. Par son mariage avec la fille borgne d'un homme riche,

Nathan de Gaza passa brusquement de la pauvreté à une grande aisance. Cet heureux changement dans sa situation le rendit présomptueux. Quand Sabbataï arriva du Caire à Gaza, Nathan se déclara bruyamment son ami et devint un de ses plus zélés partisans. Il avait alors vingt ans, et Sabbataï quarante.

Dès que Sabbataï et Nathan se furent liés, les révélations prophétiques se produisirent sans interruption. Nathan se présentait comme le prophète Élie, chargé de préparer la voie au Messie, et il proclama que, dans un an et quelques mois, le Messie apparaîtrait dans toute sa gloire, ferait prisonnier le sultan sans se servir d'aucune arme, par le simple charme de ses chants, et établirait la domination d'Israël sur tous les autres peuples. Cet événement merveilleux devait se produire en 1666, et le prétendu prophète de Gaza répandait partout ses écrits pour l'annoncer. A cette nouvelle, Jérusalem et les communautés voisines furent comme prises de vertige ; ceux qui risquèrent quelques timides protestations furent accablés d'outrages.

Bientôt Sabbataï s'aperçut que les rabbins de Jérusalem se montraient peu favorables à son entreprise. Il résolut donc de retourner à Smyrne, où il pouvait compter sur l'appui de sa famille et où les lettres prophétiques de Nathan avaient déjà surexcité tous les esprits. Mais avant de partir de Jérusalem, il envoya des messagers actifs et remuants dans les divers pays, pour annoncer l'apparition du Messie et agiter les communautés. Parmi ces agents, les uns, comme Sabbataï Raphaël, de la Morée, étaient des gens sans aveu et sans scrupule, les autres, comme le cabbaliste allemand Mathatias Bloch, remplissaient leur rôle dans la naïve simplicité de leur cœur.

Dans l'importante communauté d'Alep, Sabbataï fut reçu en triomphateur. L'accueil fut encore plus enthousiaste à Smyrne, où il arriva dans l'automne de l'année 1665. Personne ne songeait plus à l'excommunication que les rabbins avaient prononcée autrefois contre lui. Il était accompagné de Samuel Primo, de Jérusalem, son secrétaire intime, qui possédait l'art de revêtir de la pompe du style officiel les choses les plus insignifiantes et de présenter ces extravagances messianiques comme le plus important événement de l'univers. Samuel Primo seul savait garder son sang-froid au milieu de toute cette agitation et conserver la direction du mouvement.

Sabbataï voulait attendre quelque temps à Smyrne avant de se proclamer Messie, mais il dut bientôt céder à l'impatience de ses disciples et à l'enthousiasme de la foule. En septembre ou en octobre 1665, au son des trompettes, il déclara à la synagogue qu'il était le Messie attendu. On accueillit cette déclaration avec des transports d'allégresse; de tous côtés on l'acclama : « Vive notre roi, vive notre Messie! » Toute la communauté smyrniote, hommes, femmes et enfants, semblèrent atteints de folie. Tous se préparèrent à retourner dans la Terre Sainte. Toutes les affaires furent négligées, on ne se préoccupa plus que de la délivrance prochaine. Pour s'en rendre dignes, bien des Smyrniotes s'imposèrent les plus douloureuses macérations, jeûnant plusieurs jours de suite, veillant plusieurs nuits consécutives, faisant des ablutions pendant les froids les plus rigoureux, s'ensevelissant dans la terre jusqu'au cou. D'autres se livraient à des démonstrations de joie, surtout quand Sabbataï parcourait les rues en chantant des psaumes ou prêchait dans les synagogues sur sa mission. Chacune de ses paroles était mille fois répétée, interprétée, vénérée comme venant de Dieu même, chacun de ses actes était admiré comme un miracle. Ses partisans allaient jusqu'à marier leurs enfants de douze et même de dix ans, pour permettre au reste des âmes qui n'avaient pas encore été employées d'aller habiter des corps et pour hâter ainsi, d'après les doctrines cabbalistiques, la venue de l'époque messianique.

La séduction exercée par Sara aidait aussi au succès de Sabbataï et lui gagnait des partisans. Du reste, dans ces moments de surexcitation générale, les mœurs, d'habitude si sévères chez les Juifs, se relâchaient beaucoup. Enivrés par la perspective de l'arrivée du Messie, hommes et femmes rompaient les barrières qui, en Orient surtout, établissaient entre eux une séparation si complète, ils dansaient ensemble et oubliaient toute réserve. Les protestations étaient étouffées sous les clameurs de la multitude. Le rabbin Aron de la Papa, honnête et digne vieillard, qui s'était élevé énergiquement contre ces extravagances et avait excommunié le Messie, dut subir les injures de Sabbataï, qui l'outragea publiquement dans un sermon, et fut contraint de quitter Smyrne.

Du quartier juif de Smyrne la réputation du nouveau Messie se répandit bientôt à travers d'autres villes et d'autres pays. Son secrétaire intime, Samuel Primo, ainsi que Nathan de Gaza et les missionnaires Sabbataï Raphaël et Mathatias Bloch, unirent leurs efforts pour faire connaître au loin ce remarquable événement. Ils furent aidés dans leur œuvre de propagande par de nombreux chrétiens, résidents, agents des maisons de commerce anglaises et hollandaises, prêtres, qui informèrent naturellement leurs familles et leurs amis de ce qui se passait à Smyrne et, tout en se moquant de la crédulité des Juifs, se laissaient gagner eux-mêmes par la contagion. Dans les principales Bourses de l'Europe on parlait de Sabbataï Cevi comme d'une apparition miraculeuse, et on attendait presque avec anxiété des nouvelles de Smyrne et de Constantinople.

Tout d'abord, les Juifs d'Europe furent comme étourdis de ces faits extraordinaires, puis peu à peu ils s'enthousiasmèrent également pour le nouveau Messie et se livrèrent aux plus extravagantes démonstrations. Non seulement la foule, mais aussi la plupart des rabbins et même des penseurs sérieux crurent à la mission de Sabbataï. Le plus triste, c'est que personne ne soupçonna que c'était la Cabbale qui avait préparé le terrain à ces excentricités. Un homme de grand courage et d'une vaste érudition talmudique, Jacob Sasportas, qui était alors à Hambourg, combattit cette agitation, dès le début, avec une vaillante énergie, envoyant lettres sur lettres aux communautés d'Europe, d'Asie et d'Afrique pour démasquer ces fourberies et en montrer les conséquences désastreuses. Mais lui-même était adepte de la Cabbale et, par conséquent, ne sut pas s'attaquer à la racine du mal. Henri Oldenbourg, savant allemand de Londres, écrivait à son ami Spinoza (décembre 1665) : « Ici, le bruit court que les Israélites, disséminés depuis plus de deux mille ans, retourneront prochainement dans leur patrie. Peu de gens y croient, mais beaucoup le souhaitent... Si cet espoir se réalisait, ce serait toute une révolution. » Spinoza lui-même admettait la possibilité, pour les Juifs, de restaurer leur royaume et de redevenir le peuple élu de

Dieu. A Amsterdam comme à Londres, parmi les Portugais aussi bien que parmi les Allemands, le nombre des partisans de Sabbataï s'accrut de jour en jour. Eux aussi manifestaient leurs espérances messianiques par des procédés divers, les uns se livrant dans les synagogues à une joie exubérante, les autres s'imposant des jeûnes et des mortifications. Les imprimeries ne parvenaient pas à livrer un nombre suffisant de Rituels de prières en hébreu, en espagnol ou en portugais, contenant des formules de pénitence et des litanies spéciales pour hâter l'avènement du Messie. Dans certains exemplaires, on voyait le portrait de Sabbataï à côté de celui du roi David.

A Hambourg, où les Juifs souffraient alors de l'intolérance des chrétiens, l'agitation messianique revêtit un véritable caractère de folie. Des hommes considérables et occupant des situations élevées, comme Manoël Texeira et le médecin Bendito de Castro, sautaient et dansaient dans la synagogue, un rouleau de la Loi sur le bras. Les bruits les plus singuliers couraient dans la ville. On racontait que dans l'Écosse septentrionale on avait aperçu un navire avec des voiles et des cordages en soie, dirigé par des matelots qui parlaient l'hébreu et ayant un drapeau avec cette inscription : « Les douze tribus d'Israël. » Selon leur habitude, les Anglais faisaient des paris considérables au sujet du succès de Sabbataï ; ils affirmaient que dans un délai de deux ans il serait sacré roi de Jérusalem. Partout le même vertige s'emparait des Juifs. A Avignon, où ils étaient durement traités par les fonctionnaires du pape, ils se préparaient à partir, au printemps de l'année 1666, pour la Judée.

De tous côtés affluaient des députations à Smyrne pour saluer Sabbataï du titre de roi des Juifs et mettre à sa disposition les biens et la vie de ses sujets. Le prétendu Messie était incapable d'utiliser pour quelque grande œuvre l'enthousiasme et l'absolu dévouement de ses partisans; il se laissait béatement aduler, attendant d'un miracle la réalisation des espérances qu'il avait fait naitre dans tout le judaïsme. Samuel Primo et ses autres amis craignaient moins l'action que lui. Comme il est dit dans le *Zohar*, cette Bible des Cabbalistes, qu'à l'aube des temps nouveaux les lois cérémonielles seront abolies, ils entreprirent de détruire le judaïsme rabbinique. Au reste, il régnait, en général, parmi les adhérents de Sabbataï, un profond dédain pour le Talmud et la méthode talmudique. Ils s'entendirent donc facilement pour abroger les lois rabbiniques. Leurs conceptions de la divinité leur étaient également toutes particulières. A force de limiter la puissance de Dieu et de glorifier le Messie, ils les avaient presque placés sur un pied d'égalité. Ils admettaient en quelque sorte un Dieu en trois personnes, « l'ancien des jours », le « saint roi », et un être féminin, la *Schekhina*. Pour eux, le saint roi, le Messie, était le vrai Dieu, le sauveur du monde, le Dieu d'Israël, qui seul devait être invoqué, « l'ancien des jours » ayant, en quelque sorte, abdiqué en faveur de Sabbataï. Ils appuyaient leur doctrine sur un verset du Cantique des Cantiques : « Dieu ressemble à *Cevi*. » Très souvent, Samuel Primo, qui promulguait les ordonnances au nom du Messie, signait : « Moi, le Seigneur votre Dieu, Sabbataï Cevi. »

Samuel Primo et ses acolytes commencèrent leurs attaques contre les prescriptions rituelles en transformant le jeûne du 10 Tébèt en jour de réjouissance, et ils annoncèrent ce changement, au nom de Sabbataï, dans les termes suivants : « Le fils aîné de Dieu, Sabbataï Cevi, Messie et libérateur de la nation juive, à tout Israël, salut ! Puisque vous avez été jugés dignes de voir le grand jour et d'assister à la réalisation des promesses divines faites par les Prophètes, vous pouvez transformer vos gémissements en chants et votre jeûne en fête. Réjouissez-vous, faites entendre des hymnes et des cantiques, et remplacez vos mortifications et votre deuil par des démonstrations de joie. »

Cette réforme éveilla les soupçons des rigoristes, qui voyaient surtout dans le Messie un rabbin particulièrement sévère pour l'observance des pratiques. De là, dans chaque communauté, un petit groupe d'opposants qui réclamaient le maintien absolu de ces pratiques. Pourtant, il n'y eut que peu de rabbins qui comprirent qu'en réalité la Cabbale était et devait être ennemie du Talmud et de ses prescriptions. La plupart restèrent fidèles au *Zohar*, mais rendirent Sabbataï et ses lieutenants personnellement responsables de la lutte entamée contre les lois rituelles.

Tout à coup on apprit que Sabbataï Cevi avait reçu l'ordre d'aller se présenter à Constantinople devant les autorités turques. Le prétendu Messie semble avoir choisi intentionnellement, pour son voyage, le commencement de cette année 1666 à laquelle les mystiques attachaient une si haute importance; il était accompagné de son secrétaire Samuel Primo. A son débarquement aux Dardanelles, il fut arrêté sur l'ordre du grand-vizir Achmed Koeprili, qui avait été informé de l'agitation créée à Smyrne et sur d'autres points de la Turquie, et mené les fers aux mains dans une localité voisine de Constantinople; on le laissa dans cet endroit pour ne pas le faire voyager le jour do sabbat. Le dimanche (février 1666), il fit son entrée à Constantinople, mais dans une posture moins triomphale qu'il ne l'espérait. Prévenus de son arrivée, Juifs et Turcs se rendirent au port en tel nombre que la police dut prendre des mesures spéciales pour maintenir l'ordre. Quand il débarqua, un vice-pacha le souffleta publiquement. Sabbataï eut la présence d'esprit de tendre l'autre joue. C'était se poser en victime résignée, qui accepte toutes les humiliations dans l'intérêt de sa mission.

Amené devant Mustapha-Pacha, le représentant du grand-vizir, qui lui reprocha d'avoir provoqué une agitation malsaine parmi les Juifs, Sabbataï répondit qu'il était un simple *hakham*, venu de Jérusalem pour recueillir des aumônes, et qu'il n'était nullement responsable des témoignages de dévouement qu'on lui prodiguait. Mustapha le fit jeter en prison. Les partisans de Sabbataï n'en furent nullement ébranlés dans leur foi; ils considérèrent, au contraire, les souffrances endurées par leur Messie comme des épreuves nécessaires à sa gloire. Ils se pressaient tous les jours par milliers autour de sa prison pour essayer de l'apercevoir un instant. A ses partisans juifs se joignirent bientôt des Turcs, qui, eux aussi, professèrent pour lui la plus profonde vénération. Du reste, Samuel Primo sut propager habilement le bruit que les autorités turques témoignaient à son maître les plus grands égards, et il réussit ainsi à entretenir les illusions des adeptes de Sabbataï.

Le gouvernement turc semblait, en effet, éprouver quelque timidité devant le Messie juif; il n'osait pas le condamner à mort, comme il l'aurait fait pour tout autre agitateur. Mais, comme les

Turcs étaient alors en guerre avec les Crétois, le grand-vizir Koeprili crut prudent de ne pas laisser Sabbataï dans la capitale, où, en son absence, il aurait pu provoquer des désordres. Il le fit interner au château de Kostia, près des Dardanelles. Sa captivité y fut douce, car il put garder ses amis auprès de lui. Samuel Primo resta naturellement avec Sabbataï, dont les partisans donnèrent à ce château le nom de *Migdal Oz*, « Tour de la puissance ».

Arrivé aux Dardanelles la veille de la fête de Pâque, Sabbataï fit égorger pour lui et ses compagnons un agneau, en souvenir de l'agneau pascal, et en mangea même les parties prohibées par la loi de Moïse. C'était déclarer ouvertement qu'il avait le droit d'abolir les anciennes prescriptions. Grâce aux subsides qu'il recevait de sa famille et de riches partisans, il put organiser au château de Kostia une vraie cour, où il trôna comme un souverain. D'innombrables bateaux lui amenaient sans cesse des visiteurs de tous pays, qui revenaient éblouis de ce qu'ils avaient vu et propageaient ensuite leur enthousiasme pour le Messie. Presque tous les Juifs étaient convaincus que Sabbataï était le Sauveur annoncé et que l'heure de la délivrance définitive sonnerait au plus tard dans un délai de deux ans. Dans les principales villes de commerce où les Juifs occupaient le premier rang, à Amsterdam, à Livourne, à Hambourg, les affaires subirent un ralentissement considérable, parce qu'on s'attendait à de profonds changements. Les communautés d'Europe s'inspiraient de l'exemple de celle d'Amsterdam, et celle-ci avait à sa tête des chefs qui, pour la plupart, étaient de fidèles partisans du faux Messie. A Venise, il y eut conflit entre les amis et les adversaires de Sabbataï, et un de ces derniers faillit être tué. Quand on demanda à Sabbataï comment on devait traiter les *koferim* (incrédules), il déclara qu'il était permis de les tuer même le jour du sabbat, et que le meurtrier serait assuré de la vie future. A Hambourg, de pieux protestants allèrent demander conseil au prédicateur Esdras Edzard au sujet de la conduite qu'ils devaient tenir : « Nous avons appris, dirent-ils, non seulement par les Juifs, mais aussi par nos correspondants chrétiens de Smyrne, d'Alep, de Constantinople et d'autres villes de la Turquie que le nouveau Messie des

Juifs opère des miracles et que ses coreligionnaires de tous les pays accourent auprès de lui. Comment concilier cet événement avec la doctrine chrétienne, qui nous enseigne que le Messie est déjà arrivé? »

Pendant que cette folie étendait de plus en plus ses ravages, Sabbataï vivait au château des Dardanelles en vrai prince, entouré d'une foule d'adorateurs. A l'instigation de Samuel Primo plutôt que de sa propre initiative, il abolit le jeûne de Tammouz et déclara que le neuvième jour d'Ab ne devait plus être observé comme un jour de deuil, en souvenir de la destruction de Jérusalem, mais célébré par des réjouissances, comme jour anniversaire de sa naissance. Il institua pour cette date un office spécial, où l'on récitait des psaumes et des actions de grâces, au son de la harpe et des chants. Il se disposait même à abolir tous les jours de fête, y compris la fête de l'Expiation, quand une imprudence bouleversa toutes ses combinaisons.

Parmi les visiteurs accourus de toutes les régions pour contempler ses traits vénérés, se trouvaient deux rabbins de Pologne. Ceux-ci lui apprirent que dans leur pays, un prophète, Néhémie Cohen, prédisait également l'avènement prochain du règne messianique, mais sans jamais prononcer le nom de Sabbataï. Ému de cette concurrence, Sabbataï remit aux deux rabbins polonais une lettre où il promettait aux Juifs de Pologne de venger les massacres accomplis par les Cosaques et où il appelait impérieusement Néhémie Cohen auprès de lui. Sans se laisser arrêter par la longue distance à parcourir, Néhémie se rendit aux Dardanelles. Arrivé au château de Kostia, il fut immédiatement reçu par Sabbataï. Les deux agitateurs restèrent longtemps enfermés ensemble, discutant sur les signes auxquels on devait reconnaître le vrai Messie. Néhémie ne fut pas convaincu, et ne s'en cacha point. Quelques partisans fanatiques de Sabbataï songèrent alors à faire disparaître Néhémie Cohen, qu'ils jugèrent dangereux pour leur entreprise, mais celui-ci parvint à s'échapper sain et sauf du château de Kostia. Il se rendit à Andrinople, se fit musulman et dénonça Sabbataï au kaïmakam Mustapha en l'accusant de vouloir trahir la Turquie.

Le kaïmakam communiqua cette information à son maître,

Mahomet IV. Le sultan examina avec ses ministres et le mufti Vanni les mesures qu'il pourrait prendre contre Sabbataï. Il aurait été facile de le faire exécuter sommairement, mais le faux Messie avait de nombreux partisans turcs, et il était à craindre que sa mort ne devînt une cause de troubles. Vanni proposa alors d'essayer de le convertir à l'islamisme. On adopta cette proposition, et le médecin du sultan, un apostat juif du nom de Didon, fut chargé du soin de préparer Sabbataï à cette conversion.

Arrêté et conduit à Andrinople, Sabbataï fut mis immédiatement en rapports avec Didon. Il ne semble pas qu'il fallût de bien grands efforts pour décider Sabbataï à abandonner le judaïsme. Amené devant le sultan, il jeta par terre sa coiffure juive, en signe de mépris pour son ancienne religion, et mit un turban blanc et un vêtement vert, indiquant par là qu'il était devenu musulman. Mahomet IV, enchanté de ce dénouement, donna à Sabbataï le nom de Mehemet Effendi et lui confia les fonctions de surveillant du palais (*capigi baschi otorak*), avec un traitement élevé. La conversion de Sabbataï fut suivie de celle de sa femme, Sara, et de plusieurs de ses partisans. Quelques jours après sa conversion, il eut l'audace d'écrire à ses frères de Smyrne : « Dieu a fait de moi un ismaélite (turc); il a ordonné et j'ai obéi. Le neuvième jour après ma seconde naissance. »

Ce dénouement inattendu produisit chez les Juifs une profonde stupeur. Ainsi, le Messie, le glorieux Sauveur, en qui tous avaient placé leur confiance, avait lâchement abandonné le judaïsme ! Musulmans et chrétiens poursuivirent de leurs railleries les naïfs adeptes du faux Messie. Des maux plus sérieux faillirent en résulter pour les Juifs. Sous prétexte de tentative de trahison, le sultan voulut exterminer tous les Juifs de son royaume et convertir à l'islamisme les enfants âgés de moins de sept ans. Il ne renonça à son projet que sur les instances de deux de ses conseillers et de sa mère, qui lui représentèrent que les inculpés n'étaient, en réalité, que de malheureuses dupes. Il résolut alors de faire mourir cinquante d'entre les principaux rabbins de Constantinople, de Smyrne et d'autres villes turques, parce qu'ils n'avaient pas éclairé leurs communautés sur les agissements de Sabbataï. Cette résolution ne fut heureusement pas mise à exécution. Dans les communautés, les querelles entre adeptes et adversaires de Sabbataï auraient pu devenir funestes, si les rabbins n'avaient pas énergiquement recommandé de s'abstenir de toute moquerie à l'égard de ceux qui avaient naïvement cru à la mission du prétendu Messie.

Tous ne se résignèrent pourtant pas à la perte de leurs illusions. Pour beaucoup de ses partisans, Sabbataï ne s'était point fait Turc : son ombre seule était restée sur la terre, mais lui-même était monté au ciel ou s'était réfugié auprès des dix tribus, pour reprendre son œuvre de délivrance à un moment plus propice. Ses prophètes surtout, Samuel Primo, Jacob Faliagi, Jacob Israël Duhan, s'efforcèrent de maintenir la foule dans son erreur et de raffermir l'autorité de Sabbataï. Les rabbins durent intervenir énergiquement pour mettre fin à cette nouvelle propagande. Nathan de Gaza fut excommunié. Mais l'agitation continua. Un des chefs, probablement Samuel Primo, déclara que Sabbataï avait prouvé l'authenticité de sa mission messianique par sa conversion même : c'était prédit dans le *Zohar*. C'est ainsi que Moïse, le premier libérateur, avait dû vivre à la cour de Pharaon en Égyptien avant de sauver son peuple. « Renégat en apparence, mais au fond pur et saint », tel était le nouveau mot d'ordre des partisans de Sabbataï.

Appuyé, d'une part, par les prédications de Nathan de Gaza et, de l'autre, par le zèle de son entourage, Sabbataï conserva un grand nombre de fidèles. Dans les premiers temps qui suivirent son apostasie, il dut naturellement se tenir éloigné des Juifs et du judaïsme et se montrer fervent musulman. Mais peu à peu, dans le désir de reprendre son rôle de Messie, il renoua des relations avec les Juifs et se déclara de nouveau inspiré de l'esprit saint et favorisé de révélations divines. Il fit publier un ouvrage mystique où l'on affirmait que Sabbataï était le vrai Messie et qu'il pourrait multiplier les preuves de son pouvoir, mais qu'il s'était couvert du masque de l'islamisme pour propager plus facilement les croyances juives. Au sultan, au contraire, et au mufti il déclarait qu'il restait en rapports avec les Juifs pour les convertir à la religion musulmane. Il réussit ainsi à se faire autoriser à prêcher dans les synagogues d'Andrinople. Pourtant, son exemple fut suivi par beaucoup de ses anciens coreligionnaires, qui se firent également mahométans. Peu à peu on s'habitua à ces apostasies, et on disait simplement de ceux qui avaient renié leur foi « qu'ils avaient pris le turban ». Il se forma ainsi un groupe considérable de Judéo-Turcs autour de Sabbataï.

Une des plus importantes recrues faites à cette époque par Sabbataï fut Abraham Miguel Cardoso. Né de parents marranes, Miguel étudia la médecine, à Madrid, avec son frère aîné Fernando. Mais, tandis que Fernando s'adonnait sérieusement à ses études, Miguel passait son temps dans une molle oisiveté, donnant des sérénades sous le balcon des jolies Madrilènes et menant une vie de distractions et de plaisirs. Par amour pour le judaïsme, Fernando, qui avait acquis rapidement en Espagne la réputation d'un habile médecin et d'un remarquable savant, émigra à Venise pour revenir à la religion de ses pères. Miguel l'y suivit, retourna également au judaïsme, mais continua son existence oisive et déréglée.

Tout à coup, ce viveur se métamorphosa en un ardent cabbaliste. Il se déclara partisan de Sabbataï, affirmant qu'il avait fréquemment des visions. Loin de se laisser décourager par l'apostasie du faux Messie, il proclamait que cette apostasie avait été nécessaire, parce que le Messie devait commettre ce péché pour expier le crime d'idolâtrie dont Israël s'était rendu si souvent coupable. Les prédictions d'Isaïe relatives au peuple élu et à sa résurrection, que les chrétiens appliquent à Jésus, Miguel les rapportait à Sabbataï. Son frère Isaac eut beau railler ses divagations et ses extravagances cabbalistiques et lui demander ironiquement si c'est en jouant de la harpe sous les fenêtres de ses belles qu'il avait acquis le don de prophétie, il n'en persista pas moins dans sa folie. Pour convaincre son frère de la haute valeur de ses nouvelles croyances, il lui citait des passages du *Zohar* et d'écrits analogues ; il pensait ainsi prouver que Sabbataï était vraiment le Messie. Orateur éloquent et écrivain habile, il gagna en Afrique de nombreux adhérents au faux Messie. Il commença ensuite une vie d'aventures, visitant Constantinople, Smyrne, les îles grecques et le Caire, et recourant à des expédients de charlatan pour subvenir aux besoins de sa famille.

Les connaissances variées qu'il avait acquises dans les écoles chrétiennes lui assuraient une grande supériorité sur les autres apôtres du faux Messie, et il devint un des partisans les plus résolus et les plus utiles de cet imposteur.

Celui-ci continua, en effet, même après son apostasie, à jouer auprès des Juifs son rôle de Messie. S'il se croyait parfois obligé, pour ne pas éveiller les soupçons des musulmans, d'outrager par de grossières injures les Juifs et leurs croyances, il réunissait, par contre, assez fréquemment ses adhérents juifs pour célébrer l'office avec eux, chanter des psaumes et lire la Tora. Il se décida aussi à épouser une seconde femme, la fille d'un talmudiste, Joseph Philosophe, de Salonique. Mais les Turcs ne tardèrent pas à s'apercevoir de sa conduite ambiguë. Un jour, la police turque le surprit dans une réunion de Juifs, où il récitait des psaumes. Sur l'ordre du grand-vizir, il fut alors exilé à Dulcigno, en Albanie; il y mourut obscurément (1676).

Heureusement, pas plus les extravagances de Sabbataï que les attaques de Spinoza n'avaient pu ébranler dans leur foi les communautés importantes et si cultivées d'Amsterdam, de Hambourg, de Londres et de Bordeaux. Au moment même où le judaïsme subissait les assauts répétés de ces deux adversaires, les Juifs portugais d'Amsterdam, au nombre d'environ quatre mille, s'imposaient de lourds sacrifices pour élever une admirable synagogue. Ce superbe édifice fut inauguré en grande pompe le 3 août 1675; on le célébra en vers et dans d'éloquents discours, et on le fit connaître partout par des gravures. Des chrétiens même aidèrent à la construction de ce temple, et un poète, Romein de Hooghe, chanta cette synagogue et le peuple juif dans des poésies latines, hollandaises et françaises.

Spinoza était encore en vie quand la communauté d'Amstersdam, dont il s'était séparé, célébra cet heureux événement. Il mourut peu de temps après (21 février 1677); il n'avait survécu que de cinq mois à Sabbataï Cevi. Malgré lui, il contribua à la glorification du peuple qu'il avait si injustement dédaigné, car on reconnaît aujourd'hui de plus en plus qu'il fut redevable de plusieurs de ses meilleures qualités à la race dont il est issu.

CHAPITRE X

TRISTESSES ET JOIES

(1670-1720)

Pendant qu'en Turquie les Juifs jouissaient d'une complète sécurité même au moment de l'agitation messianique de Sabbataï, ils continuaient d'être traités en parias par les nations chrétiennes de l'Europe, excepté en Hollande et en Angleterre. Ce fut de nouveau l'Espagne qui ouvrit l'ère des persécutions. Ce pays était alors gouverné par Marie-Anne d'Autriche, veuve de Philippe IV, qui avait élevé son confesseur, le Jésuite allemand Neidhard, à la dignité d'inquisiteur général et de premier ministre. Une telle souveraine ne tolérait naturellement que des catholiques dans ses États. Or, dans un coin de la région septentrionale de l'Afrique, à Oran, à Mazaquivir et dans quelques autres localités, on trouvait des Juifs. Beaucoup d'entre eux avaient rendu de sérieux services à l'Espagne, en temps de paix aussi bien qu'en temps de guerre. Les familles Cansino et Sasportas, dont les membres remplissaient les fonctions de drogman, s'étaient distinguées en mainte circonstance par leur attachement et leur dévouement pour l'Espagne, et Philippe IV leur avait fait adresser des remerciements officiels. Sa veuve n'en décida pas moins d'expulser tous les Juifs sans exception. Sur les instances de quelques notables juifs, le gouverneur leur accorda un délai de huit jours, jusqu'après la fête de Pâque, et consentit à attester qu'ils étaient exilés, non pas parce qu'ils avaient commis quelque méfait, mais à cause de l'intolérance de la régente (fin avril 1669). Les exilés, qui avaient été obligés de vendre leurs immeubles à des prix dérisoires, allèrent se fixer en Savoie, à Nice et à Villefranche.

La fille de la régente d'Espagne, Marguerite, impératrice d'Allemagne, ne tarda pas à imiter l'exemple de sa mère et à faire décréter l'expulsion des Juifs de Vienne et de l'archiduché d'Autriche. Depuis l'avènement de Léopold Ier, les Jésuites étaient tout-puissants en Allemagne. Ils ne cessaient d'exciter la cour et le peuple contre tous les non-catholiques, contre les protestants en Hongrie, les huguenots en France et les dissidents en Pologne. Les Juifs, établis de nouveau à Vienne depuis environ un demi-siècle, souffraient également de ces excitations. Trouvait-on un chrétien assassiné ou noyé? on en accusait immédiatement les Juifs, que l'on cherchait, en outre, à rendre odieux par des chansons, des libelles venimeux et des images. Après une assez longue résistance de l'empereur, les Jésuites réussirent à faire proclamer à son de trompe (14 février 1670) l'ordre aux Juifs de partir de Vienne et des environs.

Bouleversés par ce décret d'expulsion, les Juifs sollicitèrent l'intervention d'un de leurs coreligionnaires les plus riches et les plus influents de ce temps, Manoël Texeira, représentant de la reine Christine à Vienne. Texeira demanda à quelques grands d'Espagne avec lesquels il était en relations d'agir sur le confesseur de l'impératrice. Il s'adressa aussi au puissant et habile cardinal Azzolino, à Rome, ami de la reine Christine. Celle-ci, qui, depuis sa conversion, jouissait d'une grande influence dans le monde catholique, promit aussi son appui à Texeira. Tout fut inutile. L'empereur, ou plutôt l'impératrice, maintint l'édit d'expulsion et disposa même des maisons des Juifs avant qu'ils ne fussent partis. Elle fut pourtant assez humaine pour défendre à ses sujets de maltraiter les exilés.

Les Jésuites triomphèrent « pour la plus grande gloire de Dieu » ; les Juifs furent contraints d'émigrer. Le Magistrat de Vienne acheta le quartier juif pour cent mille florins, et, en l'honneur de l'empereur, l'appela *Leopoldstadt*. Sur l'emplacement de la synagogue on éleva une église, dont Léopold Ier posa la première pierre (18 août 1670). Les exilés se répandirent à travers la Moravie, la Bohême et la Bavière, où ils furent provisoirement autorisés à se fixer; la Hongrie leur resta fermée.

Malheureux d'un côté, les Juifs de cette époque étaient plus heureux dans d'autres contrées. Le Brandebourg, qui n'avait voulu accueillir jusqu'alors qu'un très petit nombre de Juifs, s'ouvrit plus largement aux exilés de Vienne. Non pas que le Grand Électeur, le fondateur de la grandeur prussienne, fût plus tolérant que la plupart des princes de ce temps. Mais, plus intelligent que l'empereur Léopold, il dédaignait moins les capitalistes juifs, parce qu'il savait que sans de bonnes finances, un État ne peut pas prospérer, et que les Juifs pourraient lui rendre, sous ce rapport, d'excellents services. Depuis un siècle, aucun Juif n'avait pu légalement demeurer dans la Marche de Brandebourg. Malgré les préjugés de la population protestante, Frédéric-Guillaume commença par en tolérer quelques-uns dans ses États. A la suite du traité de Westphalie, il avait acquis, en effet, la ville de Halberstadt avec les environs, où demeuraient quelque dix familles juives. Il les y laissa et leur octroya un privilège qui ressemblait aux autres actes de tolérance accordé sen ce temps aux Juifs. La Nouvelle Marche aussi paraît avoir été alors habitée par des familles juives, ainsi que le duché de Clèves (Emmerich, Wesel, Duisbourg et Minden), qui avait été annexé au Brandebourg. A Emmerich, Frédéric-Guillaume fit même la connaissance d'un Juif remarquablement doué, Élie Gumperts (Gompertz) ou Élie d'Emmerich, dont il se servit comme agent diplomatique et comme fournisseur d'armes et de poudre.

Quand le Grand Électeur apprit que Léopold Ier avait décrété l'expulsion des Juifs de Vienne, il chargea son représentant dans cette ville de se mettre en rapport avec eux pour les faire venir dans le Brandebourg. Douze délégués se rendirent donc de Vienne à Berlin, afin de savoir à quelles conditions Frédéric-Guillaume autoriserait le séjour de leurs coreligionnaires dans ses États. Ces conditions, assez dures, étaient pourtant plus favorables que celles qui étaient imposées aux Juifs dans les autres pays protestants. Cinquante familles autrichiennes eurent la permission de s'établir dans le Brandebourg et le duché de Crossen et de faire librement du commerce. Chaque famille devait payer annuellement un droit de protection de huit thalers et, en plus, un florin d'or par mariage et autant pour chaque enterrement. Par contre, ils étaient exemptés du péage personnel (*Leibzoll*). On leur permettait d'acheter et de construire des maisons, à condition de les revendre, après un délai déterminé, à des chrétiens. Il leur était défendu d'élever des synagogues, mais ils pouvaient se réunir dans des maisons particulières pour prier en commun ; ils avaient aussi le droit de nommer un instituteur et un sacrificateur. Ces lettres-patentes n'étaient valables que pour vingt ans, mais on leur fit entrevoir que le Grand Électeur ou son successeur les leur renouvellerait.

De ces cinquante familles, sept, les famille Riess, Lazarus et Veit, s'établirent à Berlin ; ce fut là l'origine de l'importante communauté de cette ville. Frédéric-Guillaume ouvrit encore son pays à des Juifs d'autres villes, notamment de Hambourg et de Glogau, qui fondèrent les communautés de Landsberg et de Francfort-sur-Oder.

Dans d'autres circonstances aussi, où l'on ne pouvait pas le soupçonner d'agir par intérêt, ce prince se montra équitable à l'égard des Juifs. Ainsi, lorsque, d'après le plan un peu chimérique du conseiller suédois Skytte, il voulut organiser dans la Marche, à Tangermunde, une Université où l'on enseignerait toutes les connaissances humaines, il proposa d'y appeler aussi des savants juifs. Il contraignit également la Faculté de médecine de Francfort-sur-Oder à recevoir parmi ses élèves deux jeunes gens juifs, Cohen Rofé, dont le père, à la suite du soulèvement des Cosaques, était venu de Pologne à Metz, et un de ses amis, et il leur accorda même des subsides annuels pendant la durée de leurs études.

Dans le Portugal même, la situation des Juifs ou plutôt des Marranes se présentait, à cette époque, sous un jour plus favorable. Sans y avoir jamais été autorisée formellement par la curie romaine, l'Inquisition exerçait depuis plus d'un siècle, dans ce pays, son action néfaste ; elle voulait absolument faire disparaître les Marranes. Mais sa tâche était considérable, car peuple, noblesse et princes étaient infectés de sang juif. Dans tous les couvents, chez les religieux et les religieuses, il se rencontrait des Marranes et des demi-Marranes. Le Saint-Office avait le droit d'espérer que, pendant longtemps encore, il trouverait des victimes pour remplir les cachots, alimenter les bûchers et faire remporter de glorieux triomphes à la religion.

Tout à coup, à la cour du Portugal comme dans l'entourage du pape, on tenta de briser le pouvoir de l'Inquisition. A la tête de cette opposition se trouvait un père Jésuite, Antonio Vieira, très habile et très fin, qui témoignait une prédilection marquée aux Juifs et aux Marranes. Pendant son séjour à Amsterdam, il assistait aux sermons des prédicateurs juifs et entretenait des relations amicales avec Manassé ben Israël et Aboab. L'Inquisition le condamna à rester enfermé dans une maison professe et le priva du droit de voter et de prêcher. Une fois remis en liberté, Vieira songea à se venger du Saint-Office; il trouva des auxiliaires actifs et intelligents dans les membres de son ordre. Pour saper l'influence du Saint-Office auprès du pape, il se rendit à Rome. D'autre part, le provincial des Jésuites à Malabar, Balthazar, vint soumettre au régent du Portugal, Dom Pedro, un plan pour reconquérir les Indes et dont la réussite, selon lui, dépendait du concours des capitaux marranes. La conclusion était qu'il fallait ménager des gens qui pouvaient devenir si utiles.

Pendant que les Jésuites intriguaient secrètement contre le Saint-Office, les émissaires de l'Inquisition avaient surexcité la foule contre les Marranes, qu'ils accusaient d'avoir volé des hosties. Afin de mettre fin à cette agitation incessante, plusieurs membres du conseil d'État proposèrent d'expulser les Marranes du pays. C'était là un moyen trop radical, qui aurait rendu dorénavant inutiles les services des inquisiteurs. Aussi s'empressèrent-ils de combattre cette proposition. Par une singulière ironie, eux, les implacables pourvoyeurs des prisons et des bûchers, ils invoquèrent la loi d'amour enseignée par leur religion pour qu'on ne punît pas les innocents avec les coupables en chassant tous les Marranes du Portugal.

Cependant, à Rome, les efforts d'Antonio Vieira et de l'ordre des Jésuites contre l'Inquisition furent couronnés de succès. Le pape Clément X, par un bref du 3 octobre 1674, suspendit l'action des tribunaux d'inquisition en Portugal, leur défendit de prononcer la peine de mort ou des galères ou de la confiscation des biens contre les Marranes et leur enjoignit de soumettre à l'office général de l'Inquisition à Rome tous les procès en cours contre des Marranes incarcérés. En même temps il autorisa les « nouveaux chrétiens » à envoyer des délégués à Rome pour exposer leurs griefs contre le Saint-Office. Les Jésuites triomphèrent pour le moment. Mais le peuple, poussé par des agents secrets du Saint-Office, criait dans les rues de Lisbonne : « Mort aux Juifs et aux Marranes! » Et lorsque le pape, par une nouvelle bulle, destitua les inquisiteurs de leurs fonctions et leur ordonna de remettre au nonce les clefs des prisons du Saint-Office, ils refusèrent d'obéir.

Dans la crainte que le pape n'intervînt également en Espagne, les inquisiteurs de ce pays décidèrent de frapper un grand coup pour l'intimider. L'Espagne avait alors à sa tête le jeune et faible roi Charles II. Ils lui firent accroire qu'il ne pourrait pas offrir de spectacle plus attrayant à sa jeune femme, Marie-Louise d'Orléans, nièce de Louis XIV, qu'en faisant brûler sous ses yeux un nombre considérable d'hérétiques. Le souverain résolut immédiatement d'organiser un important autodafé en l'honneur de la reine. Sur son ordre, le grand inquisiteur, Diego de Saramiento, invita tous les tribunaux d'Espagne à expédier à Madrid les hérétiques déjà condamnés. Un mois avant la date fixée pour l'exécution, des hérauts annoncèrent solennellement cette fête aux habitants de la capitale. Pendant plusieurs semaines, on travailla avec une activité fiévreuse à élever des estrades pour la cour, la noblesse, le clergé et le peuple.

Le jour si impatiemment attendu arriva enfin (30 juin 1680). Depuis longtemps on n'avait vu réunies tant de victimes de l'Inquisition. Cent dix-huit personnes de tout âge, dont soixante-dix Marranes! Pieds nus, revêtus du *san-benito* et un cierge à la main, ces malheureux furent conduits de bon matin au lieu du supplice, au milieu de religieux et de moines de tout ordre, de chevaliers et de suppôts de l'Inquisition. Conformément aux anciens usages et en vertu de leurs privilèges, des charbonniers armés de hallebardes ouvraient la marche. Venaient ensuite des valets de bourreau qui portaient l'effigie d'hérétiques décédés ou en fuite et des cercueils contenant les ossements de Marranes morts dans l'impénitence. Quoique exposés aux rayons d'un soleil ardent, le roi, la reine, les dames de la cour, les hauts dignitaires, toute la noblesse, eurent le courage d'assister à cet horrible spectacle depuis les premières heures de la journée jusqu'au soir.

Quiconque, parmi les personnages considérables de la ville, s'abstenait de paraître à cette fête se rendait suspect d'hérésie. Au milieu des clameurs de la foule, qui répétait sans cesse : « Vive la foi ! » on percevait les plaintes des condamnés. Une jeune Marrane de dix-sept ans, très belle, que le hasard avait placée dans le voisinage de la reine, suppliait la souveraine de lui faire grâce. Marie-Louise, qui n'était elle-même pas beaucoup plus âgée, ne put s'empêcher de verser des larmes de pitié. Craignant que la reine ne cédât aux supplications de la jeune fille, Diego de Saramiento conjura le roi, par la croix et l'Évangile, de remplir son devoir de « prince très chrétien », et il lui tendit une torche pour mettre le feu au bûcher. Dix-huit malheureux furent livrés aux flammes. C'étaient des Marranes qui avaient proclamé publiquement leur attachement à la foi juive, et, parmi eux, une veuve de soixante ans, avec ses deux filles et son gendre, et deux autres femmes dont la plus jeune avait trente ans. Tous moururent avec une admirable fermeté. La marquise de Villars raconte qu'elle n'eut pas le courage d'assister à cette épouvantable exécution et que le seul récit des atrocités commises lui causa une profonde horreur. Une autre dame française dit que ces malheureux, « avant que d'être exécutés, eurent à souffrir mille tourments, les moines même qui les assistaient les brûlant avec des flambeaux pour les faire convertir... En présence du roi et fort près de lui, on maltraitait quelques-uns des criminels, que les moines battirent diverses fois, au pied d'un autel pour les y faire agenouiller par force ». Elle ajoute : « Ces supplices ne diminuèrent pas beaucoup le grand nombre de Juifs qui se rencontrent en Espagne et surtout à Madrid, où pendant qu'on en punit quelques-uns avec tant de rigueur, on en voit plusieurs autres dans les finances, considérés et respectés. »

Cet autodafé produisit sur la curie romaine l'effet désiré, car le pape Innocent XI cessa de s'opposer au fonctionnement des tribunaux d'inquisition en Portugal. D'ailleurs, le Jésuite Vieira, le principal adversaire du Saint-Office, était mort. Mais les persécutions incessantes dirigées contre les Marranes, si actifs et si industrieux, portèrent un coup sensible à la prospérité du Portugal. « Quand vous serez roi, disait un conseiller d'État à l'héritier du trône, vous vous apercevrez que beaucoup de bourgs et de villages, même Lamego et Guarda, ont une très petite population. En cas que vous demandiez pour quelle cause ces localités sont ruinées et leurs manufactures démolies, bien peu oseront vous dire la vérité. C'est l'Inquisition qui a rendu désertes ces villes et appauvri le pays en incarcérant de nombreux habitants. »

Le rôle joué dans la Péninsule ibérique à l'égard des Juifs par les dominicains, était rempli dans d'autres pays par les corporations des marchands. Afin de se défaire de concurrents gênants, les commerçants chrétiens aidaient à répandre ou inventaient contre les Juifs ces odieuses calomnies de rapt ou de meurtre d'enfants chrétiens. Ce ne fut certes pas par un pur hasard, mais par suite d'un plan implacablement poursuivi, que des accusations de ce genre se produisirent en même temps à Metz, à Berlin et à Padoue.

Il faut pourtant reconnaître qu'en dépit de ces explosions de haine et de fanatisme la situation des Juifs de ce temps s'était sensiblement améliorée en Europe. Les mœurs étaient devenues plus douces, on commençait aussi à éprouver une certaine bienveillance, mêlée d'admiration, pour ce peuple juif qui avait su défendre sa foi avec une vaillance indomptable et une héroïque fermeté et se maintenir intact au milieu des nations, en dépit des plus violentes persécutions et des outrages les plus odieux. De généreux écrivains plaidaient chaleureusement sa cause, recommandant de le traiter dorénavant avec équité et de lui accorder la place qui lui appartenait. Dans son « Accomplissement des prophéties », qu'il composa à Rotterdam (1685), le prédicateur protestant Pierre Jurieu déclarait que « le véritable règne de l'Antechrist consiste dans la persécution cruelle qu'on fait aux Juifs », et que « Dieu se réserve cette nation pour faire en elle ses plus grands miracles ». Le Danois Oliger Pauli déployait une activité surhumaine et dépensait des sommes considérables afin de rendre possible aux Juifs le retour dans la Palestine. Il envoya des lettres d'un naïf mysticisme à Guillaume III, roi d'Angleterre, et au Dauphin de France pour les intéresser à son projet. Jean-Pierre Speet, d'Augsbourg, né à Vienne de parents catholiques, manifestait un véritable enthousiasme pour les Juifs et leur religion. Après avoir écrit un livre à la gloire du catholicisme, il professa la doctrine des Sociniens et des Mennonites et, à la fin, se convertit au judaïsme, à Amsterdam, sous le nom de Moïse Germanus (décédé le 17 avril 1702). Il ne voulait plus rester chrétien, disait-il, afin de dégager sa responsabilité des calomnies odieuses que ses coreligionnaires répandaient contre les Juifs. « Encore aujourd'hui, ajouta-t-il, en Pologne et en Allemagne on raconte tous les détails d'un meurtre que des Juifs auraient commis sur un enfant chrétien, dont ils auraient ensuite envoyé le sang à tous leurs coreligionnaires dans des tuyaux de plume. C'est là une calomnie abominable. » D'autres catholiques encore n'hésitèrent pas, en ce temps, à se soumettre à la douloureuse opération de la circoncision et à s'exposer aux injures pour embrasser le judaïsme.

La littérature hébraïque aussi conquit aux Juifs de précieuses sympathies. Les savants chrétiens, de plus en plus familiarisés avec l'hébreu et la langue rabbinique, reportaient sur le peuple juif une partie de l'admiration que leur inspiraient les œuvres remarquables de ses prophètes et de ses penseurs. Bien plus qu'au commencement du siècle, la Bible et les ouvrages talmudiques étaient alors étudiés, traduits, commentés dans les milieux chrétiens. C'était devenu presque une obligation pour la plupart des théologiens catholiques et protestants d'avoir des notions de la littérature rabbinique, quoiqu'on essayât de décourager les hébraïsants en les appelant dédaigneusement « demi-rabbins ». Un écrivain chrétien de ce temps, Jean-Georges Wachter, scandalisé de ce zèle pour les œuvres juives, disait avec mélancolie : « Je souhaite que ceux qui se prétendent chrétiens cessent de manifester un enthousiasme de prosélyte pour la foi juive, au grand dommage de leur propre religion. Car, de nos jours, il est devenu de mode de chercher l'origine de toute chose dans le judaïsme. »

Des différents savants qui, à cette époque, se consacrèrent à l'étude de la Bible, le plus remarquable était, sans contredit, Richard Simon, de la congrégation des Oratoriens de Paris. Esprit sagace et profond, il fut le fondateur de l'exégèse scientifique de l'Ancien et du Nouveau Testament. Ce furent les observations critiques de Spinoza sur la Bible qui lui inspirèrent le désir d'examiner ce livre de plus près. Il fut également poussé à cette étude en voyant les protestants appuyer leurs croyances les plus élevées comme leurs conceptions les plus absurdes sur des versets bibliques; il voulait se rendre compte par lui-même de la légitimité de leur méthode d'interprétation. Les catholiques l'approuvèrent bruyamment, sans se douter du danger que son exégèse allait présenter pour leur foi.

Jusqu'alors, la connaissance de la littérature rabbinique était restée circonscrite dans un cercle très restreint, parce que les chrétiens qui en avaient parlé, tels que Reuchlin, Scaliger, les deux Buxtorf et les savants hollandais, avaient écrit leurs ouvrages en latin. Mais Richard Simon écrivit, non pas en latin, mais dans un élégant style français. Aussi ses livres produisirent-ils beaucoup de sensation, car ils furent lus de toutes les personnes cultivées, même des dames. D'un autre côté, les rapports qu'il dut entretenir forcément avec des savants juifs pour connaître la littérature hébraïque, firent disparaître une partie de ses préventions contre les Juifs. Il renonça aussi à cette prétention présomptueuse, qui ne pouvait être défendue que par des ignorants, que le christianisme n'avait rien de commun avec le judaïsme et lui était bien supérieur. Avec une véritable hardiesse il affirma, au contraire, que la religion chrétienne dérive de la religion juive, lui a emprunté une partie de ses cérémonies et ne peut vraiment rester fidèle à son origine qu'en continuant de s'inspirer du judaïsme. En même temps, il déplorait qu'on eût expulsé les Juifs de France, où ils avaient brillé par leur savoir. Il les défendait aussi en toute circonstance contre la malveillance de leurs adversaires, et, quand un Juif de Metz (Raphaël Lévy) fut accusé du meurtre d'un enfant chrétien, il plaida sa cause avec une chaleureuse conviction.

Malheureusement, les esprits éclairés et sincèrement tolérants étaient encore rares, et les plus absurdes accusations continuaient de trouver créance auprès des chrétiens, même instruits. Même dans les milieux cultivés on croyait encore que les Juifs tuaient des enfants chrétiens, buvaient leur sang ou s'en servaient pour guérir des maladies qui leur étaient spéciales. Un protestant de la Frise, Jacob Geusius, à la fois ecclésiastique et médecin, publia deux libelles, « Anan et Caïphas échappés de l'enfer », et « Sacrifices humains », où il recueillit toutes les calomnies inventées contre les Juifs depuis Apion et Tacite jusqu'à ce Bernard de Feltre qui avait propagé l'histoire du prétendu martyre de l'enfant Simon de Trente. Du moins les Juifs n'étaient-ils plus contraints de subir ces odieuses accusations en silence. Un Juif hollandais répliqua vigoureusement au réquisitoire de Geusius. Son ouvrage, intitulé « Le Vengeur », s'attachait principalement à faire ressortir que jamais on n'avait pu établir avec certitude un seul meurtre rituel commis par des Juifs, et que, dans les premiers temps du christianisme, les païens avaient accusé les chrétiens de crimes analogues.

Isaac Cardoso, de Vérone, frère du partisan excentrique de Sabbataï Cevi, écrivit aussi un plaidoyer éloquent en faveur de ses coreligionnaires. Dans la « Supériorité des Hébreux », il montre l'injustice des reproches qu'on leur fait et la grandeur de la mission qu'ils sont chargés de remplir. « Le peuple d'Israël, dit-il, aimé de Dieu et haï des hommes, est disséminé depuis deux mille ans parmi les nations, en expiation de ses péchés et de ceux de ses aïeux. Opprimé par les uns, frappé par les autres, méprisé par tous, il a été maltraité et persécuté dans tous les pays. » Mais, ajoute Cardoso, si Israël a subi toutes ces souffrances, c'est parce qu'il est le peuple élu, ayant pour mission de répandre la connaissance du Dieu-Un. Il se distingue par trois qualités principales : la compassion, l'esprit de charité et la pureté des mœurs. Obstinément attaché à sa religion, il l'observe, non pas pour des raisons philosophiques, mais parce que Dieu la lui a révélée et que ses ancêtres l'ont toujours pratiquée. Aussi les sages des autres nations admirent-ils sa fidélité à sa foi et ses mœurs austères. Et c'est ce peuple privilégié que Dieu a jugé digne de ses faveurs spéciales et a doué des plus remarquables vertus, ce sont ces hommes pieux et croyants qu'on accuse de crimes épouvantables et auxquels on attribue les plus abominables vices ! Isaac Cardoso s'appuie sur l'histoire pour démontrer la fausseté de ces ridicules inventions.

On n'ajoutait pourtant plus foi aussi facilement aux accusations dirigées contre les Juifs. Le prince Christian-Auguste, comte palatin de Sulzbach, qui avait étudié la langue et la littérature hébraïques et s'était même fait initier aux mystères de la Cabbale, probablement par le mystique Knorr de Rosenroth, protégea efficacement les Juifs contre ces calomnies. Lorsque, à deux reprises différentes (en 1682 et en 1692), ils furent accusés d'avoir assassiné un enfant chrétien, il interdit chaque fois, sous la menace d'un châtiment rigoureux, « de croire à ces ridicules et sottes inventions, de les propager, d'en parler ou de faire du mal, à cause de ces accusations, à un Juif quelconque ».

L'intérêt témoigné par les savants et les princes chrétiens pour la littérature hébraïque aboutissait parfois à des résultats bien bizarres. En Suède, pays fanatiquement protestant, les autorités ne toléraient ni Juifs, ni Catholiques. Et cependant le roi Charles XI manifestait une prédilection marquée pour les Juifs, et surtout pour les Caraïtes. Il espérait que ces derniers, qui rejetaient l'autorité du Talmud, se convertiraient facilement au christianisme. Il confia donc à un professeur de littérature hébraïque d'Upsala, Gustave Peringer de Lilienblad, la mission de se rendre en Pologne (vers 1690) pour s'enquérir des Caraïtes établis dans le pays, étudier leurs mœurs et leurs pratiques, et se procurer leurs livres. Muni de lettres de recommandation pour le roi de Pologne, Peringer alla en Lithuanie, où existaient quelques petites communautés caraïtes. Mais appauvris, désorganisés par les persécutions des Cosaques, les Caraïtes d'alors étaient presque tous des ignorants et savaient peu de chose de leur origine, de leur histoire et de leur littérature. D'autre part, le roi de Pologne, Jean Sobieski, qui avait comme favori un juge caraïte, Abraham ben Samuel de Trok, l'avait chargé, précisément à cette époque, d'engager ses coreligionnaires, fixés principalement à Trok, à Luzk et à Halicz, à se disséminer un peu plus. A la suite de cette invitation, ils avaient pénétré jusque dans la province septentrionale des Samoyèdes. Ainsi répandus par petits groupes, loin de tout centre, et évitant tout rapport avec les rabbins, les Caraïtes étaient réduits à n'entretenir de relations qu'avec les paysans, dont ils s'assimilèrent peu à peu les habitudes et la lenteur d'esprit.

Quelques années plus tard, probablement sur un nouvel ordre du roi Charles XI, deux autres savants suédois allèrent remplir en Lithuanie la même mission que Peringer, et ils demandèrent à des Caraïtes de les accompagner en Suède pour y donner verbalement des renseignements sur leurs croyances. Un jeune Caraïte, Samuel ben Aron, qui savait un peu le latin, se décida à se rendre à Riga. Là, il eut des entretiens fréquents avec un fonctionnaire royal, Jean Puffendorf, mais ne put lui fournir que des informations vagues et peu abondantes.

Ailleurs encore, on s'efforçait de recueillir des données précises sur les Caraïtes. Un professeur de Leyde, Jacob Trigland, assez familiarisé avec la littérature hébraïque, voulait écrire un livre sur les anciennes sectes juives. Désireux d'être renseigné sur les Caraïtes polonais, il chargea des marchands de remettre à tout hasard un questionnaire à des membres de cette secte (1698) et de les prier d'y répondre avec précision. Un de ces questionnaires tomba entre les mains d'un employé subalterne de la communauté de Luzk, le Caraïte Mordekhaï ben Nissan. Celui-ci ignorait les motifs qui avaient poussé autrefois les Caraïtes à se séparer des Rabbanites, mais il considéra comme un devoir de réunir les livres qui pouvaient l'éclairer sur cette question et de communiquer les résultats de ses recherches à Trigland. Malgré son peu de valeur, l'ouvrage de Mordekhaï resta pendant longtemps l'unique source où l'on puisait des renseignements sur les Caraïtes.

Parmi les savants chrétiens qui étudiaient la littérature hébraïque, il s'en rencontra qui, loin d'y apprendre la tolérance à l'égard des Juifs, à l'exemple du Français Richard Simon et de quelques Hollandais, y cherchèrent, au contraire, des armes pour les attaquer. Tels furent Wülfer, Wagenseil et Eisenmenger, tous trois protestants allemands.

Jean Wülfer se mit à rechercher des manuscrits hébreux et d'anciens recueils de prières, dans le but unique de prouver l'exactitude d'une accusation portée contre les Juifs. Ainsi, dans la prière finale, appelée *Alènou*, où il est question du règne glorieux du Créateur, quelques fidèles avaient l'habitude d'ajouter ces mots : « Eux (les païens) adressent leurs prières à une chose sans consistance et au néant. » Des chrétiens prétendaient que par le mot « néant », en hébreu *Wariq*, les Juifs faisaient allusion à Jésus. Ce passage n'était pas imprimé dans les Rituels, mais, dans certaines éditions, la place en était indiquée par un blanc. Wülfer fouilla les bibliothèques pour découvrir un manuscrit où se trouvât ce passage. Il y réussit. Il rendit alors compte de sa découverte dans un livre où il louait le prince Georges de Hesse d'avoir obligé les Juifs de son État à jurer que jamais ils ne proféreraient plus ce blasphème contre Jésus. Wülfer fut pourtant assez équitable pour affirmer que l'accusation de meurtre rituel portée contre les Juifs était mensongère et que le témoignage des Juifs convertis sur ce point ne méritait aucune créance.

Un jurisconsulte d'Altorf, Jean-Christophe Wagenseil, alla plus loin que Wülfer. Il entreprit de rechercher, lui, les ouvrages juifs contenant des attaques contre le christianisme, que ces attaques fussent faites au nom de la Bible ou au nom de la raison. Pour réunir le plus grand nombre possible de ces écrits antichrétiens, il ne craignit pas de se rendre jusqu'en Espagne et en Afrique. Il consigna le résultat de ses recherches dans un ouvrage qu'il intitula : « Traits de feu de Satan ». Wagenseil ne haïssait pourtant pas les Juifs. Il flétrissait, au contraire, avec indignation les traitements cruels qu'on leur avait infligés pour les contraindre à se convertir. Il désirait qu'on les amenât au christianisme par la persuasion, et, dans ce but, il conseilla aux princes protestants la fondation d'établissements spéciaux pour faire des prosélytes. Il avait bien vu à Rome, où, depuis le pape Grégoire XIII, un dominicain prêchait parfois devant des Juifs railleurs ou assoupis sur la supériorité des dogmes chrétiens, que ce moyen aussi était peu efficace, mais il espérait que les protestants, plus zélés que les catholiques, réussiraient mieux. Il faut surtout rappeler à l'honneur de Wagenseil qu'il écrivit un opuscule pour démontrer combien il était abominable d'accuser les Juifs de faire usage de sang chrétien.

Malgré l'affirmation de Wagenseil, corroborée par celle de Wülfer, un autre protestant, Jean-André Eisenmenger, professeur de langues orientales, réédita cette odieuse calomnie. Il écrivit un gros ouvrage en deux volumes où il distillait sa haine avec une méchanceté sans pareille et dont le titre seul était déjà une excitation contre les Juifs : « Le Judaïsme dévoilé, ou rapport véridique et sincère sur la façon dont les Juifs endurcis profèrent des blasphèmes épouvantables contre la Trinité, outragent la sainte Mère du Christ, le Nouveau Testament, les évangélistes et les apôtres, se moquent de la religion chrétienne et manifestent leur mépris et leur horreur pour tout le christianisme. Ce livre contient, en outre, de nombreux détails peu connus ou totalement inconnus, de grossières erreurs de la religion et de la théologie juives et des fables ridicules et amusantes ; le tout est prouvé par leurs propres ouvrages. Écrit en toute sincérité pour tous les chrétiens. » Dans cet ouvrage, Eisenmenger rapporte tous les cas de meurtre rituel imputés aux Juifs, toutes les fables grotesques répandues contre eux, sans oublier l'empoisonnement des puits à l'époque de la Peste Noire.

Le hasard apprit à quelques Juifs de Francfort qu'Eisenmenger faisait imprimer dans leur ville un ouvrage qui leur était hostile. Craignant qu'il n'excitât les mauvaises passions de la foule, encore tout imbue des anciens préjugés, ils s'efforcèrent d'en empêcher la publication. Dans ce but, ils se mirent en relations (1700) avec les « Juifs de cour » ou *Hofjuden* de Vienne, principalement avec le changeur Samuel Oppenheim. Celui-ci leur prêta le concours le plus actif, et, finalement, réussit à faire promulguer par l'empereur Léopold II un édit interdisant la vente du pamphlet d'Eisenmenger. Cette interdiction ruinait l'auteur, qui avait consacré sa fortune à l'impression de son ouvrage, dont tous les exemplaires, au nombre de deux mille, étaient mis sous séquestre à Francfort.

Pour faire lever l'interdit impérial, Eisenmenger sollicita l'intervention de Frédéric Ier, roi de Prusse, mais il mourut sans avoir obtenu satisfaction. Déjà des apostats juifs avaient cherché à irriter ce souverain contre leurs anciens coreligionnaires en les accusant, eux aussi, de blasphémer journellement le Christ dans la prière d'*Alénou*. Les corporations, toujours jalouses des Juifs, avaient naturellement agi de leur côté pour soulever la colère de la foule contre ceux dont elles redoutaient la concurrence. Il en était résulté, dans le peuple, une surexcitation qui, d'après les plaintes des Juifs, peut-être volontairement exagérées, mettait leur vie en danger.

Frédéric Ier prit alors une résolution qui fait honneur à son esprit de justice. Il invita (1702) les présidents de district à convoquer les rabbins ou, à leur défaut, les instituteurs et les notables des communautés pour leur demander, sous la foi du serment, si, dans la prière incriminée, les Juifs songeaient à Jésus en prononçant ou en évoquant dans leur pensée le mot *Warik*. Tous jurèrent qu'ils n'appliquaient pas ce mot au Christ. Un théologien chrétien, Jean-Henri Michaelis, de Halle, à qui on avait demandé un mémoire sur cette question, proclama également l'innocence des Juifs.

Cependant, à force d'être répétées, les calomnies contre les Juifs finirent par exercer leur action pernicieuse sur l'esprit du roi, qui continua de les soupçonner de blasphémer le christianisme. Il édicta alors une ordonnance (1703) dont le début est fort caractéristique. Il déclare d'abord qu'il souhaite ardemment qu'Israël, autrefois le peuple élu de Dieu, ouvre les yeux à la lumière et embrasse la foi chrétienne. Il ne se croit pourtant pas le droit de tyranniser les consciences et s'en remet au temps et à la sagesse divine pour amener la conversion des Juifs. Mais il exige, sous peine d'amende, qu'ils récitent à haute voix la prière d'*Alénou*, et qu'ils ne crachent pas, en signe de mépris, pendant cette prière. Parfois, des surveillants pénétraient dans les synagogues, comme du temps de Justinien, empereur de Byzance, pour s'assurer que les Juifs se conformaient à l'ordre du roi. Cette surveillance ne tarda pourtant pas à devenir presque une simple formalité, grâce aux démarches d'un Juif influent, Issachar Baermann, de Halberstadt, agent d'Auguste II, électeur de Saxe et roi de Pologne, et qui était très considéré à Berlin.

Après la mort d'Eisenmenger, ses héritiers s'adressèrent, à leur tour, à Frédéric Ier pour qu'il demandât à l'empereur Léopold II de laisser circuler librement le « Judaïsme dévoilé ». Le roi de Prusse se décida à intervenir (1705), mais sans résultat. Il autorisa alors la réimpression de cet ouvrage à Koenigsberg, où la censure impériale n'avait aucun pouvoir. Sur le moment même, ce pamphlet ne produisit pas l'effet attendu, mais plus tard, lorsqu'il s'agit de traiter les Juifs en hommes et en citoyens, il fournit des armes empoisonnées aux adversaires de leur émancipation.

Les savants tels qu'Eisenmenger, qui n'étudiaient la littérature hébraïque que pour assouvir ensuite leur haine contre les Juifs, furent sévèrement jugés par un protestant hollandais, Guillaume Surenhuys, d'Amsterdam. « Ils ressemblent, disait-il, à des voleurs de grand chemin, qui commencent par dépouiller de leurs vêtements les honnêtes gens qu'ils rencontrent, les battent ensuite de verges et les couvrent de boue. » Surenhuys réunissait, au contraire, dans une même admiration, les Juifs et leur littérature. Il s'occupa surtout de la Mischna, qu'il traduisit en latin avec deux de ses commentaires (1698-1703), et il exprima le souhait qu'elle fût étudiée par tous les chrétiens se destinant à l'état ecclésiastique. « Quiconque, disait-il, veut devenir un digne et fidèle disciple du Christ doit d'abord devenir Juif, c'est-à-dire connaître la langue et la littérature des Juifs; il ne peut suivre les Apôtres qu'après avoir été élève de Moïse. » Il loua aussi le Sénat d'Amsterdam de s'être toujours montré équitable envers les Juifs. « Ce peuple qui fut si supérieur aux autres peuples, vous le traitez avec bienveillance, hommes estimables! Aussi avez-vous acquis pour votre pays toute la gloire que cette nation et les habitants de Jérusalem possédaient autrefois. Car les Juifs vous appartiennent corps et âme, vous les avez attirés à vous, non pas par la contrainte et la violence, mais par la douceur. Ils sont heureux d'être à vous et d'obéir à votre gouvernement républicain. »

Un autre écrivain protestant, Jacob Basnage (1653-1723), rendit un service plus important encore au judaïsme. Théologien considéré, historien érudit, écrivain élégant, Basnage sut utiliser les nombreux et parfois fastidieux travaux composés sur les Juifs et le judaïsme pour écrire une histoire claire et accessible à tous les esprits cultivés. Comme, dans ses recherches historiques, surtout en ce qui concerne les origines et le développement du christianisme, il avait rencontré à chaque pas les Juifs et leur littérature, il en avait conclu que, contrairement à l'assertion habituelle des théologiens chrétiens, la nation juive n'avait pas entièrement disparu avec la chute de Jérusalem et la domination de l'Église. Il avait alors éprouvé un profond sentiment de pitié pour les héroïques martyrs juifs, avec une certaine admiration pour la littérature hébraïque, et il entreprit d'écrire l'histoire du judaïsme depuis l'époque de Jésus jusqu'à son temps. Il essaya même de raconter les faits avec impartialité, autant, du moins, qu'on pouvait en attendre d'un protestant. « Le chrétien, dit-il, ne doit point trouver étrange que nous déchargions très souvent les Juifs de divers crimes, dont ils ne sont point coupables, puisque la justice le demande ; et que ce n'est point prendre parti que d'accuser d'injustice et de violence ceux qui l'ont exercée... On les a accusés d'être la cause de tous les malheurs qui arrivaient et chargés d'une infinité de crimes auxquels ils n'ont jamais pensé, on a imaginé des miracles sans nombre, afin de les en convaincre, ou plutôt afin d'exercer plus hautement sa haine à l'ombre de la religion. Nous avons fait un recueil des lois que les conciles et les princes ont publiées contre eux, par lesquelles on pourra juger de l'iniquité des uns et de l'oppression des autres... Cependant, par un miracle de la Providence qui doit causer l'étonnement de tous les chrétiens, cette nation haïe, persécutée en tous lieux depuis un grand nombre de siècles, subsiste encore en tous lieux. » — « Le peuple et les rois, le païen, le chrétien et le mahométan, opposés en tant de choses, se sont réunis dans le dessein d'anéantir cette nation, et n'ont pu réussir. Le buisson de Moïse, environné de flammes, a toujours brûlé sans se consumer... Ils vivent encore, malgré la honte et la haine qui les suivent en tous lieux, pendant que les plus grandes monarchies sont tellement tombées, qu'il ne nous en reste que le nom. »

Obligé lui-même, par la révocation de l'édit de Nantes, de s'exiler de France en Hollande, Basnage sait comprendre jusqu'à un certain point les sentiments éprouvés par les Juifs durant leur long exil. Mais il n'est pas assez artiste pour peindre avec vigueur et netteté les scènes grandioses ou tragiques de l'histoire juive. Son intelligence manque aussi de l'ampleur nécessaire pour voir dans leur ensemble et leur enchaînement logique les faits si variés et si multiples de cette histoire. Il ne saisit pas non plus les nuances qui distinguent les diverses périodes et leur impriment leur cachet spécial. Les zélotes qui ont entrepris contre Rome une guerre à mort; les partisans de Bar-Kokhba, qui ont fait trembler l'empire romain ; les Juifs arabes, qui ont fourni une nouvelle religion aux fils du désert; les poètes et les penseurs juifs de l'Espagne et de la Provence, qui ont porté la civilisation juive à un point si élevé; les Marranes espagnols et portugais qui, sous le masque chrétien et sous l'habit du moine, ont entretenu dans leur cœur, avec un soin jaloux, la flamme sacrée de la religion paternelle et ont sapé les fondements de la puissante monarchie catholique de Philippe Ier, tous ces personnages d'époques diverses, de caractère et de tempérament parfois opposés, ont, chez Basnage, la même physionomie et se ressemblent à s'y méprendre. C'est que l'auteur protestant n'a vu les Juifs qu'à travers l'histoire de l'Église, et, malgré son désir sincère d'impartialité, il ne peut s'empêcher de « les considérer comme réprouvés, parce qu'ils ont repoussé Jésus ».

Mais, quoique l' « Histoire de la religion des Juifs » présentât les plus sérieux défauts, elle rendit un service considérable à la cause du judaïsme. Écrite en langue française, qui était alors comprise dans presque tous les milieux cultivés de l'Europe, elle aida, peut-être à l'insu et contre la volonté de l'auteur, à relever les Juifs de leur situation humiliante en provoquant la pitié pour leurs épreuves et l'admiration pour leur littérature. Deux grands érudits, Christian-Théophile Unger, ministre protestant à Herrenlauschitz, en Silésie, et Jean-Christophe Wolf (1683-1739), professeur de langues orientales à Hambourg, qui avaient étudié sérieusement l'histoire et la littérature juives, suivirent la voie tracée par Basnage et complétèrent ses travaux. Wolf surtout y ajouta beaucoup d'informations nouvelles et très exactes.

Un Irlandais, John Toland, éleva également la voix, à cette époque, en faveur des Juifs ; il demandait qu'on leur accordât en Angleterre et en Irlande les mêmes droits qu'aux chrétiens. C'était la première fois qu'un chrétien osait réclamer hautement leur émancipation. Il est à remarquer que ceux mêmes au sujet desquels les sentiments s'étaient si heureusement modifiés se doutaient alors le moins de ce revirement favorable.

CHAPITRE XI

PROFONDE DÉCADENCE DES JUIFS

(1700-1760)

A aucune époque de leur histoire les Juifs n'avaient peut-être présenté un aspect aussi lamentable, au point de vue de la civilisation, que vers la fin du xvii⁰ siècle et jusque vers le milieu du xviii⁰. C'est précisément au moment où, dans les milieux instruits, on s'intéressait à leur sort et où la philosophie battait en brèche les idées d'intolérance et de fanatisme, qu'ils étaient en pleine décadence. On ne trouvait alors parmi eux aucune personnalité éminente ; à peine avaient-ils quelques savants estimables. Isaac Orobio de Castro (mort en 1687), que l'Inquisition avait autrefois condamné au cachot, et qui avait acquis la respectueuse admiration de ses adversaires mêmes par l'ardeur de ses convictions, la dignité de son caractère, ses manières affables et sa polémique serrée, appartenait encore à la génération précédente. Lui disparu, personne, dans la communauté d'Amsterdam, qui était alors la plus cultivée, ne fut capable de prendre sa place. On peut compter les rabbins qui, en ce temps, possédaient des connaissances profanes. Quelques-uns seulement méritent une mention : Yaïr Hayyim Bachrach (1628-1702), rabbin à Worms et à Francfort-sur-le-Mein ; Hiskiyya da Silva (né vers 1659 et mort vers 1698), émigré d'Italie à Jérusalem, et surtout les rabbins Nieto et Brieli.

David Nieto (né à Venise en 1654 et mort en 1728), rabbin à Londres, était à la fois médecin et mathématicien. Il savait défendre avec habileté le judaïsme contre ses adversaires, et ses écrits, où l'on rencontre bien des banalités, contiennent aussi des parties excellentes.

Juda-Léon Brieli (né vers 1643 et mort en 1722), rabbin à

Mantoue, qui se distinguait par son remarquable bon sens, avait de sérieuses connaissances philosophiques. Lui aussi sut défendre sa religion contre les attaques des chrétiens ; il écrivit son plaidoyer en langue italienne. Brieli eut le courage de ne pas se conformer à certains usages que, jusqu'alors, les rabbins avaient observés avec une religieuse ponctualité ; il osa rester célibataire et se dispenser de porter sa barbe. Il combattit vigoureusement les doctrines du *Zohar* et de la Cabbale, mais il n'exerça que peu d'influence sur ses contemporains juifs.

À part ces rares exceptions, les rabbins de ce temps étaient presque tous de médiocre valeur. Ceux d'Allemagne et de Pologne, en dehors d'une vaine casuistique, ne possédaient aucune connaissance et, de plus, étaient d'une gaucherie et d'une maladresse enfantines. Les rabbins portugais avaient des manières dignes et imposantes, mais étaient, pour la plupart, ignorants. Leurs collègues italiens ressemblaient à ceux d'Allemagne, sans les valoir pourtant comme talmudistes. Ainsi dirigés par des chefs dénués d'autorité, de science et de clairvoyance, les Juifs de ce temps prêtaient l'oreille à tous les excentriques, à tous les agitateurs, à tous les hallucinés. La vraie piété était remplacée par des pratiques superstitieuses. On demandait aux rabbins des amulettes magiques (Kemèot) pour guérir les maladies, et les rabbins se prêtaient à ces ridicules exigences. Il y en avait qui se vantaient même de pouvoir évoquer les esprits. Un cabbaliste, de l'école de Damas, fit un jour une tentative de ce genre en présence de Richard Simon. Devant l'insuccès de ses efforts, il affirma au Père oratorien, qui suivait ses mouvements désordonnés d'un sourire ironique, que la France n'offrait pas un terrain propice à l'apparition des esprits.

Ainsi, pendant que des chrétiens admiraient la nation juive, avec ses destinées à la fois glorieuses et tragiques, et voyaient dans sa persistance à vivre un vrai miracle de l'histoire, les propres membres de cette nation ne savaient pas apprécier cette grandeur ou s'absorbaient dans des pratiques puériles et ridicules. Des savants chrétiens étudiaient avec zèle les merveilleuses annales juives, qui embrassaient une période de trois mille ans, tandis que nul Juif, même chez les Sefardim, ne s'intéressait à cette histoire. On cite pourtant trois chroniqueurs juifs de ce temps : David Conforte (1619-1671) ; Miguel ou Daniel de Barrios, Marrane portugais qui revint au judaïsme à Amsterdam (mort en 1701), et enfin le rabbin polonais Yehiel Heilperin, de Minsk (mort vers 1747). Mais les œuvres de ces trois écrivains ressemblent à celles de ces moines des temps barbares qui racontent les faits dans une sèche et rebutante nomenclature, plutôt qu'à de vrais ouvrages historiques.

D'autres livres parurent, en très grand nombre, dans la période qui va de Baruch Spinoza à Mendelssohn. Mais c'était, le plus souvent, du simple verbiage : des commentaires rabbiniques d'une subtilité raffinée, des sermons et des livres d'édification prolixes et ennuyeux, des polémiques venimeuses. Cette époque produisit pourtant deux poètes juifs d'un remarquable talent, qui vécurent dans des régions bien éloignées l'une de l'autre, Laguna dans l'île de la Jamaïque, et Luzzato en Italie.

Lopez Laguna, né en France, vers 1660, d'une famille marrane, s'était rendu dans sa jeunesse en Espagne, où l'Inquisition l'avait jeté dans un cachot. Dans ses heures d'angoisse, il avait puisé la résignation et l'espérance dans la lecture des Psaumes. Lorsqu'il eut reconquis la liberté et se fut fixé dans la Jamaïque, il résolut de rendre les Psaumes également accessibles aux Marranes qui ne comprenaient pas l'hébreu ; il les traduisit donc fidèlement, sous le nom juif de Daniel Israël, dans de beaux et mélodieux vers espagnols. Quand il arriva à Londres avec cette traduction, qu'il avait intitulée « Miroir de la vie », plusieurs rimailleurs et aussi trois poétesses juives, Sara de Fonseca Pinto y Pimentel, Manuela Nunez de Almeida, et Bienvenida Coen Belmonte, lui exprimèrent leur admiration dans des poésies latines, anglaises, portugaises et espagnoles.

Moïse Hayyim Luzzato, troublé par les excentricités messianiques de ce temps, était un poète plein de feu. Il composa deux drames hébreux d'une belle harmonie et d'une exquise fraîcheur dont il sera parlé plus loin.

En dehors de ces deux poètes, le judaïsme de ce temps ne produisit aucun écrivain de valeur. La moralité des Juifs aussi laissait alors à désirer. Sans doute, ils continuaient de se distinguer par les vertus fondamentales de la race : l'amour de la famille, l'esprit de solidarité et la pureté des mœurs. On rencontrait rarement chez eux des débauchés ou des criminels ; les plus mauvais abandonnaient ordinairement le judaïsme pour se faire chrétiens ou musulmans. Mais, en général, le sentiment de la justice et de l'honneur était affaibli parmi les Juifs. Les circonstances leur imposaient alors la nécessité de gagner de l'argent avec une telle urgence qu'ils ne se montraient pas toujours suffisamment scrupuleux sur la manière de le gagner. Non seulement on aimait l'argent, mais on en respectait les détenteurs, même s'ils l'avaient acquis par des moyens peu honnêtes. Aussi les communautés plaçaient-elles à leur tête, non pas les plus dignes, mais les plus riches. Une satire de ce temps s'élève avec indignation contre cette toute-puissance de la fortune : « C'est le florin, dit-elle, qui lie et qui délie, c'est le florin qui fait confier aux ignorants la direction des communautés. »

Si les Juifs montraient alors une telle déférence pour les gens riches, la cause en était, en partie, à la grande pauvreté dont ils souffraient. A cette époque, on ne trouvait quelques rares capitalistes que parmi les Juifs portugais d'Amsterdam, de Hambourg, de Livourne, de Florence et de Londres. Quand Guillaume de Hollande entreprit sa campagne aventureuse pour conquérir la couronne d'Angleterre, Isaac (Antonio) Suasso lui avança sans intérêt deux millions de florins, sans exiger la moindre garantie : « Si vous réussissez, lui dit-il, vous me restituerez mon argent, si vous échouez, je le perdrai. » Un autre Juif d'Amsterdam, Francisco Mello, rendit de grands services à la Hollande par ses capitaux. Un membre de la famille de Pinto laissa plusieurs millions pour des œuvres de bienfaisance ; il fit des legs à des communautés juives, à l'État, à des orphelinats chrétiens, à des ecclésiastiques, des sacristains et des sonneurs de cloches. A Hambourg demeuraient alors les Texeira et Daniel Abensur, qui prêta des sommes élevées au roi de Pologne. Salomon de Medina, de Londres, compagnon habituel du général Churchill, duc de Marlborough, que la reine Anne avait nommé chevalier, possédait également une fortune considérable.

Par contre, en Allemagne, en Italie et en Orient, les Juifs

étaient généralement très pauvres. Ceux de Pologne surtout, qui avaient été décimés par les massacres des Cosaques et ruinés par l'anarchie qui régnait souvent dans ce pays, étaient dans le plus complet dénuement. Tous les ans, des bandes de mendiants se répandaient dans l'ouest et le sud de l'Europe et se fixaient dans les grandes communautés, qui les gardaient à leur charge.

Comme beaucoup de ces émigrants polonais étaient de savants talmudistes, ils réussirent peu à peu à occuper les plus importants postes rabbiniques, à Prague, Nikolsbourg, Francfort-sur-le-Mein, Amsterdam, Hambourg, et même en Italie. Leur influence fut très fâcheuse. Ils éloignèrent la jeunesse des sciences profanes et la confinèrent rigoureusement dans l'étude du Talmud, la soumettant à cette méthode de dialectique excessive qui conduit à la subtilité et à l'ergotage. Par suite de ce système d'enseignement, les Juifs allemands, comme leurs coreligionnaires de Pologne, s'habituèrent peu à peu à parler un vulgaire jargon, leur esprit se faussa, et la rectitude du jugement fit place à l'amour du paradoxe et à la finasserie.

Appauvris, démoralisés, mal dirigés, les Juifs devaient forcément se laisser égarer par les agitateurs qui succédèrent à Sabbataï Cevi. Un des partisans de ce dernier, Daniel-Israël Bonafoux, chantre à Smyrne, réussit à grouper autour de lui un assez grand nombre de Juifs, qui rendirent un culte respectueux à la mémoire du faux Messie. Il avait trouvé un collaborateur actif dans Abraham Miguel Cardoso, qui, expulsé de Tripoli pour ses intrigues, propagea pendant plus de vingt ans les idées de Sabbataï à Smyrne, à Constantinople et au Caire, jusqu'à ce qu'il fut poignardé par un de ses neveux. Mais sa mort ne mit pas fin à l'agitation, car ses écrits, où les extravagances se mêlaient aux conceptions sensées, continuèrent à surexciter les esprits. Cardoso était, du moins, resté fidèle au judaïsme. Bonafoux, peut-être pour se venger des vexations des rabbins de Smyrne, prit le turban.

Un autre partisan de Sabbataï créa une agitation plus sérieuse, qui s'étendit jusqu'en Pologne. L'auteur de ce mouvement était un prédicateur ambulant, Mordekhaï d'Eisenstadt, d'un extérieur imposant et vénérable, qui avait acquis une grande autorité en jeûnant pendant plusieurs jours consécutifs et en s'imposant les plus dures mortifications. Il prêcha sur la nécessité de faire pénitence et de mener une vie de contrition, en Hongrie, en Moravie et en Bohème. Encouragé par le succès de ses prédications, il se fit bientôt passer pour prophète. Il affirmait que Sabbataï Cevi était le vrai Messie, qu'il avait obéi aux exigences de sa mission divine en embrassant l'islamisme et que, trois ans après sa mort apparente (car il n'était pas mort réellement), il reviendrait pour délivrer définitivement son peuple. Devant le nombre croissant de ses auditeurs et la confiance aveugle qu'ils lui témoignaient, il résolut de se présenter lui-même comme le vrai Messie de la maison de David : il déclarait être Sabbataï Cevi ressuscité.

La réputation du Messie hongrois se répandit au loin. Il fut sollicité de venir en Italie. A Modène et à Reggio, on l'accueillit avec enthousiasme. Il fit alors part de son projet de se rendre à Rome, la ville impie, pour y affirmer l'arrivée définitive du Messie, et, en même temps, il laissa entendre qu'il serait peut-être obligé de se déguiser en chrétien, comme Sabbataï s'était déguisé en Turc. Il semblait donc tout disposé à accepter le baptême. Les protestations des Juifs italiens qui avaient conservé leur sang-froid, et qui craignaient les conséquences dangereuses de ce mouvement, furent étouffées sous les cris d'enthousiasme des sectaires. Pourtant, les amis du Messie eux-mêmes commencèrent à redouter pour lui l'ombrageuse Inquisition, et ils lui conseillèrent de partir de l'Italie. Il traversa la Bohème et arriva en Pologne. Là, ses partisans s'accrurent rapidement, et il fonda une secte qui se maintint jusqu'au commencement des temps modernes.

Vers la même époque, un nouveau mouvement messianique se produisit en Turquie. Sabbataï Cevi avait laissé une veuve. Celle-ci se rendit à Salonique, où elle fit passer son frère Jacob pour un fils qu'elle aurait eu de Sabbataï. Ce jeune homme, qui avait pris le nom de Jacob Cevi, devint l'objet d'une profonde vénération de la part des anciens adhérents de Sabbataï; ils lui donnèrent le surnom de *Querido* (le favori). Il passa bientôt pour réunir en lui les âmes des deux Messies attendus, celui de la maison de Joseph et celui de la maison de David, et il fut considéré, par conséquent, comme le vrai successeur de Sabbataï, comme le Rédempteur envoyé par Dieu. On accusait ses partisans de mœurs déréglées. Il est de fait que, pour ces sectaires, le mariage n'avait aucun caractère sacré. D'après l'enseignement de Louria, une femme qui ne plaît plus à son mari peut être répudiée, parce qu'elle est un obstacle à l'harmonie mystique qui doit régner entre époux. Les mœurs se ressentaient naturellement d'une telle doctrine. Pour mettre un terme à ces scandales, les rabbins dénoncèrent cette secte aux autorités turques. Les partisans de Sabbataï avaient appris de leur maître un moyen infaillible de calmer les susceptibilités des Turcs. Ils se firent tous musulmans (vers 1687), au nombre de près de quatre cents. Afin de bien établir la sincérité de leur conversion, un grand nombre d'entre eux, avec leur Messie, se rendirent en pèlerinage à La Mecque. A son retour, Querido mourut à Alexandrie.

Ces néo-Turcs, fixés presque tous à Salonique, formèrent une petite Église particulière que les Turcs appelèrent *Donméh*, c'est-à-dire « schismatiques ». Eux-mêmes, séparés à la fois des Juifs et des Turcs, se donnèrent le nom de *Maminim*, « les vrais croyants » (1). Ils ne se mariaient qu'entre eux, allaient parfois prier dans une mosquée, mais se réunissaient fréquemment pour adorer leur Libérateur. Ils conservèrent du judaïsme l'usage de circoncire les enfants mâles à l'âge de huit jours, et du Canon biblique ils gardèrent le Cantique des Cantiques, qui se prête admirablement à des interprétations mystiques. Ils entouraient d'un respect particulier le *Zohar*, où ils puisaient les textes de leurs sermons. Après la mort de Querido, son fils Berakhya lui succéda comme chef religieux.

Comme du temps de Sabbataï, la folie mystique devint conta-

(1) Cette secte compte encore aujourd'hui environ mille familles à Salonique. Elle se subdivise en trois groupes : les *Smyrtis*, ainsi nommés d'après la ville de Smyrne où est né Sabbataï Cevi ; les *Jacobites*, d'après Jacob Querido ; et les partisans d'Osman Baba, chef religieux qui s'est seulement révélé vers la fin du XVIIIe siècle. Le premier groupe s'appelle aussi *Karavayo*. Les Jacobites sont, pour la plupart, fonctionnaires ou employés du gouvernement turc. Les membres d'un groupe ne s'allient pas à ceux d'un autre. Tous ont conservé des usages juifs, qu'ils pratiquent secrètement dans leurs réunions religieuses. Leur prédicateur porte le titre de *ab-bèt-din*, et leur chantre celui de *paytan*.

gieuse et étendit de plus en plus ses ravages. Aux sectes déjà existantes s'ajoutèrent de nouvelles sectes. C'est ainsi qu'en Pologne, des illuminés, sous la direction de Juda Hassid (le pieux), de Dubno, et de Hayyim Malakh, se mirent à mener une vie d'ascétisme excessif pour se rendre dignes de la délivrance messianique; ils prirent le nom de *Hassidim*. Les rabbins ne se rendirent d'abord pas compte du danger que présentaient pour le judaïsme les extravagances de ces sectaires. Mais, lorsque Cevi Aschkenazi, appelé aussi Hakham Cevi, eut appelé leur attention sur ces agissements, et principalement sur la conduite équivoque de Hayyim Malakh, ils s'efforcèrent de les entraver dans leurs pratiques. Près de quinze cents Hassidim, sous la conduite de Juda Hassid, émigrèrent alors de Pologne. Partout où ils passaient, ils se signalaient, comme autrefois les frères flagellants, par les plus pénibles macérations, et invitaient leurs coreligionnaires à la pénitence. Par sa voix tonnante, sa gesticulation et ses larmes, Juda Hassid exerçait une profonde action sur ses auditeurs, surtout sur les femmes.

Arrivés en Palestine, les Hassidim perdirent leur principal chef, Juda Hassid, qui mourut à Jérusalem (octobre 1700). Sans guide, sans conseil, souffrant du plus douloureux dénuement, ils se désorganisèrent. Sous le coup de leurs amères déceptions, les uns se firent musulmans, d'autres se répandirent à travers la Palestine, d'autres, enfin, et parmi eux, le neveu de Juda Hassid, embrassèrent le christianisme. Hayyim Malakh resta plusieurs années à Jérusalem, où il continua de présider aux destinées d'un petit groupe d'adhérents. Au lieu du Dieu-Un du judaïsme, il enseignait un Dieu en deux ou trois personnes, admettait le dogme de l'incarnation, et rendait un culte divin à Sabbataï, dont il avait fait sculpter une image en bois pour l'exposer à l'adoration de ses partisans. Expulsé de Jérusalem sur les instances des rabbins, il alla rejoindre les Sabbatiens musulmans ou *Donméh* à Salonique et, de là, se rendit à Constantinople, où il fut excommunié. Il retourna alors en Pologne et y reprit activement sa propagande. Il mourut, dit-on, des suites de son ivrognerie.

Un partisan de Sabbataï réussit à jeter la discorde parmi les Juifs et à créer une agitation des plus funestes; il s'appelait

Néhémia Hiyya Hayon (né vers 1650 et mort après 1726). Parmi les mystificateurs si nombreux du xviii⁰ siècle, il fut peut-être le plus rusé, le plus hypocrite et le plus audacieux. Il mena une vie d'aventures et de plaisirs, ne craignant jamais d'user de moyens malhonnêtes pour atteindre son but. Après avoir échoué dans bien des entreprises, il se décida à tenter la fortune à l'aide d'extravagances cabbalistiques. Il composa un ouvrage pour démontrer que le judaïsme, tel qu'il était enseigné par la Cabbale, reconnaissait un Dieu triple. Avec cet écrit pour tout bagage, il se mit en route. A Smyrne (printemps de 1708), il parvint à duper quelques gens riches, qui lui promirent de le soutenir et de l'aider à imprimer son ouvrage sur le Dieu triple dans quelque ville de la Palestine. Il partit alors pour Jérusalem. Il n'avait pas encore débarqué que le collège rabbinique de Jérusalem, averti de ses intentions et avisé du caractère hérétique de son ouvrage, le mit en interdit et condamna son livre au feu (juin 1708).

Pour vivre, Hayon fut de nouveau réduit à mendier. Il quitta la Palestine, et, après bien des pérégrinations, arriva en Italie. Mais là, ses prédications ne trouvèrent pas d'écho. Il avait déjà séjourné précédemment en Italie et y avait produit une impression peu favorable. Du reste, un cabbaliste de Livourne, Joseph Ergas, avait reconnu l'esprit sabbatien dans l'ouvrage que Hayon lui avait soumis et l'avait déclaré dangereux pour les croyances juives. A Venise, Hayon reçut un meilleur accueil des rabbins et des laïques. Il fit imprimer dans cette ville un opuscule où il déclarait explicitement que le judaïsme acceptait le dogme de la Trinité, non pas la Trinité chrétienne, mais celle qu'avait enseignée Sabbataï. Comme par une sorte de gageure, il mit dans cet écrit les premiers vers d'une chanson obscène répandue en Italie sous le nom de : « La belle Marguerite ». Chose bizarre, le rabbinat de Venise approuva et recommanda cet opuscule, probablement parce qu'il n'en avait pas pris connaissance ou qu'il n'en comprenait pas la portée.

De Venise, Hayon se rendit à Prague, où il fut bientôt entouré d'un groupe important de partisans. Il eut même parmi ses admirateurs le célèbre talmudiste Jonathan Eibeschütz. A Prague aussi, Hayon mena une existence de libertin. Pour se procurer des ressources, il écrivait des amulettes magiques, que ses adhérents achetaient à l'envi. A la fin, il se risqua à demander une approbation pour son livre sur la Trinité à un rabbin de Prague, Naphtali Kohen, à qui il présenta de chaleureuses lettres de recommandation de rabbins italiens qu'il avait fabriquées lui-même. Naphtali, sans même jeter un coup d'œil sur l'ouvrage, l'approuva. Plus tard, quand il apprit la vérité, il regretta amèrement sa légèreté.

Muni de lettres de recommandation dont les unes étaient fausses et les autres avaient été obtenues par ruse, Hayon visita diverses communautés allemandes. A Berlin, il profita des dissensions qui régnaient alors dans la communauté pour y asseoir solidement son influence. Les Juifs de Berlin étaient, en effet, partagés en deux camps, par suite, ce semble, de la rivalité de deux familles qui toutes deux étaient en relations avec la cour, la famille de la veuve du joaillier royal Liebmann et celle de Markus Magnus. Pour faire échec à la famille Liebmann, Markus Magnus avait proposé de construire une grande synagogue et de faire fermer celle que Liebmann avait fondée. C'est à ce moment que Hayon arriva à Berlin. Il se déclara pour le parti Liebmann, qui était moins nombreux, mais plus riche. Il acquit ainsi l'appui du rabbin de Berlin, Aron-Benjamin Wolf, gendre de la veuve de Liebmann, et il put enfin faire imprimer son ouvrage hérétique ; il l'intitula *Mehemenouta dekola*, « La foi universelle ». Le texte était d'un Sabbatien, peut-être de Sabbataï Cevi lui-même. Hayon y ajouta deux commentaires, où il démontrait avec force arguments empruntés au *Zohar* et à d'autres ouvrages cabbalistiques la nécessité de croire à un Dieu triple.

Une fois son livre imprimé, Hayon partit pour Amsterdam. Là, il devint la cause de violentes discussions entre les Juifs. A son arrivée à Amsterdam, il avait, en effet, exprimé le désir de faire partie de la communauté portugaise, et, en même temps, il avait offert aux administrateurs un exemplaire de son ouvrage pour être autorisé à le vendre. Un rabbin de Jérusalem, Moïse Haguès, qui séjournait alors à Amsterdam et qui avait eu l'occasion de lire ce livre, le dénonça à Hakham Cevi Aschkenazi, rabbin de la communauté allemande. Celui-ci le lut à son tour, et, quand il en eut reconnu les dangereuses tendances, il invita les administrateurs de la communauté portugaise à déclarer Hayon hérétique. Mais Hayon, qui se sentait soutenu, demanda à Haguès d'indiquer exactement les passages qu'il condamnait ou de faire partie d'une commission nommée par l'administration portugaise qui examinerait son ouvrage. Cevi Aschkenazi rejeta les deux propositions.

Les Juifs portugais d'Amsterdam avaient alors à leur tête le rabbin Salomon Ayllon, qui avait appartenu auparavant au groupe des Sabbatiens de Salonique. Son collègue, Cevi Aschkenazi, qui le soupçonnait d'être encore entaché d'hérésies sabbatiennes, ne lui avait jamais témoigné beaucoup d'égards. De plus, comme Hayon connaissait son passé, il craignait de provoquer l'indiscrétion de cet aventurier en se déclarant contre lui. Il jugea donc prudent de le soutenir. Il réussit à persuader à l'un des membres les plus influents et les plus tenaces de l'administration portugaise, Aron de Pinto, qu'il serait humiliant pour les Juifs portugais de se soumettre à un ordre émanant du rabbin de la communauté allemande. Il eut ainsi l'habileté de faire transformer une question religieuse en une question d'amour-propre. De Pinto repoussa énergiquement l'intervention de Cevi Aschkenazi et chargea Ayllon de former une commission de Juifs portugais pour examiner le livre de Hayon.

Pendant que cette commission, manifestement partiale, délibérait sur l'ouvrage incriminé, Cevi Aschkenazi, appuyé par Moïse Haguès, prononçait l'excommunication contre Hayon et son livre, « parce qu'il avait essayé d'éloigner Israël de son Dieu et d'introduire des dieux étrangers (la Trinité) ». Aucun Juif ne pouvait plus entretenir de relations avec lui, et son livre devait être brûlé. Cette sentence fut imprimée en hébreu et en portugais, et répandue à Amsterdam.

Cet arrêt irrita profondément les Juifs portugais, qui injuriaient et maltraitaient presque Cevi Aschkenazi et Moïse Haguès dans la rue. Cette irritation s'accrut encore quand la commission d'examen eut déclaré que l'ouvrage de Hayon ne contenait aucune assertion hérétique, mais exposait seulement certaines conceptions nouvelles, comme la plupart des livres cabbalistiques. Hayon fut conduit en triomphe à la grande synagogue d'Amsterdam, où l'administration lui rendit les plus grands honneurs.

Cependant, Cevi Asckhenazi reçut de nombreuses adhésions du dehors. Les rabbins dont Hayon avait publié dans son livre les prétendues lettres de recommandation protestèrent qu'elles étaient fausses. Un des rabbins les plus vénérés, Léon Brieli, de Mantoue, dévoila le scandaleux passé de Hayon et approuva énergiquement la sentence prononcée contre lui par Cevi Aschkenazi. Mais les Portugais s'obstinèrent dans leur erreur, et les dissensions troublèrent cette belle communauté d'Amsterdam, jusqu'alors si unie. Devant l'hostilité violente de la communauté portugaise, Cevi Aschkenazi quitta Amsterdam, soit que de Pinto eût obtenu contre lui un décret d'expulsion, soit volontairement, pour prévenir l'ordre de bannissement dont il se savait menacé (1714).

Même après le départ de Cevi Aschkenazi, de nombreuses protestations contre Hayon affluèrent encore de rabbins d'Allemagne, d'Italie, de Pologne et même d'Afrique, qui arrachèrent complètement le masque du protégé de l'administration portugaise. Celle-ci sentait bien qu'elle s'était trompée, mais, par amour-propre ou par entêtement, elle ne voulait pas en convenir. Pourtant elle reconnaissait qu'il était de toute nécessité pour Hayon de se défendre contre ses accusateurs. Sur ses conseils, il partit donc pour l'Orient, muni d'argent et de lettres de recommandation, pour essayer de faire annuler à Constantinople l'excommunication prononcée contre lui par divers rabbins. Le voyage fut pénible ; aucun Juif ne voulait le recevoir dans sa demeure. A Constantinople aussi, les Juifs l'évitaient, mais il réussit, grâce à ses lettres de recommandation, à pénétrer jusqu'à un vizir. Son but pourtant ne fut pas atteint. Il partit pour la Palestine, où il fut également mal accueilli, revint à Constantinople, et, après plusieurs années de démarches, trois rabbins, sur les instances du vizir, consentirent à rapporter l'arrêt d'excommunication, à condition que Hayon promît que ni dans des sermons, ni dans des livres, il ne toucherait plus à des sujets cabbalistiques. Hayon s'y engagea par serment (1724), et, réconcilié en apparence avec la Synagogue, il repartit pour l'Allemagne.

Dans l'intervalle, les germes de l'hérésie sabbatienne répandus en Pologne par Hayyim Malakh, à son retour de la Turquie, avaient porté des fruits. Un important groupe de Sabbatiens s'était formé en Podolie. Sous le masque d'une sévère orthodoxie, ces sectaires transgressaient secrètement les prescriptions talmudiques et se livraient à des actes d'une révoltante immoralité. Lorsqu'ils se sentirent assez puissants, ils mirent moins de soin à dissimuler leur conduite. Le collège rabbinique de Lemberg prononça alors solennellement, dans la synagogue, l'excommunication contre eux. Mais cette sentence n'arrêta nullement leur propagande. Leurs chefs envoyèrent (1725) des délégués en Moravie, en Bohême et en Allemagne, pour se mettre en rapport avec les *Crypto-sabbatiens* de ces pays. Les rabbins étaient loin de se douter que ces mendiants polonais qui parcouraient leurs communautés, rigoureux observateurs du judaïsme rabbinique et savants talmudistes, étaient, en réalité, des émissaires sabbatiens. A la même époque, un écrit cabbalistique fut répandu de Prague dans toute l'Allemagne qui affirmait de nouveau le dogme de la Trinité, raillait les prescriptions talmudiques et plaçait le *Zohar* au-dessus de la Tora. On attribuait cet ouvrage à Jonathan Eibeschütz.

Lorsque le hasard eut amené la découverte de ces agissements et de la publication de ce livre hérétique, le collège rabbinique de Francfort excommunia, à son tour, les Sabbatiens et ordonna à tous les Juifs de dénoncer tout ce qu'ils apprendraient de leurs intrigues ou de leur propagande. D'autres rabbins se joignirent à leurs collègues de Francfort. On voulut même frapper Jonathan Eibeschütz d'excommunication, parce qu'on le savait affilié à la secte des Crypto-sabbatiens, mais on y renonça par égard pour sa famille, qui était une des plus considérées de la Pologne. Pour ne pas rester suspect, Eibeschütz lut lui-même à la synagogue la formule d'excommunication contre les Sabbatiens.

Ce fut à ce moment que Hayon revint de Constantinople. Sans se soucier du serment qu'il avait prêté, il prit de nouveau part aux intrigues sabbatiennes. En même temps, pour se protéger contre ses adversaires, il se rapprocha des chrétiens, injuriant les Juifs, qu'il traitait de « sots, obstinés dans leur aveuglement », et faisant entendre qu'il croyait également à la Trinité. Mais partout la défiance était éveillée contre lui, et il restait seul et abandonné. A Berlin, il menaça de se convertir au christianisme si on ne venait pas à son aide. Il se traîna misérablement jusqu'à Amsterdam, où il espérait rallumer en partie l'enthousiasme qu'il y avait excité autrefois. Là aussi, il fut déçu. On l'engloba même dans l'excommunication lancée contre tous les Sabbatiens (1726). Désespérant d'exercer dorénavant quelque action en Europe ou en Orient, il s'embarqua pour le nord de l'Afrique, où il mourut. Son fils essaya, plus tard, de venger son pitoyable échec en acceptant le baptême et en se faisant le délateur, à la cour pontificale, de ses anciens coreligionnaires.

Parmi ces illuminés et ces charlatans qui, par leurs excentricités, jetèrent un trouble si profond parmi les Juifs, apparaît une figure d'une puissante séduction et d'une grande originalité. C'est le poète Moïse Hayyim Luzzato (1707-1747), admirablement doué par la nature, qui aurait pu devenir une des gloires du judaïsme, et qui se laissa séduire, à son tour, par les extravagances cabalistiques. Né à Padoue dans une famille aisée, il apprit très jeune le latin et l'hébreu. Ces deux langues lui furent très utiles, elles lui ouvrirent les trésors de la littérature classique et de nos sublimes Prophètes. Luzzato avait une âme vibrante de poète, qui résonnait harmonieusement à tous les souffles. Son talent était un mélange de force et de pénétrante douceur, où les fantaisies d'une imagination féconde étaient réglées par un sentiment très juste de la mesure. L'hébreu, considéré généralement comme une langue morte, reprit, dans les écrits de Luzzato, de la vie, de la fraîcheur, et une charmante souplesse.

Bien supérieur à Joseph Penso de la Véga, Luzzato composa, lui aussi, à l'âge de dix-sept ans, un drame biblique en vers : « Samson et les Philistins ». Dans cette œuvre de jeunesse, bien des traits faisaient deviner le futur maître. Il n'avait pas encore vingt ans quand il publia en vers cent cinquante psaumes, qui sont une imitation des Psaumes bibliques, et dont la langue est d'une pureté et d'une élégance remarquables. Peu après, il écrivit un second drame : « La Tour élevée » ou « La Sérénité des gens vertueux », en quatre actes, dont la forme l'emporte de beaucoup sur le fond, et qui est imité d'auteurs italiens. Il manquait encore d'originalité.

La facilité de Luzzato à présenter ses idées ou celles d'autrui sous une forme claire et attrayante, jointe à son habileté à faire des pastiches, causa sa perte. Un jour, il se proposa d'imiter le style du *Zohar*, et y réussit. Ce succès le grisa. Il attribua ce talent d'imitation, non pas à une faculté particulière, mais à une faveur toute spéciale de la Providence, et il se persuada, comme autrefois les cabbalistes Karo et Louria, qu'un génie tutélaire (*maguid*) l'inspirait et lui avait fait la grâce de lui divulguer les mystères de la Cabbale.

Peu après, sa réputation de cabbaliste dépassa les limites de la ville de Padoue, et il fut tout heureux d'être visité un jour par des cabbalistes de Venise. Ce témoignage de déférence l'affermit encore dans son mysticisme. Moïse Haguès, qui avait déjà combattu Hayon avec une courageuse énergie, et qui était alors à Altona, menaça Luzzato, avec l'appui de plusieurs rabbins allemands, de l'excommunication s'il ne renonçait pas à ses divagations et à son rôle d'inspiré. Mais Luzzato persista à affirmer que Dieu l'avait choisi, comme il en avait déjà choisi d'autres avant lui, pour lui dévoiler ses secrets. Pourtant, sur les instances de son maître, Isaïe Bassan, et de trois rabbins de Venise, délégués auprès de lui, il promit de ne plus enseigner ni propager par des livres les doctrines de la Cabbale (juillet 1730).

Luzzato ne tint pas longtemps sa promesse. Attristé par la ruine de son père, qui avait perdu toute sa fortune, et par les dissensions qui régnaient alors dans sa famille, il se plongea de nouveau dans ses rêveries mystiques pour y trouver le calme et la résignation. On racontait aussi qu'il préparait une réplique aux attaques dirigées contre la Cabbale par Léon Modena, rabbin à Venise. Le collège rabbinique de cette ville, qui avait traité jusque-là Luzzato avec une grande modération, se montra plus sévère pour lui ; il l'excommunia et condamna ses écrits au feu (1734). La communauté de Padoue aussi cessa de défendre Luzzato. Le malheureux poète, qui s'était si pitoyablement fourvoyé dans le mysticisme, dut abandonner ses vieux parents, sa femme et ses enfants, et partir de Padoue. Pauvre et découragé, il se rendit alors à Amsterdam. Il y trouva un accueil cordial auprès des Juifs portugais, qui lui assurèrent un subside annuel. Pour gagner sa vie, il entra comme maître d'hébreu dans la maison d'un riche Juif portugais, Moïse de Chavès. Mais, afin d'être indépendant, il renonça à ces fonctions, et, comme Spinoza, se mit à polir des verres de lunettes.

Ainsi délivré des soucis matériels, Luzzato consacra de nouveau ses loisirs à la poésie. A l'occasion du mariage de son ancien élève Jacob de Chavès avec Rahel da Vega Enriquès, il composa un drame qui était remarquable par la forme, la langue et les idées et avait pour titre hébreu : *Layescharim tehila*, « Gloire aux hommes de bien ». Dans cette œuvre poétique, qui n'est pas un vrai drame, Luzzato fait paraître en scène et parler de pures abstractions, telles que l'Intelligence et la Sottise, la Droiture et la Méchanceté. Il montre la foule, capricieuse et changeante, se fiant à ceux qui la flattent et la trompent, et repoussant, dans son aveuglement et son ignorance, les conseils de la sagesse; il montre également l'intrigue et l'ambition luttant contre le vrai mérite et réussissant à triompher. Au dénouement, la victoire reste pourtant au Mérite, qui acquiert la reconnaissance et la gloire en sachant obéir à la raison et à la patience.

Cette œuvre, une des plus belles productions de la poésie néo-hébraïque, fait voir ce que Luzzato aurait pu créer dans ce domaine s'il avait pu s'arracher aux séductions du mysticisme, mais il n'en eut pas la force. Après avoir achevé cette œuvre, et dans l'espoir de pouvoir se consacrer plus complètement et plus librement à la Cabbale, il partit pour la Palestine. A peine arrivé, il fut emporté par la peste, à l'âge de quarante ans (1747). On l'enterra à Tibériade. C'est ainsi que disparut, dans la vigueur de l'âge, un des plus remarquables représentants de la poésie néo-hébraïque, mort, lui aussi, dans la Terre-Sainte, comme le poète Juda Hallévi.

Jusqu'alors, les vrais talmudistes étaient demeurés réfractaires à l'action délétère de la Cabbale. Possédant, d'ordinaire, un jugement sûr, accoutumés à raisonner avec méthode et précision, ils ne s'étaient laissé prendre ni aux fantasmagories de cette fausse science, ni aux hallucinations de quelques illuminés. Les rabbins s'étaient surtout élevés avec énergie contre les sectes sabbatiennes et les hérésies qu'elles propageaient. Il se trouva pourtant, à ce moment, un rabbin très considéré qui se lia avec les Sabbatiens, leur accorda son appui et provoqua une lutte qui troubla encore plus profondément le judaïsme de ce temps. Ce rabbin, dont il a été déjà question, fut Eibeschütz.

Jonathan Eisbeschütz ou Eibeschützer (né à Cracovie en 1690 et mort à Hambourg en 1764) était originaire d'une famille de cabbalistes. Doué d'une pénétrante sagacité et d'une mémoire prodigieuse, il se distingua, dès sa jeunesse, par l'étendue et la solidité de ses connaissances talmudiques. Mais la Cabbale aussi l'intéressa, et, pendant son séjour à Prague, il manifesta une vive sympathie pour Néhémia Hayon. Il s'aventura aussi à lire les écrits de Cardoso, quoiqu'ils eussent été déclarés hérétiques. A la fin, il se rallia à cette idée, qui est un des fondements de la doctrine sabbatienne, que le Dieu Tout-Puissant, la cause première, n'a aucune relation avec l'univers, et que c'est une deuxième divinité, appelée le Dieu d'Israël, qui a créé le monde et révélé la Loi du Sinaï. Eibeschütz semble même avoir accepté cette autre croyance des Sabbatiens que Sabbataï Cevi, le Messie, avait été l'incarnation de cette deuxième divinité, et que son apparition sur la terre devait avoir pour résultat l'abolition de la Tora

Eibeschütz n'osa pourtant pas conformer sa conduite à ses opinions. Il était trop prudent et craignait trop la lutte pour rompre ouvertement avec le judaïsme rabbinique et se déclarer adversaire du Talmud, comme l'avaient fait de nombreux Sabbatiens polonais. D'ailleurs, il aimait réellement la littérature talmudique, qui lui permettait de déployer sa force de dialectique et sa subtilité d'esprit, et où sa compétence et son autorité étaient si grandes. A l'âge de vingt et un ans, il était à la tête d'une école talmudique par laquelle passèrent successivement plusieurs milliers d'élèves. Il savait, en effet, rendre son enseignement attrayant par son ardeur communicative, l'imprévu de ses saillies et l'originalité de ses interprétations. Ce fut en faveur des services rendus par son école et de l'autorité dont il jouissait, qu'il ne fut pas excommunié en même temps que les autres Sabbatiens, avec lesquels on le savait en étroites relations.

Cependant, ces relations ne lui furent pas entièrement pardonnées. Quand il demanda à être rabbin de Metz, la veuve du rabbin qu'il voulait remplacer se présenta à la réunion des délégués de la communauté pour les supplier de ne pas infliger cet outrage à la mémoire de son mari en lui donnant pour successeur un hérétique. Cette intervention inattendue produisit son effet ; on nomma Jacob Josua Falk. Mais, quand ce dernier, quelques années plus tard, eut été appelé à Francfort, les partisans d'Eibeschütz réussirent à le faire élire.

Au moment où Eibeschütz se préparait à aller occuper son poste à Metz, éclata la guerre de la Succession d'Autriche. La France, qui avait fait alliance avec Frédéric II, roi de Prusse, et l'empereur Charles VII contre l'impératrice Marie-Thérèse, avait fait occuper Prague par une armée. Bientôt le bruit se répandit en Bohême et en Moravie que les Juifs avaient des intelligences criminelles avec l'ennemi, et, sur bien des points, ils furent en butte aux mauvais traitements de la foule. Un général autrichien qui campait en Moravie, croyant également ou feignant de croire à la trahison des Juifs, exigea des quelques communautés de cette région (1742) de lui envoyer à Brünn, dans un délai de six jours, une somme de 50,000 florins, ajoutant « qu'en cas de refus, elles seraient pillées et massacrées ». Sur les pressantes démarches de deux Juifs influents de Vienne, le baron d'Aguilar et Issakhar Berousch Eskelès, Marie-Thérèse annula l'ordre du général.

Sans songer à la réserve et à la prudence que commandaient alors aux Juifs les soupçons manifestés à leur égard par la population, Jonathan Eibeschütz, une fois nommé rabbin de Metz, rendit visite, à Prague, au général français. Il obtint de lui un sauf-conduit pour pouvoir se rendre en sécurité à Metz. Mais les autorités de la ville crurent Eibeschütz coupable d'entente secrète avec l'ennemi, et, dès que l'armée française eut quitté Prague, elles ouvrirent une enquête contre lui et mirent ses biens sous séquestre. Plus tard, tous les Juifs de Bohême et de Moravie furent accusés de trahison. Par deux décrets, rendus en 1744 contre les Juifs de Bohême et en 1745 contre ceux de Moravie, Marie-Thérèse ordonna leur expulsion à bref délai, « pour des motifs très sérieux ».

L'ordre de l'impératrice reçut immédiatement un commencement d'exécution. Les Juifs de Prague, au nombre de près de vingt mille, durent quitter la ville en plein hiver; ils s'établirent provisoirement dans les villages environnants. Mais où chercher une résidence définitive ? Au xviii° siècle, les souverains n'étaient plus empressés, comme autrefois, à attirer dans leurs pays les capitalistes juifs. Du reste, les expulsés avaient perdu pendant la guerre une grande partie de leur fortune. Comme Eibeschütz sentait qu'il avait une part de responsabilité dans l'exil des Juifs de Bohême, il s'efforça de leur venir en aide. De Metz, il demanda des secours pour eux aux communautés de Bordeaux et de Bayonne, et il sollicita la communauté de Rome de plaider leur cause auprès du pape, mais il paraît n'avoir abouti à aucun résultat sérieux. Les démarches du baron d'Aguilar, de Berousch Eskelès et d'autres « Juifs de cour » de Vienne, semblent avoir été plus efficaces. Des chrétiens influents, les ambassadeurs de Hollande, d'Angleterre et d'autres pays consentirent également à s'entremettre en leur faveur. Après de longs pourparlers, et quand il eut été prouvé que l'accusation de trahison ne reposait sur aucun fondement sérieux, l'impératrice Marie-Thérèse prolongea de dix ans le droit de séjour des Juifs en Bohême et en Moravie, « parce que leur départ causerait au pays un dommage de plusieurs millions ». Elle leur imposa pourtant des conditions assez dures. Le nombre des familles admises à résider dans le pays fut strictement limité : en Bohême, environ vingt mille chefs de famille, ou « familiants », comme on les appelait, et cinq mille cent en Moravie. Seul, l'aîné de chaque famille avait le droit de se marier. De plus, les Juifs devaient verser au Trésor une somme annuelle de 200,000 florins. Ces restrictions furent maintenues jusqu'à la Révolution de 1848. Eibeschütz, à tort ou à raison, fut déclaré coupable de trahison, et on lui interdit l'accès du territoire autrichien.

Dans les premiers temps de son séjour à Metz, Eibeschütz avait su gagner le respect et l'affection de sa communauté. Ces sentiments se modifièrent peu à peu, et quand le poste rabbinique des Trois-Communautés (Altona, Hambourg et Wandsbeck) devint vacant, il le brigua. Grâce à sa réputation de savant talmudiste et aussi de thaumaturge, il fut élu. Comme les Juifs de ces villes avaient encore leur propre juridiction civile, ils avaient besoin d'un rabbin qui fût familiarisé avec les lois rabbiniques, et, sous ce rapport, Eibeschütz leur convenait infiniment mieux que tout autre. Mais on eût dit qu'avec lui un mauvais esprit était entré à Altona (septembre 1750), car, après son arrivée, un vent de discorde souffla, non seulement sur les Trois-Communautés, mais sur tous les Juifs d'Allemagne et de Pologne. Mais, s'il est vrai qu'il fut le principal coupable, la responsabilité de ces troubles ne lui appartient pourtant pas tout entière.

Au moment où il fut nommé rabbin des Trois-Communautés, il y régnait une vraie panique. Dans l'espace d'un an, nombre de jeunes femmes étaient mortes en couches. Aussi attendait-on avec une vive impatience l'arrivée du nouveau rabbin, parce qu'on espérait qu'il réussirait à mettre en fuite l'ange exterminateur qui avait déjà fait tant de victimes. A cette époque, tout rabbin était un peu considéré comme un magicien qui sait préserver de tous les maux; mais on attendait encore bien plus de Jonathan Eibeschütz, talmudiste célèbre et thaumaturge avéré. Celui-ci ne pouvait pas ne pas essayer de calmer ces craintes. Il écrivit donc des amulettes et usa d'autres jongleries pour guérir les malades. Il avait, du reste, déjà distribué des amulettes analogues à Metz.

Tout à coup, le bruit se répandit à Altona que l'inscription des amulettes d'Eibeschütz avait un caractère hérétique. On en ouvrit alors une et l'on y trouva les mots suivants : « O Dieu d'Israël, toi qui demeures dans la gloire de ta puissance (expression cabbalistique), en faveur du mérite de ton serviteur Sabbataï Cevi, daigne envoyer la guérison à cette femme, afin que ton nom et celui du Messie Sabbataï Cevi soient sanctifiés sur la terre. » Les lettres de certains mots étaient transposées, ou une lettre était parfois mise pour une autre, mais il n'était pas difficile de trouver la clef de ces rébus.

Il y avait alors à Altona un rabbin qui n'exerçait pas de fonctions officielles, mais qui jouissait d'une certaine considération : c'était Jacob Emden, fils de Cevi Aschkenazi. Lorsqu'il eut connaissance de ces amulettes, il en conclut que Jonathan Eibeschütz continuait d'être affilié à l'hérésie sabbatienne. Il hésita d'abord à entrer en lutte avec un talmudiste dont l'autorité était si grande et dont les disciples, au nombre de plusieurs milliers, occupaient partout des situations influentes comme rabbins, administrateurs ou hommes privés. Pourtant, cette affaire lui paraissait trop grave pour qu'il pût garder le silence. Il proclama donc, dans la synagogue établie dans sa maison, le contenu des amulettes distribuées par Eibeschütz et il accusa ouvertement l'auteur de cette inscription d'hérésie sabbatienne. Il ajouta que ce n'était peut-être pas Eibeschütz qui avait rédigé cette formule, mais qu'il était trop compromis pour ne pas devoir des explications publiques à sa communauté. Froissés par cette mise en demeure d'Emden, les administrateurs des Trois-Communautés prirent le parti de leur rabbin et intimèrent à son dénonciateur l'ordre de quitter la ville. Emden, qui était autorisé, par un privilège royal, à diriger une imprimerie à Altona, refusa d'obéir. Soumis alors à toute sorte de vexations et de persécutions, il s'exaspéra de plus en plus dans cette lutte inégale. Il était sur le point de succomber, quand on envoya de Metz des amulettes qu'Eibeschütz reconnaissait avoir écrites et distribuées, et où Sabbataï Cevi était explicitement reconnu comme le Messie.

La querelle recommença plus violente et prit une extension considérable. En Allemagne comme en Pologne, on discuta vivement la question des amulettes, et bien des communautés se divisèrent en deux camps. Au synode des « Quatre-Pays », en Pologne, on en vint presque aux mains. Partisans et adversaires s'excommuniaient réciproquement. On ne craignit même pas de faire appel à l'intervention du roi de Danemark, Frédéric V, qui fut informé des agissements des administrateurs à l'égard de Jacob Emden, et à qui on soumit une traduction allemande, dûment légalisée, de la formule incriminée. Le roi infligea une amende aux administrateurs et enjoignit à Eibeschütz de se justifier de l'accusation d'hérésie portée contre lui. Celui-ci réussit à modifier en sa faveur les dispositions du roi, qui défendit alors (février 1753) de continuer les discussions relatives aux amulettes et confirma Eibeschütz dans ses fonctions de rabbin.

Pour obtenir ce résultat, Eibeschütz s'était servi de moyens que beaucoup de ses partisans mêmes désapprouvèrent. D'anciens administrateurs, autrefois ses amis, se déclarèrent contre lui. De nouveau on se plaignit de lui au roi. On lui reprochait de fomenter des troubles dans la communauté et de se montrer d'une révoltante partialité dans les procès qu'il jugeait, donnant toujours raison à ses partisans. Le roi se décida à demander un mémoire sur cette affaire à des professeurs et des théologiens qui savaient l'hébreu (1755).

Un de ces savants, le pasteur David-Frédéric Megerlin, se prononça en faveur d'Eibeschütz, mais de telle façon qu'il le rendit encore plus suspect aux yeux des Juifs. Selon lui, les lettres mystérieuses des amulettes appliquées à Sabbataï Cevi étaient tout simplement une allusion mystique à Jésus-Christ. Il affirmait aussi qu'Eibeschütz était attaché secrètement au christianisme, mais n'osait pas le déclarer publiquement. Il demandait donc au roi de protéger Eibeschütz contre ses persécuteurs, et surtout contre Emden, qui haïssait en lui le chrétien, comme son père, pour le même motif, avait haï Néhémia Hayon. Megerlin engagea très sérieusement Eibeschütz à jeter le masque et à se faire baptiser. En même temps, il adressa un appel à tous les Juifs pour les inviter à organiser un synode qui proclamerait la vérité du christianisme.

Par devoir, et pour sauvegarder sa dignité, Eibeschütz aurait dû protester énergiquement contre les allégations de Megerlin, au risque de s'aliéner la faveur du roi. Mais, dans son intérêt, il préféra laisser dire qu'au fond du cœur il était chrétien. Quelque absurde qu'elle fût, l'argumentation de Megerlin convainquit Frédéric V. Eibeschütz fut maintenu dans ses fonctions de rabbin, et la communauté d'Altona reçut l'ordre de lui obéir (1756). Le sénat de Hambourg aussi le reconnut de nouveau comme rabbin de la communauté allemande. Ainsi, cette longue lutte de six ans, qui avait excité les plus vives passions dans les communautés juives, depuis la Lorraine jusqu'en Podolie et depuis le Pô jusqu'à l'Elbe, se termina par le triomphe d'Eibeschütz.

Comme pour donner un démenti aux assertions d'Eibeschütz, qui avait affirmé qu'il n'existait plus de Sabbatiens, ces sectaires recommencèrent à ce moment leur agitation en Podolie. Ils avaient eu la chance de trouver un chef plein d'audace et d'initiative, qui sut les grouper en un parti puissant, recruta un nombre considérable de nouveaux adeptes et remua de fond en comble le judaïsme polonais. Ce chef était le fameux Jacob Frank, de son vrai nom Yankiew Leïbowitz (1720-1791), bien plus habile et de caractère plus aventureux que Hayon. Déjà dans sa jeunesse, il s'entendait à éblouir les gens, et il se vantait lui-même d'avoir trompé son père. Né en Galicie, il était allé en Turquie. A Salonique, il s'était lié avec la secte mi-juive, mi-musulmane, des Donméh, et il s'était fait Turc, comme il devait se faire plus tard catholique romain et catholique grec. Lorsque son intérêt le lui commandait, il n'hésitait pas à changer de religion. A cause de son séjour en Turquie, on lui avait donné le nom de *Frank* ou *Frenk*.

Peu familiarisé avec la littérature talmudique, Frank connaissait bien la Cabbale. Selon lui, les différents Messies qui s'étaient succédé n'avaient pas été des imposteurs, mais avaient incarné successivement la même âme. Le roi David, le prophète Élie, Mohamet, Sabbataï Cevi et ses successeurs avaient été, au fond, une seule et même personnalité qui avait revêtu diverses formes. Il affirmait que lui aussi était une nouvelle incarnation du Messie. Il fut secondé par les circonstances, car il entra en possession d'une certaine fortune et il put épouser une femme charmante de Nicopolis, qui lui fut très utile pour augmenter le nombre de ses adhérents. Peu à peu, il réunit autour de lui un petit groupe de Juifs de Turquie et de Valachie qui partageaient ses croyances et le vénéraient comme le Messie.

Informé probablement des discussions qui avaient éclaté parmi les Juifs de Pologne à la suite de l'affaire des amulettes d'Eibeschütz, il parut tout à coup dans ce pays et se mit en rapport avec les Sabbatiens clandestins, qui étaient alors assez nombreux en Podolie. Il se présenta mystérieusement à eux comme le successeur de Sabbataï Cevi, ou plutôt comme l'incarnation de l'ancien chef sabbatien Berakhia. Il se faisait appeler par ses adhérents « le saint seigneur », et il leur laissait croire qu'il opérait des miracles. Ils étaient tellement convaincus de sa nature divine qu'ils lui adressaient des prières mystiques, dans la langue du *Zohar*. Peu à peu, les Sabbatiens de Podolie, sous l'impulsion de Frank, formèrent une secte particulière qu'on appela les Frankistes. Leur chef leur enseignait une morale toute spéciale.

Il les encourageait à acquérir des richesses, même par des moyens malhonnêtes, parce que, à ses yeux, la ruse et la tromperie étaient des preuves d'habileté, et non pas des actes illicites. Il opposait le *Zohar* au Talmud, affirmant que le *Zohar* seul contient les enseignements de Moïse. De là le nom de *zoharistes* ou *antitalmudistes* que prennent parfois ses sectateurs. Par une sorte de bravade, ces antitalmudistes accomplissaient des actes que le judaïsme rabbinique défend avec le plus de rigueur, même en ce qui concernait les lois relatives au mariage et à la chasteté des mœurs. Ils comptaient dans leurs rangs des rabbins et des prédicateurs : Juda Leib Krysa, rabbin de Nadvorna; le rabbin Nahman ben Samuel Lévi, de Busk, et Elischa Schor, de Rohatyn, descendant d'une famille de rabbins polonais très estimés. Elischa, ainsi que ses fils, sa fille Hayya, qui pouvait réciter le *Zohar* de mémoire et était considérée comme prophétesse, ses gendres et ses petits-fils étaient déjà secrètement affiliés à la doctrine sabbatienne, et ils éprouvaient une profonde satisfaction de pouvoir maintenant manifester publiquement leur dédain pour les prescriptions rabbiniques.

Un jour, on surprit Frank avec une vingtaine de ses adeptes à Laskorun, où ils s'étaient réunis dans une auberge et avaient verrouillé la porte. Ils prétendaient qu'ils s'étaient simplement enfermés pour réciter des cantiques dans la langue du *Zohar*. Mais leurs adversaires affirmaient qu'ils les avaient vus se livrer à des actes immoraux, dansant autour d'une femme demi-nue et allant ensuite l'embrasser. Ils avertirent la police qu'un Turc était venu en Podolie pour convertir les Juifs à l'islamisme et les emmener ensuite en Turquie, et que ses adhérents avaient des mœurs déréglées. Frank fut arrêté avec ses partisans, mais, comme il excipa de sa qualité d'étranger, on le remit en liberté, les Frankistes restèrent détenus.

La découverte des menées de Frank produisit un affreux scandale. Pour arrêter ce nouveau mouvement, les rabbins et les administrateurs des communautés eurent recours à leurs procédés habituels : l'anathème et la persécution. Gagnées à prix d'argent, les autorités polonaises leur accordèrent un appui énergique. Aussi les défections furent-elles nombreuses parmi les Frankistes.

On apprit ainsi bien des faits qui éclairèrent d'un triste jour la situation morale de certaines communautés de la Pologne. Devant le collège rabbinique de Satanov, des hommes et des femmes confessèrent publiquement que, conformément aux enseignements qu'on leur avait inculqués au nom de la Cabbale, ils s'étaient livrés à des actes d'une répugnante immoralité.

A la suite de ces aveux, les Frankistes furent frappés d'un sévère anathème par les rabbins de Brody (1756) : il fut défendu aux Juifs orthodoxes de s'allier à eux, leurs enfants étaient déclarés adultérins, et les suspects même ne pouvaient ni exercer de fonctions religieuses, ni enseigner dans une école. Tout Juif était tenu de dénoncer les Sabbatiens qu'il connaîtrait. Cette formule d'excommunication, adoptée par plusieurs communautés, fut imprimée, distribuée, et devait être lue chaque mois dans les synagogues. Elle contenait un article très important. Dorénavant, l'étude du *Zohar* ou de tout autre ouvrage cabbalistique était défendue avant l'âge de trente ans. Les rabbins avaient enfin reconnu que, surtout depuis Isaac Louria, la Cabbale avait infecté le judaïsme de son poison. Cette constatation venait malheureusement trop tard; le mal était fait. En même temps, le synode de Constantinov demanda à Jacob Emden, qui, par sa lutte avec Eibeschütz, était devenu le champion de l'orthodoxie, d'envoyer en Pologne un Juif portugais instruit et habile orateur, qui pût faire ressortir devant les autorités et les ecclésiastiques polonais le côté immoral et dangereux des pratiques des Frankistes.

En présence de l'action malfaisante que la Cabbale avait exercée sur les Juifs, Emden se demanda si le *Zohar*, placé par les Sabbatiens et les antitalmudistes au-dessus de la Bible, et invoqué pour justifier leurs dérèglements et leurs blasphèmes, avait eu réellement pour auteur un docteur estimé et vénéré comme Simon ben Yohaï. Après une étude minutieuse, il arriva à cette conclusion qu'un partie, au moins, de ce livre était due à un imposteur.

Forts de l'approbation d'Emden, qu'ils avaient également consulté sur ce point, les rabbins orthodoxes prirent des mesures très sévères contre les Frankistes et ne craignirent pas de les dénoncer au clergé catholique comme de dangereux hérétiques. L'évêque de Kamieniec, Nicolas Dembowski, paraissait tout disposé à les châtier avec rigueur. Mais Frank fut assez habile pour écarter le danger dont lui et ses partisans étaient menacés. Sur ses conseils, ses adeptes déclarèrent qu'on les persécutait parce qu'ils croyaient à la Trinité et rejetaient les prescriptions talmudiques. Ils allèrent même jusqu'à répéter cette infâme calomnie que les sectateurs du Talmud se servaient de sang chrétien et que le Talmud prescrivait le meurtre des chrétiens. Enchantés de ces déclarations, Dembowski et son chapitre firent remettre tous les Frankistes en liberté, les autorisèrent à s'établir dans le diocèse de Kamieniec et à vivre conformément à leurs usages, et eurent soin d'attiser leur haine contre les partisans du Talmud. Ils espéraient amener ainsi beaucoup de Juifs polonais au catholicisme.

Non contents de ce premier succès, les Frankistes demandèrent à l'évêque Dembowski (1757) de convoquer les talmudistes et les antitalmudistes à une controverse publique. Ils promettaient de prouver que le Zohar et d'autres écrits enseignent la Trinité, et que le Talmud prescrit « de tromper et de tuer les chrétiens ». Le prélat donna suite à cette proposition. Il invita les rabbins à envoyer des délégués à Kamieniec pour prendre part à un colloque sur le Talmud, les menaçant de faire brûler cet ouvrage comme antichrétien et de leur infliger une forte amende s'ils ne se présentaient pas (1757). Ce fut en vain que les Juifs polonais invoquèrent leurs privilèges et firent intervenir la noblesse. Dembowski tint bon. Ignorants de tout ce qui n'était pas la littérature talmudique, timides, troublés, ne parlant qu'un mauvais jargon, les délégués juifs purent alors juger par eux-mêmes combien il était important de posséder une culture générale, et déplorable que les rabbins polonais en eussent toujours été les adversaires. Aux imputations audacieuses des Frankistes, ils ne surent opposer que le silence ou des réponses embarrassées. Dembowski donna gain de cause aux Frankistes. Par un mandement public (14 octobre 1757), il fit savoir que les antitalmudistes, ayant démontré la vérité de leurs croyances, étaient autorisés à soutenir partout des controverses contre les talmudistes. Puis, avec l'aide de la police, il ordonna dans son diocèse la saisie de tous les exemplaires du Talmud, qui furent entassés dans une fosse et brûlés de la main du bourreau. Cette fois, c'était la Cabbale qui avait allumé la torche pour mettre le feu au Talmud.

La mort subite de Dembowski amena un revirement. On cessa de persécuter le Talmud et on se mit à traquer les Frankistes. Six d'entre eux se rendirent alors auprès de Wratislaw Lubienski, archevêque de Lemberg, pour lui déclarer « au nom de tous » qu'ils étaient prêts, sous certaines conditions, à accepter le baptême. Ils réclamaient un nouveau colloque public pour prouver « que les talmudistes, plus encore que les païens, versaient du sang chrétien innocent ». Pour rendre publique la promesse de conversion des Frankistes et en informer les catholiques, Lubienski fit imprimer et répandre leurs propositions, mais ne se soucia nullement d'autoriser le colloque demandé.

Après le départ de Lubienski pour sa résidence de Gnesen, l'administrateur de l'archevêché de Lemberg, le chanoine de Mikulicz Mikolski, qui avait hâte de voir les Frankistes opérer leur conversion, leur promit d'autoriser une controverse dès qu'ils auraient embrassé le christianisme. En effet, lorsque Leib Krysa et Salomon de Rohatyn eurent fait, au nom de toute la secte, une profession de foi catholique, Mikolski entama des pourparlers, à l'insu de Serra, nonce du pape, pour une deuxième controverse publique à Lemberg (juin 1759). Les rabbins reçurent l'ordre de venir prendre part à ce colloque, sous peine d'amende, le 16 juillet. Ils s'en plaignirent alors au nonce à Varsovie, mais Serra, tout en n'étant pas favorable à cette controverse, ne voulait pourtant pas s'y opposer. Il espérait que cette discussion lui fournirait enfin des renseignements exacts sur l'accusation de meurtre rituel si fréquemment lancée contre les Juifs. Car, précisément à ce moment, le pape Clément XIII avait eu à s'occuper de cette question. Un Juif polonais d'un grand dévouement, Jacob Yelek, avait entrepris le voyage de Rome pour que le pape déclarât cette accusation mensongère. Clément XIII avait alors proclamé que le sacré Collège, après avoir examiné les documents invoqués pour prouver que les Juifs se servent de sang chrétien pendant la fête de Pâque et tuent des enfants chrétiens, avait conclu qu'ils ne pourraient plus être condamnés sur le simple énoncé de l'accusation, mais qu'il faudrait suivre à leur égard la procédure ordinaire pour démontrer la réalité du crime qu'on leur imputait. Pourtant, devant les affirmations des Frankistes, le nonce hésitait à se rallier entièrement aux conclusions du sacré Collège, et il comptait que le colloque l'éclairerait complètement sur ce point.

Ce colloque, qui devait amener la conversion de tant de Juifs, excita le plus vif intérêt. La noblesse, venue en foule, paya très cher le droit d'assister à ce spectacle, parce que la recette devait être remise aux convertis pauvres. Les débats eurent lieu à la cathédrale de Lemberg, sous la présidence du chanoine Mikolski. Ce fut un spectacle affligeant que celui de ces Juifs s'accusant mutuellement des vices et des crimes les plus atroces. Comme à la première controverse, les talmudistes, au nombre d'environ quarante, se montrèrent gauches et maladroits, forcés de recourir à un interprète pour se faire comprendre des assistants. Il est vrai que leur situation était extrêmement délicate. Les Frankistes affirmaient que le *Zohar* enseigne la Trinité et le dogme de l'incarnation. Les orthodoxes n'osaient pas parler trop énergiquement contre ces dogmes, de crainte d'irriter les catholiques. Du reste, il est incontestable que le *Zohar* fait des allusions à ces croyances. Après trois jours de discussions, les talmudistes furent encore une fois jugés vaincus. Ils n'avaient même pas réussi à réfuter nettement l'accusation de meurtre rituel !

Après ce colloque, le clergé catholique pressa les antitalmudistes d'embrasser enfin le christianisme. Mais ils hésitaient à apostasier; ils ne s'y décidèrent que sur l'ordre formel de Frank. Celui-ci, qui avait disparu quelque temps, était brillamment rentré en scène dès la fin de la controverse. Pour en imposer aux Polonais, il sortait dans un équipage à six chevaux, revêtu d'un costume turc et accompagné de gardes du corps habillés également à la turque. Environ mille Frankistes abjurèrent alors le judaïsme à Lemberg. Quant à Frank, il n'accepta le baptême qu'à Varsovie, où il déploya une grande pompe et où le roi consentit à lui servir de parrain.

Éclairé sur le caractère du néophyte, le clergé catholique avait une médiocre confiance dans la sincérité de sa conversion. Il le soupçonnait de n'avoir pris le masque du christianisme, comme il avait pris celui de l'islamisme, que pour satisfaire plus facilement son ambition et jouer le rôle d'un chef de secte. Bientôt, plusieurs de ses partisans, achetés par le clergé, le trahirent. Ils l'accusèrent de n'être chrétien qu'en apparence et de se faire adorer comme le Messie, l'incarnation de la divinité, « le saint Seigneur ». L'official de l'Inquisition polonaise le fit alors arrêter pour imposture et blasphème et enfermer dans la forteresse de Czenstochow, dans un cloître (1760). Si on ne le brûla pas comme relaps, ce fut tout simplement parce que le roi était son parrain, mais on lui imposa les travaux les plus pénibles. Bien des Frankistes furent réduits à la mendicité et eurent à subir le mépris et les outrages de la population, mais ils restèrent fidèles à leur Messie. A leurs yeux, tous leurs malheurs devaient fatalement arriver : le *Zohar* l'avait prédit. Ils appelèrent le cloître de Czenstochow, où était détenu leur chef, « la porte de Rome ». Tous ces convertis pratiquaient extérieurement le catholicisme, en observaient tous les rites, mais, comme leurs collègues musulmans, les Donmèh, ils vivaient séparés des autres habitants et ne se mariaient qu'entre eux. Encore aujourd'hui, les familles Wolowski, Dembowski, Dzalinski et autres, qui descendent de ces sectaires, sont connues en Pologne sous le nom de *Frenks* ou *Schebs*.

Après une détention de treize ans, Frank fut délivré par les Russes (1771); il se fit catholique grec et joua encore pendant plus de vingt ans à Vienne, à Brünn et à Offenbach, son rôle de mystificateur. A la fin, il présenta sa fille Ève comme l'incarnation de la divinité, et jusqu'à sa dernière heure, et même audelà de la tombe, il sut en imposer à ses adhérents et les faire croire au caractère messianique de sa mission.

Jonathan Eibschütz eut sa part de responsabilité dans ces tristes événements. Revendiqué par les Frankistes comme un des leurs, il ne se risqua jamais à les démentir. Lorsqu'il fut sollicité par ses coreligionnaires de Pologne de les appuyer de son autorité pour repousser l'odieuse accusation de meurtre rituel, il garda le silence, comme s'il avait craint d'irriter les Zoharites par son intervention. Son plus jeune fils, Wolf, eut d'étroites relations avec le frankiste Salomon Schor Wolowski, s'adonna à l'alchimie, mena une existence de grand seigneur, promit à la cour d'Autriche de se convertir pour obtenir le titre de baron d'Adlersthal, trompa tout le monde et surtout son père, qui fit imprimer à la hâte son premier ouvrage pour essayer de payer en partie les dettes de son fils.

En général, le prestige des rabbins subit une atteinte considérable de l'affaire des amulettes et de la lutte entre hérétiques et orthodoxes. Divisés en deux camps, se combattant avec une violence excessive, s'excommuniant mutuellement, les rabbins devaient perdre forcément, dans ces tristes débats, une partie de leur crédit et de leur autorité. En Allemagne, les savants chrétiens suivirent ces querelles avec un vif intérêt, et de nombreux journaux en rendirent compte avec une grande exactitude et dans des termes très modérés.

En Angleterre et en France, l'attention publique fut aussi appelée, à cette époque, sur les Juifs : en France par les attaques de Voltaire, et en Angleterre par une première tentative d'émancipation.

Depuis leur retour, sous Cromwell, les Juifs d'Angleterre, surtout à Londres, formaient un groupe isolé dont la situation n'était pas nettement définie. Ils n'étaient pas inquiétés par les pouvoirs publics et pratiquaient librement leur culte, sans pourtant y avoir jamais été formellement autorisés par une loi. On les considérait comme des étrangers, ils étaient qualifiés d'Espagnols, Portugais, Hollandais ou Allemands, et ils payaient la taxe des étrangers (*alien duty*). Par exception, le roi accordait parfois le droit de cité à quelque membre riche ou très considéré de la communauté portugaise. Mais, en général, ils étaient soumis à de nombreuses restrictions et même à des vexations. On les dispensait toutefois de certaines obligations le jour de sabbat, par exemple de comparaître comme témoins devant les tribunaux.

Lorsque les Juifs établis dans les possessions anglaises de l'Amérique eurent été naturalisés, des négociants et des fabricants chrétiens adressèrent une pétition au Parlement pour qu'en Angleterre également les Juifs pussent obtenir les droits de citoyen sans être obligés de communier. Le ministère Pelham appuya la pétition, mais elle fut combattue par ceux qui, par préjugé religieux ou par esprit de concurrence, étaient hostiles à l'émancipation des Juifs. Malgré cette opposition, la Chambre des lords vota un bill qui accordait la naturalisation aux Juifs établis depuis trois ans en Angleterre ou en Irlande ; ils restaient seulement exclus des fonctions publiques et ecclésiastiques et ne pouvaient pas participer à l'élection des membres du Parlement. La Chambre des communes adopta également ce bill, qui fut érigé en loi par George II (mars 1753). Aussitôt, dans les églises, dans les tavernes et parmi les corporations, éclatèrent de violentes protestations contre cette loi. Un ecclésiastique, le doyen Tucker, qui avait défendu le bill de naturalisation, fut grossièrement injurié dans des journaux et des pamphlets, et son portrait ainsi que son mémoire en faveur des Juifs furent brûlés à Bristol. Au vif chagrin des esprits libéraux, le ministère eut la faiblesse de céder aux clameurs des fanatiques et des commerçants jaloux et de renier son œuvre. Il abrogea la loi (1754), « parce qu'elle avait été mal accueillie et qu'elle avait troublé la conscience de nombreux sujets du roi ». Toutefois, on continua, comme auparavant, à se montrer assez tolérant à l'égard des Juifs.

En France aussi, on s'occupait alors d'eux. Voltaire, qui, au XVIIIe siècle, tenait le sceptre de l'esprit et réussit, par ses sarcasmes et son rire sardonique, à battre en brèche les institutions barbares du moyen âge, cet écrivain illustre qui combattait si vaillamment pour les idées de justice et de tolérance, détestait les Juifs et déversa les railleries sur leurs croyances et leur histoire. Il se laissa entraîner à ces attaques par ses rancunes contre l'Église et aussi par ses rancunes privées. Pendant son séjour à Londres, il avait perdu de l'argent à la suite de la banqueroute du financier juif de Medina. L'irritation qu'il en ressentit lui fit englober tous les Juifs dans la même haine.

Un autre incident fournit à cette haine un nouvel aliment. Du temps qu'il résidait à Berlin et à Potsdam, il chargea un joaillier juif, Hirsch ou Hirschel, d'une affaire équivoque (1750), puis, sur les conseils d'un concurrent envieux, Efraïm Veitel il rompit le marché. De là de violentes discussions entre Hirsch et Voltaire. Celui-ci, pour se venger, commit à l'égard de son adversaire toute une série d'actes malhonnêtes, le trompa dans une affaire de diamants, le maltraita, usa envers lui de mensonge et de faux et, à la fin, se plaignit d'être dupé ! Il en résulta un procès très embrouillé. Afin de se rendre compte de quel côté était le droit, Frédéric II prit connaissance des divers documents et conclut à la culpabilité de Voltaire. Il écrivit alors contre lui une comédie en vers français intitulée : « Tantale en procès. » Exposé, à cause de cette histoire, aux railleries de ses ennemis, Voltaire en conçut encore un ressentiment plus vif contre tous les Juifs sans exception. En toute occasion, il faisait porter au judaïsme le poids de ses rancunes personnelles et outrageait aussi bien les Juifs du passé que ceux de son temps. Mais en attaquant la Bible, il visait plutôt l'Évangile. Comme il n'osait pas s'en prendre ouvertement aux croyances chrétiennes, il dirigeait ses traits acérés contre la religion qui leur avait donné naissance.

Ces attaques injustes et grossières indignèrent bien des savants et des philosophes, mais on redoutait trop l'ironie mordante de Voltaire pour oser entrer en lice contre lui. Un Juif instruit, Isaac Pinto (1715-1787), ne craignit pourtant pas de riposter aux diatribes de Voltaire. Né à Bordeaux, Pinto, qui descendait d'une famille marrane, était allé s'établir à Amsterdam, où il rendit de grands services à la communauté portugaise et avança des sommes élevées au gouvernement hollandais. Il occupait une situation brillante et était toujours prêt à user de son crédit en faveur de ses coreligionnaires portugais, tout en se montrant indifférent et parfois même dur pour les Juifs d'origine allemande ou polonaise. Du reste, les autres Juifs portugais témoignaient également un injuste dédain à leurs coreligionnaires des autres régions, comme le prouve le différend qui éclata alors dans la communauté de Bordeaux.

Les membres de cette communauté, formée, à l'origine, de « nouveaux chrétiens », étaient pour la plupart armuriers, banquiers et armateurs. Ils s'adonnaient au commerce maritime et avaient de fréquentes relations avec les colonies françaises. La maison Gradis était connue au loin et jouissait partout d'une grande considération. Par leur probité scrupuleuse, la dignité de leur vie, leur bienfaisance et la noblesse de leurs manières, les Juifs de Bordeaux avaient acquis l'estime et la sympathie de la population chrétienne. Aux Juifs portugais vinrent se joindre des émigrants d'Alsace et du Comtat Venaissin. Craignant d'être confondus peu à peu avec les nouveaux venus, qui leur étaient inférieurs par l'éducation, la position sociale et l'instruction, les Juifs portugais s'efforcèrent de les faire expulser en invoquant l'ancien édit qui interdisait aux Juifs de séjourner en France. Comme ils n'y réussirent pas, ils rédigèrent un règlement (1760) où les Juifs autres que ceux du rite portugais étaient qualifiés de « vagabonds » que l'administration avait pour devoir de faire partir dans un délai de trois jours. Mais ce règlement ne pouvait pas être appliqué sans l'assentiment royal. La communauté portugaise s'adressa donc à Louis XV par l'intermédiaire de Jacob Pereire.

Jacob-Rodrigue Pereire était né en Espagne (1715). Après avoir été obligée par l'Inquisition, qui la soupçonnait d'hérésie, de se tenir toute une année aux portes des églises, sa mère avait quitté l'Espagne avec toute sa famille et s'était établie à Bordeaux. Là, Jacob Pereire avait créé une école où il enseignait aux sourds-muets, avant l'abbé de l'Épée, à communiquer entre eux à l'aide de signes qu'il avait inventés. Ses succès furent tels que le roi lui accorda une récompense et que les personnages les plus illustres lui adressèrent des remerciements. Plus tard, il fut nommé interprète royal et membre de la Société royale des sciences de Londres.

Comptant sur son influence, la communauté portugaise de Bordeaux le nomma son « agent » à Paris pour faire ratifier par Louis XV le règlement si égoïste qu'elle avait rédigé. Pereire, si pitoyable aux malheureux sourds-muets, n'hésita pas à faire des démarches contre ses coreligionnaires d'Avignon et d'Alsace. Le sort de ces derniers fut remis par le roi entre les mains du gouverneur de Bordeaux, qui était alors le duc de Richelieu. Comme Isaac Pinto était lié avec lui, il joignit ses instances à celles de la communauté de Bordeaux, et le duc de Richelieu ordonna (novembre 1761) que, dans un délai de quinze jours, tous les Juifs étrangers fussent sortis de Bordeaux.

La dureté des Juifs portugais de Bordeaux à l'égard de leurs autres coreligionnaires de la ville produisit une pénible impression. On se demandait de quel droit eux-mêmes résidaient en France si, comme ils l'avaient fait ressortir dans leur protestation, le séjour de ce pays était interdit aux Juifs. Ils se crurent donc obligés de justifier leur conduite, et ils chargèrent Isaac Pinto d'écrire un mémoire où il montrerait la supériorité des Juifs de rite portugais sur les autres. Pinto prit occasion des attaques de Voltaire contre le judaïsme pour publier le plaidoyer qu'on lui demandait (1762). Il reproche d'abord à Voltaire de rendre responsables tous les Juifs des défauts de quelques-uns, et il montre que la calomnie, blâmable en tous les cas, est particulièrement odieuse quand elle s'attaque à toute une collectivité. Il se plaint ensuite que Voltaire, qui se glorifie de combattre tous les préjugés, n'ait pas su se guérir de ses préjugés contre les Juifs, et il affirme que ses coreligionnaires ne sont ni plus ignorants, ni plus barbares, ni plus superstitieux que les autres croyants. Comme Pinto a surtout en vue l'apologie des Juifs portugais, il sépare nettement leur cause de celle des Juifs allemands ou polonais. Représentant les Juifs portugais comme les descendants des meilleures familles de la tribu de Juda, il affirme que la noblesse de leur origine les a préservés de tout vice et de toute bassesse en Espagne et en Portugal et leur a inspiré les plus généreux sentiments et les plus hautes vertus. Tout en sacrifiant les Juifs de rite allemand, il excuse quand même leurs défauts, qui proviennent, dit-il, de l'humiliation et des souffrances qu'ils ont subies pendant des siècles et qu'on n'a pas encore cessé de leur infliger.

Pinto atteignit son but. Dans sa réponse, Voltaire reconnaissait qu'il avait eu tort d'attaquer les Juifs portugais. Mais, après avoir fait leur éloge, il n'en continua pas moins à outrager tout le passé du judaïsme, sans distinction. A l'exemple de Pinto, d'autres écrivains publièrent contre Voltaire des « Lettres juives », qui valaient surtout par l'intention. Elles eurent pourtant cette utilité d'entretenir le public des Juifs et de montrer aux esprits impartiaux l'injustice et la faiblesse des critiques de Voltaire.

Dans des journaux français et anglais on loua l'ouvrage de Pinto, et, en même temps, on défendit les Juifs contre les attaques de Voltaire. Il y en eut, pourtant, qui lui reprochèrent sa partialité en faveur des Juifs portugais et au détriment des Juifs du rite allemand. L'éloge même qu'il fit des Juifs portugais provoqua la publication d'un écrit malveillant contre la communauté de Bordeaux (1767) : « Requête de la corporation des marchands contre l'admission des Juifs aux brevets. » On accusait les Juifs de Bordeaux d'avoir falsifié en partie leurs anciens privilèges, vu que ces privilèges avaient été seulement accordés aux « nouveaux chrétiens » par Henri II et ses successeurs, et qu'en leur qualité de Juifs il leur était interdit d'habiter la France. Les Juifs portugais de Bordeaux étaient ainsi avertis que l'intolérance ne tenait nullement compte de la distinction qu'ils avaient essayé d'établir et qu'elle ne séparait pas leur sort de celui de leurs autres coreligionnaires. Rodrigue Pereire publia une réplique à cette « Requête » (1767). Un autre Juif composa une apologie (1769), sous le titre de « Lettre d'un milord », où il exposait les services que les Juifs avaient déjà rendus aux divers pays de l'Europe et qu'ils pourraient encore leur rendre.

Mais tous ces écrivains juifs allaient être éclipsés par une personnalité autrement brillante, autrement utile au judaïsme, par Moïse Mendelssohn.

QUATRIÈME ÉPOQUE
LE RELÈVEMENT

CHAPITRE XII

MOISE MENDELSSOHN ET SON TEMPS

(1760-1786)

Moïse Mendelssohn, qui contribua pour une si large part au relèvement du judaïsme, présentait, en quelque sorte, dans sa personne, l'image même de son peuple. Petit, contrefait, un peu gauche, il était d'un extérieur assez déplaisant ; mais ce corps, d'apparence frêle et débile, était animé d'une intelligence vigoureuse à laquelle nul effort ne coûtait pour arriver à la vérité. Le peuple juif aussi apparaissait alors, non seulement aux yeux de ses détracteurs, mais même de ses amis, comme déformé par les persécutions qu'il avait subies, de manières maladroites, peu considéré, l'esprit troublé par les idées les plus fausses. Mais il suffit qu'on lui montrât la lumière pour qu'il abandonnât ses erreurs, se redressât sous l'impulsion du sentiment de sa dignité et revînt à ses pures et généreuses croyances. Mendelssohn, qui fut le principal auteur de cette œuvre de rénovation, offre ce trait particulier qu'il accomplit cette belle mission sans y avoir préalablement songé, presque à son insu, et sans avoir jamais occupé aucune fonction officielle. Car, sa modestie le retint toujours dans l'ombre, et jamais il n'accepta ni honneurs, ni dignités.

Né à Dessau le 17 août 1728, Moïse Mendelssohn était pauvre et misérable comme tous les enfants juifs de sa condition. A cette époque, les jeunes gens juifs ne connaissaient pas l'insouciance et la gaîté de leur âge. Dès leur enfance, la triste réalité les enveloppait de son souffle glacial et les mettait aux prises avec les difficultés de la vie. Par contre, leur esprit mûrissait vite. Mendelssohn avait à peine quatorze ans quand il se présenta, malingre et maladif, à une des portes de Berlin pour pénétrer dans la ville. Un préposé juif, chargé d'interdire l'accès de la ville à ceux de ses coreligionnaires qui étaient dénués de ressources, le questionna avec rudesse sur ses moyens d'existence. Il répondit timidement qu'il désirait fréquenter l'école talmudique du nouveau rabbin de Berlin. Autorisé alors à entrer, il se rendit auprès de David Frænkel, qui, de Dessau où il avait déjà eu Mendelssohn pour élève, venait d'être appelé au poste rabbinique de Berlin. Pour gagner sa maigre subsistance, Mendelssohn copia les commentaires de son maître Frænkel sur le Talmud de Jérusalem.

Comme la plupart des élèves des écoles talmudiques (*Behourim*), Mendelssohn menait forcément la vie de privations recommandée par le Talmud à ceux qui s'adonnent aux études sacrées : « Manger du pain avec du sel, boire de l'eau, coucher sur la dure, s'interdire toute jouissance matérielle et se consacrer tout entier à ses études ». A son arrivée à Berlin, son unique but était de se familiariser avec la littérature talmudique. Mais l'esprit de réforme et l'amour des sciences et des lettres qui s'étaient réveillés avec force dans la capitale prussienne, sous le règne de Frédéric le Grand, avaient aussi fait sentir leur influence parmi les Juifs et avaient pénétré jusque dans l'école de Frænkel. Mendelssohn apprit les mathématiques, le latin, la philosophie. Un talmudiste, Israël Lévi Zamosc, lui fit connaître le « Guide des Égarés » de Maïmonide. En même temps qu'il étendait ses connaissances, il faisait son éducation morale, trempant son caractère, s'habituant à subordonner ses passions à sa raison et à vivre en vrai sage.

Vers l'âge de vingt ans, Mendelssohn trouva un emploi modeste de précepteur dans la maison d'un riche coreligionnaire, Isaac Bernard. A l'abri des préoccupations matérielles, il s'appliqua avec plus d'ardeur encore à augmenter son savoir. Il eut la bonne fortune de se lier alors avec un des esprits les plus remarquables que l'Allemagne eût produits au xviiie siècle, avec Gotthold-Ephraïm Lessing. Adversaire déclaré du mauvais goût, de l'érudition lourde et pédante et de l'intolérance religieuse,

Lessing provoqua une véritable révolution dans la littérature et les idées en Allemagne. Son action sur ses concitoyens fut peut-être plus profonde et plus durable que celle de Voltaire en France. Lessing, qui était fils d'un pasteur protestant, était de tempérament démocratique. Il avait pitié des humbles, de ceux pour qui la société professait un injuste dédain ; il ne craignait même pas d'entretenir des relations avec les Juifs. Il consacra, du reste, à ces derniers sa première œuvre dramatique. Dans ses « Juifs », il osait montrer qu'un Juif est également capable de désintéressement et de générosité, et il s'attira par là le blâme de ses compatriotes chrétiens.

On raconte que Lessing fut mis en rapport avec Mendelssohn par un joueur d'échecs passionné, Isaac Hess, dont l'un et l'autre étaient parfois les partenaires (1754). Il conçut une vive admiration pour la dignité de caractère, la profonde honnêteté, l'amour de la vérité et les connaissances philosophiques de son ami juif, qui apparaissait à ses yeux comme un second Spinoza. Mendelssohn, de son côté, ne trouvait pas moins de charme dans la société de Lessing, qui lui plaisait par son aménité, sa franchise et son courage ; il apprit de lui à aimer l'art, la poésie, le beau sous toutes ses formes. Grâce à l'amitié de Lessing, Mendelssohn étendit le cercle de ses relations et se corrigea peu à peu des manières gauches qu'il avait contractées au ghetto. Il s'appliqua surtout à acquérir un style clair et attrayant, tâche malaisée pour lui qui savait à peine l'allemand et était habitué à l'informe jargon que parlaient ses coreligionnaires. Les modèles aussi faisaient défaut même parmi les écrivains allemands, car, avant Lessing, le style allemand était lourd, raboteux et déplaisant. Mais l'énergie et l'ardeur de Mendelssohn triomphèrent de toutes les difficultés.

Mendelssohn n'était pas encore lié depuis un an avec Lessing quand il écrivit (au commencement de 1755) des « Dialogues philosophiques » qui se distinguaient déjà par un style agréable, et où il blâmait les Allemands, lui Juif, de méconnaître leur caractère propre pour imiter servilement les Français. Il montra ces « Dialogues » à Lessing, qui, les trouvant bien composés, les fit imprimer à l'insu de l'auteur. Du reste, Lessing ne négligea rien pour faire connaître son ami dans les milieux instruits, et, quand un certain nombre d'auteurs créèrent à Berlin un « café littéraire », Mendelssohn fut invité à en faire partie. Tous les mois, un membre de cette association faisait une conférence sur un sujet littéraire ou philosophique. Encore timide et se défiant de sa voix un peu faible, Mendelssohn chargea un de ses collègues de lire un travail de lui, sans que son nom fût prononcé. C'étaient des « Considérations sur la probabilité ». Les auditeurs ne tardèrent pas, par certains détails, à deviner l'auteur de cette étude, et ils lui en exprimèrent leurs félicitations. Mendelssohn collabora aussi à des Revues importantes ainsi qu'à la « Bibliothèque des Belles-Lettres et des Sciences » fondée par son ami Nicolaï. De jour en jour, son goût devenait plus pur, son style plus élégant et ses pensées plus élevées; sa renommée s'étendit de plus en plus parmi les écrivains et les savants. Bientôt même, on se montra curieux à la cour de Frédéric le Grand de connaître le « fameux Juif ».

Rendu courageux par l'énergie de Lessing et entraîné par l'amour de la vérité, Mendelssohn, en rendant compte un jour, dans une Revue, des publications poétiques du roi, ne craignit pas d'y glisser une critique (1760). Il était froissé du dédain manifesté par Frédéric pour tout ce qui était allemand, et il ne ressentait qu'une médiocre admiration pour les traits d'esprit du souverain. Quoiqu'il eût su habilement dissimuler son blâme sous des éloges, un courtisan, le prédicateur Justi, démêla sa véritable pensée et reprocha vivement au « Juif d'avoir oublié le respect dû à la personne sacrée du roi en osant critiquer audacieusement ses poésies ». Un beau jour, Mendelssohn fut mandé à Sans-Souci, et là on lui demanda s'il était vraiment l'auteur du compte rendu critiquant les œuvres littéraires du roi. Il avoua courageusement son méfait et se disculpa par cette observation : « Faire des vers, c'est comme jouer aux quilles. Le joueur de quilles, qu'il soit roi ou paysan, est obligé de laisser apprécier la façon dont il joue. »

En définitive, Mendelssohn n'avait qu'à se louer de la fortune. Il avait acquis des amitiés solides, il put échanger sa situation si précaire et un peu humiliante de précepteur contre l'emploi plus lucratif, quoique bien modeste encore, de teneur de livres; enfin il fut assez heureux d'associer à sa destinée une compagne vaillante et dévouée. Il remporta aussi un brillant succès, qui augmenta sa réputation d'écrivain et de penseur. L'Académie de Berlin avait mis au concours la question suivante : « Les vérités philosophiques (métaphysiques) sont-elles susceptibles d'une évidence égale à celle des sciences mathématiques? » Mendelssohn obtint le prix (juin 1763) contre Kant, qui n'eut qu'une mention honorable. C'est que son Mémoire était écrit dans un style clair et facile et que ses idées philosophiques étaient présentées sous une forme facilement accessible à ses lecteurs. Son travail ainsi que celui de Kant furent traduits en français et en latin aux frais de l'Académie, et son nom fut ainsi connu également hors de l'Allemagne. Cette même année (octobre 1763), le roi lui accorda une distinction qui montre l'état d'infériorité civile où les Juifs de Prusse se trouvaient encore en ce temps : il le déclara *Schutzjude*, « Juif protégé », en d'autres termes il lui accorda le droit de séjourner à Berlin. Jusqu'alors, il n'avait été toléré dans la capitale prussienne que comme membre du personnel de la famille où il était employé.

Quelque temps après, Mendelssohn publia un ouvrage qui lui valut l'admiration de toutes les classes de la société. Depuis seize siècles, tous les peuples chrétiens acceptaient comme fondement de la morale et de la religion la croyance à une rémunération future. L'Église les excitait à pratiquer le christianisme en leur promettant des récompenses dans une autre vie. Mais certains penseurs s'étaient avisés de discuter la valeur de ces promesses, se demandant si la croyance à une autre vie était plus qu'un simple leurre. Gravement ou en plaisantant, les philosophes français du xviiie siècle avaient proclamé que le ciel est vide, qu'il n'y a pas de Dieu et que rien n'existe pour l'homme au delà de la tombe. De divers côtés on exprimait des doutes sur la réalité de l'immortalité de l'âme.

Mendelssohn était convaincu que l'humanité s'élevait ou s'abaissait selon qu'elle croyait ou ne croyait pas à l'immortalité de l'âme. Il s'imposa donc la tâche de démontrer la vérité de cette croyance, de réfuter les objections qu'elle soulevait et de rendre ainsi aux hommes cette espérance fortifiante que tout ne finit point ici-bas. Il écrivit un dialogue intitulé « Phédon ou l'immortalité de l'âme », qui, par l'attrait et la clarté du style, ressemble au dialogue de ce nom composé par Platon, mais où les arguments sont tout autres.

Son point de départ, dans cet ouvrage, est l'existence de Dieu, à laquelle il croit avec une absolue conviction. Dieu, dit-il, a créé l'âme comme il a créé le corps. Du moment que le corps ne disparaît pas après la mort, mais se transforme en d'autres éléments, l'âme, qui est une substance simple, peut encore moins disparaître. « Si notre âme était sujette à la destruction, toutes nos pensées ne seraient que des illusions par lesquelles Jupiter veut nous duper; nous ressemblerions aux animaux, dont la destinée est de manger et de mourir. » Donc, les idées de l'homme affirmant une vie future sont également vraies et répondent à une réalité.

Par son *Phédon*, Mendelssohn espérait « émouvoir les cœurs et porter la conviction dans les esprits » en faveur de la croyance à l'immortalité de l'âme. Il réussit au delà de toute prévision. Le *Phédon* fut traduit en plusieurs langues, et naturellement aussi en hébreu; tout le monde voulait le connaître. Théologiens, philosophes, artistes, poètes (Herder, Gleim), le jeune Gœthe, hommes d'État et princes lurent cet ouvrage avec une religieuse ferveur et manifestèrent pour l'auteur un enthousiasme qui, de nos jours, fait un peu sourire. On était reconnaissant au philosophe juif d'avoir rendu une nouvelle vigueur à une croyance réconfortante que la religion seule ne suffisait plus à faire accepter avec une entière confiance. Le duc de Brunswick s'efforçait de l'attirer dans son pays, le prince de Lippe-Schaumbourg le traitait en ami et en confident. L'Académie des sciences de Berlin voulut l'élire parmi ses membres, mais Frédéric le Grand raya son nom de la liste des présentations. Deux Bénédictins le consultèrent comme directeur de conscience, lui demandant de leur faire connaître les principes philosophiques et moraux dont ils devaient s'inspirer dans leur vie.

Malgré sa célébrité et les conseils insidieux de quelques-uns de ses admirateurs, Mendelssohn resta fermement attaché au judaïsme. Jean-Gaspard Lavater, pasteur évangélique de

Zurich, essaya de le convertir au christianisme, mais sans succès. A la fois mystique et rusé, Lavater prétendait deviner le caractère et la valeur intellectuelle d'un homme au simple examen des traits de son visage. Lorsque Mendelssohn eut publié le *Phédon*, où il parle et pense comme un vrai Grec sans que rien trahisse son origine juive, Lavater en conclut que le philosophe de Berlin était complètement détaché du judaïsme. Il se sentait encore confirmé dans son opinion par une controverse religieuse où Mendelssohn s'était exprimé avec calme et modération sur le fondateur du christianisme et lui avait même reconnu de grandes vertus. Il ne désespérait donc pas de voir un jour Mendelssohn définitivement touché de la grâce, et il ne négligea rien pour amener rapidement ce résultat. Un professeur de Genève, Bonnet, venait de publier en français une apologie de la religion chrétienne, les *Recherches philosophiques sur les preuves du christianisme*. Lavater la traduisit en allemand et l'envoya à Mendelssohn avec une dédicace prétentieuse qui avait toute l'apparence d'un piège (septembre 1769). Il le mettait en demeure de réfuter publiquement les arguments exposés par Bonnet en faveur du christianisme, ou, dans le cas où il les trouverait probants, de faire « ce que lui commandaient la prudence, l'honnêteté et l'amour de la vérité, ce qu'aurait fait Socrate s'il avait lu ce livre sans pouvoir y répondre».

Cette provocation eut un résultat très heureux, car elle fit sortir Mendelssohn de la réserve dans laquelle il s'était enfermé jusque-là et qui ressemblait presque à de l'indifférence pour le judaïsme. Sur l'invitation de Lavater, il descendit dans l'arène et défendit chaleureusement sa religion (décembre 1769). En termes modérés, il dit à Lavater et aux autres chrétiens des vérités très dures qui, en d'autres temps, l'auraient fait monter sur le bûcher. Il ajouta que, dès sa jeunesse, il s'était appliqué à l'examen du judaïsme, qu'il avait repris ensuite cette étude quand il eut acquis des connaissances plus étendues, et qu'il avait pu ainsi se convaincre de la haute valeur de sa religion. « J'avoue, continuait-il, que, dans le cours des siècles, il s'est greffé sur le judaïsme certains abus qui ternissent en partie son éclat; c'est là un fait qui s'est produit également pour d'autres religions.

Mais en ce qui concerne les principes essentiels de ma religion, j'y crois de toutes les forces de mon être, et j'affirme devant Dieu que j'y resterai fermement attaché tant que mon âme n'aura pas changé totalement de nature. » Après avoir affirmé qu'il avait peu de goût pour les controverses religieuses, parce qu'il était d'avis « de répondre par des vertus, et non pas par des polémiques, au dédain qu'on professait pour les Juifs », il terminait par cette déclaration : « Moi, qu'on nomme le *Socrate allemand* et à qui on reconnaît une âme pénétrée des vérités divines, je reste attaché à la religion méprisée des Juifs et je considère le christianisme comme une erreur. »

La réponse de Mendelssohn à Lavater reçut l'approbation de tous les esprits éclairés. Le prince héritier de Brunswick, déjà prévenu en faveur du philosophe juif, le loua « d'avoir su traiter une question aussi délicate avec tant de tact et un si grand amour des hommes ». Bonnet lui-même donna son approbation à Mendelssohn et blâma le zèle intempestif de Lavater. Celui-ci dut s'excuser, à la fin, auprès de Mendelssohn de lui avoir demandé d'abjurer.

Pendant longtemps on s'entretint, dans les milieux instruits, de la controverse de Mendelssohn et de Lavater, qui fut également racontée, discutée, jugée dans de nombreux opuscules allemands et français. Un méchant écrivain, Jean-Balthazar Kölbele, de Francfort-sur-le-Mein, profita de cette circonstance pour déverser les plus grossiers outrages sur Mendelssohn, les rabbins, les Juifs et le judaïsme. La violence même de ses attaques en détruisit d'avance tout l'effet. Il se montra particulièrement perfide dans sa « Lettre à monsieur Mendelssohn sur ses rapports avec Lavater et Kölbele » (mars 1770), où il osait insinuer que l'intérêt seul retenait Mendelssohn dans le judaïsme. Mendelssohn lui répliqua brièvement, dans une note qu'il ajouta à une lettre adressée à Lavater. Ce libelle venimeux eut, au moins, pour résultat d'arrêter les attaques contre les idées exposées par Mendelssohn, car aucun écrivain sérieux ne voulut se compromettre en la société de Kölbele.

Après avoir si vaillamment défendu le judaïsme contre les chrétiens, Mendelssohn eut à subir les reproches de ses propres coreligionnaires. Les orthodoxes, qui témoignaient le même respect pour les pratiques établies par les rabbins que pour les prescriptions de la Bible, lui en voulaient d'avoir déclaré publiquement « qu'on trouvait dans le judaïsme des lois instituées par les hommes, et même des abus ». Hirschel Levin, qui était alors rabbin de Berlin, lui demanda des explications au sujet de cette assertion. Mendelssohn n'eut pas de peine à se justifier. Il n'en resta pas moins suspect aux yeux des rigoristes.

Bientôt il donna à ces derniers un nouveau motif de mécontentement. Par un décret conçu en termes presque paternels (avril 1772), le duc de Mecklembourg-Schwerin avait interdit aux Juifs de son pays d'inhumer trop vite leurs morts, pour qu'on ne risquât pas d'enterrer des personnes encore vivantes. Il était alors de coutume chez les Juifs d'enterrer le mort, autant que possible, le jour même du décès. Les délégués de la communauté demandèrent donc à Jacob Emden, d'Altona, de rédiger un mémoire pour prouver au duc de Mecklembourg que son décret était contraire à un de leurs usages religieux. Sur le conseil d'Emden, ils sollicitèrent l'intervention de Mendelssohn. A leur grand étonnement, celui-ci déclara (mai 1772) que lui aussi était d'avis de ne laisser inhumer les morts que trois jours après le décès, pour éviter toute erreur. Il prouvait en même temps que cette réforme n'était pas tout à fait une innovation et qu'à l'époque talmudique on avait également pris certaines mesures pour empêcher les inhumations précipitées. Cette hardiesse de Mendelssohn déplut à Emden et aux orthodoxes.

Ce fut vers cette époque que Lessing, l'ami de Mendelssohn, provoqua dans l'Allemagne chrétienne un formidable orage, dont l'écho retentit jusque parmi les Juifs. A Hambourg, où l'avait poussé son besoin de mouvement, il avait fait la connaissance d'une famille estimée et très libérale, la famille Reimarus. Pour combattre l'esprit sectaire et l'outrecuidance des pasteurs luthériens de cette ville, un membre de cette famille, Hermann-Samuel Reimarus, avait écrit un « Plaidoyer pour les adorateurs éclairés de Dieu » où il faisait l'apologie de la raison et parlait en termes irrespectueux du fondateur du christianisme. Mais il n'avait pas eu le courage de publier cet écrit. Lui mort, sa fille, Élisa Reimarus, intelligente et courageuse, fit lire à Lessing quelques fragments de cet ouvrage. Celui-ci en fut profondément impressionné et conçut le projet de les faire imprimer. Mais, comme la censure en aurait sûrement interdit la publication sous le nom du véritable auteur, il usa d'un stratagème. Placé à la tête de la bibliothèque du duc de Brunswick à Wolfenbuttel, il les fit paraître (1770-1775) sous le titre de « Fragments d'un inconnu », comme s'il les avait découverts parmi les manuscrits de cette bibliothèque.

Dans ces extraits, l'auteur rejette les miracles, nie la résurrection de Jésus, déclare que le fondateur du christianisme a été condamné à mort pour avoir usurpé le titre de « roi des Juifs » et comploté la ruine du Synhedrin ; il affirme, enfin, que les Évangiles ont totalement altéré les enseignements de Jésus. Ces assertions audacieuses causèrent un énorme scandale. Comme on n'en connaissait pas l'auteur, tous s'en prirent à Lessing. Quoique abandonné de tous ses amis, Lessing tint tête avec vaillance à ses nombreux adversaires ; il accabla surtout de ses coups le représentant le plus passionné de l'orthodoxie présomptueuse et fanatique, le pasteur Goeze, de Hambourg. Son talent d'écrivain et de dialecticien l'ayant fait triompher dans la controverse, ses ennemis firent appel contre lui au bras séculier. Ses « Fragments » furent confisqués, il dut même livrer le manuscrit aux autorités, et on lui défendit de traiter désormais de telles questions (1778). Il se vengea de l'intolérance chrétienne en écrivant une de ses plus intéressantes œuvres de théâtre, « Nathan le Sage ».

Dans ce drame, Lessing met en scène un Juif qui donne l'exemple des plus belles vertus et de la plus haute sagesse. C'est le portrait de son ami Mendelssohn. Comme ce dernier, le héros de Lessing est marchand et philosophe, « aussi bon qu'intelligent, aussi intelligent que sage ».

> . . . . . Libre de tout préjugé
> Était son esprit, et son cœur était ouvert à toute vertu.
> Il était orné de toutes les beautés morales.
> . . . . . Quel Juif !
> Et il tenait à être considéré comme un vrai Juif.

Des croisés, qui, à Jérusalem, se sont livrés sur les Juifs aux plus déplorables excès, ont tué la femme et les sept enfants de Nathan. Pendant qu'il pleure la perte de tous les siens, le domestique d'un chevalier lui amène un enfant chrétien, une petite fille qui est orpheline et complètement abandonnée. Nathan remercie Dieu de lui avoir envoyé une consolation dans sa douleur. Il adopte cette enfant et s'occupe de son éducation avec une tendre sollicitude et une rare délicatesse. Sa conscience lui défend d'élever cette jeune fille chrétienne dans la religion juive, il lui apprend seulement à connaître Dieu, lui enseigne le bien et lui inspire les plus purs et les plus généreux sentiments. Telle est la conduite du Juif.

Le représentant du christianisme agit, au contraire, avec une coupable déloyauté. Le patriarche de Jérusalem témoigne sa reconnaissance au sultan, qui lui a permis de créer une communauté chrétienne dans cette ville, en conspirant contre lui et en le trahissant :

> Il croit, le patriarche, que ce qui est criminel
> Aux yeux des hommes n'est pas criminel devant Dieu.

Ce patriarche veut faire monter Nathan sur le bûcher, parce qu'il a adopté un enfant chrétien abandonné, a veillé sur lui avec amour, a orné son esprit et son cœur. Et quand on lui objecte que, sans les soins du Juif, cet enfant aurait peut-être péri, il répond avec obstination :

> N'empêche ! Il faut brûler le Juif.

Un autre représentant du christianisme, le Templier Leu de Filneck, est animé de très nobles sentiments, mais n'éprouve que du mépris pour les Juifs. Peu à peu, l'amour opère le miracle de le guérir de ses préjugés de chrétien. Il est vrai qu'il a du sang mahométan dans les veines. Seul, le frère convers Bonafides, dans sa sainte simplicité, sait concilier une grande bonté avec une piété rigoureuse. Mais il ne connaît qu'un devoir, l'obéissance, et, sur un ordre du patriarche, il n'hésiterait pas à commettre les actes les plus abominables.

Ainsi, des divers personnages du drame de Lessing, le Juif seul montre vraiment de la noblesse. Le Templier, qui est le plus vertueux des personnages chrétiens, ne devient réellement bon qu'après s'être corrigé de certains préjugés. L'auteur expose, dans ce drame, que c'est une folie de rechercher quelle est la vraie religion. Lequel des trois fils peut se vanter de posséder le vrai anneau ? Le Père céleste aime surtout ceux de ses enfants qui se distinguent par leur douceur, leur bienveillance et leur esprit de charité.

Par ce drame, publié au printemps de l'année 1779, Lessing irrita profondément les chrétiens. Partout on l'accusa d'avoir abaissé le christianisme au profit de la religion juive. Ses amis mêmes n'osèrent pas le défendre et, de peur de se compromettre, l'évitèrent de plus en plus. Exclu de diverses sociétés, isolé, froissé dans ses sentiments les plus intimes, Lessing ressentit vivement les vexations qu'on lui infligeait. Il en fut profondément chagriné, et sa belle intelligence en éprouva le contre-coup ; il perdit sa vigueur, sa netteté d'esprit. Quoiqu'il mourût dans la force de l'âge, il paraissait brisé comme un vieillard, victime de son amour pour la vérité et la justice. Du moins sa lutte en faveur de la tolérance ne resta-t-elle pas stérile en Allemagne.

Pendant que Lessing, sous l'influence de l'admiration qu'il avait conçue pour Mendelssohn, s'efforçait de détruire les préjugés encore si vivaces contre les Juifs, Mendelssohn travaillait à l'amélioration morale de ses coreligionnaires en traduisant le Pentateuque. Ce livre, bien des Juifs pouvaient le réciter de mémoire, mais ne le comprenaient plus. Les nombreux commentaires rabbiniques et cabbalistiques qui prétendaient l'expliquer en avaient altéré le sens. Dans les écoles, les maîtres, tous Polonais, le faisaient traduire aux enfants dans un affreux jargon et entremêlaient tellement le texte et les gloses que leurs élèves pouvaient croire que le Pentateuque contient les plus grandes absurdités. Depuis longtemps, Mendelssohn déplorait cette manière d'enseigner la Bible et reconnaissait la nécessité d'en donner une traduction simple et élégante. Il avait fait une version allemande du Pentateuque pour ses enfants, mais, dans sa modestie, ne voulait pas la publier. Il ne s'y décida que sur les instances pressantes de ses amis. Mais, comme il savait que la plupart de ses coreligionnaires, accoutumés à voir toujours la

Bible accompagnée de commentaires, n'apprécieraient sa version allemande que s'il la présentait sous la forme habituelle, il y fit joindre un commentaire hébreu par un Polonais instruit, Salomon Dubno.

Avant de publier l'ouvrage entier, Mendelssohn en fit paraître une petite partie, à titre de *spécimen*. Aussitôt les rabbins orthodoxes protestèrent vivement contre son entreprise, et ils s'appliquèrent à la faire échouer. A Fürth, la traduction allemande de « Moïse Dessau » fut frappée d'anathème et on menaça d'excommunication ceux qui s'en serviraient. On raconte même que dans quelques villes polonaises, à Posen, à Lissa, cet ouvrage fut livré aux flammes. Mais les clameurs des orthodoxes polonais ne pouvaient nuire que médiocrement à Mendelssohn. Il y avait plus à se préoccuper de l'hostilité de Raphaël Kohen, rabbin de Hambourg et Altona, qui était estimé et respecté. Ce rabbin prononça également l'excommunication contre la traduction de Mendelssohn. Mais, comme le roi et le prince héritier de Danemark, sur la demande du conseiller d'État Hennigs, s'étaient fait inscrire comme souscripteurs à cette œuvre, Raphaël Kohen ne pouvait pas la combattre ouvertement dans les communautés qu'il dirigeait.

D'ailleurs, malgré les protestations de leurs maîtres, les élèves des écoles talmudiques lisaient avidement la traduction de Mendelssohn. Ils apprenaient ainsi la langue allemande et, en même temps, s'habituaient à étudier la Bible dans son texte même, et non plus à travers les commentaires. Leur esprit s'élargit, leurs idées s'élevèrent au-dessus de l'étroit domaine talmudique, un ardent désir de savoir embrasa leur âme. En étudiant le Talmud, ils avaient acquis une vive pénétration, une grande facilité de conception et une dialectique serrée. Ces qualités, ils les appliquèrent ensuite aux autres sciences, qui étaient nouvelles pour eux. Des milliers de jeunes gens, disséminés dans les écoles de Hambourg, de Prague, de Nikolsbourg, de Francfort-sur-le-Mein et même de Pologne, se pénétrèrent des écrits et des exemples de Mendelssohn. Tous les savants juifs de la fin du xviiie siècle et du commencement du xixe n'avaient étudié dans leur jeunesse que le Talmud, et ce fut sous l'influence du philosophe juif de Berlin qu'ils se mirent à cultiver les diverses branches du savoir humain et travaillèrent ainsi à la rénovation intellectuelle et morale de leurs coreligionnaires.

En même temps que Mendelssohn faisait entrer les Juifs, peut-être sans l'avoir prémédité, dans la voie du progrès et de la civilisation, il contribua également à améliorer leur situation matérielle. Il leur avait déjà suscité un courageux défenseur dans la personne de Lessing ; il gagna à leur cause un autre de ses amis, Dohm, qui composa un Mémoire remarquable en faveur des Juifs d'Alsace.

Dans aucune contrée de l'Europe, la situation des Juifs n'était plus misérable, à cette époque, qu'en Alsace. Toutes les classes de la population s'entendaient pour les opprimer et les maltraiter ; ils avaient à souffrir de l'intolérance du clergé, de l'arbitraire de la noblesse, de la jalousie des corporations. Parqués dans des ghettos, ils n'étaient autorisés qu'exceptionnellement à se rendre dans les autres quartiers de la ville. Par contre, ils étaient accablés d'impôts : taxes à payer au roi, à l'évêque de Strasbourg, aux comtes de Haguenau, aux nobles dont ils habitaient les domaines, enfin taxes de guerre. En outre, ils devaient entretenir leurs synagogues et leurs écoles. D'où tirer tout l'argent qu'on leur demandait ? La plupart des branches de l'activité humaine leur étaient inaccessibles ; la loi ne leur permettait que le commerce du bétail et l'orfèvrerie. Voulaient-ils sortir de la province où ils résidaient, ils étaient obligés de payer un péage. A Strasbourg, aucun Juif ne pouvait passer la nuit. Pour payer les impôts multiples dont on les accablait et pour se défendre contre les vexations qu'on leur faisait subir, ils avaient besoin de beaucoup d'argent. Cet argent, ils s'efforçaient de le gagner en prêtant à intérêt. Comme ils couraient de grands risques de ne pas rentrer dans le capital avancé, ils exigeaient un taux élevé. Mais les débiteurs ne voyaient que les gros intérêts qu'on leur réclamait, et l'impopularité des Juifs s'en accrut encore.

Un greffier alsacien, Hell, intelligent et d'esprit cultivé, mais sans conscience et très cupide, profita de la haine qu'inspiraient les Juifs pour exciter le peuple contre eux. Il apprit même l'hébreu pour pouvoir prendre connaissance par lui-même de leurs livres de commerce et mieux pénétrer le secret de leurs opérations. Un jour, il leur fit adresser des lettres en hébreu, les menaçant de les dénoncer pour usure et tromperie s'ils ne lui remettaient pas une somme déterminée. Nommé bailli par quelques nobles d'Alsace, il eut les Juifs entièrement à sa merci. Ceux qui ne se soumettaient pas à ses exigences, il les citait en justice et les condamnait. Lorsqu'on commença à soupçonner ses exactions, il s'en irrita et, dans sa colère, chercha à nuire encore plus aux Juifs. Il enseigna aux débiteurs à fabriquer de fausses quittances, qu'ils opposaient ensuite aux réclamations des prêteurs juifs. Il se rencontra bien, parmi les débiteurs, d'honnêtes gens qui hésitèrent à user d'un tel moyen; mais des ecclésiastiques calmaient leurs scrupules en leur affirmant que frauder les Juifs était une œuvre pie. Afin de couronner son œuvre de haine, Hell publia (1779) des *Observations d'un Alsacien sur les affaires des Juifs en Alsace*, où il excitait la population à exterminer les Juifs. Dans ce libelle, il reconnaissait bien qu'on avait falsifié des quittances, mais il ajoutait que c'était la Providence qui avait envoyé cette inspiration aux débiteurs pour punir les Juifs de la mort de Jésus. Heureusement, toutes les autorités ne partageaient pas l'avis de Hell. Ce singulier bailli fut incarcéré, sur l'ordre de Louis XVI, puis éloigné d'Alsace. Par un décret royal (mai 1780), les procès d'usure furent enlevés à la juridiction des nobles pour être portés directement devant le Conseil souverain d'Alsace.

Cette intervention bienveillante de Louis XVI encouragea les Juifs d'Alsace à appeler l'attention du souverain sur les abus et les iniquités dont ils étaient sans cesse victimes et à solliciter sa protection. Leurs représentants composèrent un Mémoire pour le Conseil d'État, où ils énuméraient les lois oppressives dont ils souffraient et où ils indiquaient les mesures qui amélioreraient leur situation. Mais ils sentaient que ce Mémoire devait être rédigé de façon à impressionner également l'opinion publique qui, à cette époque si rapprochée de la Révolution, était déjà très puissante. Ils le soumirent donc avant tout à Mendelssohn, dont la réputation était très grande parmi ses coreligionnaires d'Europe. Mais, comme il n'avait ni le loisir ni peut-être le talent spécial nécessaire pour donner à ce document une forme émouvante et persuasive, il s'adressa à un de ses amis qui, par sa situation et ses connaissances, était excellemment préparé à un tel travail. Cet ami s'appelait Dohm.

Chrétien-Guillaume Dohm (1751-1820), qui était un savant historien, venait d'être attaché par Frédéric le Grand, avec le titre de membre du Conseil de la guerre, aux Archives de l'État. Comme beaucoup d'écrivains et de philosophes de ce temps, il avait cultivé l'amitié de Mendelssohn et avait été séduit par l'élévation de son esprit et la douceur de son caractère. Son admiration pour Mendelssohn l'avait amené à étudier de près le glorieux passé des Juifs et les persécutions dont ils étaient l'objet depuis tant de siècles. Il avait même conçu le projet de publier un travail sur « l'histoire de la nation juive depuis la chute de leur État. » Il accepta donc avec empressement la proposition de reviser le Mémoire des Juifs d'Alsace. Dans le cours de son travail, il eut l'idée de donner une portée plus haute à ce Mémoire en plaidant la cause non seulement des Juifs d'Alsace, mais aussi des Juifs d'Allemagne, qui souffraient des mêmes iniquités. Le Mémoire primitif devint ainsi un véritable livre, achevé en août 1781 et intitulé : « De la réforme politique des Juifs. »

Laissant de côté toute déclamation, Dohm, dans son ouvrage, se place au point de vue politique et économique pour conseiller aux hommes d'État d'améliorer la situation des Juifs. La tâche qu'il poursuivait offrait des difficultés exceptionnelles, car les arguments mêmes qu'il pouvait faire valoir en faveur des Juifs étaient invoqués contre eux par leurs ennemis. Intelligents et actifs, ils étaient accusés d'être remuants et rusés, leur attachement à leur religion était qualifié d'obstination, la fierté qu'ils éprouvaient de l'antiquité de leur race et de la valeur de leurs croyances passait pour de l'orgueil et de la présomption. Mais, sans se laisser arrêter par les préjugés qui régnaient contre eux, Dohm prit vaillamment leur défense.

Après avoir exposé que dans les premiers siècles de l'ère chrétienne, les Juifs jouissaient dans l'Empire romain des droits de citoyen, Dohm montre qu'ils furent soumis peu à peu à des lois restrictives par les Byzantins et les Germains, surtout par les Visigoths d'Espagne. Et pourtant ils étaient plus cultivés et plus instruits que leurs persécuteurs. Les Juifs et les Arabes d'Espagne étaient bien supérieurs, par leur savoir, à l'Europe chrétienne. Durant tout le moyen âge, les Juifs avaient été traités par les chrétiens de la plus cruelle façon.

Sans doute, continue Dohm, les Juifs ont également leurs défauts, dont quelques-uns sont peut-être tellement enracinés qu'ils ne pourront s'en corriger qu'à la troisième ou la quatrième génération. Raison de plus de tenter des réformes, afin que les générations futures soient meilleures. D'ailleurs, on a le droit d'espérer d'excellents résultats de ces réformes, parce que la pauvreté ne sévit pas autant chez les Juifs que chez les chrétiens et que plusieurs d'entre eux se sont distingués par les plus brillantes qualités de cœur et d'esprit. En général, ils sont prévoyants, laborieux, doux, se plient facilement aux circonstances.

Enfin, il termine par cette déclaration que la nature a doué les Juifs aussi favorablement que les autres hommes, qu'ils peuvent devenir des citoyens utiles; c'est l'oppression qui a pesé sur eux pendant si longtemps qui les a pervertis en partie. L'humanité, la justice ainsi qu'une politique avisée conseillent de faire cesser cette oppression et de les relever de leur avilissement, dans leur propre intérêt comme dans l'intérêt de l'État.

En demandant qu'on améliore la situation des Juifs, Dohm indique en même temps les mesures qu'il faut prendre pour y réussir. Tout d'abord il est nécessaire de leur accorder les mêmes droits qu'aux autres habitants du pays. Il faut ensuite les encourager à créer de bonnes écoles ou les admettre dans les écoles chrétiennes; la prédication dans les synagogues pourra aussi avoir d'heureux effets. En outre, il appartient au clergé de faire comprendre aux chrétiens qu'ils doivent considérer et traiter les Juifs comme leurs semblables, et non comme des parias.

Dohm veut qu'on laisse aux Juifs liberté complète pour leurs affaires religieuses et administratives : pour l'exercice de leur culte, la création de synagogues, la nomination d'instituteurs et l'organisation d'œuvres de bienfaisance. Il ne leur dénie qu'un seul droit, celui d'être appelé à des emplois publics ou à des fonctions de l'État. Ils ne lui paraissaient pas encore assez mûrs pour jouir d'une liberté aussi large. Un prochain avenir devait donner un démenti à ces craintes.

Dès son apparition, l'ouvrage de Dohm produisit une profonde impression. Il fut beaucoup lu, beaucoup discuté et surtout beaucoup critiqué. Des protestations vives s'élevèrent contre les « utopies » de l'auteur. On alla même jusqu'à l'accuser d'avoir vendu sa plume aux Juifs. Il ne l'aurait pas vendue bien cher! La communauté de Berlin lui offrit un couvert en argent au jour anniversaire de sa naissance, les Juifs du Brésil lui envoyèrent une adresse de remerciments, et une famille juive de Breslau prit en son honneur le nom de Dohm. Ce sont là les seuls témoignages qu'il reçut de la reconnaissance juive. Sa plus douce récompense fut certainement la promulgation de l'édit de tolérance de Joseph II, qui suivit de près la publication de son ouvrage.

Par cet édit (19 octobre 1781), les Juifs furent autorisés, sous certaines réserves, à apprendre des métiers manuels, à s'occuper d'arts et de sciences et à s'adonner à l'agriculture; ils avaient aussi accès, désormais, dans les Universités et les Académies. Joseph II décréta la création, parmi les Juifs, d'écoles élémentaires et d'écoles normales, et il déclara obligatoire pour eux l'enseignement de la langue nationale. Par une attention délicate, il ordonna qu'on évitât, dans les écoles mixtes, de froisser leurs croyances religieuses et que les chrétiens les traitassent comme « leurs semblables ». Il abolit aussi le péage personnel ou *leibzoll*, que les Juifs étaient tenus de payer. Pourtant, il ne voulut pas leur accorder les mêmes droits qu'à ses autres sujets. Ainsi, ils continuaient à ne pas pouvoir résider dans certaines villes dont le séjour leur avait été autrefois interdit. A Vienne même, ils ne pouvaient s'établir qu'exceptionnellement et en payant le « droit de tolérance », et ils n'avaient pas le droit d'y élever officiellement une synagogue. Les notables juifs eurent cependant la permission (2 janvier 1782), eux et leurs fils, de porter l'épée. Klopstock célébra dans une ode magnifique l'esprit libéral de Joseph II.

Une première brèche était donc faite aux anciennes barrières élevées contre les Juifs par le fanatisme de l'Église, la rapacité des princes et les préjugés des peuples. Les idées développées par

Dohm ne pouvaient plus être qualifiées de simples utopies, puisqu'un souverain les avait réalisées en partie. Un ami de Dohm, Diez, un des plus généreux esprits de cette époque, qui représenta plus tard la Prusse en Turquie, estimait même que Dohm n'avait pas réclamé des droits assez étendus pour les Juifs. « Vous avez eu raison, lui dit-il, d'affirmer que les défauts actuels des Juifs sont le résultat de l'oppression séculaire qui a pesé sur eux. Mais pour achever le tableau et atténuer les reproches que vous adressez aux Juifs, vous auriez dû également peindre les mœurs corrompues des chrétiens, qui ne valent certainement pas mieux que les Juifs ».

Mais des hommes tels que Diez étaient de rares exceptions. Dans les cercles savants de l'Allemagne, l'ouvrage de Dohm était, au contraire, jugé très sévèrement. On ne voulait pas croire que les Juifs fussent jamais capables de se relever et de devenir d'utiles citoyens. Déjà, trente ans auparavant, à l'apparition du drame de Lessing intitulé : « Les Juifs », un théologien, qui était en même temps un hébraïsant, Jean-David Michaelis, avait rendu solennellement cet oracle « qu'un Juif animé de sentiments élevés était une pure chimère ». Mendelssohn, par son caractère, sa conduite et ses œuvres, était bien venu donner un éclatant démenti à cette assertion méprisante. Mais, comme il n'est pas possible qu'un savant allemand se trompe, Michaelis persista dans son opinion que la race juive était vouée à une irrémédiable dégénérescence. Ses assertions malveillantes ne causèrent alors aucun tort aux Juifs, parce qu'à ce moment ni les princes, ni les peuples n'étaient encore disposés en Allemagne à traiter les Juifs en citoyens. Même Frédéric le Grand, le prince philosophe, dont Dohm espérait le plus, n'améliora en rien leur situation, et lorsqu'Ephraïm Veitel lui demanda de leur permettre au moins l'accès des professions manuelles, il refusa. Mais Dohm eut le grand mérite de créer une opinion publique au sujet des Juifs.

Pendant que Dohm plaidait la cause des Juifs, Mendelsshon avait gardé une réserve discrète. Il craignait qu'une intervention publique de sa part entravât les efforts de Dohm et nuisît à la cause de ses coreligionnaires. Mais il manifestait hautement sa joie de voir des chrétiens défendre énergiquement les Juifs.

« Bénie soit la Providence, dit-il, qui a daigné prolonger ma vie jusqu'à ce temps heureux où l'on commence enfin à comprendre les droits de l'humanité! » Pourtant, de crainte que la « réforme politique des Juifs », inspirée par la plus noble pensée, ne prêtât à certains malentendus, il crut nécessaire de rompre le silence pour compléter et, sur quelques points, rectifier les arguments de Dohm. Il chargea donc un de ses jeunes amis, le médecin Marcus Herz, de traduire de l'anglais le fameux mémoire de Manassé ben Israël, où se trouvaient réfutées les nombreuses accusations produites sans cesse contre les Juifs, et il fit précéder cette traduction d'une remarquable préface (mars 1782).

Une pensée exprimée dans cette préface frappa vivement les lecteurs chrétiens. Mendelssohn y déclarait, en effet, que « la religion n'a pas le droit d'agir par contrainte ». C'était là une attaque directe contre les procédés de l'Église, qui n'avait cessé d'employer contre les hérétiques et les mécréants l'anathème, le cachot, les tortures et le bûcher. Quelques ecclésiastiques chrétiens approuvèrent publiquement ces paroles. Un autre chrétien, dans un ouvrage intitulé : « Recherche de la lumière et de la vérité, » félicita hypocritement Mendelssohn de s'être éloigné du judaïsme, qui use de rigoureux châtiments et d'anathèmes, pour suivre une religion d'amour. Afin de ne laisser naître aucune confusion, Mendelssohn riposta par un nouveau livre (printemps 1783) qu'il appela *Jérusalem* ou « Le Pouvoir religieux et le Judaïsme ».

Dans cet ouvrage, Mendelssohn développe cette idée que l'autorité supérieure possède le droit de contrôle sur les actes, mais non sur les opinions et les croyances. L'Église surtout n'a pas le droit de punir. Sa mission est d'enseigner et de consoler. Il ajoute que la religion juive reconnaît à ses adeptes la liberté de croire selon leur conscience. Le judaïsme primitif ne contient aucun dogme obligatoire, il ne prescrit pas de *croire*, mais de *savoir*. Aussi les Juifs ne peuvent-ils jamais être taxés d'hérétiques, quelles que soient leurs opinions religieuses. Ils n'encourent de punition que s'ils traduisent leurs croyances erronées en actes. Car le judaïsme n'est pas une *religion* révélée, mais une *législation* révélée. Dans la Constitution donnée par

Dieu, les droits de l'État et de la religion se confondent. Autrefois, il n'y avait aucune différence entre les lois civiles et les lois religieuses. Se rendre coupable envers Dieu était se rendre coupable envers l'État. Avec la destruction du temple de Jérusalem, c'est-à-dire avec la disparition de l'État, disparurent aussi les peines corporelles et capitales ainsi que les amendes dont étaient punies les transgressions religieuses.

A ceux qui, avec une sincérité feinte ou réelle, avaient prétendu qu'il avait rompu avec le judaïsme, Mendelssohn répondit par une déclaration qui n'était qu'un hors-d'œuvre dans sa « Jérusalem ». Il affirmait, en effet, que les lois rituelles sont également d'origine divine et restent obligatoires « jusqu'à l'époque où il plaira au Tout-Puissant de les abolir dans les mêmes conditions de publicité où il les a révélées ». Il démontrait ensuite, par une argumentation originale, la nécessité des lois cérémonielles.

Cet ouvrage, où Mendelssohn, au lieu de se tenir sur la défensive, parle en accusateur et montre très nettement, quoique avec beaucoup de mesure et d'habileté, les points faibles de la Constitution de l'Église, produisit une profonde impression. L'illustre philosophe Kant lui écrivit qu'il avait lu « Jérusalem » et en avait admiré la profondeur de pensée et la finesse des aperçus. « A mon avis, lui dit-il, votre livre est le précurseur d'une grande réforme, dont votre nation ne profitera pas seule; vous avez prouvé que votre religion laisse à ses adeptes une plus grande liberté de conscience qu'on ne supposait et qu'on ne trouve ailleurs ». Michaelis, qui, malgré son rationalisme, haïssait tant les Juifs, fut tout troublé de la hardiesse de l'auteur de « Jérusalem ».

En même temps que Mendelssohn glorifiait ainsi le judaïsme et s'appliquait, soit par ses propres ouvrages, soit par ceux de ses amis, à améliorer la situation des Juifs, il s'occupait aussi de leur relèvement intellectuel et moral. Dans cette dernière tâche, il fut puissamment aidé par Wessely.

Hartwig ou Naphtali-Herz Wessely (né à Hambourg en 1725, mort en 1805), était un esprit original, à la fois enthousiaste et plein de sang-froid. La tâche qu'il s'imposa fut d'étudier la Bible hébraïque et d'en pénétrer le sens. Comme Mendelssohn, il s'était instruit sans maîtres, et, dès sa jeunesse, s'étaient manifestés chez lui le sentiment du beau et le goût d'un langage pur et châtié. Il avait encore un autre point de ressemblance avec Mendelssohn. Lui aussi était d'un caractère élevé, d'une loyauté scrupuleuse et d'une grande dignité, mais il était moins conciliant, moins souple, moins doux. Raide, compassé, pédant, il avait plus d'érudition que de profondeur de pensée. Ce fut Mendelssohn qui le fit sortir de son obscurité. La communauté de Trieste, composée surtout de Juifs italiens et portugais, qui manifestaient moins d'aversion pour les sciences profanes que leurs coreligionnaires allemands, avait demandé au comte Zinzendorf, gouverneur de la ville, de l'éclairer de ses conseils pour l'organisation des écoles, telles que les désirait l'empereur Joseph. Zinzendorf l'engagea à s'adresser à Mendelssohn. Celui-ci signala alors à Joseph Hayyim Galaigo, délégué de la communauté de Trieste, les efforts tentés par son ami Wessely pour faire appliquer par ses coreligionnaires la loi édictée par Joseph II, et il lui recommanda de se mettre en relations avec lui.

Wessely avait, en effet, écrit un vrai dithyrambe en l'honneur de cette loi, parce qu'il en attendait les meilleurs résultats pour le judaïsme. Aussi, quand il apprit que les rigoristes de Vienne déploraient presque cette ordonnance de l'empereur comme une violation de conscience, envoya-t-il aux communautés d'Autriche une lettre hébraïque : « Paroles de paix et de vérité » (mars 1782), où il démontrait que c'était une obligation religieuse pour les Juifs d'acquérir une culture générale. Il traçait en même temps une sorte de programme d'études qui devait conduire graduellement la jeunesse juive de l'enseignement élémentaire jusqu'au Talmud. Son enthousiasme pour les réformes de Joseph II lui attira la colère des ultra-orthodoxes. Mais, comme il défendait, en réalité, les idées de Joseph II, ceux-ci n'osèrent pas l'attaquer ouvertement. Ils essayèrent simplement d'exciter contre lui quelques rabbins polonais pour faire condamner sa lettre et le frapper lui-même d'anathème. Hirschel, rabbin de Berlin, tenta aussi de le rendre suspect à ses coreligionnaires. Mais la communauté de Berlin était trop imprégnée de l'esprit de Mendelssohn pour prendre parti contre Wessely.

Malgré cet échec, les rigoristes continuèrent leurs attaques contre Wessely, et ils réussirent à faire brûler publiquement sa lettre à Lissa. Cet acte de fanatisme froissa vivement les esprits libéraux. A Trieste, à Ferrare, à Venise, les rabbins se prononcèrent avec énergie en faveur de Wessely. Dans plusieurs villes, et même à Prague, les Juifs fondèrent des écoles pour y organiser le nouvel enseignement. En réalité, les orthodoxes, dans leur haine contre les innovations, voyaient plus juste que Mendelssohn et Wessely. Ces deux nobles esprits, profondément attachés au judaïsme, espéraient provoquer, par leurs réformes, l'abolition des abus que le temps et les circonstances y avaient introduits ; ils ne se doutaient pas qu'ils l'ébranleraient jusque dans ses fondements.

Wessely, toujours maltraité par la destinée, eut encore la douleur de voir porter les coups les plus violents aux principes mêmes de la religion qu'il vénérait. Ce chagrin fut épargné à Mendelssohn. Il se préparait à écrire l'apologie de Lessing pour le présenter à la postérité dans toute sa gloire, quand il apprit de Jacobi que, peu de temps avant sa mort, son ami s'était déclaré partisan de la philosophie de Spinoza. Lessing spinoziste ! Mendelssohn en fut profondément affecté. La tristesse qu'il en ressentait hâta certainement sa fin. Il mourut le 4 janvier 1786. Au moins n'eut-il pas la douleur de voir une de ses filles abandonner son mari et ses enfants pour s'enfuir avec un amant, une autre embrasser le christianisme, et un de ses fils livrer ses enfants à l'Église.

La mort de Mendelssohn fut un deuil non seulement pour tous ses coreligionnaires allemands, mais aussi pour de nombreux chrétiens de Berlin et d'autres villes. Ses amis chrétiens Nicolaï, Biester et Engel, précepteurs du prince-héritier Frédéric-Guillaume III, unirent leurs efforts à ceux de ses admirateurs juifs pour essayer de lui faire élever une statue sur la place de l'Opéra, à Berlin, à côté de celles de Leibniz, de Lambert et de Sulzer. L'enfant du modeste scribe de Dessau était devenu une des gloires de la capitale prussienne.

CHAPITRE XIII

EXCÈS DE L'ORTHODOXIE ET DE LA RÉFORME

(1760-1789)

Pendant qu'en Allemagne, Mendelssohn s'efforçait de démontrer que le judaïsme est conforme à la raison et que les vérités qu'il enseigne sont identiques aux vérités de la religion naturelle, une secte se développait en Pologne qui acceptait et propageait les croyances les plus absurdes et les plus extravagantes. C'était la secte des *Nouveaux Hassidim* qui, par bien des pratiques, rappelaient les Esséniens. Comme ces derniers, ils faisaient de fréquentes ablutions, mettaient des vêtements blancs, opéraient des guérisons miraculeuses et prédisaient l'avenir. Le fondateur de cette secte fut un charretier, Israël Miedziboz, surnommé par ses partisans « le thaumaturge », en hébreu *Baal Schem*, et, par abréviation, *Bescht*. Orphelin dès le bas âge, pauvre, abandonné à lui-même, Israël avait passé sa jeunesse dans les forêts et les cavernes des Carpathes. Là, il avait sans doute appris des paysannes l'usage des simples, et, à l'exemple de ces bonnes femmes, il évoquait les esprits et faisait des conjurations pour rendre plus efficace l'action de ses remèdes. Il acquit ainsi la réputation d'un médecin infaillible, et souvent les nobles polonais eux-mêmes le consultaient dans les cas difficiles.

Dans les gorges solitaires où il errait, Israël Baal Schem s'était habitué à prier autrement qu'on ne le fait dans les synagogues. Il récitait les mêmes formules usuelles, mais les prononçait avec une extrême ferveur, élevant la voix très haut et imprimant à tout son corps des mouvements désordonnés. Il prétendait que, grâce à cette agitation de tous ses membres, il s'élevait plus facilement jusqu'à son Créateur. Son exemple fut suivi, et bientôt il eut autour de lui de nombreux partisans qui, comme lui, manifestaient leur ferveur pendant la prière en frappant des mains, en s'agitant, en sautant et en criant. D'ailleurs, vers cette époque, on retrouve aussi ces extravagances chez deux sectes chrétiennes, les « sauteurs » ou *jumpers*, en Angleterre, et les « agitateurs » ou *shakers*, dans l'Amérique du Nord. Le mysticisme et la folie peuvent exercer leurs ravages dans toutes les confessions.

En l'espace de dix ans, Israël Bescht groupa autour de lui près de dix mille Hassidim qui, au début, ne se distinguaient des autres Juifs polonais que par leur façon particulière de prier, par leurs nombreuses ablutions, leur constante sérénité d'humeur et peut-être aussi les longues boucles de cheveux qu'ils laissaient pendre le long de leurs joues. Leur chef étant un ignorant, les Hassidim affectaient un profond mépris pour l'étude du Talmud qui, selon eux, est incapable de former des Juifs vraiment religieux. Après la mort d'Israël Bescht, les dissentiments existant entre orthodoxes et Hassidim prirent un caractère plus aigu, et il se produisit une véritable scission entre les deux partis.

A Israël Bescht succéda Dob Beer, de Mizricz (1700-1772). D'un esprit plus cultivé que son prédécesseur, il était aussi plus habile à gagner des partisans et à imposer sa volonté. Il était versé dans la Cabbale, se montrait prédicateur fort adroit (Magguid), et, pour appuyer ses opinions, savait établir des rapports entre des passages de la Bible, du Midrasch et du *Zohar* qui semblaient n'avoir absolument aucun lien entre eux. Sa figure imposante inspirait le respect. Enfermé toute la semaine dans sa petite chambre, où il ne recevait que ses intimes, ses allures mystérieuses contribuaient encore à le faire vénérer du peuple. La foule désireuse de contempler sa face ne pouvait le voir que le jour du sabbat, où il se montrait habillé de soie blanche. En ce jour, il daignait se joindre, pour prier d'après les rites de Bescht, à ses amis, à ses partisans du dehors qui ne cessaient d'affluer auprès de lui, et à tous ceux qui étaient venus en simples curieux. Afin de mettre les assistants en bonne humeur pour la prière, il se livrait aux plus enfantines plaisanteries. Lorsqu'il voyait tout le monde en gaieté, il s'écriait subitement : « Maintenant, servez l'Éternel avec allégresse. »

Sous la direction de Beer, la secte des Hassidim était restée la même, en apparence, que sous son prédécesseur. En réalité, elle avait subi un changement important. Israël avait été sincère. Quand il s'agitait pendant la prière, quand tout son corps était secoué comme par des convulsions et qu'il avait des visions, il était réellement en extase. Beer manquait d'enthousiasme naturel, il n'était pas possédé du démon intérieur. Il prit alors l'habitude de puiser l'inspiration divine dans de fréquentes libations, dans de copieuses rasades d'eau-de-vie. De plus, pour faire croire qu'il savait pénétrer tous les mystères, il entretint une sorte de police secrète, très habile, qui le renseignait sur bien des choses intimes. C'est par de tels procédés qu'il parvint à en imposer à ses nombreux partisans.

Beer réussit aussi à inspirer à la foule une vénération superstitieuse pour le chef de la secte appelé *Çaddik*. Il plaça le çaddik sur un piédestal si élevé qu'il le rendait presque semblable à Dieu. Il le représentait comme un être parfait, protégé contre toute souillure et tout péché, dont les actes et les pensées exercent sur l'univers entier une influence toute-puissante. Dans sa petite chambre sale et obscure, Beer se considérait l'égal du pape, vicaire, comme lui, de Dieu sur la terre.

L'expansion de la secte des Hassidim était due à deux raisons principales : l'union étroite et fraternelle dans laquelle ils vivaient tous ensemble et l'aridité de l'enseignement talmudique en Pologne. Dès le début, les Hassidim formèrent une sorte de confrérie, qui, il est vrai, ne possédait pas une caisse commune, comme autrefois les Esséniens, mais dont les membres fortunés se croyaient tenus de venir en aide à ceux qui étaient dans le dénûment. En plus, pendant les fêtes du nouvel An et de l'Expiation, tous abandonnaient femme et enfants pour se rendre auprès du çaddik et passer ces saintes journées dans la contemplation de leur chef. D'un autre côté, le mysticisme des Hassidim répondait trop à certaines aspirations de la nature humaine pour ne pas séduire même des esprits sérieux. Le judaïsme rabbinique, tel qu'il était alors pratiqué en Pologne, ne donnait aucune satisfaction au véritable sentiment religieux. On attachait surtout de l'importance à l'interprétation plus ou moins subtile du Talmud, mais on se préoccupait très peu de tout ce qui pouvait émouvoir le cœur et mettre l'âme en communication avec le ciel. De là, de nombreuses recrues pour les Hassidim, qui faisaient la part si large à l'extase et au sentiment religieux.

De plus en plus les Hassidim s'éloignèrent des orthodoxes. Déjà sous la direction de Beer ils se sentirent assez forts pour adopter une réforme qui irrita profondément les rabbins. Au lieu de continuer à réciter seulement les prières prescrites, et à des heures déterminées, comme l'exige le code religieux, ils priaient toutes les fois qu'ils s'y sentaient disposés, sans tenir compte de l'heure, et ne craignaient pas de supprimer arbitrairement une partie des prières obligatoires. Beer Mizricz recommanda à ses partisans le Rituel de prières du cabbaliste Isaac Louria, d'où les *pioutim* avaient été totalement éliminés.

Peut-être les rabbins polonais eussent-ils pu réduire assez vite les Hassidim à l'impuissance, s'ils avaient encore joui de la même autorité que quelques années auparavant. Mais, en 1764, le roi Stanislas-Auguste Poniatowski avait décrété la dissolution du « synode des quatre pays », qui était investi du droit de prononcer l'excommunication contre les Juifs de Pologne et même de leur infliger des amendes. Il n'existait donc plus, en Pologne, de pouvoir central juif qui pût prendre des résolutions applicables à tout le pays, et chaque communauté était libre de se comporter à l'égard des Hassidim comme il lui convenait. Il en résulta un manque d'entente que les Hassidim surent mettre à profit pour répandre plus facilement leurs doctrines et pénétrer jusque dans de vieilles et importantes communautés. Leur nombre augmenta rapidement, et ils formèrent bientôt deux groupes importants, les *Mizricziens* et les *Karliniens*. Dès que dix Hassidim se trouvaient ensemble dans une localité, ils louaient une chambre pour y célébrer leurs offices et entreprenaient une propagande active. Ils agissaient avec prudence et discrétion jusqu'à ce qu'ils fussent assez forts pour soutenir la lutte contre leurs adversaires. Ils réussirent ainsi à faire des recrues dans l'importante communauté de Vilna. Mais là ils attirèrent sur eux un orage qui eût peut-être amené leur ruine sans leur ténacité et leur remarquable habileté.

A Vilna vivait alors un savant talmudiste, Élia Vilna (1720-1797), qui, aujourd'hui encore, est vénéré, sous le nom de « gaon », par les Juifs de la Lithuanie. D'un caractère élevé, d'une intelligence remarquable, d'une science profonde, il occupait un rang à part parmi les rabbins polonais. Il va sans dire qu'il était familiarisé avec le Talmud et ses commentaires, mais il se gardait bien de se livrer à cette dialectique excessive qui aboutissait aux subtilités et à l'ergotage. Il s'appliquait simplement à comprendre le texte et à le soumettre à une sérieuse critique. Ce talmudiste offrait encore une autre particularité, il ne dédaignait pas d'étudier la Bible et même la grammaire hébraïque.

Lorsque Élia fut informé qu'un groupe de Hassidim s'était organisé à Vilna et avait entrepris une campagne contre le Talmud, il ordonna une enquête. On découvrit des écrits où les Hassidim ne se contentaient pas de recommander la sérénité d'humeur et même la gaieté, mais proposaient aussi de modifier les prières et s'exprimaient d'une façon peu respectueuse sur les rabbins. Encore sous l'impression des égarements des Frankistes, Élia prit immédiatement les mesures les plus rigoureuses contre les Hassidim. Il condamna même leur chef Issar au pilori. Les administrateurs de la communauté n'osèrent pas appliquer une peine aussi sévère. Issar fut excommunié un jour de sabbat, en présence de toute la communauté, incarcéré et flagellé, et les ouvrages découverts furent brûlés (1772). Les rabbins de Vilna écrivirent aussi à toutes les grandes communautés de Pologne pour les engager à surveiller étroitement les Hassidim et à les frapper d'anathème. Dans cette même année, la secte perdit son chef, Dob Beer Mizricz. Ces coups répétés découragèrent les Hassidim, qui suspendirent momentanément leur activité.

Ils ne tardèrent pourtant pas à recommencer leur propagande. Ils étaient alors au nombre d'environ cinquante à soixante mille, divisés en petites communautés dont chacune avait à sa tête un *rebben*. Tous ces groupes étaient unis entre eux par le çaddik suprême, descendant de Beer Mizricz, dont l'autorité s'étendait sur tous les *rebben* et qui recevait une part de leurs revenus. Le premier çaddik en chef fut Abraham, fils de Beer, surnommé par ses partisans *ha-Malakh* ou « l'Ange ». Pour atténuer l'effet qu'auraient pu produire l'excommunication prononcée contre les Hassidim par le rabbinat de Vilna ou les divers ouvrages polémiques, les *rebben* interdisaient la lecture de tout écrit qu'ils n'avaient pas préalablement approuvé. Par contre, ils recommandaient chaleureusement des recueils de sermons et de sentences attribués à Israël Baal Schem et à Beer Mizricz.

Après la mort de Beer, deux de ses successeurs contribuèrent particulièrement au développement de la secte des Hassidim : Israël, de Kozieniz, au nord de Radom, et Salman de Liadi. Le premier, connu sous le nom de « Magguid de Kozieniz », était d'un mysticisme exalté et avait la réputation d'un grand thaumaturge, même chez les chrétiens. Ses revenus étaient considérables, mais il distribuait aux nécessiteux l'or que ses admirateurs lui apportaient. Salman de Liadi se distingua surtout par sa vaste érudition talmudique et sa dignité de caractère. Il fonda un groupe spécial qu'on désignait sous le nom de *Habad*[1].

Une seconde fois, Élia et ses collègues de Vilna excommunièrent les Hassidim. A Brody et à Cracovie on brûla plusieurs de leurs livres (1781). Mais ces procédés de répression n'avaient plus la même efficacité qu'autrefois. Dans la province austro-polonaise de la Galicie, les disciples de Mendelssohn essayèrent de combattre cette secte en créant des écoles élémentaires d'après le programme de Joseph II. Elle triompha pourtant de toutes les résistances, et, à la fin du xviiie siècle, elle était déjà forte de cent mille âmes. C'est que de ses revendications, une au moins était justifiée : la nécessité de réprimer l'excès des études talmudiques. Aujourd'hui, les Hassidim donnent le ton dans les communautés où ils étaient autrefois persécutés et ne cessent de faire de nouvelles recrues en Pologne.

Pendant que cette secte exerçait son action funeste en Pologne, les disciples de Mendelssohn continuaient l'œuvre de leur maître. Toute une légion de jeunes hommes, en Allemagne, dans l'est et le sud de l'Europe, travaillaient à la rénovation de leur religion et s'efforçaient de faire pénétrer une sève plus jeune dans le vieux tronc du judaïsme. Comme s'ils s'étaient tous entendus, ils mirent de côté le Talmud pour s'adonner à l'étude de la Bible et à la

---

1. Ce nom est formé des lettres initiales des mots **H**okhma « sagesse », **B**ina « intelligence », et **D**aat « connaissance ».

culture de la science. Ardents, enthousiastes, ils prêchaient le progrès, prédisaient de nouvelles destinées au judaïsme, sans savoir eux-mêmes quelles seraient ces destinées. Depuis Kœnigsberg jusqu'en Alsace, depuis l'Italie jusqu'à Amsterdam, à Londres et à Copenhague, on entendait un concert de voix fraiches et mélodieuses qui chantaient comme à l'aurore d'une joyeuse journée de printemps. Chaque voix prise à part aurait peut-être paru frêle et un peu fruste, mais dans leur ensemble elles produisaient un effet d'une belle harmonie. Ces jeunes gens, qui s'étaient mis à lire la Bible dans le texte original et en étaient vivement impressionnés, désiraient rendre à la langue hébraïque déformée et modifiée sa pureté primitive. Ils poursuivaient aussi le but de réveiller, parmi les Juifs, le goût de la poésie et de la science. Dans leur inexpérience et leur bel enthousiasme, ils n'apercevaient pas les nombreuses difficultés qu'ils rencontreraient dans leur entreprise. Aussi n'hésitèrent-ils pas à aller de l'avant et eurent-ils la joie de voir le succès couronner leurs efforts. Mendelssohn, prudent et circonspect, rendit, en réalité, moins de services au judaïsme que ses disciples, qui étaient dans la vigueur de l'âge, pleins de feu et d'audace, et ne craignaient ni de se compromettre ni de froisser les consciences timides.

Des circonstances particulières favorisèrent ce mouvement. Dans le désir d'enrichir son pays, le roi Frédéric II avait encouragé l'activité et l'esprit d'entreprise des Juifs de son royaume et surtout de ceux de Berlin. Sous son impulsion, plusieurs Juifs avaient créé des fabriques, fondé d'importantes industries et acquis de grandes richesses. Mais que faire de leur argent? Ils n'avaient accès ni à la cour ni dans la noblesse; la bourgeoisie même, jalouse de leur fortune, ne voulait pas les recevoir. Pour se distraire de leurs occupations habituelles, ils eurent alors l'idée de s'intéresser à la littérature, protégeant les savants juifs et favorisant la publication de leurs œuvres.

Le signal partit de Kœnigsberg, qui était alors, en quelque sorte, une colonie de Berlin. Cette ville était habitée par un certain nombre de Juifs riches qui étaient des esprits cultivés et avaient pris une part active au mouvement provoqué en Allemagne, à cette époque, par l'influence de la littérature française. A leur tête se trouvaient les trois frères Friedlaender (Baermann, Meyer et Wolf). Un membre de cette famille, David Friedlaender (1750-1834), devint influent dans la communauté de Berlin, par suite de son alliance avec le banquier Daniel Itzig, et établit des relations suivies entre la capitale prussienne et Kœnigsberg. Ç'avait été un événement considérable pour les Juifs de Kœnigsberg que la visite de Mendelssohn à leur ville, où il avait été accueilli avec une respectueuse déférence par des professeurs, des écrivains et d'autres personnages connus, et où l'illustre philosophe Kant l'avait embrassé en public. Ces marques de respect et d'amitié données à leur coreligionnaire les encouragèrent à redoubler d'efforts pour cultiver leur esprit et s'imposer ainsi à l'estime de leurs concitoyens. Du reste, sur la demande de quelques maitres libéraux et principalement de Kant, l'Université de Kœnigsberg leur ouvrit ses portes. Parmi les étudiants juifs qui suivaient les cours de cette Université, deux surtout s'attachèrent à continuer l'œuvre de Mendelssohn, Isaac-Abraham Euchel et Mendel Bresselau, tous deux précepteurs dans la famille Friedlaender.

Isaac Euchel (1756-1804) s'appliqua à écrire l'hébreu, comme Mendelssohn et Wessely, avec correction et élégance, et il y réussit parfaitement. Son style était pur, clair et agréable. Son ami, Mendel Bresselau (1760-1829), qui, plus tard, prit si vigoureusement à partie les vieux rabbins, avait encore plus de talent. Il maniait la langue hébraïque avec un véritable art et savait se servir très habilement du langage biblique pour exprimer des idées modernes et raconter les événements les plus divers. Soutenus par deux jeunes gens de la famille Friedlaender, Euchel et Bresselau adressèrent un appel à tous les Juifs, encore du vivant de Mendelssohn (en 1783), pour fonder une société qui répandît la connaissance de la langue hébraïque et pour créer un recueil périodique. Ce journal, appelé *Meassef*, le « Collectionneur », était rédigé en hébreu afin d'être accessible à tous les Juifs. Ce fut à Berlin que le *Meassef* trouva ses meilleurs collaborateurs et ses plus fermes soutiens. Mendelssohn lui-même ne dédaigna pas de publier dans ce journal, sous le voile de l'anonyme, quelques poésies hébraïques à côté des œuvres de simples débutants. Parmi les principaux rédacteurs de ce recueil, surnommés les *Meassefim*, il faut citer : Joel Lœwe et Aron Halle, appelé aussi Wolfssohn, dont le premier était un remarquable savant et l'autre un fougueux polémiste, et qui succédèrent plus tard à leurs amis Euchel et Bresselau dans la direction du journal ; David Friedlaender, qui toucha à tout ; Joseph Haltern et Joseph Witzenhausen ou Veit ; Isaac Satanow et Ben Zeèb, deux Polonais établis à Berlin qui comptaient parmi les meilleurs écrivains hébreux. Wolf Heidenheim aussi collabora au *Meassef*. Ce dernier était un esprit assez bizarre, mécontent du style incorrect des anciens et des connaissances un peu superficielles des modernes, et qui consacra son temps à l'étude minutieuse de la grammaire hébraïque et de la Massora. Il a rendu service à la littérature juive en publiant de nouvelles éditions, très soignées, d'un certain nombre d'ouvrages hébreux où pullulaient les incorrections et les fautes d'impression.

En France, le *Meassef* était représenté par Moïse Ensheim ou Moïse Metz, qui avait été pendant quelques années le précepteur des enfants de Mendelssohn et avait inspiré à ses jeunes élèves une grande affection. Il était très bon, très doux et d'une grande modestie. Ses connaissances mathématiques étaient très appréciées de savants tels que Lagrange et Laplace. En Italie aussi, le *Meassef* eut des partisans. Même dans les milieux chrétiens, l'apparition de ce journal fut saluée comme le signal d'une sérieuse rénovation parmi les Juifs. Bientôt le groupe qui avait fondé le *Meassef* ne borna plus son ambition à la simple littérature, il voulut agir plus directement sur les mœurs et, dans ce but, organisa en 1787 la « Société pour le bien et l'élévation des sentiments ». Son influence s'étendit de plus en plus, et bientôt chaque communauté importante eut son parti des « éclairés », qui, sans rompre complètement avec le passé, étaient bien près de délaisser tout ce qui rappelait l'ancien judaïsme.

L'école de Mendelssohn eut aussi ses philosophes, dont plusieurs avaient une réelle valeur et égalaient leur maître en profondeur et en force de dialectique. Trois surtout acquirent de la célébrité : Marcus Herz, Salomon Maïmon et Lazarus Ben-David. Pénétrés des idées de Kant, dont ils admiraient la grandeur morale et la rigoureuse logique, ils se déclarèrent ses disciples dévoués et rendirent plus accessibles au public les conceptions de ce philosophe exposées dans un langage obscur et rocailleux.

Marcus Herz (1747-1805) se fit remarquer par Kant pour sa pénétrante sagacité. A Berlin, où il était établi comme médecin, ses conférences sur la philosophie et la physique attiraient de grands savants et parfois des princes. Grâce à ses connaissances variées et à son brillant esprit, grâce aussi à son mariage avec la belle Henriette de Lemos, il réussit à faire de sa maison le rendez-vous de la meilleure société de Berlin et exerça ainsi une puissante influence sur les milieux juifs et même chrétiens.

Un autre philosophe, Salomon Maïmon (1753-1800), est certainement une des figures les plus curieuses de ce temps. S'appelant de son vrai nom Salomon de la Lithuanie ou de Nieswiesz, ce Juif polonais ressentit un tel enthousiasme pour le *Guide des égarés*, de Maïmonide, qu'il ajouta le nom de Maïmon à son propre nom. Il offre un exemple frappant de la facilité avec laquelle les Juifs s'assimilent les plus diverses connaissances. Venu en Allemagne dans un complet dénûment, comprenant à peine la langue du pays, ne sachant que le Talmud, il devint un profond et original philosophe. Kant, à qui Marcus Herz l'avait recommandé, admirait sa puissance de dialectique, son esprit pénétrant et faisait de lui le plus grand éloge, quoique Maïmon combattît une partie de ses idées. Celui-ci publia de nombreux ouvrages philosophiques et, quoique Polonais, sut exposer en allemand avec une suffisante clarté les plus obscurs et les plus arides problèmes métaphysiques. Le grand public apprit surtout à le connaître par son *Autobiographie*, où il dénonce sans ménagement les défauts de ses compatriotes juifs et témoigne d'un rare cynisme. Cette œuvre a des points de ressemblance avec les *Confessions* de J.-J. Rousseau.

Malgré ses mœurs dépravées, sa malpropreté presque repoussante et son caractère insupportable, Salomon Maïmon rencontra de généreux protecteurs. Son *Autobiographie* surtout le fit connaître dans toute l'Allemagne. Schiller et Gœthe manifestèrent pour lui la plus vive sympathie, et le second exprima même le désir de l'appeler auprès de lui. Mais sa célébrité ne le rendit ni plus heureux ni moins repoussant. Il persista dans ses dérèglements, conserva des manières grossières et, jusqu'à sa mort, dut vivre de subsides.

Le troisième philosophe juif de ce temps, Lazarus Ben-David (1762-1832), de Berlin, fut aussi un disciple fidèle de Kant, qui parle de lui, dans ses ouvrages, avec la plus haute estime. Peut-être eut-il tort de se rendre à Vienne pour y faire des conférences sur la philosophie, car en Autriche on n'avait alors aucun goût pour cette science. Au début, il fut autorisé à enseigner à l'Université même, mais il dut bientôt y renoncer. Il fut alors accueilli dans le palais du comte de Harrach, où il put continuer ses leçons pendant quatre ans devant un auditoire choisi. Il retourna ensuite à Berlin.

Les Juifs d'Allemagne, en cultivant leur esprit sous l'impulsion de Mendelssohn et de ses élèves, travaillèrent en même temps à la culture intellectuelle de leurs concitoyens chrétiens. Ce fut, en effet, dans la haute société juive de Berlin que naquit ce ton de bonne compagnie qui devint un des traits distinctifs de la capitale et agit ensuite sur le restant du pays. Frédéric le Grand avait implanté en Prusse la littérature française, et cette littérature rencontra plus d'admirateurs parmi les Juifs que parmi les chrétiens. L'esprit français était un peu parent des saillies humoristiques du Talmud et, par conséquent, était mieux compris et plus apprécié dans les maisons juives que partout ailleurs. Les femmes juives surtout étudiaient avec ardeur la langue française : c'était devenu une question de mode, et elles n'avaient garde de s'y soustraire. Elles s'appliquaient pourtant à acquérir également des connaissances sérieuses pour pouvoir se montrer aussi instruites que les hommes. Les filles de Mendelssohn, en constantes relations avec des littérateurs et des savants, donnèrent l'exemple, et elles furent suivies par un grand nombre de jeunes filles et de femmes juives.

C'est la maison de Mendelssohn qui avait été d'abord le rendez-vous des amis des lettres et de la philosophie à Berlin. Après la mort de leur maître, David Friedlaender et Marcus Herz prirent sa place. Mais Friedlaender manquait de grâce et de souplesse et n'avait rien qui attirât. Ce fut donc dans la maison de Herz que les amis de Mendelssohn prirent l'habitude de se réunir. Herz était un médecin distingué, fort savant, qui avait un esprit mordant et savait entretenir la conversation. Mais le grand charme de sa maison était sa femme. Henriette Herz (1764-1847), dont la radieuse beauté et le brillant esprit exerçaient une action puissante et lui valaient un nombre considérable de courtisans.

Fille d'un Juif portugais, Benjamin de Lemos, qui avait épousé une Allemande, Henriette réunissait dans sa personne l'ardeur méridionale et la dignité castillane avec la souplesse et la douceur des Allemandes. Elle faisait sensation partout où elle se montrait par la finesse de ses traits autant que par sa démarche gracieuse ; on l'appela la « Muse tragique ». Son intelligence aussi était remarquable et faisait encore valoir son éblouissante beauté.

Le salon de Henriette Herz devint un centre de réunion pour l'élite de la société de Berlin. Tous les personnages de marque de l'Allemagne et de l'étranger qui venaient dans la capitale prussienne s'empressaient de s'y rendre. On y rencontra d'abord les amis chrétiens de Mendelssohn, Nicolaï, Engel, le précepteur du prince héritier (Frédéric-Guillaume II), et Ramler, le directeur de conscience des poètes. A ceux-ci se joignirent bientôt d'autres hommes distingués, les conseillers consistoriaux Teller et Zœllner, Knuth, le précepteur des frères Alexandre et Guillaume de Humboldt, Gentz, Schleiermacher, Frédéric de Schlegel. Mirabeau aussi, pendant sa mission diplomatique secrète à Berlin (1786), fréquenta la maison Herz. Peu à peu, des femmes chrétiennes qui occupaient à Berlin les plus hautes situations par leur naissance ou leur esprit entrèrent également en relations avec Henriette Herz et ses amis, dont elles admiraient le savoir solide et la spirituelle gaieté.

Ce rapprochement entre Chrétiens et Juifs faisait espérer à ces derniers qu'ils réussiraient à obtenir l'abolition des mesures humiliantes auxquelles les autorités pouvaient encore les soumettre et, sinon leur émancipation complète, du moins l'amélioration de leur situation légale. Leur espoir grandit encore après l'avènement de Frédéric-Guillaume II, qui était un prince doux et bienveillant. Sur le conseil de David Friendlaender, les « anciens » de la communauté de Berlin adressèrent une supplique au souverain pour lui demander de supprimer le péage personnel (*leibzoll*), de révoquer les lois barbares qui les régissaient et de leur accorder une plus grande liberté. Cette requête fut accueillie favorablement. Le roi les invita à « choisir parmi eux des hommes honnêtes » avec lesquels le gouvernement étudierait la question, il agréa aussi leur demande de convoquer à Berlin des délégués de tous les Juifs du pays, à l'exception de ceux des provinces de la Silésie, de la Prusse occidentale et de la Frise orientale. On nomma une commission chargée d'examiner les griefs des Juifs et d'indiquer les améliorations qu'on pourrait apporter à leur situation.

La délégation énuméra d'abord les divers procédés dont on usait pour extorquer de l'argent aux Juifs : ils étaient tenus d'acheter aux manufactures royales, à un prix très élevé, de la porcelaine de mauvaise qualité, appelée ironiquement de la « porcelaine juive », pour la revendre à l'étranger; ils étaient également obligés d'entretenir des fabriques de bonnets, de bas, d'étamine et de dentelles. Courageusement, les députés demandaient pour leurs coreligionnaires l'égalité civile, c'est-à-dire la faculté, non seulement de pratiquer l'agriculture ou les professions manuelles, mais aussi d'occuper des emplois publics et des chaires à l'Université (mai 1787). Le gouvernement prussien commença par supprimer le péage personnel et dispensa les Juifs, contre le payement d'une somme de 42,000 marcs, d'acheter dorénavant de la porcelaine. Les autres réformes furent ajournées pour laisser à la commission royale le temps de les étudier. Pendant qu'on les examinait, Wallner et Bischoffswerder réussirent à circonvenir le roi et à provoquer une réaction contre les idées libérales. Les députés juifs ne purent donc plus compter sur aucune amélioration. Ils eurent le courage et le grand mérite de repousser les concessions insignifiantes qu'on voulait leur accorder : « Les faveurs qu'on est disposé à nous offrir, disaient-ils, sont au-dessous de toute attente et ne répondent nullement aux joyeuses espérances que nous avons nourries lors de l'avènement au trône de notre souverain. » On leur proposait bien d'appeler les Juifs au service militaire, mais sans qu'ils pussent être élevés à un grade quelconque. Ils déclarèrent qu'ils n'avaient pas les pouvoirs nécessaires pour accepter une réforme qui imposait de nombreuses restrictions et présentait très peu d'avantages.

Cet échec ne découragea pas le groupe des « éclairés » de Berlin dans son œuvre de rénovation. De la capitale il s'efforça d'étendre son action dans les provinces au moyen de deux instruments de propagande : une école et une imprimerie. L'organisation de l'école, dirigée par David Friedlaender et son riche beau-frère, Daniel Itzig, répondait peu au programme de Wessely. On y accordait une place très large aux matières de culture générale, au détriment de tout ce qui avait un caractère juif : l'hébreu, la Bible et le Talmud. En l'espace de dix ans (1781-1791), cette école forma plus de cinq cents élèves, qui répandirent dans toute la Prusse les idées des réformateurs juifs de Berlin. Sur son modèle, d'autres écoles furent créées en Allemagne et hors de l'Allemagne. L'imprimerie rattachée à cette école agissait dans le même esprit en publiant et en faisant pénétrer dans les ghettos des ouvrages d'instruction et d'éducation en hébreu et en allemand.

Au commencement, tous ces efforts produisirent des fruits déplorables, car l'enseignement donné par les réformateurs avait très souvent pour résultat la négation du judaïsme et la légèreté des mœurs. On écartait tout ce qui, dans l'ancienne vie juive, pouvait froisser le goût moderne, tout ce qui ne paraissait pas s'expliquer par la raison humaine, tout ce qui avait un caractère national, rappelait les événements du passé et contribuait à distinguer le Juif du Chrétien. « Être éclairé », c'est-à-dire ressembler en tout point aux chrétiens, tel était le mot d'ordre de ces réformateurs. En agissant ainsi, ils croyaient sincèrement être restés fidèles aux idées de Mendelssohn, oubliant que leur maître n'avait jamais cessé de manifester un ferme attachement aux pratiques du judaïsme.

Ce mépris professé pour l'antique religion d'Israël blessait profondément les sentiments de la très grande majorité des Juifs, qui avaient conservé le respect des anciennes traditions et qui auraient peut-être accueilli avec faveur de sages réformes. De là, des malentendus, des froissements, des récriminations et des querelles. Wessely lui-même, cet admirateur passionné de Mendelssohn, reprocha amèrement leurs exagérations aux « éclairés » de Berlin, dont le chef était le faible et superficiel David Friedlaender, et il déclara publiquement qu'il se séparait d'eux.

Mais si, parmi les novateurs, on trouvait peu d'esprits supérieurs, capables de diriger le mouvement avec habileté et clairvoyance, les orthodoxes étaient encore moins favorablement partagés. Leur principal chef ou, du moins, celui qui était considéré comme tel, Ezéchiel Landau, de Prague, n'avait pas la moindre intelligence des nécessités des temps modernes. Il s'obstinait à exiger le maintien des pratiques les moins justifiées, et nuisit ainsi considérablement à la cause qu'il défendait. Lorsque le gouvernement autrichien voulut interdire l'ensevelissement précipité des morts, ainsi qu'il était d'usage chez les Juifs, Landau combattit la modification proposée par les plus pitoyables arguments. Les « éclairés » saisirent avec empressement cette occasion pour fulminer contre l'étroitesse d'esprit et le fanatisme de leurs adversaires. Les orthodoxes, de leur côté, par l'organe d'un prédicateur de Prague, Eléazar Fleckelès, protestèrent avec violence contre David Friedlaender et Euchel, parce qu'ils avaient traduit en allemand, pour l'usage des femmes, les prières du Rituel.

Surexcités par ces luttes, les « éclairés » comme les orthodoxes élargissaient encore le fossé qui les séparait. La jeunesse juive de Berlin, précepteurs, commis de magasin, fils de famille, viveurs, se faisaient gloire de mépriser le judaïsme et qualifiaient de préjugés, de superstitions et d'absurdités les vieilles croyances de leurs pères. Naturellement, les orthodoxes répondaient à ces attaques par une piété plus rigoureuse et plus pointilleuse. Comme ils étaient à la tête de la communauté et des diverses institutions de bienfaisance, ils refusaient tout subside aux « éclairés » nécessiteux, ne les accueillaient pas dans les hôpitaux juifs et ne leur accordaient pas, après leur mort, d'emplacement convenable dans les cimetières. Les « éclairés », sous la direction du fils aîné de Mendelssohn, Joseph, créèrent alors (1792) la « Société des amis », composée exclusivement de jeunes gens, qui devaient se traiter en frères, s'éclairer mutuellement de leurs conseils, se secourir en cas de maladie ou de pauvreté. Ils cherchaient aussi à instruire et à « éclairer ».

Mais les membres de cette Société manquaient d'ardeur et de conviction. Ils avaient bien délaissé les pratiques du judaïsme, mais n'avaient remplacé leur ancienne foi par aucune autre croyance ; ils ne possédaient plus aucun idéal religieux. Cette absence de principes et d'idéal se manifestait encore plus ouvertement chez les riches marchands « éclairés », qui aimaient le luxe et étaient heureux de pouvoir fréquenter des chrétiens. Comme rien ne les retenait plus dans la religion de leurs aïeux, ils embrassèrent en masse le christianisme. « Semblables à de légers papillons, ils voltigèrent autour de la flamme et, à la fin, s'y laissèrent brûler. » Pourquoi, en effet, auraient-ils continué à se soumettre aux restrictions du « privilège général » et à supporter les humiliations imposées aux Juifs « protégés », eux qui avaient totalement rompu avec les usages, les mœurs et les croyances du judaïsme, quand, par le baptême, ils pouvaient devenir les égaux des chrétiens ? Aussi les apostasies furent-elles nombreuses à Berlin, à Breslau et à Kœnigsberg. En trente ans, la moitié de la communauté de Berlin accepta le baptême. Il est probable que tous les « éclairés » de l'Allemagne eussent déserté le judaïsme, s'ils n'avaient été arrêtés par leur antipathie profonde pour les croyances chrétiennes, par leur attachement inébranlable à leur famille et aux souvenirs du passé merveilleux du peuple juif, et enfin par leur amour pour la langue et la littérature hébraïques. Quiconque pouvait apprécier la grandeur sublime et les beautés de la Bible dans le texte original et savait manier lui-même la langue hébraïque, restait fidèle au judaïsme, malgré ses doutes, malgré les restrictions légales dont il souffrait en sa qualité de Juif.

Pourtant, David Friedlaender fit exception. Ni la gloire du passé, ni la poésie hébraïque, ni le sentiment de la famille n'eurent le pouvoir de le retenir dans le judaïsme. Esprit étroit et superficiel, il n'avait ni élévation de pensée, ni dignité de caractère. Sans originalité aucune, il avait emprunté quelques lambeaux d'idées à Mendelssohn qu'il avait cousus ensemble pour en faire ce qu'il appelait un système religieux épuré. Comme il n'observait plus rien du judaïsme, il croyait qu'il pourrait facilement se soustraire aux lois humiliantes qui pesaient sur les Juifs. Il demanda donc pour lui et toute la famille Friedlaender la naturalisation avec les droits et les obligations qui en découlaient. Sa demande fut rejetée. Au lieu d'opposer à ce refus une fière impassibilité et de chercher à s'en consoler par le souvenir du passé héroïque d'Israël, il écrivit, avec d'autres pères de famille (probablement des membres de la famille Itzig), à Teller, conseiller supérieur du Consistoire, pour lui annoncer leur intention de se faire baptiser. Ils y mettaient pourtant une condition : on devait les dispenser de croire à la divinité de Jésus et d'observer les pratiques du christianisme, parce qu'ils ne partageaient pas la foi de l'Église et qu'il leur répugnait d'agir en hypocrites.

Teller éconduisit poliment, mais avec fermeté, ces singuliers Juifs qui voulaient se faire chrétiens tout en déclarant qu'ils ne pourraient pas croire aux dogmes du christianisme. Friedlaender resta donc forcément juif. Mais sa lettre à Teller produisit une vive sensation. Plusieurs chrétiens l'apprécièrent avec sévérité; ils y voyaient une trahison à l'égard du judaïsme et une inconséquence. Dans l'ignorance où il était de l'origine de cette lettre, Schleiermacher disait : « Que cette démarche inconsidérée doit donc blesser l'excellent Friedlaender! Je serais étonné qu'il ne protestât pas contre une telle trahison, lui qui est un si fervent admirateur de Mendelssohn. » Quelle condamnation pour Friedlaender que ce jugement de croyants chrétiens exprimant leur dédain pour ces apostats qui, de leur plein gré, auraient voulu renier le glorieux passé de la plus ancienne nation pour prendre simplement le masque du christianisme! Les Juifs gardèrent prudemment le silence sur cette affaire.

Les femmes juives montraient encore moins de fierté et de dignité que les hommes. Le salon de Henriette Herz était devenu le rendez-vous de belles femmes juives, dont les maris étaient absorbés par leurs occupations, et de jeunes gens chrétiens. Dans ce milieu, le ton était donné par Frédéric de Gentz, homme égoïste, avide de jouissances, plein de vices et dénué de scrupules. Grisée par les adulations dont elle était l'objet, Henriette Herz se laissait aller à des coquetteries qui rendaient sa conduite très suspecte. La légèreté des mœurs était presque un article de foi pour cette société. Les libertins chrétiens avaient, en effet, organisé avec les femmes et les jeunes filles juives une

« ligue de la vertu », sorte d'association dont les membres des deux sexes devaient se tutoyer et ne tenir aucun compte, dans leurs relations, des bienséances observées d'habitude dans le monde. On était alors au début du romantisme allemand, créé par les œuvres poétiques de Gœthe, et dont les partisans prétendaient réaliser dans la vie les sentiments lyriques exprimés par la poésie. Ce mouvement eut pour résultat de développer un faux sentimentalisme et d'encourager les unions libres entre personnes qui déclaraient avoir de l'affinité l'une pour l'autre. Les femmes juives se trouvaient flattées d'entretenir un commerce aussi intime avec les chrétiens des classes élevées.

La « ligue de la vertu » comptait parmi ses membres Henriette Herz, les deux filles de Mendelssohn et d'autres jeunes femmes juives. Henriette Herz noua d'abord une intrigue amoureuse avec Guillaume de Humboldt, puis avec Schleiermacher, cet apôtre d'un nouveau christianisme. Un autre hôte assidu du salon Herz, Frédéric Schlegel, courtisa Dorothée Mendelssohn, qui était mariée. Celle-ci, sous l'influence des principes prêchés par la « ligue de la vertu », se croyait très malheureuse avec son mari; elle le quitta pour aller vivre avec Schlegel. C'est à ce moment que Schlegel publia son roman immoral *Lucinde*, où il fait consister la sagesse dans une complète licence de conduite et où il approuve l'adultère. Schleiermacher fut le parrain de ce roman.

Une autre femme juive de ce cercle, Rahel Lewin, était d'une remarquable intelligence. Elle avait trop d'esprit et de clairvoyance pour s'affilier à la « ligue de la vertu », mais elle n'échappa pourtant pas à l'influence funeste des mœurs dissolues qui régnaient alors dans la haute société chrétienne. Cette « petite femme avec une grande âme », comme on l'appelait, admirait passionnément Gœthe. Elle puisait ses principes de morale et ses règles de conduite dans les œuvres de ce poète, qui célèbre la sagesse païenne, et, en des périphrases fleuries, conseille de jouir de la vie.

Toutes ces pécheresses juives, sans dommage pour le judaïsme, se firent baptiser. Les filles de Mendelssohn et Rahel se convertirent bruyamment, mais Henriette Herz, pour ne pas chagriner ses amis juifs, alla recevoir le baptême dans un petit village, et cela seulement après la mort de sa mère. Fait curieux, c'était dans le salon judéo-chrétien de Henriette Herz, à Berlin, que la réaction ecclésiastique, avec Schleiermacher et Schlegel, et la réaction politique, avec Gentz, tenaient leurs assises. Mais, dans la même année où Schleiermacher déclarait dédaigneusement que le « judaïsme était une momie », Bonaparte adressait un appel aux Juifs afin de les réunir autour de lui. La liberté que les Juifs de Berlin sollicitaient du gouvernement en s'humiliant devant l'Église, la France allait la leur donner sans imposer le moindre sacrifice à leur dignité.

CHAPITRE XIV

LA RÉVOLUTION FRANÇAISE ET L'ÉMANCIPATION DES JUIFS

(1789-1806)

La Révolution française fut vraiment, selon l'expression du prophète, « le jour du Seigneur où les orgueilleux furent abaissés et les humbles relevés ». Parmi tant d'injustices qu'elle répara, elle mit aussi fin à cette iniquité révoltante qui, depuis tant de siècles, faisait considérer les Juifs comme les parias des nations européennes. Ce que Mendelssohn ne croyait possible que dans un avenir lointain, ce que les défenseurs des Juifs, Dohm et Diez, n'osaient exprimer que sous forme de vœu, la France le réalisa avec une merveilleuse rapidité.

Ce ne fut pourtant que par des efforts multipliés que les Juifs de France réussirent à obtenir leur émancipation. Un homme courageux, Herz Medelsheim, plus connu sous le nom de Cerf Berr (né vers 1730 et mort en 1793), fut le premier à déployer une infatigable activité en faveur de ses coreligionnaires. Fournisseur des armées de Louis XV, il fut autorisé, pour un hiver, à résider à Strasbourg, dont le séjour était interdit aux Juifs. Comme il avait rendu des services considérables à l'État au moment d'une guerre et pendant une famine, on lui permit de continuer à habiter cette ville. Il y attira alors quelques autres Juifs. Pour le récompenser de ses services, Louis XVI lui accorda les mêmes droits qu'aux autres Français et l'autorisa à acquérir des immeubles et des biens fonciers. Il créa des fabriques à Strasbourg et y employa des ouvriers juifs pour habituer ses coreligionnaires à gagner leur vie par le travail manuel et les mettre ainsi à l'abri des reproches de leurs adversaires. Les bourgeois de Strasbourg voyaient d'un œil jaloux l'arrivée de Juifs dans cette ville, et ils s'efforcèrent d'obtenir l'expulsion de Cerf Berr et de ses protégés. Ému de cette malveillance et encouragé, d'autre part, par le Mémoire de Dohm et l'édit de tolérance promulgué par Joseph II en Autriche, Cerf Berr résolut d'entreprendre d'actives démarches à la cour afin que les Juifs fussent émancipés ou, au moins, autorisés à résider dans la plupart des villes françaises. Il fit aussi répandre la traduction française de l'ouvrage de Dohm.

Louis XVI était animé des meilleurs sentiments et se montrait tout disposé à donner suite aux réclamations des Juifs. Sur son ordre, Malesherbes convoqua une commission de notables juifs chargés de proposer les mesures qui pourraient améliorer la condition de leurs coreligionnaires. Cerf Berr et Berr Isaac Berr de Nancy représentèrent à cette commission les Juifs de Lorraine; ceux de Bordeaux et de Bayonne y envoyèrent comme délégués, entre autres, le riche armateur Gradis, Furtado, qui joua plus tard un certain rôle dans la Révolution française, et Isaac Rodrigues. Ce fut probablement sur leurs instances que Louis XVI abolit (24 janvier 1784) le péage corporel (*leibzoll*), qui pesait surtout sur les Juifs d'Alsace.

Aux efforts de Cerf Berr et de ses amis se joignirent bientôt ceux de deux hommes qui devaient occuper une place considérable dans la Révolution française : le comte de Mirabeau et l'abbé Grégoire. Mirabeau, âme ardente, débordant d'idées généreuses, se décida, à la suite d'un voyage à Berlin, à élever sa voix éloquente en faveur des Juifs. Pendant une mission secrète dans la capitale de la Prusse, où il était arrivé peu de temps après la mort de Mendelssohn, il entendit célébrer dans les milieux chrétiens les vertus du philosophe juif. Il se lia également avec Dohm et plusieurs Juifs distingués. Plein d'admiration pour Mendelssohn et pressentant l'avantage que la France pouvait tirer des Juifs, asservis depuis des siècles, si elle les appelait à la liberté, il résolut de faire connaître au public français le mouvement de rénovation qui s'accomplissait alors en Allemagne. C'est ainsi qu'il publia son opuscule si rempli de choses : *Sur Moses Mendelssohn et sur la réforme politique des Juifs* (1787). Il y expose brièvement l'histoire tragique des Juifs et y fait ressortir le martyre glorieux de ce peuple et la cruauté de ses persécuteurs. « Voulez-vous, dit-il, que les Juifs deviennent des hommes meilleurs, des citoyens utiles? Bannissez de la société toute distinction avilissante pour eux, ouvrez-leur toutes les voies de subsistance et d'acquisitions. Veillez à ce que, sans négliger la doctrine sacrée de leurs pères, les Juifs apprennent à mieux connaître la nature et son auteur, la morale et la raison, les principes de l'ordre, les intérêts du genre humain, de la grande société dont ils font partie. » Il répond ensuite aux accusations formulées contre les Juifs et termine par ces paroles chaleureuses : « Voulez-vous enfin que les prétendus vices des Hébreux soient si profondément enracinés qu'ils ne puissent disparaître qu'à la troisième ou quatrième génération? Eh bien! commencez tout à l'heure; car ce n'est pas une raison pour reculer cette grande réforme politique d'une génération, puisque sans cette réforme on ne verrait jamais une génération corrigée, et la seule chose que vous ne puissiez pas reconquérir, c'est le temps perdu. » Mirabeau saisit toutes les occasions pour plaider la cause des Juifs et dissiper les préjugés que Voltaire avait répandus en France contre eux.

Ailleurs aussi on s'occupait à ce moment des Juifs. En Alsace, les Juifs se plaignaient des humiliations et des souffrances qu'on leur infligeait, et les chrétiens accusaient les Juifs de les réduire à la misère. A Metz parut un pamphlet : *Cri des citoyens contre les Juifs*, qui contenait les plus haineuses excitations. Ce réquisitoire venimeux fut réfuté par un écrivain instruit et éloquent, Isaïe Beer Bing (1759-1805), qui connaissait mieux l'histoire de son peuple que la plupart de ses contemporains juifs, sans excepter les savants de Berlin.

Ces écrits, conçus en sens divers, mirent les Juifs à l'ordre du jour en France. La Société royale des sciences et des arts à Metz mit au concours la question suivante : « Est-il des moyens de rendre les Juifs plus heureux et plus utiles en France? » Neuf mémoires furent présentés, dont sept favorables aux Juifs, entre autres, ceux de deux ecclésiastiques, l'abbé Grégoire et l'abbé de la Louze. Trois concurrents partagèrent le prix, l'abbé Grégoire, Salkind Horwitz, Juif polonais, attaché à la bibliothèque du roi, et l'avocat Thierry. Tous émettent cette idée que les Juifs sont des hommes comme les chrétiens et méritent, par conséquent, de devenir citoyens français, et que les défauts qu'on leur reproche sont l'œuvre des chrétiens.

Il n'y avait pourtant pas un nombre considérable de Juifs en France au moment où éclatait la Révolution. Tant en Alsace qu'à Metz, à Paris, à Bordeaux et dans les États pontificaux d'Avignon et de Carpentras, on en trouvait à peine cinquante mille. Encore n'étaient-ils pas unis. Les Juifs de rite portugais témoignaient un injuste dédain à ceux de rite allemand, et les rapports entre eux étaient parfois très tendus. Aussi, malgré le conseil de l'abbé Grégoire, n'avaient-ils concerté aucun plan en commun quand l'occasion se présenta de demander leur émancipation à l'Assemblée nationale.

On sait que la Révolution débuta par la prise de la Bastille. Les excès du peuple de Paris furent imités sur bien des points en France, où des châteaux furent brûlés, des couvents détruits et des nobles maltraités ou tués. En Alsace, les paysans et la populace tournèrent leur fureur contre les Juifs (août 1789), dont ils démolirent les maisons et pillèrent les biens. De nombreux Juifs furent obligés de se réfugier à Bâle, où on les accueillit avec bienveillance, quoique le séjour de cette ville leur fût interdit d'habitude. Wessely a célébré dans une belle poésie hébraïque la conduite généreuse des Bâlois.

Les Juifs d'Alsace sollicitèrent alors l'appui de l'abbé Grégoire, qui s'adressa en leur faveur à l'Assemblée. « Ministre d'une religion qui regarde tous les hommes comme frères, dit-il, j'invoque l'intervention de l'Assemblée en faveur d'un peuple proscrit et malheureux. » Pour agir sur l'esprit public, il écrivit sa *Motion en faveur des Juifs*, où il demandait leur assimilation aux autres citoyens. Arrive ensuite la fameuse nuit du 4 août où la noblesse sacrifia ses privilèges sur l'autel de la patrie. Encouragés par ce mouvement généreux, les Juifs multiplièrent leurs efforts pour être déclarés citoyens. Des Juifs de Bordeaux s'enrôlèrent dans les rangs de la garde nationale, et l'un d'eux fut même nommé capitaine. A Paris aussi, de nombreux Juifs faisaient partie de la garde nationale et rivalisaient avec les autres Parisiens de patriotisme et de courage civique. Onze délégués se rendirent à l'Assemblée pour lui présenter une Adresse où ils demandaient à « être soumis, comme tous les Français, à la même jurisprudence, à la même police, aux mêmes tribunaux ». A la tête de cette délégation se trouvaient un Hollandais, Jacob Goldschmidt, et un Portugais, Lopez Laguna.

Cependant, dans le sein même de l'Assemblée, il existait des préjugés religieux contre les Juifs. Lorsqu'un député, M. de Castellane, eut proposé un article ainsi conçu : « Nul homme ne doit être inquiété pour ses opinions religieuses, ni troublé dans l'exercice de son culte, » des prêtres catholiques, appuyés par un certain nombre de laïques, firent entendre de violentes protestations. Mais un autre député, Rabaud-Saint-Étienne, appuya énergiquement la motion de Castellane. Après avoir fait observer qu'il représentait une population de 500,000 âmes, dont 120,000 étaient protestants, et qu'il ne pouvait pas admettre que ces derniers fussent exclus de toutes les fonctions et de toutes les dignités, il ajouta : « Je demande la liberté pour ces peuples toujours proscrits, errants, vagabonds sur le globe, ces peuples voués à l'humiliation, les Juifs. » Malgré une vive opposition, la motion fut adoptée et inscrite en tête de la Constitution de 1791 dans les termes suivants : « Nul ne doit être inquiété pour ses opinions même religieuses, pourvu que leur manifestation ne trouble pas l'ordre public établi par la loi. » Cet article est aujourd'hui un des principes fondamentaux des Constitutions européennes.

Ainsi, les Juifs avaient reçu satisfaction sur un point important. Mais leur cause n'était pas encore gagnée ; leurs adversaires travaillaient activement à les tenir exclus de tous les droits de citoyen. La question juive fut de nouveau discutée

(28 septembre 1789) à la suite de persécutions que les Juifs avaient subies dans quelques localités. L'abbé Grégoire recommença à plaider leur cause avec beaucoup d'éloquence. Il fut soutenu par le comte de Clermont-Tonnerre. L'Assemblée décréta que le président écrirait « aux différentes municipalités de la Lorraine pour leur manifester que la Déclaration des droits de l'homme est commune à tous les habitants de la terre » et que, par conséquent, elles ne devaient plus maltraiter les Juifs. Mais au milieu des passions déchaînées par la Révolution, la voix de l'Assemblée ne fut pas entendue, et les Juifs continuèrent d'être maltraités. C'est alors que, sur la demande des députés de la Lorraine, plusieurs délégués juifs des Trois-Évêchés, de l'Alsace et de la Lorraine furent autorisés à se présenter à la barre de l'Assemblée (14 octobre). Un des délégués, Berr-Isaac Berr, exposa avec une touchante émotion les souffrances endurées depuis tant de siècles par ses coreligionnaires et demanda qu'on consentît enfin à les traiter avec justice. Le président lui promit que l'Assemblée « prendrait sa requête en considération et se trouverait heureuse de rappeler les Juifs à la tranquillité et au bonheur. » On applaudit, et les Juifs furent admis aux honneurs de la séance.

A propos de la discussion relative à la loi électorale, l'Assemblée traita de nouveau la question juive. On se demanda si les Juifs seraient également compris parmi les « citoyens actifs » auxquels devait appartenir l'éligibilité. La discussion fut longue (21, 23, 24 décembre). Clermont-Tonnerre, Robespierre, Duport, Barnave et Mirabeau prirent la parole en leur faveur, mais l'abbé Maury, de la Fare, évêque de Nancy, Rewbell et l'évêque de Clermont se firent les interprètes des plus étroits préjugés.

L'Assemblée, à moitié ébranlée par les arguments spécieux des membres du clergé, émue par la crainte de provoquer des troubles dans les provinces de l'Est, décida d'ajourner toute résolution au sujet des Juifs (24 décembre). Cet ajournement froissa profondément les Juifs portugais, qui, jusqu'alors, n'avaient pas été confondus avec les Juifs allemands et avaient joui de droits particuliers. Sur le rapport de Talleyrand, évêque d'Autun, énergiquement appuyé par de Sèze, député de Bordeaux, et malgré l'opposition acharnée des adversaires habituels des Juifs, tels que

Rewbell et l'abbé Maury, l'Assemblée décida (28 janvier 1790) que « tous les Juifs connus en France sous le nom de Juifs portugais, espagnols et avignonnais » jouiraient des droits de citoyens actifs. Cette loi fut ratifiée par le roi. C'était là un premier pas dans la voie de l'émancipation.

Stimulés par le succès de leurs coreligionnaires de rite portugais, les autres Juifs, au lieu de continuer à envoyer des Adresses à l'Assemblée, résolurent d'agir sur elle d'une autre façon. Ils avaient gagné à leur cause l'avocat Godard, qui se fit le défenseur de leur émancipation auprès de la garde nationale et des sections de la Commune de Paris. Le 25 février, l'abbé Mulot, président de la Commune, se présenta avec d'autres délégués devant l'Assemblée nationale pour la « supplier d'étendre aux Juifs domiciliés dans Paris le décret qui a déclaré citoyens actifs » les Juifs portugais. Mais, à cause des préoccupations de toute sorte qui absorbaient alors l'attention de l'Assemblée, la question fut encore une fois ajournée.

Pourtant, la population de l'Alsace s'était familiarisée peu à peu avec l'idée de voir les Juifs jouir des mêmes droits que les autres citoyens. Plusieurs municipalités, dans la prévision que l'émancipation des Juifs serait bientôt votée, avaient réservé leur part dans le partage des biens communaux. Une municipalité d'Alsace sollicita même l'Assemblée de « s'occuper incessamment du sort des Juifs, parce que l'incertitude de leur état les exposait à des dangers ». On se contenta de décréter à nouveau qu'ils étaient placés sous la sauvegarde de la loi et qu'il était défendu d'attenter à leurs intérêts ou à leurs personnes, mais on ne décida rien au sujet de leur émancipation. Heureusement, à la question juive se rattachaient d'autres questions qui la rappelaient à l'attention de l'Assemblée. Les Juifs d'Alsace et de Metz payaient une redevance connue sous le nom de « droit d'habitation, protection et tolérance ». Il s'agissait de décider s'ils continueraient ou non à rester soumis à ces taxes. Dans une pensée de libéralisme, l'Assemblée abolit ces impôts surannés (20 juillet 1790).

Le 18 janvier 1791, une nouvelle tentative fut faite en faveur de l'émancipation complète des Juifs. Le prince de Broglie s'y montra défavorable. « Toute cette intrigue, dit-il, est ourdie depuis longtemps par quatre ou cinq Juifs puissants, établis dans le département du Bas-Rhin. Un d'entre eux (Cerf Berr), qui a acquis une fortune immense aux dépens de l'État, répand depuis longtemps des sommes considérables dans cette capitale pour s'y faire des protecteurs et des appuis. » Ces insinuations eurent le résultat désiré : la question juive subit un nouvel ajournement.

Enfin, dans la séance du 27 septembre, peu de jours avant la séparation de l'Assemblée, le député Duport, membre du club des Jacobins, rappela la proclamation récente de la Constitution de 1791 pour réclamer l'émancipation complète des Juifs. « Je crois, dit-il, que la liberté des cultes ne permet plus qu'aucune distinction soit mise entre les droits politiques des citoyens à raison de leur croyance. La question de l'existence politique [des Juifs] a été ajournée. Cependant, les Turcs, les Musulmans, les hommes de toutes les sectes, sont admis à jouir en France des droits politiques. Je demande que l'ajournement soit révoqué et qu'en conséquence il soit décrété que les Juifs jouiront en France des droits de citoyen actif. » Ces paroles furent couvertes d'applaudissements. Rewbell demanda à combattre la proposition de Duport. Mais Regnault, député de Saint-Jean-d'Angely, répliqua : « Je demande que l'on rappelle à l'ordre tous ceux qui parleront contre cette proposition, car c'est la Constitution elle-même qu'ils combattront. » L'Assemblée vota alors, sans autre discussion, la motion de Duport, et le lendemain elle adopta définitivement la rédaction de la loi « révoquant tous les ajournements, réserves, exceptions insérés dans les précédents décrets relativement aux individus juifs qui prêteront le serment civique ». Deux jours plus tard, l'Assemblée nationale se sépara, et, le 13 novembre, Louis XVI ratifia la loi déclarant les Juifs citoyens français.

Justement fier de ce succès, qu'il avait contribué à obtenir par ses efforts persévérants, Isaac Berr adressa à ses coreligionnaires une lettre d'une remarquable élévation de pensée pour leur faire mieux apprécier la grandeur du résultat obtenu, et leur recommander de se montrer dignes de leur nouvelle situation. Dans un langage paternel, sensé et persuasif, il les exhorte à se corriger des défauts qu'ils doivent aux longues persécutions dont ils ont souffert, et à développer les qualités qui les distinguent. Qu'ils restent fidèles à la foi de leurs pères, mais qu'ils renoncent à s'enfermer dans leur isolement et à se séparer du reste de la société. Qu'ils témoignent surtout en toute circonstance d'un sincère patriotisme et s'occupent avec zèle de l'éducation de la jeunesse.

Cet appel fut entendu. Les Juifs français ne tardèrent pas à manifester leur attachement à leur nouvelle patrie. La petite communauté de Bordeaux, à elle seule, versa plus de 100,000 francs comme contribution patriotique. Dans l'armée, on trouvait des soldats juifs, qui se battaient avec vaillance. Pendant cette période de troubles et de guerres, la plupart des Juifs français perdirent rapidement ces allures humbles et craintives qui les avaient exposés si souvent à la raillerie.

Cependant, les communautés juives ne furent pas épargnées par la tourmente révolutionnaire. A Bordeaux, au moment où sévissait la Terreur, plusieurs banquiers juifs, compromis comme partisans des Girondins, faillirent être guillotinés. Abraham Furtado n'échappa à la mort que par la fuite. Charles Peixotto, dénoncé comme aristocrate parce qu'il appartenait à la tribu de Lévi, fut sauvé parce qu'on rappela devant le tribunal qu'il avait acheté des biens nationaux. On se contenta alors de le condamner à une amende de 1,200,000 francs, et il ne fut remis en liberté qu'après avoir payé cette énorme somme. Pourtant, en général, les Juifs n'eurent pas trop à souffrir du règne de la Terreur. Habitués depuis des siècles aux persécutions, ils surent déployer, pendant cette tourmente, une grande prudence, se faisant petits pour laisser passer l'orage par-dessus leur tête, et restant en dehors de la lutte des partis. Ils fournirent pourtant un certain nombre de victimes à la guillotine, entre autres le fils d'un riche propriétaire, Isaac Calmer.

Le décret de la Convention instituant le culte de la déesse Raison était surtout dirigé conre le catholicisme, mais les Juifs en ressentirent également le contre-coup. La Convention avait bien rejeté un projet de loi proposant « d'interdire aux Juifs la circoncision et le port de la barbe, pour faire disparaître toute distinction entre eux et les autres citoyens », mais en province, sous l'impulsion des clubs, les Juifs aussi subirent les attaques du fanatisme révolutionnaire. A Nancy, ils reçurent l'ordre de se rendre, à un jour déterminé, dans le temple national pour y abjurer « leurs superstitions », et surtout pour remettre entre les mains des autorités les ornements en argent et en or consacrés au culte. Dans d'autres localités, des synagogues furent pillées, les rouleaux de la Loi déchirés et brûlés, et les livres hébreux détruits. Lorsque la Convention eut ordonné de ne plus célébrer de jour de repos que de dix jours en dix jours, et de déclarer le dimanche jour ouvrable, les maires de quelques villes (Strasbourg, Troyes, etc.) étendirent cet ordre au sabbat. A la campagne, des Juifs furent contraints de se livrer aux travaux des champs le samedi et les jours de fêtes juives. Les rabbins aussi furent persécutés comme le clergé catholique. Le rabbin de la communauté de Westhoffen, près de Strasbourg, Isaac Lenczye, fut incarcéré et faillit être exécuté (juin-juillet 1794). David Sintzheim, qui fut élevé plus tard à la présidence du Sanhédrin et qui séjourna alors à Strasbourg, dut fuir de ville en ville pour échapper à la détention, et peut-être à la mort. A Metz, pour que les Juifs pussent préparer le pain azyme pour Pâque, une femme eut l'idée de déclarer aux autorités que, de temps immémorial, ce pain était à leurs yeux le symbole de la liberté. Séligmann Alexandre, de Strasbourg, parent de Cerf Berr, qui était riche et pratiquait ouvertement son culte, fut accusé « d'égoïsme et de fanatisme » et jeté en prison, quoiqu'il eût versé plus de 40,000 francs à titre de contribution patriotique. Enfin, à Paris on obligea des instituteurs juifs à conduire leurs élèves, les jours de décadi, à l'église Notre-Dame, devenue le temple de la déesse Raison. Mais, eu égard aux excès de cette époque, ce furent là des incidents presque insignifiants. Ce qui fut plus important, c'est que, au milieu des changements de gouvernement, le principe de l'égalité des Juifs fut maintenu. La Constitution de l'an III (août 1795) proclama, en effet, à son tour, l'égalité de tous les citoyens, en déclarant que « nul ne peut être empêché d'exercer le culte qu'il a choisi ». Elle ajouta sagement : « Nul ne peut être forcé de contribuer aux dépenses d'aucun culte, la République n'en salarie aucun. » Seule la communauté de Metz souffrit encore quelque temps de certains usages datant du moyen âge.

Dans d'autres pays aussi, où les armées victorieuses de la République française vinrent implanter les idées de liberté et d'égalité, les Juifs obtinrent leur émancipation. Ils furent d'abord affranchis en Hollande, quand ce pays fut devenu la République batave (1796). La population juive de la Hollande, au nombre d'environ cinquante mille âmes et divisée en communautés portugaises et allemandes, y jouissait depuis deux siècles d'une large tolérance, mais était pourtant soumise à de nombreuses restrictions. L'accès des fonctions publiques leur était fermé; ils étaient également exclus de certaines corporations. Ils devaient contribuer aux dépenses du culte et des écoles de la majorité sans profit pour eux. D'autres restrictions encore pesaient sur eux. Dès que la République eut été proclamée, ils virent disparaître un certain nombre de ces restrictions; quelques voix s'élevèrent même pour réclamer leur émancipation complète. Mais, à l'instar de ce qui s'était passé en France, leurs adversaires s'efforcèrent, dans des écrits malveillants, d'exciter l'opinion publique contre eux. L'ouvrage de Van Swieden, intitulé : « Conseil aux Représentants du peuple », produisit surtout une impression fâcheuse. Ce qui paraît plus étrange encore, c'est que les rabbins et les administrateurs des communautés, particulièrement les *Parnassim*, faisaient également opposition à l'émancipation des Juifs.

Grâce à l'influence de ces chefs, les Juifs de Hollande, quoique convoqués, comme leurs concitoyens, à participer à l'élection de la première Assemblée nationale batave, ne s'y intéressèrent que médiocrement. Aussi ne purent-ils faire passer aucun des leurs comme député, même à Amsterdam, où ils étaient au nombre de plus de vingt mille. Les partisans de l'émancipation juive eurent donc à faire face de deux côtés à la fois, et aux Juifs eux-mêmes et à leurs ennemis chrétiens. Sans se laisser décourager, ils redoublèrent d'efforts et d'activité. Enfin, la question de l'émancipation juive fut discutée au mois d'août 1796. Elle fut vivement combattue par les députés conservateurs, qui étaient fermement convaincus que, pour avoir tué Jésus, les Juifs devaient continuer à être humiliés et avilis jusque dans les temps les plus reculés. Mais un député français, Noel, réclama leur affranchissement avec une vigoureuse éloquence; il eut gain de cause. Après de longs débats, l'Assemblée nationale décréta (2 septembre 1796) que les Juifs bataves, du moins ceux d'entre eux qui le désireraient, jouiraient de la plénitude des droits de citoyen.

En général, ce décret ne provoqua pas un grand enthousiasme parmi les Juifs de Hollande. C'est qu'ils avaient joui jusqu'alors d'une plus grande liberté que leurs coreligionnaires de France et d'autres pays, et qu'ils ne voyaient dans leur émancipation que les nouvelles charges qui allaient peser sur eux et les dangers qui menaçaient leur religion. Loin de se réjouir de leur affranchissement, ils en voulaient aux hommes de courage et d'initiative qui y avaient contribué. De là, dans les communautés d'Amsterdam, des discussions et des dissentiments entre les partisans de l'ancien régime et les amis de l'émancipation et des réformes. Ces derniers, principalement dans la communauté allemande, demandèrent, en effet, comme conséquence de la proclamation de l'émancipation, l'abrogation des pouvoirs excessifs des rabbins et des *Parnassim*. Sur le refus des administrateurs de faire droit à leur requête, ils se séparèrent de la communauté établie et en organisèrent une nouvelle (vers la fin de 1796), qu'ils appelèrent *Adat Yeschouroun* et où ils introduisirent plusieurs réformes. Ainsi, dans la prière des Dix-Huit Bénédictions, ils supprimèrent le paragraphe *Welamalschinim*, composé à l'origine contre les Judéo-Chrétiens, mais que des ignorants appliquaient à tous les chrétiens sans exception; ils défendirent aussi les inhumations précipitées et construisirent un nouvel établissement de bains pour la communauté, plus propre et plus confortable que l'ancien. Ces réformes, si innocentes en réalité, excitèrent la colère des rigoristes, qui menacèrent de mort les membres de la nouvelle communauté et auraient mis leurs menaces à exécution sans l'intervention de la force armée. Pourtant, malgré l'appui, assez inexplicable, que leur prêtaient les autorités de la ville, les Parnassim de la communauté allemande, plus tyranniques encore que leurs collègues portugais, durent résigner leurs fonctions. Dans la nouvelle administration entrèrent aussi des réformateurs. Peu à peu les haines s'apaisèrent et les rigoristes se réconcilièrent avec le nouvel état de choses. Ils étaient, du reste, flattés que deux Juifs d'Amsterdam, Bromet et De Lémon, eussent été élus comme députés de l'Assemblée batave. Plusieurs d'entre eux se rendirent même à La Haye pour assister à l'ouverture des séances de cette Assemblée (1797) ; ils se trouvaient honorés dans leur propre personne de la distinction échue à leurs coreligionnaires. L'année suivante (1798), Isaac da Costa Atias fut nommé membre du Conseil de la ville, puis élu député et même élevé à la dignité de président de l'Assemblée. Sur l'initiative du chef de la République batave, le grand pensionnaire Schimmelpenik, des Juifs furent également appelés à des fonctions publiques. Moresco eut un emploi auprès du Conseil de la ville d'Amsterdam et Moïse Asser au ministère de la Justice. De toute l'Europe ce fut la Hollande qui nomma les premiers fonctionnaires juifs.

Fiers de leur titre de citoyen, les Juifs de Hollande étaient indignés qu'une partie de leurs coreligionnaires fussent encore traités en Allemagne comme des parias. Ils demandèrent donc à l'Assemblée nationale d'inviter le représentant de la République batave auprès de la République française à proposer au congrès de la Paix, à Rastadt, d'exempter en Allemagne les Juifs hollandais du péage personnel : dans le cas où les princes allemands s'y refuseraient, tous leurs sujets seraient soumis en Hollande à ce traitement humiliant. L'Assemblée nationale accueillit cette demande.

Partout où pénétraient les héroïques soldats français, les Juifs étaient émancipés. A Venise, qui avait eu le premier ghetto, les murs en tombèrent à l'entrée des Français. Dans le Piémont, un prêtre catholique salua avec enthousiasme, dans la synagogue, l'affranchissement des Juifs. La ville de Cologne, où, depuis le xve siècle, aucun Juif ne pouvait passer la nuit, dut accorder les droits de cité à un Juif, Joseph Isaac, quand elle fut devenue française (1798).

Pourtant, en France même, l'égalité des Juifs n'était pas tout à fait complète sous Napoléon Bonaparte. Quand ce dernier eut rétabli l'ancien culte catholique et conclu plus tard le Concordat avec la papauté, il ne donna aucune sanction légale à l'existence du culte public des Juifs. C'est qu'il n'avait pas une opinion bien arrêtée sur le judaïsme. Il manifestait à la fois, pour cette religion, un profond respect et un grand dédain. Son admiration était très vive pour le passé de ce peuple, qui avait opposé un courage si héroïque, une si indomptable énergie, aux persécutions et aux souffrances. Mais, d'un autre côté, en voyant les Juifs humbles et méprisés, il ne croyait pas qu'ils eussent conservé les qualités de leurs ancêtres; il partageait à leur égard les préjugés de la foule. Il hésitait donc encore à promulguer une loi qui plaçât le judaïsme sur le même rang que les autres cultes.

Pendant qu'en France, en Hollande, en Italie et dans toutes les régions conquises par les Français, les Juifs étaient émancipés, on les maintenait dans une situation inférieure en Autriche, en Prusse et dans les nombreuses petites principautés allemandes. Malgré la publication de « Nathan le Sage » et du « Mémoire » de Dohm, les préjugés persistaient à leur égard. On eût dit que les Allemands cherchaient à se consoler de l'asservissement dans lequel les tenaient le clergé et l'État en humiliant et en maltraitant les Juifs. A Berlin même, dans cette ville qui se prétendait si éclairée, les médecins juifs, quelle que fût leur réputation, ne pouvaient pas figurer sur la même liste que leurs collègues chrétiens. Deux écrivains célèbres de cette époque, le grand poète Gœthe et le profond penseur Fichte, proclamaient leur antipathie pour les Juifs. Quoique ennemis des croyances de l'Église, quoique athées, ils détestaient les Juifs au nom de Jésus. Fichte surtout se prononçait énergiquement contre leur émancipation.

Ils trouvèrent pourtant alors, en Allemagne, deux défenseurs convaincus, qui plaidèrent chaleureusement leur cause devant le Congrès de Rastadt. L'un publia, sous le voile de l'anonymat, un intéressant écrit où il raillait avec beaucoup de verve l'étroitesse d'esprit et la sottise des adversaires des Juifs. L'autre, appelé Chrétien Grund, exposa avec une émotion communicative les iniquités dont souffraient les Juifs. Ils s'efforcèrent en même temps d'agir sur l'opinion publique, afin d'appuyer la démarche tentée par les Juifs hollandais auprès du Congrès de Rastadt pour lui faire exercer une pression morale sur les princes allemands en faveur de leurs sujets juifs. Mais les divers États de l'Allemagne opposèrent une résistance obstinée.

C'était surtout l'obligation de payer le péage personnel (*leibzoll*), inconnu même de nom en dehors des pays allemands, qui révoltait les Juifs. Car par cette taxe, ils étaient presque rabaissés au rang d'animaux. L'empereur Joseph l'avait bien abolie en

Autriche et Frédéric-Guillaume II en Prusse. Mais elle continuait à être prélevée dans l'Allemagne centrale et occidentale, dans les régions du Mein et du Rhin, où de nombreux États minuscules se touchaient. Il en résultait que, dans une seule journée, un Juif traversait parfois plusieurs de ces petits pays et, par conséquent, était contraint de payer plusieurs fois cette taxe. Non pas qu'elle fût très élevée, elle n'était souvent que de quelques *kreutzers*, mais elle exposait les Juifs, de la part des autorités, aux plus injurieux traitements.

Le péage personnel disparut avec l'entrée des armées françaises en Allemagne. Mais, après la paix de Lunéville, les petites principautés le rétablirent. Elles en exigeaient même le payement des Juifs français que leurs affaires appelaient de l'autre côté du Rhin, invoquant cette clause du traité de Campo-Formio que, provisoirement, aucune modification ne serait apportée aux conventions réglant les relations commerciales de l'Autriche et de la France. Mais les Juifs français refusaient de se soumettre à cette humiliation. A la suite de pressantes réclamations, le commissaire du gouvernement, Jollivet, invita les représentants de la République française aux cours allemandes à ne pas tolérer qu'on exigeât des Juifs français le payement du péage personnel. Un certain nombre de princes tinrent compte des protestations de la France, mais leurs sujets juifs restèrent soumis à cette taxe.

Lorsque, à la suite du traité de paix de Lunéville, une Conférence se réunit à Ratisbonne, pour délibérer sur les affaires de l'Empire, les Juifs lui adressèrent une requête pour obtenir les droits de citoyen passif (15 novembre 1802). Ils demandaient qu'on supprimât les restrictions dont ils souffraient encore, qu'ils ne fussent plus astreints à demeurer dans des quartiers spéciaux, qu'il leur fût permis de s'occuper librement de leurs affaires, et, en général, qu'on les assimilât aux autres Allemands. Ils invoquèrent l'exemple de la France et de la Hollande. Contre leur attente, leur requête fut présentée et appuyée par un des membres les plus considérables de la Conférence, le délégué de l'Autriche (vers la fin de 1802). **Mais des questions plus urgentes absorbaient alors l'attention de la Conférence ; la pétition des Juifs ne fut pas examinée.**

Cet échec ne les découragea point. Voyant qu'ils ne réussissaient pas en s'adressant à ceux qui représentaient la Confédération allemande, ils résolurent de tenter des démarches auprès de chaque prince en particulier. Deux Juifs surtout méritèrent bien de leurs coreligionnaires dans cette circonstance, Israël Jacobson (né à Halberstadt en 1769 et mort à Berlin en 1828) et Wolf Breidenbach (né près de Cassel en 1751 et mort à Offenbach en 1824). Jacobson, qui était agent financier du duc de Brunswick, obtint de ce prince l'abolition du péage corporel dans ses États de Brunswick-Lunebourg (1803). L'intervention de Wolf Breidenbach fut plus féconde encore. C'était un homme d'une grande élévation de sentiments et d'une rare modestie, qui avait formé son esprit et son cœur par l'étude des œuvres de Mendelssohn et des *Meas fim*. Pauvre étudiant talmudiste à Francfort, il sortit de son obscurité grâce à son habileté au jeu d'échecs. Un personnage influent, prince ou baron, qui aimait ce jeu passionnément, se lia avec lui et lui avança ensuite des fonds pour lui permettre de s'établir comme joaillier et changeur. Devenu riche, Breidenbach résolut d'user de son crédit pour faire abolir le *leibzoll* partout où il pesait encore sur les Juifs. Comme il prévoyait qu'il aurait besoin de beaucoup d'argent pour atteindre son but, il adressa un appel à ses coreligionnaires d'Allemagne et d'autres pays (septembre 1803). Il entreprit alors des démarches actives auprès des princes réunis à la diète de Ratisbonne, et, grâce à ses efforts persévérants et à son énergie, grâce aussi à l'appui du chancelier Dalberg, il obtint la suppression du péage corporel dans les provinces rhénanes et en Bavière. Même à Francfort, le Sénat, d'ordinaire si malveillant pour les Juifs, consentit, sur les instances de Breidenbach, à abolir la taxe spéciale que les Juifs devaient payer en entrant par une des portes de la ville ou en traversant le pont.

Les efforts des Juifs pour acquérir la liberté civile et l'accueil favorable fait par quelques princes à leurs revendications exaspérèrent leurs adversaires. Sur plusieurs points de l'Allemagne parurent des libelles qui renouvelaient contre eux les mensonges et les calomnies du moyen âge. Toute une série d'écrivains, Paalzov, Grattenauer, Buchholz et d'autres, moins connus ou anonymes, établis pour la plupart à Berlin, accablèrent de leurs outrages les doctrines du judaïsme et le passé du peuple juif, injuriant même les Patriarches et les Prophètes. Grattenauer surtout se distingua dans cette campagne d'invectives grossières et d'odieuses excitations.

Deux catégories de Juifs, à Berlin, se sentirent tout particulièrement blessés des attaques de Grattenauer, parce qu'ils n'avaient reculé devant aucune lâcheté pour faire oublier leur origine et qu'ils croyaient y avoir réussi. Ce furent la « Société des amis » ou, comme les appelait Grattenauer, « les jeunes élégants juifs », et ceux qui fréquentaient le salon de Henriette Herz. Il leur paraissait dur, à eux qui avaient rompu tout lien avec le judaïsme, d'être raillés et tournés en ridicule comme Juifs.

A ces sarcasmes et à ces injures, les chefs du judaïsme berlinois ne surent opposer que le silence. David Friedlaender se tut; Ben-David, décidé d'abord à riposter, s'en abstint. Dans leur désarroi, ils eurent recours tout simplement à la protection de la police. Sur leurs instances, il fut interdit de publier quelque écrit que ce fût pour ou contre les Juifs. Cette démarche inconsidérée fut regardée comme un aveu d'impuissance et une lâcheté, elle provoqua une recrudescence d'attaques et de railleries. Il parut bientôt contre eux un nouveau livre : « Peut-on laisser aux Juifs leur constitution actuelle sans danger pour l'État? » Ce pamphlet, écrit sur un ton plus modéré que les ouvrages de Grattenauer, était par cela même plus dangereux. Il proposait des mesures qui dépassaient en iniquité et en violence les décrets d'Innocent III et de Paul IV : « Il n'est pas seulement nécessaire, y lisait-on, d'enfermer de nouveau les Juifs dans des ghettos, de les placer sous la surveillance constante de la police et de les obliger à attacher à une manche de leur vêtement un morceau d'étoffe de couleur voyante, mais il faut également s'opposer, par des moyens radicaux, à leur accroissement. » Ces dignes disciples de Schleiermacher et de Fichte ne voulaient plus rien savoir des idées de justice, de tolérance et de fraternité professées par Dohm et Lessing.

Ces diatribes véhémentes, publiées à Berlin, à Francfort, à Breslau et dans d'autres villes encore, surexcitèrent le fanatisme et la haine de la population, à tel point que des ecclésiastiques crurent prudent de recommander du haut de la chaire le calme et la bienveillance. Plusieurs auteurs chrétiens plaidèrent également la cause des Juifs, mais d'une façon assez singulière. Ils reconnaissaient que les Juifs avaient les défauts qu'on leur reprochait et qu'il fallait déplorer leur présence parmi les chrétiens, mais on devait se résigner à supporter le mal puisqu'il existait.

On proposa, parmi les Juifs mêmes, toute espèce de remèdes pour mettre fin à cette campagne. Tout Juif, déclarait l'un, devrait être contraint par l'État de marier au moins une de ses filles à un chrétien et un de ses fils à une chrétienne : les enfants issus de ces unions seraient chrétiens. Un autre manifestait des vues tout opposées. Selon lui, un appel devait être adressé à toutes les jeunes filles juives pour les engager à n'avoir aucun rapport avec les chrétiens et à repousser toutes leurs avances.

Seuls, deux écrivains juifs surent intervenir utilement dans cette lutte. Ils comprirent que, pour répondre aux attaques de tous ces ennemis du judaïsme, il ne fallait pas développer de longs arguments et d'interminables raisonnements, mais se servir de l'arme acérée de l'ironie. L'un d'eux, médecin à Kœnigsberg, exposa avec le plus grand sérieux, sous le nom de Dominius Aman Epiphane, que le salut des États chrétiens exigeait la prompte extermination de tous les Juifs mâles; quant aux femmes juives, on les vendrait comme esclaves. L'autre, dissimulé sous le pseudonyme de Lefrank, prit hardiment l'offensive : « Comment expliquer, disait-il, que les prisons contiennent tant de meurtriers, empoisonneurs, voleurs et adultères chrétiens ?... Toi, Grattenauer, tu prétends que l'habitude de tromper est un défaut essentiellement juif. N'es-tu pas volé sans cesse par ton tailleur chrétien, ton cordonnier chrétien, ton laitier et ton boulanger chrétiens? Ton vin est falsifié, tes domestiques s'entendent pour te voler... Parmi les nombreuses faillites qui viennent de se produire à Paris et à Londres, y en a-t-il une seule dont on puisse accuser un Juif? C'est purement radoter que de prétendre, comme le grand Fichte, que les Juifs forment un État dans l'État. Tu ne peux pas leur pardonner qu'ils parlent bien l'allemand, s'habillent plus convenablement et jugent parfois plus sensément que toi. Ils n'ont même plus de barbe par laquelle on puisse les tirer... Depuis vingt ans ils redoublent d'efforts pour se rapprocher des chrétiens, mais ceux-ci, sans doute par humanité, persistent à les repousser. » Ces réflexions de Lefrank montrent que les Juifs d'Allemagne avaient alors le sentiment de leur dignité et de leur valeur, et elles font déjà prévoir le triomphe final de leurs revendications. Ce triomphe fut, d'ailleurs, facilité par les conquêtes des Français en Allemagne et le réveil, dans ce pays, du sentiment de la liberté.

CHAPITRE XV

LE SANHÉDRIN DE PARIS ET LA RÉACTION

(1806-1815)

Pendant l'époque orageuse de la Révolution, les paysans d'Alsace avaient cessé de produire contre les Juifs de cette province leur accusation habituelle d'usure. C'est que créanciers juifs et débiteurs chrétiens avaient subi le même sort : tous étaient réduits à la misère. Au sortir de cette tourmente, de nombreux Juifs qui, par leur activité et leur intelligence, avaient réussi à acquérir de nouveau quelque fortune, reprirent leur ancien commerce d'argent. Ils y étaient en partie contraints par la nécessité de gagner leur vie et s'y trouvaient encouragés par les circonstances. Les hommes mûrs ne pouvaient pas, à l'âge où ils étaient arrivés, se mettre à apprendre l'agriculture ou la pratique de métiers manuels. D'autre part, le moment était favorable, pour ceux qui avaient de l'argent, à la réalisation de gros bénéfices. Des « biens nationaux », confisqués sur le clergé et la noblesse, étaient alors à vendre, et les paysans d'Alsace, désireux d'en acquérir, manquaient des capitaux nécessaires. Beaucoup d'entre eux avaient même dû vendre, pendant les années troublées de la Révolution, tout leur bétail et leurs instruments de labour pour ne pas mourir de faim. Ils s'adressèrent alors aux capitalistes juifs, qui leur avancèrent de l'argent sur hypothèque, probablement à des taux très élevés. Mais si les Juifs bénéficièrent de cette situation, les paysans aussi y trouvèrent leur compte. Dénués de tout à l'origine, ils acquirent peu à peu une certaine aisance. Au bout de quelques années, ils possédaient des biens-fonds d'une valeur de soixante millions, dont ils devaient environ le sixième aux Juifs. Seulement, ils n'avaient pas d'argent comptant pour payer les intérêts de leurs dettes, surtout à l'époque des grandes guerres où Napoléon enleva tant de bras à l'agriculture. Obérés par la masse des intérêts qui s'accumulaient, poursuivis en justice, un grand nombre de paysans se virent expropriés de leurs champs et de leurs vignes au profit de leurs créanciers. De là des plaintes très vives et très nombreuses.

Dans l'espoir de satisfaire leur haine, les adversaires des Juifs s'empressèrent de renchérir encore sur ces plaintes. Peignant sous les plus sombres couleurs les souffrances des paysans, ils représentaient tous les Juifs comme des usuriers et des « sangsues » et s'efforçaient de démontrer la nécessité de les priver de nouveau des droits civils que la France leur avait accordés. A la tête de ces implacables ennemis des Juifs, on trouva encore une fois la municipalité de Strasbourg, qui supportait avec impatience la présence de Juifs dans cette ville.

Lorsque Napoléon, au retour de sa campagne contre les Autrichiens (janvier 1806), traversa Strasbourg, le préfet ainsi qu'une délégation des bourgeois lui exposèrent les prétendus maux causés par les Juifs en Alsace. Ils lui affirmèrent que la surexcitation de la population alsacienne était telle qu'il y avait à craindre le renouvellement des scènes de meurtre du moyen âge. Ils lui firent aussi croire que tous les Juifs étaient usuriers ou colporteurs et que ceux d'entre eux qui suivaient les armées pour acheter le butin des maraudeurs étaient originaires de Strasbourg. Ce fut sous cette impression défavorable que Napoléon arriva à Paris. Le ministre de la Justice, circonvenu de tous côtés, lui proposa de soumettre de nouveau tous les Juifs de France à des lois d'exception. Cette tentative de réaction fut énergiquement appuyée par les ultra-catholiques, que gênait toute liberté, surtout la liberté de conscience. A la tête de cette coterie se trouvaient alors le vicomte de Bonald, Chateaubriand et de

Fontanes. De Bonald surtout voyait dans la liberté des Juifs une injure au catholicisme, et il exhortait ses concitoyens à imiter les Allemands, qui avaient bien consenti à abolir le péage corporel, mais avaient laissé en vigueur toutes les autres lois d'exception.

Ému par toutes ces clameurs, Napoléon décida de soumettre la législation concernant les Juifs à l'examen du Conseil d'État. Un jeune auditeur, le comte Molé, qu'on disait issu de Juifs, fut chargé de présenter un rapport sur cette question. A la grande surprise des conseillers d'État, Molé épousa les rancunes du parti catholique et réactionnaire et conclut à la nécessité d'enlever à tous les Juifs de France les droits civils que la Révolution leur avait accordés et de prendre contre eux des mesures restrictives. Ce rapport fut accueilli avec froideur par la majorité du Conseil, qui ne pouvait admettre qu'on touchât à la liberté des citoyens. Pourtant, sur le désir de Napoléon, qui y attachait une grande importance, cette question fut discutée dans une séance plénière du Conseil d'État (avril 1806).

La cause des Juifs fut plaidée au Conseil, devant l'empereur, par un homme très libéral, M. Beugnot. Il se montra malheureusement, dans cette discussion, emphatique et déclamateur; ce qui impatienta Napoléon. Une phrase surtout irrita l'empereur. Beugnot déclara « qu'enlever aux Juifs leurs droits équivaudrait à une bataille perdue sur le terrain de la justice. » Napoléon s'emporta, parla des Juifs comme aurait pu le faire Fichte ou Grattenauer, dénonçant leur avarice, leur improductivité, soutenant qu'ils formaient un État dans l'État et niant qu'ils pussent être placés sur le même rang que les catholiques et les protestants.

Courageusement, Regnault de Saint-Jean-d'Angély et le comte de Ségur appuyèrent l'opinion de Beugnot. Ils firent remarquer qu'à Bordeaux, à Marseille, ainsi qu'en Hollande et dans les villes italiennes annexées à la France, les Juifs étaient très considérés et qu'il serait inique de les rendre tous responsables des fautes reprochées aux Juifs d'Alsace. Ces réflexions si sages calmèrent Napoléon. On avait aussi appelé l'attention de l'empereur sur les importants progrès réalisés en si peu de temps par les Juifs dans les arts, les sciences, l'agriculture et les professions manuelles, et on lui en avait signalé un certain nombre qui, pour leur courage militaire, avaient obtenu des pensions ou avaient été promus dans l'ordre de la Légion d'honneur.

Dans la seconde séance du Conseil d'État (7 mai 1806), Napoléon se montra bien radouci. Non pas que ses préjugés à l'égard des Juifs eussent complètement disparu, mais il semblait décidé à interdire toute persécution contre eux et à maintenir leur égalité civile. Il rendit pourtant un décret prescrivant pour les Juifs d'Alsace des dispositions exceptionnelles, mais transitoires. Ce décret (30 mai 1806) suspendait pour un an l'exécution des jugements rendus en faveur des créanciers juifs en Alsace et dans les provinces rhénanes récemment annexées à la France. Par ce même décret, l'empereur convoqua à Paris une assemblée de notables juifs de tous les points de l'empire français « pour délibérer sur les moyens d'améliorer la nation juive et de répandre parmi ses membres le goût des arts et des métiers utiles ». Dans le préambule de ce décret, Napoléon fait remarquer « combien il est urgent de ranimer, parmi ceux qui professent la religion juive dans les pays soumis à notre obéissance, les sentiments de morale civile qui, malheureusement, ont été amortis chez un grand nombre d'entre eux par l'état d'abaissement dans lequel ils ont trop longtemps langui, état qu'il n'entre point dans nos intentions de maintenir ni de renouveler ».

Quoique le choix des notables eût été laissé à l'arbitraire des préfets, une grande partie des délégués, au nombre de plus de cent, étaient des hommes distingués, comprenant l'importance de leur mission et résolus à défendre vaillamment le judaïsme, en face de l'Europe, contre les préjugés dont il avait encore à souffrir. On comptait parmi eux Berr Isaac Berr, dont on connaît le dévouement infatigable à la cause de ses coreligionnaires ; son fils, Michel Berr, auteur de l'appel adressé aux princes et aux peuples en faveur de l'émancipation des Juifs ; Abraham Furtado, de Bordeaux, ancien ami des Girondins, cœur généreux et esprit clairvoyant. Les parents de Furtado étaient des Marranes du Portugal qui, tout en pratiquant extérieurement la religion chrétienne, avaient conservé un profond attachement pour la religion de leurs ancêtres. Lors du terrible tremblement de terre de Lisbonne (1755), le père avait été tué, et la mère, enceinte à ce moment, avait été ensevelie sous des décombres. Elle avait alors fait vœu que, si on réussissait à l'en retirer vivante, elle reviendrait au judaïsme. Comme par miracle, une nouvelle secousse avait dégagé l'endroit où elle s'était trouvée enfermée. Elle avait alors quitté Lisbonne pour se rendre à Londres, où elle s'était faite juive. C'est dans cette ville qu'était né Abraham Furtado, qui était allé ensuite se fixer à Bordeaux.

Il faut encore mentionner, parmi les notables de France, Joseph-David Sintzheim, rabbin de Strasbourg (1745-1812). C'était un talmudiste très érudit, de manières douces et affables, d'un caractère élevé; il était apparenté à Cerf Berr et possédait une fortune sérieuse. Outre Sintzheim, l'assemblée des notables français ne comptait plus qu'un seul rabbin, le portugais Abraham Andrade, de Saint-Esprit.

Comme la circulaire ministérielle (du 23 juillet 1806) n'avait donné aucune indication précise sur le but que poursuivait l'empereur par la convocation des notables, ceux-ci n'étaient pas sans éprouver quelque inquiétude. La nomination de Molé comme commissaire impérial, à côté de Portalis et de Pasquier, n'était assurément pas faite pour calmer leurs craintes, car ils se rappelaient dans quel esprit de malveillance Molé avait parlé des Juifs au Conseil d'État.

La veille de l'ouverture des séances (25 juillet), le *Moniteur* publia une longue étude sur « l'état politique et religieux des Juifs depuis Moïse jusqu'à présent ». On voulait ainsi informer le peuple français tout entier de l'importance des questions soumises à l'examen de l'assemblée des notables. Cet exposé traçait à grands traits les péripéties de l'histoire du peuple juif, tantôt libre, tantôt soumis à d'autres nations, cruellement persécuté au moyen âge, en butte à des accusations diverses, et souvent victime des insultes et des violences de la foule. Sur bien des points, ce résumé présentait de graves inexactitudes. De même, dans le jugement qu'il publia sur les doctrines du judaïsme, le *Moniteur* contenait de profondes erreurs. Pour l'histoire, il avait eu recours à l'ouvrage de Basnage, et, pour la religion, aux œuvres de Léon de Modène, ce rabbin sceptique qui avait parlé avec tant de légèreté du judaïsme talmudique. On s'attachait surtout, dans cette étude, à faire ressortir deux points : l'isolement dans lequel se complaisaient les Juifs au milieu des diverses nations et l'usure qu'ils pratiquaient à l'égard des autres croyants, et qui serait autorisée, sinon prescrite, par leur législation. Pour démontrer que le Talmud est responsable de ces tendances antisociales, on affirmait que les Juifs portugais, qui ne se livraient pas à l'usure, observaient peu les prescriptions talmudiques, que les Juifs distingués de l'Allemagne, comme Mendelssohn, ne témoignaient qu'un médiocre respect pour les rabbins, et qu'en France même les Juifs qui s'adonnaient aux études profanes négligeaient les pratiques religieuses.

Comme les notables devaient tenir leur première séance un samedi, ils avaient à résoudre préalablement une question qui, dès le début, mettait aux prises les exigences de la religion avec celles de la loi civile. Il fallait, en effet, nommer à cette séance un président et des secrétaires. Or, pouvait-on écrire des bulletins de vote le jour du sabbat? Les rabbins, appuyés par le parti de Berr Isaac Berr, se déclarèrent énergiquement pour la négative. D'autres membres, qu'on pourrait appeler les hommes politiques, tels que Furtado, étaient, au contraire, d'avis de prouver à l'empereur que les Juifs savaient subordonner l'observance des lois religieuses aux ordres des autorités du pays. La discussion fut très vive. Un des délégués, Jacob Lazare, de Paris, proposa une combinaison qui donnait satisfaction à tous : ceux qui ne voulaient pas écrire le samedi pouvaient préparer leur bulletin de vote dès la veille.

Ce fut dans une salle de l'hôtel de ville, ornée d'emblèmes de circonstance, que se réunirent les notables, sous la direction de Salomon Lipmann, de Colmar, président d'âge. Pour la présidence définitive, deux candidats s'imposaient au choix de l'assemblée : Berr Isaac Beer et Abraham Furtado. Le premier fut présenté par les scrupuleux observateurs des pratiques du judaïsme, le second eut surtout l'appui des membres libéraux et s'intéressant à la politique. Sur quatre-vingt-quatorze voix, Furtado en obtint soixante-deux ; il fut donc nommé président. Comme il avait l'habitude des débats parlementaires, il sut diriger les travaux de l'assemblée avec beaucoup de tact et d'habileté. D'ailleurs, les délégués, conscients de la grandeur de leur tâche, rivalisaient de zèle et d'activité pour l'accomplir dignement. Ils avaient à cœur de mettre en pratique les conseils d'un de leurs collègues, Lipmann Cerf Berr, qui, dans une allocution chaleureuse, leur avait recommandé d'oublier qu'ils étaient Alsaciens, Portugais ou Italiens, pour se montrer tous animés des mêmes pensées et des mêmes sentiments.

Au commencement, les députés avaient éprouvé quelque inquiétude au sujet des intentions de Napoléon. Mais, lorsque l'officier de la garde d'honneur qui se tenait à l'entrée de la salle s'approcha de leur président pour recevoir ses ordres, que les tambours battirent aux champs et que les soldats présentèrent les armes, leur crainte fit place à un sentiment de joyeuse espérance. Ils voyaient déjà les Juifs définitivement relevés de l'état d'abaissement dans lequel on les avait tenus pendant tant de siècles, et leur culte pour l'empereur s'en accrut encore.

Les délégués de France étaient déjà réunis quand arrivèrent ceux d'Italie. Le plus important d'entre eux était Abraham-Vita de Cologna, rabbin de Mantoue (1752-1832). Cologna ne se distinguait ni par sa science talmudique, ni par ses connaissances profanes, mais il était d'un extérieur imposant et possédait un remarquable talent d'orateur. Il manifestait des tendances libérales et croyait nécessaire, lui aussi, d'essayer de rendre plus fréquents les rapports entre les Juifs et les autres croyants pour faire sortir ses coreligionnaires de leur isolement.

Dans la seconde séance (29 juillet), les trois commissaires impériaux soumirent douze questions à l'examen de l'assemblée, l'invitant à y répondre avec conscience et sincérité. Une manifestation caractéristique se produisit à l'énoncé d'une de ces questions. Quand le secrétaire eut demandé : « Les Juifs nés en France et traités par la loi comme citoyens regardent-ils la France comme leur patrie et ont-ils l'obligation de la défendre? » tous les notables s'écrièrent d'une voix unanime : « Oui, jusqu'à la mort ! » D'autres questions concernaient les mariages entre Juifs et chrétiens, la polygamie, le divorce et l'usure.

Dans cette même séance, on nomma une commission de neuf

membres chargés, de concert avec le président et les secrétaires, de rédiger les réponses. On choisit, entre autres, les rabbins Sintzheim, Andrade, de Cologna et Segré, et deux laïques instruits, Berr Isaac Berr et Lazare. La commission confia la plus grande partie de son travail à David Sintzheim, qui l'acheva en quelques jours (30 juillet — 3 août). Avant de le soumettre à l'assemblée générale, il en fit lecture à ses collègues de la commission.

Dès la troisième séance (4 août), où fut commencée la discussion des questions, on put reconnaître les progrès réalisés au point de vue des idées modernes par les Juifs, même orthodoxes, depuis Mendelssohn. Les deux premières questions ne soulevèrent aucune difficulté. Il s'agissait de savoir s'il est permis aux Juifs d'épouser plusieurs femmes et si le divorce prononcé par les rabbins est valable aux yeux des Juifs sans qu'il ait été proclamé par les tribunaux. Par contre, à propos de la troisième question, qui était relative au mariage entre Juifs et chrétiens, les débats furent très vifs. Ceux des notables qui n'éprouvaient qu'indifférence pour les pratiques religieuses étaient disposés à se montrer favorables aux unions mixtes. Mais les orthodoxes, notamment les délégués des anciennes provinces allemandes, ainsi que Salomon Lipmann et le cabbaliste Nepi s'y montraient opposés. Pourtant, ils craignaient d'irriter Napoléon en prohibant absolument ces unions. L'assemblée se tira cependant assez habilement de cette difficulté. Après avoir établi que la Bible ne défend explicitement que les mariages avec les sept nations cananéennes, c'est-à-dire avec les idolâtres, elle ajouta que, d'après une déclaration formelle du Talmud, les peuples modernes ne peuvent pas être considérés comme païens. Sans doute, les rabbins « ne seraient pas disposés à bénir le mariage d'un Juif avec une chrétienne ou d'un chrétien avec une Juive, pas plus que les prêtres catholiques ne consentiraient à bénir de pareilles unions » ; mais ce refus n'aurait aucune conséquence fâcheuse, puisque, pour l'État, le mariage civil suffit. Du reste, les rabbins continuent à reconnaître la qualité de Juif à celui qui épouse une chrétienne.

La quatrième et la cinquième séance (7 et 12 août) furent consacrées à la discussion et à l'adoption du restant des questions. A la demande qui leur était posée si les Juifs considèrent les Français comme leurs frères, les délégués répondirent que de tout temps, comme le montrent la Bible, le Talmud et la littérature rabbinique, le judaïsme avait prescrit, avec une insistance particulière, l'amour des hommes et la fraternité. Enfin, en discutant la question d'usure, ils s'attaquèrent vivement aux préjugés qui régnaient à cet égard contre les Juifs et protestèrent avec énergie contre cette fâcheuse tendance à imputer à tous les fautes de quelques-uns.

Après que toutes ces déclarations eurent été examinées par le gouvernement impérial, les notables tinrent une sixième séance (17 septembre) pour entendre les communications des commissaires. Le ton de Molé, qui prit la parole à cette séance, fut tout différent de celui de ses discours précédents : « Qui ne serait saisi d'étonnement, disait-il, à la vue de cette réunion d'hommes éclairés, choisis parmi les descendants du plus ancien peuple de la terre? Si quelque personnage des siècles écoulés revenait à la lumière, et qu'un tel spectacle vînt à frapper ses regards, ne se croirait-il pas transporté dans les murs de la cité sainte, ou ne penserait-il pas qu'une révolution terrible a renouvelé les choses humaines presque dans leurs fondements? » Et il continua : « Sa Majesté... vous assure le libre exercice de votre religion et la pleine jouissance de vos droits politiques; mais, en échange de l'auguste protection qu'elle vous accorde, elle exige une garantie religieuse de l'entière observation des principes énoncés dans vos réponses. »

A quoi l'orateur faisait-il allusion par les mots « garantie religieuse » ? C'est ce que se demandaient les délégués, quand Molé, interprète de la pensée impériale, leur communiqua une information qui les remplit tous d'une vive émotion. « C'est le grand Sanhédrin, leur dit-il, que Sa Majesté se propose de convoquer. Ce corps, tombé avec le temple, va reparaître pour éclairer par tout le monde le peuple qu'il gouvernait; il va le rappeler au véritable esprit de sa loi et lui en donner une explication digne de faire disparaître toutes les interprétations mensongères. » Le comte de Molé invita ensuite l'assemblée à « annoncer sans délai la convocation du grand Sanhédrin à toutes les synagogues de l'Europe, afin qu'elles envoient à Paris des députés capables de fournir au gouvernement de nouvelles lumières ». Afin que ce Sanhédrin, convoqué pour convertir les réponses des notables en décisions religieuses, jouît du même prestige que l'ancien conseil de ce nom, on décida de l'organiser complètement sur le modèle des sanhédrins d'autrefois. « Selon l'ancien usage, le grand Sanhédrin sera composé de soixante-dix membres, sans compter son chef », il devait avoir un président ou *nassi*, avec un premier assesseur ou *ab-bêt-din* et un deuxième assesseur ou *hakham*, et être formé pour deux tiers de rabbins et un tiers de laïques.

Cette communication fut accueillie avec le plus grand enthousiasme. Aux yeux des notables, la réunion du grand Sanhédrin représentait en quelque sorte la résurrection de l'ancienne splendeur d'Israël. Aussi s'empressèrent-ils d'adresser une proclamation aux communautés juives de toute l'Europe pour leur faire partager leur profonde satisfaction et les engager à envoyer des délégués auprès du Sanhédrin. Cette proclamation, écrite en hébreu, en français, en allemand et en italien, disait en substance qu'un événement considérable se préparait, que dans la capitale d'un des plus puissants empires chrétiens, sous la protection d'un illustre monarque, allait se réunir un Sanhédrin, et qu'une ère de paix et de bonheur s'ouvrirait sûrement pour les débris d'Israël.

En fait, la convocation d'une sorte de Parlement juif à Paris produisit dans toute l'Europe une profonde sensation. On était bien habitué aux exploits militaires et aux brillantes victoires de Napoléon, mais son idée de créer un Sanhédrin avait quelque chose d'inattendu et d'original qui étonnait. Presque chez tous les Juifs, ce projet éveillait les plus belles espérances. A Berlin pourtant, le cercle de David Friedlaender, le groupe des « éclairés », éprouvait un réel dépit de voir la France tenter, par l'organe du Sanhédrin, de faire pénétrer l'esprit moderne dans le judaïsme tout en lui conservant sa forme antique. Aussi affectaient-ils d'en parler avec ironie et dédain. Il s'y mêlait, en plus, une question de patriotisme. Les Juifs de Prusse ressentaient, comme les autres habitants, la douleur des défaites infligées par Napoléon à leur pays; il leur était donc difficile de voir en lui un bienfaiteur de leurs coreligionnaires. Ce n'était que dans les provinces de la Prusse méridionale, à Posen, à Varsovie, que les Juifs, à l'exemple des Polonais, considéraient Napoléon comme un libérateur et se montraient pleins d'égards pour les soldats français.

Avant la réunion du Sanhédrin, l'assemblée des notables eut encore à examiner un projet de règlement organique du culte juif, préparé par la commission des neuf, de concert avec les commissaires impériaux. D'après ce projet, le judaïsme français devait avoir à sa tête un consistoire central, qui aurait pour mission de surveiller les consistoires départementaux, les rabbins et les communautés. Chaque consistoire départemental serait chargé de veiller à l'exécution des décisions du Sanhédrin, d'encourager chez les Juifs l'exercice des professions manuelles, de faire connaître aux autorités civiles le nombre des conscrits israélites de la circonscription. Plusieurs membres de l'assemblée montrèrent vainement ce que certaines obligations imposées aux consistoires avaient de blessant pour les Juifs en faisant supposer qu'on doutait de la sincérité de leur patriotisme. Par crainte de déplaire à l'empereur, la majorité accepta le règlement organique dans son entier, sans y apporter aucune modification.

La clôture des séances de l'assemblée des notables se fit avec une grande solennité (5 février 1807). Le délégué de Nice, Isaac-Samuel Avigdor, un des secrétaires, prononça un intéressant discours où il exposait les raisons de l'antipathie marquée par les diverses nations à l'égard des Juifs, et où il montrait la bienveillance témoignée souvent à ces derniers par des ecclésiastiques chrétiens : « Le peuple d'Israël, continua-t-il, toujours malheureux et presque toujours opprimé, n'a jamais eu le moyen ni l'occasion de manifester sa reconnaissance pour tant de bienfaits... Depuis dix-huit siècles, la circonstance où nous nous trouvons est la seule qui se soit présentée pour faire connaître les sentiments dont nos cœurs sont pénétrés... Prouvons à l'univers que nous avons oublié tous les malheurs passés et que les bonnes actions seules laissent dans nos cœurs des traces ineffaçables. Espérons des ecclésiastiques nos contemporains qu'ils conserveront, par leur bienfaisante influence sur les chrétiens, ce doux sentiment de fraternité que la nature a mis dans le cœur de tous les hommes et que la morale de chaque religion doit également inspirer comme la nature. » Avigdor termina son discours par la proposition d'exprimer en séance la reconnaissance des délégués pour « les bienfaits successifs du clergé chrétien dans les siècles passés en faveur des Israélites de divers États de l'Europe... alors que la barbarie, les préjugés et l'ignorance réunis persécutaient et expulsaient les Juifs du sein des sociétés », et de consigner l'expression de ces sentiments dans le procès-verbal. Cette proposition fut adoptée.

Quatre jours après la clôture des séances des notables, se réunit le grand Sanhédrin (9 février 1807). Comme on sait, il se composait pour deux tiers de rabbins et un tiers de membres laïques. Le 4 février, le ministre de l'Intérieur avait nommé les trois chefs : Sintzheim, président ou *nassi;* Segré, premier assesseur (*ab-bèt-din*), et Abraham de Cologna, second assesseur (*hakham*). La première séance fut très solennelle. Les membres se rendirent de la maison du président dans la synagogue magnifiquement décorée, où étaient réunis de hauts personnages de l'État. Le discours de Sintzheim, en hébreu, ne produisit naturellement que peu d'impression. Mais, lorsqu'il sortit de l'arche sainte le rouleau de la Loi pour bénir l'assemblée et prier Dieu d'éclairer le Sanhédrin de sa lumière, l'émotion fut très vive. Le discours italien de Cologna obtint aussi un grand succès.

De la synagogue le Sanhédrin alla à l'Hôtel de Ville. Suivant l'ancien usage, les soixante-dix membres se placèrent en demi-cercle autour du président, par rang d'âge. Comme les séances étaient publiques, on y voyait toujours de nombreux assistants. Les membres du Sanhédrin étaient tous habillés de noir, avec un petit manteau de soie et un tricorne sur la tête. Ils avaient pour principale mission de convertir en lois religieuses les réponses des notables et de se porter garants de la sincérité du patriotisme de leurs coreligionnaires français, allemands et italiens.

Sur la proposition d'Abraham Furtado, le Sanhédrin établit d'abord le principe que la loi mosaïque contient des dispositions religieuses et des dispositions politiques. Les premières « sont, par leur nature, absolues, indépendantes des circonstances et des temps ». Il n'en est pas de même des secondes : celles-ci, « destinées à régir le peuple d'Israël dans la Palestine, lorsqu'il avait ses rois, ses pontifes et ses magistrats, ne sauraient être applicables depuis qu'il ne forme plus un corps de nation ». Pourtant, « une assemblée des docteurs de la loi, réunie en grand Sanhédrin, pouvait seule déterminer les conséquences » qui dérivent d'une telle distinction.

Partant de ce principe général, le Sanhédrin adopte toutes les décisions votées par l'Assemblée des notables. Ainsi, il interdit la polygamie, déclare que le divorce ne pourra être prononcé selon la loi de Moïse qu'après que le mariage aura été dissous par les tribunaux compétents et selon les formes voulues par le Code civil. Il accepte aussi comme valables civilement les mariages entre Israélites et chrétiens, et, « bien qu'ils ne soient pas susceptibles d'être revêtus des formes religieuses, ils n'entraîneront aucun anathème. » Pour les rapports des Juifs avec leurs compatriotes chrétiens, le Sanhédrin, après avoir établi que la Bible « nous prescrit d'aimer notre semblable comme nous-mêmes », ordonne « à tout Israélite de l'empire français, du royaume d'Italie et d'autres lieux, de vivre avec les sujets de chacun des États dans lesquels ils habitent comme avec leurs concitoyens et leurs frères », d'exercer à leur égard la justice et la charité, quelque religion qu'ils professent. Il dispense « tout Israélite appelé au service militaire, pendant la durée de ce service, de toutes les observances religieuses qui ne peuvent se concilier avec lui. Enfin, il invite tous les Israélites à « rechercher et adopter les moyens les plus propres à inspirer à la jeunesse l'amour du travail et à la diriger vers l'exercice des arts et métiers et les professions libérales, et à acquérir des propriétés foncières comme un moyen de s'attacher davantage à leur patrie ». S'appuyant sur le texte biblique, il interdit complètement toute *usure*, c'est-à-dire tout intérêt excessif, non seulement « d'Hébreu à Hébreu et d'Hébreu à concitoyen d'une autre religion, mais encore avec les étrangers de toutes les nations ».

Après avoir terminé ses travaux, le Sanhédrin, d'accord avec les commissaires impériaux, se sépara. Ses délibérations furent soumises à Napoléon. Mais celui-ci, alors absorbé par ses campagnes contre la Prusse et la Russie, n'eut guère de loisir pour les examiner. Certaines personnes essayèrent, à ce moment, de mettre à profit son absence de France pour intriguer contre les Juifs et essayer de faire restreindre leurs droits. Des délégués juifs eurent heureusement vent de ces agissements, et l'infatigable Furtado, accompagné de Maurice Lévy, de Nancy, ne craignit pas de se rendre jusqu'aux bords du Niémen pour informer Napoléon de ce qui se tramait. L'empereur les accueillit avec bienveillance et leur promit de laisser jouir les Juifs des mêmes droits que les autres citoyens.

Il ne tint pas complètement parole. Au bout d'un an, il fit connaître sa volonté par les décrets du 17 mars 1808. Après avoir approuvé par un de ces décrets la nouvelle organisation consistoriale, élaborée dans l'assemblée des notables le 10 décembre 1806, qui présente ce côté fâcheux d'investir les consistoires et les rabbins de fonctions de police, il apporta, par l'autre décret, pour une période de dix ans, les plus graves restrictions à la liberté commerciale des Juifs. Nul Juif « ne pourra se livrer à aucun commerce, négoce ou trafic quelconque sans avoir reçu, à cet effet, une patente du préfet du département... Tout acte de commerce fait par un Juif non patenté sera nul et de nulle valeur ». Il faut également être patenté pour prendre une inscription hypothécaire. Le prêt sur nantissement est soumis à des conditions qui rappellent le moyen âge. En outre, défense est faite aux Juifs de venir s'établir dans les départements du Haut et du Bas-Rhin. Quant aux autres départements, ils ne pourront s'y fixer qu'en se livrant à l'agriculture. Enfin, ils ne seront point admis à fournir des remplaçants pour accomplir leur service militaire ; tout conscrit juif sera assujetti au service personnel. Les Juifs des départements de la Gironde et des Landes ne furent pas soumis à ces mesures, parce qu'ils n'avaient « donné lieu à aucune plainte, ne se livrant pas à un trafic illicite ».

Les dispositions de ce décret provoquèrent des protestations si vives parmi les Juifs que Napoléon lui-même en modéra l'application. C'est ainsi qu'il fit exception successivement pour les Juifs de Paris, de Livourne, des Basses-Pyrénées, des Alpes-Maritimes et d'autres départements. En définitive, elles ne demeurèrent en vigueur qu'en Alsace et dans les provinces rhénanes.

L'effet n'en fut pas moins excessivement fâcheux, car dans divers pays on en fit un argument contre l'émancipation des Juifs, en montrant qu'en France même, où ils jouissaient depuis assez longtemps de leurs droits civils et politiques, on avait été obligé de restreindre de nouveau ces droits.

Malgré cette tentative de réaction, le mouvement provoqué en faveur de la liberté par la Révolution française et les conquêtes de Napoléon était si puissant qu'il continua de s'étendre à travers l'Europe. Dans le royaume de Westphalie, que l'empereur venait de créer au profit de son frère Jérôme, les Juifs obtinrent leur émancipation complète et absolue. La Constitution de ce royaume, élaborée par Napoléon avec la collaboration de Beugnot, Jean de Müller et Dohm, qui étaient tous amis des Juifs, assurait expressément aux Juifs les mêmes droits qu'aux indigènes. Par un décret du 12 janvier 1808, Jérôme les déclara citoyens au même titre que les autres habitants, abolit toutes les taxes spéciales qui pesaient sur eux, autorisa les Juifs étrangers à séjourner en Westphalie aux mêmes conditions que les étrangers chrétiens et interdit, sous des peines sévères, d'appliquer aux citoyens juifs la dénomination injurieuse de *Schutzjude*, « Juif protégé ». Michel Berr, le jeune et courageux défenseur du judaïsme, fut appelé de France en Wesphalie pour y remplir des fonctions élevées. L'Université de Gœttingue le reçut même parmi ses membres, malgré la malveillance bien connue qu'elle témoignait aux Juifs.

L'ancien agent de la cour de Brunswick, Israël Jacobson, très influent à la nouvelle cour de Cassel, fit les plus louables efforts pour se rendre utile à ses coreligionnaires. Actif, dévoué, animé de sentiments élevés, il entreprit de modifier les manières humbles et disgracieuses des Juifs et de donner à leur culte plus d'éclat et de dignité. Dans ce but, il éleva et entretint à Seesen, à ses propres frais, une école juive qui admettait également des élèves chrétiens. A son instigation, le gouvernement de Westphalie résolut de donner, à l'exemple de la France, une organisation régulière au judaïsme. La commission chargée d'élaborer un projet, et dont la présidence échut naturellement à Jacobson, établit des consistoires sur le modèle de ceux qui avaient été créés pour les Juifs français. Seulement, pendant qu'en France, l'autorité était dévolue aux rabbins, en Westphalie c'était Jacobson qui se trouvait placé à la tête du judaïsme. Ce règlement fut publié le 3 mars 1808. A une audience qu'il accorda aux membres du consistoire, le roi Jérôme exprima sa satisfaction que la Constitution de son royaume proclamât l'égalité de tous les cultes, et il leur recommanda d'exhorter leurs coreligionnaires à se montrer dévoués à leur pays et à la famille impériale.

Semblables par leur organisation, les consistoires de France et de Westphalie différaient totalement par leur façon de procéder. Le Consistoire central de France était composé d'hommes sages, prudents, modérés, tels que David Sintzheim, Abraham de Cologna, Menahem Deutz, qui savaient ménager les transitions et agissaient avec douceur et intelligence. Le Consistoire de Westphalie, au contraire, était dominé par un homme passionné, autoritaire, Jacobson, qui s'inspirait des idées de David Friedlaender. Sous l'influence de cet homme, plus chrétien que juif, il visait surtout à imprimer au culte public juif un cachet catholique, à lui donner, en un mot, un aspect théâtral. Il imposa ses réformes à ses coreligionnaires de Westphalie, en dépit des hésitations et des scrupules des rabbins.

Par suite de cette nouvelle organisation, les communautés juives de Westphalie furent divisées en sept circonscriptions, dont chacune avait à sa tête un rabbin et plusieurs syndics ; dans les circonscriptions importantes, le rabbin avait des adjoints. Comme en France, il fut prescrit aux rabbins de faire aimer le service militaire et de dénoncer les jeunes gens qui s'y seraient soustraits. Les rabbins devaient prêcher en allemand et soumettre au consistoire, au moins tous les six mois, les sermons prononcés. Le règlement, ou, plus exactement, Jacobson, invita aussi les rabbins à organiser pour la jeunesse juive des cérémonies de confirmation religieuse. En reconnaissance de la liberté qu'ils avaient obtenue, les Juifs de Westphalie témoignaient en toute circonstance d'un profond attachement pour leur pays, et les conscrits juifs répondaient avec empressement à l'appel : « Nous jouissons des droits civils, disaient-ils, il est donc de notre devoir de défendre notre patrie. »

Parmi les princes allemands, Charles-Frédéric, grand-duc de Bade, fut le premier à accorder spontanément aux Juifs l'égalité civile. Voisin de la France, il s'était laissé gagner plus facilement aux idées libérales qui régnaient dans ce pays. Les Juifs n'obtinrent pourtant qu'une émancipation restreinte. Ainsi, les villes ne leur reconnaissaient pas les mêmes droits qu'aux chrétiens : elles interdisaient parfois le séjour aux nouveaux venus. On tenait bien compte de leurs usages religieux, mais seulement « tels qu'ils sont prescrits dans la Loi de Moïse, et non pas d'après l'interprétation du Talmud ». Plus tard, sur l'ordre du duc de Bade, le comte de Sternau, qui était ami des Juifs, rédigea pour eux une Constitution particulière, qui contenait pourtant des traces d'intolérance. Pour les affaires religieuses, le judaïsme badois devait être dirigé par un Conseil supérieur, nommé par le grand-duc et composé d'un président, de deux ou trois rabbins et de deux membres laïques. Ce Conseil nommait les rabbins et les « anciens » des communautés.

La ville de Francfort aussi, où la haine du Juif était cependant si tenace chez les patriciens, sacrifia pendant quelque temps aux idées libérales. Jusqu'alors, tout Juif s'établissant dans cette ville devait jurer devant le Sénat qu'il se soumettrait aux lois humiliantes qui lui étaient imposées. Le nombre de mariages juifs était limité. Les Juifs étaient tenus de payer des impôts spéciaux, de demeurer dans un quartier sale, étroit et malsain, la célèbre *Judengasse*, de supporter les outrages et le cri injurieux de *Mach Moress Jud!* que leur lançait impunément le plus infime chrétien. Quand, sous la poussée des armées françaises, le saint empire germano-romain se fut écroulé et que Francfort eut été érigé en grand-duché sous l'autorité de Charles de Dalberg, archichancelier ou prince-primat de la Confédération du Rhin, les habitants juifs de cette ville n'eurent plus à subir ces restrictions.

Aucune loi ne vint pourtant sanctionner leur nouvelle situation. Malgré son esprit libéral et bienveillant, Charles de Dalberg n'osa pas heurter les idées des patriciens en émancipant complètement les Juifs. Dans la nouvelle charte ou *Stättigkeit* qu'il rédigea au sujet des Juifs, il eut le courage de déclarer

« qu'il était nécessaire d'abolir les anciennes lois, parce qu'elles ne répondaient plus à l'esprit du temps ni à la situation présente des Juifs ». Mais, d'un autre côté, pour donner satisfaction à la classe aristocratique, il ajouta qu'il était impossible « d'accorder aux Juifs l'égalité complète, tant qu'ils ne s'en seraient pas montrés dignes en modifiant leurs manières et en s'assimilant les habitudes et les mœurs des indigènes ». En définitive, à la suite de la promulgation de ce nouveau règlement, ils furent traités comme des étrangers tolérés dans le pays, et, au lieu d'exiger d'eux le payement des diverses taxes particulières qui pesaient sur eux, on leur permit de s'en libérer par le versement d'une somme annuelle de 22,000 florins. On leur fit même entrevoir qu'ils pourraient bien être obligés de rentrer dans leur ghetto. Ils furent, en effet, invités à ne plus renouveler les baux qu'ils avaient passés, sous la domination française, avec les propriétaires chrétiens des maisons qu'ils habitaient, parce qu'on ne continuerait peut-être pas à tolérer leur séjour dans tous les quartiers de la ville.

Un peu plus tard pourtant, la Constitution donnée au grand-duché de Francfort déclara tous les habitants égaux devant la loi, sans distinction de culte. Craignant qu'on ne tînt pas toujours compte de cet article de la Constitution, les Juifs demandèrent à Dalberg et à ses conseillers de proclamer leur égalité par une loi spéciale. Le grand-duc y consentit en échange d'une somme de 440,000 florins, destinée à éteindre tous les impôts spéciaux payés par eux. Par décret du 28 décembre 1811, il ordonna que « tous les Juifs domiciliés à Francfort et possédant le titre de protégés fussent admis, eux, leurs enfants et leurs descendants, à jouir des droits civils dans les mêmes conditions que les autres citoyens ». Les Juifs prêtèrent alors serment et entrèrent dans la jouissance de leurs nouveaux droits.

Dans les villes hanséatiques du Nord aussi, sur l'ordre des autorités françaises, les Juifs obtinrent leur émancipation. Hambourg ne fit aucune difficulté pour leur accorder les mêmes droits qu'aux autres habitants (1811), et même pour les admettre au conseil municipal. La ville de Lubeck se montra plus récalcitrante. Jusqu'alors, elle n'avait toléré que dix familles juives, en qualité de *Schutzjude*, qui ne pouvaient ni faire de commerce, ni acheter d'immeubles, ni entrer dans les corporations. Trois Juifs seuls étaient autorisés à pénétrer chaque jour de Moisling, localité danoise voisine, dans Lubeck, et encore étaient-ils obligés de payer à l'entrée un péage corporel. Mais pendant la domination française (1811-1814), près de cinquante Juifs de Moisling s'y étaient rendus, de sorte que Lubeck comptait alors soixante-six familles juives, auxquelles cette ville dut accorder la liberté civile. Enfin, Brème, dont le séjour était interdit auparavant aux Juifs, dut également les recevoir pendant l'occupation française et les considérer comme citoyens.

Frédéric-François, grand-duc de Mecklembourg-Schwerin, alla plus loin. Non seulement il proclama l'égalité des Juifs (22 février 1812), mais, ce qu'aucun État n'avait encore permis, il autorisa les mariages entre juifs et chrétiens.

L'exemple des pays soumis à l'influence française agit aussi sur les autres États de l'Allemagne. En 1812, la Prusse entra dans le mouvement. Lors de ses désastres, les habitants juifs avaient montré autant et peut-être plus de patriotisme que bien des nobles, qui s'étaient empressés de rechercher les faveurs du vainqueur. Mais, au début, le roi Frédéric-Guillaume III hésita à abolir complètement les restrictions qui entravaient leur liberté. Quand le prince de Hardenberg fut chargé de relever son pays de ses ruines, il comprit qu'il était indispensable pour la Prusse de rassembler toutes ses forces et d'unir tous les habitants, sans exception, dans un sentiment de fraternité patriotique. D'un autre côté, David Friedlaender et ses amis multiplièrent leurs démarches pour qu'on se décidât enfin à traiter les Juifs comme les autres habitants. A la fin, Frédéric-Guillaume promulgua le célèbre édit du 11 mars 1812, par lequel il accordait aux « Juifs domiciliés dans les États prussiens les mêmes droits qu'aux habitants chrétiens ». Il les admettait aussi aux emplois académiques, scolaires et municipaux, mais leur refusait provisoirement l'accès aux fonctions de l'État. Par contre, ils étaient astreints au service militaire. Il remettait à plus tard le soin d'organiser leur culte. « Pour l'élaboration d'un règlement concernant leurs affaires religieuses, disait-il, on aura recours à des Juifs qui, par leur science et leur profonde honnêteté, se soient rendus dignes de l'estime générale. »

Trois souverains allemands restèrent pourtant réfractaires aux idées d'émancipation, ceux de Bavière, d'Autriche et de Saxe. Maximilien-Joseph, nommé roi de Bavière par Napoléon, promulgua bien un édit (10 juin 1813) qui assurait aux Juifs les mêmes droits qu'aux chrétiens, mais seulement à ceux qui avaient le droit de résider dans le pays. Or, ce droit, on ne le leur accordait que difficilement.

En Autriche, où l'édit de tolérance de Joseph II avait amélioré, dès 1783, la situation des Juifs, les successeurs de ce souverain, Léopold II et François II, loin d'étendre les réformes de leur prédécesseur, conservèrent ou rétablirent les anciennes restrictions. Des impôts de toute nature pesaient sur les Juifs d'Autriche, taxe sur la lumière, sur le vin, sur la viande, sans parler de la taxe imposée à ceux qui se rendaient à Vienne. Dans cette ville, ils étaient étroitement surveillés par de nombreux agents de police, qui arrêtaient tous ceux qui n'étaient pas munis d'un permis de séjour. Le nombre des mariages juifs continuait à être limité. Le fils aîné seul pouvait se marier. On leur défendait l'acquisition ou la location de biens-fonds.

Dans le royaume, récemment créé, de Saxe, les Juifs restèrent soumis aux lois restrictives qui les avaient régis dans les siècles passés. C'est à bon droit que les Juifs surnommèrent ce pays : l'Espagne protestante. Légalement, ils n'avaient pas le droit de séjourner en Saxe ; on en tolérait seulement quelques-uns à Dresde et à Leipzig, mais sous la réserve de pouvoir les expulser en tout temps. Il leur était interdit d'avoir des synagogues ; pour prier, ils se réunissaient dans de simples chambres.

Les Juifs russes, sous Alexandre I**er**, étaient traités bien plus libéralement. Une des principales préoccupations de ce généreux monarque était d'améliorer la condition du peuple. A la suite du partage de la Pologne, plusieurs provinces polonaises avaient été annexées à la Russie. De là, dans ce pays, une population juive considérable, au nombre de plus d'un million d'âmes. La plupart d'entre eux étaient commerçants, colporteurs, débitants d'eau-de-vie. Leurs manières singulières, leur accoutrement grotesque, leur jargon, les tenaient isolés et les exposaient aux railleries du reste de la population. On peut dire qu'à la suite de la dissolution du « Synode des quatre pays », et surtout à la suite de l'accroissement de la secte des Hassidim, le judaïsme russe formait un vrai chaos, et il faut savoir gré à l'empereur Alexandre Ier d'avoir essayé d'y mettre un peu d'ordre. Par une série de lois (1804-1812), il s'efforça de modifier les mœurs, les coutumes, les habitudes des Juifs russes et de les relever ainsi dans l'estime et la considération de leurs concitoyens. Il leur ouvrit l'accès des écoles primaires, des gymnases et des académies, les encouragea, par des exemptions d'impôts, à se livrer à l'agriculture et aux travaux manuels, à créer des fabriques, à cultiver les arts et les sciences. Afin de les déshabituer de leur patois, il faisait nommer à des postes honorifiques, dans les administrations des villes, ceux qui savaient parler et écrire le russe, le polonais ou l'allemand. Il leur ouvrit également de nouvelles provinces, où ils pouvaient s'établir à condition de ne pas tenir de cabarets et de s'habiller comme les autres habitants. « Si les dispositions prises en faveur des Juifs, disait ce noble souverain, leur permettent de produire un seul Mendelssohn, je me trouverai suffisamment récompensé. »

Pour qu'il fût possible à ces mesures si heureuses de donner tous leurs fruits, il aurait fallu du temps et de la patience. Malheureusement on n'avait pas encore fini de semer qu'on aurait déjà voulu récolter. D'abord, l'application des lois scolaires se heurta à toute sorte de difficultés. Au lieu de considérer l'instruction qu'on désirait leur donner comme un bienfait, les Juifs de Russie et de la Pologne la regardaient comme une malédiction et une invitation à l'apostasie. A leurs yeux, leur horrible jargon et leur accoutrement ridicule avaient un caractère sacré, et ils étaient fermement résolus à n'y apporter aucune modification. Ils auraient eu besoin d'un homme énergique, très intelligent, jouissant d'une sérieuse autorité, qui les eût amenés au progrès et leur eût imposé les réformes nécessaires. Il se trouvait bien parmi eux, à ce moment, un émule de Wessely, Isaac Beer Levinsohn (1787-1837), qui avait étudié la langue et la littérature russes, avait acquis des connaissances variées, possédait des notions exactes sur le passé du judaïsme et appuyait auprès de ses coreligionnaires, par des arguments tirés du Talmud, les réformes proposées par le gouvernement russe. Mais, à cause de sa situation subalterne, son influence était médiocre sur les masses, et, en outre, les chefs des communautés le frappèrent d'excommunication. Aussi ne songea-t-on même pas à l'envoyer à Saint-Pétersbourg avec les députés chargés d'aider le gouvernement de leurs conseils pour la réglementation des affaires juives ; on y délégua des personnes peu intelligentes et qui ne comprenaient même pas le russe.

Lorsque l'empereur Alexandre vit ses bonnes intentions si entièrement méconnues de ceux mêmes dont il désirait le bien, il s'impatienta, révoqua une partie des lois favorables qu'il avait promulguées, édicta, à son tour, des mesures restrictives, et le judaïsme russe resta dans l'état chaotique dont ce souverain avait voulu le tirer.

Les Juifs d'Allemagne non plus ne jouirent pas longtemps de la liberté civile que les divers États de la Confédération leur avaient accordée. Après la défaite de Napoléon en 1814, on s'efforça presque partout de remettre en vigueur la législation inique dont ils avaient si longtemps souffert. Pourtant, sur les champs de bataille, les jeunes gens juifs avaient mêlé leur sang à celui des chrétiens pour défendre leur pays. En Prusse surtout, de nombreux Juifs, animés d'un ardent patriotisme, s'étaient enrôlés dans les corps de volontaires. Bien des médecins et des chirurgiens juifs avaient succombé dans les hôpitaux et les ambulances, où ils étaient accourus pour donner leurs soins aux malades et aux blessés. Les femmes et les jeunes filles juives s'étaient empressées, comme les chrétiennes, à apporter leur dévouement et leurs consolations, pendant la guerre, partout où cela avait été nécessaire. Rien n'y fit. Dès que les armées françaises eurent quitté le sol allemand, la haine du Juif se réveilla avec une nouvelle intensité.

Le mouvement de réaction contre les Juifs commença dans les villes libres. Ce fût Francfort qui donna le signal. A peine les Français furent-ils sortis de la ville que les patriciens, revenus au pouvoir, enlevèrent aux Juifs les droits civils qu'ils avaient obtenus et les soumirent de nouveau à l'ancienne législation (janvier 1814). Le baron de Stein, qui, pour des raisons militaires, avait tout pouvoir sur l'administration de Francfort, aurait pu s'y opposer; mais, par haine pour Napoléon et pour tout ce qui avait été fait en Allemagne sous la domination française, Stein détestait également les lois qui avaient proclamé l'égalité des Juifs. Un seul mot de lui aurait suffi pour faire maintenir aux Juifs tous leurs droits; ce mot, il ne le prononça pas. Le Sénat provisoire décida donc (19 juillet 1814) que « la question relative aux droits civils et municipaux des Juifs était réservée ». En réalité, on voulait de nouveau traiter les Juifs en « serfs de la chambre impériale », limiter leur activité et les rejeter dans la *Judengasse*.

A l'exemple de Francfort, les trois villes hanséatiques de l'Allemagne résolurent également de ne pas maintenir aux Juifs la liberté qu'ils avaient obtenue. Mais, pendant qu'à Francfort les patriciens avaient été les premiers à manifester leur haine à l'égard des Juifs, à Hambourg le Sénat leur était, au contraire, favorable. Il comptait sur eux pour rendre son ancienne prospérité au commerce ruiné par la guerre. Par contre, les masses leur témoignaient de la malveillance et réclamaient le retour aux lois d'exception. A Lubeck et à Brême, on voulait les expulser totalement. Le Hanovre, Hildesheim, le Brunswick, la Hesse leur enlevèrent également leurs droits. Cette fois encore, l'Allemagne se montra plus inique et plus cruelle envers les Juifs que la France. Dans ce pays, où dominaient alors, à la cour de Louis XVIII, les partisans d'une violente réaction qui considéraient comme non avenu tout ce qui s'était fait depuis 1789, on ne toucha pas aux droits des Juifs. On proclama le catholicisme religion d'État, mais les Juifs restèrent citoyens.

Lorsque le Congrès de Vienne se réunit en 1814 pour régler les affaires de l'Europe, les Juifs d'Allemagne, menacés dans leur liberté, leur honneur et même leur sécurité, sollicitèrent son intervention en leur faveur. Les Juifs de Francfort envoyèrent deux délégués à Vienne pour soumettre au Congrès un Mémoire où ils exposaient que le Sénat devait être forcé de leur maintenir les droits qu'ils avaient reçus, parce qu'ils avaient versé une somme considérable en échange de ces droits, et aussi parce qu'ils s'en étaient rendus dignes par leur patriotisme. Les démarches des délégués furent appuyées secrètement par la maison de banque Rothschild, qui était alors déjà fort puissante, et par la baronne juive Fanny d'Arnstein, qui était en relations avec la plupart des membres du Congrès. Parmi les membres qui représentaient l'Allemagne, deux des plus influents, Hardenberg et Metternich, étaient favorables à la demande des Juifs. Ils écrivirent (1815) aux villes hanséatiques pour blâmer leurs procédés à l'égard des Juifs et ils conseillèrent au Sénat de les traiter avec humanité et justice.

Le projet de Constitution pour l'Allemagne, élaboré par le plénipotentiaire prussien, Guillaume de Humboldt, approuvé par Metternich et soumis aux délibérations du Congrès, proclamait l'égalité des Juifs. Un article de ce projet disait, en effet : « Les trois confessions chrétiennes jouissent des mêmes droits dans tous les États allemands, et les croyants de la confession juive, s'ils remplissent leurs devoirs de citoyen, auront les droits civils correspondant à leurs devoirs. »

Mais les dispositions bienveillantes de Metternich et de Humboldt ne suffirent pas pour faire adopter cet article. C'est que les Juifs eurent à compter, à ce moment, avec un ennemi peut-être plus dangereux que l'orgueil de caste et l'envie. Les victoires remportées sur les Français avaient développé, chez les Allemands, un sentiment patriotique qui avait dégénéré en un chauvinisme exalté. Tout ce qui n'était pas empreint d'un caractère essentiellement allemand paraissait odieux. De plus, l'école romantique de cette époque, les Schlegel, les Arnim, les Brentano, avaient présenté le moyen âge sous des couleurs si séduisantes que l'Allemagne considérait le retour pur et simple à l'esprit de ce temps comme son devoir le plus sacré. C'était là l'idéal qu'elle poursuivait avec un zèle passionné. Elle était ainsi amenée, entre autres, vers un christianisme rigoureux, vers une foi sévère. Mais le moyen âge ne connaissait que l'Église catholique, avec son chef suprême, le pape. Les romantiques ne reculèrent pas devant cette conséquence de leurs théories, et l'on vit Gœrres, Frédéric Schlegel, Adam Muller et d'autres se convertir au catholicisme et réclamer le rétablissement du pouvoir des Jésuites et la restauration de l'Inquisition. Le protestant Gentz affirmait aussi que seule l'Église catholique pouvait assurer le salut de l'Allemagne et aider à refaire l'unité de ce pays, sous l'autorité du pape et de l'empereur.

Toutes ces rêveries eurent des effets excessivement fâcheux pour les Juifs. A force de fureter dans les archives et de déchiffrer de vieilles chartes du moyen âge, on ressuscita les sentiments de fanatisme, d'intolérance et de haine qui, pendant cette sombre période, avaient provoqué de si terribles persécutions contre les Juifs. Un professeur de l'Université de Berlin, Frédéric Rühs, fut le premier à se faire l'interprète de ces sentiments de violente réaction. Dans un ouvrage intitulé « Revendication des droits civils par les Juifs d'Allemagne », il développe la théorie de l'État chrétien et affirme le droit, non pas d'expulser les Juifs du pays, mais, au moins, de les humilier et de les empêcher de s'accroître. Il veut bien qu'on les tolère, mais non pas qu'on les traite en citoyens. Rühs proposa même d'exiger d'eux, comme autrefois, le payement d'une « taxe judaïque » et de les obliger à porter un signe distinctif. Peut-être, disait-il, ces humiliations les décideront-elles à embrasser le christianisme.

Les idées de Rühs rencontrèrent de nombreux partisans. Au temps des Lessing, des Abt, des Kant et des Herder, les savants allemands eurent à cœur de prêcher la tolérance et l'amour des hommes, tandis que Schlegel, Rühs et consorts excitaient à la haine et aux violences. Ils rivalisaient d'étroitesse d'esprit et de fanatisme avec les ultra-catholiques. Car ce qu'ils demandaient, eux, pour l'Allemagne, le pape Pie VII le réalisa dans ses États. Dès que l'occupation française eut cessé, il retira aux Juifs leurs droits civils, les contraignit, à Rome, à quitter les maisons qu'ils habitaient dans les diverses parties de la ville pour être parqués de nouveau dans les ghetto, rétablit contre eux l'Inquisition et leur imposa l'obligation d'assister aux sermons de prédicateurs catholiques chargés de les convertir.

Pourtant, au Congrès de Vienne, on persista à se montrer favorable aux Juifs. Dans un paragraphe spécial on les déclarait égaux aux autres citoyens et on invitait les États où ils ne jouissaient pas encore des droits civils à les leur accorder à bref délai. Mais, parmi les États de la Confédération, la Prusse et l'Autriche se montrèrent seules disposées à adopter ce paragraphe, les autres confédérés, particulièrement les villes libres, s'y refusèrent. Par esprit de conciliation, on proposa alors la rédaction suivante : « La Confédération doit octroyer aux Juifs la jouissance des droits civils là où ils consentiront à remplir tous leurs devoirs de citoyens ; en attendant, ils conserveront tous les droits qui leur ont été déjà accordés dans les États confédérés. »

Cette résolution ne contenta pas encore les villes libres, parce que les Juifs y possédaient, en réalité, les droits civils, octroyés par les autorités françaises. Aussi le délégué de Francfort fit-il entendre de vives protestations. Le sénateur Schmidt, représentant de Brême, procéda avec plus d'habileté. Au lieu de récriminer, il s'appliqua à rendre inoffensif le paragraphe contesté. Il commença par exposer qu'il serait injuste de contraindre les Allemands à respecter des mesures prises par les Français et il proposa, pour donner satisfaction à tous, de remplacer, dans la constitution de la Confédération, les mots « accordés DANS les États confédérés » par ces mots : « accordés PAR les États confédérés. » Ce changement parut généralement sans importance, et il fut adopté. En réalité, il modifia totalement le sens de la résolution. Car, on n'avait plus à maintenir les droits civils des Juifs que dans les États qui les leur avaient accordés eux-mêmes. Or, trois pays se trouvaient seuls dans ce cas, la Prusse, le Mecklembourg et le grand-duché de Bade. Partout ailleurs en Allemagne, c'étaient les Français, pendant leur occupation, qui avaient proclamé l'égalité des Juifs. Metternich et Hardenberg, qui avaient été, en quelque sorte, les deux chevilles ouvrières du Congrès pour tout ce qui concernait la Confédération germanique, se doutaient si peu de la grave conséquence de ce changement qu'immédiatement après l'adoption de cet article, ils informèrent les Juifs des quatre villes libres que le Congrès les laissait en possession de leurs droits civils.

Forts de cet article si perfide, les ennemis des Juifs ne tardèrent pas à donner libre cours à leur haine. En dépit du désir manifesté par la Prusse, Lubeck expulsa plus de quarante familles juives. Brême l'imita. La ville de Francfort, liée par certains engagements, ne put en agir de même, mais fit subir aux habitants juifs les plus humiliantes vexations, les excluant des réunions où se traitaient les intérêts municipaux, les révoquant des emplois officiels qu'ils occupaient, leur fermant l'accès de beaucoup de professions et de métiers, leur refusant l'autorisation nécessaire pour se marier et les parquant de nouveau dans un quartier spécial. Comme le Sénat de Francfort savait que la Prusse et l'Autriche étaient presque engagées d'honneur envers les Juifs de cette ville pour leur garantir le maintien de leurs droits, il chercha à justifier sa conduite par un mémoire juridique qu'il fit rédiger par les Facultés de Berlin, de Marbourg et de Giessen. Mais la communauté de Francfort ne resta pas inactive. De son côté, elle soumit (janvier 1816) à la diète de la Confédération un Mémoire où elle exposait le bien-fondé de ses réclamations. L'auteur de ce mémoire, d'un caractère à la fois politique et juridique, était Louis Bœrne.

La lutte du Sénat contre les Juifs de Francfort, qui se prolongea pendant neuf ans (1815-1824), restera toujours comme une déplorable manifestation du pédantisme et de l'étroitesse d'esprit des Allemands. En réponse au Mémoire qui leur avait été soumis, les cinq jurisconsultes de la Faculté de Berlin déclarèrent gravement qu'en vertu du règlement de 1616, les Juifs de Francfort sont et doivent rester les subordonnés, presque les serfs des bourgeois de cette ville! En même temps s'élevèrent de tous les points de l'Allemagne des voix haineuses qui invitaient le peuple et la Confédération à humilier ou même à exterminer les Juifs. Des journaux et des pamphlets parurent qui étaient remplis des plus violentes excitations, comme si le salut de l'Allemagne et du christianisme exigeait absolument la disparition des Juifs. Cette agitation littéraire, qui déchaîna tant de passions et provoqua même des désordres, dura plusieurs années. Le signal en fut donné, en janvier 1816, par Frédéric Rühs, déjà fameux par ses attaques contre le judaïsme. Son exemple ne tarda pas à être suivi par Frédéric Fries, médecin et professeur des sciences naturelles à Heidelberg. Fries publia un ouvrage, « Influence dangereuse des Juifs sur le bien-être et le caractère allemands », où il n'hésitait pas à conseiller l'extermination de la race juive.

Cette campagne violente exerça son action funeste même dans les pays où les autorités avaient paru favorablement disposées pour les Juifs. Ainsi, en Autriche, dont le plénipotentiaire au Congrès de Vienne, Metternich, avait réclamé les droits civils pour les Juifs dans tous les États confédérés, on abandonna les traditions libérales de Joseph II pour remettre en vigueur quelques-unes des anciennes restrictions édictées par Marie-Thérèse. On y ajouta même de nouvelles lois d'exception. Les Juifs ne furent pas expulsés, mais renvoyés dans des ghettos. L'accès du Tyrol leur resta naturellement fermé, comme aux protestants. En Bohême, il leur fut interdit de s'établir dans les villages et les petites villes situés dans les montagnes; en Moravie, au contraire, on leur défendit de se fixer dans les grandes villes telles que Brünn et Olmütz. Leur situation était encore plus précaire en Galicie, où on les traitait aussi durement qu'en plein moyen âge. L'empereur François II anoblit bien quelques Juifs riches, mais infligea à tous les autres les pires humiliations. Ils étaient astreints au service militaire, mais ce n'est que difficilement que les plus vaillants d'entre eux arrivaient même aux grades inférieurs.

En Prusse aussi, où pourtant le gouvernement avait donné l'exemple des mesures libérales à l'égard des Juifs et où on leur avait accordé presque tous les droits civils, il y eut un retour vers le passé. L'édit de Frédéric-Guillaume III, qui reconnaît les Juifs comme citoyens prussiens, restait lettre morte. Dans les provinces reconquises ou nouvellement conquises, on promettait aux Juifs l'égalité, mais ils continuaient d'être soumis à toutes les mesures restrictives des anciens temps. Par suite des origines diverses de ses provinces, la Prusse appliquait aux Juifs les législations les plus variées, et toujours à leur détriment. Il y avait les Juifs français, vieux-prussiens, saxons, polonais. Ces derniers étaient les plus malheureux. Dans la province de Posen, ils ne pouvaient pas acquérir d'immeubles, ni demeurer dans les campagnes, ni jouir des mêmes droits que les autres commerçants. Il ne leur était permis ni de se fixer dans les villes où nul Juif n'habitait auparavant, ni de transporter leur domicile d'une province à l'autre. On cherchait surtout à les rendre méprisables aux yeux des autres croyants. Pendant qu'à un certain moment on avait évité, dans les actes officiels, d'employer l'épithète de « juif », les administrations affectaient, au contraire, de s'en servir de nouveau à toute occasion.

Un fait de ce temps marque bien la malveillance de la Prusse pour les Juifs. Le décret inique du 17 mars 1808, par lequel Napoléon Ier avait apporté les plus graves restrictions à la liberté commerciale et au droit de domicile des Juifs de l'Alsace et des départements rhénans, devait devenir caduc au bout de dix ans en cas où il ne serait pas renouvelé. En France, le gouvernement de Louis XVIII, quoique réactionnaire et clérical, n'essaya même pas, après ces dix ans, de faire maintenir ce décret, et les Juifs d'Alsace recouvrèrent tous leurs droits. Mais dans les provinces rhénanes, où la Prusse avait laissé en vigueur ce décret quand elle les eut reconquises sur la France, il devait continuer à être appliqué, en vertu d'un ordre du cabinet du 3 mars 1818, jusqu'à un temps indéterminé.

A ce moment, les esprits étaient surexcités en Allemagne à la suite du meurtre de Kotzebue (mars 1819) par un jeune fanatique, l'étudiant Charles Sand, à cause des mesures rigoureuses prises par les différents États contre les excès démagogiques et la teutomanie, qu'au début ils avaient, du reste, encouragés eux-mêmes. Déçus dans leurs espérances de liberté, les « teutomanes » étaient irrités de l'échec qu'avaient subi leurs efforts, et, comme ils se sentaient impuissants contre le gouvernement, ils s'en prirent aux Juifs. On assista alors, pendant plusieurs mois, à une série d'excès et de violences qui rappelèrent les pires jours du moyen âge.

Les désordres commencèrent à Wurtzbourg, au cri de *Hep! Hep*(1)! La populace se rua sur les maisons des Juifs, pillant les magasins, jetant les marchandises par les fenêtres. Sa fureur augmenta devant la résistance des Juifs, qui se défendirent vigoureusement. Ce fut alors, dans les rues, une véritable bataille

(1) On prétend que ce mot est formé des initiales des mots *Hierosolyma est perdita*.

où il y eut des blessés et des morts. L'ordre ne put être rétabli que par l'intervention des soldats. Sans doute pour punir les Juifs de s'être défendus contre leurs agresseurs, les bourgeois réclamèrent leur expulsion. Elle leur fut accordée. Près de quatre cents familles juives quittèrent alors tristement la ville et allèrent camper provisoirement dans les champs, sous des tentes et dans les villages voisins. Ces scènes odieuses se renouvelèrent à Bamberg et dans presque toutes les villes de la Franconie. Dès qu'on apercevait un Juif, il était poursuivi du cri injurieux de *Hep! Hep! Jude verreck* (1)!

Francfort aussi donna bientôt le spectacle d'excès populaires (9-10 août). Les Juifs furent grossièrement insultés dans les lieux publics et sur les promenades et assaillis à coups de pierres, leurs fenêtres furent brisées, leurs maisons attaquées et pillées. Les émeutiers tournèrent surtout leur colère contre la demeure de la famille de Rothschild, dont la fortune et la situation excitaient, dans le peuple comme parmi les patriciens, tant de jalousie et de haine. La diète de la Confédération, qui siégeait à Francfort sous la présidence du comte Buol-Schauenstein, appela alors des troupes de Mayence. Mais, malgré la présence des soldats, les troubles durèrent encore plusieurs jours. De nombreux Juifs vendirent leurs immeubles et quittèrent la ville. Rothschild lui-même sembla résolu un instant à partir de Francfort.

L'exemple de ces désordres fut contagieux. A Darmstadt, à Bayreuth, le peuple s'ameuta contre les Juifs ; Meiningen les expulsa. A Carlsruhe, on trouva écrits, un beau matin (18 août), sur les murs de la synagogue et des maisons des notables juifs ces mots : « Mort aux Juifs! » Il y eut également des scènes de désordre à Hambourg. Les Juifs de Heidelberg aussi auraient été pillés et frappés sans l'intervention courageuse des étudiants, sous la conduite de deux de leurs professeurs, Daub et Thibaut. Dans une petite ville de la Bavière, on alla même jusqu'à prendre une synagogue d'assaut et déchirer les rouleaux de la Loi.

D'Allemagne le mouvement s'étendit jusque dans la capitale

---

(1) « Crève, Juif! »

du Danemark. Quelques années auparavant, ce pays avait accordé aux Juifs les droits civils et les leur avait laissés. A la suite des désordres de Hambourg, plusieurs marchands juifs de cette ville s'étaient réfugiés à Copenhague. Ce fut peut-être par crainte de la concurrence que des commerçants chrétiens provoquèrent des désordres contre leurs rivaux juifs. Mais le gouvernement proclama immédiatement l'état de siège. Du reste, dans les rares villes danoises habitées par des Juifs, les bourgeois chrétiens s'opposèrent eux-mêmes aux violences et les ecclésiastiques prêchèrent dans les églises la tolérance et la fraternité.

Par un remarquable contraste, en Portugal un membre des Cortès faisait, à ce moment, la proposition de rappeler les Juifs, autrefois expulsés du pays, et de racheter ainsi le crime commis à leur égard, pendant qu'en Allemagne des écrivains et des hommes d'État excitaient leurs compatriotes à renouveler en plein dix-neuvième siècle cet odieux exploit. La guerre de plume faite aux Juifs était acharnée, implacable, on exprimait le vœu que « la haine des chrétiens hâtât l'avènement du jour du Jugement pour les Juifs ». Et aucun écrivain chrétien pour les défendre efficacement ! Ni le vieux Jean-Paul Richter, qui leur était pourtant favorable, ni Varnhagen d'Ense, le mari de la juive Rahel, n'osèrent intervenir énergiquement en leur faveur. Quant aux Juifs convertis, sauf Bœrne, ils gardèrent tous un prudent silence. Rahel, il est vrai, s'éleva avec indignation contre ces violences dans une lettre qu'elle écrivit à Louis Robert, son frère : « Je suis infiniment triste, disait-elle, comme je ne l'ai jamais été, et cela à cause des Juifs. On veut les garder dans le pays, mais c'est pour les humilier, les mépriser, les rendre ridicules... pour leur donner des coups de pied et les jeter en bas des escaliers. » Mais ni Rahel ni son frère, qui écrivaient pourtant sur les questions les plus futiles et exerçaient quelque influence sur l'opinion publique, n'eurent le courage de blâmer ouvertement ces faits scandaleux.

Il est vrai que les Juifs n'avaient nullement besoin d'un appui étranger. Dans l'Allemagne seule, on trouvait alors près de quarante écrivains juifs et deux journaux juifs. D'autres journaux étaient également disposés à accueillir leurs protestations Aussi bien, des Juifs descendirent vaillamment dans l'arène, rendant coup pour coup. Même David Friedlaender, qui était déjà un vieillard, éleva la voix contre les ennemis du judaïsme, mais il se contentait de déplorer, avec des gémissements, qu'on se montrât si cruel et si inique au nom de ce christianisme qu'il avait regardé comme la religion idéale. En général, les traits lancés par tous ces combattants étaient trop faibles pour entamer les grossiers préjugés et les prétentions ridicules des « mangeurs de Juifs ». Heureusement, il se rencontra alors deux hommes qui surent fustiger les teutomanes de leurs verges vengeresses et mettre à découvert leur incurable vanité, leur étroitesse d'esprit et leurs sentiments mesquins. Ce furent Louis Bœrne et Henri Heine.

Ces deux écrivains, bien qu'ils eussent déserté tous deux le judaïsme, furent foncièrement juifs et par leurs sentiments intimes, et par leur éducation et par leur genre de talent. En lisant leurs œuvres, on s'aperçoit bien vite qu'ils sont des enfants du judaïsme. On reconnaît leur origine juive, non seulement dans leur esprit pétillant et leur ironie cinglante, mais aussi dans leur amour de la vérité et de la liberté, leur haine de l'hypocrisie, leur colère contre l'injustice, l'intolérance et le fanatisme. Les sentiments démocratiques qui dominaient chez Bœrne comme la dialectique pénétrante qui distinguait Heine étaient essentiellement juifs.

Louis Bœrne, ou Loeb Baruch, naquit à Francfort en 1786 et mourut à Paris en 1837. Son père, Jacob Baruch, quoique assez indifférent à l'observance des usages juifs, le fit cependant élever d'une façon très orthodoxe. Mais il ne tarda pas à négliger, lui aussi, les pratiques religieuses, et, plus tard, il abandonna même complètement le judaïsme. A Berlin, il fréquenta le salon de Henriette Herz. Son solide bon sens et sa pitié pour les opprimés le préservèrent de la lâcheté manifestée par tous ces apostats berlinois, qui espéraient faire oublier plus facilement leur origine juive en s'abstenant d'intervenir en faveur de leurs anciens coreligionnaires. Encore tout jeune, il se révoltait déjà à la pensée que le plus mauvais drôle, pourvu qu'il fût chrétien, pourrait l'insulter impunément de l'épithète de « juif ». A son départ de Francfort, un employé de la police écrivit sur son passeport ces mots : « Juif de Francfort ». « A cette vue, dit-il dans une de ses lettres, mon sang bouillonna dans mes veines ; je pris alors la ferme résolution de leur arranger un jour à tous un passeport à ma manière. »

Ses premiers coups furent, en effet, dirigés contre les patriciens de Francfort. C'est qu'il était outré de leur impudence et de leur mauvaise foi à l'égard des Juifs, à qui ils avaient fait payer très cher les droits civils qu'ils avaient promis de leur accorder et contre lesquels ils avaient ensuite remis en vigueur le règlement de 1616, « ce roman de la méchanceté », comme il l'appelle. Au lieu d'exhaler ses colères et ses rancunes en son propre nom, il composa un roman où il fait parler un officier juif : « Vous avez troublé jusqu'aux jeux de mon enfance, vilains coquins ! Vous avez rendu amères les douceurs de ma jeunesse, vous m'avez poursuivi de vos calomnies et de vos railleries quand je fus devenu homme. Vous n'avez pas été capables de me détourner de mon chemin, mais, par votre faute, je suis arrivé au but, fatigué, las et dégoûté... Tu me demandes pourquoi je fuis ma patrie ? Je n'en ai pas... Les cachots me rappellent mon pays natal et les persécutions l'endroit où j'ai passé mon enfance. La lune me paraît aussi proche que l'Allemagne. »

Au lieu de se servir de sa plume uniquement pour venger les outrages et les humiliations subis par lui et ses coreligionnaires, Bœrne s'imposa la noble tâche de faire disparaître la haine séculaire de son pays pour les Juifs en s'efforçant d'inspirer aux Allemands des sentiments plus élevés. Dans un journal qu'il avait fondé, la « Balance », il exposait un idéal de liberté, de dignité, de respect de soi-même, qu'il conseillait à ses compatriotes de poursuivre, et il montrait, au regard de cet idéal, la petitesse de leur esprit et la lâcheté de leurs actes. Il leur disait en riant des vérités qu'ils n'avaient jamais entendues. Pensant que ses paroles auraient plus d'autorité s'il était chrétien, il se fit baptiser à Offenbach (5 juin 1818). Son apostasie est d'autant plus blâmable qu'il avoua lui-même qu'il ne croyait aucun dogme du christianisme et qu'il « regrettait l'argent dépensé pour son baptême ».

Henri Heine (né à Dusseldorf en 1799 et mort à Paris en 1854) était certainement, dans le fond de son cœur, bien plus juif que Bœrne ; il possédait les qualités et les défauts de sa race à un haut degré. L'esprit de Bœrne ressemblait à un ruisseau limpide, coulant tout doucement sur des cailloux et ne se couvrant d'écume que quand il était soulevé par quelque tempête. Quant à Heine, son esprit était comme un torrent, dont les eaux, illuminées par les rayons du soleil, brillent de toutes les couleurs de l'arc-en-ciel, mais qui attire dans le gouffre et emporte dans sa course impétueuse tout ce qui s'en approche. Aussi profond penseur que poète pittoresque, il savait se montrer critique implacable et causeur étincelant.

Sans qu'il s'en rendît peut-être bien compte, Heine éprouvait pour le judaïsme ou plutôt pour la race juive, pour ses longues souffrances ainsi que pour ses livres sacrés, une profonde admiration. Parfois il se sentait fier d'appartenir à un peuple si ancien, qui avait triomphé de tant d'obstacles. « Je vois maintenant, disait-il, que les Grecs furent tout simplement de beaux jeunes gens, tandis que les Juifs furent toujours des hommes vaillants et indomptables, non seulement dans le passé, mais jusqu'au temps présent, malgré dix-huit siècles de misères et de persécutions. J'ai appris à les mieux connaître et apprécier, et s'il n'était pas absurde de se montrer orgueilleux de sa naissance, je pourrais être fier d'appartenir à la noble maison d'Israël, de descendre de ces martyrs qui ont donné au monde un Dieu et une morale, et qui ont combattu et souffert sur tous les champs de bataille de la pensée. »

Dès sa jeunesse, Heine sentait confusément ce qu'il exprima plus tard avec une si chaleureuse éloquence. Mais les impressions produites sur lui par ses coreligionnaires étaient si diverses qu'il ne savait quelle position prendre à l'égard du judaïsme. Ceux qui se distinguaient par leurs mœurs austères, leur piété, leurs vertus, froissaient son goût délicat par leurs manières gauches et leur extérieur déplaisant. Dans les milieux raffinés, par contre, où il rencontrait les Friedlaender, les Ben-David, les Jacobson, on se moquait des Juifs et de leur religion et on admirait le christianisme. Mais, plus courageux et plus ferme dans ses convictions que Bœrne, il ne cessa de manifester sa profonde sympathie pour les Juifs. Il se fit même recevoir membre d'une société de jeunes gens juifs ayant pour but de propager l'instruction parmi leurs coreligionnaires.

Ce qui modérait pourtant le zèle de Heine pour le judaïsme, dont il reconnaissait la haute antiquité, la grandeur morale et la mission élevée, c'étaient l'aspect pitoyable sous lequel se présentait alors cette religion et le dédain dont les chrétiens accablaient ses adeptes. Dans son impatience, il aurait voulu qu'elle se dépouillât instantanément de ses formes surannées, de ce qu'il appelait « ses haillons », et qu'elle se montrât aux yeux de tous brillante et rajeunie. Mais il blâmait les procédés employés par les « éclairés » de Berlin pour obtenir cette rénovation. Selon lui, c'était affaiblir le judaïsme que d'y introduire, sous prétexte de réformes, des usages de l'Église. « Ce qui manque aujourd'hui à Israël, disait-il, c'est l'énergie... Nous n'avons plus le courage de porter la barbe, de jeûner, de haïr et de souffrir ». « Moi aussi, avouait-il, je n'ai plus le courage de porter la barbe et de me laisser insulter comme juif. »

Ces insultes que, dès sa jeunesse, Henri Heine avait dû subir et qu'il entendait sans cesse lancer contre sa race, lui rendirent absolument odieux ceux qui outrageaient ainsi et maltraitaient impunément les Juifs. Il détestait également l'Église, qui s'était toujours montrée si cruelle envers ce judaïsme auquel elle devait, en réalité, son existence. Mais il en voulait surtout aux apostats qui, par intérêt, désertaient leur foi et se tournaient contre leurs anciens compagnons d'infortune. Selon lui, il n'est pas possible qu'un Juif soit sincère en adoptant le christianisme : ou bien il trompe les autres ou il se trompe soi-même. Heine exprima ses sentiments de colère contre les ennemis d'Israël dans un poème dramatique intitulé *Almanzor* (achevé en 1823); seulement, au lieu de Juifs, il fait parler les Maures de Grenade.

Heine ne se contenta pas de donner libre cours à son indignation contre les persécuteurs des Juifs; dans divers ouvrages il glorifia le judaïsme. Comme il le dit lui-même, il éprouvait, lui aussi, les sentiments dont parle le psalmiste avec une si vigoureuse éloquence : « Que ma langue s'attache à mon palais, que ma main droite se dessèche si jamais je t'oublie, ô Jérusalem ! »

Pour présenter sous des couleurs plus expressives et plus vraies les tribulations de ses ancêtres, il ne craignit pas d'étudier en détail leur passé et d'exhumer les anciennes archives de la poussière qui les couvrait. « De plus en plus, disait-il, je me pénètre de l'esprit de l'histoire de nos aïeux. » C'est alors qu'il écrivit le « Rabbin de Bacharach », sorte de roman dont la plupart des épisodes sont empruntés aux sombres annales des souffrances des Juifs et où le talent de l'auteur se manifeste surtout dans le style étincelant et pittoresque de l'ouvrage.

Par une contradiction inexplicable, Henri Heine se fit baptiser (28 juin 1825) au moment même où il s'élevait avec indignation contre les procédés de l'Église et parlait avec admiration du judaïsme. Il paraissait tout confus de l'acte qu'il venait d'accomplir et osait à peine l'avouer à Moser, son ami intime ; il usa de détours et de périphrases pour l'en informer. « Un jeune Juif espagnol, lui écrivit-il, qui est Juif de cœur, mais a embrassé le christianisme par désœuvrement, correspond avec le jeune Juda Abrabanel et lui envoie un poème. Il craint sans doute d'apprendre franchement à son ami un exploit qui, au fond, n'est pas bien brillant ; il se contente de lui adresser ce poème. — Ne réfléchis pas là-dessus. »

Peut-être Heine avait-il fait ce pas, dont il semblait si honteux, dans l'espoir de trouver plus facilement un emploi qui lui permît de vivre. Car, à ce moment, il était brouillé avec son oncle, qui lui fournissait des subsides. « Je t'affirme, écrivait-il dans une lettre, que si la loi permettait de voler des cuillers en argent, je ne me serais pas résigné au baptême. » En tout cas, il continua après, comme avant, à célébrer les mérites du judaïsme. A propos du Talmud, il fait cette réflexion si juste que c'est à cet ouvrage que les Juifs sont redevables d'avoir pu résister à la Rome chrétienne avec la même vaillance qu'autrefois à la Rome païenne. Plus tard, quand il fut plus avancé en âge et que la maladie eut, en quelque sorte, affiné son intelligence, il manifesta encore un attachement plus solide pour la religion de ses pères. Dans ses « Aveux » (1853-1854), il parle avec enthousiasme du peuple juif et de son histoire. A la Bible aussi il accorde toute son admiration. « Les

Juifs, dit-il, peuvent se consoler de la destruction de Jérusalem et de la perte de l'arche d'alliance par la pensée qu'il leur reste un trésor inestimable, la Bible... Je dois le réveil de mes sentiments religieux à ce livre sacré, qui a été pour moi une source de salut aussi bien qu'un objet d'admiration enthousiaste. Autrefois, je n'aimais pas Moïse, probablemant parce que j'étais imprégné de l'esprit grec et que je ne pardonnais pas au législateur des Hébreux son antipathie pour l'art. Je ne comprenais pas alors que Moïse est, au contraire, un très grand artiste... Ce qu'il a fait est gigantesque et indestructible... D'une pauvre tribu de bergers il a créé un peuple qui se rit des siècles, un peuple de Dieu qui peut servir de modèle aux autres peuples...il a créé Israël. Pas plus que sur l'artiste, je ne me suis toujours exprimé avec un respect suffisant sur son œuvre, sur les Juifs. » Et ailleurs : « Ces Juifs auxquels l'univers doit son Dieu lui ont également donné son Verbe, la Bible ; ils ont protégé et défendu ce livre à travers toutes les péripéties... jusqu'à ce que le protestantisme le leur eût emprunté pour le traduire et le répandre dans le monde. » Mieux que beaucoup de ses contemporains juifs, Heine comprit cette vérité que le judaïsme a révélé Dieu et la morale à l'humanité tout entière.

Malgré leur apostasie, Bœrne et Heine rendirent un important service à leurs anciens coreligionnaires. Sans avoir pu faire disparaître totalement la haine de leurs compatriotes pour les Juifs, ils réussirent pourtant à lui imposer un frein. En rappelant les violences accomplies au cri de Hep! Hep! Heine dit : « De pareils désordres ne peuvent plus se reproduire, car la presse est une arme, et il existe deux Juifs qui savent s'exprimer en allemand : l'un, c'est moi, et l'autre Bœrne. » Heine eut raison. Depuis leur intervention, les Juifs d'Allemagne n'eurent plus à souffrir de tels excès. Les Rühs, les Fries et autres ennemis du judaïsme, qui déniaient tout talent aux Juifs, furent obligés de mettre une sourdine à leurs diatribes.

Mais l'Allemagne aussi dut beaucoup à ces deux écrivains, qui enrichirent ce pays d'un grand nombre de nouvelles idées. Ils créèrent pour leurs compatriotes une langue élégante, claire et correcte, et éveillèrent en eux le sentiment de la liberté. Ce furent eux qui propagèrent en partie en Allemagne les principes qui triomphèrent en 1848.

CHAPITRE XVI

LES RÉFORMES RELIGIEUSES ET LA SCIENCE JUIVE

(1815-1840)

Une fois sortis de leur état d'asservissement et élevés au rang de citoyens, les Juifs devaient songer à modifier la physionomie de leur religion. Depuis deux mille ans, le judaïsme avait eu à lutter pour l'existence, assailli par chaque nouveau peuple qui paraissait sur la scène de l'histoire, par les Grecs et les Romains, les Parthes et les Néo-Perses, les Goths et les Slaves, les Arabes et la féodalité du moyen âge. Les religions également lui avaient déclaré la guerre; les moines de tout ordre aussi bien que les luthériens l'avaient menacé de destruction. De ces combats incessants il était sorti couvert de poussière et défiguré par les blessures. De plus, pour soutenir le choc de ses nombreux et puissants ennemis, il avait dû s'envelopper d'une épaisse cuirasse, couper ses communications avec le dehors et s'enfermer comme dans une étroite citadelle. Peu à peu il s'était tellement habitué à la lourde armure dont il s'était couvert, qu'il la considérait comme partie intégrante de son essence même. Repoussés de tout côté, obligés de se replier sur eux-mêmes, les adeptes du judaïsme, surtout depuis leur expulsion de l'Europe occidentale, s'étaient créé un monde de rêves et de chimères, dans lequel ils s'isolaient pour mieux supporter les coups dont on les accablait.

Lorsque la proclamation de leur émancipation vint illuminer leur solitude d'un rayon de soleil et les réveiller de leurs rêves, ils ne purent d'abord pas croire à la réalité de ce bonheur. Ils craignaient que ce ne fût un stratagème de la part de leurs ennemis pour venir à bout de leur foi par un procédé nouveau, et leur premier mouvement fut de s'attacher plus fortement à leur religion. Mais cette religion, ils ne la connaissaient plus assez à fond, ils ne savaient plus distinguer les éléments qui s'y étaient introduits dans le courant des siècles et ceux dont elle était formée à l'origine. En Allemagne, sous l'influence des Juifs polonais, le judaïsme avait pris un caractère très rude, et, dans les communautés portugaises et italiennes, les doctrines d'Isaac Louria et de Hayyim Vital lui avaient imprimé un cachet mystique. On était frappé de ces singularités dans toutes les circonstances de la vie juive, pendant les offices divins, aux sermons, aux mariages, aux enterrements. Les représentants officiels du judaïsme, comme les rabbins et les ministres-officiants, apparaissaient aux yeux des non-juifs comme des gens incultes ou des visionnaires.

Pour épurer le judaïsme et lui donner un aspect plus imposant, il aurait fallu un homme clairvoyant et particulièrement intelligent, à la fois calme et énergique, qui pût faire accepter les réformes nécessaires par la persuasion, sans froisser les consciences. Le Sanhédrin français et le Consistoire central avaient bien une situation officielle et jouissaient d'une grande autorité. Mais leurs principaux représentants, David Sintzheim, Abraham de Cologna et leurs successeurs n'étaient pas suffisamment convaincus de la nécessité de rajeunir le judaïsme. Ailleurs non plus, il ne se trouvait personne, à cette époque, qui pût provoquer et diriger ce mouvement de rénovation. Comme il n'y avait pas d'hommes pour réaliser cette lourde tâche, ce fut le temps qui se chargea de la mener à bonne fin. Mais cette œuvre ne s'accomplit pas sans vives discussions et sans luttes.

Le mouvement réformateur qui devait modifier peu à peu le judaïsme partit de l'Allemagne. Dans ce pays, les combats incessants que les Juifs eurent à livrer pour conquérir leurs droits civils et les défendre contre des agressions toujours renouvelées donnèrent naissance à deux tendances opposées. Les uns, sous prétexte de culture et de progrès, désertaient la foi de leurs pères ou manifestaient pour elle un hautain mépris. Le judaïsme leur apparaissait comme un fantôme errant à travers les siècles, et dont toute vie avait disparu depuis longtemps. Ils étaient rares ceux qui, comme Heine, devinaient dans ce prétendu fantôme assez de vigueur pour soutenir d'ardentes luttes et triompher des plus grandes difficultés. En opposition avec ces esprits cultivés, mais superficiels, la grande majorité des Juifs voulait conserver au judaïsme son ancienne physionomie, jusque dans les moindres détails. Par haine des apostats et des incrédules, ils se montraient d'un rigorisme excessif. Sous l'influence de la lutte, leur piété prit un caractère passionné. Ils réclamaient le maintien des usages les plus contestables, se refusant même à apporter la moindre amélioration à la façon bruyante et disgracieuse dont était célébré le culte dans les synagogues. Le jargon même qu'ils parlaient leur paraissait sacré.

On essaya bien, pour éviter des conflits, de concilier ces deux tendances contraires, mais on ne s'y prit pas avec assez de douceur ni de prudence. Jacob Jacobson, le premier, après l'organisation du Consistoire de Westphalie, s'efforça de donner au culte synagogal de son pays des formes plus compatibles avec la situation nouvelle des Israélites. Il rendit les offices moins bruyants, plus dignes, plus solennels, simplifia le rituel, introduisit la prédication allemande. D'autres réformes, empruntées à l'Église, furent peut-être moins heureuses. A côté des prières hébraïques, il institua des prières en allemand, aux psaumes hébreux d'un caractère si grave et si élevé il ajouta des chants allemands, établit la cérémonie de la confirmation, où jeunes filles et garçons devaient exposer leur profession de foi israélite. Comme ces nouveautés rencontrèrent de la résistance dans certaines communautés, il menaça de fermer les synagogues qui refuseraient de les adopter.

Avec la désorganisation du royaume de Westphalie disparut l'autorité de Jacobson. Il quitta alors ce pays pour aller réaliser ses idées de réforme à Berlin. Dans cette ville, il organisa des offices, dans sa maison, sur le modèle de ceux qu'il avait institués en Westphalie (1815). Plus tard, lorsque les offices furent célébrés dans une salle plus spacieuse, mise à la disposition des fidèles par le banquier Jacob Beer, père de Meyerbeer, on fit usage de l'orgue (1817). Cet oratoire fut surtout fréquenté par des Juifs qui, sans convictions bien sincères, croyaient de bon ton, à une époque où la Sainte-Alliance avait mis la dévotion à la mode, de se montrer également dévots. On y voyait, entre autres, les membres de la « Société des amis. » Cette petite communauté devint le noyau du « parti de la réforme », peu important à l'origine, mais auquel l'activité remuante de ses membres assurait un développement considérable.

La partie essentielle des offices des « réformés » consistait dans la prédication allemande. C'était Jacobson lui-même qui, le plus souvent, prenait la parole. Mais il se faisait parfois remplacer par des jeunes gens doués d'un bel organe et d'une certaine facilité d'élocution ; il ne leur demandait ni convictions solides, ni connaissances théologiques. Son oratoire devint ainsi comme une école d'éloquence sacrée. Les premiers prédicateurs qui s'y formèrent furent Jacob Auerbach, Edouard Kley Gunsbourg, de Breslau ; aucun d'eux ne se distingua par un talent particulier. Brusquement, à la suite des protestations de quelques Juifs orthodoxes, Frédéric-Guillaume III. qui était ennemi de toute innovation, fit fermer l'oratoire de Jacobson. Kley se rendit alors à Hambourg, appelé par quelques familles riches à diriger une école libre qu'elles venaient de fonder.

Dès qu'il fut établi à Hambourg, Kley y organisa également des offices « réformés », avec des prières et des chants en allemand, l'orgue et la prédication. Il publia même un « Recueil de chants religieux », fades et ennuyeux, marqués tout à fait du cachet protestant de l'époque. Il existait alors à Hambourg un parti qui tenait à conserver les prières hébraïques, tout en n'étant pas adversaire des réformes. Les principaux représentants de ce parti, Bresselau et Sæckel Frænkel, choisirent quelques prières hébraïques pour les ajouter aux chants allemands. Tous ces arrangements terminés, cinquante familles environ s'unirent pour former la « Société du temple réformé » (1818). A l'inauguration de ce temple, on espérait produire sur l'assistance une profonde impression en faisant chanter ensemble des jeunes filles et des jeunes gens. Cette réforme laissa les novateurs indifférents et irrita vivement les orthodoxes.

Peut-être cette communauté réformée n'eût-elle eu qu'une durée éphémère sans Gotthold Salomon, qui succéda à Kley. Le nouveau prédicateur était familiarisé avec la Bible et la littérature rabbinique et possédait un sérieux talent d'orateur. Mais on s'efforçait trop, dans la nouvelle communauté, d'imiter le culte protestant, et comme, d'autre part, cette communauté rejetait la croyance à la venue du Messie, il devenait difficile de déterminer exactement la position occupée par le judaïsme par rapport au christianisme. On espérait bien, par toutes ces réformes, ramener à la religion juive ceux qui s'en tenaient éloignés. Mais, sauf quelques exceptions, cette espérance ne se réalisa point.

A la suite de l'organisation du parti de la réforme à Hambourg, le judaïsme allemand se divisa en deux camps. Jusqu'alors, les Juifs allemands avaient été *altmodisch*, « de l'ancienne mode », ou *neumodisch*, « de la mode nouvelle », comme ils se qualifiaient eux-mêmes. Mais il n'existait pas de partis bien tranchés, ayant leurs mots d'ordre, leur drapeau et leurs chefs reconnus. Les partisans de « l'ancienne mode » formaient la très grande majorité, mais manquaient de cohésion et de direction. Les rabbins, originaires pour la plupart de la Pologne, avaient rapidement perdu toute autorité, et, dans de grandes communautés, on s'abstenait de nommer de nouveaux titulaires aux sièges rabbiniques devenus vacants. On ne voulait plus en faire venir de Pologne et on n'en trouvait pas encore, à ce moment, en Allemagne. A Berlin, à Prague et ailleurs, à la place des rabbins, on nomma des « administrateurs de rabbinat », fonctionnaires hybrides, sans indépendance, se laissant absolument dominer par les chefs laïques des communautés.

On ne trouvait alors que quatre rabbins orthodoxes jouissant d'une réelle autorité et profondément estimés pour leur caractère élevé et leurs vastes connaissances talmudiques : Mardochaï Benet, à Nikolsbourg (mort à Carlsbad en 1829), Jacob Lissa, à Lissa, en Pologne (mort en 1832), Akiba Eger, à Posen (mort en 1838), et son gendre, Mosché Sofer (mort à Presbourg en 1840).

Le plus vénéré de tous était Akiba Eger, dont la sincère piété, l'esprit généreux et les rares vertus lui avaient acquis le respect des milliers de disciples sortis de son école à Friedland et à Posen. Mais il manquait d'initiative et aimait à se tenir dans une ombre discrète. Mosché Sofer, par contre, était actif, remuant, plein de courage et de résolution, animé d'un zèle fanatique, et possédant toutes les qualités d'un lutteur énergique. Mais il était trop éloigné du centre de la réforme pour pouvoir la combattre efficacement ; ses coups ne portaient pas. D'ailleurs, lui comme ses collègues ne connaissaient pas l'adversaire qu'ils essayaient de terrasser, il leur paraissait faible et ils ne témoignaient pour lui que du dédain. Ils ne comprenaient pas mieux les exigences de la nouvelle situation des Juifs. Se présentait-il une question embarrassante ou un cas difficile, ils hésitaient sur le parti à prendre, tiraient de leur arsenal de vieilles armes rouillées et dévoilaient ainsi leur faiblesse à leurs adversaires. Ils étaient également incapables de trouver de ces mots qui frappent l'esprit de la foule et peuvent servir de signe de ralliement à un parti.

Les réformés, au contraire, possédaient tout ce qui manquait aux orthodoxes, ils avaient un chef énergique, une grande cohésion et surtout beaucoup de ces mots sonores qui exercent de l'influence sur les intelligences médiocres : « esprit moderne, civilisation, progrès, etc. » Très zélés, pleins de confiance et d'audace, peu scrupuleux sur les moyens, ils devaient forcément réussir. Leur inspirateur, Jacobson, prévoyait bien qu'on leur susciterait des difficultés, il savait aussi que le Sénat de Hambourg, à l'exemple de Frédéric-Guillaume III, était disposé à fermer leur temple. Pour prévenir un tel coup, il se mit en rapport avec un aventurier autrichien, Eliézer Libermann, qui se rendit en Italie et en Hongrie pour obtenir l'appui de quelques rabbins en faveur de la nouvelle organisation du culte synagogal. Il y réussit. Aron Chorin, rabbin d'Arad, et Moïse Kounitz, rabbin d'Ofen, furent les premiers à approuver le programme de la réforme. Ils furent bientôt suivis par deux rabbins italiens, Schem Tob Samoun, de Livourne, et Jacob Vita Riccanati.

Un autre rabbin, dont la démarche causa un certain étonnement, adhéra également aux modifications introduites dans le temple réformé. Ce fut Lazare Riesser, le père de l'infatigable champion de l'émancipation juive en Allemagne, qui avait toujours été considéré comme un orthodoxe. Gendre et collaborateur actif du rabbin Raphaël Cohen, il semblait très attaché au judaïsme rabbinique. Grande fut donc la surprise des Juifs de Hambourg, dans les deux camps, quand, au commencement de 1819, parut une « Lettre » où Riesser, s'adressant à ses « chers coreligionnaires de Hambourg », approuvait les réformes et s'élevait vivement contre les rabbins qui les combattaient. Il leur reprochait d'être des « hypocrites qui entretiennent la discorde en Israël et barrent le chemin aux fils repentants, désireux de revenir vers leur Père », et il opposait le recueillement observé dans le nouveau temple au culte bruyant des synagogues orthodoxes. Dix-huit rabbins, en Allemagne, condamnèrent le nouveau Rituel de Hambourg. Mais leurs arguments ne parurent nullement probants, et leurs protestations restèrent sans effet. De plus, une des autorités religieuses les plus considérées de ce temps, le Consistoire central de France, garda le silence dans cette question. Une autre circonstance encore favorisa le parti des novateurs. Les troubles qui, dans plusieurs villes d'Allemagne, éclatèrent contre les Juifs, coïncidèrent avec le commencement des polémiques engagées au sujet des réformes. A la suite de ces désordres, bien des Juifs riches et cultivés sortirent de leur indifférence pour revenir au judaïsme. Ceux de Hambourg se joignirent à la « Société du temple réformé ».

De Hambourg le mouvement de réforme s'étendit peu à peu dans d'autres villes. A Leipzig, où tant de commerçants se trouvent réunis au moment de la foire, des Juifs de Hambourg et de Berlin fondèrent également (septembre 1820) une synagogue réformée, dont les chants d'inauguration furent composés par Meyerbeer. Un rabbin fut spécialement attaché à cette synagogue pour la durée de chaque foire. Ce temple, où se rendaient, par conviction ou par curiosité, des Juifs venus des villes et des pays les plus divers, fut très utile pour la propagation des innovations liturgiques. D'autres communautés aussi, comme Carlsruhe, Kœnigsberg, Breslau, adoptèrent, sinon la totalité, du moins une partie des réformes de Hambourg.

Comme ces innovations menacèrent de prendre un caractère d'exagération, elles provoquèrent, outre l'opposition des orthodoxes, les attaques d'un parti qui ne réclamait pas précisément le maintien absolu de tous les usages, mais s'élevait énergiquement contre la déformation complète de l'ancien judaïsme. Le fondateur de ce parti fut Isaac Bernays (né à Mayence en 1792 et mort à Hambourg en 1849). Formé, dans l'Allemagne du Sud, à l'école des Kreutzer, des Kanne et des Oken, qui croyaient retrouver dans l'univers, écrites en caractères vivants, les lois abstraites de la philosophie transcendantale, et pour qui la nature et l'histoire, les nombres, les couleurs et les noms représentaient des séries d'idées, des débris d'un miroir gigantesque, Bernays concevait le judaïsme, sa littérature et son histoire, sous un aspect tout nouveau. Mieux que Mendelssohn il comprenait le vrai caractère de la mission du peuple juif dans l'histoire de l'humanité. On pourrait peut-être lui reprocher de s'être trop adonné à la spéculation, d'avoir voulu découvrir partout des intentions, et de n'avoir pas su présenter le résultat de ses recherches sous une forme attrayante. Penseur remarquable, il n'avait que du dédain pour les chefs de la réforme, si pauvres d'idées, qui prétendaient enfermer les doctrines et les enseignements du judaïsme dans le cadre étroit d'un catéchisme. A ses yeux, la « coterie Friedlaender » était la personnification de la légèreté et de l'étroitesse d'esprit. Elle lui apparaissait comme une bande de gens grossiers, installés dans un temple magnifique, qu'ils auraient aménagé pour leurs besoins mesquins en petites habitations.

On ne connaît qu'imparfaitement les idées de Bernays sur le rôle et les destinées du judaïsme. Il éprouvait une certaine timidité à écrire, et il préférait communiquer ses pensées par l'enseignement oral. L' « Orient biblique », qu'on lui attribue, ne contient que l'ébauche de son système, qui n'aurait certainement pas échappé à l'excommunication des rabbins de l'ancien temps. Mais, si l'auteur n'avait démontré que cette unique vérité que le peuple juif a une mission d'apôtre à remplir dans l'humanité, il mériterait déjà une place d'honneur parmi les écrivains. Non pas que cette vérité fût neuve, car elle avait été déjà prêchée par les Prophètes. Mais, au milieu de leurs souffrances et de leurs humiliations, les Juifs eux-mêmes l'avaient totalement oubliée.

Par ses idées comme par son talent, Bernays attira sur lui l'attention de ses coreligionnaires. Afin d'avoir un adversaire sérieux à opposer au parti de la réforme, la communauté de Hambourg le plaça à sa tête comme chef religieux. Ce choix fit sensation, car Bernays était le premier rabbin ayant reçu une excellente culture générale. Pourtant, il ne prit pas le titre de rabbin, tombé en discrédit, mais celui de *hakham*. Il aspirait, non pas à diriger les consciences dans sa communauté, mais à instruire. Comme les rabbins de la réforme, il prêchait, mais en s'abstenant rigoureusement de toutes ces imitations chrétiennes tant aimées des novateurs. Henri Heine, qui était allé l'entendre un jour à Hambourg, dit de lui : « J'ai assisté à un sermon de Bernays... aucun de nos Juifs ne le comprend, mais c'est un homme d'une grande valeur, bien supérieur à Kley, Salomon, Auerbach I et II. »

Tout en ne partageant pas les convictions des orthodoxes, Bernays acquit pourtant leur estime. Il se montrait prudent, modeste, réservé, et sa conduite religieuse ne donnait lieu à aucune critique. Aussi les modifications qu'il introduisit dans le culte, et qui étaient également des réformes, furent-elles approuvées et quelquefois même adoptées par les orthodoxes. Il exerça surtout une très salutaire influence par son enseignement, qui attirait beaucoup de jeunes gens et leur inspirait un vif attachement pour le judaïsme.

Une autre personnalité, bien différente de Bernays, eut aussi, à ce moment, l'action la plus heureuse sur le judaïsme : c'était Isaac Noah Mannheimer (né à Copenhague en 1793 et mort à Vienne en 1864). Quoique élevé à l'école de Jacobson, Mannheimer sut éviter les exagérations des autres novateurs et faire accepter sans lutte les innovations liturgiques. Du reste, c'était un esprit d'une rare élévation, sachant concilier un profond respect du judaïsme avec des connaissances profanes très étendues. Il réunissait en lui, dans une harmonie parfaite, les qualités les plus variées, l'enthousiasme et la prudence, un jugement sain et des aspirations vers l'idéal et la poésie, une éloquence entraînante et une grande activité, une indulgente mansuétude et une causticité mordante. Aussi réussit-il à créer à Vienne, avec les éléments les plus disparates, une communauté supérieurement organisée.

A cette époque, les Juifs n'avaient pas le droit de s'établir à Vienne; ils y étaient seulement *tolérés*. On trouvait alors dans cette ville quelques familles riches, qui y étaient tolérées sous les prétextes les plus étranges. Venues de pays divers, sans lien entre elles, elles n'étaient pas groupées en communauté, n'ayant le droit ni de posséder une synagogue, ni de nommer un rabbin. Malgré les mesures restrictives auxquelles ils étaient soumis, quelques audacieux conçurent le projet d'organiser des offices religieux sur le modèle de ceux du temple réformé de Hambourg. Tantôt le gouvernement les y encouragea, tantôt il les en détourna. En même temps qu'ils essayaient d'obtenir l'autorisation de construire un temple, ils appelaient Mannheimer à Vienne comme prédicateur de ce temple (juin 1825).

Arrivé à Vienne pour y exercer ses fonctions, Mannheimer, dont tous les efforts tendaient à ne pas froisser les orthodoxes par de vaines fanfaronnades et à ne pas provoquer de scission dans le judaïsme, n'apporta à la célébration des offices que des améliorations sages et prudentes, qui furent favorablement accueillies. Il donna plus de dignité au culte synagogal, s'efforça d'attirer les fidèles au temple par sa prédication, mais conserva les prières hébraïques et n'adopta ni l'orgue, ni les chants allemands. Mieux encore que Bernays, il sut concilier la tradition avec le progrès.

Comme si le temple de Vienne, inauguré en avril 1826, était prédestiné à réaliser cette conciliation entre le passé et l'avenir, il eut la bonne fortune de posséder, à côté de son prédicateur, un ministre officiant qui, lui aussi, réussit à moderniser en quelque sorte les mélodies sacrées tout en leur conservant leur cachet spécial. C'était un remarquable artiste, possédant une voix merveilleuse et récitant les prières liturgiques d'une façon particulièrement émouvante.

Subjugués par la parole chaleureuse de Mannheimer et les chants expressifs des chœurs, les Juifs de Vienne s'habituèrent peu à peu, dans la synagogue, à une tenue plus convenable, plus digne du lieu saint. Le recueillement qui régnait dans ce temple impressionnait fortement les étrangers qui venaient assister aux offices, et bientôt l'exemple de Vienne fut suivi dans les autres communautés autrichiennes, en Hongrie, en Bohême et jusque dans certaines villes de la Galicie. La réputation de Mannheimer ainsi que celle de Bernays s'étendirent au loin, et dans bien des communautés importantes on réclamait des rabbins vraiment instruits et un culte synagogal « bien réglé ».

C'est à cette époque que trois jeunes gens juifs, animés des plus nobles sentiments et désireux d'aider au relèvement de leurs coreligionnaires, associèrent leurs efforts (27 novembre 1819) pour créer une « Société pour la civilisation et la science des Juifs ». Ce triumvirat se composait de Léopold Zunz (né à Detmold en 1794 et mort à Berlin en 1886), Édouard Gans (mort en 1839), le porte-drapeau de la philosophie hégélienne, et enfin Moïse Moser, le plus intime ami de Heine, qui l'appelait « l'édition de luxe d'un véritable homme, l'épilogue de Nathan le Sage ».

Aux fondateurs de la Société se joignirent bientôt d'autres membres, même d'anciens disciples de Mendelssohn, comme Ben David et David Friedlaender. Jacobson aussi donna son adhésion. A Berlin, cette Société comptait environ cinquante membres, et près de vingt à Hambourg. Plus tard, Henri Heine y adhéra également.

A l'origine, la Société avait surtout imposé à ses membres le devoir de rester fidèles au judaïsme, de résister avec énergie aux séductions de l'Église et de donner ainsi aux jeunes générations un exemple de dignité et de fermeté de caractère. L'application de ce programme aurait certainement produit de très heureux résultats, car les membres de la Société étaient tous cultivés et avaient un certain prestige aux yeux des autres Juifs. Leur attachement inébranlable à la foi de leurs pères aurait donc été d'un excellent effet. Mais ils dévièrent de leur programme primitif, s'imposèrent une tâche trop étendue, se trompèrent sur les moyens à employer et, par-dessus tout, donnèrent comme base à leur œuvre une hypothèse absolument fausse. Ils croyaient, en effet, qu'en cultivant les arts et les sciences, en abandonnant le commerce pour se livrer à l'agriculture et à l'exercice des professions manuelles, les Juifs seraient traités avec plus de justice et de bienveillance par les Chrétiens et considérés réellement comme les égaux des autres

Allemands. Ils se proposèrent donc de fonder, pour les Juifs, des écoles, des séminaires et même des académies, de les diriger vers les métiers et les travaux agricoles. Ces immenses projets se réduisirent à la fondation d'une école privée, où des membres de la Société instruisaient de pauvres jeunes gens, venus du dehors, notamment de la Pologne, pour échapper à l'ennui de l'étude du Talmud et acquérir la « sagesse ».

Lorsque la Société se fut convaincue de l'impossibilité de réaliser son plan si vaste, elle résolut de poursuivre une entreprise plus modeste, celle d'encourager les recherches scientifiques relatives au judaïsme. Ses membres organisèrent des conférences entre eux et créèrent un « Journal pour la science du judaïsme ». Mais au fond, ils ne savaient pas bien ce qu'ils devaient entendre par la « science du judaïsme » et hésitaient sur la voie où ils s'engageraient. C'est qu'ils étaient alors tous inféodés au système de Hégel, dont ils considéraient la moindre parole comme un oracle. Ils répétaient, après lui, en termes bizarres, que « le judaïsme est la religion de la raison qui ne se préoccupe plus de la raison, et que le christianisme a absorbé toute l'histoire du passé pour la rajeunir et l'ennoblir ». Leur chef, Édouard Gans, s'exprimait d'une façon si vague et parfois si baroque qu'on reconnaissait facilement que ses idées sur le rôle de la Société qu'il dirigeait manquaient de clarté et de précision.

On retrouvait la même obscurité, le même vague dans les articles publiés dans l'organe de la Société. C'était un fatras indigeste qui ne pouvait être compris que de quelques très rares lecteurs. Heine déclara ouvertement que « la plus grande partie du journal ne valait rien, parce que c'était écrit dans un abominable jargon ». Et c'est par de tels travaux que la Société voulait glorifier les Juifs et le judaïsme ! Dans un compte rendu, Gans se plaignait que lui et ses collaborateurs ne fussent pas compris : « J'admets, dit-il, que la foule n'ait pas saisi la pensée qui dirige la Société, précisément parce que c'est une pensée et qu'elle ne comprend que ce qui est superficiel. Mais ceux qui se nomment les intelligents, les gens supérieurs, ont-ils donné de meilleures preuves de leur intelligence ? »

Au lieu de s'en prendre à eux-mêmes de leur échec, à leurs

conceptions nébuleuses et à leur style bizarre, les fondateurs de la « Société pour la science du judaïsme » éclatèrent en gémissements et en récriminations. Ils déploraient que leur journal n'eût pas de lecteurs, que nul capitaliste ne voulût soutenir leur œuvre, que le judaïsme fût méconnu de tous les Juifs. Bientôt, plusieurs membres de la Société, malgré leur engagement tacite à persister dans leur foi, se convertirent au christianisme. La Société ne tarda pas à se dissoudre. A peine eut-elle disparu que Gans lui-même se fit baptiser. Heine, qui avait pourtant abandonné, lui aussi, le judaïsme, fut outré de l'apostasie de Gans : « Sa trahison, disait-il, est plus odieuse, parce qu'il a joué le rôle d'un agitateur et qu'il avait accepté les devoirs d'un chef. Il est admis par tous que si un navire sombre, le capitaine le quitte le dernier. Gans s'est sauvé le premier. »

Moser ne renia pas son culte, mais proclama qu'il désespérait du salut du judaïsme. Seul le troisième membre du triumvirat, Zunz, ne perdit pas complètement courage : « Ce qui surnage de ce déluge, disait-il, c'est la science du judaïsme. Elle est bien vivante, quoique, depuis des siècles, personne ne s'en soit préoccupé. J'avoue qu'à côté de ma soumission à la volonté divine, je trouve appui et consolation dans mes recherches scientifiques. J'ai cessé de prêcher, parce que je voyais que je prêchais dans le désert, mais je n'ai jamais songé à devenir infidèle à mes propres paroles. »

Zunz eut raison d'espérer. Ce fut, en effet, la science juive qui contribua au rajeunissement du judaïsme. Elle fit sortir, en quelque sorte, Israël de sa tombe et lui rendit la conscience de sa noblesse et de sa grandeur. Déroulant sous ses yeux ses glorieuses annales, elle lui montra les péripéties diverses de sa longue histoire qui, sans interruption, s'étend depuis la plus haute antiquité jusqu'au temps présent. Elle lui fit aussi connaître les remarquables produits de l'esprit juif, qui ont exercé une sérieuse action sur la morale et la littérature des peuples. En exposant ainsi devant les Juifs leur histoire et leurs doctrines, la science leur révéla leur valeur, les rendit plus confiants en eux-mêmes et les encouragea à continuer l'œuvre de justice, de vérité, de fraternité, entreprise par leurs aïeux. Après des siècles d'outrages et de persécutions, ils osèrent enfin relever la tête, rivaliser avec les confessions plus jeunes pour accomplir leur mission jusqu'au bout, et ils ne rougissaient plus d'avouer ouvertement leur origine et leurs croyances.

Ce fut à l'histoire d'Israël que s'intéressa tout d'abord la science juive de ce temps. Cette histoire avait été présentée jusqu'alors sous un faux jour, ou était totalement ignorée. Au milieu de leurs souffrances et de leurs pérégrinations forcées, les Juifs n'avaient pu conserver intact le souvenir de tous les événements de leur passé ; ils ne les connaissaient plus qu'en partie, et parfois totalement travestis. Des savants chrétiens, séduits par la grandeur du sujet, avaient essayé de former un tout complet des fragments qu'ils avaient à leur disposition. Mais ils n'avaient réussi qu'à tracer une image inexacte, parce qu'elle était incomplète, qu'en bien des endroits les couleurs étaient effacées et que l'ombre dominait. Les défenseurs mêmes des Juifs, comme Dohm et l'abbé Grégoire, qui s'étaient appliqués à étudier les annales du judaïsme, n'avaient produit qu'une œuvre très imparfaite. Isaac-Marcus Jost (1793-1860), le premier, présenta, enfin, un aperçu complet de l'histoire des Juifs. Zunz, avec son esprit vaste et profond, aurait été plutôt désigné pour une telle œuvre, mais il n'eut pas le courage de l'entreprendre. Quoiqu'il ne possédât que des matériaux insuffisants, Jost se mit avec ardeur à ce travail gigantesque. Il a le grand mérite d'avoir fourni à ses successeurs un fil conducteur pour se diriger dans l'immense labyrinthe de l'histoire juive.

Jost fut amené à écrire l'histoire des Juifs par les attaques violentes de Rühs et de ses disciples. Aux mensonges volontaires ou involontaires de ces pamphlétaires, il tenait à opposer des faits certains. Son principal but était de prouver qu'en tout temps les Juifs s'étaient montrés citoyens paisibles et fidèles sujets. S'ils s'étaient révoltés contre les empereurs romains et avaient soutenu vaillamment la lutte, c'est qu'ils y avaient été poussés par un groupe d'hommes fougueux et passionnés, les zélateurs. Mais il serait inique de rendre la nation entière responsable de la faute de quelques-uns. En général, les Juifs furent de braves gens qui ne tuèrent jamais d'enfants chrétiens et ne méritèrent nullement les accusations dont on les poursuivait. Seuls les Pharisiens, ainsi que leurs petits-neveux les rabbins, encoururent vraiment des reproches, se montrant imbus de superstitions et de préjugés. C'est là le ton de l'histoire de Jost. Il voulait répondre à la fois aux détracteurs et aux admirateurs du judaïsme.

On peut reprocher à l'œuvre de Jost de manquer d'élévation, de chaleur et d'impartialité; l'auteur ne voit les choses que par le petit côté. Il rendit pourtant, par son *Histoire*, un service considérable à ses coreligionnaires. Il étendit le domaine des connaissances de ses contemporains et limita avec précision, pour les événements de l'histoire des Juifs, le temps et l'espace. Ce point important avait été négligé ou inexactement indiqué par ses prédécesseurs chrétiens, y compris Basnage. De plus, il appela l'attention sur des sources, inconnues pour la plupart, qu'il ne sut peut-être pas suffisamment utiliser, mais qui furent mieux étudiées plus tard.

Mais l'ouvrage de Jost présente un défaut capital : il expose l'histoire des Juifs dans des récits secs, presque arides, lui donne un caractère mesquin et lui enlève ce prestigieux éclat qu'elle eut toujours, même aux yeux des chrétiens impartiaux. Il émiette en tout petits fragments cet admirable drame héroïque de plusieurs milliers d'années. Entre les anciens *Israélites*, aïeux et contemporains des Prophètes et des auteurs des psaumes, et les *Juifs*, disciples des rabbins, il creuse un abîme artificiel, et il les montre tellement distincts les uns des autres qu'ils paraissent n'avoir aucun lien de parenté entre eux. Jost ne voit dans l'histoire qu'une suite d'accidents, d'événements amenés par le hasard et indépendants de toute loi.

Les imperfections de l'œuvre de Jost proviennent, en partie, de ce que l'auteur ne s'était pas assez sérieusement préparé à cette tâche. Pourtant, les documents ne manquaient pas. Mais il fallait savoir les découvrir, il fallait aussi pouvoir distinguer les parcelles d'or disséminées dans une énorme quantité de minerai sans valeur. Jost n'en fut pas capable.

Ces qualités de critique sagace et avisé qui manquaient à Jost, deux savants galiciens les possédaient alors à un haut degré.

Krochmal et Rapoport surent découvrir et mettre en œuvre de nombreux matériaux, d'où ils tirèrent des informations précieuses pour l'histoire des Juifs. Leurs recherches eurent encore un autre avantage, elles encouragèrent plusieurs autres savants à entrer dans cette voie et suscitèrent entre eux une émulation féconde. Aussi suffit-il d'une trentaine d'années pour faire surgir le passé du judaïsme des décombres que les siècles avaient accumulés sur lui et pour le montrer dans son brillant éclat. Krochmal et Rapoport furent les fondateurs d'une nouvelle école, qu'on peut appeler l'école galicienne.

Nachman Krochmal (né à Brody en 1785 et mort à Tarnopol en 1840) rappelait, par son amour pour la science et son esprit critique, le savant Azaria di Rossi, qui vivait au XVIe siècle. Marié à quatorze ans, il s'établit à Zolkiev, où dominait encore, dans l'enseignement talmudique, la méthode polonaise. Mais, en secret, il étudiait ardemment la littérature hébraïque et lisait même des ouvrages de philosophie allemande, surtout ceux de Kant. Ces livres avaient pour lui l'attrait du fruit défendu, car les ultra-orthodoxes et les Hassidim de Pologne interdisaient avec la dernière rigueur toute autre étude que celle du Talmud et de la Cabbale. Il amassait ainsi dans son esprit, à côté de ses vastes connaissances talmudiques, des notions d'autres sciences, battant en brèche l'autorité du Talmud. Mais Krochmal n'était pas fait pour la lutte. De santé débile, il était très timide et évitait avec soin tout ce qui pouvait troubler sa tranquillité.

Pourtant, en rase campagne, là où il n'avait pas à craindre d'oreilles indiscrètes, il ouvrait les trésors de son savoir à quelques initiés. Ses disciples, familiarisés avec le Talmud et habitués, par conséquent, à deviner les plus obscures allusions, le comprenaient à demi-mot. Du reste, ses recherches comme son enseignement furtif se distinguaient par une grande clarté. L'étude de la philosophie allemande avait imposé à son esprit une sévère discipline et l'avait habitué à une rigoureuse logique.

Krochmal se croyait des aptitudes toutes spéciales pour la philosophie, bien qu'il n'eût produit rien d'original dans ce domaine. Mais il sut émettre des considérations philosophiques très profondes sur l'histoire, en général, et particulièrement sur l'histoire juive.

Il indiqua la manière d'utiliser l'immense compilation talmudique au profit de l'histoire et de mettre en lumière des détails à peine perceptibles ou des traits à moitié effacés. Sans doute, les résultats de ses recherches n'offrent pas toujours une certitude absolue. Mais, grâce à son esprit sagace et à sa passion pour ce genre de travaux, il ne se trompa pas souvent. De plus, il inspira l'amour de ces recherches à ses disciples et les accoutuma à l'emploi de sa méthode. Bientôt, sa réputation s'étendit au delà des frontières de son pays, et la communauté de Berlin, malgré son antipathie pour les Polonais, l'appela comme rabbin. C'est qu'il était considéré comme un des principaux représentants de la science juive de cette époque et comptait en Allemagne de nombreux admirateurs.

Parmi les élèves de Krochmal, le plus doué et le plus brillant fut sans contredit Salomon-Juda Rapoport (né à Lemberg en 1790 et mort à Prague en 1867). Le disciple éclipsa même le maître. C'est que Rapoport eut, dès le début, le courage de publier ses découvertes, sans se laisser intimider par les menaces des obscurants ; il ne cessa d'opposer une fière vaillance à leurs attaques plus ou moins dissimulées. D'une affabilité séduisante, d'une humeur toujours souriante, spirituel sans la moindre méchanceté, Rapoport était partout accueilli avec une profonde sympathie. De bonne heure il sacrifia en partie l'étude du Talmud à la science et à la poésie. Il se sentait surtout attiré vers l'histoire juive, et le premier il fit connaître quelques-uns des principaux représentants de l'esprit juif. Il écrivit, en effet, coup sur coup (1829-1831) la biographie de plusieurs personnages historiques, sur lesquels il répandit une vive lumière, et fit ainsi mieux comprendre le judaïsme et son histoire intérieure.

Bien que Rapoport ne fût que l'élève de Krochmal, c'est pourtant à lui qu'on peut attribuer l'honneur du mouvement scientifique qui se développa si amplement dans le judaïsme. Le fleuve qui s'étend largement sous le ciel, transporte des navires et, en débordant, fertilise les terres voisines, a certainement plus d'importance que la source d'où part un petit cours d'eau coulant, à demi caché, sous le feuillage. Connu au loin par ses travaux, Rapoport fut nommé rabbin de Tarnopol et, peu après, grand rabbin de Prague.

Sur ces entrefaites éclata en France, comme un coup de tonnerre en un ciel serein, la Révolution de 1830. Cet événement, qui survint d'une façon tout à fait imprévue, apporta de nouvelles améliorations à la situation des Juifs. Sous les rois Louis XVIII et Charles X, les Juifs de France, quoique proclamés par la Constitution les égaux des autres citoyens, ne jouissaient pourtant pas, dans la pratique, d'une vraie égalité. Bien que leur nombre eût triplé depuis la Révolution de 1789 et qu'ils se fussent montrés dignes, sous tous les rapports, de la liberté qu'on leur avait accordée, aucun d'eux ne fut nommé à un emploi de l'État pendant le règne des rois légitimes. Un autre motif d'infériorité, pour eux, fut l'article de la Charte qui déclarait le catholicisme religion d'État. Ils eurent donc le droit de saluer joyeusement les journées de Juillet. Dès le début du règne de Louis-Philippe, la Chambre des députés, qui voulait « faire de la Charte une vérité », songea à effacer toute trace d'inégalité existant encore entre les Chrétiens et les Juifs. Sur la proposition d'un député, Viennet, elle raya de la Constitution l'article reconnaissant une religion d'État et mit également les traitements des ministres du culte israélite à la charge de l'État (décembre 1830).

Cependant, la Chambre des pairs, dont bien des membres étaient encore des esprits rétrogrades, montra quelque hésitation à voter le projet de loi adopté par les députés. Mérilhou, le ministre de la Justice, fut obligé d'intervenir énergiquement en faveur de ce projet. Il insista surtout sur l'importance et la valeur du judaïsme. « Lorsqu'un culte, disait-il, réunit le double caractère d'une longue durée dans ses croyances et d'un nombre considérable de sectateurs, lorsqu'il est pratiqué dans toutes les régions du monde civilisé, il est impossible de lui refuser pour ses ministres ce salaire public qui n'est autre chose que le signe du respect de la société civile pour toutes les croyances religieuses. Toutes ces conditions, vous le savez, appartiennent à la religion hébraïque. Son berceau a précédé celui du christianisme. Les persécutions souffertes pendant tant de siècles par les disciples de Moïse attestent la puissance de leurs croyances ; et, parmi ses sectateurs, figurent un nombre immense de Français qui, comme tous les autres, participent aux charges publiques et remplissent tous les devoirs de la société. »

D'autres orateurs parlèrent encore, à la Chambre des pairs, en faveur des Juifs. Il faut citer notamment le comte Portalis, rapporteur du projet de loi, qui prononça un long discours sur le judaïsme et nomma quelques-unes de ses illustrations, Philon « pour les temps les plus reculés », Maïmonide « pour des époques plus récentes, et, pour les derniers siècles, ce sage Mendelssohn que l'Allemagne philosophe se plaisait à comparer à Platon ». Bien que l'amiral Verhuell combattît ce projet, il fut adopté le 1er février 1831 par 57 voix contre 32. Le 8 février, Louis-Philippe ratifia cet article de la loi déclarant que « les ministres du culte israélite recevront des traitements du trésor public ». Ainsi disparut la dernière inégalité légale qui distinguait encore les Juifs des Chrétiens. Par un décret du 22 mars 1831, le gouvernement décida que les frais d'entretien de l'École centrale rabbinique de Metz, dont les statuts avaient été approuvés par le ministre de l'Intérieur en août 1829, seraient également payés en partie par l'État.

A cette même époque, on proposa au Sénat de Francfort de ne plus limiter le nombre des mariages juifs dans la ville. Sur quatre-vingt-dix membres, les deux tiers s'y opposèrent. Dans plusieurs villes d'Allemagne, à la nouvelle des journées de Juillet, la populace se rua contre les Juifs, et la bourgeoisie laissa tranquillement faire. Cette conduite indigne, qui révolta tous les gens de cœur, suscita aux Juifs un défenseur énergique, Gabriel Riesser, qui continua la lutte jusqu'au triomphe définitif de la cause qu'il soutenait.

Gabriel Riesser (1806-1860) était le fils de Lazare Riesser, un des partisans des réformes à Hambourg, et le petit-fils du rabbin orthodoxe Raphaël Kohn. Indifférent aux pratiques religieuses du judaïsme, il combattit pour la dignité et l'honneur de ses coreligionnaires. Avec une âpre éloquence il flétrit la conduite des gouvernements allemands, leur reprochant de ne refuser aux Juifs les droits civils que pour les pousser au baptême et, par conséquent, à l'hypocrisie et au parjure. « Car, disait-il, nul homme raisonnable ne peut estimer une religion dont les adeptes doivent lui apparaître forcément comme de vils courtiers, qui, à l'exemple d'agents matrimoniaux faisant appel à la cupidité pour pousser à un mariage sans amour, font luire des avantages matériels aux yeux de gens sans foi pour les exciter à se faire chrétiens. »

Riesser ne ménageait pas plus les Juifs. Il s'élevait avec une généreuse colère contre les lâches qui cachaient leur origine, ou achetaient leur liberté civile au prix d'une apostasie, ou livraient leurs enfants à l'Église sous prétexte de leur rendre la vie plus facile. « L'honneur exige, déclarait-il, que ceux mêmes qui éprouvent une sincère sympathie pour l'Église ne se séparent pas de leur communauté avant que le but ne soit atteint, avant que le palladium de la liberté ne soit également conquis pour les Juifs. » Il recommandait la création de sociétés travaillant activement à l'émancipation des Juifs, et il engageait tous ceux qui partageaient ses sentiments, fussent-ils chrétiens, à entrer dans ces sociétés. Il estimait, en effet, que tout honnête homme, à quelque confession qu'il appartienne, a pour devoir d'aider à délivrer des opprimés. Le succès répondit à ses efforts : partout on s'unit pour contribuer à obtenir l'émancipation des Juifs. Il annonça, du reste, le triomphe définitif de la liberté avec une telle assurance que ses paroles firent pénétrer la conviction dans tous les cœurs.

Il survint, à ce moment, quelques événements qui semblèrent donner raison aux prédictions de Riesser. Pour la première fois, un grand mouvement d'opinion se produisit en 1830, parmi les chrétiens anglais, pour faire disparaître toutes les incapacités civiles et politiques des Juifs, et, à la Chambre des communes, les principaux députés se déclarèrent favorables à ce mouvement. Fait plus imprévu, dans la Hesse électorale les Juifs furent entièrement et complètement émancipés (29 octobre 1833). Cet exemple était alors unique en Allemagne.

Encouragé par ces événements, Riesser lutta plus ardemment encore pour le triomphe de la cause à laquelle il avait voué sa vie. Mais il n'admettait pas que, pour obtenir leur égalité, les Juifs dussent imposer le moindre sacrifice à leur conscience. Les gouvernements et les États leur demandaient d'abandonner ce qu'ils appelaient leurs préjugés, c'est-à-dire l'observance des prescriptions talmudiques et la croyance à la venue du Messie. Bien des Juifs se soumirent avec empressement à ces exigences, se vantant même de leur trahison. Riesser flétrissait de telles lâchetés avec une vigoureuse énergie. Par sa lutte contre les Paulus, les Édouard Meyer, les Pfitzer et les Streckfuss, tous adversaires des Juifs en même temps qu'ennemis de la liberté, il réussit à faire inscrire la question juive sur le programme libéral. La jeune Allemagne et tous les amis du progrès furent alors obligés de réclamer la liberté religieuse et l'égalité de tous les Allemands. Mais Riesser mérita surtout la reconnaissance des Juifs pour avoir réveillé en eux le sentiment de la dignité et leur avoir inspiré le courage d'avouer hautement la confession à laquelle ils appartenaient.

Un contemporain de Riesser travailla également, mais par d'autres voies, à donner à ses coreligionnaires la conscience de leur valeur. Zunz, un des principaux membres de la « Société pour la science juive », était convaincu que la connaissance de leur passé donnerait aux Juifs cette assurance et cette fierté qui leur faisaient parfois défaut. Dans le journal de la Société dont il faisait partie, il avait déjà publié d'importants travaux et montré les résultats sérieux qu'on pouvait obtenir en remontant aux sources. En 1832, dans un ouvrage intitulé *Die Gottesdienstlichen Vorträge*, ou « Les conférences synagogales », il indique comment l'institution de la lecture d'extraits de la Bible, et surtout du Pentateuque, est née, s'est développée, modifiée, et a repris un nouvel essor. Son but, dans ce livre, est de prouver que les Juifs, pendant le moyen âge, ne furent pas une horde grossière, sans instruction et sans moralité, comme le prétendent leurs ennemis, mais cultivèrent la science et produisirent des œuvres d'un grand mérite.

Le livre de Zunz, un peu aride, mais très riche en informations, fut le premier ouvrage juif de cette époque qui fût accueilli favorablement par la science allemande. Il répandit une vive lumière sur une quantité de faits ignorés ou mal connus. Outre sa valeur propre, il eut le mérite de provoquer des recherches fécondes dans ce domaine particulier du judaïsme. Dans la pensée de Zunz, ce travail devait aider à faire proclamer l'émancipation de ses coreligionnaires et introduire des réformes dans le culte. Ce qui est certain, c'est qu'il contribua au relèvement de la science juive.

Cette science ne tarda pas à avoir de nouveaux organes. Le plus important, rédigé en hébreu, fut fondé par Samuel-Loeb Goldberg, de Tarnopol, et s'appelait *Kérém Héméd* ou « Vigne précieuse ». Pendant dix ans, ce recueil publia de très intéressantes études sur les questions les plus variées, mais principalement sur l'histoire. On n'y trouve plus, comme dans un autre organe, plus ancien, appelé *Bikkouré Ittim* ou « Prémices des temps », ces essais ou jeux poétiques où des amateurs s'efforcent de mettre en vers hébreux des extraits de Racine, de Schiller et même d'Anacréon. Dans le *Kérém Héméd*, on s'applique surtout à produire au jour les trésors cachés du judaïsme. Avec un zèle louable et un remarquable désintéressement, des hommes de tout âge y rivalisent d'ardeur pour enrichir la science de leurs découvertes. C'est l'école galicienne qui fournit à cet organe le plus grand nombre de ses rédacteurs, dont le principal est sans contredit Salomon Rapoport. Encouragé par l'exemple de ce dernier, Krochmal aussi s'enhardit à publier sous son nom quelques chapitres de son Encyclopédie. L'Allemagne juive n'est représentée au *Kérém Héméd* que par deux rédacteurs, mais tous deux de haute valeur, Zunz et Michel Sachs.

A ce petit groupe de savants vinrent bientôt se joindre quelques recrues de l'Italie, pays qui, pendant de longs siècles, n'avait joué qu'un rôle très effacé dans l'histoire juive. On peut nommer, entre autres, Reggio, de Goritz, le rabbin Ghirondi, de Padoue, Almanzi, le médecin Samuel Vita della Volta, de Mantoue, et surtout Luzzatto.

David Luzzatto (né à Trieste en 1800 et mort à Padoue en 1865) se distinguait surtout par sa science profonde de la langue et de la grammaire hébraïques, par son amour passionné pour la poésie et par la finesse et la parfaite sûreté de son goût. Appelé à occuper une chaire de professeur au « Collège rabbinique » de Padoue, que le gouvernement autrichien venait de fonder, il s'adonna avec ardeur à l'étude du texte biblique, dont il s'efforçait de pénétrer le sens exact.

Son activité ne se limita pas aux seuls travaux exégétiques. A l'exemple de Rapoport, il entreprit des recherches historiques. Par suite de la dispersion des Juifs et de leurs tristes pérégrinations, les plus belles œuvres de l'époque hispano-française avaient disparu. Luzzatto s'imposa la tâche difficile de les retrouver; le succès couronna ses efforts. On sait que, lors des expulsions d'Espagne et de France, les malheureux exilés s'étaient dirigés en partie vers l'Italie et y avaient transporté la plupart de leurs trésors littéraires. Par crainte de l'Inquisition, on les avait tous cachés. D'importants ouvrages imprimés, sortis des imprimeries mêmes de l'Italie, étaient devenus d'une extrême rareté. Avec une infatigable ardeur et une pénétrante sagacité, Luzzatto s'appliqua et réussit à les découvrir. En faisant connaître le contenu de ces ouvrages, il éclaira d'un jour nouveau les annales des Juifs du moyen âge et montra cette période de l'histoire avec son vrai caractère et sa véritable signification. Ce fut lui qui, par ses recherches, révéla aux savants les origines de la poésie néo-hébraïque, qui était arrivée à son apogée avec Juda Hallévi. Ce furent également ses travaux qui montrèrent pour la première fois, dans tout son éclat, l'activité intellectuelle des Juifs d'Espagne. Jusqu'à son dernier souffle, Luzzatto resta un infatigable pionnier de la science juive.

A côté du *Kérém Héméd*, écrit en hébreu, parurent d'autres organes rédigés dans la langue du pays, et qui, outre les diverses questions du jour, traitaient aussi des sujets scientifiques. Tels étaient l'*Israelitisches Predigt-und-Schul-Magazin* (1834-1836), la *Wissenschaftliche Zeitschrift für jüdische Theologie* (1835-1847), d'Abraham Geiger, la *Hebrew Review*, fondée à Londres (1835) par le rabbin portugais Raphall, la *Zeitung des Judenthums*, fondée en 1837 par L. Philippson. Tous ces journaux s'appliquaient surtout à mettre en lumière les péripéties de l'histoire juive. Mais ils ne songeaient pas à faire ressortir les doctrines du judaïsme, qui ont, en quelque sorte, imposé aux Juifs une place à part dans l'humanité et leur ont valu leur long martyre. Cette vérité si importante fut principalement développée par le médecin Salomon-Louis Steinheim.

Steinheim (né à Altona en 1790 et mort à Zurich en 1866),

qu'une étroite amitié liait à Gabriel Riesser, était un esprit d'une vigueur et d'une profondeur remarquables. Plus clairement encore que Bernays, il comprit que les Juifs ont une grande et difficile mission à remplir et que leurs doctrines comme leur destinée correspondent à cette mission. Mais Steinheim n'était pas seulement un profond penseur, il écrivait avec élégance et savait présenter ses idées sous une forme attrayante. Eût-il été doué d'un plus grand talent poétique, il ressemblerait fort au poète-philosophe Juda Hallévi. Son premier ouvrage, intitulé « Chants d'Obadia ben Amos en exil », n'a pas une grande valeur poétique, mais contient déjà des pensées élevées.

Dans ce livre, un sage juif d'Égypte, Obadia, révèle à son fils, au temps des Ptolémées, les vicissitudes qui feront le peuple juif à la fois si grand et si misérable. « C'est par la volonté expresse de la Providence qu'une faible nation, chargée de travailler au salut de l'humanité, sera persécutée, traquée, maltraitée par des millions d'ennemis et pendant des milliers d'années, et survivra à tous ces malheurs. Autrefois, nos aïeux ont reçu pour eux et pour leurs descendants la consécration comme prêtres. »

> Toi-même, peuple élu, qui vivras éternellement,
> Toi, dont les membres sont dispersés parmi les nations,
> Tu es le prêtre et tu es la victime,
> Tu es un témoin ensanglanté de Jéhova.

Jugés de ce point de vue élevé, le passé comme l'avenir d'Israël apparurent à Steinheim dans leur magnifique réalité. Dès lors, la destinée de ce peuple ne présentait plus aucune obscurité, aucune énigme. Si les Juifs furent dispersés à travers tous les pays, s'ils eurent à subir tant d'humiliations et tant de souffrances, ce fut pour répandre la connaissance du Dieu Un et enseigner aux hommes une noble et généreuse morale. Cette conception n'était pas tout à fait nouvelle, elle est largement développée dans le second Isaïe.

Une chose pourtant semblait étrange à Steinheim, c'était la coupable faiblesse qu'il rencontrait chez ses coreligionnaires d'Allemagne. L'éloignement manifesté alors par tant de Juifs pour leur culte, leur manque de confiance dans l'avenir de leur religion, leur dédain pour la race dont ils étaient issus, la trahison dont ils se rendaient journellement coupables à l'égard de leurs croyances lui apparaissaient comme autant de signes précurseurs de la disparition prochaine du judaïsme. Afin de remédier à cette triste situation, il écrivit un ouvrage, destiné principalement à la jeunesse, où il exposa ses vues sur la signification et la valeur du judaïsme. Déjà dans ses « Chants d'Obadia », il avait exprimé les craintes que lui inspirait l'état d'esprit de ses contemporains juifs. « Je ne redoute pas, fait-il dire à son héros, les temps de souffrances communes, car, alors, ceux qui souffrent ensemble restent unis comme les bœufs accouplés sous le même joug. Les temps de complète liberté ne m'effraient non plus. Ce qui me paraît dangereux, c'est la période où les lois restrictives commencent à être appliquées avec modération sans être complètement abolies, où la liberté est promise, mais n'a pas encore été accordée. Pendant cette période, l'abandon des traditions de nos aïeux semble offrir des avantages, et le désir des jouissances matérielles fait oublier ce qui est éternel. » Il s'était également prononcé très sévèrement à l'égard des renégats.

Dans le nouvel ouvrage qu'il publia (1835) et qu'il appela « La Révélation d'après la doctrine de la Synagogue », il se proposait surtout d'instruire. Il y soumet les enseignements du judaïsme à un examen rigoureux et arrive à cette conclusion qu'ils méritent l'admiration de tous les hommes et donnent satisfaction à la conscience. Après avoir montré que tous les penseurs juifs se sont efforcés de prouver que les principes du judaïsme s'accordent avec les idées émises par la philosophie sur le monde supérieur, Steinheim s'étonne qu'on croie nécessaire de démontrer que la religion juive est conforme à la raison. Selon lui, en effet, la religion la plus conforme à la raison est le paganisme, dans ses diverses phases, le paganisme dont la morale est si déplorable, où « les brigands, les voleurs, les adultères, tous les criminels pouvaient trouver leurs modèles dans les dieux et les demi-dieux ». Et si le christianisme continue à répudier ses éléments juifs, comme le lui conseillent Schleiermacher, Hegel et leurs disciples, il s'abaissera également au rang du paganisme. L'amour et la haine représentés par Ahriman et Ormuzd, ou bien par le Christ et Satan, l'éternité de la matière, l'inéluctable fatalité à laquelle l'homme lui-même est soumis, tels sont les principes de la religion naturelle.

A cette conception païenne le judaïsme oppose un Dieu personnel, complètement distinct et indépendant de la nature, qui est Un et ne se divise pas en deux principes contraires, qui a créé le monde sans le secours d'aucune matière préexistante. La religion juive admet aussi la liberté de l'homme, qui, par conséquent, devient responsable de ses actes. Ce sont là des vérités qu'on n'aurait pas connues par la raison si elles n'avaient pas été révélées sur le Sinaï. Mais ces vérités sont si évidentes que la raison est obligée de les accepter, comme elle accepte la réalité de certains phénomènes, quoiqu'elle en ignore les lois. On voit donc que le judaïsme forme un vigoureux contraste, non seulement avec les religions mythologiques, mais aussi, sous certains rapports, avec le christianisme. Telles sont les idées exposées par Steinheim dans sa « Révélation ». Bien que plusieurs de ses hypothèses et des conclusions qu'il en tire soulèvent de fortes objections, on doit pourtant reconnaître qu'aucun écrivain, avant lui, n'eut une intelligence aussi nette des principes du judaïsme.

On pouvait espérer que, grâce à tous ces travaux scientifiques, grâce aussi aux rapports plus fréquents et plus cordiaux des Juifs avec les Chrétiens, le rajeunissement du judaïsme se réaliserait sans lutte et sans violentes discussions. Les communautés s'habituaient, en effet, de plus en plus à confier les fonctions rabbiniques à des jeunes gens cultivés, qui prêchaient dans la langue nationale et s'efforçaient de donner au culte plus de dignité et d'attrait. Ceux qui, jusqu'alors, avaient résisté à toute innovation semblaient s'être résignés à certaines modifications et avoir déposé les armes. Mais le calme n'était qu'apparent. L'opposition entre les partisans et les adversaires des réformes éclata brusquement avec une grande vivacité. Le signal de la lutte fut donné par deux hommes, jeunes tous deux, qui avaient fréquenté ensemble la même Université et s'y étaient liés d'amitié, Abraham Geiger et Samson-Raphaël Hirsch. Tous deux étaient remarquablement doués, mais par leurs idées, leurs tendances et leur tempérament, ils formaient ensemble un contraste complet. Geiger était d'humeur gaie, d'esprit vif, très sociable, avec une intelligence ouverte aux diverses sciences. Hirsch était plus sérieux, très renfermé, d'esprit étroit.

Geiger (né à Francfort-sur-le-Mein en 1810 et mort à Berlin en 1875), issu d'une famille de rabbins, se montra ennemi acharné du Talmud et du judaïsme rabbinique et combattit avec passion en faveur des réformes. Il commença la lutte par la fondation de sa *Wissenschaftliche Zeitschrift für jüdische Theologie* (1835). Ce journal prit, dès le début, des allures révolutionnaires. Avec une présomption naïve, il s'érigea en juge suprême de la religion juive et de ses chefs, distribuant gravement le blâme et l'éloge. Par contre, il partit vaillamment en guerre aussi bien contre les adversaires des Juifs que contre les Juifs mêmes qui, par faiblesse, voyaient encore dans le christianisme l'idéal des religions. Il eut aussi le mérite de remettre en lumière des épisodes et des personnages de l'histoire juive qui étaient oubliés ou insuffisamment connus, et de faire œuvre de vulgarisation en publiant, sous une forme accessible au public, les résultats de certaines recherches scientifiques. Par la chaleur de ses plaidoyers et l'impétuosité de ses attaques, cet organe agita fortement les milieux juifs et imprima une vigoureuse impulsion aux travaux des savants. Le temps n'est pas encore arrivé où l'on puisse affirmer avec certitude si son action fut heureuse ou nuisible pour le judaïsme de l'Allemagne.

Un reproche grave qu'on peut cependant adresser à la *Wissenschaftliche Zeitschrift*, c'est d'avoir propagé cette erreur que le judaïsme est, en quelque sorte, une théologie, c'est-à-dire un ensemble de dogmes, et d'avoir voulu métamorphoser les rabbins en prêtres. Geiger ne cultiva pas la science juive pour elle-même ; il chercha surtout à s'en servir pour dépouiller le judaïsme de tout ce qui fait son originalité. Il déploya pourtant un véritable courage en flétrissant la conduite de ces financiers et de ces prétendus « éclairés » qui, sans conviction, embrassaient le christianisme, et en ridiculisant les familles juives qui, dans leurs maisons, singeaient les usages chrétiens. Mais, d'un autre côté, en déclarant la guerre à d'anciennes coutumes et à de vénérables traditions, en formant de la prédication et des prières dans la langue nationale le centre du culte et en faisant du rabbin un simple directeur de conscience, il affaiblit le judaïsme et, sans le vouloir, provoqua des apostasies.

Contre ces innovations s'éleva énergiquement Samson-Raphaël Hirsch (né à Hambourg en 1812 et mort à Francfort en 1888). Sous le pseudonyme de Ben Ouziel, il publia (1836) « Dix-neuf lettres sur le judaïsme », où il proteste contre les réformes, les déclare injustifiables et injustifiées et proclame la nécessité de maintenir à la religion juive sa forme primitive jusque dans les moindres détails. Geiger et Hirsch furent les champions vaillants et passionnés de deux principes opposés, ils commencèrent une lutte qui n'est pas encore terminée de nos jours. Car aujourd'hui encore, la plupart des grandes villes de l'Allemagne ont une communauté orthodoxe et une communauté réformée.

Dans les autres pays, il ne se produisit pas de conflit de ce genre. C'est qu'en Allemagne, les gouvernements mirent tant de lenteur et tant de mauvaise volonté à supprimer les anciennes lois restrictives et à proclamer l'égalité des Juifs, que ceux-ci furent amenés, en partie, à voir dans leurs croyances un insurmontable obstacle à leur émancipation et à vouloir les sacrifier.

Pendant que bien des Juifs se trouvaient à l'étroit dans le judaïsme ou désiraient pour leur culte plus d'éclat et de pompe, des Chrétiens en admiraient la simplicité et la belle austérité. Deux savants chrétiens surtout, émerveillés que les Juifs, malgré leurs maux sans nombre, eussent produit des œuvres poétiques originales jusque dans les temps modernes, essayèrent d'éveiller l'intérêt de leurs coreligionnaires pour la poésie néo-hébraïque et de leur en faire comprendre la valeur. L'un d'eux, Franz Delitzsch, publia l' « Histoire de la poésie néo-hébraïque » (1), et l'autre, Adam Martinet, la « Chrestomathie hébraïque » (2). Tous les deux exprimèrent leur admiration pour la persistance de la force créatrice de l'esprit juif, qui s'était ainsi maintenue à travers les siècles en dépit des plus atroces persécutions, et ils en conclurent à la mission divine des Juifs. « Personne ne peut nier, disait

---

(1) *Geschichte der neu-hebräischen Poesie*, Leipzig, 1836.
(2) *Hebräische Chrestomathie*, Bamberg, 1837.

Delitzsch, que le peuple juif est le plus admirable de tous les peuples et que son histoire et sa littérature méritent la première place après celles de l'Église. La poésie forme une grande partie de cette immense littérature et est la plus fidèle image des divers états d'âme de ce peuple. L'Orient exilé dans l'Occident et exhalant d'amères plaintes sur son exil, telle est la source de la poésie juive. » Martinet, après avoir déclaré « qu'il voulait connaître la hauteur, la profondeur et la largeur de l'esprit juif de notre temps par les trésors de la littérature juive même », ajoutait qu'il était heureux d'avoir découvert, dans cette littérature, des morceaux animés d'un large souffle et d'une émotion intense. Par ses « Morceaux choisis » il se proposait, comme il dit, « de lier en un bouquet odoriférant les brillantes fleurs orientales qui avaient poussé sur le sol de l'Occident et qui méritent l'admiration des connaisseurs ».

CHAPITRE XVII

UNE ACCUSATION DE MEURTRE RITUEL A DAMAS

(1840-1848)

Le conflit violent qui avait éclaté en Allemagne, parmi les Juifs, entre ceux qui professaient un attachement excessif à tous les vieux usages et les contempteurs du passé, les lâches désertions, qui devenaient de plus en plus nombreuses, avaient éveillé des craintes sérieuses, dans quelques esprits, sur l'avenir même du judaïsme. Un poète original, Joël Jacoby, qui, un peu plus tard, se fit baptiser, s'adressait dans les termes suivants à ses coreligionnaires : « Ton corps est fatigué, ô mon peuple, et ton esprit épuisé. C'est pourquoi, je t'apporte un cercueil et je t'offre une tombe. » Geiger aussi, dans son journal, faisait entendre ces plaintes douloureuses : « Il est rompu le lien qui, autrefois, rattachait les unes aux autres les diverses communautés, et elles ne sont plus unies qu'en apparence. » Ces réflexions si désespérées étaient heureusement trop pessimistes. Un incident survint à ce moment qui prouva combien était encore puissant le sentiment de solidarité qui reliait entre eux les Juifs des divers pays et par quelle solide force de cohésion ils étaient encore retenus ensemble, peut-être à leur insu. Devant la menace d'un outrage qu'on voulait infliger à l'honneur du judaïsme, tous oublièrent leurs divisions, leurs tendances particulières, leur nationalité, pour faire front à l'ennemi ; les plus hardis réformateurs et les orthodoxes les plus endurcis se donnèrent la main pour s'associer dans une défense commune. Chose plus remarquable! Cet « incident juif », si peu important à l'origine, devint un incident diplomatique qui s'imposa à l'attention de plusieurs gouvernements européens et de la Turquie, et provoqua l'intervention de l'autocrate de toutes les Russies, Nicolas Ier, aussi bien que celle de la grande république américaine.

Cet incident, qui naquit à Damas et causa, à la fin, la mort de plusieurs Juifs, fut soulevé par un Italien naturalisé Français, Ratti-Menton, individu sans scrupule et sans conscience, par un renégat chrétien qui avait coiffé le turban, Hanna Bachari-bey, et par plusieurs autres coquins. Mais avant d'exposer les faits mêmes, il sera utile de dire quelques mots de la situation politique de l'Europe et de la Turquie.

Méhémet Ali, pacha d'Égypte, après de brillantes victoires remportées sur le sultan Mahmoud, son suzerain, lui avait enlevé toute la Syrie avec la Palestine. Louis-Philippe soutenait Méhémet Ali ; d'autres puissances se montraient favorables à la Turquie. Après la mort de Mahmoud et l'avènement au trône (en juillet 1839) de son fils Abd-ul-Medjid, jeune homme de dix-sept ans, la situation se compliqua encore plus. La question d'Orient entra dans une phase critique. La Russie appuya ouvertement la Turquie, et la France continua à encourager le conquérant égyptien. L'Autriche et l'Angleterre étaient indécises. Par suite des rapports amicaux existant entre Méhémet Ali et le gouvernement de Louis-Philippe, les chrétiens de la Syrie et de la Palestine, opprimés jusqu'alors par la Turquie, osèrent de nouveau lever la tête. De persécutés qu'ils avaient été, les ecclésiastiques et les moines de tout ordre, confiants dans la protection de la France, devinrent persécuteurs.

A Damas, qui avait une population de près de 20,000 habitants, disparut un jour (5 février 1840) le gardien d'un couvent de capucins, le père Thomas, originaire de la Sardaigne, avec son domestique. Ce moine, qui s'occupait de médecine, était très connu dans les quartiers juif et musulman aussi bien que dans le quartier chrétien. Sa disparition subite causa une vive émotion. Nul ne savait ce qu'il était devenu. Le bruit courait que, quelques jours auparavant, il avait eu une violente altercation avec un muletier turc, qui l'avait entendu blasphémer Mahomet et aurait dit : « Ce chien de chrétien ne mourra que de ma main ! »

Ratti-Menton, alors consul de France à Damas, s'empressa d'ouvrir une enquête. Comme plusieurs Juifs avaient déclaré que, la veille de sa disparition, le père Thomas avait été vu dans le quartier juif, les moines firent diriger immédiatement les recherches de ce côté. Le consul, abandonnant toute autre piste, accusa les Juifs d'avoir tué le père Thomas, quoiqu'il n'en eût pas la moindre preuve. Afin de complaire à Ratti-Menton, le gouverneur de Damas, Schérif-pacha, lui laissa toute latitude pour persécuter les Juifs et les traiter à sa guise. Les accusateurs se prévalaient surtout des paroles d'une sorte de visionnaire affirmant que le meurtre avait été commis dans le quartier juif, dans telle et telle maison.

On eut vite fait de dresser l'acte d'accusation : les Juifs ont assassiné le père Thomas et son domestique pour se servir de leur sang à la fête de Pâque. Plusieurs Juifs furent arrêtés et conduits devant Ratti-Menton. En présence du consul, un malheureux barbier, pris de peur, se troubla. Mais il nia énergiquement qu'il eût participé à ce meurtre, ou même qu'il sût quelque chose à ce sujet. Il n'en fut pas moins livré entre les mains des autorités turques comme fortement suspect. Schérif-pacha lui fit donner la bastonnade et le soumit encore à d'autres tortures. En prison, sous l'influence d'un détenu qu'on lui avait donné comme compagnon pour lui arracher des aveux, et qui lui faisait craindre de nouveaux supplices s'il ne nommait pas les coupables, il dénonça sept des

Juifs les plus riches et les plus considérés de la ville, notamment un vieillard de quatre-vingts ans. On les arrêta aussitôt, et, comme ils protestaient de leur innocence, on leur infligea les plus cruelles tortures. Mais en dépit de leurs souffrances, ils persistèrent dans leurs protestations. Schérif-pacha eut alors recours à un supplice nouveau. Plus de soixante enfants, de trois à six ans, furent arrachés à leurs parents, enfermés dans une chambre et privés de nourriture, afin que les mères, par pitié pour leurs enfants, se décidassent à faire connaître les meurtriers. Tout fut inutile.

Voulant à toute force trouver le cadavre du père Thomas dans le quartier juif, Schérif-pacha y pénétra le 18 février avec une troupe de soldats et démolit de fond en comble la maison d'un des accusés. Là encore, ses recherches furent vaines. Un jeune homme juif, auquel la crainte avait fermé la bouche jusque-là, se rendit alors auprès du gouverneur pour témoigner qu'il avait vu le père Thomas entrer dans le magasin d'un Turc quelques heures avant sa disparition. Au lieu de tenir compte de ce renseignement, Schérif-pacha fit rouer ce jeune homme de coups avec une telle violence que peu après le malheureux rendit le dernier soupir.

Sur ces entrefaites, on trouva un fragment d'os et un morceau d'étoffe. On conclut que l'os provenait d'un corps humain et que l'étoffe était la barrette du moine. On prétendait donc posséder enfin des preuves manifestes que le meurtre avait été commis par les Juifs. Aussitôt, les sept inculpés durent subir un nouvel interrogatoire et de nouvelles tortures. L'un d'eux, Joseph Laniado, un vieillard, succomba; un second, Moïse Aboulafia, pour échapper enfin à ces douloureuses épreuves, se fit musulman. Les autres, vaincus par les souffrances, avouèrent tout ce qu'on leur suggérait ; ils préféraient une mort rapide aux terribles supplices qu'on leur infligeait.

Ces aveux ne suffisaient pas au consul français. Il voulait des preuves plus convaincantes, par exemple la bouteille remplie du sang de la victime et d'autres objets analogues. On continua donc de torturer les malheureux prisonniers, qui, voyant l'inutilité de leurs mensonges, revinrent sur leurs premiers aveux. Irrité de l'insuccès de ses efforts, Ratti-Menton fit arrêter de nouveaux Juifs, entre autres une des familles les plus considérées de

Damas, la famille Farhi. Les trois rabbins de la communauté, qui avaient déjà été incarcérés une première fois, furent de nouveau soumis à la torture, mais persistèrent à nier énergiquement le crime qu'on imputait aux Juifs.

Ému de compassion pour les victimes de cette odieuse machination, le consul d'Autriche, Merlato, dont un des protégés juifs, Picciotto, avait été également inculpé dans cette affaire, s'éleva avec indignation contre ces traitements barbares. Sa courageuse protestation lui suscita d'implacables ennemis. Il ne pouvait plus sortir de sa maison sans être suivi d'espions. Afin de surexciter également le fanatisme des Musulmans contre les Juifs, Ratti-Menton fit traduire en arabe un libelle venimeux que lui avaient remis les moines et qui affirmait que le Talmud prescrit aux Juifs de se servir du sang d'enfants chrétiens et de souiller les hosties. Cet ouvrage fut répandu dans la population turque par les soins de Schérif-pacha. Celui-ci fit aussi amener isolément devant lui chacun des trois rabbins détenus et leur enjoignit, sous menace de mort, de traduire en arabe, exactement et sans la moindre altération, quelques-uns des passages incriminés du Talmud. A la fin, Ratti-Menton conclut expressément à la culpabilité des Juifs emprisonnés, et Schérif-pacha écrivit à Méhémet Ali, son maître, pour lui demander l'autorisation de faire exécuter les meurtriers du père Thomas.

Vers la même époque, une autre accusation de meurtre rituel fut dirigée contre les Juifs dans l'île de Rhodes. On trouva pendu un jeune garçon de dix ans, fils d'un paysan grec, et immédiatement les chrétiens répandirent le bruit que les Juifs l'avaient tué. Les consuls européens invitèrent alors le gouverneur turc de l'île, Youssouff-pacha, à ouvrir une enquête rigoureuse contre la population juive. Cette double accusation, à Damas et dans l'île de Rhodes, produisit une certaine agitation en Syrie et dans la Turquie. A Djabar, près de Damas, la populace se rua dans la synagogue, la pilla et déchira les rouleaux de la Loi. A Beyrouth, les Juifs n'échappèrent aux mauvais traitements que grâce à l'intervention des consuls de Hollande et de Prusse. Les troubles s'étendirent jusqu'à Smyrne.

Par une coïncidence au moins étrange, dans la Prusse rhénane aussi, à Juliers, on imputa, en mars 1840, un meurtre rituel à un Juif. Une fillette chrétienne de neuf ans raconta qu'un Juif l'avait saisie et lui avait donné un coup de couteau dans le ventre. Son petit frère de six ans confirma son accusation. Dans un autre interrogatoire, ces enfants ajoutèrent même qu'à leurs cris un vieillard était accouru et que le Juif l'avait tué. Après une enquête minutieuse, on put établir que les enfants mentaient. L'homme censé assassiné était en vie, et au bas-ventre où la petite fille disait avoir été blessée, elle ou une autre personne avait mis tout simplement un peu de sang. D'après un bruit mentionné dans le rapport du procureur du Roi, ces enfants auraient été poussés par deux chrétiens de Dusseldorf à porter ces accusations contre le Juif. Le tribunal proclama naturellement l'innocence de l'inculpé.

Mais si la vérité put être rapidement découverte dans la Prusse rhénane, il n'en alla pas de même à Damas et à Rhodes. Là, l'infâme calomnie du meurtre rituel se trouva enveloppée de tant d'autres mensonges qu'il devint très difficile de débrouiller cet écheveau, si habilement enchevêtré, et que les esprits les plus impartiaux étaient hésitants. Vainement ces malheureux imploraient l'intervention de leurs coreligionnaires d'Europe. Le fanatisme religieux, la haine du Juif, les passions politiques se réunissaient pour empêcher qu'on tentât sérieusement de faire la lumière. Les moines, d'un côté, et Ratti-Menton, de l'autre, envoyaient des rapports aux journaux de France et d'autres pays, où ils présentaient l'affaire sous un tel jour que la culpabilité des Juifs semblait absolument certaine.

Devant cette explosion de fanatisme qui menaçait de s'étendre d'Asie en Europe, devant le cri de douleur poussé par les infortunés martyrs de Damas, le sentiment de solidarité juive se réveilla avec une généreuse ardeur. En France, Adolphe Crémieux, qui était alors déjà un avocat célèbre, intervint le premier auprès du gouvernement français. Convaincu que les Juifs d'Orient, pas plus que ceux des autres pays, ne se servent de sang, et que ses coreligionnaires de Damas étaient victimes d'une effroyable calomnie, peut-être d'une intrigue ourdie avec une infernale habilcté, il demanda au ministre des Affaires étrangères de mettre fin aux agissements de Ratti-Menton (7 avril). En même temps il protesta publiquement, avec une véhémente éloquence, contre les mensonges répandus en France sur cette affaire.

Chez les Juifs d'Angleterre aussi, les tortures infligées à leurs malheureux coreligionnaires de Damas soulevèrent un mouvement d'énergique réprobation. Dans ce pays, les Juifs occupaient alors une situation très satisfaisante. La cause de l'émancipation n'était pas encore complètement gagnée, mais, par leur activité, leur intelligence et leur probité, ils avaient acquis l'estime et la considération de leurs concitoyens. Du reste, ils n'étaient plus soumis qu'à de très rares lois d'exception. Jusque vers 1830, ils n'avaient pu remplir de fonctions municipales ou politiques parce que, pour ces fonctions, il fallait prêter serment sur l'Évangile en disant : « Foi de bon chrétien . » Mais l'opinion publique était pour eux. Déjà en 1830, ils pouvaient obtenir le droit de bourgeoisie dans la Cité de Londres en prêtant simplement le serment sur l'Ancien Testament, et sans prononcer les mots « foi de bon chrétien ». En 1832, l' «Acte de Réforme », sans les rendre éligibles, leur avait pourtant accordé le droit de suffrage. L'année suivante, on leur avait ouvert l'accès des fonctions d'avocat (*barrister*), et, en 1835, celui des fonctions de shérif. Cette même année, les électeurs d'un quartier de Londres avaient nommé David Salomons leur représentant à la cour des aldermen de cette ville. Son élection avait été annulée parce que, pour cette dignité, il fallait encore prêter le serment chrétien. Mais on sentait que l'époque n'était pas éloignée où ce serment serait aboli totalement pour les Juifs et où toutes les fonctions et même le Parlement leur seraient rendus accessibles.

Telle était, en 1840, la situation des Juifs d'Angleterre. Dès qu'ils apprirent les événements de Damas, les plus considérés d'entre eux, le baron Nathaniel de Rothschild, Moses Montefiore, Salomons, les frères Goldschmid et d'autres encore décidèrent (27 avril) de faire une démarche auprès du gouvernement anglais en faveur de leurs malheureux coreligionnaires. Crémieux, qui avait assisté à leurs délibérations, à Londres, s'entendit avec eux pour voir le roi Louis-Philippe le même jour où ils se rendraient auprès de lord Palmerston, ministre des Affaires étrangères de l'Angleterre. Cette démarche eut lieu le 1er mai.

Louis-Philippe accueillit Crémieux avec affabilité, mais ne répondit que d'une façon évasive : « Vous savez, dit-il, que ma protection et ma bienveillance n'ont jamais manqué à vos réclamations. J'ignore les événements dont vous me parlez. Mais, s'il est sur un point quelconque des Juifs malheureux qui réclament la protection de mon gouvernement et que mon gouvernement puisse quelque chose, je répondrai à votre vœu. » Lord Palmerston, au contraire, promit à la délégation juive d'inviter l'ambassadeur anglais à Constantinople et le consul anglais d'Alexandrie à intervenir avec fermeté en faveur des Juifs de Damas. Enfin, d'un troisième côté, on travailla efficacement à faire cesser les agissements de Ratti-Menton. On sait que le consul d'Autriche à Damas, Merlato, avait protesté dès l'origine contre les traitements inhumains infligés aux inculpés et défendu qu'on soumît à la torture Picciotto, protégé autrichien, qui avait été également jeté en prison. Afin de justifier sa conduite, il avait envoyé à son chef, consul général à Alexandrie, un rapport détaillé où il présentait cette affaire sous son vrai jour. Le consul général transmit ce document au prince de Metternich, à Vienne, avec son approbation. Le ministre autrichien, quoique ennemi de toute publicité, fit pourtant connaître par de nombreux journaux le rôle odieux joué par Ratti-Menton dans ce drame. Il réussit ainsi à modifier l'opinion publique, favorable d'abord aux accusateurs, et dès lors on pouvait espérer que la cause de la justice triompherait.

D'ailleurs, les Juifs d'Europe se sentaient encouragés dans leurs démarches par un premier succès qu'ils venaient de remporter à Constantinople. Sur leurs instances, les représentants des puissances européennes avaient demandé au Sultan et obtenu la revision du procès des Juifs de l'île de Rhodes. Nathaniel de Rothschild s'était rendu lui-même dans la capitale de la Turquie pour joindre ses efforts à ceux des ambassadeurs. A la suite de ces démarches, Abd-ul-Medjid avait décidé, par le firman du 27 juillet 1840, que la population grecque déléguerait trois primats à Constantinople et la communauté juive trois de ses administrateurs pour discuter contradictoirement l'accusation de meurtre devant un tribunal spécial. Après de longs débats, le tribunal reconnut l'innocence des Juifs inculpés et les fit remettre en liberté.

Méhémet Ali se montra moins prompt à faire justice des calomnies de Damas. Il avait bien promis au consul autrichien, Laurin, dès le commencement d'avril, d'arracher les victimes juives à leurs persécuteurs. Mais le consul général français soutenait Ratti-Menton, son subordonné, et le vice-roi d'Égypte avait trop besoin de la France pour oser mécontenter le représentant de ce pays. Sur le conseil de Laurin, la communauté juive d'Alexandrie fit remettre à Méhémet Ali une adresse éloquente, où elle disait, entre autres, que « la religion juive existe depuis plus de quatre mille ans. Depuis quatre mille ans, pourrait-on trouver dans les annales des institutions religieuses des Israélites un seul mot qui pût servir de prétexte à une semblable infamie? Honte, honte éternelle à celui qui pourrait le croire!... Altesse, nous ne demandons pas la pitié pour nos coreligionnaires, nous réclamons la justice. » Le prince de Metternich envoya également au souverain d'Égypte une lettre pressante, qui produisit un heureux effet.

Ébranlé par toutes ces démarches, Méhémet Ali se décida à demander la formation d'un tribunal composé des consuls d'Autriche, d'Angleterre, de Russie et de Prusse, pour juger à nouveau le procès d'après les lois européennes. Il autorisa ce tribunal à envoyer à Damas une commission chargée d'entendre les témoins, et ordonna à Schérif-pacha de cesser provisoirement toute nouvelle poursuite contre les Juifs. On pouvait donc légitimement espérer que la vérité serait enfin mise au jour quand, par suite d'une nouvelle intervention de la France, particulièrement sur la demande de Thiers, alors président du conseil des ministres, Méhémet Ali revint sur sa décision.

Mais les Juifs d'Europe, qui avaient pris en main la cause de leurs coreligionnaires de Damas en face de l'opinion publique et auprès des diverses puissances, ne se laissèrent pas arrêter dans leur œuvre de défense. Tous sans exception, aussi bien ceux qui avaient rompu avec les pratiques religieuses du judaïsme, comme Achille Fould, de Paris, que les ultra-orthodoxes, comme Hirsch

Lehren, d'Amsterdam, unirent leurs efforts pour faire proclamer l'innocence des martyrs de Damas. A la Chambre des députés, à Paris, Achille Fould interpella Thiers et le harcela avec tant d'insistance que celui-ci dut recourir, pour lui répondre, à des faux-fuyants et à des mensonges (2 juin). Fould fut appuyé, dans son interpellation, par deux de ses collègues chrétiens, le comte Delaborde et Isambert.

Dans la vivacité de ses ripostes, Thiers se laissa même entraîner à parler avec une certaine malveillance des Juifs. « Ils ont soulevé un véritable orage, disait-il, dans toute l'Europe, se sont adressés à toutes les chancelleries et ont prouvé qu'ils n'ont pas aussi peu d'influence qu'on le croit. » Il aurait pourtant dû trouver naturel qu'ils réunissent leurs forces en face de la coalition cléricale qui, en France, en Italie et en Belgique, s'efforçait d'égarer l'opinion publique sur cette affaire de Damas et de représenter les Juifs de tous les pays comme des hommes capables de tous les crimes. En Italie, la censure défendait la publication de tout document tendant à démontrer l'innocence des Juifs de Damas et à incriminer Ratti-Menton. Un journal français ayant adjuré tous les convertis juifs de déclarer sur leur âme et conscience si, oui ou non, la littérature juive contient quelque chose qui puisse faire croire à la réalité du meurtre imputé à leurs anciens coreligionnaires de Damas, ou s'ils savaient que jamais un Juif eût commis un tel crime, plusieurs renégats juifs exerçant des fonctions ecclésiastiques parmi les protestants, entre autres Auguste Neander, l'auteur bien connu d'une histoire de l'Église, affirmèrent hautement l'innocence des Juifs. Parmi les catholiques, un seul eut ce courage, l'abbé Veith, prédicateur de la cour à Vienne; les abbés Drach, Liebermann et Ratisbonne, comme s'ils avaient obéi à un ordre, gardèrent le silence.

C'était donc une nécessité pour les Juifs, devant les efforts de leurs ennemis, de se grouper en un faisceau compact pour tenir en échec cette nouvelle tentative de persécution. Leurs coreligionnaires de Damas, Beyrouth, Alexandrie et Constantinople ne cessaient de supplier la famille Rothschild, Moses Montefiore, Crémieux et Hirsch Lehren de leur venir en aide, et leur affirmaient qu'on n'obtiendrait de résultat que par des démarches directes auprès de Méhémet Ali. C'est alors que le Consistoire central des Israélites de France délégua Crémieux à Alexandrie. Avant de partir pour l'Égypte, Crémieux se rendit à Londres.

Dans cette ville, un comité résolut également d'envoyer un délégué en Égypte : il choisit Montefiore. Celui-ci devait partir avec Crémieux pour « représenter à la cour du pacha d'Égypte les Juifs d'Angleterre et défendre leurs frères persécutés en Orient ». Ce comité ouvrit aussi une souscription pour recueillir l'argent nécessaire aux recherches qu'on voulait entreprendre en vue de découvrir le cadavre du père Thomas ou son véritable meurtrier. Enfin, pour donner plus d'autorité morale à son délégué, il fit provoquer au Parlement un débat en faveur des Juifs de Damas. Ce fut Robert Peel qui en prit l'initiative à la Chambre des communes. A la séance du 22 juin, il dit « qu'il avait été prié de dire quelques mots à la Chambre par des personnes du caractère le plus élevé, appartenant à la religion juive, qui ont fait à la Chambre l'honneur de croire qu'une simple mention des faits suffirait pour ouvrir la voie aux idées justes et libérales ». Après avoir ensuite exposé les événements de Damas, il demanda à lord Palmerston d'intervenir au nom du gouvernement anglais pour mettre fin à ces cruautés, et il termina ainsi : « C'est une protection qui est due à une grande portion de la société anglaise, aux Juifs qui, dans tous les pays où ils ont vécu, se sont toujours concilié l'estime générale. » A la question de Peel, lord Palmerston répondit : « ...A la première nouvelle de ces faits, j'ai immédiatement enjoint au colonel Hodges, consul général à Alexandrie, d'appeler sur eux l'attention du pacha, de lui représenter l'effet que produiraient en Europe de semblables atrocités, et de le presser, dans son propre intérêt, de faire des enquêtes qui pussent faire découvrir les vrais coupables, mais de protéger les innocents et de leur faire réparation. »

Le lendemain de cette séance, les membres les plus influents de la communauté juive de Londres se réunirent pour délibérer une dernière fois sur la mission confiée à Montefiore. On put voir, à cette occasion, quelle idée élevée les Juifs anglais avaient du rôle qu'ils devaient remplir à l'égard de leurs coreligionnaires opprimés et à quels sacrifices ils étaient prêts pour accomplir dignement leurs devoirs de solidarité. Un des assistants, Barnard van Owen, parla dans cette réunion avec une généreuse éloquence. « En ce moment, disait-il, la persécution ne sévit que dans une seule ville de l'Asie. Mais qui peut affirmer qu'elle ne s'étendra pas plus loin, si nous ne nous décidons pas à démasquer les perfides agissements de nos ennemis et à prouver que ces terribles accusations ne sont pas vraies, ne peuvent pas être vraies, parce que non seulement elles sont contraires à la réalité, mais aussi aux principes fondamentaux de notre religion ? » Van Owen ajoutait que bien des Juifs avaient jugé qu'il était indigne d'eux de s'abaisser à réfuter des mensonges aussi odieux, et que lui-même avait également partagé leur avis. Mais en voyant qu'en France même, du moins dans certains milieux, on avait ajouté foi à ces accusations, il avait pensé qu'il était nécessaire de réfuter cette calomnie, quelque ridicule qu'elle parût. A la fin, l'assemblée confirma le choix qui avait été fait de Montefiore comme délégué des Juifs anglais.

Avant de s'embarquer pour l'Orient, sir Moses Montefiore fut reçu en audience par la reine Victoria, qui le félicita de la mission si noble qu'il avait acceptée et mit à sa disposition un vaisseau de l'Etat pour le conduire hors des eaux du canal. Salomon Herschel, grand rabbin de Londres, lui écrivit pour appeler la bénédiction divine sur sa généreuse entreprise et proclamer encore une fois publiquement « qu'aucun rite religieux voulant du sang humain n'a jamais existé ni n'existe parmi les Israélites ». Après avoir rappelé qu'avant lui, son père et plusieurs de ses aïeux avaient déjà rempli les fonctions de rabbin dans les plus grandes communautés et que, par conséquent, personne n'était peut-être mieux au courant que lui des lois, coutumes et usages des Juifs, il ajoutait : « Je suis très avancé en âge ; sur la terre je n'ai rien à espérer, mais je dois m'attendre à paraître bientôt devant le juge suprême de l'univers, le Dieu d'Israël, qui, sur le mont Sinaï, a proclamé ces doctrines : Tu ne tueras point ; tu ne proféreras pas en vain le nom du Seigneur. Je connais toute ma responsabilité et je l'assume sans équivoque ni restriction mentale ; je m'associe au serment terrible prêté, il y a deux cents ans, par le savant et pieux rabbin Manassé ben Israel...

Je jure par le Dieu Très-Haut, Créateur du ciel et de la terre, que jusqu'à ce jour je n'ai jamais vu établi un usage tel que l'emploi du sang humain dans le rite religieux chez le peuple d'Israël; les Juifs n'observent aucune coutume semblable, en vertu d'aucun précepte divin de la loi, d'aucune ordonnance ou institution des rabbins, et je soutiens que jamais les Israélites n'ont commis ni cherché à commettre aucun crime semblable, du moins que je sache soit par tradition, soit par l'ouvrage d'un auteur juif. » David Meldola, rabbin de la communauté portugaise de Londres, s'associa au serment de Herschel. De telles déclarations, qui pouvaient paraître superflues, étaient devenues nécessaires en présence de l'odieuse campagne de mensonges menée par le parti clérical de certains pays contre les Juifs.

Mais si en France, en Italie et en Allemagne, quelques journaux semblaient croire à la culpabilité des accusés de Damas, l'Angleterre ne cessa de protester avec la plus énergique persévérance contre les atrocités dont ils étaient victimes. Ne se contentant pas des déclarations faites à la tribune de la Chambre des communes, un groupe important de commerçants, de banquiers et de membres du Parlement, au nombre de deux cent dix, demandèrent au lord maire de Londres d'organiser une réunion publique au Mansion-House, pour exprimer l'indignation des Anglais contre les persécuteurs des Juifs de l'Orient. Cette réunion, qui fut très nombreuse et très brillante, eut lieu le 3 juillet. A l'ouverture de la séance, le président s'exprima en ces termes : « Les Juifs de Damas méritent la même considération que ceux qui demeurent parmi nous, en Angleterre. Or, ceux-ci, je me permets de le déclarer hautement ici, manifestent certainement autant de zèle que nos autres concitoyens pour soutenir toutes les œuvres philanthropiques, venir en aide aux faibles et aux nécessiteux, protéger les orphelins, encourager les sciences et les lettres; ils ne limitent pas leurs bienfaits à leurs coreligionnaires, mais les étendent à tous ceux qui demandent leur appui, sans distinction de culte. » D'autres orateurs, même des ecclésiastiques, parlèrent encore dans ce sens. O'Connel, le fameux agitateur irlandais, ajouta seulement ces mots : « Après ces nombreux témoignages proclamant la haute valeur morale des Juifs, quel homme serait assez stupide pour croire qu'ils font usage de sang humain dans leurs rites?... Je fais appel à tous les Anglais afin qu'ils élèvent leur voix en faveur des victimes de cette honteuse oppression. »

Appuyé par son gouvernement, accompagné des vœux sympathiques de tous ses concitoyens, Montefiore put entreprendre son voyage sous les meilleurs auspices. Il n'en fut pas de même pour Crémieux. Les ministres français voyaient son départ pour Damas d'un œil défavorable et auraient voulu y mettre obstacle. Thiers, le président du Conseil, ne pouvait se décider à renier l'agent français à Damas, qui avait pris une si malheureuse part à toute cette affaire. Il fit à ce sujet, à la Chambre des pairs, une déclaration qui produisit une impression pénible, surtout après les manifestations si généreuses du Parlement anglais. Du moins Crémieux, accompagné du savant orientaliste Salomon Munk, fut-il accueilli avec enthousiasme par les communautés juives de toutes les villes de France qu'il eut l'occasion de traverser, à Avignon, Nîmes, Carpentras et Marseille.

Dès que Crémieux et Montefiore furent arrivés à Alexandrie, le consul général anglais, Hodgges, s'entremit activement pour faire recevoir son compatriote par Méhémet-Ali. L'audience fut accordée (6 août). Le pacha d'Égypte accueillit Montefiore avec la plus grande bienveillance. Celui-ci remit à Méhémet-Ali une supplique, au nom de tous les Juifs, pour qu'il fût autorisé à se rendre à Damas, avec Crémieux, « y rechercher la vérité, entendre les accusés et les témoins, auxquels toute sûreté serait accordée pour le présent et dans l'avenir. » Méhémet-Ali, qui voulait être considéré en Europe comme un prince juste, aurait sans doute accédé à cette demande sans l'intervention de Cochelet, consul général de France, qui craignait de laisser dévoiler les agissements de Ratti-Menton. Le pacha refusa donc le firman demandé, sous prétexte qu'une partie de la région qu'ils auraient à traverser était troublée et que, dans l'intérêt de leur sécurité personnelle, il ne pouvait pas les laisser aller à Damas. Toutes les démarches tentées pour faire revenir Méhémet-Ali sur sa détermination échouèrent. Les choses traînèrent ainsi en longueur pendant trois semaines.

Voyant que le vice-roi d'Égypte était fermement résolu à les empêcher d'aller ouvrir une enquête à Damas, Montefiore et Crémieux lui demandèrent la mise en liberté immédiate des malheureux inculpés, détenus depuis six mois. Cette supplique fut recommandée à Méhémet-Ali par tous les consuls européens, sauf celui de France, et par le consul des États-Unis d'Amérique. Mais avant que cette requête lui fût remise, le vice-roi d'Égypte, par une résolution toute spontanée, ou peut-être pour ne pas paraître céder à la pression des représentants des puissances étrangères, fit savoir qu'il accordait la liberté des prisonniers et autorisait le retour de ceux qui avaient pris la fuite.

Le lendemain, en lisant la traduction du firman accordé par Méhémet-Ali, Crémieux vit avec surprise qu'il y était question de GRACIER les prisonniers. Comme cette expression changeait complètement la nature de l'acte de justice obtenu du vice-roi, il se hâta de retourner auprès de lui et lui fit comprendre que le mot *grâce* laisserait supposer que les accusés étaient coupables. Avec un bienveillant empressement, Méhémet-Ali remplaça ce terme par les mots que lui proposait Crémieux : « Nous ordonnons, dit Méhémet-Ali dans ce firman, que tous ceux des Juifs qui ont été emprisonnés soient mis en liberté. Pour ceux d'entre eux qui auraient abandonné leurs foyers, je veux que la plus grande sécurité leur permette d'y rentrer... Nous ordonnons que vous preniez toutes les mesures pour qu'aucun d'eux ne devienne l'objet d'aucun mauvais traitement. »

Aussitôt que l'ordre de Méhémet-Ali fut parvenu à Damas, Schérif-pacha remit les détenus juifs en liberté. Malheureusement, quatre des prisonniers avaient succombé aux tortures, et des neuf survivants sept étaient estropiés des suites des supplices qu'on leur avait infligés. Devant la prison s'étaient réunis tous les Juifs de Damas et un grand nombre de Turcs pour accompagner les martyrs jusqu'à la synagogue et s'associer à leur bonheur. On put voir, dans cette circonstance, que les plus considérés des Musulmans n'avaient jamais cessé d'éprouver la plus vive sympathie pour les victimes des moines et de Ratti-Menton.

Mais Crémieux et Montefiore ne considéraient pas encore leur tâche comme terminée. Afin d'empêcher autant que possible le retour de l'odieuse accusation du meurtre rituel, ils croyaient nécessaire de faire proclamer par le sultan qu'une telle accusation était une calomnie. Dans ce but, Montefiore se rendit à Constantinople, où il fut reçu en audience par le sultan (28 octobre). Sur sa demande, Abd-ul-Medjid lui accorda un firman où il déclarait « qu'après un examen approfondi des livres religieux des Hébreux, il a été démontré qu'il est absolument défendu aux Juifs de faire usage non seulement du sang humain, mais même du sang d'animaux. Il s'ensuit conséquemment de cette défense que les charges portées contre eux et leur culte ne sont que des calomnies. » Et il ajoutait : « Nous voulons que... la nation juive possède les mêmes avantages et jouisse des mêmes privilèges que ceux qui sont accordés aux autres nations soumises à notre autorité. » Ce firman est du 6 novembre 1840.

Crémieux exerça son activité sur un autre terrain. L'affaire de Damas avait eu, au moins, cette conséquence heureuse de mettre en contact plus intime les Juifs d'Europe et ceux d'Orient. Ceux-ci avaient remarqué avec admiration combien leurs frères des pays européens avaient su acquérir d'influence et de considération auprès des ministres et des princes par leur dignité de caractère, leur culture et leur loyauté. Crémieux résolut de profiter de cette impression pour essayer d'arracher une partie des Juifs d'Orient à leur ignorance et à leurs misères en créant des écoles. Afin d'intéresser les Juifs d'Égypte à cette création, Munk leur adressa un appel en hébreu et en arabe où il montrait la brillante situation que leurs ancêtres avaient occupée autrefois dans ce pays et l'état d'abaissement dans lequel ils se trouvaient, eux, et qui était dû à leur profonde ignorance. A la suite de cet appel, les Juifs du Caire fondèrent une école de garçons et une école de filles, qui furent appelées « écoles Crémieux ». Comme la communauté se déclarait impuissante à les soutenir par ses seules ressources, Crémieux promit de leur faire envoyer d'Europe des subsides annuels. Munk obtint, malgré l'opposition de quelques Rabbanites intolérants, qu'on admît également dans ces écoles les enfants de la communauté caraïte, qui comptait alors au Caire environ cent âmes.

Entraîné par le mouvement provoqué en Égypte en faveur de l'instruction et du progrès, Moïse Fresco, *hakham baschi* ou grand-rabbin de Constantinople, adressa une circulaire aux Juifs de Turquie pour les inviter à se conformer au vœu du sultan en s'habituant à parler le turc. Cette circulaire même, écrite dans un jargon composé de vieux-espagnol, d'hébreu et de turc, était une preuve manifeste de la nécessité, pour les Juifs de Turquie, d'apprendre la langue de leur pays.

La science juive aussi tira profit du voyage des délégués européens en Orient. Munk rapporta, en effet, du Caire et d'Alexandrie de nombreux documents arabes, qui lui permirent de mettre en pleine lumière la brillante période de l'histoire des Juifs du moyen âge sous la domination arabe en Orient et en Occident.

Salomon Munk (né à Glogau en 1802 et mort à Paris en 1867) fut un de ces caractères élevés, tels que Rapoport, Luzzatto, Mannheimer, Riesser, qui illustrèrent le judaïsme dans la première moitié du xix° siècle. Sa modestie semblait augmenter avec l'étendue de ses connaissances. Frappé de cécité à la suite de minutieux et pénibles déchiffrements de manuscrits arabes, il supporta son malheur avec une patience et une sérénité qui excitèrent l'admiration des savants de France et d'Allemagne. Esprit sagace et méthodique, il acquit une science profonde des littératures arabe et hébraïque, à l'étude desquelles il s'était particulièrement voué. Sa grande compétence dans le domaine de la littérature arabe, si vaste et si difficile, était hautement louée par les plus illustres spécialistes. Du reste, en Égypte, où il servit d'interprète à Crémieux, on reconnaissait qu'il parlait et écrivait l'arabe comme un indigène. Malgré son infirmité, il continua à se livrer jusqu'à sa mort à ses travaux scientifiques. Son application vigilante, sa pénétration et sa remarquable érudition remplacèrent la vue qui lui manquait. On lui doit de connaître enfin complètement l'ouvrage philosophique de Maïmonide, dont il publia l'original arabe et la traduction française. Ce fut également lui qui prouva que la philosophie chrétienne du moyen âge dérive en partie des philosophies arabe et juive.

A leur retour d'Orient, les deux délégués juifs, qui n'avaient pas seulement sauvé plusieurs vies humaines, mais avaient défendu le judaïsme tout entier contre la plus infâme des calomnies, excitèrent partout, sur leur passage, le plus ardent enthousiasme. Dans toutes les villes qu'ils traversèrent, leurs coreligionnaires leur présentèrent des adresses, des diplômes sur papier, sur parchemin ou sur soie, des présents de toute sorte avec les inscriptions les plus élogieuses. Des pays les plus divers ils reçurent d'éloquents témoignages de la reconnaissance juive pour leur heureuse intervention. Crémieux, qui était parti le premier, fut accueilli comme un triomphateur à Corfou, Venise, Trieste, Vienne, Francfort, Mayence (novembre-décembre 1840). Avec une naïveté vraiment touchante, les rabbins orthodoxes de Prague et de Nicolsbourg, dans leur désir de lui manifester leur gratitude, lui adressèrent le diplôme de *morênou* (rabbin), parce que c'était là, à leurs yeux, le titre le plus précieux.

Montefiore, qui s'était arrêté quelque temps à Constantinople pour obtenir du sultan un firman en faveur des Juifs, revint plus tard que Crémieux. Il entra en contact avec moins de communautés que le délégué français, parce qu'il fit la plus grande partie du trajet sur mer. Par contre, il fut débordé de lettres, de poésies, d'adresses. A Rome, il rendit visite au cardinal Rivarol, le chef des capucins, et il obtint de lui la promesse qu'on enlèverait de l'église des capucins, à Damas, la pierre tumulaire dont l'inscription attribuait aux Juifs le meurtre du père Thomas. Louis-Philippe lui-même, qui avait montré tant de tiédeur dans cette affaire de Damas et auquel il fut présenté par l'ambassadeur d'Angleterre (20 février 1841), le félicita du succès de sa mission. La reine Victoria, en récompense de son dévouement, l'autorisa à ajouter à ses armes des supports, accordés seulement aux pairs d'Angleterre et aux personnages du plus haut rang, et à porter dans ses armes l'inscription hébraïque : *Jérusalem*.

CHAPITRE XIX

ORTHODOXES ET RÉFORMATEURS EN ALLEMAGNE SITUATION DES JUIFS D'EUROPE

(1840-1880)

Munk aurait voulu que l'affaire de Damas servît d'avertissement aux Juifs d'Europe et les convainquît de la nécessité de maintenir entre eux une union étroite, pour se défendre plus efficacement contre les dangers ultérieurs. Son conseil ne fut pas suivi, du moins en Allemagne. Dans ce pays, en effet, la lutte recommença à cette époque avec plus d'âpreté entre les orthodoxes et les novateurs. Le parti de la réforme, à Hambourg, avait fait des progrès considérables; la jeune génération préférait, en général, le culte digne et imposant du nouveau temple aux offices bruyants des anciennes synagogues. Le temple des novateurs était devenu trop petit et on se préoccupait d'en élever un plus grand. Pour empêcher leurs adversaires de réaliser leur projet, les orthodoxes allèrent porter plainte contre leurs innovations auprès du Sénat de la ville. Les querelles des deux partis prirent surtout un caractère de grande vivacité à l'occasion du nouveau Recueil de prières que publièrent les novateurs. Pourtant, dans un louable sentiment de conciliation, ceux-ci avaient supprimé, dans ce Rituel, tout ce qui, dans l'ancienne édition, avait particulièrement froissé les orthodoxes. Mais, par contre, ils l'avaient intitulé « Prières pour les Israélites », comme s'il était destiné à tous les Juifs, sans distinction. Cette prétention irrita les partisans de la tradition. Bernays fit annoncer dans trois synagogues (16 octobre 1841) qu'il était interdit à tout Israélite, sous peine d'excommunication, de faire usage de ce Rituel. Cette défense, rédigée en termes offensants pour les auteurs de ce Recueil de prières, provoqua de la part des réformateurs une violente réplique. Des deux côtés les passions étaient tellement surexcitées que le Sénat crut nécessaire d'intervenir.

Afin de donner plus d'autorité à l'excommunication qu'il avait prononcée contre les novateurs, Bernays demanda à de nombreux rabbins et prédicateurs, qu'il supposait partager ses convictions, de faire connaître leur opinion sur ces innovations. Cette consultation révéla le changement important qui s'était produit depuis vingt ans dans les idées religieuses des Juifs d'Allemagne. Pendant qu'à l'origine (1818), le parti de la réforme n'avait obtenu que l'approbation de trois rabbins, en 1841 Bernays ne fut appuyé dans sa campagne contre les réformes que par un seul de ses collègues, le rabbin d'Altona, son voisin : douze ou treize rabbins se déclarèrent expressément en faveur des innovations. Alors commencèrent les exagérations de la réforme. De jeunes rabbins, ou « directeurs de conscience », comme ils se plaisaient à s'appeler, se posaient en champions attitrés de la civilisation et du progrès, péroraient partout avec une présomptueuse suffisance sur la nécessité de modifier le culte public et en imposaient tellement par leur assurance que leurs collègues orthodoxes n'essayaient même pas de les combattre. On eût dit que le judaïsme allemand tout entier était définitivement acquis aux réformes.

Il se produisit alors à Hambourg une catastrophe qui fit reléguer à l'arrière-plan la question des réformes religieuses. En mai 1842, un terrible incendie détruisit une grande partie de la ville. Mais la lutte entre les novateurs et les orthodoxes ne cessa pas en Allemagne ; elle reprit sur un autre point, à Francfort-sur-le-Mein. Dans cette ville, où fut créée la première loge maçonnique juive et où existait depuis 1806 une école juive, « la Philanthropine », dont l'enseignement s'inspirait d'un esprit très libéral, bien des Juifs avaient rompu avec le judaïsme traditionnel. Michel Creizenach (1789-1842), professeur de la « Philanthropine », avait réussi à réunir autour de lui un certain nombre de partisans des réformes. Par ses nombreux ouvrages destinés à combattre le judaïsme talmudique, il avait inspiré à son petit cercle d'amis et d'admirateurs une véritable passion pour les innovations et une profonde antipathie pour les anciennes pratiques. Mais, quoique intelligent et foncièrement honnête, Creizenach était un esprit un peu superficiel, incapable d'exercer une action sérieuse.

Après sa mort, quelques-uns de ses partisans organisèrent (en 1842) à Francfort une communauté spéciale, qu'ils appelèrent « Société des amis des réformes ». La profession de foi qu'ils publièrent à cette occasion montre que leurs idées étaient assez confuses sur le but qu'ils voulaient atteindre. Pour le Talmud, ils étaient tous d'accord de ne pas le reconnaître comme autorité religieuse. Mais la Bible? Ils en acceptaient certaines parties, en rejetaient d'autres, sans pouvoir expliquer les motifs qui guidaient leur choix. A leur avis, la religion mosaïque est susceptible d'un perfectionnement continu. Ils déclaraient renoncer à toute espérance messianique, « parce qu'ils considéraient leur pays natal comme leur seule patrie ».

Leur plus vif désir était d'obtenir l'adhésion de Gabriel Riesser, qui occupait en Allemagne une situation importante. Bien que Riesser eût manifesté à plusieurs reprises son attachement à tous les anciens usages, pour ne pas paraître rougir de sa religion, il se montra pourtant disposé à adhérer à ce qu'on appelait le « programme de Creizenach », parce qu'il avait toujours demandé la liberté pour tous. Or, ce programme défendait, à ses yeux, le principe de la liberté en laissant aux pères de famille la faculté de négliger ou de pratiquer la circoncision sur leurs enfants. C'était là une innovation hardie qui empêchait bien des personnes de se joindre aux « amis des réformes ». Aussi ceux-ci se décidèrent-ils à effacer de leur programme l'article concernant la circoncision ainsi que la déclaration relative à l'abolition des lois alimentaires. Mais leurs concessions mécontentèrent Riesser, qui y voyait une sorte de reculade, et il leur retira son appui. Ce groupe de réformateurs, se trouvant ainsi privé de son principal soutien, ne tarda pas à se dissoudre.

Cet échec ne découragea nullement ceux qui étaient convaincus de la nécessité de substituer à certains usages des formes plus compatibles avec la nouvelle situation des Juifs. Seulement ils n'étaient pas d'accord sur les modifications à apporter au judaïsme. Les uns ne craignaient pas de demander la suppression de lois fondamentales, comme la circoncision, d'autres voulaient seulement donner au culte public un caractère plus digne et plus solennel. Pour s'entendre plus facilement sur les réformes à établir, on décida de convoquer une assemblée de rabbins. Cette réunion eut lieu à Brunswick. Vingt-deux rabbins, presque tous du sud et de l'ouest de l'Allemagne, avaient seuls répondu à l'appel ; les autres étaient restés prudemment sur la réserve. La plupart des membres de ce synode se posèrent en adversaires du judaïsme talmudique. Cette assemblée subit, du reste, la direction d'un homme qui, malgré ses vastes connaissances talmudiques, manifestait un profond dédain pour le Talmud. Cet homme était Holdheim.

Samuel Holdeim (né à Kempen en 1806 et mort à Berlin en 1860) avait été initié, dès son enfance, aux études talmudiques d'après l'ancienne méthode polonaise. Aussi avait-il acquis dans ce domaine une certaine notoriété. Encore jeune, il était déjà admiré par les rabbins polonais pour son érudition et sa remarquable sagacité. Mais cette méthode, qui faisait sacrifier la rectitude et la simplicité de l'esprit à la finesse et au paradoxe, eut encore pour Holdheim une autre conséquence : à force de ne chercher dans le Talmud que l'occasion de briller par la subtilité de sa dialectique et l'imprévu de ses conclusions, il s'accoutuma peu à peu à n'attacher qu'une importance médiocre aux pratiques religieuses qui y sont prescrites. De là, chez lui, une absence complète de convictions. Appelé comme rabbin à Francfort-sur-l'Oder, où la communauté était orthodoxe, il observait strictement tous les usages et tolérait même dans la synagogue les habitudes bruyantes et peu décentes des petits oratoires polonais. Dès qu'il eut quitté ce poste pour en occuper un autre à Mecklembourg-Schwerin, où il pouvait négliger les pratiques, il n'hésita pas à se montrer hardi réformateur.

A Mecklembourg-Schwerin, où s'étaient conservés presque intacts, chez la population, les usages du moyen âge, régnait alors un prince qui conçut la singulière idée de rendre ses sujets juifs irréligieux. On nomma un conseil supérieur pour organiser les communautés juives d'après les vues du prince et on en confia la direction religieuse à Holdheim (1840). Celui-ci se mit aussitôt à l'œuvre. Trouvant insuffisantes les innovations que le parti de la réforme avait voulu établir dans certaines villes, il essaya de bouleverser complètement le judaïsme, aussi bien dans sa partie mosaïque que dans ses éléments talmudiques et rabbiniques. En ergoteur habile, qui, comme les anciens rhéteurs, sait plaider le pour et le contre, il trouva en faveur de ses modifications des arguments spécieux qui troublaient les esprits et calmaient les consciences timides. Depuis Paul de Tarse, aucun Juif n'avait tenté, au même degré que Holdheim, d'ébranler l'ancien édifice religieux jusque dans ses fondements. S'appuyant sur la déclaration du Grand Sanhédrin d'après laquelle la législation mosaïque contient des dispositions purement religieuses et des dispositions politiques et nationales, il affirmait que ces dernières sont devenues caduques depuis la disparition de l'État juif. Il partait de ce principe pour déclarer abolies toutes les pratiques religieuses dont l'accomplissement présentait quelque difficulté ou imposait quelque privation : le repos du sabbat, les prescriptions concernant le mariage, la croyance à la venue du Messie et même l'usage de la langue hébraïque, parce que cette langue constitue, selon lui, un lien politique entre les membres dispersés de l'ancien peuple juif. Dans son zèle aveugle de réformateur ou plutôt de démolisseur, Holdheim alla encore plus loin. Détournant de leur vrai sens ces paroles du Talmud que « la loi de l'État est la vraie loi », il prétendait que les Juifs ne sont tenus de suivre que les usages religieux dont l'État leur permet l'observance. D'après cette théorie, il faudrait flétrir comme rebelles envers l'État les innombrables martyrs juifs morts pour leur foi, et l'autorité de l'État remplacerait, dans les questions religieuses, l'autorité de l'ancien Sanhédrin !

Tel était l'homme qui, dans l'assemblée des rabbins à Brunswick, dirigeait les débats et imposait ses idées. On comprend donc aisément que, dans ses délibérations, cette assemblée se soit moins inspirée de la lettre et de l'esprit du judaïsme que des exigences et des désirs des « hauts gouvernements allemands ». Le Talmud fut mis au ban dès la première séance. Soixante-dix-sept rabbins de l'Allemagne, de la Bohême, de la Moravie et de la Hongrie publièrent une protestation contre toutes les résolutions prises dans cette réunion (juin 1844). Mais, à vrai dire, ni les décisions des rabbins de Brunswick ni la protestation de leurs adversaires n'émurent les communautés juives.

A ce moment se produisit dans le monde catholique un événement qui eut son contre-coup chez les Juifs. On exposa à Trèves une tunique qu'on disait être celle de Jésus et que des millions de catholiques allaient adorer (août-octobre 1844). Cet acte d'adoration fut qualifié d'idolâtrie par quelques prêtres catholiques, notamment par Ronge et Czerski, qui se séparèrent de l'Église romaine pour fonder une Église catholique allemande (janvier 1845). Parmi les pasteurs protestants, il y eut aussi alors des dissidents qui organisèrent des « communautés amies de la lumière ». Ce mouvement s'étendit jusqu'aux Juifs de Breslau et surtout de Berlin, où un certain nombre d'entre eux résolurent de fonder une « Église judéo-allemande » sur le modèle de l'Église catholique allemande. Le principal auteur de ce projet fut Samuel Stern, orateur disert qui, sans compétence spéciale, avait fait des conférences où il avait représenté le judaïsme comme une religion susceptible des modifications les plus diverses. Il réussit à réunir autour de lui, à Berlin, une vingtaine de partisans et à créer avec eux une « Société de réformes » (avril 1845). Cette Société adressa un appel à tous les Juifs d'Allemagne pour provoquer la réunion d'un synode et instituer une nouvelle religion juive. Son programme ne contenait naturellement que des négations : suppression du judaïsme talmudique, abolition de la croyance à la venue du Messie, retour à la Bible, qu'on devait interpréter d'après l'esprit, et non pas d'après la lettre. Ce programme fut soumis aux délibérations d'une seconde assemblée de rabbins, réunie à Francfort-sur-le-Mein (juillet 1845).

Cette assemblée excita parmi les Juifs un intérêt bien plus vif que celle de Brunswick, parce que les réformateurs n'y avaient pas seuls la parole ; les conservateurs y étaient, en effet, représentés par un homme de valeur et très considéré, Zacharias Frankel (né à Prague en 1801 et mort à Breslau en 1875). Quoique élevé dans le respect du Talmud, Frankel ne croyait pourtant pas qu'il fût défendu d'apporter la moindre modification au judaïsme. Dans sa jeunesse, il avait même rompu une lance contre les obscurants. Grâce à ses travaux scientifiques et à son esprit critique, il s'était rendu compte que, loin de l'affaiblir, certaines réformes rendraient, au contraire, une nouvelle vigueur au culte juif. D'opinion modérée, il était l'homme du juste milieu, aussi éloigné des exagérations et des fantaisies de Geiger et de Holdheim que de l'orthodoxie étroite et obstinée de Hirsch. Ses collègues du synode l'estimaient beaucoup comme rabbin et comme savant, et, au début, son autorité contrebalança l'influence du parti de la réforme de Berlin.

Frankel ne siégea pourtant pas longtemps au synode. Il s'en retira bruyamment quand la majorité eut voté la résolution qu'il était nécessaire de faire oublier aux Juifs la langue hébraïque. De tous côtés on approuva Frankel pour sa décision, et ces manifestations prouvèrent que le synode de Francfort ne représentait qu'une faible minorité. Frankel parti, l'assemblée des rabbins se trouva sous la domination du groupe berlinois. Elle n'osa pourtant pas approuver sans réserve les idées trop avancées de ce parti, de crainte de mécontenter la plupart des communautés allemandes. Elle tourna la difficulté en faisant cette déclaration ambiguë « qu'elle était disposée à soutenir de toutes ses forces les tentatives du parti de la réforme, si ce parti s'inspire des principes qui doivent présider à toute modification sérieuse introduite dans le judaïsme ».

Sans se laisser arrêter par cette sorte de fin de non-recevoir, les novateurs de Berlin continuèrent leur propagande et réussirent à organiser une communauté de près de deux cents membres. Holdheim la déclara définitivement fondée le 2 avril 1846. Elle eut son temple, son prédicateur et son culte spécial, avec des innovations qu'on n'avait encore établies dans aucun des autres temples réformés. Dans « l'Église judéo-allemande », on priait, en effet, la tête découverte, et on faisait très peu usage de la langue hébraïque; toutes les prières se récitaient en allemand. En général, le culte de ce temple réformé avait plutôt un cachet étroitement allemand que juif. Véritable fanatique à rebours, Holdheim s'efforçait de faire disparaître tout ce qui pouvait rappeler l'ancien judaïsme, supprimant non seulement les usages d'origine talmudique ou rabbinique, mais aussi les obligations prescrites par la Bible. Les réformés de ce temps avaient pourtant une idée plus élevée de leur dignité de Juifs que les « éclairés » du temps de Henriette Herz et de Friedlaender, ils se montraient insensibles aux séductions du christianisme. De toute la communauté, qui comptait environ mille âmes, pas un ne se fit baptiser. Tout en ayant modifié profondément la religion de leurs aïeux, ils tenaient à être considérés comme adeptes du judaïsme.

Les réformes préconisées par Holdheim ne furent adoptées, en dehors de Berlin, par aucune communauté d'Europe; elles furent accueillies plus favorablement dans les États-Unis d'Amérique. Dans ce pays, des émigrants venus des points les plus divers, mais surtout de la Bavière, de la Bohême, de l'Allemagne occidentale et du duché de Posen, avaient organisé depuis une dizaine d'années un certain nombre de communautés. Comme ces communautés étaient composées d'éléments hétérogènes et très variables, ne possédaient pas de traditions et jouissaient d'une indépendance absolue, elles suivaient très facilement l'impulsion que leur donnaient leurs chefs religieux. Les rabbins imbus des idées de Holdheim pouvaient donc les mettre en pratique sans rencontrer de résistance sérieuse. C'est ainsi que s'organisèrent en Amérique un certain nombre de communautés sur le modèle de la synagogue réformée de Berlin.

Pourtant, à Berlin même, le zèle des membres du groupe réformé ne persista pas longtemps. D'abord Holdheim avait fait célébrer des offices le samedi et le dimanche, comme dans les premiers siècles du christianisme, du temps des Judéo-Chrétiens. Mais bientôt, à cause du trop petit nombre de fidèles qui venaient au temple le samedi, il n'y eut plus d'offices que le dimanche, et même en ce jour les abstentions ne cessèrent d'augmenter. Les fondateurs du nouveau culte purent encore constater eux-mêmes l'échec de leur entreprise. Il n'appartient pas encore à l'histoire d'indiquer avec précision les motifs de cet insuccès. Ce qu'on peut affirmer cependant, c'est que, quelques années après sa fondation, la communauté réformée trouva en face d'elle, à Berlin, un adversaire qui lui porta les coups les plus rudes, parce qu'il la combattit avec une éloquence entraînante et une ardente conviction. Cet adversaire était Michel Sachs.

MICHEL SACHS.

Sachs (né à Glogau en 1808 et mort à Berlin en 1864) formait un contraste complet avec Holdheim. Tout, chez ces deux hommes, était différent, la manière d'agir et la manière de penser, les sentiments et le caractère, l'éducation et l'instruction, même les habitudes et les manies. Holdheim, avec son talent de dialecticien et son esprit subtil, était un produit des écoles talmudiques polonaises, tandis que Sachs rappelait ces savants juifs d'Espagne qui se distinguaient par leur goût pur, leur langage élégant et l'étendue de leurs connaissances générales. Doué des qualités les plus généreuses, familiarisé à la fois avec la littérature hébraïque et la littérature grecque, Sachs sentait et agissait noblement. Sa conduite répondait toujours à ses pensées et à ses sentiments. Aussi se montrait-il d'une implacable sévérité et d'une ironie mordante envers les trompeurs, les hypocrites, ceux qui essayaient de dissimuler leur ambition et leur vanité sous des phrases creuses et des mots sonores.

Sachs aimait le judaïsme d'un amour passionné, parce que cette religion a proclamé un Dieu Un qui dirige la marche de l'humanité et qu'elle enseigne une morale pure et généreuse. Il ne se dissimulait pas que bien des plantes parasites s'étaient attachées, dans le courant des siècles, au tronc du judaïsme et en gâtaient la beauté, mais il était convaincu que le temps, qui les avait fait pousser, suffirait pour les faire de nouveau disparaître. Les arracher de force lui paraissait une entreprise dangereuse, parce qu'en enlevant les parties avariées, on risquait, selon lui, de détruire en même temps des parties saines. De là son opposition à toute réforme. Il craignait que l'abolition, même justifiée, de certains usages ne fût nuisible à la religion elle-même.

De caractère indécis, timide, un peu hautain, Sachs, avec ses grandes qualités et ses défauts, était surtout fait pour la chaire. Son éloquence naturelle, l'ardeur de ses convictions, l'élévation de ses sentiments, le charme qui se dégageait de sa personne, son organe agréable, l'élégance de sa parole, tout contribuait à faire de lui un des premiers prédicateurs juifs de son temps. Seul Mannheimer, de Vienne, pouvait lui être comparé. A Prague, où il occupait les fonctions de rabbin, sa parole chaleureuse et convaincue exerçait une véritable séduction sur ses auditeurs juifs et chrétiens. Ceux mêmes qui ne partageaient pas ses opinions ne pouvaient s'empêcher de l'estimer et de l'admirer. De Prague il fut appelé à Berlin, où il ne tarda pas à attaquer vigoureusement le parti de la réforme. Indifférent, comme il disait, aux insultes comme aux coups, il fustigeait en chaire « l'église judéo-allemande » de son ironie cinglante, accusant Holdheim et ses partisans d'avoir falsifié le judaïsme et de l'avoir si bien rogné de toutes parts qu'il n'en restait presque plus rien. Comme à Prague, ses sermons attiraient dans son temple des auditeurs nombreux, qui devenaient ensuite des auxiliaires actifs dans sa campagne contre le parti des réformés. Aussi la synagogue de Holdheim était-elle de plus en plus désertée.

Si Sachs mérita bien de la religion, il rendit également des services à la science juive. Non pas qu'il enrichit la science par de nouvelles découvertes ou qu'il répandit quelque lumière sur des faits inconnus, mais en exposant dans un style facile et élégant les résultats des recherches des autres savants, il les fit connaître dans les milieux chrétiens, où ils étaient totalement ignorés. C'est ainsi que dans son livre intitulé « Poésie religieuse des Juifs d'Espagne », il composa un tableau d'ensemble avec les travaux fragmentaires publiés sur la belle époque hispano-juive, qui avait été étudiée avec un si vif intérêt par les savants de ce temps. Cet ouvrage, qui embrasse une période plus longue que ne le fait supposer le titre, décrit toute la série des productions de l'esprit juif depuis la destruction de Jérusalem par les Romains jusqu'au moment où la poésie néo-hébraïque brilla d'un si radieux éclat en Espagne. Ce fut par Sachs que les milieux cultivés connurent la richesse et la valeur de la littérature juive du moyen âge. Heine en fut tout émerveillé et utilisa l'ouvrage de Sachs pour quelques-unes de ses plus brillantes descriptions.

Mais, malgré les recherches si intéressantes faites depuis quelque temps dans le domaine de la science juive, malgré les résultats considérables obtenus par les savants, le judaïsme restait une énigme indéchiffrable tant qu'on ne connaissait pas d'une façon précise les fondements sur lesquels il s'appuie, « le rocher dans lequel il a été taillé ». Pour bien comprendre et apprécier l'esprit de cette religion, il fallait avoir pénétré le sens exact des livres saints qui lui servent de base. Après avoir été, en quelque sorte, déifiée par les deux ou trois religions qui sont fondées sur elle, après avoir été vénérée comme un livre qui contient absolument tout, la Bible était tombée en discrédit au xviii° siècle. Par haine pour les Juifs, l'école de Schleiermacher avait complètement négligé l'Ancien Testament, le séparant du Nouveau et lui déniant presque toute importance et toute autorité. L'école rationaliste s'était bien occupée de la Bible, mais dans le but d'en diminuer la valeur. Les protestants croyants, tels que Tholuck, Hengstenberg et d'autres coryphées de cette religion, n'y avaient cherché que des témoignages en faveur du christianisme. Parmi les Juifs, seuls trois savants. Krochmal, Luzzatto et Michel Sachs, s'étaient sérieusement consacrés à l'étude de l'Écriture Sainte, mais n'y avaient procédé qu'avec beaucoup de timidité. C'est un chrétien qui eut le mérite de faire mieux comprendre le langage des Prophètes et des Psaumes et de présenter sous leur vrai jour les premières époques de l'histoire du peuple juif. Par ses ouvrages « Les Prophètes de l'ancienne Alliance » et « Histoire du peuple d'Israël » (1843-1847), Henri Ewald éclaira tout un côté de l'esprit et de l'histoire des Hébreux qui, jusque-là, était resté dans l'ombre. Il développa, en effet, cette pensée fondamentale que les descendants d'Abraham furent réellement un « peuple de Dieu », chargé d'enseigner aux autres hommes de hautes vérités morales. Ces vérités, ajoutait-il, sont exposées dans les livres saints des Juifs et démontrées par leur histoire.

Par une aberration singulière, Ewald, qui glorifiait les anciens Hébreux et la mission élevée que la Providence leur avait confiée, se montrait plein de dédain pour leurs descendants et demandait qu'ils fussent soumis à une législation restrictive. Par contre, un homme d'État célèbre, qui fut en même temps un excellent romancier, Benjamin d'Israéli ou Disraéli, manifestait pour eux, à cause de leur illustre origine, une estime toute particulière. Disraéli, devenu plus tard lord Beaconsfield, eut un père juif qui, pour une raison personnelle, se fit chrétien avec sa famille.

Mais Disraéli ne cachait pas qu'il était fier de descendre de Juifs, et, dans deux romans (1), il en explique les motifs. En effet, un des personnages de ces romans, Sidoine, originaire d'une famille de Marranes, se considère l'égal, par sa naissance, des membres de la plus haute noblesse, parce qu'aucune famille ne peut se vanter d'être aussi ancienne que la nation dont il descend, et il déclare que la race juive a conservé sa valeur et son importance, parce qu'elle a conservé sa pureté et n'a jamais voulu s'allier à d'autres races. Sidoine fait aussi ressortir que les Juifs ont survécu aux plus puissants empires de l'antiquité et résisté, jusqu'aux temps actuels, à toutes les souffrances et à toutes les persécutions, et il en conclut qu'ils sont appelés à continuer de jouer leur rôle dans l'humanité. Dans le deuxième roman, Disraéli fait dire à une jeune fille juive que ceux qui croient qu'il y a eu une Révélation divine sont d'accord pour admettre que les Israélites seuls ont été jugés dignes de cette Révélation, que si des messagers célestes sont descendus sur la terre pour consoler et instruire, ils ne sont apparus qu'en Palestine, et que si un Sauveur est venu pour l'humanité avec des apôtres chargés de propager la bonne nouvelle, on est unanime à admettre qu'ils furent d'origine juive. Or, il est impossible qu'après avoir joué un rôle si considérable dans le passé, Israël ne continue pas à exercer son influence salutaire sur la marche des événements futurs.

Lorsque Disraéli, par l'organe des personnages de ses romans, célébrait ainsi les mérites des Juifs et prévoyait pour eux un avenir plein de promesses, ceux-ci étaient encore entravés dans leur activité, dans bien des pays, par toute sorte de mesures restrictives. Brusquement, un événement survint qui apporta de nouvelles améliorations à leur situation. La Révolution qui éclata à Paris en février 1848 eut son contre-coup à Vienne, à Berlin et dans d'autres villes. Un souffle de liberté passa sur tous les pays d'Europe et fit disparaître bien des institutions surannées. Dans les réunions populaires, dans les Parlements, on réclamait, entre autres réformes, la complète émancipation des Juifs. On voulait que pour eux aussi la devise « liberté, égalité, fraternité » devînt

---

1. Ces deux romans sont intitulés : *Coningsby or the new generation* (1844), et *Tancred or the new crusade* (1847).

enfin une vérité. Et, en effet, à ce moment, les Juifs virent se réaliser ce qu'ils avaient à peine osé espérer : plusieurs d'entre eux furent élus députés. Riesser et Veit entrèrent dans la Chambre prussienne, Mannheimer, de Vienne, et le rabbin galicien Meisels, au Parlement d'Autriche. Naturellement, cet important changement provoqua des protestations de la part des adversaires des Juifs. Un membre de la Chambre prussienne, le futur prince de Bismarck, s'écria : « Je me sens profondément humilié à la seule pensée qu'un Juif puisse être choisi comme représentant de la sainte majesté du Roi. »

La Révolution de 1848 eut des conséquences favorables pour les Juifs jusqu'en Russie et dans les États du pape. L'autocrate de toutes les Russies, Nicolas Ier, que le mot seul de « liberté » mettait en colère, abolit une partie des lois oppressives édictées par son prédécesseur contre les Juifs. Il fit de louables efforts pour améliorer leur situation matérielle et les relever de l'abaissement moral dans lequel la misère et la persécution les avaient fait tomber. Lorsque sir Moses Montefiore vint le solliciter en faveur de ses coreligionnaires, il l'accueillit avec bienveillance et l'autorisa à voyager à travers la Pologne et la Russie pour se rendre compte par lui-même de l'état des communautés. Enfin, au mois de mai 1848, il convoqua à Saint-Pétersbourg une commission composée de rabbins et de notables juifs et chargée d'étudier les mesures qu'il serait utile de prendre en faveur de leurs coreligionnaires. Il ordonna également la création de deux écoles rabbiniques où, à côté du Talmud, les élèves étudieraient aussi d'autres sciences et où ils se familiariseraient surtout avec la langue russe.

Si l'on jette maintenant un coup d'œil sur le chemin parcouru depuis le moment où Dohm, Mirabeau et l'abbé Grégoire élevèrent leur voix en faveur de l'émancipation des Juifs, on se rendra compte des progrès considérables réalisés dans cette voie en moins d'un siècle (1). Dans tous les pays civilisés ou demi-civi-

1. Pour ce tableau de la situation des Juifs dans les différents pays, jusqu'à la fin du chapitre, le traducteur a complété et parfois légèrement modifié le texte original, d'après les *Réflexions sur les Juifs* d'Isidore Loeb et l'*Histoire des Israélites* de M. Théodore Reinach.

lisés, les Juifs sont délivrés plus ou moins complètement des liens qui entravaient leur activité, ont le sentiment de leur dignité et savent défendre les droits qu'ils ont si péniblement conquis. En France, en Hollande, en Belgique, dans le Danemark, dans l'Amérique du Nord, leur émancipation est complète et eux-mêmes se sont rapidement assimilés aux autres habitants, prenant une part importante à la vie économique, intellectuelle et politique de ces pays. En avril 1842, un avocat d'Amsterdam, Lipmann, demanda aux ministres de Hollande quels étaient, selon eux, les effets de l'émancipation des Juifs dans leur pays. Ils furent unanimes à lui déclarer qu'ils se félicitaient de cette émancipation, parce que les Juifs avaient rendu d'excellents services dans le commerce, l'industrie, l'administration et l'armée.

En Angleterre, où l'on ne pouvait remplir certaines fonctions ou revêtir certaines dignités qu'en prêtant serment « sur la vraie foi d'un chrétien », les Juifs durent soutenir une lutte de trente ans (1829-1858) pour être autorisés à prononcer une formule de serment qui ne froissât pas leurs convictions religieuses. Il leur fallut surtout une opiniâtre ténacité pour obtenir l'accès du Parlement. En 1847, le baron Lionel de Rothschild fut élu député, pour la première fois, à la Chambre des communes. Mais, sur son refus de prêter le serment chrétien, il ne put pas siéger. Il fut réélu, mais se heurta au même obstacle. Après lui, David Salomons fut nommé député de Greenwich, en 1851 ; il resta exclu du Parlement pour la même raison. La Chambre des communes avait bien voté, à plusieurs reprises, un bill autorisant à retrancher dans le serment, pour les Juifs, les mots : « foi de véritable chrétien ». Ce bill avait été rejeté régulièrement par la Chambre des lords. Enfin, en 1858, année où le baron de Rothschild fut réélu pour la cinquième fois, les lords cédèrent. Les mots « foi de véritable chrétien » pouvaient dorénavant être supprimés, non seulement pour entrer au Parlement, mais en toute autre circonstance. Enfin, en 1860, les dernières lois d'exception furent abolies. L'émancipation des Juifs anglais était complète. Depuis ce moment, ils ont pu occuper dans leur pays les situations les plus élevées et ont été appelés aux plus hautes dignités.

En Allemagne, la Révolution de février 1848 exerça une action décisive en faveur de la liberté. Le 20 mai 1848, la Constituante de ce pays vota l'égalité de tous devant la loi. Un peu plus tard, le 21 décembre 1848, ce principe fut proclamé par le Parlement allemand, dont le vice-président était un Juif, Gabriel Riesser, et il passa dans la Constitution allemande le 28 mars 1849. Une réaction se produisit en 1850. Plusieurs États de la Confédération retirèrent aux Juifs les concessions qui leur avaient été faites. Pourtant, la plupart des États, et notamment les plus importants, maintinrent ou décrétèrent le principe de l'égalité devant la loi, sans distinction de religion. La Prusse, qui l'avait adopté dès le 5 décembre 1848, en rendit l'application plus large par la loi de 1850 ; la Saxe s'y prit à plusieurs fois pour émanciper ses Juifs (mars 1849, mai 1851, code civil de 1866) ; la Bavière les déclara égaux aux autres citoyens par la loi de 1855, complétée en 1861. Les Chambres de Wurtemberg émancipèrent totalement les Juifs en 1861.

A la suite de la guerre austro-prussienne (1866), les Juifs furent émancipés dans les autres pays allemands qui entrèrent dans la Confédération du Nord. Cette Confédération vota, en effet, le 3 juillet 1869, une loi ainsi conçue : « Toutes les restrictions des droits civils et politiques encore existantes et fondées sur la différence de religion sont abolies. La faculté de prendre part à la représentation de la commune ou du pays et de remplir des fonctions politiques doit être indépendante de la confession religieuse. » Après la formation de l'empire allemand (1871), ce principe fut étendu aux États du nouvel empire qui ne l'avaient pas encore formellement accepté ; la Bavière l'adopta le 22 avril 1871. Dans la pratique, il est vrai, certaines carrières ne sont que très difficilement accessibles aux Juifs de l'Allemagne, mais au moins leur émancipation légale est-elle complète.

L'Autriche aussi vit disparaitre la plupart de ses lois restrictives à la suite de la Révolution de 1848. Jusqu'à la veille de cet événement, les Juifs d'Autriche étaient soumis à la taxe de tolérance, ne pouvaient pas posséder de terres et étaient privés de nombreux droits civils. La Constitution du 4 mars 1849 vint proclamer l'égalité de tous les citoyens. Mais la réaction ne tarda pas à prendre sa revanche dans ce pays, et, par une ordonnance du 29 juillet 1853, le gouvernement remit en vigueur, à l'égard des Juifs, l'ancienne législation, particulièrement les articles qui leur interdisaient de posséder des biens-fonds. Après la guerre d'Italie (1859), les anciennes barrières tombèrent. Les Juifs furent autorisés à acquérir des immeubles dans la Basse-Autriche, en Moravie et en Hongrie (ordonnances du 28 février 1860 et du 26 février 1861); on leur accorda aussi le droit d'avoir des domestiques ou apprentis chrétiens, de se marier librement, d'exercer les professions dont l'accès leur avait été défendu jusque-là. Enfin, après les événements de 1866, la nouvelle Constitution autrichienne (du 21 décembre 1867) proclama leur égalité absolue devant la loi. Dans la même année, les Chambres hongroises votèrent aussi l'émancipation des Juifs (décembre 1867).

En Russie, la condition légale des Juifs est moins satisfaisante. Ils continuent, dans ce pays, à être soumis à des restrictions nombreuses qui limitent leur activité et les maintiennent dans une situation absolument misérable. Depuis 1835, il ne leur est permis de s'établir que dans des régions déterminées appelées le « Territoire juif », qui se compose de quinze gouvernements. Même dans ce « Territoire », ils ne peuvent pas habiter à moins de 50 verstes de la frontière, ni dans les villages. Les élèves juifs ne sont admis dans les écoles que dans une proportion très petite, qui varie de 3 à 10 pour 100, même dans les localités où les Juifs forment la moitié et parfois la majorité de la population. Certaines écoles leur sont complètement interdites. Alexandre II (1855-1881), sans abolir les anciennes lois, les appliqua dans un esprit de tolérance et d'humanité. Il consentit à entr'ouvrir pour la population juive les frontières du « Territoire », où elle étouffe, en autorisant l'établissement de trois Juifs dans chaque station de chemin de fer et en permettant à un petit nombre de privilégiés, notamment aux diplômés académiques, aux marchands de la première guilde, aux artisans « habiles », aux anciens soldats, de se fixer dans tout l'empire. Alexandre II encouragea aussi le développement des colonies agricoles juives fondées sous son aïeul dans le gouvernement de Kherson. Malgré ces mesures, inspirées par un sentiment de bienveillante équité, le sort des Juifs russes reste des plus précaires.

La situation des Juifs roumains n'est pas meilleure. Autrefois, avant l'érection des Principautés danubiennes en royaume, leur condition légale laissait à désirer, mais était tolérable. Peu à peu, sous l'influence de la jalousie de la classe bourgeoise, le gouvernement roumain les a enserrés dans un cercle de restrictions de plus en plus étroit. Il leur est interdit d'acheter ou de louer des terres, d'habiter les campagnes ; on leur a fermé la plupart des carrières libérales, et même certains métiers. A la suite d'excès populaires, les puissances étrangères durent intervenir énergiquement à plusieurs reprises pour protéger les biens et la vie des Juifs roumains. Au congrès de Berlin, en 1878, l'Europe imposa même à la Roumanie, en échange de la reconnaissance de son indépendance, la proclamation de l'émancipation civile et politique des Juifs. Mais le gouvernement roumain a éludé cette obligation en déclarant « étrangers » tous les Juifs établis sur son territoire, même depuis plusieurs générations. Pourtant ces « étrangers » sont assujettis au service militaire. Après la guerre de 1877, les Chambres ont naturalisé en bloc les Juifs, au nombre d'environ 800, qui ont servi comme soldats pendant cette guerre. Mais peu d'autres Juifs ont bénéficié jusqu'à présent de la naturalisation, qui est individuelle et exige un vote des deux Chambres.

Les Juifs d'Italie, comme ceux d'autres contrées, avaient été émancipés par les armées révolutionnaires et Napoléon Ier. Mais, dès que la domination française avait cessé, les autorités avaient remis en vigueur l'ancienne législation. En 1848, la Constitution du royaume de Sardaigne proclama l'égalité de tous les citoyens, sans distinction de croyances, et ce principe fut introduit dans les diverses parties de l'Italie au fur et à mesure de leur union avec le royaume sarde. C'est ainsi que les Juifs furent émancipés dans la Toscane, la Romagne, la Lombardie et à Modène en 1859 ; dans l'Ombrie et les Marches en 1860 ; en Sicile et à Naples en 1861, et dans la Vénétie en 1866.

Pendant que presque toute l'Italie avait déjà proclamé l'égalité de tous les citoyens, sans distinction de culte, dans les États pontificaux les Juifs restèrent soumis aux plus humiliantes vexations. Il régnait surtout dans ces États une véritable fureur de prosélytisme. Cette ardeur fanatique à convertir les Juifs amena à Bologne un épisode qui souleva l'indignation de tous les esprits libéraux de l'Europe. Dans cette ville, une servante chrétienne avait fait baptiser un enfant juif, à l'insu de ses parents, nommés Mortara, et quelques années plus tard, en 1858, elle en informa un ecclésiastique. Un jour, un moine, accompagné de représentants de la police, pénétra dans la maison de la famille Mortara, enleva l'enfant baptisé, qui avait alors six ans, malgré les protestations et le désespoir des parents, et le conduisit à Rome, où on l'éleva dans la religion catholique. Le chagrin que la mère en ressentit lui fit perdre la raison. Le père multiplia ses démarches pour qu'on lui rendît son enfant, mais en vain. Ce rapt, accompli au nom de la religion, produisit une émotion considérable parmi les Juifs aussi bien que parmi les Chrétiens. Sauf les journaux ultra-catholiques, toute la presse européenne flétrit cet abominable forfait. Plusieurs gouvernements et Napoléon III lui-même, dont les soldats occupaient alors Rome, intervinrent auprès du pape. Mais à toutes les réclamations, à toutes les sollicitations, Pie IX répondit par un inflexible *non possumus*. A cette occasion, comme vingt ans auparavant, lors de l'affaire de Damas, les Juifs d'Europe manifestèrent de nouveau cet esprit d'étroite solidarité qui, dans certaines circonstances, leur donne tant d'autorité et de force morale.

Ce fut à ce moment (1860) que six Israélites de Paris, animés des plus nobles sentiments, résolurent de fonder une association qui personnifiât, en quelque sorte, cet esprit de solidarité qui commande aux Juifs de tous les pays de s'unir pour venir en aide à leurs coreligionnaires malheureux. Cette association, qui devait recruter ses adhérents dans le monde entier, fut appelée *Alliance israélite universelle*. Les fondateurs, dont les noms méritent de passer à la postérité, furent : Charles Netter, commerçant ; Narcisse Leven, avocat ; Jules Carvallo, ingénieur ; Eugène Manuel, professeur ; Aristide Astruc, rabbin, et Isidore Cahen, journaliste. Un peu plus tard, le célèbre avocat Adolphe Crémieux, toujours prêt à défendre ses coreligionnaires, apporta à cette Société le concours de son éloquence et l'appui de sa fermeté et de son courage.

Le but de l'*Alliance israélite universelle* fut nettement indiqué, dès l'origine, dans l'exposé qui accompagnait le premier appel : « Défendre l'honneur du nom israélite toutes les fois qu'il est attaqué; encourager par tous les moyens l'exercice des professions laborieuses et utiles ;... travailler, par la puissance de la persuasion et par l'influence morale qu'il lui sera permis d'exercer, à l'émancipation de nos frères qui gémissent encore sous le poids d'une législation exceptionnelle. » Dès la première année, cette société compta environ 850 membres, disséminés dans les pays les plus divers, en France, en Allemagne, en Autriche, en Angleterre, en Italie, en Suisse, en Hollande, et jusqu'en Espagne et dans le Vénézuéla. Actuellement, elle a plus de 30,000 adhérents. Dans les circonstances les plus variées et les plus critiques, elle a représenté dignement le judaïsme, venant en aide aux Juifs de Pologne, de Russie, d'Orient, quand ils étaient décimés par la famine et la maladie ou souffraient du fanatisme et de l'intolérance, intervenant auprès des gouvernements en faveur de leurs coreligionnaires encore soumis à des lois d'exception, créant des écoles et des œuvres d'apprentissage pour contribuer au relèvement matériel, intellectuel et moral de populations juives déprimées par des siècles de persécution, répandant de nouveau parmi les Juifs le goût du travail agricole, autrefois si honoré de leurs ancêtres. Bien qu'elle n'existe encore que depuis un temps relativement très court, son action a déjà été féconde en heureux résultats.

Dix ans après la fondation de l'*Alliance*, une société analogue fut créée à Londres (1871) sous le nom d'*Anglo-Jewish Association*. Elle poursuit le même but que l'*Alliance* et peut être considérée comme une ramification de cette association, mais ses adhérents, qui sont au nombre de plusieurs milliers, se recrutent presque uniquement en Angleterre, en Australie et dans les autres colonies anglaises. Enfin, à Vienne, quelques hommes influents, entre autres Joseph Wertheimer, Ignace Kuranda et Maurice Goldschmid, ont fondé en 1873 une branche autrichienne de l'*Alliance*, sous le nom d'*Israelitische Allianz in Wien*. Comme l'a dit un des comptes rendus publiés par l'*Alliance*, ces sociétés « n'ont et n'ont jamais eu d'autre but que la propagation de la fraternité humaine, d'autre moyen d'action que la persuasion, d'autre drapeau que la justice, d'autres ennemis que ceux de la vérité et de la tolérance ».

Les résultats obtenus par l'*Alliance* et les grandes espérances qu'elle faisait concevoir pour l'avenir réveillèrent les sentiments d'intolérance et de haine des adversaires des Juifs. Ce fut en Allemagne que recommença la lutte contre la liberté et, par conséquent, contre l'émancipation des Juifs. Il s'était formé dans ce pays un parti dont tous les efforts tendaient à ressusciter le moyen âge avec ses lois les plus iniques. Le fondateur de ce parti fut un apostat juif, Frédéric Stahl, qui lui a fourni son programme et les quelques aphorismes dont il émaille ses professions de foi : « Il faut que la science revienne en arrière. — Autorité, et non pas majorité », etc. Avec de telles tendances, il est naturel que ce parti ait renouvelé contre le judaïsme et ses adeptes toutes les accusations, toutes les calomnies ressassées depuis des siècles. Peu à peu, son action malfaisante a pris un développement important en Allemagne, où elle a provoqué une agitation dangereuse contre les Juifs, et s'est même étendue au delà des frontières de ce pays. Le journal de ces ennemis de toute justice, de toute lumière et de toute vérité a pris comme emblème la Croix (1), alors que ce symbole ne devrait représenter, aux yeux des chrétiens, que la douceur, la bonté et la fraternité.

Dans ces dernières années, de nouveaux ennemis ont surgi contre les Juifs. Ceux-là ont trouvé un prétexte inédit pour justifier leurs attaques : ce n'est plus au nom de la Croix, comme le parti de Stahl, qu'ils mènent leur campagne d'injures et de mensonges, mais au nom de « l'incompatibilité des races ». Un beau jour, quelques pédants ont découvert que les prétendus descendants de Sem, tels que les Juifs et les Arabes, qu'ils désignèrent sous le nom de Sémites, seraient inférieurs aux Ariens ou Indo-Européens en intelligence, en élévation morale et en esprit imaginatif. Il est vrai que ces Sémites tant dédaignés ou, plus exactement, les Juifs, ont enseigné aux peuples civilisés le monothéisme et les principes d'une morale remarquablement élevée et leur

---

(1) C'est la *Kreuzzeitung* ou « Journal de la Croix ».

ont donné ce livre sublime qui s'appelle la Bible. Mais, pour les *antisémites*, ce sont là de bien minces titres en regard des immenses services que, selon eux, les Ariens auraient rendus à l'humanité. A les entendre, les Juifs sont une race inférieure, capables tout au plus d'occuper des emplois subalternes sous la direction éclairée des Ariens. En réalité, sous ce nouveau vocable d'antisémitisme se dissimulent les anciens préjugés, les vieilles passions qui, dans le passé, ont inspiré tant d'iniquités, tant d'odieuses persécutions. A ces préjugés, à ces passions, sont venues s'ajouter les plus basses convoitises. Mais, en dépit des outrages, des violences, des inventions mensongères et des excitations malsaines des coryphées du mouvement antisémitique, on peut espérer que la liberté et la justice ne subiront pas de nouvelle éclipse et que, loin de se voir enlever les droits civils et politiques dans les pays qui les leur ont accordés, les Juifs les obtiendront peu à peu là même où l'on s'est obstiné jusqu'à présent à les leur refuser. Bien des accusations sont encore dirigées contre eux par leurs détracteurs, bien des erreurs sont encore répandues à leur sujet. Mais, chargés par la Providence, dès les temps les plus anciens, d'être comme des apôtres parmi les différentes nations, d'enseigner les plus hautes vérités et la plus noble morale, ils sont convaincus que les doctrines qu'ils ont fait connaître, et qui ont eu une influence si grande sur la marche de la civilisation, continueront d'exercer leur heureuse action et qu'à une époque plus ou moins éloignée, se réalisera cette affirmation des Prophètes d'Israël que, non seulement les Juifs, mais tous les hommes seront unis entre eux par les liens de la solidarité et de la fraternité.

FIN DU CINQUIÈME ET DERNIER VOLUME

TABLE DES CHAPITRES

TROISIÉME PÉRIODE
LA DISPERSION

TROISIÈME ÉPOQUE
LA DÉCADENCE

Pages.

CHAPITRE PREMIER. — Reuchlin et les obscurants. Martin Luther (1500-1530). — L'esprit religieux chez les chrétiens d'Allemagne. — Haine des dominicains contre les Juifs. — Les dominicains Hochstraten et Ortuin de Graes. — Le *Miroir avertisseur* d'Ortuin. — Efforts des dominicains et des « obscurants » pour faire confisquer le Talmud. — Leur complice Pfefferkorn, apostat juif. — Intervention de Cunégonde, sœur de l'empereur Frédéric III, en faveur des dominicains. — Perquisitions opérées par Pfefferkorn dans les maisons juives de Francfort. — Protestation de l'archevêque de Mayence, Uriel de Gemmingen, contre ces perquisitions. — Reuchlin chargé d'examiner les livres hébreux. — Sa science, son honnêteté, son admiration pour la littérature juive. — Efforts des Juifs d'Allemagne pour se défendre contre les agissements de Pfefferkorn et des obscurants. — Martyre des Juifs de Brandebourg. — Mémoire de Reuchlin en faveur des Juifs et du Talmud. — Son pamphlet *Miroir des yeux* contre les attaques des dominicains. — Succès considérable de cet opuscule. — Reuchlin appelé à comparaître devant le tribunal ecclésiastique de Mayence. — Nouvelle intervention de l'archevêque de Mayence contre les dominicains. — Triomphe de Reuchlin. — Intervention du pape Léon X. — Lutte des obscurants et des humanistes. — Hermann de Busche et Ulric de Hutten. — Intrigues des dominicains contre Reuchlin à Rome ; leur échec. — Condamnation du *Miroir* de Reuchlin par la Sorbonne de Paris. — Les « Lettres des hommes obscurs » contre les obscurants ; leur prodigieux succès. — Nouveaux agissements des dominicains contre les Juifs d'Allemagne. — Expulsions de Juifs. — Continuation de la lutte entre obscurants et humanistes. — Martin Luther. — Développement de la Réforme. — Influence de la Réforme sur les études hébraïques. — Élia Lévita. — Une chaire d'hébreu à la Sorbonne. — Traduction allemande de la Bible par Luther 1

CHAPITRE II. — L'Inquisition et les Marranes. Extravagances cabbalistiques et messianiques (1530-1548). — Points faibles du judaïsme de ce temps. — Léon Abrabanel ou Léon Medigo. — Ses « Dialogues d'amour ». — Quelques cabbalistes. — Leurs rêveries messianiques. —

L'aventurier Ascher Læmlein. — Souffrances des Marranes en Espagne. — Leur situation pénible en Portugal. — Massacre de Marranes à Lisbonne. — Leurs souffrances sous João III. — David Reûbeni. — Sa réception à la cour pontificale. — Son arrivée en Portugal. — Réveil des espérances messianiques chez les Marranes. — Salomon Molcho. — Ses prédictions messianiques. — David Reûbeni tombé en disgrâce à la cour et exilé du Portugal. — Tentative de João III pour faire établir l'Inquisition en Portugal contre les Marranes. — Salomon Molcho auprès du pape Clément VII. — Sa mort. — Mort de David Reûbeni. — Démarches des Marranes portugais auprès du pape contre l'Inquisition. — Bienveillance de Clément VII. — Protection accordée par le pape Paul III aux Marranes. — Nouvelles démarches des Marranes à la cour pontificale contre l'établissement de l'Inquisition en Portugal. — Conflit entre le roi João III et Paul III. — Cruautés exercées par l'Inquisition à l'égard des Marranes. — Récit de ces cruautés par Samuel Usque. — Le concile de Trente contre les Marranes.. 37

CHAPITRE III. — LES MARRANES ET LES PAPES (1548-1566). — Situation satisfaisante des Juifs de Turquie. — Jacob Berab de Safed. — Son projet de rétablir le Sanhédrin en Palestine. — Opposition de Lévi ben Habib de Jérusalem. — Lutte entre Jacob Berab et Lévi ben Habib. — Joseph Karo. — Son mysticisme. — Son code religieux *Schoulhan Aroukh*. — Recrudescence de persécutions contre les Juifs d'Allemagne. — Joselmann de Rosheim. — Son heureuse action en faveur de ses coreligionnaires. — Expulsion des Juifs de Naples. — Exil des Juifs de Bohême. — Accusation de meurtre rituel à Neubourg. — Le *Judenbüchlein* ou plaidoyer en faveur des Juifs. — Pamphlet de Jean Eck contre les Juifs. — Malveillance de Luther pour les Juifs. — Conséquences funestes de cette malveillance. — Accusation de meurtre rituel en Asie Mineure. — Intervention efficace du sultan. — Expulsion des Juifs de Gênes. — Joseph Haccohen. — Sa Chronique. — Les Ibn Verga. — Le *Schébet Yehouda*. — Samuel Usque. — Son ouvrage « Consolations pour les maux d'Israël ». — Réaction catholique amenée par le triomphe de la Réforme. — Contre-coup ressenti par les Juifs. — Les deux petits-fils d'Élia Lévita convertis au catholicisme. — Leurs accusations contre le Talmud. — Établissement de la censure en Italie. — Le pape Paul IV contre les Juifs. — Situation douloureuse des Marranes dans les États pontificaux. — Le médecin juif Amatus Lusitanus à Ancône. — Martyre des Marranes d'Ancône. — Projet de vengeance des Marranes de Turquie contre le pape. — La Marrane Doña Gracia Mendesia. — Ses efforts pour retourner au judaïsme. — Ses épreuves. — Son arrivée à Constantinople. — Ligue des Juifs levantins contre le port d'Ancône. — Nouvelles persécutions suscitées par Paul IV contre les Juifs et le Talmud. — Confiscation des exemplaires du Talmud à Crémone. — Hostilité de l'empereur d'Autriche Ferdinand Ier contre les Juifs. — Expulsion des Juifs de Prague. — Dispositions bienveillantes du pape Pie IV pour les Juifs. — Intolérance de son successeur Pie V. — Persécutions contre les Juifs de Pologne. — Expulsion des Juifs des États pontificaux..... 64

CHAPITRE IV. — LES JUIFS EN TURQUIE ET DON JOSEPH DE NAXOS

(1566-1590). — Joseph Nassi. — Son influence auprès du sultan. — Son élévation à la dignité de duc de Naxos. — Efforts de l'ambassadeur français pour ruiner son crédit. — Salomon Aschkenazi. — Son rôle dans l'élection de Henri d'Anjou comme roi de Pologne. — Sa mission comme ministre plénipotentiaire turc à Venise. — Réveil de la poésie hébraïque parmi les Juifs de la Turquie. — Restauration de Tibériade par Joseph de Naxos. — Inutilité de cette restauration au point de vue du judaïsme. — Moïse Isserlès et son commentaire sur le *Schoulhan Aroukh*. — Azaria dei Rossi. — Sa traduction hébraïque de la « Lettre d'Aristée ». — Son *Meor Enayim*. — Condamnation de cet ouvrage par quelques rabbins. — Mouvement cabbalistique. — Isaac Louria. — Sa théorie de la création. — Sa doctrine de la métempsycose. — Sa théorie de l'*association des âmes et de leur sexe*. — Hayyim Vital de Calabre. — Sa propagande en faveur des doctrines de Louria. — Influence fâcheuse de Louria sur la vie religieuse et les mœurs des Juifs. — Mort de Joseph de Naxos. — Esther Kiera et son influence à Constantinople.................................... 99

CHAPITRE V. — SITUATION DES JUIFS DE POLOGNE ET D'ITALIE JUSQU'A LA FIN DU XVI° SIÈCLE (1560-1600). — Situation satisfaisante des Juifs en Pologne. — Leur zèle pour les études talmudiques. — L'enseignement de Jacob Polak. — Salomon Louria. — Sa dignité de caractère. — Son ouvrage talmudique. — Moïse Isserlès. — Son rigorisme. — David Gans. — Sa Chronique *Cémah David*. — Développement des études talmudiques en Pologne. — Méthode d'enseignement; le *pilpoul*. — Bienveillance des rois de Pologne pour les Juifs. — Les « synodes des quatre pays ». — Action heureuse de ces synodes. — Mardokhaï Yafa et Josua Falk Kohen. — Controverses des Juifs avec les dissidents. — Le caraïte Isaac Troki. — Son livre de polémique *Hizzouk Emouna* contre les chrétiens. — Réveil du fanatisme chrétien en Europe. — Le pape Grégoire XIII. — Institution de prédications pour la conversion des Juifs. — Largeur d'esprit de Sixte-Quint. — Le médecin David de Pomis. — Son ouvrage « Le médecin hébreu ». — Abolition, par Sixte-Quint, de la loi proscrivant le Talmud. — Expulsion des Juifs des États pontificaux sous Clément VIII. — Leur départ d'autres points de l'Italie. — Le Talmud et la censure................. 116

CHAPITRE VI. — FORMATION DE COMMUNAUTÉS MARRANES A AMSTERDAM, A HAMBOURG ET A BORDEAUX (1593-1648). — Lutte des Pays-Bas contre l'établissement de l'Inquisition. — Démarches des Marranes pour être autorisés à se fixer dans ce pays. — Réussite de leurs démarches. — Création d'une petite communauté à Amsterdam. — Construction de la première synagogue dans cette ville. — Conversion du moine portugais Diogo de la Asumção au judaïsme; son martyre. — Nouvelles persécutions contre les Marranes en Portugal. — Leur émigration en Hollande. — Construction d'une seconde synagogue à Amsterdam. — Influence acquise par les Marranes en Hollande. — Leur activité commerciale. — Leurs travaux littéraires. — Leur vie religieuse imprégnée de l'esprit catholique. — Immigration de Juifs allemands en Hollande. — Organisation de la communauté portugaise d'Amsterdam. — Les premiers rabbins de cette communauté. — Manassé ben Israël. — Création de communautés juives dans d'autres villes de Hollande. — Les Marranes à Hambourg. — Ils pratiquent peu à peu ouvertement le judaïsme. — Ouverture d'une synagogue. — Tentatives inutiles de leurs adversaires contre eux. — Une colonie de Juifs portugais au Brésil. — Établissement de Marranes à Bordeaux   131

CHAPITRE VII. — LA GUERRE DE TRENTE ANS ET LE SOULÈVEMENT DES COSAQUES (1618-1655). — Malveillance de la ville de Francfort à l'égard des Juifs. — La *Judenstättigkeit*. — Émeutes à Francfort contre les Juifs. — Désordres à Worms. — Châtiment des émeutiers. — Intervention de l'empereur Mathias en faveur des Juifs. — Leurs souffrances pendant la guerre de Trente ans. — Situation des Juifs en Pologne. — Hostilité des Cosaques contre eux. — Raisons de cette hostilité. — Révolte des Cosaques. — Massacres des Juifs par les Cosaques. — Alliance des Juifs et de la noblesse polonaise contre les Cosaques. — Nouveaux massacres de Juifs. — Bienveillance du roi de Pologne Jean-Casimir pour les Juifs. — Mesures proposées pour relever le judaïsme polonais. — Reprise des hostilités par les Cosaques. — Émigration des Juifs de Pologne. — Influence fâcheuse des talmudistes polonais sur le judaïsme   148

CHAPITRE VIII. — L'ÉTABLISSEMENT DES JUIFS EN ANGLETERRE ET LA RÉVOLUTION ANGLAISE (1655-1666). — Manassé ben Israël et ses travaux. — Les études hébraïques en Hollande; Joseph Scaliger. — Les illuminés chrétiens et les rêveries messianiques des Juifs. — Les Puritains en Angleterre. — Leur respect pour la Bible et leur considération pour les Juifs. — Plaidoyer d'un chrétien en faveur du rappel des Juifs en Angleterre. — L' « Espérance d'Israël » de Manassé. — Sa croyance à la prochaine venue du Messie. — Son Mémoire au Parlement d'Angleterre en faveur du rappel des Juifs. — Son voyage en Angleterre et ses entretiens avec Cromwell. — Cromwell favorable à la demande de Manassé. — Débats sur le retour des Juifs en Angleterre. — Opposition du clergé. — Nouveau Mémoire de Manassé en faveur de ses coreligionnaires. — Mort de Manassé. — Autorisation de séjour accordée par Charles II, roi d'Angleterre. — Coup d'œil sur l'état du judaïsme. — Uriel da Costa à Amsterdam. — Ses attaques contre le judaïsme rabbinique. — Son exclusion de la communauté juive. — Sa pénitence et son suicide. — Léon Modena. — Ses « Rites hébreux » contre le judaïsme rabbinique. — Ses propositions de réforme. — Son *Ari Noham* contre la Cabbale. — Joseph Delmedigo. — Sa vie errante. — Ses idées avancées. — Simon Luzzato. — Son « Traité sur la situation des Hébreux ». — Il signale franchement les mérites et les défauts de ses coreligionnaires   161

CHAPITRE IX. — BARUCH SPINOZA ET SABBATAÏ CEVI (1666-1678). — Baruch Spinoza. — Premières manifestations de ses doutes. — Son dédain pour les pratiques religieuses. — Sa comparution devant les rabbins d'Amsterdam. — Son excommunication. — Ses idées sur les droits de l'État. — Ses contradictions. — Son antipathie pour le judaïsme. — Son « Traité théologico-politique ». — Activité intellectuelle parmi les Juifs portugais de Hollande. — Antonio Enriquez de Gomez. — Ses « Macchabées » et son « Samson le Nazaréen ». — Les deux Penso. — Création d'une Académie poétique juive à Amsterdam. — David de Lara et Benjamin Moussafia. — Balthazar Orobio de Castro. — Ses souffrances comme Marrane. — Son livre de polémique contre le christianisme. — Sabbataï Cevi. — Ses excentricités. — Il se révèle comme le Messie. — Ses nombreux partisans. — Ses voyages en Orient et en Égypte. — Son séjour à Jérusalem. — L'aventurière polonaise Sara. — Son mariage avec Sabbataï Cevi. — Nathan-Benjamin Lévi et sa propagande en faveur de Sabbataï. — Sabbataï proclamé Messie à Smyrne. — Enthousiasme pour le nouveau Messie en Orient et en Europe. — Efforts des partisans de Sabbataï pour abolir le judaïsme rabbinique. — Sabbataï appelé par ordre du sultan à Constantinople. — Son arrestation et sa détention au château de Kostia. — Affluence de Juifs de tous les pays pour le visiter. — L'agitateur Néhémie Cohen auprès de Sabbataï — Sabbataï dénoncé à la Porte comme traître. — Sa conversion à l'islamisme. — Continuation de l'agitation sabbatienne. — Abraham Miguel Cardoso. — Son zèle pour la Cabbale et Sabbataï. — Fin obscure de Sabbataï. — Inauguration solennelle d'une synagogue à Amsterdam 184

CHAPITRE X. — TRISTESSES ET JOIES (1670-1720). — Expulsion des Juifs des possessions espagnoles d'Afrique. — Expulsion des Juifs de l'archiduché d'Autriche. — Leur établissement dans le Brandebourg. — Origine de la communauté juive de Berlin. — Bienveillance du Grand Électeur pour les Juifs. — Lutte des Jésuites contre le Saint-Office en Portugal. — Suspension, par Clément X, de l'Inquisition en Portugal. — Un autodafé d'hérétiques et de Marranes à Madrid. — Hostilité des corporations des marchands contre les Juifs. — Plaidoyers chrétiens en faveur des Juifs. — Développement des études hébraïques parmi les chrétiens. — Richard Simon. — Son équité à l'égard des Juifs. — Isaac Cardoso et sa défense des Juifs. — Prédilection de Charles XI, roi de Suède, pour les Caraïtes. — Le Caraïte Mordekhaï ben Nissan. — Jean Wülfer contre les Juifs. — Wagenseil et ses « Traits de feu de Satan ». — Eisenmenger. — Son pamphlet « Le judaïsme dévoilé ». — L'empereur Léopold II défend la vente de ce pamphlet. — Calomnies au sujet de la prière *Alènou*. — — Guillaume Surenhuys et sa traduction latine de la Mischna. — Jacob Basnage. — Son « Histoire de la religion des Juifs ». — Autres historiens favorables aux Juifs. 211

CHAPITRE XI. — PROFONDE DÉCADENCE DES JUIFS (1700-1760). — Médiocrité de la généralité des rabbins de ce temps. — David Nieto. — Juda-Léon Brieli. — Superstitions juives. — Lopez Laguna et son « Miroir de la vie ». — Respect exagéré des Juifs pour leurs coreligionnaires riches. — Leur profonde pauvreté. — Leur crédulité. — Les agitateurs messianiques Daniel Bonafoux et Abraham Cardoso. — Le faux Messie Mordekhaï d'Eisenstadt. — Le mouvement en faveur du fils de Sabbataï Cevi. — La secte des néo-Turcs ou Juifs convertis à l'islamisme. — Juda Hassid et les Hassidim. — Extravagances de cette secte. — Néhémia Hayon. — Son enseignement antijuif. — Ses pérégrinations. — Dissensions à Berlin. — Le rabbin Cevi Aschkenazi d'Amsterdam contre Hayon. — Ce dernier est soutenu par la communauté portugaise. — Nouvelles protestations contre les doctrines de Hayon. — Rétractation de Hayon. —

Extension de l'hérésie sabbatienne en Pologne. — Les *Crypto-sabbatiens*.
— Échec définitif de Hayon. — Moïse-Hayyim Luzzato. — Son talent
poétique. — Sa prédilection pour la Cabbale. — Il revient à la poésie. —
Jonathan Eibeschütz. — Ses tendances sabbatiennes. — Ses connaissances
talmudiques. — Sa nomination comme rabbin de Metz. — Souffrances
des Juifs pendant la guerre de la Succession d'Autriche. — Eibeschütz
soupçonné de trahison envers l'Autriche. — Sa nomination au poste rabbinique des Trois-Communautés. — Ses amulettes. — Eibeschütz accusé
d'hérésie sabbatienne par Jacob Emden. — Lutte entre les partisans et
les adversaires d'Eibeschütz. — Conduite ambiguë de ce rabbin. — L'agitateur Jacob Frank. — Ses doctrines antitalmudiques. — Excommunication des Frankistes. — Intervention de l'évêque polonais Dembowski. —
Controverse publique des orthodoxes et des Frankistes sur le Talmud. —
Nouveau colloque. — Conversion des Frankistes au catholicisme. — Arrestation de Frank. — Apostasie d'un fils d'Eibeschütz. — Agitation en
Angleterre pour et contre les Juifs. — Voltaire. — Motifs de ses attaques
contre les Juifs. — Réponse d'Isaac Pinto à ces attaques. — Hostilité, à
Bordeaux, des Juifs portugais contre les Juifs allemands. — Jacob-Ro-
drigue Péreire. — Mémoire de Pinto en faveur des Juifs portugais. —
Animosité des chrétiens de Bordeaux contre les Juifs. 230

QUATRIÈME ÉPOQUE

LE RELÈVEMENT

CHAPITRE XII. — Moïse Mendelssohn et son temps (1760-1786). —
Jeunesse de Moïse Mendelssohn. — Ses études à Berlin. — Son amitié
avec Lessing. — Ses « Dialogues philosophiques ». — Ses relations avec
les savants et les philosophes. — Son succès au concours ouvert par l'Académie de Berlin. — Son « Phédon ou l'immortalité de l'âme ». — Succès
éclatant de cet ouvrage. — Sa controverse avec le pasteur Lavater. — Sa
défense chaleureuse du judaïsme. — Son opposition aux exagérations des
orthodoxes.— Lessing et son « Nathan le Sage ».— Beau rôle attribué dans
ce drame à un Juif. — Irritation des chrétiens contre Lessing. — Traduction allemande du Pentateuque par Mendelssohn. — Protestations des
rabbins orthodoxes contre cette traduction. — Heureuse influence de cette
traduction. — Situation pénible des Juifs d'Alsace. — Leur ennemi Hell.
— Intervention bienveillante de Louis XVI. — Dohm. — Son plaidoyer
en faveur des Juifs d'Alsace. — Son ouvrage intitulé « Réforme politique
des Juifs ». — Édit de tolérance de l'empereur Joseph II en faveur des
Juifs d'Autriche. — Attaques du théologien Jean-David Michaelis contre
les Juifs. — La « Jérusalem » de Mendelssohn. — Hartwig Wessely. —
Sa campagne en faveur de la création d'écoles. — Opposition des rigoristes. — Mort de Mendelssohn 265

CHAPITRE XIII. — Excès de l'orthodoxie et de la réforme (1760-1789). — Israël *Baal Schem*. — Les « Nouveaux Hassidim » et leurs exagérations. — Dob Beer. — Son ascendant sur ses partisans. — La dignité de *Çaddik*. — Motifs de l'expansion de la secte des Hassidim. — Leurs réformes. — Affaiblissement de l'autorité rabbinique en Pologne. — Le gaon Elia Vilna. — Sa lutte contre les Hassidim. — Propagande active de cette secte. — Inutilité des mesures prises contre eux. — Les disciples de Mendelssohn. — Leur action sur la bourgeoisie juive d'Allemagne. — Isaac Euchel et Mendel Bresselau. — Le journal *Meassef* et les *Meassefim*. — Leur influence. — Marcus Herz. — Salomon Maïmon. — Son *Autobiographie*. — Lazarus Ben-David. — La haute société juive de Berlin. — Henriette Herz. — Nomination d'une commission pour améliorer la situation des Juifs. — Adoption de quelques réformes par le roi. — Les « éclairés » de Berlin. — Leur hostilité contre les pratiques juives. — Discussions entre les « éclairés » et les orthodoxes. — Ézéchiel Landau. — Nombreuses apostasies à Berlin. — David Friedlænder. — Sa démarche inconsidérée pour embrasser le christianisme. — Le salon de Henriette Herz. — La « ligue de la vertu ». — Rahel Lewin 288

CHAPITRE XIV. — La Révolution française et l'émancipation des Juifs (1789-1806). — Herz Médelsheim ou Cerf Berr. — Ses efforts en faveur de ses coreligionnaires. — Convocation d'une assemblée de notables juifs. — Mirabeau en faveur de l'émancipation des Juifs. — Concours ouvert par la société royale de Metz au sujet des Juifs. — L'abbé Grégoire. — Sa *Motion en faveur des Juifs*. — Discussions à l'Assemblée nationale sur la question juive. — Délégation juive à l'Assemblée nationale. — Émancipation des Juifs portugais. — Démarches de l'abbé Mulot en faveur des Juifs de Paris. — Proclamation définitive de l'émancipation de tous les Juifs de France. — Appel d'Isaac Berr à ses coreligionnaires. — Les Juifs sous la Terreur. — Situation des Juifs en Hollande. — Leur émancipation. — Dissentiments parmi les Juifs d'Amsterdam. — Députés juifs à l'Assemblée batave. — Sentiments contradictoires de Napoléon Bonaparte pour les Juifs. — Persistance, en Allemagne, de l'hostilité contre les Juifs. — Deux défenseurs. — Abolition du péage personnel en Allemagne. — Requête des Juifs à la Conférence de Ratisbonne. — Démarches de Wolf Breidenbach en faveur de ses coreligionnaires. — Campagne contre les Juifs d'Allemagne; Grattenauer. — Ripostes à ces attaques. . . 306

CHAPITRE XV. — Le Sanhédrin de Paris et la Réaction (1806-1815). — Créanciers juifs et débiteurs chrétiens en Alsace. — Accusation portée contre les Juifs auprès de Napoléon. — La question juive discutée au Conseil d'État. — Décret du 30 mai 1806 contre les Juifs d'Alsace. — Convocation d'une assemblée de notables juifs à Paris. — Abraham Furtado. — David Sintzheim. — Articles du *Moniteur* sur les Juifs. — Ouverture de l'assemblée des notables. — Abraham de Cologna. — Patriotisme des notables juifs. — La question des mariages mixtes. — Discours du comte de Molé à l'assemblée des notables. — Annonce de la convocation d'un grand Sanhédrin. — Séance de clôture de l'assemblée des notables. — Réunion du Sanhédrin. — Différence établie par le Sanhédrin entre les dispositions religieuses et les dispositions politiques de la Bible. — Les résolutions de l'assemblée des notables adoptés par le Sanhédrin. — Décret restrictif du 17 mars 1808. — Protestions des Juifs contre ce décret. — Émancipation des Juifs de Westphalie. — Israël Jacobson. — Organisation [du culte juif en Westphalie. — Émancipation des Juifs de Bade. — Amélioration de la situation des Juifs de Francfort-sur-le-Mein et des villes hanséatiques. — Patriotisme des Juifs de Prusse. — Maintien des lois restrictives en Autriche et en Saxe. — Bienveillance du czar Alexandre Ier pour les Juifs. — Résistance des Juifs russes aux réformes. — Réaction contre les Juifs d'Allemagne après la défaite de Napoléon. — Mémoire présenté par les Juifs au Congrès de Vienne. — Le prince de Metternich et Guillaume de Humboldt en faveur des Juifs. — Campagne contre les Juifs. — Modification perfide, au détriment des Juifs, d'une décision du Congrès de Vienne. — Lutte des Juifs de Francfort contre la réaction. — Remise en vigueur des lois restrictives en Autriche et en Prusse. — Excès populaires contre les Juifs en Allemagne. — Tentative de désordres à Copenhague. — Ripostes des Juifs à leurs adversaires. — Louis Boerne. — Sa campagne contre les ennemis des Juifs. — Henri Heine. — Son opinion sur le judaïsme. — Son antipathie pour l'Église. — Sa conversion au christianisme. — Ses « Aveux ». — Services rendus aux Juifs par Boerne et Heine. 324

CHAPITRE XVI. — LES RÉFORMES RELIGIEUSES ET LA SCIENCE JUIVE (1815-1840). — Conséquences des persécutions pour le judaïsme. — Nécessité de réformes. — Mouvement réformateur en Allemagne. — Modifications liturgiques en Westphalie. — Introduction de la prédication allemande dans les offices. — Réformes à Hambourg. — Le prédicateur Gotlhold Salomon. — Les *altmodisch* et les *neumodisch*. — Akiba Eger et Mosché Sofer. — Activité des réformateurs. — Un temple réformé à Leipzig. — Isaac Bernays. — Ses idées sur le rôle du judaïsme. — Sa lutte contre les exagérations des novateurs. — Isaac Mannheimer. — Son talent de prédicateur. — Son heureuse action à Vienne. — La « Société pour la science et la civilisation juives ». — Erreur grave de cette Société. — Indécision dans ses vues et son action. — Édouard Gans. — La science juive. — Isaac Jost. — Qualités et défauts de son Histoire d'Israël. — Nachman Krochmal. — Ses recherches scientifiques. — Salomon Rapoport. — La Révolution de 1830 en France. — Les rabbins français payés par l'État. — Gabriel Riesser. — Ses efforts en faveur de l'émancipation complète des Juifs d'Allemagne. — Ses diatribes contre les lâchetés et les apostasies de ses coreligionnaires. — Léopold Zunz. — Son ouvrage *Die Gottesdienstlichen Vorträge*. — Divers organes de publicité des savants juifs. — David Luzzatto. — Ses travaux exégétiques. — Salomon Steinheim. — Ses « Chants d'Obadia ». — Sa conception élevée du rôle d'Israël. — Sa « Révélation d'après la doctrine de la Synagogue ». — Nouvelle lutte entre les novateurs et les orthodoxes. — Abraham Geiger, champion des réformes. — Samson-Raphaël Hirsch, représentant de l'orthodoxie. — Hébraïsants chrétiens. 361

CHAPITRE XVII. — UNE ACCUSATION DE MEURTRE RITUEL A DAMAS

(1840-1848). — Le sentiment de solidarité des Juifs. — Meurtre du Père Thomas à Damas. — Imputation de ce meurtre aux Juifs. — Supplices infligés aux inculpés. — Protestation du consul d'Autriche contre ces supplices. — Accusation de meurtre rituel à Rhodes. — Accusation analogue en Prusse. — Découverte des vrais assassins. — Intervention d'Adolphe Crémieux en faveur des martyrs de Damas. — Démarche des Juifs anglais auprès de leur gouvernement. — Dispositions conciliantes de Méhémet Ali. — Conduite équivoque du gouvernement français. — Départ de Crémieux pour Damas. — Moses Montefiore envoyé dans cette ville comme délégué des Juifs anglais. — Déclarations faites à la Chambre des communes. — Serment solennel de Herschel, rabbin de Londres. — Crémieux et Montefiore à Alexandrie. — Hésitation de Méhémet Ali à les laisser partir pour Damas. — Mise en liberté des accusés juifs. — Firman du Sultan contre les accusations de meurtre rituel. — Création d'écoles juives en Egypte. — Salomon Munk. — Son voyage en Egypte et ses travaux scientifiques. — Manifestations enthousiastes des Juifs d'Europe en faveur de Crémieux et de Montefiore. 389

CHAPITRE XVIII [1]. — ORTHODOXES ET RÉFORMATEURS EN ALLEMAGNE. SITUATION DES JUIFS D'EUROPE (1840-1880). — Extension des réformes à Hambourg. — Campagne entreprise par Bernays contre les réformateurs. — Le parti de la réforme à Francfort. — Michel Creizenach. — Convocation d'un synode à Brunschwick. — Samuel Holdheim. — Son érudition talmudique et son scepticisme. — Son influence prédominante au Synode. — Nouveau synode à Francfort. — Zacharias Frankel. — Organisation d'une « Église judéo-allemande » à Berlin. — Déclin rapide du parti de Holdheim. — Michel Sachs. — Son talent de prédicateur. — Sa lutte contre Holdheim et ses réformes. — Ses travaux scientifiques. — Henri Ewald et son « Histoire du peuple d'Israël ». — Benjamin Disraéli. — Ses idées sur le passé et l'avenir des Juifs. — La Révolution de 1848. — Son action heureuse en faveur des Juifs. — Nicolas Ier et les Juifs de Russie. — Coup d'œil sur la situation des Juifs. — Émancipation graduelle des Juifs en Angleterre. — Leur émancipation dans la Confédération allemande et plus tard dans le nouvel empire allemand. — Tentative de réaction contre les Juifs en Autriche. — Triomphe définitif de la liberté. — Leur situation encore précaire en Russie et en Roumanie. — Emancipation des Juifs d'Italie. — Rapt du jeune Mortara dans les Etats pontificaux. — Fondation de l'*Alliance israélite universelle*. — Son but et ses progrès. — Création de sociétés analogues en Angleterre et en Autriche. — L'apostat juif Frédéric Stahl et le parti de la *Croix* en Allemagne contre les Juifs. — L'antisémitisme. 407

1. Désigné par erreur comme le CHAPITRE XIX dans le corps du livre.

TABLE DE RÉCAPITULATION

DU CONTENU DES CINQ TOMES

TOME PREMIER

De la sortie d'Égypte (1400) à l'Exode babylonien (538)

TOME SECOND

De l'Exode babylonien (538)
à la destruction du second Temple (70 après J.-C.)

TOME TROISIÈME

De la destruction du second Temple (70)
au déclin de l'exilarcat (920)

TOME QUATRIÈME

De l'époque du gaon Saadia (920) à l'époque de la Réforme (1500)

TOME CINQUIÈME

De l'époque de la Réforme (1500) à 1880

INDEX ALPHABÉTIQUE

DES CINQ VOLUMES

Les chiffres romains indiquent le volume et les chiffres arabes la page.
Les noms de pays sont imprimés en **ÉGYPTIENNES**, les noms de villes, les titres d'ouvrages et certains autres titres sont en *italiques*, et tous les autres noms ou mots sont en PETITES CAPITALES.

A

AARON, grand-prêtre, I, 19, 21, 22.
AARON. Voir ARON.
ABBA AREKA, III, 126, 147, 169-173.
ABBA MARI BEN MOÏSE, IV, 240-242, 245, 246, 248, 249, 251.
ABBA D'AKKO, III, 187.
ABBAHU, III, 181, 185-189.
ABBAÏ, III, 212, 213-214.
ABDALLAH IBN TOUMART, IV, 103.
ABD-UL-MEDJID, V, 390, 396, 404.
ABDULMOUMEN, IV, 103-107.
ABDUL RAHMAN, IV, 21, 22-23.
ABENATAR (David), V, 140.
ABENDANA (Mordekhaï), V, 144.
ABENUACAR. Voir PIMENTEL.
ABIAM, roi, I, 154.
ABIATHAR, prêtre, I, 82, 87, 93, 111, 115, 120, 122, 123, 128.
ABINADAB, I, 93.
ABISAÏ, I, 86, 98-100, 113, 117.
ABNER, I, 65, 69, 83, 84, 85, 86.
ABNER DE BURGOS, IV, 266-268.
ABOAB (Isaac), rabbin en Espagne, IV, 411, 419.
ABOAB (Isaac), rabbin d'Amsterdam, V, 141, 142, 147.
ABOU-ISA, chef de secte, III, 316-317.
ABOU-KARIBA, III, 283, 284.
ABOULAFIA (Abraham), IV, 229-232.
ABOULAFIA (Moïse), de Damas, V, 392.
ABOUL-HASSAN. Voir JUDA BEN SAMUEL HALLÉVI.
ABOUL-WALID. Voir JONA MERWAN.
ABRABANEL (Isaac), IV, 379, 408-413, 416, 424, 425, 441-443, 457; V, 39, 41.
ABRABANEL (Isaac), le jeune, IV, 442.
ABRABANEL (Juda-Léon). Voir LÉON MÉDIGO.

ABRABANEL (Samuel), IV, 442, 457-458; V, 47, 74.
ABRABANELA (Benvenida), IV, 458; V, 47, 74.
ABRAHAM, patriarche, I, 14.
ABRAHAM, moine converti, III, 260.
ABRAHAM BEDARSI, IV, 198.
ABRAHAM BEN DAVID DE POSQUIÈRES, IV, 124.
ABRAHAM BEN HIYYA, IV, 293.
ABRAHAM BEN ISAAC, IV, 121.
ABRAHAM BEN SAMUEL DE TROK, V, 222.
ABRAHAM BEN SCHERIRA, III, 333, 334.
ABRAHAM D'ARAGON, médecin, IV, 199.
ABRAHAM DE FRANKENBERG, V, 163.
ABRAHAM IBN CARÇAL, IV, 291.
ABRAHAM IBN DAUD, IV, 108-109, 118.
ABRAHAM IBN EZRA, IV, 108, 109-113.
ABRAHAM IBN HASDAÏ, IV, 119, 179.
ABRAHAM LEVI, cabbaliste, V, 40.
ABRAHAM MAÏMONIDE, IV, 159, 160.
ABRAHAM SENIOR. Voir SENIOR.
ABSALON, I, 105-115.
ABTALION, II, 206, 207, 218, 220, 221.
ACHAB, roi, I, 158, 159-168.
ACHAZ, roi, I, 204-207.
ACHAZIA. Voir OCHOSIAS.
ACHIA, prophète, I, 133, 140, 153.
ACHIS, roi des Philistins, I, 79.
ACHITOPHEL, I, 95, 104-113.
ACHMET Ier, sultan, V, 115.
ACOSTA (Uriel d'), V, 175-178.
Adat Yeschouroun, communauté à Amsterdam, V, 317.
ADLERSTHAL (baron d'). Voir EIBESCHÜTZ (Wolf).
ADONIAS, I, 106, 120-122, 127.
ADONIM. Voir DOUNASCH BEN LABRAT.

INDEX ALPHABÉTIQUE.

Adoniram, I, 130, 145, 146.
Adrien, III, 76-82, 84-86, 91-98, 101, 104, 106.
Adullam (ville), I, 90.
Aelia Capitolina, III, 98.
Affligés de Sion, I, 267, 268 ; IV, 134.
AFRIQUE SEPTENTRIONALE (Juifs de l') IV, 105 ; V, 211.
Agag, roi, I, 70, 72.
Aggée, prophète, II, 5, 6.
Agobard, III, 338-341.
Agrippa Ier, II, 284-287, 289, 295-298, 300-302.
Agrippa II, II, 332, 333, 341, 349, 350, 351, 355, 363, 364, 372, 375, 387 ; III, 6, 7, 13, 67.
Aguilar (baron d'), V, 247, 248.
Aha, III, 239, 240.
Ahaï bar Huna, III, 243.
Ahaï de Sabha, III, 317.
Aher. Voir Elisa ben Abuya.
Ahron. Voir Aron.
Ahunaï, III, 319, 324.
Aï, I, 34.
Ailat, port, I, 136, 137.
Akbarites, secte juive, III, 335.
Akiba ben Joseph, III, 20, 22, 27-32, 34, 61, 66, 87, 99, 103.
Akiba Eger. Voir Eger.
Akylas. Voir Aquilas.
Albert de Brandebourg, V, 28-29.
Albert, empereur, IV, 244, 245, 249, 250.
Albigeois, IV, 163, 164, 178.
Albinus, procurateur, II, 342, 343.
Alcime, II, 112-113, 116, 118, 122.
Aldobrandini, V, 131.
Alènou (prière d'), V, 223-224, 225-226.
Alessandro, apostat juif, V, 98.
Alexandra. Voir Salomé Alexandra.
Alexandra, fille de Hyrcan II, II, 196, 215, 222, 223, 224, 226, 231.
Alexandre Balas, II, 124, 125.
Alexandre Lysimaque. Voir Lysimaque.
Alexandre le Grand, II, 51-54.
Alexandre Jannée, II, 178, 181-187.
Alexandre II, fils d'Aristobule, II, 203, 208, 209.
Alexandre, mari d'Alexandra, II, 231.
Alexandre, fils d'Hérode, II, 237, 238.
Alexandre III, pape, IV, 130-131.
Alexandre Ier, tsar, V, 343-345.
Alexandre II, tsar, V, 422.
Alexandre (Séligmann), V, 315.
Alexandre Sévère, III, 148-149.
Alexandrie (communauté d'), II, 56, 132-133, 211, 229, 230, 287, 290-292, 301, 354, 402 ; III, 73, 74, 235, 236.
Ali, khalife, III, 218, 298, 299.
Alkabéç. Voir Salomon Alkabéç.
Allebrand, évêque, IV, 76.
Allégoristes, IV, 238-240.
ALLEMAGNE (Juifs d'), III, 271 ; IV, 36-38, 68, 73-79, 102-105, 130 ; V, 5-7, 10, 11-13, 24, 29, 72, 74-78, 126, 148-152, 198, 208, 218-222, 243-245, 275, 280-284, 285, 294-306, 319-324, 354-360, 362, 379, 420-421.
Alliance Isr. universelle, V, 424-425.
Allianz in Wien (Isr.), V, 425.
Almanzi, V, 382.
Almanzour, khalife d'Andalousie, IV, 35.
Almohades, IV, 105-107, 118.
Alphonse III, roi de Portugal, IV, 211.
Alphonse VI, roi de Castille, IV, 67, 68-70.

Alphonse VIII, le Noble, IV, 118, 162.
Alphonse X, le Sage, IV, 200-202, 210.
Alphonse XI, de Castille, IV, 252, 263-269, 289.
Alphonse II, duc d'Este, V, 131.
Alphonse de Valladolid. Voir Abner de Burgos.
Alphonsines (Tables), IV, 201.
ALSACE (Juifs d'), V, 278-280, 308, 309-312, 324-325, 327, 337.
Alype, d'Antioche, III, 223, 224, 225.
Amalécites, I, 34, 70, 82.
Amasa, général, I, 113, 115, 117, 118.
Amatus Lusitanus, V, 86, 92.
Amazias, roi, I, 179, 180, 181-183.
Amazias, grand-pontife, I, 187, 191.
Ambroise de Milan, III, 232.
Amémar, III, 228, 230.
AMÉRIQUE DU NORD (Juifs de l'), V, 414, 419.
Ames (association des), doctrine cabbalistique, V, 110-111.
Ammaüs, I, 41.
Ammi, III, 181, 182, 185, 193.
Ammonites, I, 51, 60, 68, 69, 97, 99, 102.
Amnon, I, 104, 105.
Amolo, III, 342-343.
Amon, roi, I, 225-226.
Amoraïm, III, 153-154.
Amos, prophète, I, 184, 188, 189-191, 193.
Amram ben Isaac ibn Schalbib, IV, 67, 69.
Amsterdam, V, 134-135, 137-142, 147, 161, 168, 176, 186, 190-192, 210, 233, 239-241, 317.
Amulettes d'Eibeschütz, V, 249-251.
Anan, grand-prêtre, II, 342, 343, 380, 381, 382.
Anan ben David, III, 319-323.
Ananel, grand-prêtre, II, 221, 222, 223.
Ananel di Foligo, V, 84.
Anania, fils d'Onias IV, II, 160, 182.
Anania, II, 317.
Ancône (Juifs d'), V, 52, 53, 86-87, 90-92.
Andrade (Abraham), V, 328, 331.
André, roi de Hongrie, IV, 171.
Andromaque, gouverneur de la Célésyrie, II, 53.
Andronique, lieutenant d'Antiochus, II, 84.
ANGLETERRE (Juifs d'), IV, 104, 127-129, 165, 169, 194, 199-200, 222-226 ; V, 161, 164-174, 259-260, 350, 395, 420.
Anglo-Jewish Association, V, 425.
Antigone, général d'Alexandre le Grand, II, 55, 56.
Antigone, fils de Hyrcan, II, 160, 180, 181.
Antigone, fils d'Aristobule, II, 207, 210, 214, 216, 217, 218, 219, 220.
Antiliban. Voir *Hermon*.
Antimaïmonistes, IV, 171-179, 187-188, 214-218.
Antioche, II, 57.
Antiochus Cyzicène, II, 160, 161.
Antiochus Epiphane, II, 70, 79-81, 85-92, 97-98, 108.
Antiochus Eupator, II, 108, 109, 110, 118.
Antiochus le Grand, II, 63, 69, 70.
Antiochus Sidètes, II, 149, 152, 153, 155-157.
Antiochus VI, II, 127, 128.
Antipas, fils d'Hérode, II, 242, 249, 255, 200, 202, 205, 208, 263, 283, 285, 286, 287.
Antipater, père d'Hérode, II, 197, 198, 209, 210, 211, 213, 214.

INDEX ALPHABÉTIQUE.

ANTIPATER, petit-fils d'Hérode, II, 237-240.
ANTISÉMITES, V, 426-427.
ANTITALMUDISTES Voir FRANKISTES.
ANTITRINITAIRES, V, 71.
ANTOINE (Marc), II, 215, 218, 219, 220, 223, 225.
ANTONIN LE PIEUX, III, 107, 120, 121.
APION, II, 289, 294.
APOLLONIUS, général syrien, II, 88, 96.
APOLLONIUS MOLON, II, 288.
Apostoli, III, 117, 151.
AQUET, de Savoie, IV, 279.
AQUILAS, III, 64-66, 78, 82.
ARABIE (Juifs d'), IV, 133-134.
ARAMÉENS, I, 98.
ARBUES. Voir PEDRO ARBUES.
ARCHÉLAUS, fils d'Hérode, II, 242-244, 248.
ARDESCHIR, roi perse, III, 176.
ARÉTAS PHILHELLÈNE, roi des Nabatéens, II, 197, 199, 205.
ARGON, roi des Mongols, IV, 221, 226-227.
ARISTOBULE, fils d'Alexandre Jannée, II, 187, 194-203, 207, 208, 209, 231.
ARISTOBULE, fils d'Hérode, II, 237, 238.
ARISTOBULE III, beau-frère d'Hérode, II, 221, 222, 223, 231.
ARISTOBULE, fils de Hyrcan, II, 160, 179-181.
Armleder, IV, 275-276.
ARNAUD-AMAURI, IV, 164.
ARNAUD DE TONGRES, V, 2, 18, 21.
ARNOLDISTES, V, 23.
ARNSTEIN (Fanny d'), V, 347.
ARON BEN ASCHER, massorete, V, 8.
ARON BEN MESCHOULLAM, IV, 172.
ARON IBN SARDJADOU, IV, 6, 7, 10, 12, 15.
ARON D'YORK, IV, 200.
ARON HALLEVI, IV, 213.
Aroukh, de Nathan ben Yehiel, IV, 66.
ARTAXERXES LONGUEMAIN, II, 10, 12, 17, 18.
ARTAXERXES MNEMON, II, 48.
ASA, roi de Juda, I, 154-156.
ASAPH, psalmiste, I, 94.

ASCHER (tribu d'), I, 36 37.
ASCHER D'UDINE, V, 94.
ASCHER BEN YEHIEL, IV, 243, 245, 251-253.
ASCHERI (fils d'), IV, 269-271.
ASCHI, amora, III, 227-230.
ASCHKENAZI. Voir SALOMON ASCHKENAZI.
Asdod, ville, I, 54.
ASIE (Juifs d'), IV, 132-135.
ASIE MINEURE, V, 79.
ASKALONI (Joseph), V, 115.
ASSEMBLÉE (Grande), II, 24, 167.
ASSEMBLÉE DES NOTABLES JUIFS, V, 327-335.
ASSEMBLÉE NATIONALE, V, 309-313.
ASSER (Moïse), V, 318.
ASSI, III, 181, 182, 185.
ASSOCIATION DES ÂMES. Voir ÂMES.
ASSYRIENS, I, 196.
ASTARTE (culte d'), I, 154, 155.
ASTRUC (Aristide), V, 424.
ASTRUC DE LUNEL (Don). Voir ABBA MARI BEN MOÏSE.
ASTRUC DE PORTA. Voir MOÏSE NAHMANI.
ASUMÇAO (Diogo de la), V, 136.
ATHALIE, reine, I, 167, 173-175.
ATHIAS (Isaac), V, 144.
ATHRONGES, chef de bande, II, 246, 248.
AUERBACH (Jacob), V, 364.
AUGUSTE, II, 242, 243, 247, 248, 249, 254. Voir OCTAVE.
AUGUSTIN (saint), III, 239.
AUTODAFE (à Madrid), V, 216-217.
AUTRICHE (Juifs d'), V, 95-96, 126, 152, 212, 282, 319, 343, 351, 421-422.
AVICEBRON. Voir SALOMON IBN GABIROL.
AVIGDOR (Isaac), V, 334-335.
Avila (controverse religieuse à), IV, 299.
Avila (Le prophète d'), IV, 232-233.
AVITUS, III, 269, 270.
AYLON (Salomon), V, 240.
AZARIA DEI ROSSI, V, 107.
AZARIAS. Voir OSIAS.
AZARIAS, grand-prêtre, I, 134, 195.
AZRIEL, cabbaliste, IV, 131, 186.

B

BAAL (culte de), I, 160, 161.
BAALBEKITES, secte juive, III, 335.
Baal-Schem, V, 288.
Baal-Zebub, I, 168.
BAAZA, roi d'Israël, I, 154-156.
Babylone, I, 260, 269, 270.
BABYLONIE (Juifs de), III, 162-166, 168, 171, 181, 189-190, 216, 298, 304-305.
BABYLONIEN (Talmud), III, 229.
BACCHIDES, général syrien, II, 112, 115, 121, 123.
Bachourim, ville, I, 111, 112.
BADE (Juifs du grand-duché de), V, 340.
BADIS, roi maure, IV, 45, 57, 58.
BAERMANN (Issachar), V, 226.
BAGOAS, eunuque perse, II, 49.
BAGOSES. Voir BAGOAS.
BAHRAM TSCHUBIN, général perse, III, 253.
BAHIEL DE SARAGOSSE, IV, 170.
BAHYA BEN JOSEPH IBN PEKOUDA, IV, 55-56.
Bâle (Juifs de), V, 309.
BALKIN, prince maure, IV, 45.
BALMES (Abraham de), V, 34, 38.

BARAK, I, 51.
BARCOKEBA, III, 87-96.
BAR-KAPPARA. Voir SIMON BAR KAPPARA.
BARNAVE, V, 311.
BARRIOS (Daniel de), V, 232.
BARUCH (Jacob), V, 355.
BARUCH, disciple de Jérémie, I, 240, 241, 253, 255, 256, 259, 266.
BARUKH DE BENEVENT, V, 40.
BASNAGE (Jacob), historien, V, 227-229.
BASOULA (Moïse), V, 178.
BASSAN (Isaïe), V, 244.
Basse-Terre, en Palestine, I, 42, 47.
BATHORI (Etienne), roi de Pologne, V, 122.
BAVIÈRE (Juifs de), V, 343, 421.
BAYOL (Hans), renégat juif, IV, 389-390.
BEACONSFIELD (lord). Voir DISRAELI.
BÉATRICE MENDESIA. Voir GRACIA.
BEER (Dob), V, 289-291, 292.
BEER (Jacob), V, 363.
Bektin, III, 13.
BÉLA IV, roi de Hongrie, IV, 209.
BELKIS, reine de Saba, I, 139.

BELMONTE (Jacob-Israël), V, 134.
BELMONTE (Manuel), V, 192.
BENAÏAHOU, général de Salomon, I, 127.
BEN-DAVID (Lazarus), V, 298, 322.
BENÈ-BATHYRA, II, 221, 228.
BÉNÉDICT D'YORK, IV, 128.
BENET (Mardochaï), V, 365.
BEN HADAD Ier, roi d'Aram, I, 155, 158.
BEN HADAD II, roi, I, 166, 167, 170.
BEN HADAD III, roi, I, 179.
BENJAMIN (tribu de), I, 37. 38, 52, 61, 64.
BENJAMIN DE TIBÉRIADE, III, 259, 261.
BENJAMIN DE TUDÈLE, IV, 119.
BENJAMIN NAHAVENDI, III, 331-332.
BENOIT XII, pape, IV, 277.
BENOU-KOURAÏZA, tribu juive, III, 294.
BENOU-NADHIR, tribu juive, III, 293.
BENVENISTE (famille), IV, 33. Voir les différents BENVENISTE à leurs prénoms.
BEN ZEEB, V, 296.
BERAKYA BEN NATRONAÏ NAKDAN, IV, 189.
BÉRÉNICE, sœur d'Agrippa II, II, 332, 347, 349, 372, 385, 386, 393, 397, 401 ; III, 6, 13, 67.
BÉRÉNICE, fille de Salomé, II, 237.
Berlin (Juifs de), V, 13. 126, 214, 239, 266, 294, 298-306, 319, 363, 412-414.
BERNAL, frères martyrs, V, 186.
BERNARD (Isaac), V, 266.
BERNARD DE CLAIRVAUX, IV, 101, 103.
BERNARDIN DE FELTRE, moine, IV, 384-387.
BERNARDO (Fratre), moine, V, 44.
BERNAYS (Isaac), V, 368-369, 407, 408.
BERR BING (Isaïe), V, 308.
BERR ISAAC BERR, V, 307, 311, 313, 327, 329, 331.
BERR (Michel), V, 327, 338.
BERTHOLD, évêque de Strasbourg, IV, 281.
BERTHOLD EGOLTSPECHT, IV, 284.
BERTRAND DU GUESCLIN, IV, 295, 296.
BERURIA, III, 110.
Betar (siège de), III, 91-96.
Béthel, I, 34, 152, 189, 190, 191.
Bethléem, I, 74, 75.
BETHSABÉE, I, 102, 103, 121.
Bethsour, localité, II, 109.
Bet Jacob, synagogue d'Amsterdam, V, 135, 137, 139.
BEUGNOT, V, 326, 338.
BIBLE (étude de la), II, 11-12 ; III, 152-153, 238 ; V, 34-35, 219, 417.

Bikkouré Ittim, journal littéraire, V, 382.
BISCHOFFSWERDER, V, 300.
BISMARCK (Prince de), V, 419.
BLANCHE DE BOURBON, IV, 291, 294, 295.
BLANCHE DE CASTILLE. IV, 196, 197.
BLOCH (Mathathias), V, 199, 201.
Blois (Martyrs de), IV, 115-116.
BODO, moine converti au judaïsme, III, 341.
BOERNE (Louis), V, 350, 354, 355-356, 360.
BOËTHUSIENS, II, 233.
BOHÈME (Juifs de), V, 74, 247, 351, 422.
BÖHM (Jacob), V, 163.
BOLESLAW PIUS, prince polonais, IV, 284.
BOMBERG (Daniel), V, 31, 36.
BONAFOUX (Daniel-Israël), V, 234.
BONALD, V, 325, 326.
BONAPARTE. Voir NAPOLÉON.
BONET DE LATTÈS, IV, 455-466 ; V, 21, 22.
BONIFACE VIII, pape, IV, 248.
BONIFACE IX, pape, IV, 312.
BONNET, de Genève, V, 271, 272.
Boraïtot, III, 137.
Bordeaux (Juifs de), V, 147, 261-264, 309, 314.
BOSO, roi de Bourgogne, III, 344.
BOSTANAÏ, exilarque, III, 254, 298, 299.
BOULAN, chef des Khazars, III, 325.
BRANDEBOURG (Juifs de), V, 12, 126, 212-214.
BRANDON (David), V, 144.
BRAS NETO, V, 52, 53.
Bray (martyrs de), IV, 126.
BREIDENBACH (Wolff), V, 321.
Brême (Juifs de), V. 342, 346, 349, 350.
BRÉSIL (Juifs du), V, 146-147.
BRESSELAU (Mendel), V, 293, 296, 364.
BRIELI (Juda-Léon), V, 230-231, 241.
BEOGLIE (prince de), V, 312.
BROMET, V, 317.
BRUNA (Israël), IV, 389-390.
BRUNSWICK (Juifs de), V, 126.
BRUNSWICK (duc de), V, 270, 272, 274.
Bruxelles (Juifs de), IV, 284.
BUCHHOLZ, V, 321.
BUDNY (Simon), V, 124.
BUTZER, V. 75.
BUXTORF (Jean), V, 162.
Byzance (Juifs de), III, 263, 345 ; IV, 131-132.

C

CABBALE ET CABBALISTES, IV, 175, 180-187, 228-238 ; V, 30, 40, 50, 94, 108-114, 174-175, 195-196, 222, 244, 254.
Çaddik, titre des chefs des Hassidim, V, 290, 292.
CAHEN (Isidore), V, 424.
CAÏNITES, secte gnostique, III, 55.
CAÏPHE, II, 275, 283.
CALENDRIER JUIF, III, 39-40.
CALIGULA, II, 284, 286, 291, 294-296.
Callirhoé, I, 41.
CANAAN, I, 13, 14, 23, 33, 35, 39.
CANANÉENS, I, 13, 48.
CANSINO, V, 211.
Cantique des Cantiques, II, 67, 68 ; III, 21.

Capharnaüm, ville, II, 267.
CAPISTRANO (Jean de), IV, 357, 360, 362-368, 385, 462.
CAPITO. Voir WOLF CAPITO.
CAPNION. Voir REUCHLIN.
CAPSALI (Moïse), IV, 369, 452.
CAPSALI (Elia), IV, 455.
CARACALLA, III, 144, 145.
CARAFFA (Pietro), cardinal, V, 62, 83, 85.
CARAÏTES, III, 320-324, 330-332, 335-336, 348-349 ; IV, 15, 107, 109, 136, 145-146 ; V, 222-223, 404.
CARDOSO (Abraham-Miguel), V, 209-210, 234.
CARDOSO (Diego), V, 144.

INDEX ALPHABÉTIQUE.

CARDOSO (Isaac-Fernando), V, 209, 221.
CARLSTADT, réformateur protestant, V, 77.
Carmel (mont), I, 42.
CARO (Joseph). Voir KARO.
CARVAJAL (Antonio-Fernandez), V, 169, 173.
CARVALLO (Jules), V, 424.
CASIMIR LE GRAND, roi de Pologne, IV, 366.
CASIMIR IV, roi de Pologne, IV, 366-368, 462, 463.
CASSIODORE, moine, III, 266.
CASSIUS LONGINUS, général romain, II, 209, 214.
CASTELLANE (de), V, 310.
CASTRO (Bendito de), médecin, V, 202.
CASTRO (Balthazar Orobio de), V, 193-194, 230.
CASTRO (Rodrigo de), V, 143, 144.
CATHERINE, infante espagnole, V, 45.
CÉMAH BEN KAFNAÏ, gaon, IV, 10.
Cémah David, chronique, V, 120.
CENEDA (Sansone), V, 128.
CENS ROMAIN, II, 249, 250, 253.
CENSURE, V, 83-84, 97, 130-131.
CERF BERR, V, 306, 313.
CERF BERR (Lipmann), V, 330.
CÉSAR, II, 209, 210, 213.
Césarée (Juifs de), II, 232, 241, 249, 345, 346, 353; III, 86.
CESTIUS GALLUS. Voir GALLUS.
CEVI ASCHKENAZI, V, 237, 239-241.
CHANOUN, roi ammonite, I, 97.
Chants d'Obadia, de Steinheim, V, 384-385.
CHARLEMAGNE, III, 326-328.
CHARLES LE CHAUVE, III, 342-344.
CHARLES V, roi de France, IV, 286, 287, 288.
CHARLES VI, roi de France, IV, 313.
CHARLES X, roi de France, V, 378.
CHARLES IV, empereur, IV, 280, 282, 283, 285; V, 149.
CHARLES-QUINT, V, 42, 43, 51, 54, 55, 59, 72, 73, 88, 132.
CHARLES II, roi d'Angleterre, V, 174.
CHARLES II, roi d'Espagne, V, 216.
CHARLES XI, roi de Suède, V, 222, 223.
CHARLES-FRÉDÉRIC, grand-duc de Bade, V, 340.
CHATEAUBRIAND, V, 325.
CHELEBI (Raphael-Joseph), V, 196, 197, 198.
CHEMNITZ, avocat, V, 150, 151.
CHILDEBERT Ier, III, 269.
CHILKIA, grand-prêtre, I, 228, 231, 233.
CHILPÉRIC Ier, III, 270.
CHINTILA, roi wisigoth, III, 278.
CHMIELNICKI, chef cosaque, V, 155, 157-159.
CHORIN (Aron), V, 366.
CHRÉTIENS (nouveaux), V, 148.
CHRISTIAN-AUGUSTE, comte palatin, V, 222.
CHRISTIAN IV, roi de Danemark, V, 138, 146, 193.
CHRISTIANISME, II, 256-262.
CHRONIQUEURS JUIFS, V, 80-82.
CHUSAÏ, conseiller de David, I, 111, 112.
CHUTHÉENS. Voir SAMARITAINS.
CION (Jonathan), V, 7, 10,

CICÉRON, II, 204, 205.
CLAUDE, empereur, II, 296, 297, 300, 303, 304.
CLEMENS, prosélyte juif, III, 66, 68, 69.
CLÉMENT IV, pape, IV, 205, 206.
CLÉMENT VI, pape, IV, 273, 279, 280, 312.
CLÉMENT VII, pape, V, 47, 52-55, 57-58.
CLÉMENT VIII, pape, V, 130, 131, 137.
CLÉMENT X, pape, V, 215.
CLÉMENT XIII, pape, V, 256.
CLÉOPATRE, reine d'Égypte, II, 222, 223, 224, 225, 229.
CLERMONT-TONNERRE (comte de), V, 311.
CLOTAIRE II, roi, III, 271.
COCHELET, V, 402.
COHEN ROFÉ, V, 214.
COLLIER (Thomas), V, 172.
COLLOQUES SUR LE TALMUD. Voir TALMUD.
COLOGNA (Abraham de), V, 330, 331, 335.
Cologne (Juifs de), V, 318.
COMMODE, empereur, III, 133.
COMPAGNONS (*Habèrim*), III, 43.
CONCILES : — d'Avignon, IV, 165. — de Béziers, IV, 199. — de Latran, IV, 131. — de Meaux, III, 341. — de Nicée, III, 201. — d'Oxford, IV, 169. — de Paris, III, 343. — de Rome, IV, 68, 166-167. — de Tolède, III, 308-309. — de Trente, V, 63. — de Vienne, IV, 208.
CONFORTE (David), V, 232.
CONRAD DE WINTERTUR, de Strasbourg, IV, 280-282.
CONSEIL (grand), II, 36-37, 183, 189-192, 206.
CONSISTOIRE CENTRAL (des Israélites français), V, 362.
CONSTANCE, empereur, III, 202-207.
CONSTANTIN, III, 199-202.
CONTI (Vicenti), V, 94.
CONTROVERSES. Voir TALMUD.
CONVENTION (la), V, 314-315.
CORONEL, IV, 419 ; V, 101.
CORREA (Isabelle), V, 192.
COSAQUES CONTRE LES JUIFS, V, 153-159.
COSTA ATIAS (Isaac da), V, 318.
COSTA (Emm. du), V, 61.
COSTA (Uriel da). Voir ACOSTA.
COUTINHO (Fernando), évêque, V, 52.
CRASSUS, II, 208.
CREIZENACH (Michel), V, 408, 409.
CRÉMIEUX (Adolphe), V, 394, 395, 396, 402-406.
CROISÉS, IV, 74-80, 101-104, 126, 128-129, 161, 193, 254-255.
CROMWELL (Olivier), V, 164, 167, 169-173.
CROTUS RUBIANUS, V, 23, 26.
CRYPTO-SABBATIENS, V, 242 243.
CUMANUS, procurateur, II, 337-340.
CUNÉGONDE, princesse allemande, V, 5, 6, 11, 13.
CUTHÉENS. Voir SAMARITAINS.
CURIEL (Jacob), V, 141, 146.
CYAXARE, I, 226-227, 239.
CYRILLE D'ALEXANDRIE, III, 235.
CYRUS, I, 273, 281-283; II, 1.
CZARNICKI, général polonais, V, 159.
CZECHOVIC (Martin), V, 124.

D

DA COSTA. Voir COSTA.
DAGOBERT, roi, III, 271.
DALBERG (chancelier), V, 321, 340.
Damas, I, 99, 142.
DAMAS (affaire de), V, 390-404.
Dan (ville de), I, 152.
DAN (tribu de), I, 38, 39.
DANEMARK (Juifs de), V, 354, 419.
Daniel (livre de), II, 98-100.
DANIEL ISRAEL. Voir LAGUNA.
DANTE, IV, 260.
DARIUS, II, 5.
DAUB, V, 353.
DAUD, médecin, V, 101, 102.
DAVID, roi, I, 74-79, 81-123.
DAVID ALROUHI, imposteur, IV, 133.
DAVID BEN DANIEL, exilarque, IV, 217.
DAVID BEN JOSEPH KIMHI. Voir KIMHI.
DAVID BEN JUDA, exilarque, III, 334.
DAVID BEN ZAKKAÏ, exilarque, III, 351, 252 ; IV, 4, 5-7, 10, 11.
DAVID DE POMIS. Voir POMIS.
DAVID IBN ABI-ZIMRA, V, 40.
DAVID IBN ALBILA, IV, 272.
DAVID MAÏMONIDE, IV, 215, 217.
DAVID NEGRO, IV, 306, 307, 308.
DAVID REUBENI, V, 46-51, 55, 56.
DÉBORA, prophétesse, I, 51.
Decret du 17 mars 1808, V, 337-338.
DELITZSCH (Frantz), IV, 388.
DELMEDIGO (Elie), IV, 382-384 ; V, 38, 180.
DELMEDIGO (Joseph), V, 175, 180-182.
DEMBOWSKI, évêque, V, 254-256.
DÉMÉTRIUS, II, 79, 111-113, 121, 124.
DÉMÉTRIUS II NICATOR, II, 125-127, 143.
Denier d'or, IV, 275.

DENIS, roi de Portugal, IV, 211.
DENYS MACHAULT, IV, 312-313.
DEZA, inquisiteur, V, 42.
DHOU-NOWAS, III, 284-286.
Dialogues philosophiques, de Mendelssohn, V, 267.
DIAS (André), V, 45.
DIDON, médecin, V, 207.
DIEZ, V, 283.
DIODOTE TRYPHON. Voir TRYPHON.
DIONYSIAQUES (fête des), II, 65.
DISRAELI (Benjamin), V, 417-418.
DOB BEER. Voir BEER.
DOHM (Chrétien), V, 278, 280-282, 283, 338.
DOMINICAINS DE COLOGNE, contre les Juifs, V, 2-30.
DOMINICUS AMAN (Epiphane), V, 323.
DOMITIEN, III, 66-69.
DONIN (Nicolas), apostat, IV, 195-197.
Donmeh (Les), secte judéo-turque, V, 236.
DORIA (André), V, 79, 80.
DORMIDO (Manuel-Martinez), V, 168.
DOSITHÉE, II, 134, 135.
DOSSA BEN SAADIA, IV, 12, 22.
DOUNASCH BEN LABRAT, IV, 20, 26, 28.
DOUNASCH BEN TAMIM, III, 347 ; IV, 18, 22.
DRACH (l'abbé), V, 398.
DRUSILLE, sœur d'Agrippa II, II, 330, 340.
DUARTE DE PAZ. Voir PAZ.
DUBNO (Salomon), V, 277.
DUDAÏ, III, 318, 319.
DU GUESCLIN. Voir BERTRAND DU GUESCLIN.
DUNS SCOT, IV, 224.
DUPORT, V, 311, 313.
DURAN. Voir SIMON DURAN.

E

EBIONITES, II, 279. Voir JUDÉO-CHRÉTIENS.
Ecclésiaste (livre de l'), II, 239 ; III, 21.
Eck (Jean), V, 75-76.
Eclairés (les) de Berlin, V, 301-303.
ECOLES CRÉMIEUX AU CAIRE, V, 404.
Edit de tolérance en Portugal, V, 43 ; — DE JOSEPH II, empereur, V, 282.
EDLES. Voir SAMUEL EDLES.
EDOUARD Ier, roi d'Angleterre, IV, 222, 224-225.
EDZARDUS (Esdras), V, 193, 205.
EFODI. Voir PROFIAT DURAN.
EGER (Akiba), rabbin, V, 365.
EGICA, roi wisigoth, III, 309.
EGIDIO DE VITERBE, V, 23, 24, 54.
Eglise judéo-allemande, V, 412, 416.
EGYPTE (Séjour des Israëlites en), I, 15-18. — (Juifs d'), IV, 135-136 ; V, 401.
EGYPTIENS, I, 16, 17.
EIBESCHÜTZ (Jonathan), V, 238, 242, 246-251, 258.
EIBESCHÜTZ (Wolf), V, 258.
EISENMENGER (Jean-André), V, 224-226.

ELA, roi, I, 156.
ELDAD HADDANI, III, 349.
ELÉAZAR, hasmonéen, II, 109.
ELÉAZAR, martyr, II, 91.
ELÉAZAR, pharisien, II, 177, 178.
ELÉAZAR BEN ARAK, III, 7, 12, 13.
ELÉAZAR BEN AZARIA, III, 20, 22, 66, 94, 95.
ELÉAZAR BEN DINAÏ, chef de zelateurs, II, 335.
ELÉAZAR BEN HANANIA, zélateur, 348, 350, 352, 359.
ELÉAZAR BEN JACOB, III, 108.
ELÉAZAR BEN JAÏR, sicaire, II, 335, 352.
ELÉAZAR BEN SIMÉON, zélateur, II, 379.
ELÉAZAR BEN SIMON, III, 135.
ELÉAZAR KALIR, III, 313-314.
ELIA LEVITA. Voir LEVITA.
ELIA VILNA, gaon, V, 291-293.
ELIAKIM. Voir JOACHIM.
ELIAKIM, ministre d'Ezéchias, I, 216.
ELIANO, petit-fils de Levita, V, 83, 94.
ELIAS, rabbin d'Angleterre, IV, 200.

INDEX ALPHABÉTIQUE.

Eliasib, grand-prêtre, II, 26, 28.
Elie, prophète, I, 162-169.
Eliezer ben Hyrkanos, III, 7, 13, 18, 20, 23-25, 27, 34, 51, 64.
Eliézer de Modin, III, 35.
Elisabeth, reine, V, 233.
Elischa ben Abuya, III, 36, 57, 58, 101, 102.
Elischa Schor, V, 253.
Elisée, prophète, I, 168-171, 176, 180, 181.
Emancipation des Juifs, V, 15, 229. — en Allemagne, V, 320-321, 345, 347, 348-349, 420-421, 426. — en Angleterre, V, 259-260, 395, 420. — en Autriche, V, 349, 351, 419, 421-422. — dans le Grand-Duché de Bade, V, 340, 349. — en France, V, 309-314, 378-379, 419. — à Francfort-sur-le-Mein, V, 340-341, 345-347, 349. — dans la Hesse-Electorale, V, 380. — en Hollande, V, 316-318, 420. — en Italie, V, 423. — en Prusse, V, 342-349, 351-352, 419. — en Westphalie, V, 338-339.
Emden (Jacob), V, 249-250, 254, 273.
Emmanuel de Bénévent, V, 94.
Emmaüs, II, 102.
Emmerich, IV, 76, 77.
Endor, I, 79, 80.
En-Etam, I, 135.
En-Gadi, I, 41
Engel, V, 287, 299.
En-Rhogel, I, 89.
Ensheim (Moïse), V, 296.
Ephraim (monts d'), I, 42.
Ephraim (tribu d'), I, 33, 34, 36, 38, 39, 46, 47, 50, 52, 53, 63-65, 140.
Epître aux Hébreux, III, 52.
Erasme, V, 8, 23.
Ergas (Joseph), V, 238.
Erwig, III, 308-309.

Esdras. Voir Ezra.
Eskeles (Berousch), V, 248.
Eskeles (Issachar), V, 247.
ESPAGNE (Juifs d'), III, 272-278.
ESPAGNE WISIGOTHE (Juifs de l'), III, 306-310.
ESPAGNE MUSULMANE (Juifs de l'), III, 310 ; IV, 19-30, 32-36, 42-63, 81-98, 106-107.
ESPAGNE CHRÉTIENNE (Juifs de l'), IV, 107-113, 117-119, 165, 166, 163, 203-206, 210-211, 252-253, 263, 265-270, 272, 278, 279, 289-302, 303-306.
Espérance d'Israël, de Manassé, V, 167.
ESSÉNIENS, II, 165, 170-176, 261, 263.
Esther Kiera, favorite juive, V, 115.
Estori Parhi, IV, 250-251.
ÉTATS PONTIFICAUX (Juifs des), V, 128, 130, 348, 423-424.
Etienne (saint), II, 321.
Euchel (Isaac), V, 295, 296, 302.
EUROPE, III, 232, 234.
Evil-Merodach, I, 261-262.
Ewald (Henri), V, 417.
Exilarques, III, 166-168, 300-302, 317, 323, 324 ; IV, 11, 134, 135.
Expulsion des Juifs : — de l'Afrique septentrionale, V, 211. — d'Autriche, V, 212. — d'Avignon et du Comtat-Venaissin, V, 99. — de l'Espagne, IV, 415-422. — des Etats pontificaux, V, 98-99, 130. — de France, IV, 313-314. — de Portugal, IV, 434-437, 439-440. — de Nuremberg, IV, 459-460. — de Prague, V, 248. — de Ratisbonne, IV, 461.
Ezechias, I, roi, 212-222.
Ezechiel, prophète, I, 262-264.
Ezekias, chef juif, II, 211, 212.
Ezra, II, 11-17, 22-24, 25, 30.
Ezra, cabbaliste, IV, 181, 186.

F

Fadus, procurateur, II, 303, 304.
Fagius (Paul), V, 35.
Falk (Jacob-Josua), V, 247.
Falk Kohen (Josua), V, 124.
Farag ibn Salomon, medecin, IV, 213.
Fare (de la), évêque, V, 311.
Farhi (famille), V, 393.
Farissol (Abraham), V, 38.
Farnèse (Alexandre), V, 85.
Felgenhauer (Paul), V, 168-169.
Félix, procurateur, II, 338, 339, 340.
Ferdinand Ier, empereur d'Allemagne, V, 95, 96, 101, 104.
Ferdinand II, empereur, V, 145, 152.
Ferdinand III, roi de Castille, IV, 170.
Ferdinand V, roi de Castille, IV, 252.
Ferdinand V, le Catholique, IV, 377-378, 392-394, 399-401, 405-407, 414-416.
Ferdinand Ier, grand-duc de Toscane, V, 130.
Fernand, roi de Portugal, IV, 306.
Ferran Martinez, IV, 308-309.
Ferrare (Juifs de), V, 131.
Ferrer. Voir Vincent Ferrer.

Festus, procurateur, II, 341.
Fettmilch (Vincent), V, 150, 151.
Fiscus judaicus, III, 45-46. Voir aussi Taxe judaïque.
Flaccus, II, 204, 205.
Flaccus, gouverneur d'Egypte, II, 289, 291.
Flagellants, IV, 282-283.
Flavio Jacobo d'Evora, V, 103.
Flavius Clemens. Voir Clemens.
Flavius Josèphe. Voir Josephe b. Matthatia.
Fleckeles (Eléazar), V, 302.
Florus, procurateur, II, 343-348, 351, 353.
Foix (comte de), IV, 313.
Fontanes, V, 326.
Fould (Achille), V, 397, 398.
Foulques de Neuilly, IV, 140.
Fraenkel (David), V, 266.
Fraenkel (Saeckel), V, 354.
FRANCE (Juifs de), III, 326-328, 336-344 ; IV, 36, 64, 98, 101-102, 104, 113, 124-127, 193, 196-198, 208-209, 249-251, 253-256, 286-288 ; V, 260-264, 306-315, 318-319, 324-338, 378-379.

FRANCE MÉRIDIONALE (Juifs de la), IV, 119-124, 164, 165, 170, 199, 239, 251, 256, 278.
Francfort (Juifs de), V, 6, 11, 148-151, 321, 340-341, 345-347, 350, 353, 356, 379, 408-409, 412-413.
Francis (Mordekhaï), V, 109.
François Ier, roi de France, V, 35.
François II, empereur d'Autriche, V, 351.
Frank (Jacob), V, 252-258.
Frankel (Zacharias), V, 412-413.
FRANKISTES, V, 252-258.
Frédéric Barberousse, empereur d'Allemagne, IV, 130.
Frédéric II, empereur, IV, 170, 191-192, 193.
Frédéric le Bel, empereur, IV, 262, 275.
Frédéric III, empereur, IV, 384.
Frédéric V, prince palatin, V, 139, 150.
Frédéric le Belliqueux, archiduc d'Autriche, IV, 192-193.
Frédéric V, roi de Danemark, V, 250, 251.
Frédéric Ier, roi de Prusse, V, 225, 226.
Frédéric II, roi de Prusse, V, 261, 268, 269, 270, 283, 294, 298.
Frédéric-Guillaume, Grand-Électeur, V, 213-214.
Frédéric-Guillaume II, roi de Prusse, V, 299.
Frédéric-Guillaume III, roi, V, 342, 351, 364.
Fresco (Moïse), V, 404.
Friedlænder (David), V, 295, 296, 298, 299, 301, 302, 303, 322, 333, 335, 342.
Fries (Frédéric), V, 350.
Furtado (Abraham), V, 307, 314, 327-328, 329, 335, 337.

G

Gabaa, I, 70.
Gabaon, I, 34.
Gabaonites, I, 34, 35, 72, 96.
Gabinius, gouverneur romain, II, 205, 206, 208.
Gad (tribu de), I, 31, 61.
Gad (le prophète), I, 78, 87, 108.
GALAAD, I, 46.
Galaigo (Joseph Hayyim), V, 286.
Galico (Elisée), V, 108.
GALILÉE, I, 42, 131 ; II, 361.
Galiléens, II, 263, 264.
Galipapa. Voir Hayyim Galipapa.
Galles (prince de), IV, 295, 296.
Gallus (Cestius), gouverneur de Syrie, II, 344, 345, 349, 355, 356, 357, 371.
Gamala, forteresse, II, 361, 375, 376.
Gamaliel Ier l'Ancien, II, 299.
Gamaliel II, III, 13-23, 34, 39-41, 66, 82-83.
Gamaliel, fils de Juda le Saint, III, 135, 146.
Gamaliel IV, patriarche, III, 181, 182.
Gamaliel V, patriarche, III, 231, 232.
Gamaliel le Dernier, III, 231, 235.
Ganja, chef cosaque, V, 156.
Gans (David), chroniqueur, V, 119.
Gans (Edouard), savant allemand, V, 371, 372, 373.
Gaonim, III, 299, 300-302, 324, 346 ; IV, 30.
Garizim (mont de), II, 32.
Gath, ville, I, 91.
GAULE (Juifs de), III, 267-271.
Gédéon, I, 51.
Geiger (Abraham), V, 383, 386-387.
Gelboé (mont), I, 42, 80.
Gênes (Juifs de), V, 79-80.
Gentz (Frédéric de), V, 299, 304.
George II, roi d'Angleterre, V, 280.
Georges, évêque, V, 22.
Germanus (Moïse). Voir Spret.
Gessius Florus. Voir Florus.
Geusius (Jacob), V, 221.
Ghéba, I, 67.
Ghédalia, I, 249, 252, 254, 255.
Ghilgal, I, 33, 39, 66, 69, 71.
Ghirondi, V, 382.
Ghechazi, I, 180.
Ghê-Hinnom, I, 89, 207.
Ghihon, I, 89.
Ghinucci, V, 58, 60.
Giovanni Fiorentino, IV, 285.
Giquatilla (Joseph), cabbaliste, V, 31.
Gischala, forteresse, II, 376.
Gnostiques, III, 55-57, 61.
Godard, V, 312.
Goldberg (Samuel), V, 382.
Goldschmidt (Jacob), V, 310.
Golgotha, II, 277.
Gomès (Francesco), V, 144.
Gomez (Enriquez). Voir Paz (Enrique).
Gomez de Sosa (Isaac), V, 192.
Gonzalo Martinez, d'Oviedo, IV, 268-269.
Gorgias, général syrien, II, 100, 101, 107.
Gracia Mendesia, V, 87-92.
Gradis (famille), V, 261, 307.
Grattenauer, V, 321-322.
Gratus, procurateur romain, II, 255.
Grégoire Ier, pape, III, 267.
Grégoire VII, pape, IV, 68.
Grégoire IX, pape, IV, 170, 171, 178, 191, 193, 196.
Grégoire X, pape, IV, 219.
Grégoire XIII, pape, V, 127.
Grégoire (l'abbé), V, 307, 309-310.
Grimani, cardinal, V, 24.
Grimani, doge, V, 115.
Grotius (Hugo), V, 162.
Grund (Chrétien), V, 319.
Guedalya. Voir Ghédalia.
Guedalya ibn Yahya, V, 98.
Guerschom ben Juda, IV, 37, 38.
Guide des Egarés. Voir *Moré Neboukhim*.
Guillaume d'Orange, V, 104, 133.
Guiza, talmudiste, III, 249.
Gumperts (Elie), V, 213.
Gunsbourg, rabbin allemand, V, 364.
GUYENNE (Juifs de la), IV, 226, 255.

H

Habad, nom d'une secte de Hassidim, V, 293.
Habèrim. Voir COMPAGNONS.
HABIB. Voir AMATUS LUSITANUS.
HABOUS, roi maure, IV, 43-44.
HADAD, prince idumeen, I, 141, 149.
HADADÉZER, roi araméen, I, 98, 142.
HAGGAÏ, amora, III, 150, 199, 203.
HAGUÈS (Moïse), V, 239, 240, 244.
HAÏ BEN DAVID, III, 349.
HAÏ BEN SCHERIRA, IV, 32, 39-41.
HAIDAMAKS, partisans cosaques, V, 155, 157.
HAKIM, khalife d'Egypte, IV, 39.
HALLE (Aron), V, 296.
HALLÉVI. Voir JUDA BEN SAMUEL HALLÉVI.
HALTERN (Joseph), V, 296.
Hambourg (Juifs de), V, 143-146, 161, 202, 341, 346, 353, 364-365, 367, 407.
HAMA DE NEHARDEA, III, 220.
HAMON (Joseph), IV, 452.
HAMON (Moïse), IV, 452; V, 79, 89.
HANANIA BEN TERADION, III, 102, 103.
HANANIA DE NAHAR-PAKOD, III, 116, 117-119.
HANANIA (de Sora), III, 253.
HANAU (seigneur de), V, 149.
HANINA, III, 128.
HANINA BEN HAMA, III, 154-155.
HANINAÏ, III, 253.
HANNA, I, 55.
HANOK BEN MOÏSE, IV, 30, 34-36.
HANOUKA (fête de), II, 104.
HANS BAYOL. Voir BAYOL.
HAQUINET PETIT (Guillaume), V, 25, 35.
HARDENBERG (prince de), V, 342, 347, 349.
Harpe (lac de la), I, 40, 41.
HARRISON (Thomas), V, 168.
HARTMANN VON DEGGENBURG, IV, 276.
HASDA DE KAFRI, III, 190, 194-195.
HASDAÏ BEN ISAAC IBN SCHAPROUT, IV, 17, 20-30.
HASDAÏ CRESCAS, IV, 300-301, 303, 311.
HASMONÉENS, II, 119, 120, 163. Voir aussi MACCHABÉES.
HASSID. Voir JUDA HASSID.
HASSIDÉENS, II, 72, 73, 92, 94, 112, 119.
HASSIDIM (les), V, 237.
HASSIDIM (nouveaux), V, 288-293.
HAYON (Néhémia), V, 238-243.
HAYYAT (Juda), V, 40.
HAYYIM GALIPAPA, IV, 301-302.
HAYYIM MALAKH, V, 237.
HAZAËL, roi, I, 170, 178, 179.
Hébron, ville, I, 83.
HEIDENHEIM (Wolf), V, 296.
HEILPERIN (Yehiel), V, 232.
HEINE (Henri), V, 357-360, 369, 371, 373.
HÉLÈNE, reine d'Adiabene, II, 316-319, 323.
HÉLI, grand-prêtre, I, 51, 52, 55.
HÉLIOGABALE, III, 144, 145.
HELL, V, 278-279.
HELLÈNES. Voir PAGANO-CHRÉTIENS.
HELLÉNISTES, II, 63-65, 71, 72, 80-83, 104, 111, 119, 148.
HÉMAN, psalmiste, I, 94.

HENGSTENBERG, V, 417.
HENRI IV, empereur d'Allemagne, IV, 68, 74, 79, 80.
HENRI DE TRANSTAMARE, IV, 289, 294, 295-298, 304, 305.
HENRI III, roi de Castille, IV, 309.
HENRI III, roi d'Angleterre, IV, 194, 199-200.
HENRI II, roi de France, V, 89, 100, 148.
HENRI D'ANJOU, V, 103.
HENRI, duc de Bavière, IV, 276.
HENRIETTE DE LEMOS. Voir HERZ (Henriette).
HENRIQUE, évêque, V, 52, 62.
Hep! Hep!, V, 352-353.
HERACLIUS, III, 258, 260-261.
HERCULE II, duc de Ferrare, V, 86, 89.
HERCULE II, duc de Modène, V, 74.
HERMANN III, évêque, IV, 77.
HERMANN DE BUSCHE, humaniste, V, 20, 23.
Hermon, montagne, I, 40, 41, 42, 43, 44.
HÉRODE, II, 212-216, 218-226, 229 240.
HÉRODE II, frère d'Agrippa, II, 297, 303, 304, 305.
HÉRODIADE, II, 283, 285, 286, 287.
HÉRON, général syrien, II, 96.
HERRERA (Alonso de), V, 134, 175.
HERSCHEL (Salomon), V, 400.
HERZ (Henriette), V, 297, 299, 304-306.
HERZ (Marcus), V, 284, 297, 298.
HERZ MEDELSHEIM. Voir CERF BERR.
HESS (Isaac), V, 267.
HETHÉENS, I, 108.
Hexaples, d'Origene, III, 153.
HILLEL, II, 226-229, 234, 250; III, 7, 8.
HILLEL (école de), II, 251, 359; III, 13, 14-16, 47.
HILLEL, fils de Gamaliel II, III, 147, 152.
HILLEL, fils de Juda III, III, 199, 207-209, 222.
HILLEL DE VÉRONE, IV, 216, 217.
HIMYARITES, III, 283-286.
HINKMAR, évêque, III, 342, 343.
Hinnom. Voir *Ghé-Hinnom*.
HIRAM, roi de Tyr, I, 92, 129-131.
HIRSCH (Samson-Raphaël), V, 386, 388.
HIRSCHEL. Voir LEVIN (Hirschel).
HIRSCHEL, V, 260.
HISKIYYA, exilarque, IV, 41.
HIVI ALBALCHI, IV, 10.
HIYYA, III, 127, 136.
HIYYA BEN ABBA, III, 181, 182, 187.
HOCHSTRATEN, V, 2, 11, 13, 15, 18-20, 22, 24, 26, 29, 30.
HODGGES, consul anglais, V, 402.
Hofjud, V, 152.
HOLDHEIM (Samuel), V, 410-411, 413, 414, 415.
HOLLANDE (Juifs de), V, 420.
HOLMÈS (Nathanel), V, 165.
HOMESIUS. Voir HOLMES.
HONGRIE (Juifs de), IV, 170, 209-210, 284; V, 422.
HONORÉ IV, pape, IV, 224-225.
HONORIUS, empereur, III, 234, 237.
HONORIUS III, pape, IV, 169.
HOOGHE (Romein de), V, 210.
HOPHNI, fils de Héli, I, 52.

Horeb (mont), I, 25.
HORMISDAS IV. III, 252.
HORWITZ (Salkind), V, 309.
HOSIANDER, V, 75.
HUBMAYER (Balthazar), V, 29, 72.
HULDA, prophétesse, 226, 233.
HUMANISME ET HUMANISTES, V, 20-21, 22, 23, 26-28, 30.
HUMBOLDT (Guillaume de), V, 305, 347.
HUNA, III, 190-192.
HUNA BAR HIYYA, III, 210.
HUNA BEN JOSUA, III, 220.
HUNA-MAR, III, 243.
HUNA-MARI, exilarque, III, 241.
HUNAI, III, 300.
HUSCHIEL, IV, 16, 17.
HUTTEN (Ulric de), V, 20, 23, 28, 30, 32.
HYRCAN, fils de Joseph, II, 66, 67, 69, 73, 81.
HYRCAN II, fils d'Alexandre Jannée, II, 187, 195-202, 205, 210, 212-214, 216, 221, 226.
HYRCAN, fils de Siméon. Voir JEAN HYRCAN.

I

IBN DJANAH. Voir JONA MERWAN.
IBN EZRA. Voir ABRAHAM IBN EZRA et MOÏSE IBN EZRA.
IBN GABIROL. Voir SALOMON IBN GABIROL.
IBN GAU, IV, 34-35.
IBN SCHALBIB. Voir AMRAM BEN ISAAC.
IBN VERGA (famille des), V, 81.
IDUMÉE, I, 30.
IDUMÉENS, I, 48, 99, 100, 251, 257; II, 71, 159.
IFRA ORMUZD, reine de Perse, III, 219.
ILLUMINÉS CHRÉTIENS, V, 163.
IMMANUEL BEN SALOMON ROMI, IV, 258, 259-262.
INDE, I, 136.
INDES ORIENTALES (Juifs des), III, 242.
INNOCENT III, pape, IV, 161-164, 166, 168, 190.
INNOCENT IV, pape, IV, 198, 202, 219.
INNOCENT XI, pape, V, 217.
INQUISITION, V, 42, 45, 48, 51-52, 53, 54, 57, 59-64, 84, 98, 126, 127, 132, 146, 186, 214-215, 348.
IONIENS, I, 183.
ISAAC, délégué de Charlemagne, III, 327.
ISAAC BEN ABRAHAM ALLATIF, IV, 229, 237.
ISAAC BEN BARUCH IBN ALBALIA, IV, 62, 71.
ISAAC BEN JACOB ALFASI, IV, 63, 70-71, 81.
ISAAC BEN JUDA IBN GIAT, IV, 62, 71.
ISAAC BEN MARDOCHÉE, médecin, IV, 216.
ISAAC BEN MOÏSE IBN SAKNAÏ, IV, 63.
ISAAC BEN REUBEN ALBARGUELONI, IV, 62-63.
ISAAC BEN SCHESCHET, IV, 300, 301-302, 303.
ISAAC IBN EZRA, IV, 82.
ISAAC IBN GIKATILA, IV, 33.
ISAAC IBN SCHOULA, IV, 189.
ISAAC ISRAELI, III, 347.
ISAAC L'AVEUGLE, IV, 181.
ISAAC PULGAR, IV, 267, 272.
ISAAC SANGARI, III, 325.
ISABELLE LA CATHOLIQUE, IV, 377-378, 392-394, 403, 414-415.
ISABELLE II, reine de Portugal, IV, 433-435, 440.
ISAÏE, prophète, I, 200-205, 214-219.
ISAÏE (Second), prophète, I, 275-281.
ISAÏE ASTRUC BEN ABBA MARI, IV, 302.
ISBOSETH, I, 84, 87.
ISIDORE (d'Alexandrie), II, 290, 294.
ISIDORE (de Séville), III, 277.
ISMAËL, prince royal, I, 251, 255, 256.
ISMAËL BEN ELISA, III, 32-34, 58, 99, 100, 102.
ISMAËL BEN JOSÉ, III, 135.
ISMAËL, d'Akbara, chef de secte, III, 335.
ISMAËL HASINA, V, 98.
ISRAËL BESCHT. Voir MIEDZIBOZ (Israel).
ISRAËL BRUNA. Voir BRUNA.
ISRAËL DE KOZIENIZ, V, 293.
ISSACHAR (tribu d'), I, 36, 37.
ISSAR, chef des Hassidim, V, 292.
ISSERLES (Moïse), V, 118, 119, 120.
ITALIE (Juifs d'), III, 264, 267, 344; IV, 18-19, 66, 112, 130-131, 170, 193, 215-216, 256-263; V, 73-74, 92-94, 96-98, 126-327, 131, 423.
ITHOBAL, roi, I, 138.
ITTAI, chef héthéen, I, 108, 111, 113.
ITZIG (Daniel), V, 295, 301.
IVAN IV LE CRUEL, V, 117.
IZATE D'ADIABENE, II, 316-317.

J

Jabès-Galaad, I, 68, 69.
JABIN, roi, I, 37.
Jabné, III, 4, 5, 11, 13.
JACOB, patriarche, I, 14.
JACOB ABI AYOUB, V, 79.
JACOB ALFAYYOUMI, IV, 144.
JACOB ANATOLI, IV, 192.
JACOB A PASKATE, IV, 278.
JACOB BEN ASCHER, IV, 270-271.
JACOB BEN MAKIR TIBBON, IV, 241, 247.
JACOB BEN NISSIM IBN SCHAHIN, IV, 17, 31.
JACOB BEN SAMUEL, IV, 13.
JACOB BEN SCHESCHET GERUNDI, IV, 186.
JACOB BURAB, V, 65-68, 70.
JACOB CEVI, V, 235-236.
JACOB DE BELZYCE, V, 124.
JACOB LOANS, V, 8.
JACOB D'ORLÉANS, IV, 127, 128.
JACOB TAM, V, 99, 104, 113-114, 116.
JACOBSON (Israël), V, 321, 338-339, 363-364, 366.
JACOBY (Joël), V, 389.

INDEX ALPHABÉTIQUE.

JACQUES, fils de Zébédée, II, 280.
JACQUES Ier, roi d'Aragon, IV, 169, 202, 205-206.
JADDUA, grand-prêtre, II, 52.
JAEGER (Jean). Voir CROTUS RUBIANUS.
JANNAÏ, païtan, III, 313.
JAPHO. Voir JOPPÉ.
JASON, grand-prêtre, II, 75, 81, 82, 83, 86, 111.
JEAN DE GISCHALA, II, 362, 367-369, 372, 376, 377, 381, 382, 398.
JEAN HYRCAN, II, 152, 153, 154-162, 176-178.
JEAN LE BAPTISTE, II, 261-263, 265, 271.
JEAN CHRYSOSTOME, III, 322.
JEAN II, roi de France, IV, 286, 287.
JEAN SANS TERRE, IV, 129, 165.
JEAN-CASIMIR, roi de Pologne, V, 157, 158.
JEAN XXII, pape, IV, 262.
JEAN DE VALLADOLID, apostat, IV, 299.
JÉBUSÉENS, I, 38, 47, 58, 88.
JÉCHONIAS, roi de Juda, I, 242-243, 261.
JÉHU, roi d'Israël, I, 171-173, 178.
JEHUDAÏ, gaon, III, 317, 319, 323.
JEPHTÉ, I, 51.
JÉRÉMIE, prophète, I, 229-231, 235, 238, 245-248, 250, 253, 255-259.
JÉRÉMIE, amora, III, 199.
Jéricho, I, 33, 34.
JÉROBOAM, I, 140, 145-154.
JÉROBOAM II, roi d'Israël, I, 182, 183, 186, 189, 194.
JÉRÔME (saint), III, 238, 239.
JÉRÔME BONAPARTE, roi de Westphalie, V, 338, 339.
JÉRÔME DE SANTA-FÉ, IV, 327, 330-334, 337. Voir LORQUI.
Jérusalem, I, 89, 186, 215, 246-248, 250 ; II, 59, 88, 202, 220, 234-236, 306, 386-395 ; III, 80, 81, 85, 97 ; IV, 132, 165, 207 ; V, 66-67, 197.
Jérusalem, de Mendelssohn, V, 284-285.
JESSÉ, père de David, I, 74.
JESSÉ (Henri), V, 164, 468.
JÉSUA. Voir YESCHOUA.
JÉSUS BEN SIRACH, II, 75-78.
JÉSUS DE NAZARETH, II, 263-279.
JÉZABEL, reine, I, 158, 160-166, 172.
Jesréel (plaine de), I, 42, 43, 79.
JOAB, général de David, I, 78, 86, 98, 106, 107, 111, 113, 114, 117, 120, 127.
JOACHAS, roi d'Israël, I, 179.
JOACHAS, roi de Juda, I, 236.
JOACHIM, roi de Juda, I, 236-242.
JOACHIM Ier, électeur de Brandebourg, V, 12.
JOAKIM, grand prêtre, II, 7.
JOÃO Ier, roi de Portugal, IV, 307, 311-312.
JOÃO II, roi de Portugal, IV, 427-430, 432, 434.
JOÃO III, roi de Portugal, V, 45, 47, 51, 57, 59, 60.
JOAS, roi d'Israël, I, 179, 180, 181.
JOAS, roi de Juda, I, 174-175, 178, 179.
JOATHAN, roi de Juda, I, 196, 198, 204.
Job (livre de), I, 272.
JOCHANAN. Voir JOHANAN.
JOEL, prophète, I, 185, 192, 193.
JOËZER, grand-prêtre, II, 248, 253.
JOHANAN, chef de la Judée, I, 252, 255, 256.
JOHANAN. Voir JEAN HYRCAN.

JOHANAN, hasmonéen, II, 121.
JOHANAN B. LEVI. Voir JEAN DE GISCHALA.
JOHANAN BAR NAPAHA, III, 146, 150, 155-157, 175, 177.
JOHANAN BEN TORTA, III, 87.
JOHANAN BEN ZAKKAÏ, II, 335, 336 ; III, 2-5, 6-12.
JOHANAN, fils du grand rabbin Matatia, IV, 302.
JOÏADA, grand-prêtre, I, 173, 174-175, 177, 178.
JONA II, amora, III, 199, 203, 204.
JONA BEN ABRAHAM GERUNDI, IV, 173, 179.
JONA MERWAN IBN DJANAH, IV, 48-50.
JONADAB, I, 163, 172.
JONAS, prophète, I, 182.
JONATHAN, fils de Saül, I, 65-68, 76, 77, 78, 80, 82.
JONATHAN, hasmonéen, II, 119, 121, 122-128, 130.
JONATHAN, sadducéen, II, 176, 177, 178.
JANATHAN EIBESCHUTZ. Voir EIBESCHUTZ.
JONATHAN KOHEN DE LUNEL, IV, 158, 165.
Joppé, port de mer, I, 131.
JORAM, roi d'Israël, I, 169, 170-171.
JORAM, roi de Juda, I, 167.
JOSABETH, I, 174.
JOSAPHAT, I, 167, 170.
JOSÉ, amora, III, 199, 203, 204, 208.
JOSÉ BARNABAS, apôtre, II, 319, 326.
JOSÉ BEN HALAFTA, III, 108, 116, 121, 122.
JOSÉ LE GALILÉEN, III, 35, 99.
JOSÉ BEN JOHANAN, II, 73.
JOSÉ BEN JOËZER, II, 72, 73.
JOSÉ BEN JOSÉ, III, 312-313.
JOSÉ BEN KISMA, III, 102.
JOSÉ de Pumbadita, III, 243.
JOSELIN DE ROSHEIM, V, 57, 72-73.
JOSELMANN. Voir JOSELIN DE ROSHEIM.
JOSEPH, mari de Salomé, II, 224.
JOSEPH BAR ABBA, gaon, III, 333.
JOSEPH BAR HIYYA, III, 210, 212-213.
JOSEPH BEN HIYYA, gaon, III, 334.
JOSEPH BEN ISAAC KIMHI. Voir KIMHI.
JOSEPH BEN ISRAEL, V, 137.
JOSEPH BEN SABARA, IV, 188.
JOSEPH BEN SATIA, IV, 7, 12.
JOSEPH BEN SIMON KARA, IV, 100.
JOSEPH IBN ABITOUR, IV, 30, 34-35.
JOSEPH IBN EZRA, IV, 85.
JOSEPH IBN HASDAI, poète, IV, 60.
JOSEPH IBN MIGASCH Ier, IV, 45, 60.
JOSEPH IBN MIGASCH II, IV, 82-84.
JOSEPH IBN NAGRELA, IV, 57-60.
JOSEPH IBN SCHOSCHAN, IV, 118.
JOSEPH IBN VERGA, V, 81.
JOSEPH DE TIBÉRIADE, apostat, III, 202, 205.
JOSEPH BENVENISTE D'ECIJA, IV, 263, 265-266, 268.
JOSEPH HACCOHEN, V, 80-81, 97.
JOSEPH KAÏAPHAS. Voir CAÏPHE.
JOSEPH KARO. Voir KARO.
JOSEPH KASPI, IV, 272.
JOSEPH NASSI, duc de Naxos, V, 90, 92, 99-102, 104-106, 114.
JOSEPH PICHON, IV, 297, 304-305.
JOSEPH RABBAN, III, 241, 242.
JOSEPH YABEÇ. Voir YABEÇ.
JOSEPH II, empereur d'Autriche, V, 282, 286.

V. 29

JOSÈPHE BEN MATTHIA, historien, II, 360, 364-371, 373, 379, 387, 391, 399, 401, 403, 404; III, 68-69.
JOSÉPHIDES, I, 36, 37.
JOSIA HASSAN, exilarque, IV, 7.
JOSIAS, roi, I, 226, 227, 228-236.
JOST (Isaac), historien, 374-375.
JOSUA. Voir JOSUÉ.
JOSUÉ, I, 33-39, 46-47.
JOSUÉ BEN HANANIA, III, 7, 13, 18-22, 25-27, 34, 64, 66, 83, 86.
JOSUÉ BEN LÉVI, III, 151, 155, 158-159, 180.
JOSUÉ BEN GAMALA, II, 343, 366, 379, 382.
JOSUÉ BEN SAPPHIA, II, 362, 367, 368.
JOSUÉ LORQUI. Voir LORQUI.
Jotapata, forteresse, II, 372, 373, 374.
JOTHAM. Voir JOATHAN.
Jourdain, I, 13, 30-32, 43, 46.
JUAN Iᵉʳ, roi d'Aragon, IV, 300, 301.
JUAN Iᵉʳ, roi de Castille, IV, 305, 306, 307.
JUAN-EMMANUEL, infant, IV, 252.
JUDA (tribu de), I, 30, 38, 58.
Juda (monts de), I, 42.
JUDA MACCHABÉE, II, 95-96, 100-103, 104-107, 108-110, 111, 112-116.
JUDA ARISTOBULE, II, 144, 158.
JUDA AL-HARIZI, IV, 188.
JUDA BEN ASCHER, IV, 271.
JUDA BEN ASCHER II, IV, 309.
JUDA BEN BABA, III, 104.
JUDA BEN BATYRA, III, 16, 116, 118.
JUDA BEN DAOUD HAYYOUDJ, IV, 28,33,34,47.
JUDA BEN DAVID DE MELUN, IV, 196, 197.
JUDA BEN ILAI, III, 108, 115, 116, 121, 122.
JUDA BEN ISAAC IBN WAKAR, IV, 252, 253.
JUDA BEN JOSEPH IBN ALFAHAR, IV, 176, 178, 179.
JUDA BEN MOÏSE KOHEN, IV, 201.
JUDA BEN MOÏSE TIBBON, IV, 242.
JUDA BEN NATHAN, tosafiste, IV, 99.
JUDA BEN SALOMON IBN MALKA, IV, 192.
JUDA BEN SAMUEL HALLÉVI, IV, 86-98.
JUDA BEN SAÜL IBN TIBBON, IV, 123.

JUDA BEN SCHAMUA, III, 107.
JUDA BEN SIMON II. Voir JUDA LE SAINT.
JUDA BEN TABBAÏ, II, 188, 192, 193.
JUDA BEN TSIPPORI, II, 239, 243.
JUDA BEN YEHESQUEL, III, 190, 192-194.
JUDA BEN YEHIEL. Voir MESSER LÉON.
JUDA LE SAINT, III, 124-132, 134-136.
JUDA II BEN GAMALIEL, III, 146, 149-151, 177.
JUDA III, patriarche, III, 181, 182-184.
JUDA IV, patriarche, III, 231.
JUDA DE GAMALA (le Galiléen), II, 246, 252.
JUDA HASSID, V, 237.
JUDA IBN EZRA, IV, 107.
JUDA IBN VERGA, V, 81.
JUDA JUDGHAN, caraïte, III, 330-331.
JUDA, grand rabbin de Portugal, IV, 211.
JUDA, trésorier du Portugal, IV, 306, 307, 308.
JUDAÏSME (décadence du), V, 230-234.
Judaïsme dévoilé (Le), d'Eisenmenger, V, 225, 226.
Judenbretter, IV, 208.
Judenbüchlein, V, 75.
Judenschläger, IV, 275.
Judenstättigkeit, V, 149, 151.
Judenzettel, V, 95.
JUDÉO-CHRÉTIENS, II, 320-330; III, 47, 48, 50-54, 59-60, 80, 89, 105, 143.
JUGES (Les), I, 50, 51.
JULES III, pape, V, 64, 84, 86.
JULES SÉVÈRE. Voir SÉVÈRE (Jules).
JULIEN ALEXANDRE, III, 73, 78, 80.
JULIEN L'APOSTAT, III, 221-226.
Juliers (accusation de meurtre rituel à), V, 394.
JURIEU (Pierre), V, 218.
JUSTIN LE JEUNE, III, 258.
JUSTINIEN, III, 255-258.
JUSTUS DE TIBÉRIADE, II, 362, 403, 404; III, 68.
JUSTUS BEN PISTOS. Voir JUSTUS DE TIBÉRIADE.

K

Kairouan (Juifs de), III, 329; IV, 17-18, 31.
KALIR. Voir ELÉAZAR KALIR.
KALONYMOS BEN KALONYMOS, IV, 257, 258-259, 262.
KALONYMOS BEN TODROS, IV, 131, 243, 246.
KALONYMOS DE LUCQUES, III, 327.
Kamieniec (colloque sur le Talmud à), V, 225.
KANT, V, 269, 285, 295, 297.
KAPSALI. Voir CAPSALI.
KARBEN (Victor de), V, 2, 3, 11, 13, 15.
KARNA, amora, III, 169.
KARO (Joseph), V, 50, 68-70, 92, 106, 108.
KASSER BEN ARON, IV, 10, 11.
KAVADH, roi de Perse, III, 246, 247, 248.
Kenésséth ha-ghedolah. Voir ASSEMBLÉE (grande)
Kérém Héméd, journal littéraire, V, 382.
Khaïbar (Juifs de), III, 280, 295.
KHAZARS, III, 324-326; IV, 23-26.

KIERA. Voir ESTHER KIERA.
KIMHI (David ben Joseph), IV, 122, 174, 177-179.
KIMHI (Joseph ben Isaac), IV, 121.
KIMHI (Moïse ben Joseph), IV, 122; V, 35.
KISCH, père de Saül, I, 63.
KLEY (Édouard), V, 364.
KNORR DE ROSENROTH, V, 222.
KŒNIGSBERG (Juifs de), V, 294-295.
KOHEN CÉDEK, IV, 4, 6, 10.
KŒLBELE (Balthazar), V, 272.
KŒPRILI (Achmed), grand vizir, V, 204,205.
KOSROËS NUSCHIRVAN, III, 248.
KOSRU II, roi de Perse, III, 253, 258.
KOTZEBUE, V, 362.
KOUNITZ (Moïse), V, 366.
KRÉTHI, I, 95, 98.
KROCHMAL (Nachman), V, 376-377, 417.
KRYSA (Juda-Leib), zohariste, V, 253, 256.
KURANDA (Ignace), V, 423.

INDEX ALPHABÉTIQUE.

L

Ladilas IV, roi de Hongrie, IV, 210.
Ladilas VII, roi de Pologne, V, 153, 155.
Laemlein (Ascher), faux Messie, V, 41.
Lagarto (Jacob), V, 147.
Laguna (Lopez), V, 232, 310.
Lamentations (les), I, 250-251.
Lampo d'Alexandrie, II, 290.
Landau (Ezéchiel), V, 302.
Langton, cardinal, IV, 165, 169.
Laniado (Joseph), V, 392.
La Peyrere (Isaac), V, 164.
Lara (David de), V, 192, 193.
Lattès (Bonet de). Voir Bonet de Lattes.
Laurin, consul autrichien, V, 397.
Lavater (Jean-Gaspard), V, 270-272.
Lazare (Jacob), V, 329, 331.
Lazarus (famille), V, 214.
Lazarus Ben-David. Voir Ben-David.
Lefranck, pseudonyme, V, 323, 324.
Lehren (Hirsch) d'Amsterdam, V, 398.
Leibzoll (abolition du), V, 282, 300, 307, 319-320, 321.
Lémon (de), député hollandais, V, 317.
Léon X, pape, V, 21, 22, 25, 29-31.
Léon Médigo, IV, 442 ; V, 39-40
Léon Modena. Voir Modena.
Léon de Bagnols. Voir Lévi ben Gerson.
Leone Romano, IV, 257,
Léonore, reine de Portugal, IV, 306-308
Léonore de Guzman, IV, 269, 289.
Léopold Ier, empereur d'Autriche, V, 212, 213.
Léopold II, empereur, V, 225.
Lépreux (accusation des), IV, 255-256.
Lessing (Gotthold), V, 266-268, 273-276, 287.
Lettre d'Aristée, V, 107, 108.
Lettre de Scherira Gaon, IV, 31.
Lettres des hommes obscurs, V, 26-27.
Leven (Narcisse), V, 424.
Lévi (tribu de), I, 16, 19, 23, 29, 39.
Lévi ben Gerson, V, 272-273, 293.
Lévi ben Hayyim de Villefranche, IV 238-240.
Lévi ben Jacob Habib, IV, 438 ; V, 66-68.
Lévi ben Schem Tob, apostat, IV, 435.
Lévi ben Sissi, III, 126, 136, 177.
Lévi (Nathan-Benjamin), V, 198, 201, 208.
Levin (Hirschel, V, 273, 286.
Levinsohn (Isaac-Berr), V, 344.
Lévita (Elia), V, 23, 34, 35, 36.
Lévites, I, 49, 54, 57, 59, 152 ; II, 21-23, 25.
Lévy (Maurice), V, 337.
Lévy (Raphaël), de Metz, V, 220.
Lewin (Rahel), V, 304, 305.
Liban (mont), I, 40, 41, 43.
Libermann (Eliézer), V, 366.
Liebermann (l'abbé), V, 398.
Liebmann (famille), V, 239.
Ligue de la Vertu (La), V, 304-305.
Lima (Diégo), V, 144.
Limpo (Balthazar), V, 63.
Lipmann, avocat d'Amsterdam, V, 420.
Lipmann (Salomon), V, 329, 331.
Lippe-Schaumbourg (prince de), V, 270.
Lippold, médecin, V, 126.
Lissa (Jacob), V, 365.
Lœwe (Joel), V, 296.
Loans. Voir Jacob Loans.
Lopez, médecin, V, 139.
Lopez (Balthazar), V, 186.
Lopez (Gonzalvo), V, 143.
Lorqui (Josua), IV, 319, 327, 330-334, 337.
Louis le Débonnaire, III, 336-342.
Louis VII, roi de France, IV, 101, 102.
Louis IX (saint), IV, 170, 194, 196. 209.
Louis X, roi de France, IV, 253-254.
Louis XVI. roi de France, V, 279, 307, 313.
Louis XVIII, roi, V, 378.
Louis-Philippe, roi de France, V, 378, 390, 396.
Louis de Bavière, empereur, IV, 275.
Louis, roi de Hongrie, IV, 284.
Louis de Darmstadt, V, 150.
Louria (Isaac), V, 109-114.
Louria (Salomon), V, 118-119, 120.
Loyola, V, 83.
Lübeck (Juifs de), V, 341-342, 346, 349.
Lubienski (Wratislaw), V, 256.
Lucero (Diégo Rodriguez), inquisiteur, V, 42.
Lucius Verus. Voir Verus.
Luna. Voir Pedro de Luna.
Lupus, général romain, III, 73.
Luther (Martin), V, 31-33, 35, 36, 73, 76-78.
Luzzatto (David), V, 382-383, 417.
Luzzatto (Moïse-Hayyim), V, 232, 243-245.
Luzzatto (Simon), V, 175, 182-184.
Lydda, III, 13, 99, 159, 238.
Lyre. Voir Nicolas de Lyre.
Lysimaque, adversaire du grand-prêtre Onias, II, 73, 84.
Lysimaque, arabarque, II, 285, 286, 297.
Lysias, général syrien, II, 97, 100, 102, 107, 109, 118.

M

Maacha, femme de Roboam, I, 154, 155.
Macchabées, II, 93. Voir aux noms des différents Macchabées.
Macrin, empereur, III, 145.
Magguid de Kozienis. Voir Israël de Kozieniz.
Magisme, II, 42-46.
Magnus (Markus), V, 239.
Maharil. Voir Moellin (Jacob ben Moïse).
Mahomet, III, 288-296.
Mahon (Juifs de), III, 236.
Mahuza, III, 165, 214, 215, 218.

MAÏMI (Simon), grand rabbin de Portugal, IV, 439.
MAÏMON, père de Maïmonide, IV, 137, 140, 141.
MAÏMON (Salomon), V, 297.
MAÏMONIDE. Voir MOÏSE BEN MAÏMON.
MAÏMONISTES, IV, 171-179, 187-188, 214-218.
MALACHIE, prophète, II, 27-28.
MALESHERBES, V, 307.
Maminim, secte judéo-turque, V, 236.
MANASSÉ (tribu de), I, 36, 46, 61.
MANASSÉ, roi, I, 222,-225.
MANASSÉ BEN ISRAEL, V, 141, 142, 161-173, 184.
MANESSIER DE VESOUL, IV, 286, 287.
MANÉTHO, prêtre égyptien, II, 138.
MANNHEIMER (Isaac), V, 369-371, 419.
MANOEL, roi de Portugal, IV, 432-440 ; V, 42-44.
MANTINO (Jacob), V, 34, 39, 53.
MANUEL (Eugène), V. 424.
MARC, évêque, III, 106.
MAR HUNA, exilarque, III, 166.
MAR ISAAC, III, 299
MAR KOHEN-ZÉDEK II, III, 349-352.
MAR RABA, III, 300.
MAR SAMUEL, III, 128, 147, 169, 173-175.
MAR-SCHÈSCHET. Voir SCHÈSCHET.
MAR UKBA, III, 169.
MAR ZUTRA, amora, III, , 228, 230.
MAR ZUTRA II, exilarque, III, 247.
MAR ZUTRA III, exilarque III, 248, 251.
MAR YANKA. Voir NATRONAÏ BEN NEHEMIA.
MAR BAR ASCHI, III, 239, 240.
MAR BAR HUNA, III, 253.
MARC-AURÈLE, III, 121, 123, 132, 133.
Marchands portugais, V, 143.
MARCUS HERZ. Voir HERZ.
MARDOKHAÏ. Voir MORDEKHAÏ.
MARGUERITTE, impératrice d'Autriche, V, 211-212.
MARIAMNE, femme d'Hérode, II, 215, 216, 219, 224, 226, 230, 231.
MARIE DE MOLINA, IV, 252, 253.
MARIE DE PADILLA, IV, 291, 295.
MARIE-ANNE D'AUTRICHE, V, 211.
MARIE-LOUISE D'ORLÉANS, V, 216, 217.
MARIE-MADELEINE, II, 268.
MARIE-THÉRÈSE, V, 247, 248.
Maroc (Juifs de la ville de), IV. 105.
MARRANNES, V, 41-46, 48-64, 85-87, 90, 132-140, 143, 147-148, 169, 172, 186, 192, 214-217.
MARSUS, gouverneur de Syrie, II, 302.
MARTIN IV, pape, IV, 231.
MARTIN DE GRŒNINGEN, V, 26.
MARTINET, V, 388-389.
MARTIUS TURBO. Voir TURBO.
Masada, forteresse, II, 378, 379, 400.
MASSERANO (Beçalel), V, 130.
Massora (La), III, 348.
MATATIA BEN JOSEPH PROVENÇI, IV, 288.
Matha Mehassia. Voir Sora.
MATHAN, grand-prêtre de Baal, I, 174.
MATHANIA. Voir SÉDÉCIAS.
MATHIAS, empereur, V, 150, 151.
MATTATHIAS, père des Macchabées, II, 93-95.
MATTHIA, fils de Boethos, grand-prêtre, II, 384, 390.
MATTHIA BEN MARGALOTH, adversaire d'Hérode, II, 239, 243.
MATTHIA BEN THÉOPHILOS, grand-prêtre, II, 343, 344, 380.

MATTIA BEN HARASCH, III, 116.
MAURY (l'abbé), V, 311.
MAXIMILIEN, empereur d'Allemagne, V, 5, 6, 7, 10, 11, 12, 13, 16, 25, 29.
MAXIMILIEN II, empereur, V, 103.
MAXIMILIEN-JOSEPH, roi de Bavière, V, 343.
MAZDAK, prêtre perse, III, 247.
Meassef, journal, V, 295-296.
Meassefim, V, 296.
MECKLEMBOURG-SCHWERIN (duc de), V, 273.
MECKLEMBOURG-SCHWERIN (Juifs de), V, 340, 349, 410.
MÉDINA, financier, V, 260.
MÉDINA (Salomon de), V, 233.
MEGERLIN (David-Frédéric), V, 251.
MÉHÉMET-ALI, V, 390, 393, 397, 399, 402, 403.
MÉHÉMET-EFFENDI. Voir SABPATAÏ CEVI.
MÉIR, tanna, III, 108, 109, 110-114, 119, 120.
MÉIR BEN BARUCH, de Vienne, IV, 288, 302.
MÉIR BEN GABBAÏ, cabbaliste, IV, 40.
MÉIR BEN SAMUEL, de Ramerupt, IV, 66, 99.
MÉIR BEN SIMON, de Narbonne, IV, 186.
MÉIR BEN TODROS ABOULAFIA, IV, 172, 179.
MÉIR IBN MIGASCH, IV, 84, 107.
MÉIR DE MALEA (don), IV, 201.
MÉIR DE ROTHENBOURG, IV, 198, 221-222.
MEIR LUBLIN, V, 154.
MEISELS, V, 419.
MELDOLA (David), V. 401.
MELLO (Francisco), V, 233.
MENAHEM, roi, I, 194, 196-197.
MENAHEM BEN SALOMON MEÏRI, IV, 239.
MENAHEM BEN SAROUK, IV, 20, 24, 27-28.
MENAHEM BEN ZÉRAH, IV, 284.
MENDELSSOHN (Dorothée), V, 305.
MENDELSSOHN (Joseph), V, 302.
MENDELSSOHN (Moïse), V, 265-277, 279, 283-287, 294, 295.
MENDELSSOHN (disciples de), V, 293-298.
MENDÈS (Diogo), V, 87.
MENDÈS (Isaac-Francisco), V, 87, 135, 137.
MENDES (Mordekhaï), V, 135.
MENDESIA. Voir GRACIA.
MÉNÉLAOS, grand-prêtre, II, 73, 83-86, 89, 90, 108, 111.
MENZ (Juda), IV, 381.
MENZ (Moïse), IV, 384.
MENZ (Salomon), V, 117.
Meor Enayim, d'Azaria dei Rossi, V, 108.
MEPHIBOSETH, I, 81, 96.
MERLATO, consul, V, 393, 396.
MERODACH-BALADAN, I, 221.
Mérom (lac de), I, 37.
MÉSA, roi de Moab, I, 170.
MESCHOULLAM BEN JACOB, IV, 122-123.
MESCHOULLAM BEN MOSCHE, IV, 186.
MESSER LÉON, IV, 381-382.
MESSIE (idées sur le), II, 259-260.
MESSIES et agitations messianiques, II, 337, 341 ; III, 315, 316-317 ; IV, 231, 232 ; V, 40-41, 46-56, 65, 155, 163, 167, 195-210, 234-235, 252.
MESWI, chef d'une secte juive, III, 335.
Metatoron, chef des anges, III, 332.
METTERNICH (prince de), V, 347, 349, 351, 396, 397.
Metz (Juifs de), V, 308-309, 312, 315.
MEURTRE RITUEL (accusations de), IV, 115-116, 360-367, 378, 386-388 ; V, 12-13, 73, 74, 75, 79, 85, 171, 172, 218, 220, 256 257, 390-404.
MEYER (Peter), prédicateur catholique, V, 18.

INDEX ALPHABÉTIQUE.

MEYERBEER, V, 363, 367.
MICHAELIS (Jean-David), V, 283, 285.
MICHAL, femme de David, I. 76, 77, 85, 93.
MICHÉE, prophète, I. 166. 207.
MIDDLESEX (Lord), V, 167.
MIEDZIBOZ (Israël), chef des Hassidim, V, 288.
Mikhmas, I, 66, 67.
MIKOLSKI, chanoine, V, 256, 257.
MILON, légat du pape, IV, 165.
MINÉENS, III, 58.
MIQUÈS, V, 87, 88, 90. Voir JOSEPH NASSI.
MIRABEAU, V. 299, 307-308, 311.
Miroir avertisseur (le), V, 3.
Miroir (le), de Reuchlin, V, 16-19. 21. 26, 29.
MISCHNA, III, 130-132, 136-143. — (Traduction latine de la), V, 227.
MISCHNA DE RABBI AKIBA, III. 31.
Mischné Tora, de Maïmonide, IV, 146-150.
Mitspa, I, 64.
MIZRAHI (Elia), IV, 452-453.
MOAB, I, 32.
MOABITES, I, 48, 97, 102.
MOCENIGO, doge, V, 104.
MOCHINGER, V, 163.
MOCHO (João), moine, V, 44.
MODENA (Juda-Léon), V 175, 178-180.
MODESTE, patriarche, III, 261.
MOELLIN HALLÉVI (Jacob ben Moïse), IV, 343.
MOHAMMED IV, sultan, V, 115, 207.
MOHAMMED ALNASSIR, IV, 166.
MOÏSE, le prophète, I, 19-33.
MOÏSE BEN HANOK, IV, 16, 20, 29.
MOÏSE BEN JUDA COHEN DE SAFED, IV, 218.
MOÏSE BEN MAÏMOUN, IV, 137-159 ; V, 35.
MOÏSE BEN SCHEM TOB DE LÉON, IV, 229. 233.
MOÏSE IBN EZRA, IV, 85-86.
MOÏSE IBN TIBBON, IV, 199.
MOÏSE DE COUCY, IV, 179-180, 196.
MOÏSE DE MAYENCE, IV, 280.
MOÏSE DE NARBONNE, IV, 273-274.
MOÏSE DI TRANI. Voir TRANI.
MOÏSE ABUDIEL, IV, 268, 269.
MOÏSE ISSERLÈS, V, 70, 106.
MOÏSE KOHEN DE TORDESILLAS, IV, 299.
MOÏSE NAHMANI, IV, 174-178, 179, 187-190. 203-207, 237, 293.
MOÏSE NAVARRO, IV, 312.
MOÏSE URI HALLEVI, V, 134, 137.
MOLCHO. Voir SALOMON MOLCHO.
MOLÉ (le comte), V, 326, 328, 332.
MONGOLS, IV, 198, 206, 207, 221, 227.
MONOBAZE D'ADIABÈNE, II, 316, 317.
MONOBAZE II. II, 317, 318, 319.
MONTALTO (Elia-Félice), V, 127, 138.
MONTANO (Arias), V, 126.
MONTEFIORE (Moses), V, 395, 398, 399. 400-406, 419.
MONTEZINOS, voyageur, V, 166.
MOORE (Dorothee), V, 162.
MORAVIE (Juifs de), V, 73, 247, 351, 422.
MORDEKHAÏ BEN HILLEL, IV, 244.
MORDEKHAÏ BEN NISSAN, caraïte, V, 223.
MORDEKHAÏ CEMAH BEN GUERSCHON, V, 96.
MORDEKHAÏ CEVI, V, 195.
MORDEKHAÏ D'EISENSTADT, V, 234-235.
MORDEKHAÏ YAFA, V, 123-124.
Moré Neboukhim, de Maïmonide, IV, 152-158, 172-173, 179, 218, 322 ; V, 35, 38, 266.
MORESCO, V, 318.
Moria (mont), I, 90, 108, 130, 133.
MORO (Joseph), V, 84, 93.
MOROSENKO, chef cosaque, V, 153.
MORTARA, V, 421.
Morte (mer), I, 41.
MORTEIRA (Saül), V, 138, 141, 142.
MORTEIRA, maître de Spinoza, V, 184, 185.
MOSCHE BEN ASCHER, massorete, III, 348.
MOSCHE SOFER, V, 365-366.
MOSER (Moïse), V, 359, 371, 373.
MOTAZILITES (les), III, 329-330 ; IV, 9.
MOURAD III, sultan, V, 114, 115.
MOUSA. Voir MESWI.
MOUSSAFIA (Benjamin), V, 146, 192, 193.
MULLER (Jean), V, 145, 146, 338.
MULOT (l'abbé), V, 312.
MUNK (Salomon), V, 402, 404, 405, 407.
MUNSTER (Sebastien), V, 9.
MUNZER, V, 77.
MUSTAPHA-PACHA, V, 204, 206.
MYSTIQUES (Les), III, 332-333 ; IV, 207.

N

NAAMA, femme de Salomon, I, 128.
NAAMAN, I, 181.
NAASITES. Voir OPHITES.
NABONAD, roi de Babylone, I, 273, 274, 281.
NABOTH, I, 164.
NABUCHODONOSOR, I, 240, 241-250, 252-257.
NACHASCH, roi des Ammonites, I, 60, 68.
NADAB, roi, I, 154.
Nahar-Pakod, III, 116, 117.
NAHMAN BEN ISAAC, III, 219.
NAHMAN BEN JACOB, III, 190, 195-196.
NAHMANI. Voir MOÏSE NAHMANI.
NAHUM, prophète, I, 225.
NAHUM DE GUIMZO, III. 10, 11, 29.
NAPHTALI KOHEN, V, 239.
NAPOLÉON Ier, empereur, V, 318-319, 325-327, 337.
NAPOLÉON III, empereur, V, 421.
Narès, ville, III, 220.
NASSI. Voir JOSEPH NASSI.
NATHAN, le prophète, I, 87, 103, 119, 121, 123.
NATHAN, tanna, III, 116, 118, 119-121.
NATHAN BEN YEHIEL, IV, 66.
NATHAN DE GAZA. Voir LEVI (Nathan)
NATHAN LE BABYLONIEN, III, 109, 116, 119, 120.
Nathan le Sage, de Lessing, V, 274-276.
NATHANAEL, d'Égypte, IV, 135-136.
NATRONA, chef judéen, III, 206.
NATRONAÏ BEN HABIBAI, III, 324.
NATRONAÏ BEN NEHEMIA, III, 316.
NATRONAÏ II, gaon de Sora, III, 346.
NAVARRE (Juifs de), IV, 264-265.
NAXOS (Joseph, duc de). Voir JOSEPH NASSI.
NAZAREENS. Voir JUDEO-CHRETIENS.
NEANDER (Auguste), V, 398.
NEBUSARADAN, I, 250, 252, 253.
NECHO, roi d'Égypte, I, 235.
Nehardea, II, 192 ; III, 36, 106, 164.
NEHEMIA, de Beth-Deli, talmudiste, III, 36.

INDEX ALPHABÉTIQUE.

Néhémia, fils de Kohen-Cédék, IV, 15.
Néhémie, II, 10, 17-26, 28-30.
Néhémie Cohen, V, 206.
Nehunia ben Hakkana, III, 10, 11.
Nephtali (tribu de), I, 36, 37.
Nepi, membre du Sanhédrin, V, 331.
Nériglissar, roi de Babylone, I, 262.
Néron, II, 340-342, 345, 371, 385.
Nerva, III, 69-70.
Netter (Charles), V, 424.
Nevé Schalom, synagogue d'Amsterdam, V, 137.
Nevers (comte de), IV, 163.
Nicanor, général syrien, II, 100, 113-115.
Nicée. Voir Conciles.

Nicolaï, V, 268, 299.
Nicolas Ier, tsar, V, 419.
Nicolas de Lyre, V, 14, 17.
Nicolas Donin. Voir Donin.
Nicolas (Edouard), V, 165.
Nieto (David), V, 230.
Niger, guerrier juif, II, 355, 382.
Nil le Jeune, IV, 19.
Nisibis, II, 192; III, 36, 71, 106.
Nissi Naharvani, III, 351; IV, 5.
Nissim Gerundi, IV, 294.
Nob, ville, I, 60.
Noel, député français, V, 316.
Nunes (Marie), V, 133, 135.
Nunez (Henrique), V, 45, 46.

O

Obadia, ministre d'Achab, I, 164, 165.
Obadia Abou-Isa, pseudo-Messie, III, 316-317.
Obadia de Sforno, IV, 456; V, 9.
Obadia di Bertinoro, IV, 449.
Obscurantisme et Obscurants, V, 4, 5, 8-30.
Ochosias, roi d'Israël, I, 168-169.
Ochosias, roi de Juda, I, 171.
O'Connell, V, 401.
Octave, II, 217, 225, 226, 229, 230. Voir Auguste.
Odénat, III, 179.
Og, roi, I, 31.
Oldenbourg (Henri), V, 201.
Oliger Pauli, V, 218.
Oliviers (Mont des), I, 42, 89.
Omar, khalife, III, 296-298.
Omar II, khalife, III, 315.
Omri, roi d'Israël, I, 156-159.
Onias Ier, grand-prêtre, II, 52.

Onias II, grand-prêtre, II, 60, 61.
Onias III, grand-prêtre, II, 73, 74, 75, 81, 84.
Onias IV, grand-prêtre, II, 133-138.
Onion, II, 136, 137.
Ophir, I, 137.
Ophites, secte gnostique, III, 55, 56.
Oppenheim (Samuel), V, 225.
Orange-Nassau (princes d'), V, 139.
Orient (Juifs d'), III, 328-330, 345; IV, 39, 215, 216-218, 226-227.
Origène, III, 152, 153, 161.
Orobio de Castro. Voir Castro.
Ortuin de Graes, V, 2, 3, 18, 21, 26.
Osée, prophète, I, 192, 193.
Osée, roi d'Israël, I, 206, 209-210.
Osias, roi de Juda, I, 183, 184-186, 187, 195, 196.
Osorio (David), V, 140.
Othon-Henri de Neubourg, 75.
Ottolenghi (Joseph), V, 93.
Owen (Barnard van), V, 400.

P

Paalzov, écrivain, V, 321.
Pablo Christiani, IV, 203-206, 209.
Pagano-Chrétiens, III, 48, 50.
Païtanim, III, 312-314.
Palestine, I, 13, 40-46; IV, 372-373.
Pallache (Samuel), V, 132, 133, 134.
Palmerston (lord), V, 396, 399.
Palmyre, III, 179.
Paltoï ben Abbaï, III, 346.
Papa (Aron de la), V, 200.
Papa bar Hanan, III, 220.
Papa bar Naçar. Voir Odénat.
Pappos, III, 73, 78, 80.
Pardo (David), V, 140, 141, 142.
Pardo (Joseph), V, 137.
Pardo (Josia), V, 143.
Parthes, II, 215, 216, 305, 307.
Pasquier, V, 328.
Pastoureaux, IV, 254-255.
Patriarcat, III, 37-39.
Paul de Tarse, apôtre, II, 319, 321, 323-330; III, 44-45, 48.

Paul III, pape, V, 58-60, 62-64.
Paul IV, pape, V, 85-86, 90, 92-93.
Paul de Santa-Maria, IV, 317-320, 324, 325, 328, 329, 347. Voir Salomon Levi.
Pays-Bas (Juifs des), V, 132-135, 137-143, 316-318.
Paz (Duarte de), V, 56, 57, 58, 59, 60.
Paz (Enrique de), V, 190-191.
Pedro Arbues, inquisiteur, IV, 401, 404-405.
Pedro de la Caballiera, IV, 375.
Pedro Fernandez de Alcandete, IV, 402.
Pedro Ferrus, IV, 316.
Pedro Lopez de Ayala, IV, 294.
Pedro de Luna, cardinal, IV, 300, 327.
Peel (Robert), V, 399.
Peixotto (Charles), V, 314.
Pelham, V, 259.
Penso, père, V, 191.
Penso (Joseph), V, 191-192.
Pentateuque (traduction allemande du), V, 276-277.

PEREIRE (Jacob-Rodrigue), V, 262, 264.
PERINGER (Gustave), V, 222.
Pernambouco, V, 146, 147.
PEROZ, roi de Perse, III, 241, 242.
PERSE (Juifs de), I, 176-178, 218-219, 239-243, 246-248. Voir aussi BABYLONIE.
PESCENNIUS NIGER, gouverneur de la Syrie, III, 133.
PESTE NOIRE, IV, 277-282.
PETER SCHWARZ, apostat juif, IV, 382.
PETIT. Voir HAQUINET PETIT.
PÉTRONIUS, gouverneur de la Syrie, II, 295, 296.
PEYRET DE CHAMBÉRY, IV, 278.
PFEFFERKORN (Joseph), V, 2-7, 10-13, 16, 18, 21-25, 28.
PHACÉE, roi d'Israël, I, 197, 198, 206.
PHACEIA, roi d'Israël, I, 197.
PHARAON, I, 21, 22, 23.
PHARISIENS, II, 165, 166-168, 175, 176-178, 183-186.
PHASAËL, frère d'Hérode, II, 212, 213, 215, 216.
Phédon, de Mendelssohn, V, 270.
PHÉNICIENS, I, 1, 47-49, 60, 92, 186.
PHÉRORAS, frère d'Hérode, II, 236, 237, 238.
Philanthropine, école de Francfort, V, 408.
PHILIPPE, régent de Syrie, II, 108, 110.
PHILIPPE II, roi d'Espagne, V, 104, 133, 135.
PHILIPPE III, roi d'Espagne, V, 136.
PHILIPPE LE BEL, IV, 226, 248-250, 261.
PHILIPPE LE LONG, IV, 254, 256.
PHILIPPE VI, roi de France, IV, 264.
PHILIPPSON (L.), V, 383.
PHILISTINS, I, 47, 48, 51-54, 59, 60, 65-68, 73, 75, 77, 78-84, 90-93 ; II, 71.
PHILON, II, 292-294, 311, 316.
PHINEAS, fils d'Heli, I, 52.
PHOCAS, empereur byzantin, III, 258.
PHUL, roi d'Assyrie, 1, 196.
PHYSCON, roi, II, 134, 135, 143, 144.
PIC DE LA MIRANDOLE, IV, 382-383 ; V, 8.
PICHON. Voir JOSEPH PICHON.
PIE IV, pape, V, 96-97.
PIE V, pape, 97-99.
PIE IX, pape, V, 424.
PIERRE LE CRUEL, IV, 289-292, 294-297.
PIERRE NOVAK, évêque, IV, 364.
PIERRE (saint), II, 267, 271, 275, 280, 329 ; III, 49.
PIMENTEL (Manuel), V, 137.
PINA (Paul de). Voir YESOUROUN ROHEL.
PINEDO (Thomas de), V, 192.
PINHAS, fils de Samuel, grand-prêtre, II, 380.
PINHAS BEN JAIR, III, 129.
PINHEIRO (Diogo), V, 52.
PINTO (famille), V, 233.
PINTO (Abraham), V, 143.
PINTO (Aron de), V, 240, 241.
PINTO (David), V, 143.
PINTO (Diogo Rodriguez), V, 58.

PINTO (Isaac), V, 261, 262-263.
PIRES (Diogo). Voir SALOMON MOLCHO.
PIRKHEIMER, humaniste, IV, 460.
PITHOLAÜS, général juif, II, 209.
PLANTAVIT (Jean), V, 178.
PLÊTHI, I, 95, 98.
Polaks (les), V, 160.
POLAK (Jacob), V, 117-118.
POLÉMIQUES RELIGIEUSES, IV, 346-350, 375, 459 ; V, 124-125, 171, 172, 193-194, 221, 321-324.
POLOGNE (Juifs de), IV, 209-210, 284, 366-368, 462-464 ; V, 116 125, 152-160, 222-223, 234, 252-258, 343-344.
PORPHYRE, philosophe, III, 161.
POMIS (David de), V, 127, 128-129.
POMPÉE, II, 200, 201, 202, 203, 209, 210.
PONCE-PILATE, II, 256, 257, 276, 277, 281, 282.
PONIATOWSKI. Voir STANISLAS PONIATOWSKI.
POPPÉE, II, 342, 365.
PORTALIS, V, 328, 379.
PORTUGAL (Juifs de), IV, 211, 306-307, 311-312, 337, 379, 405-411, 428-440 ; V, 354.
POSIDONIUS D'APAMÉE, II, 287.
Pourim du Caire, IV, 448.
Prague (Juifs de), IV, 461-462 ; V, 94-96, 148, 248.
PREDICATION ALLEMANDE, V, 364.
PRIMO (Samuel), secrétaire de Sabbataï Cevi, V, 199, 201, 202-206, 208.
PRINCE NOIR. Voir GALLES.
PROSÉLYTES JUIFS, I, 269 ; II, 3, 13, 316-319 ; III, 62-64.
PROCURATEURS en Judée, II, 249, 337.
PROFIAT (Don). Voir JACOB BEN MAKIR TIBBON.
PROFIAT DURAN, IV, 320-322.
Proverbes (livre des), I, 271.
PRUSSE (Juifs de), V, 333-33., 342, 345, 351-352, 421.
PRYNNE (William), V, 171, 172.
Psaumes de pénitence, I, 267, 275.
PSUSENNÈS, roi d'Égypte, I, 128, 130.
PTOLÉMÉE SOTER, II, 55-56.
PTOLÉMÉE EVERGÈTE, II, 60, 62.
PTOLÉMÉE PHILOPATOR, II, 63, 64, 69.
PTOLÉMÉE PHILOMETOR, II, 125, 132, 134, 135, 138.
PTOLÉMÉE VII. Voir PHYSCON.
PTOLÉMÉE VIII LATHUROS, II, 160, 162, 181, 182.
PTOLÉMÉE BEN HABOUB, II, 153, 154, 155.
PUCCI (Antonio), V, 54, 57, 58.
PUCCI (Lorenzo), cardinal, V, 53, 54.
PUFFENDORF (Jean), V, 223.
Pumbadita (Juifs de), III, 164, 181, 209, 211, 346, 349.
PURITAINS D'ANGLETERRE (les), V, 164-165, 167-168.

Q

Quemadero (place du), à Séville, IV, 396, 398.
QUEPIDO. Voir JACOB CEVI.

QUIETUS, général romain, III, 74, 75, 76-78.
QUIRINIUS, gouverneur de la Syrie, II, 249, 252, 253.

R

Rab. Voir Abba Areka.
Râba bar Joseph, III, 212, 214, 215-219.
Rabaud-Saint-Etienne, V, 310.
Rabba bar Hanna, III, 126.
Rabba bar Matana, III, 213.
Rabba bar Nahmani, III, 209-212.
Rabbanites, III, 322-323, 330, 346-347; IV, 13-15, 107, 145.
Rabbénou Tam. Voir Jacob Tam.
Rabina, III, 242, 243.
Rabsacès, général assyrien, I, 217-218.
Rabschaké. Voir Rabsacès.
Raimond de Penaforte, IV, 170, 202-206, 213.
Raphael Kohen. V, 277.
Raphall, V, 283.
Rapoport (Salomon), V, 377-378.
Raschi. Voir Salomon ben Isaac.
Rastadt (congrès de), V, 319.
Ratisbonne (Juifs de), IV, 385-392, 460-461.
Ratisonne (conférence de), V, 320, 321.
Ratisbonne (l'abbé), V, 398.
Ratti-Menton, consul à Damas V, 390-393, 395, 396, 402.
Raymond Martini, IV, 205, 213-214.
Rebben, chefs des Hassidim, V, 292, 293.
Reccared, roi wisigoth, III, 275.
Receswinth, III, 306-308.
Réforme (la), V, 31-34, 36, 71-72.
Réformes religieuses, V, 361-369, 386-388, 407-414.
Reggio, savant, V, 382.
Regnault, V, 313, 326.
Règlement organique du culte en France, V, 334, 337.
Reimarus (Élisa), V, 273.
Reimarus (Hermann), V, 273.
Resch Lakisch. Voir Simon bar Lakisch.
Reuchlin (Jean), V, 8-10, 11, 13-26, 29-32.
Reuchlinistes, V, 23.
Révélation du Sinaï, I, 25-27.
Révélation, de Steinheim, V, 385-386.
Révolution française, V, 306, 309-315.
Révolulion de 1830, V, 378-379.
Révolution de 1848, V, 418.
Rewbell, V, 311, 313.

Reyna Nassi, V, 90, 114-115.
Rezin, roi, I, 205, 206.
Rezon, I, 142, 143.
Rhaban Maur, III, 337, 338.
Rhodes (accusation de meurtre rituel à), V, 393, 396.
Ricanati (Jacob-Vita), V, 366.
Richard Cœur de Lion, IV, 126-128.
Richard Simon. Voir Simon.
Richelieu (duc de), V, 262.
Richter (Jean-Paul), V, 354.
Riess (famille), V, 214.
Riesser (Gabriel), V, 379-381, 384, 409, 419, 420.
Riesser (Lazare), V, 366-367, 379.
Rindfleich, IV, 244.
Rispa, femme de Saül, I, 85, 96.
Rites hébreux, de Léon Modena, V, 179.
Robert d'Anjou, IV, 257, 262.
Robert de Reddingge moine, IV, 223.
Robespierre, V, 311.
Roblès, V, 173.
Roboam, roi, I, 144-150, 153-154.
Rocamora (Isaac de), V, 190, 192.
Rodolphe de Habsbourg, IV, 218-222.
Rodolphe II, empereur, V, 126.
Rodriguez (Mayor), V, 133, 135.
Rœmer (palais dit), V, 149.
Romano (Salomon), V, 83, 84.
Rome (Judéens de), II, 203, 204, 211, 230, 307; III, 117; IV, 256-257, 262, 426; V, 85, 96, 127, 128.
Rosales (Immanuel), V, 146.
Rothschild (famille de), V, 149, 347, 353.
Rothschild (Lionel de), V, 420.
Rothschild (Nathaniel de), V, 395, 396.
Rouelle et signes distinctifs, IV, 167-170, 208, 209, 253, 298, 329, 361; V, 60, 74, 348.
Roumanie (Juifs de), V, 422-423.
Ruben (tribu de), I, 31.
Rufin, III, 230.
Rufus, III, 88, 97, 103, 104.
Rühs (Frédéric), V, 348, 350.
Russie (Juifs de) V, 343-345, 419, 422.
Ruth (livre de), II, 15-16.
Ruthard, archevêque, IV, 76, 77.

S

Saad Addaula, de Bagdad, IV, 218, 221 226-227.
Saadia ben Joseph, IV, 1-12, 13.
Saba (reine de), I, 139.
Sabacus, roi d'Égypte, I, 204.
Saabatai Cevi, faux Messie, V, 194-210, 235.
Sabattaï Donnolo, IV, 18-19.
Sabbataï Kohen, rabbin polonais, V, 154, 158, 160.
Sabbataï Raphaël, V, 199, 201.
Sabbatiens, V, 234-236, 238, 243, 246, 251-252.

Sabinus, légat romain, II, 244, 245.
Saboraim, III, 249, 252.
Sachs (Michel), V, 382, 415-416.
Saddoc, pontife de David, I, 94, 111, 115, 120, 123, 128.
Saddoc, chef des Zélateurs, II, 252.
Sadducéens, II, 165, 166, 168-170, 176 178, 183, 194.
Sadolet, évêque, V, 58.
Safed (Juifs de), IV, 450; V, 65-67, 112.
Sahal ben Macliah, IV, 13-14.
Sahal Rabban, savant juif, III, 329.
Salloum, roi d'Israël, I, 194.

INDEX ALPHABÉTIQUE.

SALMAN de Liadi, chef des Hassidim, V, 293.
SALMANAZAR, roi, I, 209, 210, 213.
SALOMÉ ALEXANDRA, II, 181, 187, 194-195.
SALOMÉ, sœur d'Hérode, II, 224, 231, 237, 242, 249.
SALOMON, roi, I, 104, 121-143.
SALOMON, exilarque, III, 317, 319.
SALOMON ALAMI, prédicateur, IV, 303, 329.
SALOMON ALRABEÇ, cabbaliste, V, 70.
SALOMON BEN ADRET, IV, 207, 212-214, 218, 231, 232, 240, 242, 243, 246-248, 251.
SALOMON BEN ISAAC, de Troyes, IV, 64-66,99.
SALOMON BEN JUDA IBN GABIROL, IV, 50-55, 60, 85.
SALOMON BEN NATHAN ASCHKENAZI, V, 102-104, 115.
SALOMON BEN REUBEN BONFED, IV, 317, 346.
SALOMON BEN SIMON DURAN, IV, 350-351.
SALOMON BEN YEROUHAM, caraïte, IV, 4, 13, 15.
SALOMON IBN SAKBEL, poète, IV, 84-85.
SALOMON IBN VERGA, V, 81.
SALOMON BENVENISTE IBN LABI, IV, 324.
SALOMON DAPIERA, IV, 346.
SALOMON DE VESOUL, IV, 302.
SALOMON (Gotthold), V, 364.
SALOMON LÉVI, de Burgos. Voir PAUL DE SANTA-MARIA.
SALOMON MOLCHO, V, 49-50, 52-56.
SALOMON PETIT, cabbaliste, IV, 214-216, 218.
SALOMONS (David), V, 395, 420.
Salonique (Juifs de), IV, 454.
SAMARIE (royaume de), I, 157, 208, 209-211.
SAMARITAINS, I, 225, 254; II, 4, 7, 32-34, 53, 142, 143, 159, 161, 282; III, 80, 81, 88, 106, 129, 133, 184-185, 255.
SAMSON, juge, I, 51.
SAMUEL, prophète, I, 54-75.
SAMUEL, amora. Voir MAR SAMUEL.
SAMUEL ABRAVALLA, IV, 339.
SAMUEL ALAVENSI, IV, 444.
SAMUEL BEN ARON, caraïte, V, 223.
SAMUEL BEN HOFNI, gaon de Sora, IV, 41.
SAMUEL BEN JUDA IBN TIBBON, IV, 123-124, 158, 242.
SAMUEL BEN MEÏR, de Ramerupt, IV, 100.
SAMUEL BEN MEÏR ALLAVI, IV, 290, 291-294, 421.
SAMUEL DE CHÂTEAU-THIERRY, IV, 196.
SAMUEL DE TOLÈDE, almoxarif, IV, 252.
SAMUEL EDLÈS, V, 154.
SAMUEL IBN-ADIYA, poète, III, 287.
SAMUEL IBN NAGRELA, IV, 42-48.
SAMUEL IBN WAKAR, IV, 263, 265-266, 268.
SAMUEL LE JEUNE, III, 35, 36, 59.
SAMUEL PRIMO. Voir PRIMO.
SAMUEL SULAMI, IV, 239, 240.
SAMUEL USQUE, chroniqueur, IV, 439, 154, 459; V, 81-82, 89.
SANBALLAT, chef samaritain, II, 8, 15, 16, 19, 20, 31.
SANCHE IV, roi de Castille, IV, 210-211, 228.
SANGISA, sœur du pape Jean XXII, IV 262.
SANHÉDRIN (en Palestine), II, 36, 206, 249, 250, 276, 299, 304, 306, 336, 357, 360, 369, 382; III, 4, 5, 11, 15, 37, 83, 90, 117-119, 125, 207, 208, 303; V, 65.
SANHÉDRIN (à Paris), V, 332-333, 335-336, 362.
SANTA-FÉ (Francisco de), IV, 337, 405.

SANTA-FÉ (Jérôme de). Voir JÉRÔME DE SANTA-FÉ.
SANTA-MARIA (Paul de). Voir PAUL DE SANTA-MARIA.
SANTOB DE CARRION, troubadour, IV, 270, 290.
SARA, femme de Sabbataï Cevi, V, 197-198, 200, 207.
SARAGOSSI (Joseph), IV, 446, 450.
Saron (plaine de), I, 42.
SAROUX (Israel,), V, 113, 175.
SAR-SCHALOM, gaon, III. 346.
SASPORTAS (famille), V, 211.
SASPORTAS (Jacob), V, 169, 201.
SATANOW(Isaac), écrivain, V, 296.
SAÜL, roi, I, 63-81.
SAÜL COHEN ASCHKENAZI, IV, 383.
SAUL DE TARSE, II. Voir PAUL DE TARSE.
SAVOIE (Juifs de). IV, 278, 279; V, 138.
SAXE (Juifs de), V, 343, 421.
SCALIGER, humaniste, V, 143, 162.
SCAURUS, légat de Pompée, II, 199, 205.
SCHABUR Ier, roi de Perse, III, 178.
SCHABUR II, roi de Perse, III, 211, 218.
SCHACHNA (Schalom), rabbin polonais, V, 118, 120.
SCHALTIEL, fonctionnaire turc, IV, 453, 454.
SCHAMMAÏ, II, 234.
SCHAMMAÏ (école de), II, 251, 252, 274, 359, III, 13, 14-18, 27.
SCHAPHAN, officier judéen, I, 231, 233.
SCHEBA, adversaire de David, I, 117, 118.
SCHEBNA, ministre d'Ezechias, I, 213, 215.
Schebs, sectaires polonais, V, 258.
SCHÉLA, amora, III, 169.
SCHEMAÏA, prophète, I, 148.
SCHEMAÏA, tanna, II, 206, 207, 213, 218, 220, 221.
SCHEMARIA IKRITI, IV, 257.
SCHEM TOB BEN ISAAC SCHAPROUT, IV, 299.
SCHEM TOB BEN JOSEPH, IV, 326.
SCHEM TOB FALAQUERA, philosophe, IV, 218.
SCHEM TOB IBN SCHEM TOB, IV, 351.
SCHERIF-PACHA, gouverneur de Damas. V, 391, 392, 393, 403.
SCHERIRA BEN HANINA, gaon, IV, 15, 31-32.
SCHÉSCHENK, roi d'Egypte, I, 141, 145, 148, 149.
SCHESCHET, amora, III, 190, 195.
SCHLEGEL (Frédéric), V, 299, 305, 306, 347, 348.
SCHLEIERMACHER, V, 299, 304, 305.
SCHMIDT, sénateur allemand, V, 349.
SCHORAÏSCH, fils de Samuel ibn Adiya, III, 288.
Schoulhan Aroukh, V, 70, 106.
SCHURMANN (Anne-Marie), hébraïsante, V, 162.
Schutzjude, V, 269.
SCHWARBER (Pierre), échevin de Strasbourg, IV, 280.
SCHWARZ. Voir PETER SCHWARZ.
SCRIBES. Voir SOFERIM.
SCYTHES, I, 227.
SEBASTIEN, roi de Portugal, IV, 440.
SECCHI (Pietro), V, 128.
SÉDÉCIAS, roi de Juda, I. 243-250.
Sefardim, IV, 441, 443-444.
SEGRE, V, 331, 335.
SEGUR (comte de), V, 326.
Séir (mont), I, 30.
Sel (lac du), I, 40, 41.

SELDEN (Jean), V, 162.
SÉLEUCIDES (ère des), II, 56 : IV, 447.
SÉLEUCUS Iᵉʳ, II, 55, 56.
SÉLIM Iᵉʳ, sultan, IV, 446, 447, 451.
SÉLIM II, sultan, V, 100, 101, 102, 114.
SELVES (Georges de), évêque, V, 34, 35.
SÉMEÏ, I, 116, 128.
SEN ESCALITA. Voir SAMUEL SULAMI.
SENIOR (Abraham), IV, 377, 411 ; V, 101.
SENNACHÉRIB, I, 215, 216, 219, 220.
Sepphoris, II, 364 ; III, 125, 154, 155, 181 ;
Septante (traduction des), II, 138-141 ;
III, 65.
SEPTIME-SÉVÈRE, III, 133, 134.
SÉRACH, général égyptien, I, 155.
SÉRÈNE, faux Messie, III, 315-316.
SERRA, nonce, V, 256, 257.
SERRARIUS (Pierre), V, 164.
SERVET (Michel), V, 71.
SÈZE (de), V, 311.
SÉVÈRE (Jules), général romain, III, 91-93,
96.
SHYLOCK (légende de), IV, 285.
SIBYLLE (la), II, 309 ; III, 78-80.
SICAIRES, II, 335-336, 339, 343, 350, 352,
379.
Sichem, I, 36, 89.
SICHÉMITES, I, 145, 146, 150.
SICHON, roi des Amorréens, I, 30, 31.
Sidon, I, 60.
SIGISMOND, empereur, IV, 338, 339, 342,
344, 357.
SIGISMOND Iᵉʳ, roi de Pologne, IV, 463.
SIGISMOND-AUGUSTE, roi de Pologne, V,
102, 117, 121.
SIGISMOND III, roi de Pologne, V, 122.
SIGNES DISTINCTIFS imposés aux Juifs.
Voir ROUELLE.
SIGNES-VOYELLES (invention des), III,
249-252.
Siklag, I, 82.
SILAS LE BABYLONIEN, zélateur, II, 355.
SILÉSIE (Juifs de), IV, 364-366.
Silo, I, 39, 51-56.
Siloé, I, 89.
SILVA (Diogo da), V, 54.
SILVA (Miguel da), V, 51.
SILVEYRA (Miguel), V, 191.
SIMÉON (tribu de), I, 30, 38, 39.
SIMÉON LE JUSTE, grand-prêtre, II, 58-60.
SIMÉON II, grand-prêtre, II, 69.
SIMÉON, fils de Boéthos, grand-prêtre, II,
233.
SIMÉON, fils de Hillel, II, 250.
SIMÉON, fils de Gamaliel, II, 337, 358, 369,
382.
SIMÉON, fils de Gamaliel II, III, 83, 109-110,
117, 118-120.
SIMÉON L'HASMONÉEN, II, 95, 106, 122, 127,
129, 145-153.
SIMÉON, fils de Juda le Saint, III, 135.
SIMÉON BEN SAÜL, guerrier judéen, II, 353,
354.
SIMÉON BEN SCHÉTACH, II, 181, 183, 188,
189, 192, 193.
SIMLAÏ, III, 159-161.
SIMON. Voir SIMÉON.
SIMON BAR-GIORA, II, 355, 379, 383, 384,
390, 398.
SIMON BAR KAPPARA, III, 127-128, 136, 137.

SIMON BAR LAKISCH, III, 146, 150, 151, 157-
158.
SIMON BEN CÉMAH DURAN II, rabbin, IV,
444-445.
SIMON BEN YOHAÏ, III, 114-115, 121-123 ;
IV, 234, 235, 237.
SIMON DE TRENTE, IV, 386-388.
SIMON MAÏMI. Voir MAÏMI.
SIMON (Richard), V, 219-220, 231.
SIMONETA, cardinal, V, 58, 60.
SIMOUNA, III, 249.
SIMSON BEN MÉÏR, IV, 246.
Sinaï (mont), I, 23, 25, 27.
Sind. Voir *Ophir*.
SINTZHEIM (David), V, 315, 328, 331, 335,
362.
Sion, I, 38, 42, 88.
SISEBUT, roi wisigoth, III, 276.
SIXTE IV, pape, IV, 383, 388, 393, 394, 399,
400, 402, 410.
SIXTE-QUINT, V, 128, 129, 130.
SIXTE DE SIENNE, V, 93.
SKYTTE, ministre suédois, V, 224.
SOARES (João), V, 61.
Société pour la science juive, V, 371-373.
Société des amis, V, 302.
SOFERIM, II, 36-41.
SOKOLLI (Mohammed), V, 102, 114.
SOLIMAN II LE GRAND, IV, 448, 452 ; V, 89,
90, 99, 101.
SONCIN, IV, 461 ; V, 96.
SOPHONIE, prophète, I, 226.
Sora, III, 164, 170, 181, 209, 228, 241, 346,
349.
SORANZO (Jacob), V, 101.
SORBONNE DE PARIS, V, 23, 24, 25, 35.
SOUSA (Antonio de), V, 169.
SPEET (Jean-Pierre), V, 218, 219.
SPINOZA (Baruch), V, 141, 184-190, 208, 210.
STAHL (Frédéric), V, 426.
STANISLAS-AUGUSTE PONIATOWSKI, V, 291.
Stættigkeit, V, 340-341.
STEIN (baron de), V, 346.
STEINHEIM (Salomon), V, 383-386.
STERN (Samuel), V, 412.
STERNAU (comte de), V, 340.
STRABON, II, 288, 289.
Strasbourg (Juifs de), IV, 280-282 ; V, 307,
325.
STRECKFUSS, V, 381.
STURM (Gosse), échevin de Strasbourg,
IV, 280.
SUASSO (Isaac), V, 233.
SUISSE (Juifs de), IV, 279-280, 281.
SÜSSKIND WIMPHEN, IV, 222.
Sunem, I, 79.
SURENHUYS (Guillaume), V, 227.
SWIEDEN (Van), V, 316.
SYMMACHOS BEN JOSÉ, III, 113.
SYNEDRIN. Voir SANHEDRIN.
SWINTILA, roi wisigoth, III, 276.
SYNODE CATHOLIQUE, à Exeter, IV, 223. —
à Ofen, IV, 209.
SYNODE JUIF, à Barcelone, IV, 245-247. —
à Bologne et à Forli, IV, 338, 339. — à
Brunswick, V, 410, 411 — à Francfort-
sur-le-Mein, V, 412-413. — en France,
IV, 114. — à Lublin, V, 158. — à Mayence,
IV, 288-289. — des Quatre-Pays, V, 122-
124, 250, 291. — à Valladolid, IV, 345.

INDEX ALPHABÉTIQUE

T

Tablada (la), siège de l'Inquisition à Séville, IV, 395.
TALLEYRAND, diplomate, V, 311.
TALMUD (rédaction du), III, 228-229, 243-246. — (Étude du), IV, 174 ; V, 31, 117-118, 120-121, 234. — (Colloques sur le), IV, 195-196, 299, 331-336 ; V, 255-257. — (Persécutions contre le), V, 3, 6, 12, 13, 15, 31, 83-84, 93-94, 127, 130. — (Sabbatiens contre le), V, 203.
TALMUDISTES POLONAIS (influence des), V, 160.
TANNAÏTES (Les), III, 143-144.
TARIK, prince musulman, III, 310.
TARPHON. Voir TRYPHON.
TAXE JUDAÏQUE, II, 401 ; III, 67, 70.
TÉGLAT-PHALAZAR, I, 204, 206.
Tekanot Schum, IV, 288-289.
Tekoa, I, 106.
TELLER, V, 299, 304.
TERREUR (Juifs sous la), V, 314-315.
TIGRANE, roi d'Arménie, II, 194.
TERTULLIEN, III, 141.
TEXEIRA (Manoel), V, 145, 202, 212.
Thabor (mont), I, 36.
THAMAR, sœur d'Absalon, I, 104, 105.
Thamara, I, 41.
THEMUDO (Jorge), V, 45.
THÉODORIC, III, 265-266.
THEODOS, rabbin, II, 203.
THÉODOSE LE GRAND, III, 231, 233.
THÉODOSE II, III, 234, 235, 236-238.
THEUDAS, pseudo-Messie, II, 304.
THIBAUT, V, 353.
THIBNI, I, 156.
THIERS, V, 397, 398, 402.
THIERRY (l'avocat), V, 309.
Thirza, I, 150, 151, 156, 157.
THOLUCK, V, 417.
THOMAS (Père), V, 391, 392.
TIBÈRE, empereur, II, 254, 282, 286.
TIBÈRE ALEXANDRE, arabarque, II, 354, 385, 386, 387, 392, 398.
Tibériade (Juifs de), II, 255, 364 ; III, 147, 156, 181, 198, 203, 207, 238, 255 ; V, 101.

Tibériade (reconstruction de), V, 105.
Tibériade (lac de), I, 40.
TIGRANE, roi d'Arménie, II, 194.
TIRADO (Jacob), V, 133-135.
TITUS, II, 371, 376, 385-387, 395, 397-399, 401 ; III, 6, 13, 67.
TOBIADES, II, 72, 73, 74.
TOBIAS, médecin de Trente, IV, 386, 387.
TOBIE (Ammonite), II, 8, 15, 19, 26, 28.
Tobie (livre de), III, 105.
TODROS BENVENISTE, IV, 335.
TODROS BEN JOSEPH ABOULAFIA, IV, 228-229.
TOLAND (John), V, 229.
TOLÈDE (concile de), III, 308-309.
TORQUEMADA (Thomas de), IV, 393, 400-406, 407, 415, 416, 418, 421-423.
TORRE (de la), IV, 403.
Tortose (colloque de), IV, 330-336.
TOSAFISTES, IV, 98-100, 113.
TRADUCTIONS DE LA BIBLE : en allemand, V, 32, 36, 276-277 ; en arabe, IV, 3 ; en grec, II, 138-141 153, 310-311 ; III, 65-66 ; en latin, IV, 238 ; V, 10, 46 ; en persan, IV, 452.
Traité théologico-politique, de Spinoza, V, 190.
TRAJAN, III, 71-76.
TRANI (Moïse di), V, 92.
Trente (affaire de), IV, 386-388.
Trente (concile de), V, 63.
TRIESTE (Isaac), V, 10.
TRIGLAND (Jacob), V, 223.
Trois-Communautés, V, 248-250.
TROKI (Isaac ben Abraham), V, 125.
Troyes (école de), IV, 64-66, 98-99.
TRYPHON, général, II, 127, 128, 129, 130
TRYPHON, tanna, III, 30, 35, 58, 99.
TUCKER, V, 260.
Tunis (Juifs de), IV, 445.
TURBO (Martius), III, 74, 75.
Turim (les quatre), IV, 270-271.
TURQUIE (Juifs de), IV, 368-372, 427, 451-454 ; V, 37-38, 64-65, 99, 104-105, 115-116.
Tyr, I, 92.

U

UKBA, exilarque, III, 350-351.
UNGER (Christian), V, 229.
UNITAIRES, V, 71.
URBAIN V, pape IV, 297.
URBIN (duc d'), V, 86, 91-92.
URI. Voir MOÏSE URI.
URBINO DELLA ROVERE Iᵉʳ (duc), V, 53.
URIE, soldat de David, I, 102, 103.

URIE, prophète, I, 238.
URIEL D'ACOSTA. Voir ACOSTA.
URIEL DE GEMMINGEN, archevêque, V, 7, 11, 12, 13, 16.
URSICINUS, général romain, III, 204, 206, 207.
Uscha, III, 83, 108, 125.
USQUE. Voir SAMUEL USQUE.
UZIEL (Isaac), V, 137, 140.

V

VARNHAGEN D'ENSE, V, 354.
VARUS, procurateur romain, II. 214, 217.
VAZ (Diégo), V, 46.
VEIT (famille), V, 214.
VEIT (Joseph), écrivain, V, 296.
VEIT, V, 419.
VEITEL (Efraïm), V, 260,283.
VEITH (l'abbé), V, 398.
Venise (Juifs de), IV, 457; V, 102, 104, 127, 182-183, 318.
VERUS, empereur, III, 121-122.
VESPASIEN, II, 371-376, 383, 384, 396, 401, 402; III, 3.
VICTORIA (reine), V, 400.
VIDAL (don). Voir MENAHEM BEN SALOMON.
VIDAL BENVENISTE IBN LABI, IV, 331, 333, 334, 335, 346, 347.
VIDAL DE URANSO, IV, 405.
VIDAL NARBONI. Voir MOÏSE DE NARBONNE.
VIEIRA (Antonio), V, 215, 217.
Vienne (Juifs de), V, 282, 286. 370-371.
Vienne (congrès de), V, 346-347, 348-349.
VILLARS (marquise de), V, 217.
VILNA. Voir ELIA VILNA.
VINCENT FERRER, IV, 327, 329-330, 335, 336-337, 338.
VITAL (Hayyim), V, 109, 112, 113, 174.
VITAL (Samuel), V, 196.
VITELLIUS, procurateur, II. 282-283.
VITERBE (Egidio de). Voir EGIDIO.
VOLTAIRE, V, 260-261, 263.

W

WACHTER (Jean-Georges), V, 219.
WAGENSEIL (Jean-Christophe), V, 224.
WALLNER, V, 300.
WAMBA, III, 308.
WENCESLAS, empereur, IV, 308.
WERNER, archevêque de Mayence, IV, 220.
WERTHEIMER (Joseph), V, 425.
WESSELY (Herz), V, 285-287, 301.
WESTPHALIE (Juifs de), V, 338-339, 353.
WIDMANNSTADT, humaniste, V, 9.
WILIBALD PIRKHEIMER, Voir PIRKHEIMER.
WIMPHEN. Voir SÜSSKIND WIMPHEN.
WINTERTHUR. Voir CONRAD DE WINTERTHUR.
WISCHNIOWIECKI (Jérémie), prince polonais, V, 156.
WITOLD, duc de Lithuanie, IV, 367.
WITZENHAUSEN. Voir VEIT (Joseph).
WOLF (Aron-Benjamin), V, 239.
WOLF CAPITO, V, 73.
WOLF (Jean-Christophe), V, 229.
WOLFSSOHN. Voir HALLE (Aron).
Worms (Juifs de), V, 148, 150, 151.
WÜLFER (Jean), V, 223-224.
WURTEMBERG (Juifs de), V, 421.

X, Y

XIMÉNÈS DE CISNEROS, inquisiteur, V, 42.

YABEÇ (Joseph), IV, 412 ; V, 39.
YAKHINI (Abraham), V, 196.
YALTA, III, 195, 196.
YANKIEW LEÏBOWITZ. Voir FRANK.
YANNAÏ. Voir JANNAÏ.
Yathrib (Juifs de), III, 283-288, 289, 290.
YEDOUTHOUN, psalmiste, I, 94.
YEHIEL DE PARIS, IV, 196-197.
YEHIEL DE PISE, IV, 379, 385. — (fils de), IV, 425.
YEKOUTHIEL IBN HASSAN, protecteur d'Ibn Gubirol, IV, 51-52.
YÉMEN (Juifs du), III, 283-286; IV, 134, 143-145.
YÉPHÈT IBN ALI, caraïte, IV, 14.
YESCHOUA, grand-prêtre, I, 283; II. 3, 5, 6.
YEZDIGERD Ier, III, 229.
YEZDIGERD II, III, 240.
YESOUROUN (David), V, 136.
YESOUROUN (Rohel), V, 136, 139.
YISCHAÏ. Voir JESSE.
YISCHAÏ BEN HISKIYYA, IV, 215, 216, 217.
YITSHAKI. Voir SALOMON BEN ISAAC.
YOHANAN. Voir JOHANAN.
York (martyrs de), IV, 128-129.
YOUSSOUF-PACHA, V, 393.

Z

Zabulon (tribu de), I, 36, 37.
Zaccuto (Abraham), historien, IV. 430, 433, 438, 445-446.
Zaccuto, cabbaliste, V, 141.
Zaccuto Lusitano (Abraham), médecin, V. 139.
Zacharie, prophète, II, 5, 6.
Zacharie, roi, I, 194.
Zacharie, réformateur russe, V, 117.
Zag ibn Méir, almoxarif, IV, 201, 210.
Zag ibn Sid, astronome, IV, 201.
Zaïnab, III, 295-296.
Zamosc (Israël Lévi), V, 266.
Zamri, roi, I, 156.
Zbigniew Olesnizki, évêque, IV, 367, 368.
Zéira, amora, III, 181, 196-197.
Zéira II, amora, III, 213, 215.

Zélateurs, II, 246, 252, 348, 350-352, 355-357, 378, 380-382, 384, 386, 390-392, 395, 400-403.
Zénobie, III, 179-181.
Zénon, empereur, III, 254.
Zerahia Hallévi Girondi, IV, 119, 121.
Zerahya Hallévi Saladin, IV, 331, 333.
Zimri. Voir Zamri.
Zinzendorf, V, 256.
Ziska, général tchèque, IV, 342.
Zohar, ouvrage cabbalistique, IV, 234-238; V, 94, 109, 113, 195, 202, 212, 253, 254.
Zoharistes. Voir Frankistes.
Zorobabel, I, 282, 283; II, 3-7.
Zunz (Léopold), V, 371, 373, 374, 381-382.
Zwingli, V, 32

Original en couleur

NF Z 43-120-8

BIBLIOTHÈQUE NATIONALE

CHÂTEAU
de
SABLÉ
1990

www.ingramcontent.com/pod-product-compliance
Lightning Source LLC
Chambersburg PA
CBHW071939240426

43669CB00048B/2138